LE LITTRÉ

DE

LA GRAND'CÔTE

LE FONDATEUR
DE L'ACADÉMIE DU COURGUILLON

Cliché de Joannès Mollasson
Photographe Impressionniste

Léonce Cloquard Imprimeur

ACADÉMIE DU GOURGUILLON

LE LITTRÉ

DE

LA GRAND'CÔTE

A L USAGE

DE CEUX QUI VEULENT PARLER ET ÉCRIRE CORRECTEMENT

PAR

NIZIER DU PUITSPELU

La pureté du langage fait présumer celle du cœur.

(Ét. Molard.)

LYON

CHEZ L'IMPRIMEUR JURÉ DE L'ACADÉMIE

A L'IMAGE DE LA CIGOGNE

AVERTISSEMENT DE L'ÉDITEUR

Dans un an, l'Académie du Gourguillon célébrera ses noces d'argent, en une des séances prévues aux articles VI et VII de ses statuts.

Elle fut, en effet, fondée, ainsi qu'en témoigne sa *Véridique histoire*, consignée en lettres moulées par Mami Duplateau, en l'an de grâce mil huit cent septante-neuf, le vingt-quatrième de juin, jour de la Saint-Jean, à quatre heures de relevée.

Dès 1894, elle publiait son dictionnaire. Ce lui serait facile occasion de se gausser de son immortelle devancière, si l'on ne savait d'abondance que les établissements officiels ne mènent point la besogne comme les institutions particulières.

D'ailleurs, à mettre au jour le monument qu'elle réédifie aujourd'hui, elle s'est, ce dont son aînée se gare sagement, exposée à la critique, qui ne l'eût pas visée si elle fût restée stérile.

Mais, ce faisant, elle agissait sciemment, ne doutant point que la sûreté d'érudition de ses membres était faillible, par erreur ou par omission, et que de la critique naîtrait l'amélioration.

Et, en effet, à la dessus dite première édition, il a fallu faire plusieurs apponses. Elles n'ont pu rendre encore l'œuvre parfaite au gré de tous. Car d'aucuns, même au sein de l'Académie, y ont soulevé des controverses, de tout quoi il a été tenu compte ici dans la mesure du possible.

Dans la mesure du possible, car un fervent de choses lyonnaises M. J., dont la vive sympathie pour l'Académie ne saurait faire doute, certifiée qu'elle est par notre savant collègue Mami Duplateau, estime que nombre de mots insérés au *Littré* ou ne sont pas exclusivement lyonnais, ou sont de langue courante et de bon français, — comme si la langue de notre *Littré* n'était pas du français le plus savoureux ! — ou même souvent d'origine et d'usage étrangers à notre bonne ville.

Nul doute qu'il n'ait raison.

Quoique ça, nous n'avons pas voulu porter un sacrilège sécateur dans l'œuvre de Puitspelu, pensant qu'en somme tout bon Lyonnais reconnaîtra les siens.

Nous avons donc seulement : remis en leur due place les mots qui constituaient les suppléments de la première édition ; puis ajouté ceux qui y avaient été omis ; puis enfin — timidement — introduit quelques acceptions non signalées.

Cette besogne, c'est ce brave J.-M. Mathevet qui l'avait entreprise. La mort est venue l'interrompre presque au début de sa tâche. Nous l'avons achevée tant mal que bien.

Hélas ! la mort a largement fauché dans les rangs de l'Académie !

Des fondateurs qui rédigèrent et signèrent ses impérissables statuts, mort, Pétrus Violette ; mort, Nizier du Puitspelu ; mort, Joannès Mollasson ; mort, Athanase Duroquet ; mort le fils Ugin. Ne subsistent que Glaudius Canard, Mami Duplateau, et le secrétaire, dont c'est la fonction, puisqu'il est perpétuel.

N'empêche que, comme dit Duplateau, c'était tout de bon monde, et nous ne pouvions faillir à les saluer de notre souvenir affectueux et mélancolique dans la nouvelle manifestation d'une vitalité qu'ils firent naître et joyeusement entretinrent.

Nos collègues plus jeunes nous ont aidé aussi de leur concours éclairé ; que leur mérite anonyme soit lié à celui de leurs anciens dans la reconnaissance de nos concitoyens,

De laquelle nous ne saurions douter.

Lyon, 15 décembre 1903.

A LA MÉMOIRE

DE

PÉTRUS VIOLETTE

Président

DE

L'ACADÉMIE DU GOURGUILLON

APPROBATION

J'ai examiné le livre intitulé *le Littré de la Grand'Côte*, par le sieur Nizier du Puitspelu, et n'y ai rien rencontré de répréhensible par rapport à la religion et aux bonnes mœurs ; mais j'y ai trouvé, au contraire, la savoureuse moelle de la saine doctrine, en conformité des canons, traditions, us et coutumes de l'antique cité lyonnaise. En foi de quoi, j'ai donné le présent permis d'imprimer.

Lyon, ce 26ᵉ de mars 1894.

PAR ORDRE DE L'ACADÉMIE :

Le Secrétaire perpétuel,
GÉRÔME COQUARD

AVANT-PROPOS

Les matériaux de cet ouvrage étaient en grande partie préparés depuis bien des années déjà, mais l'auteur avait à peu près renoncé à les mettre en œuvre. Outre qu'il reculait devant un travail considérable, son esprit était tourné d'un autre côté, et il lui semblait qu'à son âge, et au seuil de l'éternité, il avait autre chose à faire qu'un recueil de mots et de plaisanteries populaires. Il avouera que les instances sans cesse répétées de son aimable éditeur et ami sont venues à bout de ses hésitations. L'auteur, il le confesse volontiers, n'a jamais su résister aux sollicitations affectueuses, et c'est pour cela spécialement qu'il a toujours remercié les dieux de ne pas l'avoir fait naître femme.

Le langage populaire comprend nécessairement beaucoup de mots libres et beaucoup de mots bas. Les proscrire entièrement serait enlever ce qui est la caractéristique de ce langage. Mais on a tâché que les gandoises que cet ouvrage a dû reproduire fussent de celles qui font sourire et non de celles qui font rougir. On a, bien entendu, rejeté les termes obscènes, et s'il en est resté un ou deux que leur intérêt philologique devait faire retenir, on a, comme dans le Dictionnaire du patois lyonnais, *donné la signification en latin. Il n'en reste pas moins qu'un recueil de ce genre n'est pas pour être placé sous les yeux des jeunes filles.*

Mais si l'auteur avait pu reculer devant la mise au jour de ces humbles gandoises, il avoue que tous ses scrupules auraient été levés par les divers dictionnaires d'argot parisien qu'il a dû lire, et auprès desquels un recueil du langage lyonnais dans ses plus grandes libertés serait un modèle de décence. Oyez la voix discrète d'un de nos bons canuts, contant quelque gognandise honnêtement, de façon naïve, légèrement narquoise (les deux choses peuvent s'allier), à demi-mot.

sans y toucher; écoutez maintenant cet accent ignoble, impudent, qui pue le vice, dans le voyou parisien; lisez ces mots crapuleux qui, de la première page à la dernière, composent les recueils de MM. Lucien Rigaud, Alfred Delvau, etc. Et comparez les deux états de l'âme populaire !

Un recueil lyonnais eût été bien incomplet s'il n'eût pas renfermé les termes de canuserie. Mais jugez voire ! Il y a cinquante ans par appoint que l'auteur a délaissé « l'art de la soye » ! C'était peut-être un avantage, car cela permet de consigner des termes ou des objets oubliés. Une industrie se modifie tellement en un demi-siècle ! Mais c'était certainement un désavantage, car, outre qu'il se faut défier de défaillances de mémoire assez excusables, un dictionnaire de ce genre doit être, à côté de l'expression du passé, l'expression du présent. A cet égard l'auteur a trouvé une aide bien précieuse dans l'obligeance inépuisable et dans les connaissances techniques d'un de ses bons amis, M. Claudius Prost. Il doit aussi à M. Ernest Pariset des remerciements cordiaux pour ses utiles renseignements.

En parcourant son manuscrit, l'auteur est frappé de voir combien de mots entendus dans son enfance voire combien de choses ont disparu. A publier ce dictionnaire il fallait donc se hâter, car bientôt tout cela ne sera plus même un souvenir, et les mots frapperont vainement l'oreille sans rien lui dire. Ils auront non plus d'intérêt que ceux d'une langue inconnue. Et telle est la pensée qui fait que sous les plaisanteries et les gandoises que peut renfermer ce recueil, il y a, me semble-t-il, quelque chose de mélancolique.

Nyons-les-Baronnies, ce jour de la Chandeleur, 1894.

A

ABADER (S'), v. pr. — S'ensauver, décaniller, prendre la poudre d'escampette, se
pousser de l'air, jouer des flûtes, des
canilles, des guibolles, tirer ses grègues, etc.
— Du provençal *badar* ouvrir, lui-même
du bas latin *badare*. D'ouvrir, l'idée s'est
étendue à sortir.

ABANDON, s. m. — « Acte par lequel un
débiteur transmet à ses créanciers la propriété de ses biens ; dites *abandonnement.* »
(Molard)[1]. Homme sévère, mais injuste,
vous ne lisiez donc pas l'Académie !
« Abandon se dit pour délaissement. *Il a
fait l'abandon de sa terre.* » (Édit de 1798.)
— Mais ne décrions point trop Molard.
Le célèbre médecin Marc-Antoine Petit put
lui dire, dans son sublime poème d'*Ouan
ou le tombeau du Mont-Cindre :* « Noble
ami, sage Molard, toi que le ciel sembla
nommer instituteur en te nommant quatorze fois père !... » Le français de Marc-
Antoine n'était point digne de Molard,
mais je serais plus fier d'avoir élevé quatorze enfants que d'avoir écrit l'*Énéide.*

ABAT, s. m. — Se dit d'une pluie abondante. *Quel abat d'eau !* Quelle averse ! —
Figurém. Volée de coups. *Son homme lui
a donné un abat!* Cochard, par suite d'une
agglomération assez singulière du nom
avec l'article, le donne sous la forme
Labat.

ABATAGE. — 1. Faire un abatage, c'est
attacher le bout d'une corde à un objet et
l'autre bout à un levier, puis, avec la
grande branche du levier, faire aigre pour

déplacer l'objet. Au fig. *donner un abatage,* donner un ratichon, un suif, une
graisse, un poil, un savon. *Figure-toi que
la bourgeoise n'a rentré qu'à deux heures
du matin. C'est moi qui lui ai fichu un
abatage !*

2. Opération gracieuse et délicate qui
consiste à renverser le cayon, et à lui
ouvrir le bec, en faisant aigre avec un
bâton, à cette fin de procéder à l'inspection de la langue. Généralement pendant
ce temps-là, le cayon chante le grand air
de *Tannhauser.*

ABAT-JOUE. s. f. — Parlant par respect,
partie du visage du cayon, de l'œil à la
mâchoire. — Corruption de *bajoue.* Dans
celui-ci il y a *joue,* précédé d'un préfixe
péjoratif *ba.* Dans *abat-joue,* nous lisons
une *joue abattue.* Ça n'est pas plus bête
qu'autre chose.

ABAT-JOUR, s. m. — 1. Soupirail de cave.
En 1871, l'on boucha tous les abat-jour,
crainte que les honnêtes gens de la Commune n'y jetassent du pétrole. Quand nous
étions petits, nous n'y jetions pas du pétrole. En ce temps-là, on mettait les boîtes
aux lettres dans les soubassements des
devantures des bureaux de tabac. Certain
soir, en rue Saint-Jean, l'un de nous se
trompa, et prit l'ouverture de la boîte
aux lettres pour un soupirail de cave.
C'est à propos de cette erreur que parut
une ordonnance prescrivant de placer les
boîtes aux lettres au-dessus de la portée
des arquebuses des petits gones.

2. Jalousie au devant des croisées.
D'*abattre* et *jour.* Comp. *abat-son, abat-
foin,* et un tas de nouvelles inventions :
abat-fruit, abat-froid, abat-poussière, etc.

ABATTANT, s. m. — Tablette munie de
charnières, qu'on peut *abattre* ou lever à
volonté. Les tournures des dames sont des
espèces d'abattants.

---

(1) Étienne Molard, professeur de grammaire et de latin,
directeur de l'École secondaire du Midi en l'an XIII, et
l'un des fondateurs du Cercle littéraire, est l'auteur d'un
ouvrage, publié en 1793, intitulé *Lyonnoisismes ou Recueil
d'expressions vicieuses usitées à Lyon.* Cet ouvrage, peu à
peu considérablement augmenté, a eu au moins cinq éditions sous divers titres. Celle de 1810 porte celui de *Le
mauvais langage corrigé.* Molard est mort le 6 mars 1825

ABBICHON, s. m. — Jeune abbé qui n'est pas encore ordonné prêtre. — D'*abbé*. Le suffixe *ichon* est diminutif et drôlatique. Comp. *cornichon*, *folichon*, *anichon*. Le vieux franç. disait aussi un *moinichon*.

ABERGEMENT, s. m. — Bande de métal que l'on met autour des souches de cheminée pour que l'eau ne filtre pas entre la souche et la tuile. Sur les comptes les abergements en zinc sont toujours en zinc nᵒ 14, et ceux en fer-blanc double croix, c'est-à-dire en tout ça qu'il y a de mieux. Je dis sur les comptes, je ne dis pas sur les toits. — En vieux lyonn., il signifiait location, abénevis : « L'abergement du Mas des Escharolières, à Pierre Sevo, sous le servis de 3 sols viennois... » (Le Laboureur.) — D'*aberger* comme *logement* de *loger*.

ABERGER, v. a. — Aberger un couvert, un bâtiment, c'est le couvrir avec des tuiles disposées provisoirement pour l'abriter, en attendant une couverture définitive. — Du vieux franç. *abergier*, employé souvent pour *herbergier*, loger, habiter; lui-même d'*herberge*, couverture, tente. Aberger est donc couvrir avec une herberge, c'est-à-dire une couverture provisoire. — De l'allem. *Herberge*, auberge

ABLAGER, v. a. — 1. Ravager, saccager, accabler. *La grêle a ablagé toute la recorte... — I m'a ablagé de sottises.*
2. Chasser avec bruit. La Guerite est en train de pleurer. La maman : *Si t'avais ablagé le miron, au lieu de le coquer comme une imb'cile, i t'aurait pas graffinée.* — D'*ablaticare*, fait sur *ablatum*.

ABONDE. — *Faire de l'abonde*, profiter, être avantageux. Dans les bonnes maisons on achète beaucoup de farine jaune pour les enfants parce que ça fait de l'abonde. — Subst. verbal d'*abonder*.

ABONDER, v. n. — Suffire, parvenir à, faire de l'abonde. S'emploie le plus souvent au sens négatif. — *J'ai une faim que je n'abonde pas à me remplir l'estomac*, me disait un jour une aimable dame, épouse d'un gros fabricant calé, à côté de laquelle j'avais l'honneur de dîner.

ABONNER (S'Y). — Faire souvent la même chose: *Est-ce que te t'abonnes à me faire jicler de bassouille?*

ABORD (D'), adv. — 1. Bientôt. *Où que vous allez comme ça, père Clapoton ? — Au magasin, puis je reviens vite, la bourgeoise tirerait peine. J'aurai d'abord fait.*
On dit aussi et surtout d'abord après. — *D'abord après mon dîner, j'ai senti qu'y gn'avait quèque chose qui me bouliguait la ventraille.*
2. Adv. affirmatif : *D'abord, je ne l'aurais pas fait sans regarder.* L'extension du sens s'explique, si l'on remarque qu'ici d'abord peut se remplacer par premièrement.

ABOUCHÉ. — Dans l'expression pain *abouché*, c'est un pain qu'on a mis à cuire en renversant la petite paillasse ronde dans laquelle est la pâte. Pour le pain non abouché, il se nomme du *pain jeté*, parce qu'on le jette au four comme un palet. Toutes les ménagères vous diront que le pain abouché est meilleur. Si je sais pourquoi, je veux être étranglé. Je sais seulement que le mitron étant obligé d'enfariner le fond de la paillasse pour que la pâte n'y adhère pas, on s'enfarine sa vagnote quand on veut couper le pain abouché, ce qui n'arrive pas avec le pain jeté.

ABOUCHER, v. a. — Mettre sens dessus dessous tout objet qui a une bouche: un verre, un sieau, un thomas, un pain, quoiqu'il n'ait pas de bouche, mais la paillasse où il était en avait une. On ne dirait pas aboucher un livre, des bretelles, une gobille, un mât de cocagne, d'abord parce que vous ne sauriez comment faire. — Si usité que j'ai eu le plaisir de le retrouver dans un chapitre — d'ailleurs très joli — des *Bluettes et Croquis*, de M. Linossier, où il s'est glissé sournoisement sans en prévenir l'auteur : « Les plus jeunes, âgés de deux à trois ans,... remplissent de sable humide de petits seaux, qu'ils abouchent ensuite. » Règle de la civilité : Ne jamais aboucher le pain sur la table, c'est-à-dire le mettre à l'envers. La personne du sexe qui en serait coupable s'exposerait à se faire dire une grosse inconvenance. A Nyons, on dit que cela « fait pleurer un ange ».

ABOUCHER (S'), v. pr. — Tomber en avant (sur la *bouche*). « S'abouchant sur un petit lit vert, elle demeura fort longtemps sans respirer », dit l'*Astrée*.

ABOULER, v. a. — *Abouler l'argent*. Payer. — De *boule*, l'argent roule comme une boule.

ABOUSER (S'), v. pr. — S'écrouler. S'emploie au neutre. La tour Pitrat s'abousa le 27 août 1828.

Babolat, sais-tu la nouvelle ?
La tour Pitrat vient d'abouser.

Quelques personnes diront en voyant une dame tomber sur les reins : *Cette dame s'est abousée,* mais c'est une manière inconvenante de s'exprimer. Il est préférable de dire : *Cette dame est tombée à cacaboson.* — Parlant par respect, de *bouse.* Lorsque la tour Pitrat s'écroula, ma mère, qui descendait le Chemin-Neuf, la vit disparaître dans un nuage de poussière. Une bonne femme, qui était près d'elle, lui dit, tout émue : *Madame, avez-vous vu ? Elle s'est abousée comme une...* Cette femme avait l'image étymologique.

ABRI. — *Être à l'abri du bien-être.* — *M. Paillardon a mangé tout son saint-frusquin avé de canantes.* — *Ben comme ça, le voilà à l'abri du bien-être pour le restant de ses jours.*

ABRIVÉE, s. f. — Élan, impulsion. *Prendre son abrivée.* Vieilli. — Du vieux franç. *abriever,* se hâter, se précipiter, qui s'est conservé dans le patois *abrivó,* avancer à l'ouvrage. Vieux prov. *brivade,* impétuosité.

ABRIVER (S'), v. pr. — Venir, s'amener. Voyez *abrivée.*

ABSENCE. — Dans *Faire une absence,* s'absenter. La locution n'est pas française, assure-t-on, car on ne fabrique pas une absence. On ne fabrique pas non plus un chemin, et l'on dit bien *faire un long chemin.*

ABSTRAIT, TE, adj. — Se dit de quelqu'un qui va toujours brougeant, plongé dans ses réflexions. Pas la même chose que distrait. Un distrait n'est qu'un étourneau ; un homme abstrait est distrait parfois, mais à meilleures enseignes. Le grand Ampère était toujours abstrait ; ce négociant lyonnais qui signait l'acte de naissance de son fils « X... et C¹ᵉ » n'était que distrait. « Il y a un certain parti à prendre dans les entretiens, dit La Bruyère, entre une certaine paresse qu'on a de parler, ou quelquefois un esprit *abstrait,* qui, nous jetant loin du sujet, etc. »

ACADÉMIE, s. f. — École vétérinaire, hôtel-dieu des chiens et des chats. Quand on a quelqu'un de ces compagnons malade, on le « porte à l'Académie ». On y fait aussi subir aux matous certaines opérations délicates pour leur éclaircir la voix, du moins si l'effet produit est le même que sur les chantres de la chapelle Sixtine.

Personne chez nous n'appelle l'École vétérinaire autrement que l'Académie. Quand M. de la Saussaie, nommé recteur de l'Académie de Lyon (en français), vint prendre livraison de son poste, il héla un fiacre à la gare de Perrache et dit au cocher : « A l'Académie ! » Le cocher le mena tout de go au quai Pierre-Scize.

Claude Bourgelat, Lyonnais, fondateur des écoles vétérinaires, dirigeait à Lyon l'école que l'on appelait Académie, et où l'on apprenait aux jeunes gentilshommes un brin de mathématiques, le blason, mais surtout à monter à cheval, à voltiger, à faire des armes, à danser, à secouer élégamment le jabot, « et autres vertueux exercices », dit la délibération consulaire qui l'établit ou plutôt la rétablit en 1716. L'École vétérinaire instituée par Bourgelat, en 1762, avec l'appui de l'autorité locale, fut d'abord une annexe de l'école d'équitation. De là, le nom d'académie qui l'a suivie partout, à la Guillotière, à Pierre-Scize, et qu'elle conserve plus d'un siècle après que l'Académie des jeunes gentilshommes a cessé d'exister.

ACAGNARDIR (S'), v. pr. — S'acagnarder. La terminaison *ir,* plus régulière, vient de ce que les verbes inchoatifs font partie de la 4ᵉ conjug. lat. en *ire.* Nous disons *s'acagnardir* parce que c'est une habitude, et se *cagnarder* parce que c'est une action.

ACASSER (S'), v. pr. — Se baisser à terre en ne pliant que les jambes. Par extens. se laisser aller de fatigue. Un homme écléné, se jetant dans un fauteuil : *Je n'en puis plus, je m'acasse.* — De *ad-quassare.* Comp. vieux franc. *quas,* fatigué, épuisé.

ACCOCATS, s. m. pl. — Crémaillères ou dents en bois de noyer, fixées horizontalement aux estases du métier de canut et auxquelles le battant est suspendu. « Que je ne désire rien tant que de vous prouver mon assiduité à battre la marche, après n'en avoir ajusté les accocats. » (*Déclaration d'un ouvrier en soye à une salinaire,* 1795). — Ital. *accocati,* même sens, qu'on trouve dans les mss. florentins du xvᵉ siècle, et dérivé lui-même de *accocare* encocher, fixer à une coche (*cocca*).

ACCOMMODAGE, s. m. — Sauce, condiment, manière d'apprêter les mets. *Marie, ne sermoirez donc pas comme ça tous vos accommodages, que ça te vous enlève la petariffe!* Si inusité ailleurs qu'à Lyon que, toutes les fois que je l'ai employé au dehors, on s'est gaussé de moi, pour autant que ce n'était pas français. Il figure cependant au dictionn. de l'Acad.

ACCOUCHER (S'), v. pron. — Accoucher. S'il y a de la logique au monde, on doit dire s'*accoucher*, puisqu'on dit s'*aliter*, formé de *lit*, comme s'*accoucher* de *couche*. Dont vient qu'autrefois les hommes s'accouchaient comme les femmes, à la seule différence qu'ils ne faisaient pas d'enfants. « Et pour les dites maladies, j'accouchai au lit en la mi-carême, » dit le bon Joinville.

ACCROCHAGE, s. m. — C'est le nom du métier qui sert à lire les dessins de fabrique, et à percer les cartons en conséquence. Voy. *semple 2*.

ACCROCHER. — *Accrocher un bon rhume,* — L'attraper. On dit que ce n'est pas français. Pourtant accrocher ou attraper, cela se ressemble beaucoup. Mais pourquoi cela ne se dit-il que du rhume ? On ne dit pas accrocher une typhoïde, une vasivite, etc.

ACCULER, v. a. — Ce n'est point une corruption d'*éculer*. C'est au contraire *éculer* qui est une corruption d'*acculer*. « Nous n'avons point ce la de bien depuis que les talons des souliers ont été acculés et que les andouilles ont pué la, etc. », disait tristement le bon Béroalde. Et Rabelais nous conte que Gargantua étant petit, « se chaffouroit le visage et aculoit ses souliers... » Et, en 1635, le Dictionnaire du R. P. Monet disait encore : « Acculer un soulier, lui abattre et fouler le talon. » — L'origine est un vilain mot, qu'il vaut mieux taire. On a considéré le talon comme étant la chose en question du soulier.

ACHATIR, v. a. — Allécher, affriander, attirer par l'appât de la bonne chère ou de tout autre manière. *Pour achatir le Jules, gn'y a rien comme la crasse de beurre.*

ACIVER, v. a. — Donner la béchée aux petits oiseaux. Les nourrices acivent de même les petits miaillons avec de la poupou. Elles mettent la cuiller pleine dans leurs bouches à elles, couleur de refroidir la poupou en soufflant dessus. Elles mangent la moitié de la cuillerée, bavent dans le reste, et le donnent au mami, qui est bien content. — De *cibare*.

ACRÊTEMENT, s. m. — Chaperon d'un mur façonné en dos d'âne. On lit dans la Comptabilité de la Ville, 1380-1388 : « A Girart de Cuysel, maczon.., c'est assavoir huit frans et quart pour reste des acretements qu'ils ont fait cette année au-dessus de Pierre-Scize. » — D'*acréter*, comme bien s'accorde.

ACRÊTER, v. a. — Terminer dans sa partie supérieure un objet, généralement un mur en forme de dos d'âne. — De *crête* (*crista*), au sens de colline, montagne.

ACTER, v. n. — Faire un acte. *Ce notaire acte bien.* Cette expression, donnée par Molard en 1810, est tombée en désuétude. C'est cependant un dérivé naturel d'*acte*, comme *plomber*, de *plomb*, *sillonner*, de *sillon*, etc.

ACUCHER, v. a. — Mettre en tas, presser. amonceler. *Acucher les équevilles.* — Du vieux franç. *cuche*, tas de foin, meule de paille, etc.

ACUCHONNER, v. a. — Mettre en cuchon (Voy. ce mot). *Acuchonner de pesettes, de fiageôles,* etc.

ACUTI, ENCUTI, IE, adj. — Se dit de quelqu'un d'engourdi, de mollasse, qui se tient accroupi, serré. Je demandais à une jeune mariée de mes parentes si elle était heureuse avec son mari : *Il n'est pas méchant,* me répondit-elle, *mais il est si tellement acuti qu'on ne peut pas le dégrober du coin du poêle. Moi que j'avais rêvé un tarabâte !* — De *cutir*, c'est clarinette.

ACUTIR (S), v. n. — Prendre l'habitude d'être acuti. — Peut-être de *cotere* pour *conterere*, d'où Diez tire l'espagnol *cutir*, tanner. Comp. *des cheveux cutis*, des cheveux agglomérés. Cette origine ayant été perdue de vue, on lit généralement dans *acuti* l'idée de quelqu'un qui reste sur son chose, comme dans *accroupi* l'idée de quelqu'un qui reste sur sa *croupe*.

ADIEU COMMAND. — Vieille et aimable manière des Lyonnais de se dire adieu. *Ad Deum te commendo.* Notre Belle Cordière l'emploie dans son *Débat de Folie et d'Amour :* « Mais à Dieu te command', ie vois deuant dire que tu viens tout à loisir. »

ADROIT. — *Adroit comme l'oiseau de saint Luc.* Se dit de quelqu'un qui n'est pas d'une adresse extraordinaire, l'oiseau de saint Luc ressemblant fort à un bœuf. — *Adroit comme un singe de sa queue,* même sens. On dit en commun proverbe, *adroit comme un singe ;* le Lyonnais ajoute en raillant : *de sa queue.*

AFFAIRES. — En franç. Dieu seul sait ce que ce mot a de sens, mais tous abstraits. Le Lyonnais l'a étendu aux choses matérielles. Affaires s'entend ainsi de tous objets, surtout des menus. *J'avais là mon dé, mes ciseaux, tu déranges toujours toutes mes affaires !* ... Se dit particulièrement des vêtements. *T'esses bien si faraud ce matin ? — Oh, c'est le dimanche des Bugnes ; i fallait bien mettre ses beaux affaires !* Pourquoi, dans le sens de vêtements, ce mot est-il masculin, et féminin dans les autres, on se le demande. Remarquer que le xvi⁰ siècle l'employait en général au masculin. « Mettans en auant ce qu'ils auoient vu exploiter en tels affaires », dit Eutrapel. Et Cotgrave : « Affaire, masc. » Et il cite pour ex. « Qui veut entretenir ami, n'ait nuls affaires avec lui. »
Affaire s'applique un peu à tout. En Auvergne, j'ai entendu d'innocentes jeunes filles chanter et danser ce branle sur l'air de notre chanson lyonnaise, *Ma môre n'ayet qu'ina dint :*

> *Ma maïré*
> *M'avié toudzou dit*
> *Que mon affaïré*
> *Patafinarié !*

« Ma mère — m'avait toujours dit — que mon capital — se chiffonnerait. » (*Traduction de M. Alex. Dumas fils*).
Les affaires avant tout. Proverbe d'un usage constant chez les Lyonnais. Dans ma jeunesse M. X..., riche fabricant de la rue Royale, avait un objet adoré qui logeait place des Terreaux. En ce temps-là, tous les magasins se fermaient à 2 heures pour rouvrir à 4. Or, un jour, juste à l'instant le plus pathétique d'une brûlante déclaration, M. X... entend sonner quatre heures à l'Hôtel de Ville. « Quatre heures ! les affaires avant tout », dit-il en se rajustant précipitamment. Il ne le raconta point, mais si bien la bonne âme.

AFFANER, v. n. — Travailler de peine. « Faut pas que les vieux épousent de colombes, ça les fait trop affaner. » (Guignol.) *Affaner son pain.* Le gagner avec peine. — Du franç. *ahaner.*

AFFANEUR, s. m. — Gagne-deniers, crocheteur. Les affaneurs formaient autrefois à Lyon une corporation, comme la corporation des crocheteurs, qui jouit encore de certains privilèges. — *Arch. mun.* 1512 : « Payé à plusieurs charretiers et affaneurs qui ont amené la nouvelle artillerie... » — 1509 : « Au Ros de Buissandre, affaneur, pour faire un terreilz (fossé)... »⸱ 1380-88 : « Johan de Groulée, affanour, 1 gros. » Inusité aujourd'hui, et remplacé par *crocheteur.*

AFFERMER. — *Affermer la seconde récolte des prunes.* Vivre de mendicité et de maraudage.

AFFILÉE. — *Faire une chose d'affilée.* La faire attenant, de continu. Chez mon oncle de Mornant, le jour de la vogue, on dînait et l'on soupait d'affilée, vu qu'on n'avait pas le temps de finir un repas avant de commencer l'autre.

AFFLIGÉ, s. m. — Un estropié. *Donner un sou à un affligé.*

AFFRANCHIR. v. a. — 1. Faire subir à de certains objets neufs une préparation avant de s'en servir. — *Affranchir de l'huile pour la friture.* Aspergez d'eau l'huile bouillante. Bruit épouvantable ! L'huile jicle, ponctue les murailles, le carrelage. On est suffoqué. Mais aussi votre merluche n'aura pas le goût de vieux joint.
Affranchir une marmite. Mettez-la dans un four de boulanger, et, quand elle est rouge, à l'aide de pinces, frottez l'intérieur avec une couenne. Cela fait que votre soupe n'aura pas le goût de vieille hallebarde.
Affranchir une poêle. Remplissez d'huile, faites bouillir ; laissez refroidir, et recommencez jusqu'à ce que l'huile ait bien enlevé la crasse du fer. Par ainsi, vos matefaims n'arraperont pas.
Affranchir une bareille. Faites bouillir de la feuille de pêcher, jetez, gassez, rincez, videz, méchez. Votre vin n'aura pas le goût de moisi.
Affranchir une lettre. Collez-y un timbre.

2. Rogner. Dans le monde : *Dodon, le bas de ton jupon est tout effrangé ; affranchis-le donc.*

Affranchir les cheveux, couper les bouts. De *franc.* Pour que les bords soient francs, il faut manquablement les affranchir.

AFFUSTIAUX. — Forme d'*affûtiaux.* J'ajoute forme archaïque, remontant au temps où l's de *fust* n'était pas tombée.

AFFUTIAUX, s. f. pl. — Affiquets, brimborions. Une demoiselle demandait à un négociant lyonnais de lui faire cadeau de brillants. *Est-ce que tu as besoin de ces affutiaux pour paraître belle ?* répondit le négociant qui était un philosophe, *il vaut mieux que je te fasse cadeau d'un parapluie.* — Fait sur le vieux français *fust.*

AGACIN, s. m. — Cor au pied. — M. Collagne : *Père Grolasson, vous savez ben que j'ai de z'agacins que me désolent. Pourquoi-t-est-ce que vous m'avez fait de souliers si justes ?* — M. Grolasson : *Voyons voire ?* — M. Collagne s'assied et met le pied sur un cabelot. M. Grolasson, après avoir tâté, palpé le soulier dans tous les sens, paraît réfléchir profondément. — M. Grolasson, au bout d'un moment : *Je n'y comprends rien, je les ai cependant faits sur la forme de M. le maire de la Croix-Rousse !*

Que donc qu'a ta femme ? Elle a l'air tout caffi. — *C'est rien. Un agacin sous l'embuni.*

Avoir un agacin darnier le dos, être bossu.

Du vieux franç. *agace,* pie ; comp. allem. *elster-auge,* œil de pie, et franç. *œil-de-perdrix.*

AGE. — *Un homme d'un certain âge.* — *Marie, personne n'est venu ?* — *Si Mecieu, un mecieu qui n'a pas dit son nom.* — *Comment est-il ?* — *C'est un homme d'un certain âge, un gravé qui a un chapeau monté.* Un certain âge va de 45 à 60 ans. *Être d'un certain âge.* C'est exactement l'expression allemande : *In gewissen jahren sein. Un homme déjà d'un certain âge.* On dit aussi : *Un homme déjà d'un âge.*

AGNOLET, s. m. — Petit œil de verre placé sur le ventre de la navette et par où passe le bout de la canette. *Siffler le bout,* c'est, au moyen d'une forte aspiration, attirer le bout de la canette au travers de l'agnolet. « *Mon zelle à siffler le bout de la canette hors de l'agnolet.* » (*Déclaration d'amour à une satinaire,* 1795.) — Au fig. œil. *As-te vu la Toinon, les jolis agnolets qu'elle te vous a ?* — Corruption d'*annelet.*

AGONISER. — *Agoniser de sottises.* Accabler d'injures. Vainement j'ai cherché dans le *Dictionnaire de l'argot* cette locution que je croyais répandue partout. — Ex. intéressant de corruption. *Agoniser* ici n'a aucun sens. Il est pour *agonir,* qui est lui-même pour *ahonir.* Le populaire a changé *agonir* en *agoniser* qu'il connaissait mieux.

AGOTTIAU, s. m. — Écope. C'est le vieux français *agottail,* fait sur *gutta.* Au fig. soulier pour un grand pied. — *Battre ses agottiaux, Faire ses agottiaux,* nager à la brassée. — De ce que, pour faire des brassées, on réunit les doigts et l'on creuse la paume de façon à donner à la main la forme d'un agottiau.

AGOUREUR, GOUREUR, s. m. — Trompeur. *Les hommes ne sont que des agoureurs,* me disait mélancoliquement la Françon, de Sainte-Foy, qui avait eu le tort de laisser prendre un pain sur la fournée. — De *gourer.*

AGOURRINER (S'), v. pr. — Fréquenter trop volontiers ces personnes négligentes qui laissent toujours la porte ouverte. Il est un peu bas. — De *gourrine.*

AGRAPER. v. a. — Prendre, saisir. « *Le comte agrapa la comtesse par la bourre.* » (*Zola.*) — Du bas latin *grappa,* lui-même du vieux haut allemand *krapfo,* crochet.

AGRIFFANT, TE, adj. — Appétissant par un goût excitant, un peu acide, affriolant. S'emploie au fig. *La Génie commence ben bien à être agriffante.* — De *griffe.* Agriffant, qui saisit.

AGROBÉ, ÉE, adj. — Acuti, agrogné, qui ne sait pas se bouger. Une bonne femme me disait : *Mon mari reste agrobé tout le jour sus le poêle, mais la nuit c'est un parpiyon.* — De *grobe.*

AGROBOGNER (S'). — Forme de s'agrogner. Insertion péjorative d'une syllabe, comme dans *carabosser* pour *cabosser.*

AGROGNER (S'), v. pr. — Se resserrer en s'accroupissant. — De *groin*. *S'agrogner*, ramener son groin sur ses genoux, le cacher. — Au fig. se décourager, s'aplatir devant une infortune ou un chagrin. *Le pauvre Battanchon a eu tant d'ennui de perdre sa femme qu'il s'est agrogné comme une m...*

AGUINCHER, v. a. — Épier, guetter, regarder avec soin et précaution. — *Que don que te fais là comm' n'imb'cile ? — Quaisi-te don ! J'aguinche la Marion que trie ses puces.* — Du vieux haut allemand *winchju*, cligner de l'œil.

AIDES. — *Être à la Cour des aides.* Se dit d'une boule qui, demeurée en deçà du but, peut être poussée, *aidée*, volontairement ou non, par la boule d'un autre joueur. — Jeu de mots. Les Cours des aides étaient des tribunaux chargés de décider en dernier ressort tous procès civils et criminels concernant les impôts appelés *aides*, gabelles, tailles.

AIGALISSE, ÉGALISSE, s. f. — Réglisse. — Du vieux français *ergalisse*, dont nous avons fait *aigalisse*, sous l'idée d'*aigue*, eau, la réglisse servant à faire la boisson que nous désignons sous le nom de coco.

AIGLEDON, s. m. — Édredon. Se dit uniquement du carré gonflé de plumes qu'on met l'hiver sur son lit, tandis qu'en français on l'entend aussi du duvet lui-même. Lorsque, devant l'excellent père Mésoniat, on disait aigledon, il souriait finement. Trop poli pour vous reprendre en face, il saisissait l'instant d'après l'occasion de vous rectifier en disant négligemment: *Il faisait si chaud cette nuit, que j'ai été obligé d'ôter mon aigredon.* — Allem. *eiderdaunen*, s. f. pl., de *eider*, sorte de canard à duvet, et *daun*, duvet. Le peuple ne sait pas ce que c'est qu'un *eider*, mais il sait ce que c'est qu'un *aigle*. Pour lui, l'aigledon est du duvet d'aigle, quoiqu'il sache bien que c'est du duvet d'oie.

AIGRAT, s. m. — Raisin resté vert, vendanges faites, dénommés aussi *conscrits*. Chez nous on défendait toujours aux billouds de mettre des aigrats dans les benots. — Vieux français *aigras*, même sens, d'*aigre*.

AIGRE, adj. — *Pierre aigre*, pierre cassante, qui saute sous le ciseau: qui a un caractère aigre, quoi !

Faire aigre, Agir à l'extrémité d'un levier pour soulever un fardeau. Une de mes parentes disait de son mari : *Il est si tellement agrobé qu'il faut faire aigre avec une barre pour lui lever la tête de dessus sa chaise.* — D'*acrem*, chose pointue, parce que le presson dont on se sert pour faire aigre est pointu.

AIGUE, s. f. — Eau. Vieilli. Mon père avait une petite maison en rue de l'Hôpital. Chaque année il vendait le contenu de la fosse à un gandou, nommé Bordat, qui disait orgueilleusement : « Depuis deux cents ans, les Bordat sont gandous de père en fils ! » On allait ensemble lever le bouchon. Bordat n'entendait pas acheter chat en poche. Il trempait son doigt, qu'il passait sur ses lèvres en faisant *hhhupph* — *tquiou !* (*tquiou*, c'est pour cracher) : *M. Puitspelu, y est que d'aigue !* — Mon père de protester, disant qu'il connaissait trop bien ses locataires pour les croire capables de mettre de l'eau dans la marchandise, comme les laitières. Fin de compte, mon père demandait quatre pistoles. Bordat en offrait deux. On perdait trois quarts d'heure à disputer et l'on faisait pache à trois pistoles. C'était toutes les années le même commerce. — D'*aqua*.

AIGUE-ARDENT, s. f. — Eau-de-vie. On trouve au xvᵉ siècle des mentions d'achat par la ville d'aigue-ardent pour la fabrication de la poudre, dans la confection de laquelle elle entrait. Vieilli, mais encore conservé dans nos campagnes. — D'*aquam ardentem*.

AIGUILLES, s. f. pl. — 1. Manquablement vous avez vu tirer le vin ? A la maye sont accolés deux montants verticaux entre lesquels glisse le chapeau et la roue avec. Ce sont les aiguilles. Ce nom d'aiguilles se donne souvent en technologie à des pièces verticales.
2. Organes de la Jacquard. C'est une série d'aiguilles placées horizontalement, en nombre égal à celui des crochets (voy. ce mot). Ces aiguilles ont un mouvement de va-et-vient qui permet à celles qui pénètrent dans les trous des cartons de garder suspendus à un chas ou anneau les crochets verticaux, et de tenir levés les fils qui correspondent; tandis que celles qui sont repoussées par les parties pleines des cartons laissent les crochets libres, et, par conséquent, les fils en repos.

AIL. — *Compliment à l'ail.* Dire à une dame qu'elle a passé trente ans, c'est lui faire un compliment à l'ail.

Pratique à l'ail. Ce n'est pas une bonne pratique. Le mot vient probablement de ce que les pratiques qui sentent trop l'ail n'appartiennent généralement pas à la classe des gros financiers. Par extension : Mauvais sujet.

AILE. — *Pied d'aile.* Bandes de maçonnerie de un pied à gauche et un pied à droite d'une gaine de cheminée appuyée contre le mur du voisin, et qui se payaient en plus de la mitoyenneté de la gaine. — Image poétique. Ces deux bandes sont considérés comme les ailes de la gaine.

AIMER. — *Aimer quelqu'un comme la minuit de la veille de deux fêtes.* Expression qui nous reporte au temps antérieur au Concordat où les fêtes étaient multipliées. Dans la *Déclaration d'amour d'un ouvrier en soye à une satinaire, du 15 navri 1785,* on lit : « Mais jetons voir z'un voile n'épais sur ce sujet z'aussi funeste que fâcheux, bien persuadé que vous m'aimerez comme la mi-nuit de la veille de deux fêtes, et que votre constance nous fera goter à tous deux le fruit de n'amour que ne doit fini qu'avec la vie. »

AINSI. — *Ainsi par conséquent.* Proscrit par Molard comme formant pléonasme. Pourtant on dit bien *enfin finalement !*

Ainsi comme ainsi, locution pléonastique très usitée dans le vieux français pour *ainsi.*

AIR. — *Aller grand air et belles manières.* Blâmé par Molard, qui ajoute : « Dites grand'erre. » Il est bien vrai que le mot *air* a été mis ici par confusion avec *erre,* comme dans cette phrase : « Le vaisseau va grand *air* » pour *erre.* Mais *aller grand erre et belles manières* est absurde. C'est comme si vous disiez : « Cet homme va très vite et belles manières. », Ce n'est que lorsqu'on a eu compris *air* pour *erre* qu'on a ajouté « belles manières », parce que le grand air et les belles manières vont ensemble. Comp. *beau jeu, bon argent.*

Avoir l'air d'avoir deux airs. Se dit de quelqu'un qui trahit par son manque d'assurance l'ambiguïté de sa conduite. Lorsque mon brave camarade Gouillasson surprit sa femme en fabricandélits avec son faux ami Pétavoine : *Dites donc, vous,* lui fit-il avec dignité, *vous me faites encore l'air d'avoir deux airs !*

Il est toujours en l'air. Se dit de quelqu'un qui est empressé, qui se donne constamment du mouvement. « Le cancquié Dagniel, qu'était toujou en l'air, » dit l'auteur de la *Châste Suzanne.*

Avoir ce petit air. C'est ce que, dans leur argot, les Parisiens appellent avoir du chien. Ma grand', en passant un jour à Sainte-Foy devant la porte de sa chambre, aperçoit, en train de relever ses cheveux devant la glace, sa femme de chambre, qui disait : *Je ne sons pas jolie, mais tout de même j'ons ce petit air !*

Un air de feu vaut souvent mieux qu'un air de violon. Proverbe dont, par les temps froids, j'ai maintes fois vérifié l'exactitude.

Cette femme a l'air bonne. Seule forme française, en dépit des grammairiens qui veulent qu'on dise *a l'air bon,* parce que « bon se rapporte à air ». Alors quand, d'après vos principes, vous dites : « Cette pomme à l'air cuit », c'est donc l'air qui est cuit, badauds ? Comprenez donc que ce n'est pas l'air de la femme qui est bon, mais la femme qui a l'air (d'être) bonne ! Pure ellipse.

Donner de l'air à quelqu'un. Ce n'est pas l'éventer, mais lui ressembler. J'assistais un jour à une reconnaissance touchante : *Ah ! monsieur,* disait devant moi un vieillard à un jeune homme, *j'ai beaucoup connu monsieur votre papa. Le digne homme ! nous nous somîes bien souvent soûlés ensemble. C'est extraordinaire comme vous lui donnez de l'air !*

Avoir l'air, appliqué à une femme ou à un objet du genre féminin, régit toujours le féminin : *Cette femme a l'air bonne; cette poire a l'air verte.* Par analogie, nous disons : *Cette fleur sent bonne; cette moutarde sent forte.*

AIRER, v. a. — Aérer. Un bonhomme de marchand de soye était allé aux Célestins, ensemble sa femme et sa fille. Le lendemain il se plaignait à moi du manque d'air : *J'ai été obligé de venter tout le temps pour airer la loge.* Il voulait dire, je suppose, faire du vent avec un éventail. — Vieux franç. *airer.* « Ayrez ces draps de paour des vers. » (Cotgrave.) L'Académie dit encore en 1694 : Airier, chasser le mauvais air de quelque endroit. » *Aérer* est un barbarisme. Si l'on doit dire *aérer,* il faut dire de l'*aèr.*

AIRT, s. m. — Art, science,

C'est la châste Suzanne, habile compagnonne
Du bel airt de la soie.

(*La Châste Suzanne.*)

Dans la langue moderne *art* ne s'applique plus guère qu'aux Beaux-Arts. Jadis le mot s'appliquait aux professions manuelles. Aujourd'hui il n'y a que des ouvriers. Jadis il y avait des *artisans*. Quand il fallait une certaine dose d'intelligence, de discernement, de goût pour l'exercice d'une profession, celle-ci était un *art*. Quand l'objet est fabriqué, éternellement le même par une machine, ce n'est plus que l'affaire d'un métier, ou plutôt, comme on dit, d'une industrie. — Corruption du franç. *art* sous l'influence bizarre de *air*.

AIS A CHAPLU. — Gros plot de bois ou planche épaisse sur laquelle on hache la viande et les herbes. — De *chapeler*, à Lyon *chapler*. *Chaplu* n'existe plus. C'était, en patois de Lyon, un substantif répondant à un français supposé *chapeleur*.

AISE. — *Être mal à son aise*, Être un peu fatigué, mal en train, mal à l'aise. Une des chansons favorites du père Thomas, sur la place Bellecour, était la *Belle Bourbonnaise*, par lui revue, corrigée et considérablement... embrenée. Je ne m'en rappelle que deux moitiés de couplets :

La Belle Bourbonnaise,
Elle est mal à son aise;
Elle est dessus la chaise;
Ell' ne peut pas caga,
Ah! ah! ah! ah!

Or sus, le médecin qu'on a envoyé quérir, ordonne un remède :

Puis d'une main adroite,
Écartant gauche et droite,
Par une voie étroite,
Le lavement passa,
Ah! ah! ah! ah!

Être à son aise, Être dans l'aisance.

ALEXIS, s. m. — Élixir. Nous avons l'alexis de la Grande-Chartreuse, qui est souverain pour tout; l'alexis de longue vie, qui assure une longue existence à ceux qui deviennent vieux. « Je li donne d'alexis de longue vi, mais elle a perdu le parlement; elle rote de fiageôles et se parpe le cropion. » (*Ressit des Amours et Calamitances.*)

ALINGEN. — Que de fois, quand j'étais tout petit, entre chien et loup, qu'on entendait siffler le vent dans les portes mal jointes de Sainte-Foy, ma mère a eu la bonté de m'amuser en jouant avec moi à *alingen* (alinjan). Elle prenait une poignée de haricots dans sa main fermée et me disait : *Alingen!* A quoi je répondais : *Je m'y mets.* — *Jusqu'à quant* (quantum, que je comprenais *quando*)? — *Jusqu'à six.* Elle ouvrait la main; il y en avait neuf! J'avais perdu trois haricots. — Et à mon tour de prendre des haricots et de dire *Alingen!* etc. — Charbot traduit *alingen* par « Allons, Jean ! » Et je pense qu'il a raison, car le Dauphiné, d'où nous vient probablement le jeu, traduit « Allons, Jean ! » par *Allein, Jan!*

ALLÉE. — *Allée qui traverse*, Allée qui a deux issues. Où est-il le temps où, par quelque grosse radée, je venais de la place de la Comédie chez nous, en rue Belle-Cordière, d'allée qui traverse en allée qui traverse et toujours à la soute. Mais hélas : « Où est la très sage Heloïs? »

On assure que le bien parler exige *allée de traverse*. Pourtant, dans « allée qui traverse » il n'y a qu'une de ces métonymies d'effet pour la cause, dont la langue française est si coutumière. Ne dit-on pas, suivant l'Académie, une *rue passante*, une *couleur voyante*? Une rue qui passe, une couleur qui voit, ne sont pas moins rares qu'une allée qui traverse.

Cette expression est si répandue chez nous que Saint-Olive, qui soignait son style, n'a pas manqué à écrire, dans ses *Vieux Souvenirs* : « Un jour, je me trouvais dans la cour d'une maison qui traverse de la place de la Comédie à la rue Désirée. »

ALLÉE DES MORTS. — C'était une allée assez large, basse et voûtée en nervures du xv⁰ siècle, jouxte la façade de Saint-Nizier, au sud. Elle conduisait à un passage découvert, qui communiquait avec la rue de la Fromagerie. On a démoli l'allée et la portion de maison placée au-dessus. Le passage, fermé le soir par une barrière, est partout découvert. On l'appelait *allée des morts*, parce que les enterrements qui venaient du côté de la Fromagerie y passaient pour entrer par la façade de l'église.

ALLÈGE, s. f. — 1. Terme de construction, Fort bloc de pierre, grossièrement équarri, que l'on place sur le béton en basses fondations, et en hautes fondations sous les piliers isolés. — D'*alléger*, parce qu'en répartissant le poids, on allège le point qui supportait le fardeau.

◄ 2. Terme de vidange. Au jour d'aujourd'hui on cure, parlant par respect, les fosses de jour et de nuit, été et hiver. Jadis les fiacres de Venissieux n'étaient autorisés à charger que du 1ᵉʳ novembre au 1ᵉʳ mai, de 10 heures du soir à 3 heures du matin. Pourtant arrivait-il des fois que les fosses débordaient; le contenu se répandait dans les caves, dans les puits, dans les cours. Bocon épouvantable par toute la maison. L'argenterie devenait noire, les boiseries peintes à la céruse se plaquaient de traînées grises. Alors on courait à la Cⁱᵉ, qui, vu l'urgence, était autorisée à *faire une allège*, c'est-à-dire, parlant par respect à enlever suffisamment de clair pour faire de la place jusqu'à l'hiver. Mais comme déjà on falsifiait toutes les denrées, et que la matière n'était quasiment que de l'eau, au lieu de l'emporter à domicile, on la vidait dans le Rhône de dessus le pont. — Et vous savez maintenant ce que c'est qu'une allège !

ALLER. — *Aller à l'économie*, Ne pas attacher ses chiens avec des saucisses. M. Z..., gros négociant lyonnais, non sans talent sur le violon, était à la fois passionné pour la musique et pour l'économie. Un soir, chez Mᵐᵉ ***, où l'on faisait des séances de quatuor, il jouait faux comme Judas. — « Mais Monsieur X..., lui fit Georges Hainl, votre chanterelle est trop basse ! — Sans doute ! reprit-il, mais si je la montais, elle courrait risque de se casser. »

Aller contre les beaux jours, contre l'hiver. Simplification de l'expression « aller à l'encontre de ».

Aller de pied, pour aller à pied (mais on ne dit pas *aller de cheval*). Analogie avec d'autres locutions telles que *aller du pied comme un chat maigre*; *n'y aller ni de pied ni d'aile* (Montaigne), etc.

Cet homme me va: c'est-à-dire, me botte.
Aller du ventre. Point d'explication. *Venir du corps.* Voy. *Aller du ventre.*

Je t'allais au devant. Molard a oublié celle-là, si usitée à Lyon. En effet, on ne va pas « au-devant quelqu'un ». Mais la locution est si enracinée que je serais bien étonné si nos académiciens s'en privaient.

Aller au-devant par derrière. Se dit de quelqu'un qui use de moyens détournés.

Aller en champ, Mener paître les bestiaux.

Aller tout à la douce, *Aller tout plan plan*, Aller tout doucement, ne pas être malade, mais ne pas être resplendissant de santé. Le dialogue suivant se répète cinq cents fois par jour à la Croix-Rousse et à Saint-Just : *C'est toi, ganache! Comment que te vas ? — C'est donc toi, grande bugne ! ça va ben tout plan plan.* — La première locution s'explique toute seule; la seconde est le *piano piano* des Italiens.

Où vas-tu ? — Je vas place Sathonay... je vas rue Mercière, pour « à la place Sathonay » ou « en rue Mercière ». Mais on ne le dit pas devant un nom de quartier. On ne dit pas : *Je vais Vaise... je vais Perrache*. Il faut dire alors : « Je vais *en* Vaise », et « *à* Perrache ».

ALLONGER. — *Allonger une sauce*, Y ajouter de l'eau, du bouillon. *Sauce longue, sauce allongée*, est-ce français, je n'en sais rien, mais c'est bien pittoresque.

S'allonger, v. pr. — Allonger son chemin: — *Te vois don pas que des Terreaux en passant par Vaise pour aller à Perrache, nous nous allongeons ?* — Métonymie, comme il en existe tant d'exemples dans le français.

Allonger la demi-aune. Voy. aune.

ALLONS. — *Allons, bien pensé!* Locution approbative, que les gens aimables et bienveillants, comme nous sommes tous, nous autres Lyonnais, ne manquent jamais à dire chaque fois qu'on leur fait part de quelque détermination. Le brave et digne P. l'avait constamment à la bouche. Un jour il rencontre un ancien ami qu'il n'avait pas vu depuis longtemps : *Qu'è que t'as fait depuis moi, mon pauv' vieux ? — Je me suis marié.* — *Allons, bien pensé!* — *Oui, mais je suis devenu veuf.* — *Allons, bien pensé !*

ALLURÉ, ÉE, adj. — Se dit de quelqu'un dont on voit bien, à ses yeux, que sa tête n'est pas cuite. L'origine est *déluré* pour *déleurré*, qui ne se laisse plus prendre au leurre (piège). Cette origine ayant été perdue de vue, on a rapporté *déluré* à *allure*, et l'on a trouvé bien plus logique de dire *alluré*, comme on dit d'un cheval fringant qu'il a de l'*allure*.

ALOSE. — Ah ! comme cela sentait le beau printemps et le soleil et les fleurs ! le temps qui s'approchait de monter à Sainte-Foy ! lorsqu'on entendait crier par les rues :

A — lo —,sa, lo – sa ! la coua bou — li — gue !
(Alose, alose ! la queue frétille !)

ALOUETTE. — *Alouette de savetier.* Elle est un peu grosse, mais l'estomac d'un bijoutier sur le genou ne saurait se contenter des béatilles d'une petite-maîtresse. Il exige des choses légères, mais cependant substantielles : de la soupe de gaude froide, de la tripe, des fiageôles, des matefaims, et, quand on l'y peut joindre, une alouette de savetier, c'est-à-dire une dinde.
Alouette de Crémieu, même sens.

AMANDRE, s. f. — Amande. Mermet donne un compte de « Despence », où, sous la date du 8 janvier 1583, est inscrite « une liure d'amandres ». Dans l'*Entrée de Bacchus* 1627), on lit : « blan comme amandra. » — Représente correctement *amygdalum*, par la transformation de *l* en *r*. tandis qu'*amande* est irrégulier. Le mot lyonnais a, de plus, l'avantage de ne pas faire confusion avec *amende*, d'*amender*. Montant un jour les Génovéfains avec une aimable jeune personne, nous arrivons à un certain endroit où il y avait alors une haie. *Fi, l'horreur!!* s'écriat-elle, *la police devrait bien leur mettre des amendes!* Elle entendait qu'on devrait punir d'une amende les auteurs. Si je ne l'avais pas connue pour bonne Lyonnaise, j'aurais pu, à l'audition, hésiter sur le sens à attacher au mot *amende.*

AMATER, v. a. — Amadouer. *La Jeône a fini d'amater le François; i vont se joindre devant le curé.* — Origine scandinave. Danois *made*, nordique *mata*, appâter.

AMBRE, s. f. — Osier blanc, *salix viminalis.* On dit aussi *une ambre* pour « un lien d'ambre ». — On sait qu'*Ameria* était une ville de l'Ombrie, où l'osier était si commun qu'il en a pris en latin le nom d'*amerinum* Georg. l. i, v. 265). *Amerium* est le simple d'*amerinum. Erium*, suffixe, donne *ier*. Mais il n'en est pas de même de *erium* non à l'état de suffixe (comp. *arius* suff. = *ier* et *arius* de *varius* = *vair*). *Amerium* se comporte comme *amerum* = patois *ambro*. La forme francisée *ambre* est devenue féminine par analogie avec la plupart des mots français terminés en *e* muet.
Fin comme l'ambre, Se dit de quelqu'un avisé et subtil. M. POLAILLON : *Mme Patrigot n'est pas rien tant bête!* - Mme POLAILLON : *Bête! elle est fine comme l'ambre!* Fin a été pris d'abord au sens de pur (comp. *argent fin, ambre fin*). Puis on a joué sur le mot.

AMBRIER, s. m. — Plant d'osier. Fait sur ambre, avec le suffixe *ier* des noms d'arbres.

AMBUNI, AMBOUNI, s. m. — Nombril. *Ambuni de Vénus*, Sorte de pêche à nombril bien marqué. « Le boyau fisical que sortait de l'ambuni comme un bout de canette à travers l'agnolet. » (*Adresse des Canus.*) — En vieux franç. le sens s'était étendu à fente d'un noyau. « Icelluy fruit..., lequel a au milieu du noyau une fendure que aulcuns dient *ambonil*, et d'icelle viennent les racines. » Aussi, dans nos vieux vitraux, voyons-nous l'arbre mystique plongeant ses racines dans l'ambuni de Jessé. — D'*umbilicus*.

AME. — *Comme le bon Dieu attend mon âme.* Comparaison très usitée. *Il attend cet héritage comme le bon Dieu attend mon âme.* Expression aimable qui marque ici et la foi de nos pères et la vive attente dans laquelle on peut être d'un héritage.
Ame de peloton. Morceau de papier plié ou de carton sur lequel on enroule le fil. Ainsi nommé parce qu'il est dans l'intérieur du peloton comme l'âme est dans le corps.
Une étoffe qui n'a que l'âme. Étoffe tout à fait légère, qui n'a point de corps. naturellement, puisqu'elle n'a que l'âme.

AMENER (S'). — Expression spiritualiste. Pour s'amener soi-même, il faut être deux : l'âme et le corps, la première conduisant le second. — Se dit plus particulièrement des personnes un peu puissantes, qui marchent lentement : *Voilà le père Plaindessoupe que s'amène.* On ne dirait pas d'un cheval de course qu'il s'amène. — Latinisme. *Duxit se foras,* dit Térence ; mot à mot, il s'amena dehors.

AMORTIR, v. a. — Tuer. *J'ai amorti ma polaille pour le dîner.* — C'est le mot français au sens étymologique.

AMOUREUX. — *Cette fille a un amoureux,* locution proscrite par Nolard qui dit : « L'amoureux est celui qui aime sans être aimé ou même connu ; il se dit des choses (!) comme des personnes. L'amant est celui dont l'amour est partagé et approuvé (en effet, s'il est partagé, il est probable qu'il est approuvé). Il ne se dit pas des choses. » Pourtant, je lis dans l'Académie ; « Amoureux est aussi un substantif, et alors il signifie amant. » (Édit. 1798.) — Les grammairiens sont décidément trop bugnes. — Figurément et pris comme adjectif, il s'applique aux choses : *Amoureux comme un buisson d'épines.* D'un cactus : *Jolie plante, mais peu amoureuse.*

AMUSER, v. a. — Faire perdre du temps. Un commis de ronde : *Vous n'avez quasi rien fait, depuis la dernière fois, père Pelosse ! — C'est ben ben vrai, Mecieu Trancanoir, mais que voulez-vous ! Du depuis, j'ai perdu ma pauvre femme. Manquablement ça m'a amusé quèques jours.* (Historique.)

ANCHE, s. f. — Robinet de bois. *Acheter le vin à l'anche de la cuve,* Acheter le vin au sortir de la cuve. — Vieux haut allemand *ancha,* qui a voulu dire tibia, puis tuyau, exactement comme en latin *tibia* veut dire os de jambe et flûte.

ANCHOIS. — *Avoir les yeux bordés d'anchois.* Se dit de quelqu'un qui a le bord des paupières rougi. Un de mes camarades refusa un riche mariage sous le prétexte que la future avait les yeux bordés d'anchois. On dit aussi : *Bordé de maigre de jambon.* Les deux locutions sont également approuvées par l'Académie.

ANCIEN, s. m. — Homme qui a des ans beaucoup. Chez nous, on vénère les anciens parce que, communément, l'âge appelle la raison et donne l'expérience. *I faut croire le père Pocachat, c'est un ancien !... Fais-moi voire le plaisir d'ôter ton bugne devant les anciens !... Tâche moyen de quaisi ton bé quand c'est de z'anciens que pôrlent !...* Voilà ce que vous entendrez chez nous. — Les Parisiens disent : « un vieux, une vieille barbe, un ramolli, un gâteux. » Nous disons, nous, ou du moins de mon temps on disait respectueusement : « un ancien. »

ANCRIE. — *Être à l'ancrie,* être aux abois, au propre ou au figuré. — Du radical d'*angor,* d'*angere,* avec une queue en *ie,* comme dans *piper-ie, moquer-ie.*

ANDIER, s. m. — Mot perdu à Lyon depuis qu'on se chauffe au charbon, mais dans nos campagnes on s'en sert encore. C'est le gros chenet de cuisine (car il y a toujours un gros et un petit chenet). Le gros porte en haut une sorte de bobèche pour recevoir l'écuelle où l'on mange la soupe ; et des crocs le long du fût pour soutenir la queue de la poêle. — Vieux franç. *landier,* mais sous sa forme primitive et correcte, l'*l* étant une addition fautive par confusion avec l'article (*l'andier*)

ANDOUILLE. — *Grand dépendeur d'andouilles.* Se dit d'un homme très grand, parce qu'il faut être, en effet, très grand pour dépendre sans échelle les andouilles du plafond. — *C'est une andouille,* C'est un grand imbécile.

ANE. — *Ane de nature,* qui ne sait pas lire son écriture.

On ne ferait pas boire un âne qui n'a pas soif.

Têtu comme un âne rouge. Je ne sais pas si en réalité les ânes rouges sont beaucoup plus têtus que les autres, mais le populaire le prétend des hommes, des Allemands, par exemple, dont la chevelure est parfois d'une belle couleur racine jaune. De la sorte, l'entêtement naturel à l'âne, joint à l'entêtement naturel au rouge, joint à l'entêtement naturel à l'Allemand, tout cela doit faire un fameux entêtement.

Ce mot, *Ane rouge,* est synonyme de mulet, parce que le mulet a souvent le poil plus ou moins rouge, ce qu'on n'observe pas chez les ânes.

N'est-ce pas d'un auteur oriental que j'ai lu cette phrase : « Cette terre est si fertile que, même labourée par des ânes rouges, elle est productive » ?

L'âne va toujours pisser au gaillot (parlant par respect). — Manière de dire que c'est vers les riches que la richesse afflue. Le français exprime la même chose avec moins d'élégance : « L'eau va toujours à la rivière. »

C'est un grain de millet dans le bec d'un âne. — Je connaissais un jeune homme qui cherchait à se marier pour payer ses dettes. On lui proposa « une femme de cinquante mille francs ». — *Cinquante mille francs,* s'écria-t-il, *c'est un grain de millet dans le bec d'un âne ! — Ce n'est pas le grain de millet qui est trop petit,* repartit le beau-père, *c'est l'âne qui est trop gros.*

Insulter l'âne jusqu'à la bride. — Oui Monsieur, me disait amèrement un bonhomme, *il m'a insulté jusqu'à la bride !*

On a beau siffler, parlant par respect, *quand l'âne ne veut pas pisser.* Il est inutile d'insister auprès des gens dont la volonté est arrêtée.

Une paille tombe l'âne quand il est assez chargé. — Les gouvernements ne se souviennent pas assez de ce dicton, quand ils établissent les impôts.

Sérieux comme un âne qu'on étrille. — Se dit de quelqu'un absorbé dans ses grandes pensées.

Se carrer comme un âne qui étrenne une bride. — Se dit parfois d'un radical qui vient de se faire nommer député.

Joyeux comme un âne qui a un bât tout neuf. — Se dit de quelqu'un qui sort de la mairie quand il vient de se marier.

Ça lui est défendu comme le pater aux ânes. — « On dit que X... a fait une bonne action. — *Ça lui est défendu comme le pater aux ânes.* »

Une petite mouche (parlant par respect) *fait peter un gros âne.* C'est, sous une forme plus attique, le grain de sable dans l'urètre de Cromwell, dont parle Pascal.

Chargé comme un âne de vendange. — Très chargé. Cela nous reporte au temps où, vu l'absence de chemins carrossables, la vendange était transportée à dos d'âne.

Pour âne doit servir qui s'est loué pour âne. — Se dit quelquefois de certains élus du suffrage populaire.

ANÉE, s. f. — Autrefois mesure de liquides et de grains. *Anée* ne s'emploie plus que comme mesure de vin. Dans le cartulaire de Savigny, charte de l'an 1070, l'on trouve : *Unus asinus oneratus de vino.*

L'ânée de Lyon était de 93 lit. 22 centilitres.

ANE-VIEUX, s. m. — Orvet ou serpent de verre. — Curieux exemple de corruption par rapprochement des sons, contrairement au sens. *Anguis* a donné le bas latin *anwilla,* anguille, vallon *anweï (anwillum).* Ce *w* a passé à *v* simple : franç. *anvoye,* bourguign. *anveau* ; forézien *aniveï* (par insert. d'un *i* quand la prononciat. de *n* se faisait encore sentir), orvet ; puis, plus près de nous, à Mornant, *ónivi,* devenu à Craponne *óniviu,* correspondant exactement au mot de Lyon *âne-vieux.* — Et voilà comment une anguille a été transformée en un vieil âne.

ANGE. — *Il semble qu'un ange vous lâche l'aiguillette dans la bouche.* — Locution pour exprimer le dernier mot de l'enthousiasme quand on boit du bon vin.

Un ange dont on a ôté le g. — Trop véridique jeu de mot ! Que de jeunes gens croient épouser des anges !

> *Devant mon œil ébloui,*
> *Le G tombe ! — D'un vol preste*
> *L'ange s'est évanoui,*
> *Et morose, l'âne reste.*
>
> (Lamartine.)

ANGLAISE, s. f. — Redingote de forme ancienne. *Lodoïska, donne-moi mon chapeau monté, mes souliers bronzés, mes pantalons à petit pont et mon anglaise.*

ANGUILLE. — *Anguille de buisson,* couleuvre. Ceux qui bravent le préjugé prétendent que rien n'est friand comme une anguille de buisson à la tartare.

ANGUILLER, v. a. — Tromper en amadouant. — Du vieux franç. *guiller,* tromper. On devrait écrire *enguiller,* mais l'origine étant oubliée, on y a vu un dérivé d'*anguille.* C'est ainsi que l'orthographie M. Aniel. — *Guiller* a une origine germanique : anglo-saxon *vile,* anglais *wile,* ruse.

ANGURIE, s. f. — Pastèque. Mot recueilli par M. Aniel, mais ne l'entendis oncques. Pourtant je le crois exact, car il existe à Genève sous la forme *angurine,* et on retrouve à Lyon la plupart des mots genevois. — De l'espagnol *angurria,* même sens. Larramendi le rapporte au basque.

ANICHON, s. m. — Petit ânon. — C'est à tort que le bon Molard prétend qu'il faut dire *ânon*. *Anon* est le diminutif d'*âne* ; *ânichon* est le diminutif d'*ânon*. C'est du reste du vieux franç. (Cotgrave).

ANIER, s. m. — Le conducteur du tombereau qui ramasse les équevilles. Autrefois il n'y avait pas de service de balayage. Des paysans du voisinage, afin de se procurer de l'engrais, venaient remplir les paniers de leurs ânes avec les équevilles que les ménagères jetaient à leur porte. Il en était ainsi à la fin du xviii° siècle pour Naples même. D'où l'importance de l'Ânier. Le mot s'est conservé lors même que l'ânier ne conduit plus un âne, mais un tombereau.

P. Blanc remarque très justement que l'ânier ne revendique son titre qu'au jour de l'an, rapport aux étrennes.

ANILLE, s. f. — Béquille. *Un pauvre affligé qui marche sur des anilles.* — *Anilles* s'est conservé dans le blason. C'est une figure représentant exactement deux becs d'anille adossés, appelant bec le morceau en forme de demi-lune qui se place sous l'aisselle. — De *anaticula*, petite canne. La signification primitive était pièce de fer en forme de queue d'aronde, puis birloir. L'analogie de la forme a amené le sens. Comp. *béquille*, manivelle de serrure ; *bec de cane.* Les anilles du blason sont probablement la représentation de l'objet primitif.

ANISETTE, s. f. — Eau-de-vie anisée. Voyez *Eau blanche.*

ANNÉE. — *Année de foin, année de rien.* Pour ce qu'années de foin sont années de pluie ; et que les années de pluie, qui font le bonheur des ânes, font l'infortune des chrétiens, le raisin voulant soleil. Par quoi avait raison l'ancien curé de Condrieu disant le soleil être, après Dieu, notre plus grand bienfaiteur ; vu que le bon soleil fait le bon raisin, le bon raisin fait le bon vin, le bon vin fait le bon sang, et le bon sang fait le bon sens, qui est le plus grand bien de la vie.

ANNONCÉS. — *On les a annoncés dimanche.* Métonymie simplifiante pour : « Dimanche dernier, à l'église, on a annoncé leur mariage. »

ANSE. — *Elle a passé devant le four d'Anse elle ne sait plus rougir.*

Le *four* d'Anse, le *forum.* Place au-devant de l'ancienne porte, où se tenait et se tient peut-être encore le marché.

On explique l'origine de ce dicton par ce fait que les femmes d'Anse, en attendant leur tour de cuisson au four banal, avaient l'habitude de conversations si scandaleuses et même d'actes si libres que rien ne pouvait plus faire rougir les témoins de ces scènes. (*Histoire d'Anse* par Yves Serraud.)

Sur l'origine de la locution : *Elle a passé devant le four d'Anse,* un écrivain lyonnais, qui a publié récemment sous le pseudonyme de Gil Bert d'intéressantes études sur notre région, donne l'explication suivante. Elle n'est peut-être pas d'une rigoureuse exactitude ; elle mérite cependant d'être signalée.

« Une célébrité singulière, écrit-il, s'était « attachée à Anse : elle avait pour cause le « four banal où se cuisait le pain de toute « la ville. Les femmes d'Anse, alors con- « nues pour leur beauté, se réunissaient sur « une place, devant le four, pour attendre « leur tour de cuisson, et comme la route « de Paris passait là, elles arrêtaient les « voyageurs, les accablaient de quolibets « et finissaient par en venir à des voies de « fait qui allèrent jusqu'à des mutilations « fâcheuses. De là le dicton connu dans « toute la France pour désigner une « effrontée : *Elle est moins que rien, elle* « *a passé devant le four d'Anse.*

« Et souvent, quand un régiment pas- « sait devant le four, les officiers fai- « saient mettre baïonnette au canon et « criaient : Garde à vous ! »

De Villefranche à Anse, la plus belle lieu de France. — A cause de la fertilité du terrain.

ANSIÈRE, s. f. — Manette. — D'*anse*, qui suffisait, car *ière* ne sert pas plus ici qu'une cinquième roue à un bateau. Mais le suffixe *ière* s'employant en général pour composer des noms d'objets, on a voulu mettre *anse* en harmonie avec *aiguière, lanière, jarretière, pissotière*, etc.

A N'UN. — Manière de détruire l'hiatus, toujours choquant pour le populaire. Christine, la bonne de ma grand', achetait-elle les pastonades à n'un sou le paquet, ne se doutant mie qu'elle copiait Villon : « Dites-moy où, *n'en* quel pays,

— Est Flora, la belle Romaine ? » — Ainsi ont fait les grammairiens eux-mêmes lorsqu'ils disent : *A-t-on vendu* pour *a on vendu ?* Donc Christine avait raison.

Nous trouvons cette *n* si douce à l'oreille que nous la mettons parfois où elle n'est pas absolument nécessaire. A Saint-Vincent, une bonne femme priait à la chapelle de saint Roch. Dans sa ferveur, elle s'était mise tout contre le saint. En se relevant, le coin du piédestal accrocha sa robe. Un peu suffoquée, elle s'écria d'un ton de reproche : « *Oh ! grand saint, à votre n'âge, vos badinarió !* » Remarquez que cette bonne femme arraisonnait d'une façon fort logique : Puisqu'on dit : *mo n'âge, to n'âge, so n'âge,* se pensait-elle, on doit dire *notre n'âge, votre n'âge, leur n'age.*

APINCHER, v. a. — Épier, guetter, surprendre. En police correctionnelle : L'ɛs-picieɴ : *J'ai apinché le Miché, que lichait ma castonade.* — L'ᴀᴘᴘʀᴇɴᴛɪ, qu'est un savant, qu'a été aux laïques, et que connaît les sujontifs, d'un ton à la Mâdier de Montjau : *Fallait-i pas que l'épicier s'en mélasse !* — L'ᴇsᴘɪᴄɪᴇʀ, furieux : « *Qu'est que te dis, sans mélasse ! j'en ai deux pleins caquillons dans mon cavon !* — De *ad-spectare,* étymologie confirmée par le vieux prov. *expinctar.*

APLATER, v. a. — Unir, rendre plat. *Aplater le linge,* manière de laver les draps dans certains hôtels. On les étend sur une grande table, on les asperge, comme les morts d'eau bénite. On étire bien les draps, on les plie et on les aplate au moyen d'une planche qu'on charge de pierres. Le drap est lavé.

APOLOGIE, s. f. — Critique virulente. *J'ai rencontré Mme Potinet à la plate. Nous ons parlé de la Rosalie. Je te promets qu'elle a fait son apologie.* — Ce n'est point une antiphrase employée par ironie. Nous n'y mettons point des intentions aussi subtiles. C'est une simple erreur de sens, motivée par ce fait qu'*apologie* est un mot savant que l'on ne comprend point. Dans une apologie, on parle nécessairement de quelqu'un, De parler à en mal parler, il n'y a qu'un pas. Il y a, même en français, des exemples de ce genre d'interversion de sens. Même pour beaucoup de lettrés, parler compendieusement d'une

chose, c'est en parler longuement. Au contraire, c'est en parler brièvement. Mais la longueur du mot *compendieux* a fait croire qu'il s'agissait de quelque chose de long.

APPARER, v. a. — Tendre la main, son tablier, se disposer à recevoir quelque chose qu'on vous jette. Lᴀ ᴍᴀᴍᴀɴ, donnant une gifle à la Fine, qui n'a pas été sage : *Tiens, appare-moi ça !* — D'*apparare,* préparer, disposer quelque chose pour un certain but.

APPESER, v. a. — Appuyer fortement. Quand les amoureux se promenaient la nuit sans électricité dans les fossés de la Croix-Rousse, ils n'appesaient jamais le pied sans précaution. — De *ad pensare.* En franç , on dit *peser sur :* deux mots pour un.

APPONDRE, v. a. — 1. Ajouter. *Appondre une corde,* y ajouter un [morceau. *Le pauvre monde ont tant de peine à appondre les deux bouts !...* Lorsque, en remontant votre longueur, il vous arrive de saigner un fil, vous l'*appondez* vite à l'aide du roquet de jointe.
2. — Atteindre. *La cantinière appondait à la boutonnière du tambour-major. Le nouveau fusil appond à sept cents mètres.* Image très exacte, puisque la trajectoire *appond* les deux points extrêmes. — De *ad ponere,* comme *pondre,* de *ponere.*

APPONDU, UE, partic. d'*appondre.* — *Ils étaient appondus* (parlant par respect). — Se dit parfois d'un chien et de sa dame.

APPONSE, s. f. — Ajouture. Les rallonges d'une table sont des *apponses.* — D'*appondre,* probablement par analogie avec *réponse,* de *répondre.*

APPRENDRE. — *Il* ou *Elle veut apprendre à son père à faire le z'enfants.* — Se dit de quelqu'un voulant en remontrer à un autre qui en sait plus long que lui.

APPRENTISSE, s. f. — Apprentie. Le bourgeois (chef d'atelier), le compagnon, l'apprentisse sont en train de dîner. L'ᴀᴘᴘʀᴇɴᴛɪssᴇ : *Bargeois, faites don fini le champagnon, i ne pitrogne par dessous la table !* — Lᴇ ʙᴏᴜʀɢᴇᴏɪs, à voix basse :

Quaisé-te don, Parnon, y est moi ! — L'APPRENTISSE : *Ah ! y est vous, bargeois ! faites, faites !*

Archaïsme. « Mon iugement ne sçait pas faire ses besongnes d'une puérile et apprentisse intelligence. » (Mont.) — Nicod, 1618 : « Apprentisse, f. g. de apprenty. » En 1694, l'Académie dit encore : « Apprentif, ive, ou apprenti, isse. » Apprentisse est absolument régulier, car apprenti est tiré du bas lat. *apprenticius*. La forme *apprentif* est postérieure.

APPROCHANT. — *Il y a approchant deux ans.* — Il m'est impossible de comprendre pourquoi cette jolie locution ne serait pas française.

APPROPRIER, v. a. — Nettoyer. *J'ai approprié ma chambre, mes culottes, mes grolles, mon visage.* — Dérivé très logique de *propre*, comme *nettoyer* de *net*.

APRÈS. — *Être après faire quelque chose* est proscrit par les savants. Mais tandis que le bon Molard écrit : « Dites il est *après à* dîner », le bon Humbert[1] écrit : « Ne dites pas il est *après à* écrire sa lettre. » Est-il possible que ni l'un ni l'autre n'eussent pas lu l'Académie : « J'ai trouvé que mon avocat était *après* mon affaire. Je suis *après à* écrire. » Entre nous, cette dernière locution avec ses deux prépositions en contact est horrible. A Lyon, nous ne l'employons jamais, mais seulement la première. « Je vois le vieux patron (saint Joseph), — qui est *après* sa soupe », dit un noël lyonnais.

En retour Humbert et Molard s'entendent tous deux pour proscrire : « Il nous a couru *après*. » — Et l'Académie qui donne cet exemple : « Les uns attendent les emplois, les autres courent *après* » (!) Tant de légèreté chez des hommes si respectables d'ailleurs !

La clef est après la porte. — Cette expression, familière au populaire parisien, est peu usitée chez nous. Elle me semble à rejeter, car la clef peut être aussi bien avant la porte qu'après, suivant le côté que l'on considère.

Attendre après quelqu'un. Demander après quelqu'un. Envoyer après quelqu'un.

---

[1] Jean Humbert, savant genevois, professeur d'arabe à l'Académie de Genève, correspondant de l'Institut, mort en 1851, est l'auteur d'un *Nouveau glossaire genevois*, comprenant les idiotismes et les expressions en usage à Genève.

— Ces dernières locutions ont leur correspondant en allemand : *Jemand nachfragen. Nach einem schicken.*

Cette tournure n'est pas proprement allemande. L'expression correcte est *Nach Jemandem fragen* (comme on a *Nach Einem schicken*), mais je trouve *Jemand nachfragen*, comme un idiotisme répondant à « demander après quelqu'un. » dans *Les Fautes de langage corrigées*, par A. G., I v. in-8°, Neuchâtel, 1829-1832.

La bourgeoise est toujours à me crier après. — Ça, c'est partout.

Après vous, s'il en reste. — Formule polie que l'on emploie lorsqu'on fait servir quelqu'un avant soi. Un de mes amis, très courtois, lorsqu'il se rencontrait avec un inconnu à l'entrée d'une vespasienne (elles n'étaient alors qu'à une place), ne manquait jamais de lui céder le pas, en disant : *Après vous, s'il en reste !* Mais il lui arrivait parfois de tomber sur une personne ne voulant pas être en infériorité de politesse, de sorte qu'après beaucoup de cérémonies, chacun se refusant à passer le premier, ils allaient à la vespasienne suivante, où, se rencontrant de nouveau, ils recommençaient.

Le cheval est après la voiture. — *Être après quelqu'un*, Le tourmenter, le harceler. S'emploie le plus souvent avec toujours. La mère François, une forte femme, saine et appétissante malgré ses quarante-cinq ans, était notre marchande de charbons. Elle était assistée dans son commerce par son grand diable de neveu qui allait sur ses dix-huit ans. Je lui disais un jour : *Eh ben, mère François, il en doit passer de la viande chez vous, avec l'appétit de Zavier et le vôtre ! — Oh !* qu'elle me fit, *je ne lui donne que de soupe et de truffes. Si je lui donnais de viande i me serait toujou après.*

ARABE, s. m. — Dur en matière d'intérêt, usurier, avide. *Emprunte pas d'argent au père Ruinard, c'est un Arabe.* On a coutume d'appliquer des sens injurieux aux noms de nationalités étrangères : *Un Anglais* (un créancier), *un Grec* (un filou au jeu), etc., mais je n'ai jamais entendu le nom d'Arabe en ce sens qu'à Lyon. Pourtant on a rarement l'occasion d'emprunter aux Arabes.

ARAIGNER, v. a. — Oter les toiles d'araignée. *Marie, vous secouerez mes bamboches, vous approprierez les souliers, vous baguetterez la roupe de monsieur, puis vous arai-*

gnerez le salon. — Formation peu logique. Araigner, c'est proprement mettre des araignées. Il faudrait *désaraigner*.

On dit aussi d'une jeune personne qui jaunit, qu'elle a besoin de se faire *araigner* (P. Blanc).

ARAIGNOIR, s. m. — Boule de crin au bout d'un long bâton et dont on se sert pour araigner. On l'appelle aussi *tête de loup*. — D'*araigner*, avec le suffixe *oir* dont le lyonnais fait une terminaison masculine, contrairement à l'usage le plus commun en français (*écritoir* pour *écritoire*, etc.).

ARBALÈTE, s. f. — Défaut dans une pièce de soie. Lorsqu'il se trouve dans la chaîne quelque gros bouchon, la trame s'y accroche, ne joint pas l'étoffe, et tire comme la corde d'une arbalète dont le bouchon est la flèche. — C'est curieux ce qu'il y a d'arbalètes, dans la pièce de la vie !

ARBORISTE, s. f. — Femme herboriste. Encore un métier perdu, hélas ! Que voulez-vous qu'on gagne, bonnes gens, à vendre un sou de mauve ! Autrefois, elles tenaient certains petits remèdes, mouches de milan, etc., dont on leur a interdit la vente. — Ce n'est point une corruption d'*herboriste.* C'est un vieux mot, fait sur *arbor*, et qu'on trouve encore dans La Fontaine.

ARBOUILLURES, s. f. pl. — Échauboulures. — Composé du vieux franç. *ars*, brûlé, et *bouillures*, de bouillir. Comp. vieux franç. *échaubouillures*, où la seconde partie du mot est aussi *bouillures*, et où la première est faite avec *chaud* au lieu de *ars*.

ARBOUVIER, s, m. terme de batellerie. — Mât que portait la première barque d'un train de bateaux et auquel on attachait la maille. — D'*arbor* (*malus navis*), avec le suffixe *arius = ier. Arborarium* donne *arbrouier, arbrou-v-ier, arbouvier*. Comp. le vieux franç. *arbrier*, arbre de couche.

ARBRE DE PRESSOIR. — La vis du pressoir. Le français a de même l'arbre des moulins à sucre, l'arbre de couche, etc.

ARCADE, s. f. terme de canuserie. — Fil très fort composé de quatre ou cinq fils de lin tordus ensemble, qui s'emploie pour la fabrication des façonnés. Le fil d'arcade supporte le fil de maille, auquel est ap-pendu le maillon où passe le fil de la chaîne. Les dessins ne comprenant généralement pas toute la largeur de l'étoffe, mais formant plusieurs *chemins* (voy. ce mot), les arcades correspondantes dans les chemins sont réunies deux par deux au moyen d'une boucle et accrochées au fer de collet. Si le dessin a six chemins, on aura à chaque collet trois *boucles d'arcades* formant six *branches d'arcades*. La mécanique, en enlevant le collet, enlève les arcades et les fils de maille correspondants. Mais pour que les fils de la chaîne ne soient pas tiraillés obliquement des bords au centre, on fait passer les fils d'arcade dans une planchette horizontale, nommée la *planchette à arcades*, où les arcades sont enfilées suivant un ordre désigné. Par ainsi les fils de maille gardent la position verticale, et les branches d'arcades seules sont inclinées du bord au milieu. Elle forment une sorte d'arcade ; d'où le nom. – Par extension : *Une arcade.* Un bout de ficelle.

ARCHET, s. m. 1. terme de maçonnerie lyonnaise. — Petit arc en briques, jeté au-dessus d'une baie pour protéger la couverte.

.2. terme de charpenterie lyonnaise. — Le petit cintre qui sert de moule à cet arc. — Diminutif d'*arc*. Comp. le franç. *archet* de violon qui, au moyen âge, avait exactement la forme de notre archet.

ARÇONS, s. m. pl. — Ce sont les petits arcs qui forment une voûte au-dessus de la tête d'un berceau, et sur lesquels, pour abriter le mami, on pose un morceau d'étoffe qu'on nomme *couvre-arçons*. — D'*arc*, compréhensiblement.

ARCS. — Voy. *arqueducs*.

ARDENTS, s. m. pl. terme de construction. — Pierre d'attente qu'on laisse en saillie en construisant la tête d'un mur, pour que, plus tard, le temps venu de bâtir la maison voisine, on puisse la relier à l'ancien mur sans avoir besoin d'y pratiquer des prises. — De *redent*, devant lequel on a proposé un *a* pour la commodité de la prononciation : *aredent* est devenu *ardent*, sous l'influence de *ardent*, d'*ardentem*.

ARÉOSTAT, s. m. — Aérostat. Métathèse si facile que, même des personnes qui n'ont pas fait leur éducation autour du collège, comme l'auteur, la commettent quelquefois.

ARGENT. — *Être chargé d'argent comme un crapaud de plumes.* Voy. *chargé.*

Avoir de l'argent. — Se dit d'une boule lancée trop fort. *Laissez passer, elle a de l'argent*, dit-on pour se gausser du joueur. En effet, quand on a de l'argent on va loin.

L'argent est ronde, c'est pour qu'elle roule. A quoi il y en a qui répondent : *L'argent est plate, c'est pour qu'elle s'empile.*

Argent ou blé. — C'est notre commun proverbe pour dire qu'il faut payer de manière ou d'autre, en argent ou en équivalent. Cela me remémore une petite dame de mes voisines qui disait qu'elle payait son propriétaire en blé.

Prendre quelque chose pour de l'argent comptant. — Jouer le rôle de dupe, croire à des mensonges.

Argent blanc. — Espèces monnayées par opposition au papier. Le souvenir des assignats a tellement persisté à Lyon que pendant longtemps le billet de banque n'a été accepté qu'avec méfiance. Encore tous les baux d'aujourd'hui portent la vieille formule : *payables en espèces d'or ou d'argent ayant cours*, formule vaine, d'ailleurs, si les billets de banque ont cours forcé.

En 1840, nous occupions un appartement rue Belle-Cordière (aujourd'hui rue de la République), n° 17. Propriétaire, le père Nant, vieil entrepreneur, primitivement chapelier, sourd comme un tupin, très honnête homme d'ailleurs, qui avait bâti l'immense cour des Fainéants. Sur la frise de la façade qui regarde le midi dans la cour, il avait fait peindre l'inscription suivante :

L'industrie et les arts ont changé mon destin;
Cour des fainéants j'étais, cour des diligents
je suis devenue.

Le public, selon son habitude, fit des couyonnades là-dessus, et l'on effaça l'inscription, comme plus tard, pour raisons de même genre, on effaça le distique de Soulary sur l'horloge intérieure de la Bourse.

Revenant à mon propos, lorsque, pour la première fois advint Noël, mon père porta le loyer en billets de banque, que le père Nant refusa d'un geste à faire rentrer sous terre M. Soleil qui orna cependant tant de billets de sa griffe vénérée. Mais le Soleil, quoi qu'on en dise, ne luit pas pour tout le monde. Il fallut renquiller ses chiffons et revenir avec de l'argent blanc. — *Argent blanc* est un archaïsme qu'on trouve au Diction. de l'Acad., édit. de 1694.

Je n'ai pas encore vu la couleur de son argent. — S'entend de reste.

Argent de poche. — Argent pour les menus plaisirs. Humbert écrit : « Dites argent de *la* poche. » Mais non, mais non ! La suppression de l'article indique une généralité ; sa présence, une localisation : l'argent de *la poche* que voilà. L'argent *de poche*, c'est l'argent des poches en général. De même dit-on « un voleur *de* grand chemin » ; et non « un voleur *du* grand chemin » ; et « un coup *de* bourse », et non « *de la* bourse », etc.

ARGENTÉ, ÉE, adj. — Qui est moyenné. La contre-partie est *désargenté.*

ARGENTERIE. — *Argenterie de Berlin,* Maillechort, métal blanc. — Après la guerre de 1870, en dépit de la rançon énorme du vaincu, il y eut une crise financière terrible à Berlin: On en fit des gorges-chaudes, maigre reconfort, hélas ! de la perte de l'Alsace et de la Lorraine, et le populaire donna à la fausse argenterie le nom d'*argenterie de Berlin.*

Argenterie de Saint-Claude. — Couverts de buis qui se fabriquent à Saint-Claude. Pour fatiguer la salade on ne se sert que d'argenterie de Saint-Claude, vu que le vinaigre abîme l'argenterie.

ARIAS, s. m. pl. — Tumulte, cris, embarras. Je connaissais deux modères, grands amis. Naturellement, l'un fut surpris en fendant des lyres (expression de la belle-mère d'un certain poète) avec la femme de l'autre. Ménélas de tomber à coups de poing sur Pâris. Celui-ci réparant en hâte le désordre de sa toilette : *C'est don pour ça que te fais tant de z'arias ! C'est pour ça que te cognes un ami de vingt ans ! C'est bon! c'est bon! On s'en rappellera !...* Contient le radical du vieux fr. *harier*, harceler, vexer: *arrie*, obstacle ; *harel*, émeute, tumulte ; *harer*, exciter un chien à combattre. Orig. german. Scandinave *harry*, piller.

Aria est français et dérivé de *Aria*, grand air d'opéra. (Mami Duplateau.)

ARME. — *Passer l'arme à gauche.* Mourir. De ce que, lorsque le soldat est dans le rang, l'arme au pied, le fusil est à sa droite. Passer l'arme à gauche, c'est n'être plus sous l'attitude militaire, c'est avoir rompu l'ordre, le rang.

ARMURE, s. f. terme de fabrique, — 1. Mode de croisement des fils de la chaîne avec les fils de la trame. En ce sens, le taffetas est une armure, le satin en est une autre,

2. Spécialement se dit au contraire d'une étoffe qui a un autre mode de croisement que le taffetas et le satin, par exemple d'un sergé. *Que fais-tu en ce moment ? Du taffetas ? — Non, c'est une armure.* On les fabrique maintenant avec de petites mécaniques. — Ital. *armadura*, armure. Le croisement des fils a été comparé à celui des mailles de l'haubergeon.

ARPAILLETTE, s. f. terme de batellerie. — Sorte de petit aviron qui peut servir soit de petit arpi, soit pour gouverner un barquot, soit même au besoin pour pagayer. Il se termine en façon de palette, avec deux pointes de fer au bout. — D'*harpailler*, fréquentatif de *harper*, saisir.

ARPAN, s. f. — Mesure de longueur que les gones, lorsqu'ils jouent aux gobilles, prennent du bout du pouce à l'extrémité du médius, en étendant la main le plus possible. — De *palmum*, qui a donné le provenç. *pan*. La première partie du mot (*ar*) a sans doute été rapportée sour l'influence du franç. *arpent*.

ARPE, s. f. — Griffe. *L'arpe du chat est bien mauvaise*, disait mon maître d'apprentissage, *mais l'arpe de la femme est encore plus mauvaise.* — Vieux prov. *arpa*.

ARPI, s. m. terme de batellerie. — Croc avec pointe emmanché d'un long bâton. Le marinier s'en sert tour à tour pour repousser le bateau loin du bord ou pour l'y attirer. — D'*arpe*, avec suff. patois *i*, répondant au franç. *ier*. Dans l'*Hist. de N.-D. de Bonnes-Nouvelles*, on lit : « Se voûa, elle et son mary, à N.-D. et aussitôt, au premier coup d'*arpic*, furent tirés. » L'auteur a pourvu *arpi* d'un *c* final, parce qu'il a vu dans le mot l'idée de *piquer*, *arpicque*, *arpic*.

ARPION, s. m. — Ergot, griffe. *Se dresser sur ses arpions*, Se lever, et aussi se mettre en mesure de combattre, comme le coq. — Dérivé d'*arpe*.

ARQUEBUSE. — *L'eau d'arquebuse de la Déserte* était jadis célèbre pour les chutes, les contusions, les maux de tête, apo-

ploxies, etc., etc. Il y en avait dans toutes les maisons. Assez agréable au goût, elle devait contenir, avec de l'arnica, quantité d'ingrédients. Elle se préparait à l'abbaye royale des Bénédictins de la Déserte, qui occupait l'emplacement actuel du Jardin des Plantes et de la place Sathonay. Dans mon enfance, on disait toujours *aller à la Déserte* pour « aller à la place Sathonay ». Ma grand'mère maternelle avait été l'amie de la dernière abbesse, Mme de Montjouvent, qui après la Révolution, réduite à une grande gêne, lui vendit un très beau reliquaire du xviie siècle, que nous possédons encore et qui contient une quantité extraordinaire de reliques. Mme de Montjouvent, restée d'humeur fort gaie, en dépit de l'adversité, s'était retirée dans un humble logement, avec sa fidèle Julie, sa femme de chambre au temps de l'abbaye, et son perroquet. Ce perroquet avait été élevé dans les grandes traditions. Quand Mme de Montjouvent entrait, il scandait lentement, avec des inflexions de théâtre, un : « Bon-jour, Ma-da-me l'Ab-besse ! » Quand c'était Julie, il n'y mettait pas tant de façons, et se bornait à lui dire d'un ton bref : « Julie, baise mon c.. ! »

La recette de l'eau d'arquebuse était, dans mon enfance, conservée par les dames Garcin, deux vieilles, qui avaient été au couvent. A leur mort elles la léguèrent à la fabrique de Saint-Louis (aujourd'hui Saint-Vincent), qui, à son tour, l'a cédée à un pharmacien de la place de la Miséricorde.

ARQUEDUCS, s. m. pl. (Quelques-uns disent *archiducs*, mais c'est une faute.) — Aqueducs. — Les Lyonnais ont vu dans *arqueducs* un dérivé d'*arcs*, nom sous lequel on désigne aussi les aqueducs. A Saint-Irénée, il y a le *chemin des Arcs*, ainsi nommé parce qu'il y avait d'anciens aqueducs

ARQUET, s. m. t. de canuserie. — Petit ressort qui est fixé à la pointizelle (voy. ce mot). La pression de l'arquet a pour but d'empêcher la canette de se dérouler trop vite, et par conséquent de maintenir une certaine tension à la trame. « Mon cœur gassait comme une canette dont l'arquet de la pointizelle est trop mince. » (*Réponse de la satinaire*, 1795). — Diminutif d'*arc*.

ARRACHURE, s. f. terme de canuserie. — Lorsque, en pinçotant sa façure, un canut trop vif enlève brusquement un bouchon ou une coste, il arrive parfois qu'il fait tirer le coup de trame tout entier ou un fil de chaîne et en arrache un morceau, ce qui est fort vilain. Ce défaut s'appelle une *arrachure*.

ARRAISONNER, v. a. — Faire des remontrances. *J'ai arraisonné ma femme, rapport que je la trouve tous les soirs à minuit avé le Michel, que c'est pas joli.* — C'est *raisonner* avec le préfixe intensif *a*. Comp. *arregarder, appeser.* — On dit aussi quelquefois *arraisonner* pour raisonner simplement. *C'est h'un homme qu'arraisonne bien.*

ARRAPER, v. n. — Adhérer. Le petit Jujules : *M'man, ma chemise que s'est arrapée.* — *La soupe de gaude a arrapé au fond du tupin.* — D'*arrapare* pour *arripere*. La contre-partie s'est conservée dans le terme de marine *déraper*, lever l'ancre.

ARRAPEUX, EUSE, adj. — Se dit d'un objet qui a la qualité d'arraper. *J'ai mangé de mélasse, ça m'a metu les mains tout arrapeuses.*

Se dit aussi de certaines poires qui dessèchent la bouche en râpant la langue. C'est une forme de *râpeux*.

ARREGARDER, v. a. — Regarder attentivement, fixer fixement. *I m'a z'arregardée entre les deux yeux... — Arregardez voire!* locution pour manifester de l'étonnement. — De *regarder*, avec préfixe intensif. Le bon du Fall emploie *agarder*. « Car, agardez, elle eût échiné un homme. » En effet, cela se voit tous les jours.

ARRENTER, v. a. — Louer à bail. *Arrenter une terre, une maison.* — De *renter*, au sens primitif, avec préfixe intensif *a*.

Pour ce, le jardin lui transfère,
Que maistre Pierre Bourguignon
Me renta...

(Villon.)

ARRÊTE, adj. des 2 g. — Mon camarade Ricot n'eut jamais de chance. Il n'avait pas plutôt remonté sa montre qu'elle était « arrête »; voulait-il manger une pomme, elle était « gâte »; voulait-il aller à la campagne, il était sûr de recevoir une avale d'eau et de rentrer tout « trempe »:

portait-il seulement trois ans un pantalon, il était « use »; se trouvait-il deux minutes à un courant d'air, encore bien qu'il eût deux onces de coton dans les oreilles, il avait tout de suite la gaugne « enfle »; mangeait-il seulement deux livres de flageôles, il était « gonfle », et s'il y ajoutait une livre de double, il était « tube ».

Remarquez que les sept attributs en question ont cela de particulier qu'ils sont des adjectifs et non des participes, c'est-à-dire qu'ils expriment un état, une qualité, et non une action. On dit : « cette pomme est *gâte*, » mais « cette pièce est *gâtée* », pour dire qu'elle a été gâtée par le canut. Dans le premier cas, la pomme a une qualité, dans le second la pièce a subi une action.

La formation d'adjectifs sur le radical des verbes est un vieux procédé de la langue française. Comp. *asseür, sûr, d'asseürer*.

ARRIÉRAGE, s. m. — Arriéré.

ARRIÈRE. — *Être en arrière d'un terme*, Pittoresque expression pour dire que l'on n'a pas pu payer le terme écoulé.

ARRIÈRE-GRAND-PÈRE, s. m. — Bisaïeul, Expression très heureuse et très exacte : le père en arrière de mon grand-père. On dit cependant que ce n'est pas français parce que l'aïeul est *avant* le père et non *en arrière*. C'est juste. Je reçois précisément une lettre de décès où il y a *arrière-grand'tante*. Pour parler français il eût fallu mettre *avant-grand'tante*, hein ?

ARRIMAIS, adv. et interj. — Donc, certes, présentement, en vérité. « Vous avez vu, arrimay, ce te z'heroïne d'Angolême, à l'aureure de sa jeunesse. » (Les *Canettes*.) — C'est *ad retro magis*, c'est-à-dire *arrière* et *plus*, passé au sens de : même plus, enfin plus, encore plus. Le vieux français *arrier* signifie « derechef, aussi ».

ARS (ar). — *C'est un bois d'Ars*. Se dit d'un endroit où l'on est pillé, volé. *La Bourse est un bois d'Ars*. Quant on a un peu dépassé Limonest, en allant à Villefranche, on a le bois d'Ars à sa gauche. L'expression vient de ce que jadis l'endroit était célèbre par ses arrestations à main armée. Notre bois d'Ars est la forêt de Bondy des Parisiens. — De l'all. *Hartz*, montagne couverte de-forêts.

ART' CHOUYI! BOUM! — Chemin de campagne. Passe un homme. Sur son dos une hotte de cuir aux flancs arrondis comme les vases canopes des Égyptiens. Sur la hotte, un morceau de cuir épais, roulé. Dedans, un marteau, des broquettes, un poinçon, du ligneul. Au-devant de la maison il crie : *Art'chouyt !* — A quoi, si vous étiez gone, vous avez aussitôt répondu : *Boum !* en vous ensauvant, crainte d'un bon coup de gaule.

Art' chouyt ne représente rien de moins que la contraction de cette phrase : *Raccommodeur de souliers* (!). La voix appuie surtout sur les toniques : *eur* devenu *ar*, et *iers* devenu *yt*. Les trois syllabes initiales sont tombées. Reste *ar d' souyis* (pour *soulhis*), transformé en *art' chouyts* par la prononciation de *ch* pour *s*, les regrolleurs étant tous Auvergnats.

J'ignore absolument ce que signifie la réponse *Boum*.

(La Convention avait fait des levées en Auvergne, pour grossir l'armée qui assiégeait Lyon. Quelques-uns de ces bataillons se débandèrent au premier coup de canon. Si bien que plus tard, quand les pacifiques carreleurs de souliers reprirent, aux environs de Lyon, leur cri : *Carl' d' chouyt !* les gones ne manquaient jamais de leur répondre, en imitant les gens qui veulent faire peur : *Boum !*)

ARTE (on ne fait pas de liaison devant *a* : *les-h-artes*), s. f. — Teigne, insecte. La Comtesse : *J'ai oublié de faire baqueter ma palatine par mes domestiques : les artes ont tout petafiné le minon.* — De *tarmitem*, comme le démontrent les diverses formes des dialectes congénères. — Vieux franç. *artre*, ver qui ronge le bois.

ARTET, s. m. — Homme adroit et rusé. *C'est un artet : i se vous fait de l'argent où les autres n'en mangent.* — Du vieux franç. *arteus* : 1. qui opère avec adresse, prudence ; 2. qui opère avec artifice, ruse, *Arteus* vient lui-même d'*artem*.

ARTIGNOLE, s. m. — Ne se dit pas en manière d'éloge. L'artignole est vif, remuant, verbeux, menteur, sans parole, sans honneur, faiseur d'embarras. Que d'artignoles parmi nos politiciens ! — *Artet*, plus un suffixe péjoratif de fantaisie, comme dans *torgnole, croquignole*.

ARTILLERIE DE VILLEURBANNE. — C'était ces voitures peintes en vert, chargées chacune d'un immense tonneau et pourvues d'une lanterne, dont la lueur bleue semblait un poétique rayon de lune emprisonné, qui, la nuit, ébranlaient en files interminables le pavé de nos rues.

J'avais un camarade amoureux, dont la flamme habitait cours Bourbon, en face du pont Charles X. C'est sur cette place que, sur le coup de dix heures du soir, l'artillerie se rassemblait afin de prendre le mot d'ordre et se répandre de là, sous la direction de pointeurs incomparables, — car ils ne manquent jamais leur coup, et, où qu'ils visent, ils atteignent toujours le nez, — et se répandre de là, dis-je, dans tous les quartiers de la ville. Un soir, à la fenêtre, en face de cette multitude de lumières bleuâtres, comme en juillet, au sein de la nuit, les lucioles dans la baie de Naples ; au bruit sourd des flots du Rhône couvert de brouillards ; respirant ces effluves étranges transformés par l'amour, ils se jurèrent d'éternels serments, que le temps, hélas ! emporta où sont maintenant les brouillards de cette soirée !...

Mais, naguère encore, lorsque mon camarade apercevait de loin ces lumières connues, que son odorat était frappé par ces effluves mnémoniques, il était ému comme à l'heure de ses serments, ses genoux se dérobaient !... Le jour où l'on a vidé les fosses à la vapeur..., il en est mort.

On dit aussi *Fiacres de Villeurbanne*, les propriétaires de ces véhicules étant répartis surtout dans cette florissante contrée dont Venissieux est l'Athènes, et Villeurbanne l'heureuse Mycènes, fertile en chars.

La langue lyonnaise, toujours délicate, emploie aussi l'image élégante d'*Essence de Venissieux*, au lieu des expressions naturalistes ou même scientifiques, en cours dans la langue littéraire, et qui ne réveillent aucune idée agréable.

Enfin les extracteurs de cette utile essence forment l'honorable corporation des *Parfumeurs de Venissieux*.

ARTISON, s. m. — Ver qui mange le bois. — Du vieux franç. *artuison*, formé sur *artuis*, trou de ver ; formé lui-même sur *arte*.

ARTISONNÉ, ÉE, adj. — Piqué des artisons. A une soirée : *Savez-vous que Mme Claqueposse, avè ses quarante-cinq ans, n'est rien artisonnée !*

ARTISONNEUX, EUSE, adj. — Se dit du bois qui a des artisons. Si vous achetez votre lit de noces au Cupelu, prenez bien garde qu'il ne soit pas artisonneux, parce que cela fait des appartements pour les bardanes.

ARTON, s. m. — Pain. Ne s'emploie plus que dans les expressions : *Quel troc d'arton!... Donne-moi une chique d'arton*, et autres de ce genre. On ne va pas « acheter de l'arton ». D'Ἄρτον, par un bas latin *artonum*.

ARTOUPAN, s. m. — Mauvais sujet. Il y a une signification péjorative croissante dans ces trois mots : *artet, artignole, artoupan*, tous dérivés du vieux franç. *arteus*. *Oupan* est un suffixe de fantaisie pour accuser le caractère.

ASCENSION. — *A l'Ascension, des cerises sur le pont.* — L'origine du proverbe, d'après des anciens, serait un cerisier qui avait pris racine entre les pierres, sur un éperon du Pont du Change, et qui avait communément des cerises à l'Ascension.

AS DE PIQUE. — Éminence triangulaire qui sert de couronnement à l'édifice du croupion chez les poulailles, canards, etc. A un festin de noces, le père de la mariée au jeune frère de celle-ci : *Cadet, veux-tu le perrier? — Non, p'pa, j'aime mieux l'as de pique.*
  Si bien qu'on approprie l'as de pique, il garde toujours le goût, pour dire que l'on ne peut jamais corriger complètement les penchants naturels.
  De la forme de la chose, qui est très exactement celle d'un as de pique.
  On dit aussi : *Me prends-tu pour un as de pique?* pour : « tu me laisses là campé? »

ASPERGÈS, s. m. — 1. Goupillon. D'un prêtre qui officie bien, l'on dit en manière de louange qu'il est venu au monde l'aspergès à la main.
  2. La cérémonie qui précède la messe. *Je suis arrivé à l'aspergès.* — D'*Asperges.* premier mot de l'antienne chantée à la cérémonie. Aussi les personnes qui savent le latin disent de préférence un *aspergès meis,* ce qui est très bon latin, puisque les premiers mots de l'antienne sont : *asperges me hys | opo...*

ASSASSINER. — *Assassiner un travail, un ouvrage.* Cette expression dépréciante est plus particulière au bâtiment. Une fois je regardais une pierre de choin mal taillée et me fâchais : *Ah, mecieu Puitspelu,* faisait la coterie, *cette pierre est si résistante! — C'est cela, elle vous résistait et vous l'avez assassinée!* Le malheureux n'avait jamais vu jouer *Antony,* il ne comprit pas.

ASSOLIDER, v. a. — Consolider. *C'te table branlicote, faut l'assolider.* — Fait sur *solide,* avec le préfixe *a,* de *ad.* Comp. *assainir, assaillir, assécher,* etc.

ASTHME, adj. des 2 g. — Asthmatique. Que voulez-vous, bonnes gens, en partie tous les vieux Lyonnais sont asthmes. C'est les brouillards. — Sur cette « adjectivation » du substantif, comp. le vieux franc. *crampe* pour atteint de la crampe.

ATOUSER, v. a. — *I te lui, a atousé un emplon!* — D'*atout,* lorsque déjà le *t* final était tombé dans la prononciation.

ATOUT, s. m. — Coup, gifle, *donner, recevoir un atout.* Un mari ne doit jamais donner un atout à sa femme sans une urgente nécessité. — De l'impression désagréable éprouvée par le joueur qui voit tomber un atout de la main de son adverversaire. Ce mot, si répandu, est tout récent. On ne le trouve dans aucune pièce ancienne.

ATTATTENDS! — Interjection qui se prononce en frappant du pied sur le temps fort, non, je veux dire sur le *ttends* fort, dans les grandes occasions, par exemple si vous bichez le gone qu'est après la molette de beurre, ou votre femme qu'est en conversation trop chaleureuse. Le gone, votre femme, sentent tout de suite que cela va mal tourner. — C'est *attends,* avec un redoublement intensif. Ces *tt* sont instinctifs. Quand il lance un chien, le piqueur fait : *ta! ta! ta!*

ATTEINTE. — *Atteinte de voix,* Extinction de voix. *Atteinte* est pour *éteinte,* et *éteinte* pour *extinction.*

ATTENANT, adv. — Sans discontinuer, d'affilée. *Pour prendre appétit nous ons fait dix-sept parties de boules attenant.*

ATTIRÉE, s. f. — Lieu où l'on a l'habitude d'aller aussitôt qu'on en a le loisir. *Le Toine nous scie le dos, il a pris une attirée chez nous tous les dimanches.* (P. B.)

ATTRAPE, s. f. — Farce, mystification. Généralement on ne le croit pas français ; il est cependant au Diction. de l'Acad. Je conseillais à un jeune architecte d'aller un peu dans le monde. Comme il n'accueillait ces ouvertures qu'avec réserve, je lui en demandai la raison. *Aller dans le monde, me dit-il, ce n'est pas toujours si agréable. La dernière fois que j'y suis allé, ils ont mis de la m..élasse dans mon chapeau. Je n'aime pas ces attrapes.* — Subst. verbal d'*attraper.*

AUBERGE, s. f. — Alberge. C'est le vieux mot et le bon. Il faut dire *auberge,* comme on dit *aube, aubour, auberge* (logis) et et non *albe, albour, alberge.*

AULAGNE, s. f. — Noisette. *Quand on est jeune, on n'a gin d'aulagnes ; quand on est vieux, y a prou d'aulagnes, mais gin de dents pour les casser.* — D'*avellanea.*

AULAGNIER, s. m. — Noisetier. — *Aulagne + ier, comme prune + ier, amande + ier,* etc.

AUMONE. — *Des yeux à demander l'aumône à la porte d'un...* Tiens, je suis embarrassé pour finir !... Le lyonnais est parfois salé. — A la porte de quoi ? Est-ce d'un logis ? Oui, si le logis ressemble à un haut-de chausses. — Se dit des femmes qui n'ont pas les yeux dans leur poche.

AUMONIER. — *L'aumônier des chiens.* Titre irrévérencieux sous lequel on désigne à Lyon l'aumônier de l'Académie, je veux dire de l'École vétérinaire, bien entendu.

AUMONIEUX, EUSE, adj. — Qui fait beaucoup d'aumônes. A Lyon, il y a beaucoup de gens aumônieux. Quand M. le comte d'Herculais, notre propriétaire sur le quai Monsieur, tout petit, avec ses deux touffes de cheveux gris sur les tempes, ses yeux demi-fermés, ses jambes maigres dans un vieux pantalon venant à la cheville, son petit camail râpé, son chapeau qui montrait le carton, sortait chaque jour de la messe de dix heures à la Charité, il était assailli par une bande de quarante à cinquante cougnes. Il donnait à tous, et le plus beau, sans jamais s'impatienter. Ce n'était bien entendu qu'un grain de mil dans ses aumônes. Tous ses revenus y passaient, avec des achats de livres. — Voilà un type bien lyonnais.

AUNAGE, s. m. — *Avoir l'aunage,* Avoir la mesure. Quand les bouteilles ont commencé à ne plus tenir le litre (1852), on a dit *qu'elles n'avaient plus l'aunage.* (P. B.)

AUNE. — *Mesurer tout le monde à son aune.* — Mᵐᵉ LACOCA, en colère (elle est toujours en colère) : *Je te dis que Mme Quiquenet trompe son mari !* — M. LACOCA, pacifiquemen : *Ah bah ! Te mesures tout le monde à ton aune.*
Allonger la demi-aune — Mendier. — De ce que l'avant-bras fait à peu près la longueur d'une demi-aune.

AUTANT, adv. — Aussi bien. — Je montais un jour la rue du Commerce, au bras de ce pauvre Émile Bonnardel qui, bien que très petit, était de taille bien prise, avait un grand nez à la François Iᵉʳ, des yeux très noirs, et surtout une barbe épaisse, régulière, bien unie, auprès de laquelle la houille de Montrambert paraissait chlorotique. Passe une forte femme, brune aussi, nous dépassant de la tête, avec une poitrine, autant celle de l'épouse du Cantique des Cantiques. Jetant un coup d'œil d'appréciateur sur Bonnardel, elle dit, en passant auprès de nous : *Une femme sans tetons, un homme sans barbe, autant une...* (voir le reste dans V. Hugo). Si, malgré mon jeune âge, je n'avais pas eu déjà de la barbe, c'est moi qui aurais été humilié !

AUTEUR. — S'emploie pour Cause. M. QUIQUENET : *J'ai une boucharle à la lèvre que me picote.* — Mᵐᵉ QUIQUENET, aigrement : *Je n'en suis pas l'auteur.* — Je me demande pourquoi c'est une faute. Entre « l'auteur de mes jours », comme disent les poètes, et « l'auteur de ma boucharle », je ne vois pas l'épaisseur d'un poil.
N'être pas l'auteur que les grenouilles n'ont pas de queue, Ne pas avoir inventé la poudre.

AUTERON, s. m. — Butte, éminence. — De *hauteur,* plus suff. *on. Auteron* représente *hauteuron,* écrit *auteron* pour indiquer qu'il n'y a pas d'aspiration.

AUTRE. — *Me prends-tu pour un autre ?* Me prends-tu pour un imbécile ? Ellipse : pour un autre (que je ne suis).

AUTREMENT. — Transition ingénieuse dans l'oraison. *Et autrement, où le trouve-t-on,* ce m'ssieu ?... Autrement, que dites-vous de la politique ? On emploie aussi effectivement au même usage, en abrégeant en Fectivement.

AUTRES FOIS (LES). — Les autres fois pour autrefois me semble fort rationnel, car autrefois ne voudrait rien dire s'il n'était une apocope de « les autres fois ».

AUVENT, s. m. — Assemblage de trois planches peintes en clair au-devant d'une fenêtre. Celle d'en face, rectangulaire, est inclinée pour diriger le jour d'en haut à l'intérieur. Les deux autres, en forme de triangles isocèles, maintiennent la première et empêchent les rayons latéraux de pénétrer horizontalement. Il paraît que quelque chose de semblable était déjà connu au xviiᵉ siècle : « il a le cati et les faux-jours pour faire valoir sa marchandise, » dit la Bruyère des marchands de son temps. On met aussi des auvents aux fenêtres des couvents, des prisons, pour empêcher de voir dans la rue.

Le mot, au sens lyonnais, est moderne. En vieux lyonnais, auvent a le sens français. 1536, 25 avril, « A été ordonné à Humbert Paris, voyer de la ville... de faire abattre tous les auvans de posts (charpente) et autres forgets qui sont tant sur les rivières que parmi les rues de la Ville. »

Paraît représenter ante ventum. L'emploi de avant-vent pour auvent en vieux français donne de la créance à cette étymologie.

AVALE, s. f. — Une avale d'eau, Une trombe, une grande averse. Avale est ici par confusion avec aval, au sens de chute. Et, en effet, dans une trombe la terre avale beaucoup d'eau. « Dites avalaison ou avalasse. » (Molard.) — A quoi A. Fraisse de répondre : « Non, Molard, ne croyez pas ! Jamais je ne pourrai me résoudre à dire l'avalasse du Niagara ni l'avalaison du Rhin ! »

AVALE-TOUT-CRU. — Glouton. Au fig. matamore, avaleur de charrettes ferrées.

AVALÉ, ÉE, adj. — Avoir les joues avalées, ou creuses. C'est le contraire du sens primitif. Avalé, d'aval ad vallem, veut dire pendant, flape. Dans les campagnes le sens s'est conservé : Cela fena a le telle avalô, cette dame a des appas avalés. Mais le

sens étymologique s'étant perdu chez nous, le lyonnais a vu dans joues avalées l'idée de quelqu'un qui aurait avalé ses joues, ce qui, en effet, l'amaigrirait beaucoup.

AVALER. — Avaler le gorgeon, Essuyer une perte, éprouver un déboire, arrivé le plus souvent par sa faute. Vous avez eu l'imprudence d'entrer en visites avec la fille de votre portière, qui vous a rendu père. Force est de l'épouser. Il faut avaler le gorgeon, et quel gorgeon ! Et que de gorgeons jusqu'au dernier : « Frère, l'heure a sonné, il faut avaler le gorgeon ! »

AVALOIR, s. m. — Gosier. J'ai eu la barbe blanche longtemps avant les cheveux. Un bon canut, sans gêne, que j'avais pour ami, prétendait que ça tenait à ce que, chez moi, l'avaloir avait plus travaillé que l'entendoir.

Les Lyonnais font souvent masculin les mots en oire : un écritoir, un araignoir, un avaloir. « Dites avaloire. » (Molard.) Arm. Fraisse, qui avait subi l'influence lyonnaise, ajoute : « Encore un conseil que je ne puis me décider à suivre. » En quoi il a tort. Il disait certainement une passoire. Or qu'est-ce qu'un avaloir, si ce n'est une passoire sans grille ?

AVANCES. — Avoir des avances, être dans ses avances, Avoir quelque chose devant soi. Et en effet, celui qui a quelque chose a de l'avance sur celui qui n'a rien.

AVANGLÉ, ÉE, s. — Personne très gloutonne : Te bâfres comme un avanglé. Au fig. très avide. — Les mots d'oc afangala, avangouli paraissent donner la clef : famem plus l'armoric. gwal, mauvais. Comp. faimgale, devenu fringale. Avanglé, qui a la fringale.

AVANT, s. m. — Les anciennes églises du Lyonnais avaient souvent la grande porte abritée par un toit reposant sur des colonnes ou simplement supporté par des consoles. C'est l'avant.

AVANTAGE. — Un habit à l'avantage, Un habit à dessein un peu trop grand. On avait eu le tort de négliger de faire mon habit de première communion à l'avantage, de sorte qu'il n'a pu servir pour mon mariage.

A l'avantage. — Manière d'adieu. On sous-entend de vous revoir.

AVARICE. — *Crève l'Avarice !* Exclamation que l'on pousse lorsqu'on se livre à quelque acte d'excessive prodigalité. *J'ai acheté à ma femme pour ses étrennes une coiffe de quinze sous. Crève l'avarice !*

AVARO, s. m. — Galop, danse, semonce.

AVEINDRE, v. a. — Atteindre. *Poulotte, fais-me don passer le thomas.* — *Je peux pas y aveindre.* — D'*advenere* pour *advenire.*

AVIS. — Je copie Arm. Fraisse : « A Lyon, on prononce généralement l's. C'est une faute, disent les dictionnaires. Mais pourquoi est-ce une faute ? et où se trouve la règle invariable de la prononciation ? Est-ce que la prononciation parisienne doit être imposée à toute la France ? Que la syntaxe et l'ortographe soient unes et invariables partout dans un même pays, rien de plus nécessaire. Mais vouloir établir des règles de prononciation uniforme pour toute la France, c'est aussi absurde que si l'on voulait établir partout la même température. Gardons notre accent et ne soyons point des perroquets. Est-il rien de plus ridicule qu'un provincial qui, revenant de Paris, essaie de prendre l'accent parisien et ne réussit qu'à faire lever les épaules à ceux qui écoutent son charabia ? »

AVISER, v. a. — Regarder, apercevoir. On le trouve dans Molière : « Car, comme dit l'autre, je les ai avisés le premier, avisés le premier je les ai. » — De *ad-visare* pour *ad-visere.*

AVOCAT. — *Avocat de plate,* Lavandière. — Parce que, ainsi que les avocats, elles ont le don de l'éloquence.

AVOINE DE CURÉ. — Poivre. Même expression en provençal, *Civado de capelan.*

AVOIR. — *Avoir à aller.* — *Je m'ensauve, j'ai beaucoup d'endroits à aller.*

Avoir beaucoup de dîners. — *J'ai eu tellement de dîners ce carnaval que ça m'a mis le ventre en liaque.*

Avoir du poil aux dents. Se dit d'un brave qui ne commence à trembler que lorsqu'il voit sa tête à quinze pas devant lui. C'est très rare d'avoir du poil aux dents, les physiologistes l'ont constaté. Aussi y a-t-il des mal embouchés qui remplacent le mot de dents. Mais ce sont façons de parler qui ne sauraient trouver place dans un honnête dictionnaire comme celui-ci.

Avoir le poil à quelqu'un. — Avoir le dernier dans une contestation. *Nous ons joué aux dominos, moi Flaquet, toute l'après-dînée, mais j'ai fini par lui avoir le poil.* — De ce que, lorsqu'on se prend aux cheveux, c'est celui à qui il en reste le plus dans la main qui est vainqueur.

Avoir quelque chose devant soi. — Voyez *Avances.*

Avoir une dent qui manque. — *J'ai un marteau qu'est gâté et une dent d'en bas que me manque.* — Extraordinaire ! car enfin si ma dent manque, je ne dois plus l'avoir !

Avoir s'emploie pléonastiquement au début d'une phrase. — M. Culet : *Y a le petit Culet qui n'a que treize ans, qu'il est déjà en neuvième au collège.* — M. Lantibard : *Faut qu'il oye beaucoup des moyens.* On emploie souvent la 1re personne du pluriel : *Nous avons en partie tous les grands savants que sont un peu couyons.* Ou la 3e du singulier : *Y a M. Melachier qu'a monté une épicerie.*

AYU, part. passé d'*avoir.* — *Elle a-t-ayu vingt ans à la Saint-Fiacre.* Manière de rompre l'hiatus, qui remonte au temps où l'on prononçait *é-ü. Elle a é-ü,* quelle cacophonie ! *elle a-t-ayu,* quelle musique !

B

B. — *Marquée aux trois b* (belle, bonne, bête). On dit que c'est la femme la plus enviable.

BABO, s. m. — Léger mal. Un de mes camarades allait pour se marier, lorsqu'on crut devoir l'avertir que sa prétendue était à la tête de deux enfants. Il chargea un ami de se renseigner. — *Il n'y a pas tant de babo qu'on disait,* fit celui-ci en revenant, *il n'y en a qu'un.* — Mot enfantin comme *bobo.*

BABOCHER, v. a. — Faire des baboches. — De *bavocher*, fait sur *bave*.

BABOCHES, s. f. pl. — Bavures d'une couleur qui dépasse le trait fixé pour limite. — Subst. verbal de *bavocher*.

BABOUIN, s. m. — 1. Chrysalide du ver à soie, morte dans le cocon. Les pêcheurs s'en servent en guise d'appât. — Du mot d'oc *babau*, bête noire, farfadet.

2. Vilain museau, laide figure. Un bon père à son fils : *Va don te torcher le babouin !* Du franç. *baboin*, singe.

Baiser le babouin. — Au jeu de la glissière, quand on a perdu, baiser l'empreinte d'un sou dans la glace. Le babouin, c'est l'effigie du souverain qui est sur le sou. Dans le Dict. d'Oudin, on trouve *baiser le babouin*, faire acte de soumission.

BABOUINES, s. f. pl. — Lèvres. — Corruption du franç. *babines*, sous l'influence de *babouin*.

BACCHANAL, s. m. — Grand bruit, boucan. *J'ai z'été à la Chambre. Quel bacchanal !* Il y a maintenant à Lyon toute espèce de bière, excepté la vieille bière lyonnaise. C'est du bock-ale, du pale-ale, du scotch-ale, et même quelquefois, dans les brasseries le dimanche, du bacchan-ale.

BACHASSE, s. f. — Auge dans laquelle on donne à manger aux bestiaux, aux cayons. C'est *bachat* avec le suffixe augmentatif *asse*.

BACHASSÉE, s. f. — Une pleine bachasse. Lorsqu'un ami vous sert à table, c'est une manière polie de s'excuser que de dire : *Oh ! vous m'en servez une bachassée !*

BACHASSER. — *Un toit qui bachasse.* Se dit d'un toit qui creuse par le fléchissement des charpentes.

BACHAT, s. m. — Auge en pierre qui se place sous la pompe pour recevoir l'eau. — Du bas latin *bacca*, à la fois bateau et vase pour contenir de l'eau. Ainsi vaisseau signifie à la fois navire et vase.

BACHÉ, ÉE, adj. — Habillé, ée. Ne s'emploie qu'avec les adv. bien ou mal. *Cette dame est bien bâchée.* — *Oui, mais faudrait voir ça au déballage.*

BACHIQUE, adj. des 2 g. — Original, bizarre, comique. *Une idée bachique.* — Quand on a trop fêté le *candide Bassareu*, en effet, on a des idées bachiques, ce qui vaut autant à dire comme des idées d'ivrognes.

BACHOT, s. m. — 1. Tout petit batelet.

2. Se dit aussi du bachu et surtout du batelet qui contient le bachu (v. ce mot).

BACHU, s. m. — Coffre percé de trous, que l'on immerge pour conserver le poisson vivant. Le dessus est mobile et se ferme avec un cadenas. Quelquefois le bachu fait partie du bateau même. — De *bacca* (voy. *bachat*). Le suffixe *u* représente *orium*.

BACON, s. m. — 1. Lard. — 2. Chair salée de porc. Vieilli. — Vieux franç. *bacon*, du vieux haut allem. *bacho*, jambon.

BADE. *A la bade*, loc. adv. — Au dehors, en liberté. *Où don la Margot ? — T'as laissé la cage ouverte, arrimais elle est à la bade. — Où don ta femme ? — A la bade, comme la Margot.* — D'un subs. verbal d'*abader*, d'où l'*abade*, la bade.

BADINAGE, s. m. — Quel mot charmant, n'est-ce pas, quand nous étions petits gones ? Rien que le son en était une musique, car pour nous, de Lyon, un badinage c'est un jouet. Des soldats d'étain, à l'habit bleu de ciel, bien astiqué, que l'on range sur la table, et sur lesquels on tire des boulets en moelle de sureau au moyen de canons qui ont un ressort dans la culasse : badinage. D'autres soldats, en bois vernissé, un peu gluants, que l'on pique sur un treillis de minces lamelles en losanges articulés, et que l'on fait mettre tantôt en bataille, tantôt en ordre profond, tantôt défiler deux à deux, suivant que l'on serre ou que l'on élargit les branches du premier losange : badinage. Un âne blanc, taché de noir, avec des paniers, qui siffle de la queue (jouet classique) : badinage. Un chien sur un piédestal qui fait *ouah ! ouah !* quand on appuie sur la pédale : badinage. Jusqu'à ces fantaisies stercorales, imitations en carton, admirables dans l'ignoble, que l'on vendait au passage Coudert, et qui faisaient rire nos pères, dont rien ne choquait la délicatesse. Dans les maisons amies de la gaîté, on en mettait à table sous les serviettes, à la campagne spécialement.

Quand j'étais petit on me faisait réciter un compliment qui commençait ainsi :

Je suis un enfant bien sage,
Qui n'aim' que les badinages...

J'ai oublié le reste, tout ce qui n'était pas badinage m'intéressant moins.

BADINER, v. n. — Jouer, s'amuser. *M'man, je vas badiner avé la Josette.* A huit ans, très bien. A vingt ans, cela pourrait encore se faire, mais ne se dirait pas.

Vous badinez ! — Locut. pour manifester le plus grand étonnement. *Depuis vous, j'ai eu le malheur de perdre ma pauvre femme. — Vous badinez !*

Être tout badiné, — le contraire de tout badinant. *A un monsieur à gauche :* « Monsieur, pourquoi passez-vous en faisant semblant de ne pas me voir ? C'est une insulte ! » *A un monsieur à droite :* « Et vous, Monsieur, pourquoi passez-vous en me regardant ? C'est une insulte ! » D'où deux duels. Voilà ce que c'est qu'un monsieur tout badiné.

BAGAGNE, s. f. — Cire des yeux. *Les boûgies seront bon marché, c'te année, tes yeux n'ont prou de bagagne pour n'en faire.* Plaisanterie usitée dans le meilleur monde. — Le même que le mot d'oc *lagagno* avec changement de consonne initiale sous quelques influence inconnue : *Lagagno* paraît se rapporter au celtique : kymri *llygadgoçni*, chassie, de llygad, œil : armoric, *lagad.*

BAGAGNEUX, euse, adj. — Qui a de la bagagne.

Temps bagagneux. — Temps bruineux. L'expression ne conviendrait pas à un temps de franche pluie. C'est la différence très compréhensible, entre des yeux qui pleurent à chaudes larmes et des yeux simplement cireux.

BAGNON, s. m. — Vaisseau en bois qui sert communément à se laver les pieds. On l'emploie aussi pour la lessive, la cueillette des raisins, etc. — Diminutif de bain.

BAGNOTE, s. f. — Siège qu'on place sur les ânes à rebords pour les femmes à dossier ; non je veux dire siège à rebords que l'on place sur les ânes à dossier, pour les femmes ; non, ce n'est pas encore tout à fait cela. Enfin suffit que vous compre-

niez. — Le même que *vagnotta*, dans nos campagnes, espèce de bât pour les ânes (voyez *vagnotte*).

BAGUE D'OREILLE. — Boucle d'oreille. On en mettait sans faute à tous les gones ayant les yeux bagagneux. A quinze ans ils les bazardaient (P. B.).

Depuis que Molard le proscrivait au commencement du siècle, on l'a presque oublié. L'image était juste. Qu'est-ce qui ressemble plus à une boucle qu'une bague.

BAGUETER (et non *baguetter*), v. a. — Frapper d'une baguette un habit, une couverture, etc., à seule fin de faire sortir la poussière, avant que de les vergeter. Quand vous baguetez votre lévite, ayez toujours soin d'ôter vos lunettes de la poche de côté. On m'en a cassé comme cela plus de dix paires. *Attends que je te baguette la doublure de ta culotte !* Se dit à un enfant qu'on menace du fouet. — Époussceter, secouer, et même battre, laissent à l'idée beaucoup moins de précision que bagueter.

BAIGNEUSE, s. f. — Large repli que l'on fait à une robe, une jupe, etc., pour les raccourcir. — La baigneuse était une espèce de bonnet que les femmes portaient au bain et dont les plis apprêtés s'appelaient *plis en baigneuse.* Le nom de baigneuse a passé au pli lui-même.

BAILLER. — *Bâiller comme un saint dans le paradis.* Métaphore messéante, usitée surtout à propos d'un mari qui est seul avec sa femme.

La *porte bâille* pour « la porte est entr'ouverte ». L'Académie dit « une porte entre-bâillée ». Quand on a congé de bâiller à moitié, on peut bien prendre licence de bâiller tout à fait.

BAIN, s. m. — *Bain à la religieuse.* C'est quand les femmes, se mettant devant un grand feu, troussent leur cotte par devant et l'agitent pour chasser l'air chaud par dessous. Les bonnes femmes disent que, par les grands froids, c'est fort champêtre. — Sans doute de ce que ce genre de bain est le seul qui soit permis aux religieuses ou qu'elles aient accoutumé de prendre.

C'est un bain qui chauffe. — Se dit lorsqu'il fait un soleil cuisant, et que cependant le temps menace pluie.

BAISER, v. a. — *Tâchez moyen que vos pains ne se baisent pas dans le four,* parce que l'endroit par où les pains se touchent n'est ni cuit ni bon. L'Académie admet au reste *baisure du pain*.

Baiser le... fond de la vieille. — Se dit quand, dans une partie de boules, on ne fait point de points. Pardon de l'expression que je ne puis changer. — Et puis quoi ! les imprimeurs n'ont-ils pas toujours à la bouche des *fonds-de-lampe* , et les cuisinières des *fonds d'artichauts ?* Ne dit-on pas couleur *fond de bouteille*, noir comme le *fond de la poêle ?* Certain oiseau de terre ne s'appelle-t-il pas *fond-blanc*, et certain oiseau de mer *paille-en-fond ?* Quand on fait la moue ne fait-on pas par la bouche en *fond-de-poule ?* Ne savez-vous pas que le brave Vendôme se désolait de mourir la *paille au fond ?* Les dames ne portent-elles pas des *faux-fonds*, encore qu'il y ait quelque chose de vrai au fond ? Scarron n'était-il pas *fond-de-jatte ?* Molière ne dit-il pas : « Un *fond* de couvent me vengera de tout cela » ? M** de Genlis n'écrivait-elle pas : « Si l'on porte encore des *fonds*, je vous prie de m'en envoyer deux » » ? N'avons-nous pas tous lu, dans la *Revue des Deux mondes*, des articles de M. *Foncheval-Clarigny ?* Et la bonne religieuse ne disait-elle pas : « Je raccommode la *fonlotte* de M. le *fonré* » ?

Baiser à la religieuse. — Tous ceux qui ont pratiqué les jeux innocents (hum !) savent que c'est un baiser donné à travers les barreaux du dossier d'une chaise, figurant la grille du couvent. Je suppose l'expression répandue ailleurs qu'à Lyon.

BAISSER. — *Il n'y a qu'à se baisser pour en prendre*, pour dire qu'une chose est très commune. *Des maris qui ne le sont pas*, disait avec un juste orgueil la bourgeoise de mon maître d'apprentissage, *c'est pas de ça qu'on peut dire qu'il n'y a qu'à se baisser pour en prendre !*

BAISSIÈRE, s. f. — Bouteille que l'on a remplie avec le vin du fond de la bareille, et que l'on met communément dans le caquillon où se fait le vinaigre. Quand le caquillon est plein et qu'on a des baissières de trop, on peut les filtrer à la chausse. Cela fait encore du vin pour faire boire aux vogueurs lorsqu'ils apportent la brioche. — De *baisser*. Le mot est au Dict. de l'Acad., qui donne une définition peu exacte, en attribuant à la lie le nom des bouteilles pleines de cette lie. Notre sens est celui de Rabelais : « Quelques méchantes baissières pour le vinaigre. »

BAJAFLE, s. des 2 g. — Qui est accoutumé de bajafler. — Subs. verbal de *bajafler*.

BAJAFLER, v. n. — Parler ou agir inconsidérément. Un jour Ricot, impatienté des observations de son ami Godinard, lui répondit brusquement: *Te bajafles !* De quoi l'autre se blessa. *Mais*, fit Ricot, *je ne t'ai pas dit* (brusquement) : *te bajafles ! mais* (avec des modulations et finissant *amoroso*), *te ba... ja... fles ! — Alors !* fit Godinard, *c'est différent !* — Onomatopée d'une parole mâchonnante, avec le préfixe péjoratif *ba*. Comp. milanais *bajaffa*, même sens.

BALADE, s. f. — Promenade, avec l'idée de flânerie. J'ai vu un jour à la Guillotière cet écriteau : *A vendre, voiture de balade*. On comprenait tout de suite qu'il ne s'agissait ni d'un tombereau, ni d'un fiacre de Venissieux.

BALADER (SE), v. pr. — Se promener en flânant. En littérature il faut peser les mots. Se balader n'est pas la même chose que se bambaner. Quand on se balade, on est guilleret ; quand on se bambane, on va plan plan ; quand on est vieux comme moi, on se lentibardane. — De *baller*, parce qu'on va en se balançant comme à la danse.

BALADOIRE, adj. — *Fête baladoire*, Vogue. — De *baller*, parce qu'on y danse.

BALAN, s. m. — 1. Action de se balancer. *Une cloche qui prend le balan*.

2. *Être en balan*. — Être perplexe. Un de mes bons amis, allant pour se marier, hésitait entre deux partis : *Je suis en balan comme un chat entre deux melettes*, qu'il me disait tout pensif. — Vieux prov. *balans*, perplexité. Pour le sens 1, de *baller* ; pour le sens 2, de *balancer*.

BALANCES. — Nous employons toujours ce mot au pluriel : *J'ai acheté des balances... Les Balances de la Justice*. C'est l'idée des deux plateaux qui s'est étendue à l'objet.

BALAYER. Voy. à *Parterre*.

BALAYETTE, s. f. — 1. Petit balai de crin qui sert communément à balayer la foyère.

2. Petit balai de jonc, qui, parlant par respect, sert à approprier les thomas.

N'est-il pas bachique vraiment qu'un diminutif si naturel de *balai* ne soit pas au Dict. de l'Acad. ? M. Alph. Daudet ne s'est certainement pas douté qu'il écrivait lyonnais dans cette phrase de Tartarin : « ...Des charrettes suivies d'un régiment de femmes et d'enfants avec des balayettes... » On peut donc dire *balayette*, mais il est encore mieux de dire *baliette*, de *balier*.

BALIER, v. a. — Balayer. *Que faites-vous, Marie ? — Madame, je suis après balier la souillarde. — Marie, ne dites donc pas balier, mais balayer. Je vous l'ai déjà dit cent fois. On croirait que vous êtes chez des gens qui n'ont pas reçu d'instruction !*

Eh bien, Marie, répondez : « Madame, je ne veux pas nier que ie ne scay ou désormais on se pourra fournir le langage françois qui soit mettable par tout, veu que de iour en iour les bons mots sont descriez entre ceux qui s'escoutant pindarizer à la nouvelle mode, barbarizent aux oreilles de ceux qui suivent l'ancienne, » comme disait M. Henri Estienne. Et Madame aura bien confiance au Révérend Père Monet, le coopérateur de saint François de Sales dans sa mission du Chablais, et, par après, professeur au collège de la Trinité de Lyon, qui dans son *Parallèle des langues françoyse et latine*, dit : « Balai, ramasse, outil pour balier : *hoc everriculum...* »

Donc, ainsi répliquez, honnête Marie. Que si, par extraordinaire, Madame vous demandait qui vous a renseignée : « Madame, répondrez-vous hardiment, on me l'a dit à la plate. »

BALIURES, s. f. pl. — Balayures. Vieux franç. *balieures*.

BALLE, s. f. — 1. Corbeille d'osier ou de jonc tressé, de forme ronde, pour le transport des légumes, fruits, sable, mortier, etc. La balle des maçons est une fois et demie la contenance du benot. La balle à lessive est très grande, de forme oblongue, en ambre écorcée.

2. Berceau des mamis, avec capote et arçons. L'objet a pris le nom de balle, parce qu'il est fabriqué avec la matière de la balle n° 1.

3. Paume élastique.

4. *Balle empoisonnée.* Sorte de jeu de paume.

Le sens primitif est celui de paume. Puis le sens a passé aux autres objets à cause de leur forme arrondie.

BALLON, s. m. — *Uva crispa*. Sorte de groseille énorme à grain unique. A Paris, ils le nomment groseille à maquereau. Le lyonnais au moins est honnête. — Augmentatif de *balle*.

BALLOUFFE, s. f. — Enveloppe florale de l'avoine, employée pour faire des paillasses, surtout pour les mamis. Les mamans prétendent qu'elles filtrent beaucoup mieux les superfluités de la boisson que la paille, qui se pourrit. — De *balle*, au sens de balle des grains avec un suffixe *ouffe*, qui exprime le gonflement, le souffle de la chose, comme dans *pouf, touffe*.

BALLOUFFIÈRE, s. f. — Paillasse de ballouffe. J'ai sous les yeux la note du trousseau d'une de mes parentes, « remise à la nourrice le 6 may 1808 ». J'y vois figurer « deux ballouffières ».

BALME, BARME, s. f. — Coteau à pente escarpée. Nous avons à Lyon les *balmes des Étroits*, les *balmes de Saint-Clair* et, à Villeurbanne, les *balmes viennoises*. L'auteur de l'*Histoire et Miracles de N.-D. de Bonnes-Nouvelles* écrit : « Mais quand il fut à la rive du costé du Dauphiné, furent les barmes si très hautes et droictes, qu'il ne peut sortir de la grosse rivière... » — De *balma* qui, en bas latin, avait le sens de grotte ; puis le sens a passé de la grotte dans l'escarpement à l'escarpement lui-même.

BALMER, BARMER, v. n. — Terme du très noble jeu de boules. C'est prendre un chemin détourné, monter sur une éminence (balme), pour redescendre sur le but.

S'emploie aussi pour tituber : *I m'avoint si tellement fait boire, qu'en rentrant je balmais*. L'idée est : monter sur les talus au lieu de marcher droit.

BAMBANE, s. des 2 g. — 1. Musard. Quand j'étais apprenti mon bourgeois disait que si je n'avais pas été si bambane j'aurais fini par faire un canut ni bon ni mauvais, un canut raisonnable.

2. s. f. Action de se bambaner. Arm° Fraisse cite la réponse que lui fit la jeune Jeannette Raffin, habitante de Charbonnières, alors âgée de quatre ans (elle doit

en avoir présentement trente-six). « Où est ton père, Jeannette ? — A la bambane, pardi, pisque c'est dimanche. » Subs. verbal de *se bambaner*.

BAMBANER (SE), v. pr. — Flâner lentement, baguenauder. Mon bourgeois, qui était un moraliste, disait qu'il valait mieux s'occuper honnêtement à boire que de perdre son temps à se bambaner sans rien faire. C'est très juste. « Bambane-toi, mais ne t'enrouille pas, » dit un canut à sa navette dans une jolie chanson d'Ét. Blanc. — Du franç. populaire *banban*, boiteux, parce que, lorsqu'on se bambane, on marche en se balançant. Le mot *banban* doit venir lui-même de *banban*, cloche dans le langage enfantin, d'où *bambaner*, clocher, boiter. Comp. l'espagnol *bambanear*, vaciller.

BAMBOCHE, s. f. — Pantoufle fourrée. L'hiver, à la ville, au coin du feu les bamboches, mais à la campagne les escarpins en peau de bois. — Corrompu de *babouche*. D'évidence le mot date du xviii° siècle où les turqueries furent mises à la mode. On ne connaissait pas très bien la babouche, mais la bamboche, si bien. D'où la substitution. Le sens aussi est dérivé, la bamboche étant en réalité une pantoufle et non une babouche.

BAN, s. m. — Sorte d'applaudissement collectif. Il y a deux sortes de ban : *le ban chanté, le ban battu*. Le premier se dit lorsque, dans un dîner, un des convives vient de chanter une chanson. Un autre convive se lève alors et chante le couplet du ban. Puis, à la reprise, tous les convives chantent *tra la la*... (*tra la la*, c'est l'appplaudissement) sur le même air :

Une voix :

A Pa—ris,dans un par — terre, Quand un' pièc' a ré-us — si, On ap-plau-

dit c'est l'or-di — nai-re ; A-mis, fai-sons de mêm' i — ci. Tra la la (sur le même air).

Mais sans doute qu'on a trouvé un peu banal ce couplet final de vaudeville et le plus souvent un convive chante, toujours sur l'air précédent, un couplet connu, mais sans rapport de sens avec ce qu'on vient de chanter. Par exemple un des convives, voix de ténor léger, vient de moduler avec tendresse :

Ce qu'il me faut à moi, quand la brise du soir
S'éveille avec amour au fond de la vallée...

Ou bien :

Dans ton vol joyeux et rapide,
Où t'en vas-tu, petit oiseau ?
Tu t'en vas et l'amour te guide, etc.

Un des convives entonne alors le *Ban de la Canuse*, que je reproduis en changeant un mot, rapport à la pudeur :

Un' canuse très honnête,
Que logeait près de Saint-Just,
A laissé prendre une canette
Dans le questin de sa vertu.

CHŒUR

Tra la la, Tra la la, etc.

Maintenant un ban sur un autre air favori. Celui-ci se chante surtout après la romance : *Connais-tu le pays où fleurit l'oranger ?*

Une voix :

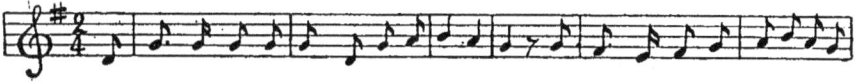

En en—trant au vil—lag', c'est la pre-mièr' mai-son ; En sor—tant du vil—lag', c'est la der-

nièr' mai-son. En en—trant au vil—lag', c'est la pre-mièr' mai — son ; En sor-tant du vil-

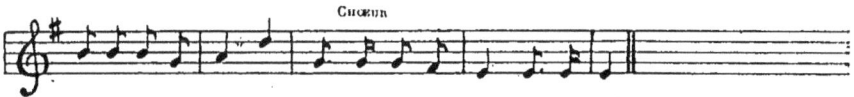

Chœur

lag' c'est la der — nièr' mai — son. Sur l'air du tra la — la la, etc.

Voici, sur le même air, un autre ban qui, dans sa touchante simplicité, dit tout ce qu'il est nécessaire de dire :

> *Il a fort bien chanté,*
> *Buvons à sa santé !*
> *Buvons, buvons à sa santé !*
> *Il a fort bien chanté.*
> *Tra la la…*

Le *ban battu* a dû être le ban primitif, ainsi que l'indique l'étymologie, qui doit être une onomatopée, et non *ban*, publication à son de trompe. Le ban chanté est une extension. Son usage tend malheureusement à disparaître, et l'on se contente le plus souvent du ban battu, en rythmant les battements de mains de la manière suivante :

1 2 3 4 5   1 2 3 4 5   1 2 3 4 5   1 2 3

On articule quelquefois les temps : *un, deux*, etc. D'autres fois on se contente de frapper en mesure. Lorsque, dans un salon du grand monde, une dame vient de jouer du piano, la courtoisie exige que la réunion batte un joli ban. C'est du moins ce que dit Mᵐᵉ la comtesse de Bassanville dans sa *Science du monde*.

BANC. — *Vieux comme un banc. Madame la baronne de Pouillevaisse a dû être fort belle. C'est dommage qu'elle soye vieille comme un banc !* Je n'ai jamais compris cette métaphore. Les bancs, c'est comme les femmes ; s'il en est de vieux, il en est de jeunes.

Banc de menuisier, Établi. Ce sens s'explique par ce fait, que le vieux haut allem. *banch* signifiait aussi table. Aussi l'allemand a-t-il Werkbank, établi.

Banc de tisane ou *Pied humide*. Échoppe où l'on vend du coco l'été, et l'hiver des bavaroises chauffées, sucrées, un sou le verre. Elle se compose d'un comptoir revêtu d'étain, abrité d'un toit. L'échoppe a un fond, parfois orné d'une belle glace. A droite et à gauche, des côtés en bois pour abriter la bonne femme des courants d'air. Sous ses pieds, un plafond en bois pour l'élever et lui tenir les pieds au sec. L'hiver un réchaud avec un cornet de poêle fumant au-dessus du toit. Le réchaud porte une vaste bouilloire à robinet. Avec le développement écrasant du luxe, on a joint à la vente du coco l'été, celle des glaces à deux sous. Les plus beaux bancs de tisane étaient rangés en files sur la place des Jacobins. A Bellecour, le banc de tisane *A la Renommée* portait, tirée en peinture, une belle Renommée jouant de la trompette. Vers 1840, il y avait là tous les soirs une énorme affluence. Un M. Grabowski, gentilhomme très original, très spirituel, de séjour à Lyon, se loua au banc de tisane comme garçon, pour faire des études de mœurs.

BANCANE, s. des 2 g. — Qui a les jambes en manches de veste. — C'est *bancal* influencé par *cane*, parce que la cane boite.

BANCHÉE, s. f. — Hauteur de pisé comprise entre deux rangs de banches successives. Cette hauteur est de 20 pouces de ville, ou 68 cent. 5, arrondis à 70. Sur chaque banchée on étend une lèche de mortier avant de recommencer à piser.

BANCHES, s. f. pl. — Terme de construction. — Deux fortes planches, de 2 mètres de long environ par 85 cent. de hauteur, constituent les banches, entre lesquelles on jette la terre pour piser. La hauteur répond à deux pieds de ville qui font 83 cent. et une fraction. De *bâche* au sens de caisse.

BANDE. — *La bande de Bourgneuf* (Bourneuf). C'était la bande de masques la plus célèbre du mardi-gras, formée par les habitants du quartier de Bourgneuf. Elle primait toutes les autres par le nombre aussi bien que par la beauté. Au fig. se dit d'une musique enragée : *Que don que c'est que cete bande de Bourneuf qu'on entend ?* — *La bande des souffleurs.* C'était la seule bande du mercredi des cendres. Elle était formée par les hommes de rivière et composée uniquement de souffleurs, c'est-à-dire d'hommes en entiers vêtus de blanc : pantalons blancs, chemise blanche, bonnet de coton blanc, le tout sortant de chez la repasseuse. Chacun portait en bandoulière un soufflet attaché par un large ruban bleu. A la fin de la bande, on portait un mannequin représentant Mardi-Gras mort qu'il fallait ressusciter. Les progrès de la science moderne ont constaté que les souffleurs

étaient dans le vrai et que l'unique moyen, dans certains cas, de rappeler les défunts à la vie, c'est encore l'insufflation. Malheureusement, les souffleurs avaient beau souffler, ils n'ont jamais réussi.

Bande de lard. « Ce qu'on a levé de l'un des côtés du cochon, depuis l'épaule jusqu'à la cuisse. Dites *flèche de lard.* » (Molard). Et pourquoi ? cela ressemble à une flèche comme le cul d'une bareille. Bande est ici tellement le mot propre que Littré est obligé de l'employer dans la définition : « Flèche, *bande* levée depuis l'épaule jusqu'à la cuisse du porc. »

BANDE, s. f. — Terme de batellerie. Les membrures des bateaux sont réunies entre elles à leurs extrémités par deux moises. Ces moises et les abouts des membrures entre deux forment ce qu'on appelle la *bande*, c'est-à-dire un petit chemin étroit sur lequel courent les mariniers, plus à leur aise que nous sur nos parquets.

BANDIT, adj. m. — *C't enfant est un bandit.* Cet enfant est vif, alluré, bougeon.

BANQUE, s. f. — 1. Énorme table longue, rectangulaire, sur laquelle les marchands vendent leur marchandise. Je connaissais un honnête marchand, lequel devait devenir un jour président du tribunal de commerce, s'il vous plaît, et qui, pour tout l'or du monde, n'aurait voulu dire un mensonge. — « Mais enfin, lui disais-je, quand vous êtes à vendre un rossignol de quatre ans, et que la dame vous demande si c'est nouveau, que répondez-vous ? — Rien que la vérité : *Madame, la marchandise vient d'arriver !* J'ajoute en moi-même : *sur la banque.* »

2. Harnais du métier. C'est une tablette placée à la portée de la main, à chacun des pieds de devant du métier, et qui soutient le caissetin (v. ce mot) où sont les canettes.

BANQUETTE, s. f. — 1. Petite planche mobile, attachée d'un bout par une corde au pied du métier et sur laquelle le canut s'asseoit pour travailler. Les bouts reposent sur deux taquets cloués contre les pieds du métier que l'on nomme les orillons. Tel est le développement effréné du luxe qu'il y en a maintenant qui clouent un morceau d'étoffe de laine sur leur banquette, à seule fin qu'elle soit de complexion plus aimable pour la région coccygienne. Ah ! c'est à mon bourgeois qu'il eût fallu parler de ça !

2. Terme de construction. Appui ou défense en fonte ou en fer forgé, que l'on met aux fenêtres dont la coudière est trop près du sol pour défendre suffisamment des chutes.

BAPTISTE. — *Tranquille comme Baptiste.* Ce Baptiste, au commencement du siècle, était un bon canut moyenné, qui chaque soir faisait sa partie dans un petit vinaigre de Saint-Just. Certain jour un voisin vint le prévenir que la bourgeoise était en conversation animée avec le compagnon (il avait regardé par la chatière). — *J'irai voir après la partie,* qu'il fait. Le voisin part, revient presque immédiatement, disant que ça s'était aggravé, et suppliant le canut de ne pas tarder davantage. — *Allons,* dit Baptiste, paisiblement, *tiens voire mes cartes un moment! on y va voir.* Cinq minutes après quoi il reparaît. — *Eh bien ? — Eh, c'était ben vrai ! — Et qu'as-tu fait ? — J'y ai dit comme ça à la Josette : « Est-ce que tu es en révation ? » Oh, alle a ben compris qu'alle était dans ses torts ! elle s'a tiré de côté tout de suite.* — D'où le dicton : *tranquille comme Baptiste.* Allez et faites de même.

BARABAN. s. m. — *Taraxacum dens leonis.* Ah, fichtre, c'est bien plus commode de dire Pissenlit ! — De *barbanum,* de *barba,* probablement à cause de ses têtes à aigrettes poilues.

Chemin de Baraban, aux Brotteaux. Le nom vient d'une terre qui appartenait aux hospices, et avait sans doute reçu ce nom des barabans qui s'y trouvaient. Ce quartier portait le nom de Corne-de-Cerf.

BARAFUTES. s. f. pl. — Choses de rebut. Les vieilles drouilles, les vieux grollons, les vieux bugnes, les vieilles ferrailles rouillées, les saladiers berchus, les thomas fêlés (évitez de vous servir des thomas fêlés, Mesdames !), les fourchettes de fer auxquelles il manque trois dents, les tupins graillonnés, mettez-moi voire tout ça aux barafûtes ! — D'un thème *fute,* caractéristique de babioles, brimborions, qu'on trouve dans *fufu,* et dans le berrichon *bafuter,* faire fi ; plus le préfixe péjoratif *bar.*

BARAQUE. adj. — Patraque. *Je suis toute baraque.* — Fait par analogie de son avec *patraque,* sous cette idée du peu de solidité d'une baraque.

BARAQUETTES. s. f. — Escarpin découvert extrêmement mince, dont l'empeigne est le plus souvent, comme celle des souliers bronzés, en étoffe veloutée. Lorsque M. le préfet Ducros vint à Lyon, en 1872, les Lyonnais ne faillirent pas à remarquer qu'il sortait d'ordinaire en baraquettes, manquablement parce qu'il avait des agacins. — De *barquette,* à cause de l'absence de talon qui donne une analogie (lointaine) avec une barque.

BARBABOU, s. m. — *Tropodogon pratense ;* j'aime autant dire salsifis blanc, espèce de doigt-de-mort, dont les gones, par les champs, font avec délices craquer sous la dent les longues pousses. — De *Barbe à bouc,* à cause des filaments allongés qui sortent de l'involucre lorsque la fleur est tombée.

BARBE. — *Tant que la barbe en fume.* V. *fumer.*

BARBES, s. f. pl. — Se dit des moisissures filamenteuses, et, par extension, des moisissures en général. *Vé, Françon, ton raisiné qu'a de barbes !*

BARBOTAGE, s. m. — Eau blanchie avec du son, que l'on donne aux chevaux. C'est une plaisanterie déplacée de dire, comme font quelques-uns, à une dame à côté de laquelle on dîne, en lui offrant une assiettée de soupe de pâte : *Le barbotage de Madame !* Cela ne serait supporté que dans une grande intimité.

BARBOTON. — *Truffes en barboton,* Pommes de terre à l'étuvée. — De ce qu'elles gongonnent en cuisant sous le couvercle.

BARBOUILLÉ, ÉE adj. — Qui a mal au cœur : *Je suis toute barbouillée, ce matin.* — *C'est p'être un miaille que vous bouligue.* On dit aussi *embarbouillé.* Même sens.

BARBOUILLON, s. m. — 1. Léger, inconsidéré, qui revient sur sa parole.

2. Quelqu'un qui fait mal sa besogne, ignorant. Rousseau, dont la langue était émaillée de locutions genevoises, si souvent communes avec les nôtres, l'emploie dans ce sens : « Il était vraiment musicien, et je n'étais qu'un barbouillon. » Le français eût exigé *barbouilleur.*

BARBUE, s. f. — Jeune plant de vigne enraciné. On donne aussi ce nom à des chapons que l'on plante dans le sable, dans une cave. — De *barbe*, à cause du chevelu de la racine.

BARDANE, s. f. — *Cimex lectularius*, punaise des lits. En latin, c'est presque gracieux. Une plaisanterie, jadis fort en usage, consistait à mettre du poil à gratter dans le lit des nouveaux mariés. J'ai vu remplacer le poil à gratter par une douzaine de punaises des bois (*scutellera*), qui sont énormes et très parfumées. Cela intrigue les nouveaux mariés, qui se soupçonnent mutuellement. Comme les scutellères ne nichent pas dans les lits, cette plaisanterie est inoffensive en même temps que spirituelle.

Plat comme une bardane à genoux. Très plat.

. *Bardane*, en vieux franç., était une couleur noir rougeâtre. L'insecte a pris le nom de la couleur.

BARDANIÈRE, s. f. — Carré d'ambre tressé, fait le plus souvent du dessus d'une de ces balles carrées qui servent à serrer le linge. Les gens propres et soigneux le placent sous le matelas, pour autant que l'osier attire les bardanes. De mon temps à la Croix-Rousse, de bon matin chaque bourgeoise secouait sa bardanière sur le carré. On entendait à chaque étage *pou, pou, pou* ; puis *fitt* ; c'est le glissement du pied. Gare au commis de ronde qui va visiter les métiers car il s'en perd toujours quelque peu.

BARDELLE, s. f. — La bardelle devrait être la femelle du bardot, comme la vedelle est la femelle du veau, mais Bardelle est simplement le nom propre de la plupart des ânesses, comme Martin est celui des ânes. Oyez les laitières s'en retournant à Sainte-Foy, perchées sur leurs ânesses et tricotant leur bas, durant que les bertes vides font dran dran dans les paniers. A chaque minute c'est : *Hue, Bardelle, hue!* — De *barde*, espèce de selle grossière en toile et bourre, sans arçons, que l'on mettait plus volontiers sur les mulets et sur les ânes.

BARDET, s. m. — Forme de *bardot.* — *Tôt! bardet! Tôt!*

BARDOIRE, s. f. — Hanneton. *La bardoire qui compte ses écus.* — Se dit quand elle remue ses antennes par intervalles régu-liers auparavant que de s'envoler comme un caissier qui compte son argent avant de partir pour Bruxelles, et qu'elle se coufle comme quelqu'un qui bourre son sac de nuit.

Figurément, lourd, benêt, lambin. *Quelle bardoire que cette Perroline, elle compte ses écus avant de remonter chaque bouchon.*

Le patois dit *bourdoiri, bordoiri,* d'une onomatopée *bour,* qui vise à reproduire le bruit du vol de l'insecte, et qu'on retrouve dans *bourdon.* Bourdoiri est devenu *bardoire* à Lyon. La *bardoire* est donc littéralement une machine à bourdonner, la bourdonnante.

BARDOT, s. m. — Non, comme pour les savants, le produit d'un cheval et d'une ânesse, mais simplement un mulet de petite taille. — Au fig. souffre-douleur, parce que l'on fait porter au bardot tous les fardeaux. *Le Pothin est le bardot de la Glaudine,* la Glaudine se moque de lui, lui en fait endurer.

BAREILLE. s. f. — Pièce de vin contenant environ 220 litres. — Le même que le kymri *baril* et le gaëlique *baraill.* Comme ces mots se rattachent à une racine celtique *bar,* branche d'arbre (comp. *fût,* tonneau et bois), il est à croire qu'ils n'ont pas été importés du roman et que *bareille* a bien une origine celtique.

Avoir l'esprit pointu comme le cul d'une bareille. Métaphore polie pour dire d'une personne qu'elle n'est pas l'auteur que les grenouilles n'ont pas de queue.

BARETTE, BAROTTE, BARIOTTE, s. f. — Brouette. C'est lorsque Jean Brunier (prononcez Bruni) avait, parlant par respect, à transporter du fumier, que c'était champêtre! Au retour on se mettait dans la bariotte vide, et il vous charriait gratis jusqu'au cuchon. On revenait à pied, pour recommencer, parlant par respect, tant qu'il y avait du fumier. Et l'on s'amusait mieux qu'aujourd'hui avec un vélocipède de quinze cents francs.

Dans l'ordonnance de police de 1672 on trouve la forme *barotte* : « Défenses sont pareillement faites à tous Iardiniers, Iardinières et Revenderesses d'herbage d'occuper les places de sainct Nizier, ni des Changes, avec leurs animaux ou *barottes.* » De *bis-rota,* la brouette était primitivement à deux roues.

BARFOUILLAGE, s. m. — Action de barfouiller ; conséquence de l'action de barfouiller. Avec leurs cancans, leurs cotters, leurs piapias, leurs potins, les femmes ne sont bonnes qu'à faire des barfouillages qui, par après, sont cause de la brouille d'honnêtes gens.

BARFOUILLE-BACHAT, s. m. — Expression figurée, généralement réservée à la poésie lyrique. Bredouillon, dans la plus haute expression du mot. Mot à mot le barfouille-bachat est celui qui barfouille dans un bachat, comme ferait, parlant par respect, un habillé de soie.

Possible, voyez-vous d'ici parmi vos connaissances plus d'un barfouille-bachat. Nommer personne serait délicat. Mais ne sont-ce pas des barfouille-bachats que ces gens persuadés que l'instabilité perpétuelle de la loi est le meilleur moyen de donner au peuple le goût de la légalité ; que de supprimer la religion et la morale est le meilleur moyen de rendre les hommes justes et bons ; que de supprimer le capital est [le meilleur moyen d'enrichir le travail ; et qu'il n'est tel que l'anarchie pour assurer l'ordre ? — Voulez-vous que je vous le dise ? J'ai toujours pensé que le Peuple Souverain est le premier des barfouille-bachats. — Mais ça, c'est défendu de le dire. Il faut se contenter de le penser.

BARFOUILLER, v. n. — Fouiller dans un liquide malpropre, comme, parlant par respect, un cayon. Une supposition que vous voyez M. votre fils à table qui ne mange pas rigoureusement selon les lois édictées par Mᵐᵉ la comtesse de Vatenville dans sa *Science du Monde: Petit cayon*, lui direz-vous avec douceur, *auras-tu bientôt fini de barfouiller dans ta soupe de gaude ?*

BARFOUILLON, s. m. — Expression du même genre que barfouille-bachat, mais plus noble, et employée de préférence dans les discours académiques et les oraisons funèbres.

BARGINGESSES, s. f. pl. terme de canuserie. — Les pesouts que les bons canuts mettent dans la caisse de la bascule, à celle fin de la charger et de tenir la longueur tirante. — Si je sais d'où vient ce drôle de mot, je veux bien donner un baiser à Louise Michel.

BARICOLER, v. a. — Rayer de plusieurs couleurs, avec sens péjoratif. A la gare de la Ficelle : *Vois don c'te grosse pontiaude, avè ce châle baricolé : y est-i pas la Mariette ? Si c'est pas, parlant par respect, la gandouse que monte à cheval !* — Corrupt. de *barioler*, sous l'influence de *barre* et de *couleur*, en patois *colou*. On a vu dans *baricoler* l'idée de faire des barres de diverses couleurs.

BARILLET, BARILLON, s. m. — Petit baril. — Nom d'homme, Barillon, membre du Conseil municipal sour Louis-Philippe et qui s'occupa beaucoup de questions de chemins de fer.

BARITEAU, s. m. (vieilli). — Tamis. — de *buratare*, cribler. On le trouve fréquemment dans les textes. J'ai quelque vague souvenir d'avoir entendu ce mot dans mon enfance, lorsqu'à Sainte-Foy, l'on voulait tamiser de la farine. Le diminutif *barutellière* est resté dans nos patois sous la forme *barutelliri*.

Nom d'homme, *Baritel*. Thierry, le photographe, avait épousé Mˡˡᵉ Juliette Baritel.

BARRIQUOT, s. m. — Petit baril. — Diminutif de *barrique*.

BARJAQUE, s. f. — Personne qui a l'habitude de *barjaquer*. — Subst. verbal de *barjaquer*.

BARJAQUER, v. n. — Bavarder, jacasser de façon oiseuse ou inconsidérée. Ma bourgeoise barjaquait tout le temps en faisant ses canettes. — D'un supposé *barjar*, qui existe dans *barja*, en bas dauphinois parler, et en prov. bavarder ; à Plaisance *barciacla*. *Barja* est formé lui-même sur le prov. *barja*, bouche.

BARMAYER, v. n., terme du jeu de boule. — C'est un fréquentatif de *balmer* (voy. *balme*, *barme*).

BAROT, s. m. — Petit tombereau. — De *bisrota*, comme *barotte* (voy. *barette*), dont *barot* est le masc.

BAROULER, DÉBAROULER, v. n. — Rouler du haut en bas. Mon père me racontait qu'au xviiiᵉ siècle, on avait, une nuit, épié le moment où le Guet montait l'escalier du Change pour faire débarouler du sommet une barrique à demi remplie de cailloux. Je ne sais si le Guet fut atteint, mais cela dut faire un joli boucan. « Les escayiés de bois étiont mouillés et pleins de bassouille ; elle glisse et baroule jusqu'au quatrième. » (*Calamitances*). — C'est *rouler*, avec le préfixe péjoratif *ba*. Dans *débarouler* on a préposé à *barouler* le préfixe intensif *dé* (comp. *défaillir*).

BARQUETTE, s. f. — Les barquettes étaient des barques qui faisaient le service des ports riverains tels que Vienne, Saint-Vallier, Trévoux. La barque, de faible grandeur, avait une proue relevée, et, à l'arrière une cabine, sur le toit de laquelle se tenait le patron manœuvrant l'empeinte. Elles ne faisaient guère que le service des marchandises.

Sorte de pâtisserie. — Hélas ! le mot figurait bien sur mon manuscrit. Je l'ai sauté en me recopiant ! ! Aurais-je pu ne pas me rappeler que la première fois que, tout enfant, j'entendis le nom de cette pâtisserie craquante, mince, sèche, d'une belle couleur dorée, et qui a la forme (approximativement) d'une petite barque cabossée, j'étais chez Boinon (celui de la rue Clermont). Survint le digne père K'na, le soyeux, ainsi nommé, parce qu'il était afflige d'un enchifrènement chronique qui lui faisait faire à cha-phrase un raclement de l'arrière-gorge et du nez, représenté par cette onomatopée. Sa dame l'accompagnait, *K'na*, dit le bonhomme, *veux-tu un pain au lait ? — Non ? — K'na, veux-tu une tartelette ? — Non ! — K'na, veux-tu une brioche ? — Non ! — K'na, veux-tu un craquelin ? — Non ! — K'na, veux-tu une barquette ? — Non ! — K'na ; ben, prends une bonne...*

BARQUOT. s. m. — Petit batelet. — Fait sur *barque*, manquablement.

BARRE. — *La barre du cou*, Les vertèbres cervicales. Se rompre la barre du cou est un accident grave.

BARREAUDAGE, s. m. — L'ensemble des barreaux de fer défendant une ouverture. N'est-il pas invraisemblable que ce dérivé si simple et si nécessaire de *barreau* n'existe pas au Dict. de l'Acad. ?

BARREAUDER, v. a. — Garnir une ouverture de barreaux. En 1539, une ordonnance du Prévôt porte que les fenêtres existant dans la muraille d'Anse seront « solidement *barreaudées* ».

BARRER, v. a. — 1. Chaucher la vendange dans la cuve à l'aide d'une barre.

2. Porter obstacle, rendre les efforts inutiles. *C'est le manque d'escalins que fait que je suis barré*. On dit aussi *embarrer*.

BARRIÈRE. s. f. — *Avez-vous vu le nouveau château de M. le comte de Merluchier ? — Oui, y a une barrière de fer qu'on n'a pas rien eue pour des noyaux de prune. —* Paraît que c'est une faute et qu'il faut dire une grille. — Je ne puis saisir pourquoi une *barrière*, dont le nom est dérivé de *barre*, doive être nécessairement en bois plutôt qu'en fer. Alors comme alors, on peut bien dire une *barre de bois*, mais non une *barre de fer* ?

BARTASSERIE, s. f. — Ensemble des ustensiles de cuisine. *As-te vu la bartasserie de la Barnadine ? C'est un thomas barchu que lui sert de lichefrite.* — De *barta*, en patois pot de terre, avec un premier suffixe péjoratif *asse*, comme dans *tetasse*, et un second suff. collectif *erie*, comme dans *sampillerie*.

BARTAVELLE, s. f. — Personne qui barjaque sans cesse. Le père Faganat, qui était un artiste en mécanique, disait qu'il avait trouvé le mouvement perpétuel. Mais tandis qu'il avait mille inventions pour faire partir la mécanique, il n'avait jamais pu en trouver une pour l'arrêter. C'était la langue de sa femme. — Du vieux franç. *vertevelle*, verrou, et aussi crécelle formée d'une planchette sur laquelle était adaptée une anse mobile qu'on faisait battre en agitant la planchette. C'est la crécelle des marchandes d'oublies.

BAS, s. m. — Petit cabinet borgne au rez-de-chaussée. Quand j'étais apprenti, on avait mis l'apprentisse coucher sus la suspente et le compagnon dans un petit coin au rez-de-chaussée, rapport à la décence. Le compagnon ronchonnait. Il disait qu'y avait tout plein de bardanes, mais c'était pour ce qu'il aurait voulu coucher sus la suspente, le gone ! Voilà comme ça que, tout par un jour, s'amène le père Compasteur, de la rue Saint-Denis. Après avoir fait de compliments au bourgeois sur la bonne tenue de l'atelier : *Mais où couche le Joset*, qu'il fait ? *Oh moi, dit le Joset*, d'un air d'avoir deux airs, *i me font coucher dans un bas !* Le père Compasteur aimait à couyonner, comme en partie tous les vieux canuts : *Comment,* qu'il fait, *te couches dans un bas ! ah, par exemple, te me feras pas croire celle-là ! Y aurait jamais de bas assez grand.* — *Oh, c'te grande bugne qui croit que je couche dans un bas!* fit le Joset d'un air de pitié; *mais c'est pas un bas qu'est un bas, comprenez don ! C'est un bas qu'est une cadolle ?*

Le bas de la Grand'Côte. Voy. *Grand' Côte.*

A bas. — *Quand le métier est à bas,* c'est quand il n'y a plus, hélas ! de pièce à donner chez le fabricant. — A bas ! dernier mot de tout. Beaux amoureux, vous ne songez guère qu'un temps viendra où vous n'aurez plus d'huile dans le chelu, rien que des canettes ébôyées dans le caissetin. — Métier à bas ! — Politiciens qui vous gonflez comme des haricots crevés, un jour vous serez renversés, et qui pis est, oubliés ; Métier à bas ! Et tous, riches comme le père Crépin ou pauvres comme Bibasse, le métier sera à bas, un jour que l'on aura fabriqué sa dernière longueur, la plus malaisée, pleine d'écorchures et de bouchons.

Et mourut Paris et Heleine.
Quiconque meurt, meurt à douleur.

Puisque c'est un faire le faut, ami lecteur, puisse au moins ton métier n'être à bas que le plus tard possible !

BASANE, s. f. — 1. Grand tablier de peau que les paysans revêtent au travail pour protéger leurs vêtements. — De l'espagnol *badana,* cuir corroyé.

2. Peau du ventre.

O fortuné papa de la belle Suzanne,
Et vous mère, à qui elle ébarchit la bazane !

dit le prophète Daniel dans *la Châste Suzanne.*

Crever la basane, Crever la peau du ventre, par exemple, d'un coup de sabre.

Se faire tirer la basane, Manger fortement. *J'ai tellement bien dîné que j'ai cru que la basane m'en petait.*

BASCULE, s. f. — Harnais du métier de canut. *Bascule à besace.* Elle se compose d'une caisse en bois, longue, remplie de pesouts et faisant équilibre à deux grosses pierres (ou à des poids de fonte), que l'on nomme *poids* ou *contrepoids,* suspendues à deux cordes enroulées deux ou trois fois autour de l'ensouple ou rouleau de derrière. Les cordes se nomment *cordeliers.*

Cet appareil, par le frottement, empêche l'ensouple de tourner trop facilement et tient la chaîne tendue. Le nom de besace vient de ce que la caisse est considérée comme une besace où l'on met des pierres, comme des morceaux de pain dans la besace d'un gueux.

Bascule montante. — C'est la bascule à besace avec cette différence que la corde étant fixée sur le rouleau à un pedone ou dent de bois, la bascule monte à mesure que la longueur avance. Quand elle va pour toucher le rouleau, on la fait redescendre. Cette bascule ne donne pas les petites secousses que donne la bascule à besace ordinaire.

La bascule à besace était celle de notre atelier, et je crois bien que c'était la seule usitée alors ; mais il est plusieurs autres types, fondés sur le principe du levier. Dans l'un la bascule se compose d'une corde fixe, qu'on appelle *talon,* tendue parallèlement au rouleau et en dessous de lui. Au talon, près du pied du métier, est attachée perpendiculairement une autre corde qui s'enroule deux ou trois fois autour du rouleau, puis vient se boucler sur un levier à coches, mobile autour d'un point fixe. Le levier tire sur la corde au moyen d'un poids à son extrémité. C'est, on le voit, un levier du 2ᵉ genre. Cette bascule permet, en avançant ou en reculant le poids sur le levier, comme dans la romaine, de graduer la tension de la chaîne. — D'autres fois le talon, au lieu d'être une corde, est simplement un crochet en fer fixé au pied du métier.

Bascule à rouleau. — Elle consiste dans un petit rouleau, placé sur l'ensouple, et qui lui est parallèle. Au milieu de ce rouleau est fixé un levier qui porte un poids, comme dans le type précédent. Sur ce rouleau sont fixées les extrémités de deux cordes qui s'enroulent deux fois autour de l'ensouple et dont les extrémités opposées sont attachées à une barre immobile en dessous du petit rouleau. Le levier agit sur la tension des cordes et celles-ci sur le déroulement de l'ensouple.

On voit qu'en définitive les bascules sont des freins, dont les trois derniers types sont actionnés par des leviers. Il existe une troisième sorte de bascule, nommée *valet à frottement* (voy. ce mot).

BASILE, s. m. — Imbécile, niais, mais non « fourbe ». Vraisemblablement une fausse interprétation de la signification du mot depuis Beaumarchais.

BASSIEUX, s. m. — Terme méprisant qui s'applique de préférence aux jeunes gens. Homme sans consistance. La petite Colarde, qui avait quinze ans, disait toujours qu'elle ne voulait pas épouser un bassieux, mais un homme sérieux, rassis. *De quel âge, fis-je ? — Je veux qu'il ait au moins dix-huit ans.* — Vieux franç. *bassier*, enfant, pupille, dérivé de *bas*.

BASSIN, s. m. — Poche ou casse en cuivre, avec laquelle les ménagères puisent l'eau dans le seau, et dont l'extrémité est recourbée, afin de pouvoir la suspendre. En partie toutes les bonnes boivent au bassin ; paresse de mettre l'eau dans un verre. Et c'est désagréable quand elles ont des boucharles.

BASSINET. — *Cracher au bassinet*, Poner, donner de l'argent. Métaphore tirée du service du mousquet, alors qu'il fallait mettre pour amorce un peu de poudre au bassinet, dont on fait ici une équivoque avec le bassin que l'on promène dans les quêtes. Quand M. X..., le riche fabricant, qui n'attache pas ses chiens avec des saucisses, maria sa fille, on passa le contrat chez M. Berlóty. *Papa*, faisait le gendre après la signature, en tapant sur la cuisse de son beau-père, *Papa, c'est le coup de cracher au bassinet !*

BASSOUILLE, s. f. — C'est la boue la plus claire. Nous avons ensuite la *gassouille*, la *gabouille*, la *patrouille ;* lorsqu'on se mouille on se *benouille* ; quand on marche dans l'eau, on *gaffouille*, et quand on la brasse, on *gadrouille*. La piautre, la margagne sont d'autres qualités de boue. Quel riche climat ! — Subs, verbal de *bassouiller*.

BASSOUILLER, v. n. — Patauger dans la bassouille. — Du franç. *souil*, lieu bourbeux, plus le préfixe péjoratif *bas*. D'où *souiller* et *bassouiller*.

BASSOUILLON, s. f. — Soupe trop claire. « Que le nous fan mingi, après, leur bassouillon, » dit la Bernarde, la lavandière, des dames de Lyon au xvii* siècle.

BATACLAN. — *Le bataclan du merlan*, Bataclan de mince valeur.

BATAFI, s. m., terme de batellerie ; BOUTAFI, terme de maçonnerie. — Bout de corde mince qui sert à relier deux câbles. *Gare au batafi !* dit-on parfois au gone indocile. — *Batafi* est le frère du prov. *matafièu*, même sens, de *matta*, assujettir, et *fièu*, fil. *Boutafi* est composé de *bouter* et *fil*.

BATAILLARD, DE, s. — Batailleur, euse. La finale *ard* a un caractère péjoratif.

BATAILLER, v. n. — Lutter contre les difficultés. *Je suis depuis une heure à batailler pour ranger mon remise.* — Il est au Dict. de l'Acad., mais si oublié qu'un docte professeur de l'Université, qui a bien voulu me communiquer quelques *lugdunensismes* colligés par lui, l'a fait figurer parmi eux.

BATELIÈRE, s. f. — 1. Les petits bateaux lyonnais nommés *bèches* étaient exclusivement conduits par des batelières, dont Walpole au xviii* siècle, Mazade d'Avaize sous l'Empire, et M. de Fortis sous la Restauration, ont vanté la vertu et la beauté.
2. Chapeau de paille rond, à bords très larges et souples, attaché par un ruban noué sous le menton, que portaient autrefois les batelières de la Saône. Le *chapeau de batelière* s'est transformé en *batelière* tout court.

BATET, s. m. — Petit sac de paille, dont les porteurs de benots aux vendanges, les manœuvres, les sablonniers se coiffent, en le laissant retomber sur leurs épaules, pour que celles-ci ne soient pas froissées par le fardeau. Diminutif de *bât*.

BATIR. — *Bâtir en façade*, Prendre du bedon.

BAT-LES-ŒUFS, s. m. — Niais, lourdaud, qui s'amuse de rien. Je ne saisis pas l'ironie, car enfin battre les œufs pour l'omelette n'est point besogne stérile. Je comprendrais plutôt qu'un bat-les-œufs, c'est un broubrou, un bouligant.

BATON. — *Bâton de rogations*, Bâton très long, terminé en haut par une pomme, auquel on attache un bouquet de fleurs des champs, et que portent, aux processions des Rogations, des « officiers » chargés de surveiller l'ordre, et qui ont passé une aube par-dessus leurs vêtements. — Au fig., un homme mince et très grand, comme qui dirait un dépendeur d'andouilles.

Bâton de saint Joseph. — Campanule pyramidale. De même à Plaisance l'appelle-t-on *Bastón d'san Giusepp'.*

C'est un bâton... breneux, on ne sait par quel bout le prendre. — Se dit d'un homme dont le commerce n'est pas des plus onctueux.

BATTANDIER, s. m. — Fabricant d'ustentensiles pour la fabrique. — De *battant.*

BATTANT, s. m. — Organe du métier de canut. Bâtis en bois mobile et suspendu. La traverse inférieure se compose de deux parties, la *poignée* et la *masse.* Le peigne en acier, au travers duquel passent les fils de la chaîne, est encastré entre la poignée et la masse, dans des rainures qu'on nomme *chanas.* Au moyen d'un coup de battant, le canut serre le dernier coup de trame contre le précédent.

Dans *les Tribulations de Duroquet,* Gnafron se plaint que sa pauvre défunte n'avait jamais pu mordre à la canuserie. « Après deux ans de mariage, dit-il, elle ne connaissait pas encore les ensouples d'avec le battant. » Je ne sais pourquoi cette inoffensive plaisanterie avait le don de faire rire aux larmes toute la salle.

Battant à clinquettes, Battant léger pour les florences, les pelures d'oignon, etc. Voy. *clinquettes.*

Battant plombé, Battant des grosses étoffes en grande largeur.

Battant à bouton. De mon temps, la navette était saisie par le canut à l'aide du médius, et avec l'index il la chassait dans l'ouverture de la medée. Aujourd'hui on se sert surtout du battant à bouton. C'est un battant dont la traverse inférieure dépasse la largeur de l'étoffe à droite et à gauche de façon à porter, en dehors de la largeur, une boîte où se loge la navette. Le canut, au lieu de lancer la navette à la main, tire vivement, à l'aide du bouton, deux cordes qui, passant par-dessus des poulies, s'attachent au *rat* (voy. ce mot), logé de chaque côté dans la boîte. Ces cordes, en se raccourcissant, chassent le rat, lequel chasse lui-même la navette.

Battant à double boîte, Battant à plusieurs boîtes contenant plusieurs navettes. Ce battant supprime le lancé à la main dans les brochés.

Poli comme la poignée d'un battant qui a servi de père en fils. Se dit des personnes affables et courtoises.

BATTERIE, s. f. — Batterie, parbleu ! Peu de Lyonnais, parmi les bacheliers, se doutent que lorsqu'un canut dit de quelqu'un qu'*il a-t-ayu l'œil au beurre noir dans une batterie,* il parle le plus pur français de l'Académie. *Batterie* figure en effet dans son dictionnaire.

BATTILLON, s. m. — Battoir de bois dont les buyandières se servent pour battre le linge. — Au fig. Langue de femme. *Femme qui n'a pas de battillon n'a jamais été battue.* Manière de dire que les femmes qui ne disent pas de mauvaises raisons à leur mari ne courent jamais fortune de se voir secouer les puces.

Malheureuse comme une femme qui n'a gin de battillon. Une femme qui n'a point de langue, c'est une carpe sans nageoires, une hirondelle sans ailes, un lièvre sans pattes, un banquier sans argent, une noce sans tambourins, un évêque sans mitre, un apothicaire sans thériaque, un charretier sans jurons, un roi sans couronne, un épicier sans cannelle, une buyandière sans savon, un drapier sans demi-aune, un mendiant sans plaie. Bref, c'est la fin, la mort, le néant. Ainsi soit-il. — De *battre* avec le suff. *illon,* qui exprime le bruit, la vivacité, le redoublement. Comp. *frétillon, carillon, barbillon, postillon.*

BATTILLONNER, v. a. — Battre le linge au battillon.

Battillonner quelqu'un, le passer au battillon. Terrible ! C'est quand on passe par la langue des femmes.

BATTOIRE, s. f. — Baratte.

BATTRE. — *Battre le beurre,* le baratter.

Battre froid à quelqu'un. En partie, tous les maris battent froid à leurs femmes, du moins durant le jour. — Expression détournée de son sens. Au xvi° siècle, on disait *battre à froid,* pour s'évertuer, prendre beaucoup de peine, parce que le métal forgé à froid exige une dépense d'efforts plus considérable. Puis *froid* a été pris au sens de froideur. De là l'incorrection de la construction, car on ne bat pas le froid.

Battre la flême, Se lantibardaner.

Battre une colle, Faire un mensonge.

Les femmes n'ont pas leurs pareilles pour

battre des colles. Une vieille chanson lyonnaise a pour refrain :

> Ah, du moins, faudrait pas,
> Nicolas,
> Tant nous battre de colles !

Elle ferait battre quatre montagnes. Se dit d'une de ces femmes cancannières qni inventent des choses pour brouiller les gens, puis qui les montent les uns contre les autres, enfin qui feraient battre quatre montagnes, quoi !
Elle ferait battre la sainte Vierge avec saint Joseph. Même sens.
Battre sur bois, terme de canuserie. — Pour régulariser la réduction d'une étoffe, on place contre les pieds de métier de devant deux taquets de bois contre lesquels le battant vient battre lorsqu'il a suffisamment serré la trame. De cette façon, un coup plus fort que les autres ne risque pas de trop serrer la trame sur un point. C'est ce qu'on appelle *battre sur bois*. Ceci n'existait pas et ne pouvait exister de mon temps, où l'on n'usait pas du régulateur qui fait enrouler l'étoffe juste de l'épaisseur du dernier coup de trame.

BATTUE, s. f. — Babeurre. Ce mot fixe l'étymologie de *babeurre*, dans lequel les uns lisaient *bat-beurre*, d'autres *bas beurre* et d'autres *beurre*, avec préfixe péjoratif *ba*. *Battue*, par analogie, indique, *bat-beurre*.

BATTURE, s. f. — Batterie. — Vieux franç. *batteure*, de battre. On le trouve encore dans Cotgrave (1673).

BAU, s. m. — Bail. — S'emploie toujours en le faisant suivre de *de loyer*. — *J'ai fait un bau de loyer avè mon propriétaire.* Bail est inconnu.

BAUCHE CAMINANTE. — Jeu des gones. Ital. *boccia caminante*, boule qui chemine. Le mot primitif a dû être *boche*, auquel *bauche*, boule en vieux lyonnais, a été substitué.

BAUCHER, v. a. — *Baucher une boule*, La tirer, la poquer en lançant sa boule contre elle. *Baucher en place*, c'est lorsque la boule lancée prend la place de la boule tirée. — Du vieux lyonn. *bauche*, boule, mot qui existe encore dans la Suisse romande et qui n'est autre que le vieux haut allem.

balco, poutre, devenu boule par dérivat. de sens, comme du *verre* est devenu *un verre*, et un *sapin* un *fiacre*.
Être bauché en place, Être stupéfait, ne savoir que dire. En effet, que peut bien dire la boule quand elle se voit bauchée en place ?

BAUCHES, s. f. pl. — Tiges et feuilles des plantes potagères, par opposition à la partie comestible. — Reporte au latin du moyen âge *balcha*, lui-même probablement identique à *blaches*, plantes marécageuses, dont on retrouve le radical dans le celtique et dans les langues germaniques.

BAUME, s. m. — Nous appliquons ce mot à la plupart des menthes.
Baume de savetier, Plante de basilic ; *ocymum*. La plupart des regrolleurs tiennent en effet à honneur d'avoir un pot de basilic.

BAVARDS. — *Les bavards de Confort.* C'étaient les bras-neufs qui s'assemblaient autrefois à Lyon, devant Notre-Dame de Confort, pour faire la causette. Je crois bien que nul ne s'en souviendrait si Rabelais n'avait nommé *les Baveres de Confort*, qu'il devait d'autant mieux connaître que c'était sur la place de Confort qu'était le magasin de son libraire François Juste. Il y a quarante ans en çà, les bavards se réunissaient encore sur les cadettes de Bellecour. Aujourd'hui, ils sont tous à la Chambre ou dans les réunions publiques.

BAVAREAU, s. m. — Bavette. — *Mets don son bavareau à ton miaillon.*

BAVASSER, **BAVER**, v. n. — 1. Babiller. Bavarder. — Vieux franç. « Ie dis vray, non pas tout mon saoul, mais autant que ie l'ose dire ; et l'ose un peu plus en vieillissant, car il semble que la coustume concede à cet aage plus de liberté de bavasser... » (Mont.)
2. Pleurer. *Baver comme un escargot*, Pleurer abondamment. *As-te vu la Catiche à son mariage ? Quand i z'ont étendu le panaire sus le chignon, elle bavait comme n'escargot.*

BAVE. — *Tomber en bave*, S'anéantir. « Faut que je vous relise, Messieu, de la crainte que vous n'avez de me n'ingratitude... car je n'en suis aussi sensible qu'un organsin brûlé z'à la teinture, que par tant soit peu qu'on la touche, y tombe en bave... » (*Lettre de Madellène Batillon à Gérôme Blicar*, 16 navri 1796.) *Tendre comme de bave.* Se dit particulièrement d'un rôti à point. Dans un grand dîner : *M. Anatole, votre tranche paraît dure ? — Ah, Madame, bien tout l'contraire, elle est tendre comme de bave !* Au fig. *C'te pauv' Simonne est encore devenue enceinte : elle a le cœur tendre comme de bave !*

BAVEUX. — *Graisse de baveux.* Salive. Ma bourgeoise avait une petite, gentille comme cinq sous, mais qui se chafourait toujours le visage en mangeant des rôties de melasse. Arrivait quelque visite. « Maria, viens-tu voire ! » Et de cracher sur un coin de son mouchenez et de frotter le museau de Maria avec de la graisse de baveux. *Allons, te voilà bien propre : fais mimi au monsieur !*

BÉAL, s. m. — Bief d'un moulin. Un grand nombre de nos villages ont une rue du Béal. — Bas latin *beale*, d'un radical germain *bed*, lit (de rivière).

BÉATE, s. f., terme péjoratif. — Une catolle, une bigote, une bigorne ; de celles qui pensent que quand les autres vont en enfer, c'est bien fait ; de celles qui vont à Fourvières à cinq heures du matin, mais ne mettent pas de boutons aux chemises de leurs maris.

BÉATILLES, s. f. pl. — 1. Babioles, menus objets de peu de valeur, petites boîtes, franges, glands, pelotons, chapelets.
2. Abattis de volailles, comprenant spécialement le cou. Avez-vous remarqué que les femmes n'aiment rien tant que les cous de volaille, tout ce qui se ronge, surtout le prochain ?

BEAU. — *Beau comme le jour qu'il pleuvait tant !* La femme d'un agent de change à son mari, en partant pour le bal : *J'ai mis mes affaires neufs, vois comme je suis belle !* — Le mari : *T'esses belle comme le jour qu'i pleuvait tant.*
En beau devant. — Se dit d'une chose bien en vue, bien placée, en vedette. Dans mon enfance, les légitimistes menaient grand bruit de ce qu'ils appelaient « l'orgie de Grandvaux », où

M. Thiers avait des amis en villégiature. M. Thiers revenait de Marseille, qui était alors ardent royaliste, et on lui avait donné un charivari dans les in-folios. Ses amis trouvèrent plaisant, un soir qu'il s'était retiré pour se coucher de lui donner une nouvelle édition elzévir du bacchanal de Marseille ; à quoi il répondit en se mettant à rebours à la fenêtre entre deux flambeaux. Là, il était en beau devant ! Encore devant ne serait-il pas ici bien à sa place. — Laprade, qui n'aimait pas beaucoup M. Thiers, disait que l'espièglerie de Grandvaux l'avait pourtant singulièrement prévenu en faveur de cet homme d'État. Si Robespierre eût été capable, à l'occasion, de se mettre ainsi en beau devant, il n'eût pas commis tant d'horreurs.

BEAUCAIRE. — *Embarras de Beaucaire.* Locution proverbiale pour exprimer la cohue la plus excessive, les embarras les plus inextricables. Pour bien comprendre la portée de cette expression, il faudrait avoir vu la foire de Beaucaire. Des marchands de gros y envoyaient de Lyon leurs magasins tout entiers. Je me rappelle que, dans mon enfance, lorsque venait juillet, on lisait sur la porte de beaucoup de magasins de draperie, de toilerie, etc. : *Fermé pour cause de foire.* On était sans inquiétude, on savait ce que cela voulait dire.

BEAUCOUP. — *Beaucoup* suivi de l'article *du* au lieu de l'article partitif *de* est très usité. Je connaissais un brave homme qui, à son grand regret, n'avait jamais eu d'enfants. *Ah !* qu'il me disait, *c'est pas ma faute, je me suis donné beaucoup du mal pour en avoir.*

BEC. — *Le bec dans l'eau comme l'oiseau sur la branche.* Locut. très expressive pour indiquer qu'on est dans l'attente et la précarité.

BÉCASSON, s. m. — Bécasseau. Un de mes amis qui voulait faire son Parisien, demande au Café-Neuf des bécasseaux. — *Monsieur veut peut-être dire des bécassons*, fit le garçon. — *Précisément.* — Le garçon entre ses dents : *Ben, parlez donc français, alors !*

BÈCHE, s. f. — 1. Bateau de petite dimension, garni de cerceaux, recouverts par une toile. On s'en servait pour traverser la Saône (prix, au xviie siècle, deux liards) avant la construction du grand nombre de ponts existant aujourd'hui, comme aussi pour faire des promenades sur l'eau.

2. s. f. pl. Sous la dénomination de *Bèches*, on entendait un établissement de bains froids, composé de quatre ou cinq bèches amarrées à la deuxième pile du Pont de Pierre, du côté de la Pêcherie. Le nom s'est transmis aux bateaux de natation actuels.

De *beccum*, rostre, proue en façon de bec, à cause de la forme relevée de l'avant.

BECFI, s. m. — C'est le nom, plus euphonique, que nous donnons au becfigue. Que de fois l'on entendait le garçon chez Bertrand : *Deux becfis gras pour Monsieur à la casserole ! Boum !*

BÉCHEVELIN. — Quartier au sud de la Guillotière, que l'usine de Laracine pour l'équarrissage des chevaux avait rendu célèbre.

On lit dans *le Songe de Guignol*, pièce qui précéda de peu les journées de novembre 1831 :

Et moi, je lui tendais les mains pour l'em-
[*brasser...*
Mais je n'ai plus trouvé qu'un horrible mé-
[*lange*
De sale viande et d'os que sentiont la vidange,
Autant Béchevelin ; et de membres affreux
Que de m... (1) sanglants se disputiont entre
[*eux.*

BÉGUER, v. n. — Bégayer. Je *bègues*, etc. Vieux franç. *béguer*, dont *bégayer* est le fréquentatif.

BÉGUI, s. m. — Bonnet des mamis au berceau. — C'est *béguin* avec suffixe *itius* au lieu d'*inus*.

BEIGE, adj. — Se dit du linge jauni, roussâtre. J'entendais un jour Mme de Beaupertuis qui reconnaissait son linge : *Je crois que cette buyandière de mon... cœur lave au savon de Villebois ; elle m'a rendu mes décrassoirs tout beiges !*

(1) Je ne comprends pas du tout le mot que représente cette initiale.

BÉJAT. — *Tomber dans le béjat*, Tomber dans l'imbécillité. — Même origine que le piémontais *bagian*, idiot ; prov. *bedigas*, sot ; vieux franç. *begaut*, niais, et le français *bègue*.

BELETTER, v. a. — Désirer ardemment, convoiter, couver des yeux. *As-tu vu Piedfin, comme i belette la Perrotte ?* De *belette*. Être convoiteux comme une belette.

BELIN, s. m. — Agneau. Au fig. expression de tendresse. Se dit volontiers aux enfants. *Veux-tu une rôtie de crasse de beurre, mon petit belin ?* — Vieux franç. *belin*, bélier, agneau.

BELUE, s. f. — Étincelle, bluette. « Mameselle, une belue de vos jolis agnolets m'a z'enflammé le cœur. » (*Modèles de correspondances.*) Vieux franç. *bellue*, même sens, de *bis-lucem*.

BENAISE, adj. — Satisfait, bien aise. Se dit surtout quand on a le ventre plein. A table, chez un ami, au pousse-café : *Eh bien, es-tu benaise ?* qu'il vous dit. — *J'en suis gonfle comme un n'haricot crevé*, que vous répondez, ou bien : *La basane m'en pète ;* enfin vous avez soin de dire quelque chose d'agréable. — De *bien* et *aise*, cela coule comme une chandelle.

BENAISER (SE), v. pr. — Se rendre benaise. *Nous ons été dimanche, avè Cadet, chez Mille, aux Grandes-Terres. Nous ons commandé pour six. Nous nous sons bien benaisés.* De *benaise*. Comp. le vieux franç. *bien-heurer*, de *bien* et *heur*.

BÉNÉDICITÉ.

Bénédicité de Craponne :
Prions Dieu qu'i vienne personne ;
Nous sons assez grands garçons
Pour manger ce que nous ons.

BÉNIR. — *Autant qu'un pape en pourrait bénir.* Se dit pour exprimer des quantités innombrables, vu qu'un pape peut en bénir des foisons d'un seul coup. Quand j'étais petit, le papa disait que j'aurais mangé des truffes frites tant qu'un pape en pourrait bénir.

Bénir les fesses avec un martinet. — Tous les gones vous diront ce que c'est.

Que le bon Dieu le bénisse ! Expression qui équivaut à « Que le diable l'emporte ! » *Allons bon*, dira un homme de lettres, *velà la Rothée que m'a mis tous mes papiers en ribotte ! Que le bon Dieu la bénisse !*

BÉNISSOIR. — *Dieu vous bénisse avec son grand bénissoir !* Souhait tout plein affectueux.

BENNE, s. f. — Sorte de vaisseau sur plan ovale, à fond plat, communément cerclé de fer, qui sert à recueillir la vendange et à la porter dans les tonneaux.

Le charbon se mesure à la benne, mais la chose a changé tandis que le nom s'est conservé. En 1789, la benne de Lyon pour charbon de pierre était de 74 litres environ, et la benne de charbon de bois de 86 litres environ, mais le charbon de bois se vendait surtout au sac et à la voie (voy. ce mot). Depuis l'adoption des nouvelles mesures, on a voulu mettre les anciennes dénominations en relation avec le système métrique, et aujourd'hui la benne égale un hectolitre. Elle pèse de 36 à 40 kil.

Durant toute mon enfance, le charbon de bois était vendu par des marchands ambulants qui traînaient leur marchandise sur une voiture à bras. De toute la sainte matinée, le cri suivant ne décessait pas :

Bon char-bon de bois   à trente-huit sous la   benne!   Ren — du !

Aujourd'hui cette petite industrie s'est perdue avec tant d'autres, et l'on achète le charbon de bois chez le marchand.

Quand un enfant se montre difficile sur la nourriture, on lui dit : *Si on te faisait passer trois jours sous une benne, comme les petits chevreaux, tu ne serais pas si difficile.* — De *benna*, voiture gauloise en osier.

BENNIER, s. m. — Artisan qui fait les bennes et les benots.

Conscience de bennier, Plastron de cuir épais, où est fixée une planche recreusée. Le bennier place la conscience sur sa poitrine, à celle fin qu'en tirant à lui son couteau à deux manches, lorsqu'il travaille le bois, il ne courre pas le risque de se couper en deux tronçons. — Au fig. *Avoir une conscience de bennier*, Ne pas avoir une conscience de sensitive. Un bon petit homme, qui prêtait un peu à la petite semaine, avait accoutumé de dire toutes les fois qu'il affirmait quelque chose : *Sur ma conscience...* — *de bennier*, disait-on en l'interrompant. Comme il avait le caractère bien fait, il ne s'en offensait mie.

BENOIT. — *Un grand Benoît*. Un grand benêt, *Sais-tu que Lanticut se marie ?* — *Pas possible ce grand Benoît !* C'est aussi un terme d'amitié, comme « grande bête, grande bugne, grande ganache ». — *Eh, c'est toi, grand Benoît, viens que je te coque !* — *Benoît* n'est qu'une forme de *benêt*, de *benedictus ;* de l'idée que les innocents étaient réputés bénis.

BENONI, s. m. — Un godiche, un peu bugne, un peu caquenano. *Fallait-t-i que ce Joset soye benoni !* — *T'esses bugne ! te sais pas comme la Putiphar était laide.* — De *Benoît*, avec un suffixe de fantaisie auquel a aidé le *Benoni* biblique.

BENOT, s. m. — 1. Benne plus petite dont on se sert pour la cueillette du raisin.

2. Terme de construction lyonnaise. Petit vaisseau de bois dont les boutioux se servent pour porter le mortier, le sable, etc.

BENOUILLER, v. a. — Mouiller abondamment. Un de mes amis, passant un matin dans le chemin de Collonges, reçoit une potée de liquide. Furieux, il lève la tête et se trouve à demi désarmé en voyant un bras blanc qui sortait d'un flot de dentelles le tout à une fenêtre dont la persienne était entr'ouverte au-dessus de sa tête. — *Oh, monsieur*, fait une voix timide, en même temps qu'apparaissent un frais visage et des cheveux noirs en désordre sur les épaules, *je suis au désespoir de vous avoir benouillé, mais ce n'est que l'eau de mon canari !* — Mon ami flaire la manche de sa lévite : *Vous le nourrissez donc aux asperges, votre canari !*

D'une onomat. *ouille*, exprimant le rejaillissement de l'eau, et d'une première partie à caractère incertain.

BÉQUILLON, s. m. — Petit morceau. — Diminutif de *becquée.*

BERCHU, UE, adj. — 1. Brèche-dents 2. Ébréché, *Un tupin berchu.* — *Berchu* pour *brechu*, de *brèche.*

BERGÈRE, s. f. — Espèce de bergeronnette.

BERLAN, s. m. — Brelan. C'est la prononciation qui était encore admise à la fin du xvii° siècle, concurremment avec l'autre.

BERLOQUE. — *Battre la berloque.* Divaguer, déménager. — D'après l'Académie, Littré, Bescherelle, Larousse, Nap, Landais, la berloque est une batterie de tambour pour appeler à la soupe. Mais mon neveu Georges C..., qui a été soldat militaire, m'affirme que c'est une batterie pour rompre les rangs. J'en crois mon neveu Georges C..., d'abord parce que c'est mon neveu, puis parce que l'idée du désordre, de la confusion des rangs, explique très bien le sens figuré.

On dit aussi *battre la· breloque*, et c'est bien à tort que le bon Littré y voit l'idée de taper sur une breloque. *Breloque* est ici pour *berloque* comme brelan pour *berlan.*

BERNIQUE. — Interjection pour exprimer la déconvenue. Le père Cacapouille, de la rue des Farges, n'avait jamais eu de chance. *A force de protections*, qu'il me disait, *on m'avait promis une bonne place. C'était, parlant par respect, pour ramasser le crottin le long du chemin de fer. Arrive un changement de ministère, bernique !*

BERTE, s. f. — Récipient de ferblanc, dans lequel les laitières ont accoutumé de renfermer le lait, ou l'eau et le lait qu'elles portent à leurs pratiques. Au fig. ces

*Deux sources d'où la vie humaine
En ruisseaux d'amour doit couler.*

(Lamartine.)

Comment que te trouves c'te dame ? — Bigre, elle a de fameuses bertes !

Berte serait du celtique et signifierait *pot, tupin.* Le nom est resté au récipient de ferblanc. (Mami Duplateau.)

BERTIN, s. m. — Coiffe de nuit. Vieilli. — Au moyen âge, *bertin* était un nom· proverbial de femme. *Bertin*, coiffe, est-il venu du nom propre, comme on dit une ninon , un bolivar, une paméla ?

BERTON, s. m. — Petit pot pour la soupe. — Diminutif de *berte*, ou mieux du patois *berta*, grand pot de terre.

BESACE. — ·*Bascule à besace.* Voy. *bascule.*

BESOIN. — *Besoin de prendre.* Euphémisme délicat qu'emploient les dames pour ne pas dire faim ou appétit, ce qui serait grossier. Je connais une dame qui, lorsqu'on lui demande si elle est disposée à manger, répond invariablement : *Je n'ai pas faim, mais j'ai besoin de prendre.* Comme cela, elle n'a jamais faim, mais toute la journée elle a besoin de prendre.

Faire ses petits besoins. Suffit.

J'en ai de besoin pour « J'en ai besoin ». Locution vicieuse très usitée et qu'emploie même Rousseau. Au fond, c'est un archaïsme qu'on rencontre au xvi° siècle. Avec *assez* et *tant*, la locution est encore correcte : *J'en ai tant de besoin.*

BESSARD (RUE DU). — C'était le nom d'une rue qui occupait à peu près l'emplacement de la rue Constantine actuelle, de la rue Lanterne à la Pêcherie: longiôle étroite, tordue, infecte, toute embocannante de l'odeur des cuirs frais provenant de la boucherie voisine, que l'on voyait suspendus à tous les étages qui servaient ainsi de séchoirs, tandis que sur le pas de la porte de chaque rez-de-chaussée se tenaient d'horribles filles de joie, généralement en train de tricoter.

L'ancien nom était Bessal. — 1472 : « Payé à Guérin Triccaud, sergent royal, pour avoir ajourné ceux du Bessal, qui avaient fait leurs chambres aisées encontre la muraille de la ville, pour les faire ôter et ordonner qu'ils n'y soient plus. » La rue, en effet, devait suivre l'ancienne muraille. Quant aux « chambres aisées » c'est un euphémisme heureux qui se comprend de reste. De *baisser*, plus suff. *al* (lat. *ale*), devenu *ar*, comme dans *canal* devenu *canar* en patois. Le *d* final est une addition analogique.

BESSON, ONNE, s. — Jumeau, elle. Il est à l'Académie, mais si oublié, que lorsqu'on le prononce devant des messieurs ou des dames, voire des demoiselles, ils ou elles ouvrent des yeux comme des pains de six livres. Molard le proscrivait, il y a près d'un siècle. sans doute parce que l'Académie ajoutait : « Il est vieux. » Il se prend quelquefois au fig.

> *Ces deux mollets coussinets,*
> *Ces deux mignons bessonnets,*
> *Qui s'esmouvent sur la poitrine*
> *De ma bergerette poupine,*

dit un vieux poète lyonnais.

BESSONNÉE, s. f. — Couche de deux jumeaux. Oui, mais comment dire lorsque, comme pour l'excellent Louis Lacuria, le peintre, il y en a trois ? Nous le connaissions. Aussi, quand il se maria, prédîmes-nous qu'il ne ferait rien comme les autres. Il n'y faillit pas. Sa femme, du coup, fit une trissonnée de filles qui, malheureusement, ne vécurent pas.

BESSONNER, v. n. — Accoucher de deux jumeaux.

BESTIASSE, s. f. — Grande bête. Très usité. *Quelle bestiasse que ce suffrage universel !* — C'est le *bestiaccia* italien importé sans doute au xvᵉ-xviᵉ siècle.

BÊTARD, s m. — Forte bête. Une jeune mariée me disait de son mari : *Il est bien gentil, mais un peu bêtard, il demande toujours au lieu de prendre.* — De *bête*, plus le suffixe aggravant *ard*.

BÉTATOURET, s. m. — Foret pour percer les tonneaux. Vieilli. Du vieux lyonn. *beta* (?) mettre, et *touret* (?), cheville.

BÊTE. — *Bête comme tout.* Cette expression est bête elle-même, car au fond elle ne signifie rien. Elle est cependant très répandue. Chose assez singulière, les Anglais en ont le pendant dans *It sticks as any thing*, cela colle comme quoi que ce soit. *Vous n'êtes rien la moitié d'une bête !* Compliment à double détente que l'on fait à quelqu'un qui vient de faire preuve d'esprit ou d'ingéniosité.
Il ne m'a pas seulement dit : Bête que veux-tu ? Il n'a pas dit mot.

BÊTISER, v. n. — Dire ou faire des bêtises, dire des sornettes. *Mameselle Gladie, je vous n'aime comme les mirons n'aiment la melette. — Allons, grand gognant, bêtise don pas !*

BEURRE. — *Beurre de pojaud.* Beurre très rance, très mauvais. *Ce beurre a le goût de pojaud.*
Crasse de beurre, Résidu noirâtre et fortement salé qui reste au fond de la marmite où l'on a fait fondre le beurre. On en fait des rôties délicieuses.
Donner du beurre. Expression du jeu de la glissière. C'est, en glissant, pousser ceux qui sont devant, au hasard de les faire tomber. Dans la vie, en politique, en industrie, en art même, toute la question est de donner beaucoup de beurre à ceux qui sont devant. Il y en a pourtant qui préfèrent ni donner du beurre, ni en recevoir. Ce serait mon cas.
Vraisemblablement de ce qu'on met du beurre aux canules pour les faire mieux glisser.
Mettre du beurre dans la soupe avec un fusil. Il ne s'agit pas d'un Lefaucheux. C'est, au propre, piquer dans la mollette de beurre cette lame d'acier, ronde et effilée, qui sert à aiguiser les couteaux, puis tremper le fusil dans le bouillon pour graisser la soupe. Métaphoriquement, c'est ne pas jeter les épaules de mouton par la fenêtre. On dit aussi *mettre du beurre avec une alène.* Mais ceux qui le font sont des avares ; l'alène étant beaucoup plus mince que le fusil, il y a tout à fait trop peu de beurre.
Avoir des mains de beurre. Se dit de ceux qui laissent échapper ce qu'ils tiennent, les mains graissées de beurre étant glissantes.
Beurre des oreilles, Cérumen.

BEZOTTER, v. n. — Se dit de ceux qui, lorsqu'ils parlent, font *bz, bz*, en vous envoyant des postillons par la figure. — Gracieuse onomatopée.

BEZOTTEUR, EUSE, s. — Un ou une qui bezotte.

BIBON, s. m. — Terme préjoratif pour vieillard. On dit ordinairement *un vieux bibon.* — Répond à l'argot *birbe*, lui-même en rapport avec ital. *birbante*, brigand ; vieux franç. *birban* ; esp. *birbon* ; vieux angl. *bribour*, un vagabond. La dérivation du sens tient à l'emploi habituel du mot avec vieux : un vagabond, un vieux vagabond, puis un vieux tout court, au sens péjoratif.

BICHÉE, BÊCHÉE, s. f. — Becquée. Qui ne connaît le beau vers de Racine :
Aux petits des oiseaux il donne la bichée,
Au fig. bouchée, tout petit morceau. — *Veux-tu de gratons ? — Fais-me n'en passer une bichée seulement.* — De *bec*, manquablement.

BICHER, v. n. — 1. Se dit du poisson quand il mord à l'hameçon. Quand nous étions jeunes, nous ne manquions jamais de crier de toutes nos forces à chaque pêcheur à la ligne : *Eh ! ça biche-t-i ?* L'ayant crié un jour à un pêcheur sous le Pont d'Asnières, il me répondit avec l'accent inimitable de la patrie : *Vous êtes don de Ly-on ?*
2, v. a. Prendre quelqu'un en faute, le saisir sur le fait. *Le Pétrus hier a fait peter l'école ; i s'est fait bicher qui jouait aux gobilles sur le Port Sable.*
3, v. pr. *Se bicher*, se disputer, mot à mot se donner des coups de bec.

BICHERÉE, s. f. — Étendue de terrain suffisante pour semer (et non pour recueillir) un bichet de blé. Dans le Lyonnais, la bicherée est de 340 toises carrées de 3ᵐ80 q., soit 1,293 mètres carrés.

BICHET, s. m. — Mesure de grains. Dans le Lyonnais, le bichet actuel équivaut à environ 33 litres. — De *biche* qui s'emploie encore dans nos campagnes pour mesure de capacité contenant environ 30 kil. de blé, et qui signifie aussi un grand pot de terre. Biche vient lui-même du bas latin *bicca*, dont le type se retrouve aussi bien dans le grec que dans le germanique.

BICHETTE, s. f. — Mesure de grains qui équivaut à la moitié d'un bichet.

BICHON, s. m. — Petit pot de terre. Les bonnes femmes mangent toujours leur soupe dans leur bichon. C'est meilleur, comme de manger le bouilli dans l'assiette creuse où l'on vient de manger le potage, ainsi que cela se fait dans les grandes maisons. — De *biche* (voy. *bichet*).

BICLE, adj. des 2 g. — Celui qui regarde à Fourvières si le feu est aux Brotteaux. — C'est du vieux français existant encore sous la forme *bigle*.

BICLER, v. n. — Loucher (v. *bicle*).

BICLON, s. m. — Un qui bicle. Le Lyonnais affectionne la finale *on* : *barbouillon, barfouillon, biclon, bugnon,* tous mots aimables.

BICOTER, v. a. — Embrasser avec récidive, *Après trois mois de mariage, i se bicotiont encore comme deux imb'ciles.* — Fréquentatif de *biquer*.

BIDER, v. n. — Mesurer au jeu de boules. — De *pedem. Bider*, c'est proprement mesurer en mettant un pied l'un devant l'autre, comme on mesure souvent aux boules. Puis bider s'est étendu au sens de mesurer avec une canne, une ficelle, un mouchenez, etc. Comp. mâconnais *peder*, vaudois *pider*, mesurer avec le pied.

BIEN. — *Être bien de chez soi. Être bien du côté de sa femme.* — *Sais-tu si Boyaud est calé ? — Il n'a pas grand'chose de chez lui, mais il est bien du côté de sa femme. Elle lui a apporté au moins cent écus de dot.* Locutions absolument logiques, car on est généralement bien quand on a du bien.
Bien, employé pour beaucoup, est une expression très lyonnaise. *Il faut manger bien de viande et faire bien d'exercice.* — *Avoir bien de goût.*

BIGORNE, s. f. — En français, enclume à deux pointes. — De *bicornis.* En lyonnais une cancorne, une béate, mauvaise langue. — De *bigote.* On a remplacé *ote* par un suffixe préjoratif en analogie avec *corne.*

BIGUE, s. f. — Mât, forte perche. 1494 : « Pour deux bigues de VI toises, à VI gros la pièce. » (*Arch. mun.*) — Dans le compte de la dépense pour les funérailles de Jacques Moyron (1656), on trouve une somme de 3 livres « au serrurier qui a fait des happes à supporter les bigues de l'église des Cordeliers ». — Au fig. femme grande et mince. Un de mes amis, qui n'aimait pas les exagérations, ne voulait épouser ni une *bigue* ni *un bouchon de latrines.*
Ouvrir les yeux comme un chien qui rend des bigues en travers, Les ouvrir fortement. — La signification primitive, qui était celle de deux mâts pour lever les fardeaux des navires, ramène *biga* à *bisjugae.*

BIJOUTIER. — *Bijoutier sur le genou.* Image élégante pour dire gnafre.

BILLIOUD, BILLAUD, DE. s. — Vendangeur. — Est-ce le même que *billaud,* usité dans nos campagnes pour Qui a gros ventre, et qui vient de *budelliosus ?* Le surnom aurait-il été donné par raillerie, à cause de la maigreur des montagnards, ou au contraire parce qu'ils se gonflent le ventre de raisins ?

BILLE, s. f. — Barre de bois servant à biller. On dit plus volontiers *tavelle*.

BILLER, v. a. — Serrer le chargement d'une voiture.

BILLET. — *Je vous fiche mon billet que...* Métaphore tout à fait convenable à une ville de commerce pour dire : « Je vous assure que... » Dans la pratique, on n'est pas obligé de dire *fiche*. Quand on veut renforcer l'expression on dit « Je te vous fiche... » — *Je te vous fiche mon billet que la Joséphine de chez la Ficelle, c'est pas rien,* me disait mélancoliquement un camarade froissé dans ses illusions d'amour.

BINET, s. m. — Bobèche avec une tige creuse que l'on insère dans le chandelier. La bobèche porte une pointe qu'on fiche dans le bout de chandelle trop court pour brûler dans le chandelier. Manière de faire des économies de bouts de chandelles. A Neuchâtel, cela s'appelle une *ménagère*. — De *binus*, double, parce qu'on *bine* ainsi la chandelle : on l'use en deux fois.

BIQUER, v. a. — Donner un baiser. *Biquer la relique*, Baiser la relique. Dans une chanson de Revérony sur la prise de la Bastille, on lit :

Los penons de notre ville,
La municipalita,
Par biacoup nous fare rire,
Se sont achemina,
Charchant partout la Bastille.
Y l'ant enfin trouva,
Et par biqua la reliqua,
Je l'os ons vu s'avainça.

Il faut savoir que Chalier avait rapporté de Paris une pierre de la Bastille et qu'il la faisait baiser comme une relique aux Mathevons. Quand à *los penons*, c'est le nom de l'ancienne garde bourgeoise de Lyon que Revérony applique à la garde nationale.

Biquer la relique sans feuille. Pour éclaircir cette locution obscure, voici un exemple : A l'heure où j'écris (avril 1889), M. Rochefort est après baiser la relique sans feuille à M. Boulanger.

BISCUIT. — *Papier à biscuit.* Papier sur lequel le pâtissier a mis à cuire les biscuits, et auquel il en est resté quelque peu d'arrapé. Les gones qui l'achètent, un liard la feuille, quatre pour un sou, lui ont donné le vilain nom de lèche-c.. « M'cieu le briochier, pour un sou de lèche-c.., siouplaît. » Pas moins c'est un joli dessert.

BISE. — Proverbe :

Quand il pleut de bise,
Il pleut jusqu'à la chemise.

BISET, s. m. — Vent coulis. Diminutif de *bise*.

BISQUE, s. m. — Pays-nostre. Indigène des Basses-Alpes, comme le Bedos du Vivarais, le Ponaud du Puy, le Gagat de St-Étienne, le Caladois de Villefranche, etc. Bisque se disait surtout des colporteurs (appelés encore *culs-blancs* et *margoulins*) pour autant qu'ils étaient en partie tous des Basses-Alpes. Il y avait jadis à Lyon d'importantes maisons de blanc et de rouennerie dont la clientèle n'était rien que de bisques. Les chemins de fer, en faisant arriver les commis-voyageurs jusque dans les endroits où l'on ne pénétrait qu'à dos de mulet, ont tué les margoulins.

Les Bisques sont-ils ainsi nommés parce qu'ils bisquent ou parce qu'ils font bisquer ?

Quel Gapian divin sondera l'Insondable ?
(Légende des Siècles.)

BISSÊTRE, s. m. — Malheur. *Porter bissêtre*, Porter malheur. — *T'esse un bissêtre*, Tu es un emplâtre. — De *bi-sextus*, parce que l'année bissextile était censée porter malheur.

BISTANCLAQUE-PAN, s. m. — Bruit que fait le métier de façonné. On dit quelquefois *bistanclaque* seul. *Hélas, c'est la meurte: on n'entend plus le bistanclaque.* Onomatopée. *Pan* représente le coup de battant.

BISTANQUIN, s. m. — Vareuse de femme, — *Cette pillandre est allée dire dans tout le quartier qu'i m'avait donné ce bistanquin. — Si on peut comme ça compromettre une pauvre créature !* (Guignol). Ce mot me paraît un assemblage de syllabes péjoratives (*bis* est très péjoratif. Comparez le patois *biscambillé*, *biscornu*, *bistaud*, *Bismarck*) avec une finale par analogie avec *casaquin*.

BISTAUD, s. m. — Terme dépréciant pour courtaud de boutique, saute-ruisseau. Au temps où j'étais bistaud, voilà que je suis témoin d'un accident de voiture en Bellecour. Un cocher brutal renverse à terre un homme. On se précipite à la tête du cheval ; on entraîne le cocher au commissariat de la rue Belle-Cordière. Dépositions des témoins. Au premier : *Votre nom ?* — (Scandant) *Comte de X... de Z..., chevalier de la Légion d'honneur, en son hôtel...* — *Et vous ?* — *Puitspelu.* — *Votre profession ?* — *Bistaud.*

Représente peut-être *Bertaud*, tondu, qui était aussi nom propre, employé péjorativement. *Bertaud* peut donner *bestaud, bistaud.*

BLACHES, s. f. pl. — 1. Plantes marécageuses (*carex* ou *laiches*).

2. Nom de lieu : *les Blaches, les Flaches, les Blachères, les Flachères.* — Le radical se trouve dans les langues celtique et germanique.

BLANC, s. m. — 1. Monnaie de compte. Un blanc, c'est cinq deniers, à raison de douze deniers au sou. Ne s'emploie guère que dans l'expression de *Six blancs* pour deux sous et demi.

Articles de blanc. Expression générique pour les mousselines, madapolams, mouche-nez blancs, etc. *Maison de blanc, magasin de blanc,* maison qui tient ces articles.

Vent blanc. Voy. *vent.*

Faire un voyage blanc, une course blanche, Faire un voyage, une course sans résultat. Je suis allé demander de la tolérance aux hommes, voyage blanc ; de la raison aux femmes, voyage blanc ; de la justice aux partis, voyage blanc ; du bon sens aux électeurs, voyage blanc, voyage blanc.

Messe blanche, Messe où le prêtre ne communie pas. M. J. Lemaître a intitulé *Mariage blanc,* une pièce où le mariage n'est pas effectif. — Pourquoi dans tous ces exemples, le blanc est-il l'équivalent du néant que je me figurais plutôt noir ?

Avoir les quatre pieds blancs. Ma bourgeoise disait « qu'une honnête femme ne va pas au café chantant, mais que les hommes ont les quatre pieds blancs. » Elle entendait que les hommes ont l'immunité d'aller partout sans blâme.

Le diable a le pied noir : le pied blanc est un pied censé innocent. Pourtant il y a des femmes qui ont le pied bien blanc et qui...

BLANCHE (LA). — Eau-de-vie de marc. *Donnez-nous un verre de blanche.* Jadis on ne buvait que celle-là dans le Jura, où je l'ai toujours trouvée détestable. Aujourd'hui on en boit partout. Je ne sais si les gosiers se sont pavés, mais beaucoup de gens ne veulent que celle-là.

BLANCHETTE, s. f. — Mâche (*valerianella olitoria*), — De ce qu'elle est d'un vert foncé.

BLANCHIR. — *Blanchir en jaune.* C'est comme cela que nous faisons blanchir en partie toutes nos façades. Le bon père Chevalier racontait le plaisir toujours nouveau qu'il éprouvait à *se promener devant la préface de sa maison blanchie en jaune,* et sur laquelle il avait fait mettre « *ex libris* Chevalier », pour bien indiquer qu'elle était à lui ainsi qu'il l'avait vu faire pour des livres.

BLAUDE, s. f. — 1. Blouse.

2. Le bon Molard le définit : « Habit fort long qu'on doit appeler *anglaise* ou *redingote* (sic). » Il se trompe. La blaude n'était ni une anglaise, ni une redingote, mais un long vêtement d'hiver, qui ressemblait assez à un pardessus à taille, qu'on mettait sans redingote dessous. Je lis dans un journal de la Restauration qui avait des prétentions littéraires : « Dans la soirée de lundi on a retiré du Rhône, au devant du quai Saint-Clair, un vieillard qui s'était jeté dans le fleuve, après s'être dépouillé de sa chemise et de tous ses vêtements, à l'exception d'une blaude dont il s'était enveloppé. » — Il fallait que le terme fût bien usité, pour que l'écrivain ne se fût pas aperçu qu'il cessait d'employer la langue « noble ». — Du vieux franç. *bliaut,* sorte de robe commune aux deux sexes.

BLAZE, BLAIZE, s. f. — *Bourre de soie.* — De *placium,* de πλάξ, galette. On appelle précisément galettes les produits de la bourre de soie, à cause de la forme plate sous laquelle ils se préparent. (Renseign. de M. Pariset.)

BLÉ. — *Pommade de blé vieux.* Très vilaine expression, dont on ne doit se servir que dans les cas d'extrême nécessité.

BLESSER, v. n. — Parler en mettant gracieusement la langue entre les dents. Les jeunes personnes ingénues blessent toujours un peu. Cela donne un air de candeur. J'en entendais une qui disait : « Mon frère dit très bien pigeon, mais moi je ne peux dire que pizon (*z* égale ici *th* doux anglais). » — De *blaesare*.

BLET, ETTE, adj. — Molard le proscrit. Toutefois il veut bien reconnaître « qu'il manque à notre langue ». Ce n'est pas exact, puisqu'il figurait déjà au Dict. de l'Acad. de 1798, mais, chose singulière, seulement au féminin. Aujourd'hui, il figure avec les deux genres. Beaucoup de personnes, croyant le mot lyonnais, se font scrupule de l'employer. Je l'ai pourtant entendu dans un bal du grand monde. 1ᵉʳ Monsieur, s'arrêtant en face d'une grande et forte dame : *Belle femme ! Quel dommage qu'elle soye un peu mûre !* — 2ᵐᵉ Monsieur, soupirant : *Non, quel dommage qu'elle soye blette.*

BLETON, s. m. — C'était la manière pour nos maçons, de dire *béton*. Comp. le vieux lyon. *bochet* devenu *blochet*, sorte de corbeau en bois.

BLETTE, s. f. — Poirée. — *Blette* n'est point une corruption de *bette*. Celui-ci vient de *beta*. Le premier vient de *blitta* pour *blittum*. Nous avions déjà *blette* au xvıᵉ siècle : « Septitrien, riche entre tous les marchans, ne mange rien, sinon bletes et raves. »

BLEU, s. m. — Sergent de ville. Lorsque, en 1852, on créa les sergents de ville, on les composa d'anciens soldats que, pour leur faire connaître les êtres, on promena pendant quelques jours dans les rues de Lyon par escouades. N'ayant pas encore d'uniforme, on leur avait attaché au bras gauche, en signe de ralliement, un brassard bleu. Le peuple, qui regardait curieusement défiler ces inconnus, les appela aussitôt les bleus. Ils prirent bientôt leur service avec des noms et des uniformes qui ont varié depuis, mais le sobriquet était donné et subsiste encore. *Se faire un bleu*, Se faire une ecchymose. Une dame me racontait qu'elle avait débaroulé par les escaliers, un jour de relève. *J'ai tombé à cacaboson*, me faisait-elle, *je m'ai fait un bleu large comme une assiette !* — Comment pouvez-vous le savoir ? — (Baissant les yeux) *C'est mon mari qui me l'a dit.*

Bleu comme un paradis. Se dit pour exprimer une belle couleur bleu céleste.

J'avons vu l'habit du maître.
Qu'est bleu comme un paradis,

dit une chanson de Revérony. Comme on ne dit pas « bleu comme *le* paradis », mais « comme *un* paradis », il est vraisemblable que la comparaison s'applique non au vrai paradis que l'on n'a jamais vu, mais au paradis (reposoir) que l'on fait dans nos églises le Jeudi saint et dont le fond est habituellement bleu céleste.

Passer au bleu. — Disparaître. Faire *passer au bleu*, Faire disparaître. *Je suist-allé à la vogue des Choux. J'ai voulu prendre mon porte-liards ; passé au bleu ! — Y avait-i gros d'argent ? — Bigre, y avait neuf sous !*

Le bleu est sans doute ici le symbole de la nuit. Comp. à *borgnon bleu*. Je me suis laissé dire que lorsque certains pays passaient trop au rouge, ils finissaient par passer au bleu.

N'y voir que du bleu, Être surpris de façon que l'on ne voit pas le tour que l'on vous joue. Chez les prestidigitateurs, j'adore de n'y voir que du bleu. Je suis bien plus ému si je crois que c'est pour de bon qu'on coupe la tête aux gens et qu'on la leur remet, que si on m'explique que c'est une farce.

Bleu, Fromage de geai. Dans un grand restaurant : *Garçon, du bleu, s'il n'y a pas trop de vesons !* — Un de mes camarades tombait en extase à chaque fois qu'on levait la cloche du fromage bleu. Il disait que cela lui rappelait ses premières amours. Je n'ai pas su saisir cette affinité mystérieuse. Peut-être qu'il avait aimé la fille d'un marchand de fromage ?

BLEUSIR, BLEUSAYER, v. n. — Bleuir, v. a. — Mettre de la couleur bleue. — C'est *bleuir* où l'on a intercalé une *s* pour rompre l'hiatus.

BLONDE, s. f. — Une canante. La couleur du sujet ne fait rien à l'affaire et une blonde peut être brune. *Le Claudius avè sa blonde se sont attrapés par la bourre.* La blonde représente chez tous les peuples le type de la beauté. Si quelque lectrice, brune ou châtaine, s'étonnait de cette prééminence, je lui citerais, en manière de consolation, un proverbe de chez nous qui dit, à propos de celles qui sont un peu pruneau, « que le poivre noir est le meilleur », et puis... et puis... de tout poil bonne bête, comme dit un autre proverbe de chez nous.

BLOQUER, v. a. — Vendre en bloc, sans peser ni mesurer. J'entendais un jour un bon paysan parlant d'un bon jeune homme qui grâce à une petite dot, avait accepté d'épouser une boye dans un état intéressant : *Al a tot blocó à cinquanta pistoles, la bouvine et lo viau.*

BLOTTE, s. f. — Longue chenevotte soufrée par les deux bouts qui servait d'allumette au temps où les chimiques n'étaient point inventées. Je me rappelle que les dimanches de novembre, au retour des vêpres à Sainte-Foy, il fallait chercher le briquet à borgnon bleu sur la haute tablette de la cheminée de la cuisine. Des fois, patatras, le briquet, une boîte ronde, noire et vieille de deux siècles, tombait, roulait au bout de la chambre et les pattes brûlées de s'envoler par la chambre. Il fallait aller chercher du feu chez le père Martin, notre plus proche voisin de campagne. D'autres fois, on parvenait à trouver le briquet, mais dans l'obscurité, on se tapait sur les doigts au lieu de taper sur le fusil. Enfin, une étincelle est tombée sur la patte brûlée. Le papa souffle dessus de toutes ses forces, en criant dans les intervalles : *Clairvil, une blotte !* — Peut-être du patois *blu, blou,* balle des céréales, écale verte ; par extension détritus de chanvre (?).

BLOUSER (SE), v. pr. — Faire une bêtise. Le père Thomas, en 1814, chantait une chanson de son crû :

En quatre-vingt-douze,
Ah, comme on se blouse !
On voyait tout rouge,
Au nom de la loi !
Mais en l'an quatorze,
C'est bien autre chose !
On voit tout en rose,
Sous notre bon roi !

Terme de l'ancien jeu de billard où l'on se servait de billards à blouses.

BOBE, s. f. — *Faire la bobe.* Faire une grimace en allongeant les deux lèvres pour marquer la mauvaise humeur : *Tiens, t'as don pas amené ta bourgeoise ? — Te sais ben, le fait toujours la bobe.* — De l'allem. dialectal, *baepe,* mufle, bouche.

Bobe, nom qu'on donnait aux garçons chargeurs. Une société de secours mutuels s'appelait *Société des bobes.*

BOC. — *A boc et tabac,* A tort et à travers, Les femmes parlent en partie toutes à boc et tabac . — Non de *ab hoc* et *ab hac,* comme l'écrit Larousse, mais corrompu de *en bloc et en blac,* qui, en vieux français, signifiait à tort et à travers, et littéralement « en bloc et en masse ».

BOCAL, s. m. — Machin en verre que l'on place sur les objets que l'on désire préserver de la poussière, une pendule, une statuette, etc. Les gens qui ont la prétention de parler comme à l'Académie disent un globe, mettre sous globe, mais je ne trouve globe en ce sens ni dans les sept acceptions du mot données par Littré dans son Dictionnaire, ni dans les trois ajoutés dans son supplément. Alors, comment qu'il faut dire ? — C'est dans la crainte de ne pas parler français que, au lieu de globe en verre, j'ai mis machin en verre. Cette indication générale est plus sûre.

BOCON, s. m. — 1. Poison, *Prendre le bocon, Donner le bocon,* Mme Lafarge avait donné le bocon à son mari. *Jeter le bocon,* Jeter par les rues du poison pour les chiens errants. *Dis donc, bibiche, faut prendre garde à Azor quand il lèvera la jambe, on a jeté le bocon ce matin.* — Emprunté au xvie siècle, de l'ital. *boccone,* grosse bouchée (de *bocca*) sous la forme *boucon.* Vous pouvez le voir couché tout au long dans le Dictionn. de l'Acad., vieille épave du passé, oubliée sans doute. J'ai en effet de la peine à me figurer un procureur général solennel, fendant l'air en quatre doubles de sa grande manche et s'écriant avec sa grande éloquence : *Oui, Messieurs, l'accusé, poussé par les sentiments pervers, méchants et coupables d'une cupidité basse, vile et méprisable, a donné le boucon à sa chaste, honnête et vertueuse belle-mère.*

2. Mauvaise odeur. M. et Mme Quiquenet montent la Grand'Côte et s'arrêtent en voyant des tranchées dans le pavé. Mme Q. *Qu'i qu'y font don là ?* — M. Q. *Te vois pas que c'est M'sieu Ancel que fait travailler pour le gaz ?* — Mme Q. *Qu'est que c'est que ça, le gaz ?* — M. Q. *Que t'esses bugne ! Te sais pas que c'est des odeurs ?* — Mme Q. *Dis plutôt que c'est des bocons !*

BOIME, BOUAME, s. m. — Flagorneur. *Faire son boime,* Flatter. *Mademoiselle Vierginie, je vous n'adore ! — Allons, fais don pas ton boime ! —* C'est *boème,* avec prononciation contractée. Les Boémiens s'appelaient.jadis Bohêmes.

BOIRE. — *Donner à boire,* Désaltérer. *L'été, l'eau blanche, ça donne ben à boire plus que le vin.*

BOIS. — *Bois de lit,* Châlit.
Bois de moule, Bois de chauffage. — De ce que le bois se mesurait au moule.
C'est la force du bois. Se dit à propos d'un jeune homme qui jette sa gourme. On compare le tempérament à du bois vert qui se gonfle ou se voile sans que rien l'en puisse empêcher.

BOISSON, s f. — Buvande, piquette, par opposition au vin. *J'ai fait dix ânées de vin et cinq de boisson.*

BOIT. — *La lune boit,* pour dire que la lune a autour de son disque une espèce de couronne blanchâtre qui diminue sa clarté. Présage de pluie. Le mot de *boit* montre que le populaire a le sentiment que le phénomène provient de la présence de matières aqueuses dans l'atmosphère.

BOITE, s. f. — Petit mortier de fonte court, à culasse plate, qui se place la gueule tournée vers le ciel. On le charge de poudre, à bourre forcée. On les tire dans les réjouissances publiques, notamment dans les vogues. Question psychologique : Pourquoi l'idée d'un très gros pet s'associe-t-elle dans le cerveau humain à l'idée de réjouissance ?
Boîte à cornes, Chapeau. UNE FILLETTE : *Maman, tiens : la boîte à cornes du papa.*
Boîte du battant, terme de canuserie. Organe du battant à bouton. C'est la boîte dans laquelle est logé le rat (voy. ce mot), qui chasse la navette sur la verguette.
Boîte du peigne, terme de canuserie, Cadre en bois dans lequel est enchâssé le peigne métallique.

BOMBARDE, s. f. — Instrument de musique composé de deux lamelles de ferblanc avec une languette d'acier entre deux, le tout fixé dans un morceau de bois verni en rouge, cela fait *quuin...* On en fait de compliquées, qui ont jusqu'à trois ou quatre notes bien fausses. Si quatre ou cinq bombardes sont ainsi soutenues d'autant de pines, on dirait la marche de *Lohengrin.* — C'est le vieux français *bombarde,* hautbois : de *bombus,* bruit,

BOMBER, v. a. — Terme du Cheval-fondu. *Bomber sept semelles,* franchir le gone qui sert de cheval, en prenant son élan de la distance de sept semelles en avant de celui-ci.
2. Terme du jeu de gobilles. Lancer la main en avant en même temps qu'on lance la gobille du pouce. C'est une frouille. — De *bombe.* Le gone qui saute décrit la parabole de la bombe. Le sens 2 est une extension.

BOMBONNE, s. f. — Dame-jeanne dont les droguistes se servent pour mettre leurs ingrédients : *Une bombonne de vitriol.* — Je dînais quelquefois en famille chez un brave homme de marinier. Pour ne pas se déranger en allant chercher du vin à cha-bouteille, on mettait en commençant une bombonne sur la table. — De *bombe,* bouteille qui avait la forme d'un bombe.

BON, s. m. — Dans la langue des enfants les douceurs. La poupou peut être très bonne, ce n'est pas du bon. Je connaissais un petit gone qui était comme pas un. Quand il avait trop mangé, il cessait de manger : un vrai philosophe. Un jour, sa mère lui disait comme cela : *Gaspard, veux-tu encore du bon ? — Merci, m'man,* qu'il répondait poliment, *je suis prou soûl !*
Jouer pour de bon ou *à de bon.*

BON, BONNE, adj. intensif. — S'applique des fois à des choses qui ne sont pas bonnes du tout : *Un bon rhume, une bonne radée.*
Il ne fait pas bon faire. Manière de dire que le temps est très froid, très pénible. *Il ne fait pas bon faire pour les cougnes au coin des rues ce matin.* — C'est curieux, je n'ai jamais entendu dire : *Il fait bon faire,* mais toujours : *Il ne fait pas bon faire.* Image de la vie.
Il est bon là, M. Delorme ! Se dit de quelqu'un qui a échoué où il se croyait certain de réussir. *Cadet Salopiaut i est-i pas allé dire au Central qui le fassiont nommer conseiller municipable ! Il est bon là, M. Delorme !*

On expliquait l'expression par ce fait que jadis il y aurait eu à Mâcon un maître d'hôtel du nom de Delorme, qui était de la confrérie dont on prétend que saint Joseph est le patron. Sa femme s'enfuit avec un officier par le coche d'eau. Le mari arriva sur le quai juste pour le voir partir. Sur quoi un témoin de s'écrier : *Il est bon là, M. Delorme !* — Je vous donne l'histoire telle que Bosson me l'a racontée, il y a quelque six ans. — Cette expression, dont les Lyonnais s'assassinaient dans ma jeunesse, me paraît tomber en désuétude.

BON-AMI. — Le masculin de *bonne-amie*.

BONBONS. — *Avoir des bonbons sous le nez.* Euphémisme pour indiquer les rognes que l'on a souvent sous le nez après un gros rhume de cerveau.

BON DIEU. — *Il semble que le bon Dieu vous descend dans le gosier en culottes de velours.* Locution d'origine ecclésiastique. Ne se dit pas quand on boit du Brindas, mais bien un vin chaud, généreux, velouté, pénétrant.

BONDON, s. m. — Euphémisme pour un terme bas. M. Chrétien disait toujours : *Vous lui ferez prendre le remède par le bondon.*

BONIFACE, s. m. — Un qui est malicieux comme un oison. *Un grand Boniface. Comment que te trove ton prétindu,* disait-on à la Touainon, de Pollionay. — *A paré ben dzenti, mé al è in grand Boniface.* — *A n'é rin méchant ! A te fera bin tot ce que te vodré.* — De l'analogie entre *bonne face* et *Boniface*, nom propre.

BONJOUR. — *Bonjour, braves gens, excusez si je me trompe.* Formule de politesse délicate que l'usage astreint à dire à chaque fois que, par erreur, l'on pénètre dans quelque assemblée où l'on n'était pas convié. Par exemple, chez Casati, vous vous trompez de porte et vous tombez dans un banquet de procureurs : *Bonjour, braves gens, excusez si je me trompe.*
Bonjour, voisin ; voilà la tête ; le... fond viendra demain. Phrase bienveillante que nous avons accoutumé de dire aux cavaliers inexpérimentés qui se penchent en avant au trot du cheval. On comprendra facilement que pour que la tête arrive aujourd'hui et le reste demain, il faille être fortement penché en avant. Cela semble même une sorte d'exagération.

BONNE-AMIE. — Tout honnête Lyonnais emploie cet euphémisme pour maîtresse. En 1814, nous logions un grand escogriffe de soldat autrichien qui avait immédiatement retenu le mot. Il restait couché toute la journée et ne se levait que pour manger. Il s'étirait longuement en disant : *Touchours poire ! Touchours mancher ! Touchours tormir ! Touchours foir ponne amie !* Ce garçon avait sur les quatre fins de l'homme les vues d'une philosophie douce.

BONNES. — *Être dans ses bonnes.* Se dit des dames qui, le matin, ont mis leur bonnet du bon côté ; mais cela arrive rarement.

BONNES GENS. — Exclamation qui exprime surtout la compassion, comme le *pécaïre* des Provençaux, le *petsaïre*, *petsirète* des gens du Gévaudan, le *beaussaigne* (beau Seigneur) des Gagas, le *bissaigne* des Ponauds, le *povero*, *poverino* des Italiens. Je connaissais une veuve qui se remariait. *Rien ne manquerait à mon bonheur,* disait-elle, *si mon pauvre défunt était là, bonnes gens !*

BONNET. — *Bonnet de crème. Tiens, tiens, vela Pouillason que s'amène avè son bonnet de crème !* — Mais pourquoi de crème ? — Parce que le laid est dessous.

BONNE TÊTE. — *Avoir bonne tête* ou une *bonne tête,* ne signifie pas pour nous avoir un visage agréable, mais beaucoup de capacité. André Ampère avait bonne tête. — C'est le sens classique de l'expression (voy. La Bruyère). Avoir bonne tête pour bon visage est de l'argot moderne.

BONNETTE, s. f. — Coiffe de nuit. Le bonnet est pour l'homme, la bonnette pour la femme. Quoi de plus naturel ?

BOQUE, s. f. — Pontiaude, femme lourde, épaisse. Ne s'emploie qu'avec l'adj. *grosse,* comme *mique,* qui en est l'opposé, avec *grande. Vouliont-t'i pas me faire marier c'te grosse boque ?* — Sorte d'onomatopée. *Oque* exprime le lourd, le grossier : *bloc, mastoque, gnoque.*

BORGNASSER, v. n. — Regarder de très près, comme quelqu'un qui n'y voit pas bien. Au fig. se dit d'une lumière qui bat au moment où elle est près de s'éteindre, « Sitôt que le chelu de ma déplorable existence, après avoir borgnassé longtemps, faute d'huile, aura fini par s'éteindre. » (*Les Canettes.*)

BORGNAT, s. m. — Espèce de petite bécassine. — Je suppose de son vol à crochets qui a l'apparence (mais l'apparence seulement) d'un vol aveugle.

BORGNE, s. m. — Orvet. — Borgne est pris dans le sens d'aveugle, parce que nos paysans croient l'orvet privé de la vue, ce qui est une erreur.

Borgne d'un œil. — Les grammairiens qui blâment ce pléonasme ignorent qu'il n'en est un que pour eux. Dans les dialectes d'oc, *borgne* signifie aveugle, comme, dans la langue d'oïl, *borgne* signifiait primitivement louche. Borgne d'un œil est aussi rationnel qu'en français sourd d'une oreille. Aussi, pour désigner un aveugle, avons-nous accoutumé de dire qu'*il est borgne d'un œil et n'y voit rien de l'autre.* C'est un peu plus long, mais cela se comprend très bien.

BORNIQUER, v. a. — Regarder avec difficulté en clignant des yeux. Borgnasser exprime un état, borgniquer exprime une action.

BORGNON. — Borgnon est employé pour œil dans *le Songe de Guignol :*

Il avait deux borgnons brillants comme un
[*chelu.*

Mais cela ne me semble pas du lyonnais classique.

A borgnon. Locut. pour A l'aveuglette, à tâtons. Mon oncle Jean-Pierre avait accoutumé de dire que l'on pouvait prendre sa femme à borgnon : que l'on y vît, que l'on n'y vît pas, on était toujours sûr de se gourer. A quoi mon oncle Jean-Claude de répondre qu'il fallait toujours, autant que faire se peut, la prendre moyennée ; pour autant que, puisqu'on peut aussi bien se gourer avec une qui a du de quoi qu'avec une qui n'a pas du de quoi, il vaut mieux se gourer avec une qui a du de quoi. A quoi mon oncle Jean-Jean d'ajouter : « Allons, bien pensé ! »

BORGNON-BLEU, s. m. — Qui a la vue si basse qu'il n'y voit goutte. Au fig., qui n'y voit pas plus loin que son nez ; qui n'a point d'âme.

On dit aussi *à borgnon-bleu* pour « dans l'obscurité ». Je connaissais un bon mari qui avait une femme fort laide. Bah ! qu'il disait, *à borgnon-bleu, vous n'en faites pas la différence !* — Composé de *borgnon,* qui n'y voit pas, et *bleu,* pris au sens d'obscurité. Voy. *bleu,* « n'y voir que du bleu. »

BORME, s. f. — Pus, sanie. *J'ai z'un clou au cotivet que jette de borme.* — Le radical *borb, borm,* est celtique. Il a la signification d'ampoule, pustule.

BORNICANDOSSE, BORNICLASSE, BORNIQUET. — Qui n'y voit presque pas. Variations sur le thème *borgne.*

BORRIAU, s. m. — C'est le nom que, dans tous les ateliers, l'on donne à l'apprenti. « Un borriau de canut qui chinait un 1500 cartons en 600 (600, c'est le nombre des crochets de la mécanique), » m'écrivait mon correspondant anonyme Forducou, « michi-mitron au bas de la Grand'Côte ». A quoi je connus bien qu'il n'était point mitron, mais bien dans la canuserie. — Forme lyonnaise de *bourreau.* Quant à la dérivation du sens, elle vient de ce que le borriau, lorsqu'il remonde, saigne les fils comme le bourreau saigne un chrétien.

BOSON, s. f. — *Pouponnet a-t-il fait son boson ?* demandait devant moi une bonne mère. Au fig. Charmante expression de tendresse : *Mon cœur, mon petit boson.* L'image est délicate. *Viens, gros boson,* dit-on à un bel enfant. — De *bouse. Boson,* petite bouse.

BOSSE. — *Se faire de la bosse,* S'amuser, se divertir. Tout est relatif. Le gone se fait de la bosse avec un sou de... (mettre ici le nom du papier à biscuit ; voy. *biscuit*) ; l'ouvrier se fait de la bosse en jouant des petits verres au tourniquet ; l'homme calé en soupant au Café Neuf. Je me suis fait suffisamment de la bosse quand j'ai pu passer une nuit sans trop souffrir.

BOTTE, s. f. — Petit flacon. Usité seulement dans *botte d'encre,* Petite bouteille en grès, pleine d'encre. — Bas latin *butta,* dont le type se retrouve en grec, en germain et en celtique.

BOUCHARDAGE, s. m. — Travail fait à la boucharde.

BOUCHARDE, s. f. — Outil du tailleur de pierre. Marteau dont la tête est armée de dents en pointe de diamant et dont on se sert pour faire les parements de la pierre de taille. — Fait sur *bûcher* (une pierre). Littré dit qu'on nomme *boucharde* le marteau à pointe de maçon. Rien de plus inexact, au moins en ce qui nous concerne. L'outil désigné par Littré se nomme *têtu*.

BOUCHARDÉ, ÉE, adj. — Qui a été travaillé à la boucharde.

BOUCHARDER, v. a. — Travailler à la boucharde.

BOUCHARLE, BOUCHERLE. s. f. — Élevure qui vient sur les lèvres. Mᵐᵉ Pouillenez: *Je sais pas ce qu'a le Marius, il a toujours tout plein de boucharles.* — Le père Clinquet, doctement: *Pardi c'est pas difficile. C't enfant i se pitrogne le bas de la Grand'-Côte, puis i se grabotte le nez après. Vous y devriez dire qui se grabotte d'abôd, puis qu'i se pitrogne après. Par ainsi i n'aura pas de boucharles aux lèvres.* — Mᵐᵉ P..., émerveillée: *C'est juste! Jamais j'aurais trouvé ça toute seule!* — De *bouche.*

2. Fauvette. — Bas latin *boscum*, bosquet. La boucharle est l'oiseau des bosquets.

BOUCHÉ. — *Bouché comme un escargot par le grand sec.* Ne se dit pas de quelqu'un qui a la comprenette bien déliée. On dit dans le même sens, *Avoir l'esprit bouché.*
Être bouché des sept trous (les yeux sont comptés pour des trous), Être stupide.
Un homme porté sur sa bouche, Un gourmand.
* Encore un des nombreux exemples de la pureté de notre langage. On dit couramment à Paris, sans tenir compte, ni de la correction grammaticale, ni de la convenance: *porté pour sa gueule.* J'ai relevé dans un auteur à la mode: *Ce qu'elle doit être sujette à sa gueule* (Gyp).

BOUCHER. — *Tous les bouchers ne tuent pas des veaux.* Se dit en parlant de ceux qui n'ont pas l'esprit bien débouché.

BOUCHON, s. m. — 1. Branches de pin, formant autant que possible la boule, et qu'on suspend, en guise d'enseigne à la porte des cabarets. Dans l'antiquité, le pin était consacré à Bacchus. Il n'est pas téméraire de penser que le bouchon rappelle cette tradition. — Dimin. de *bousche,* en vieux franç. faisceau de branchages.

2. Le cabaret lui-même. — Métonymie: de la chose pour le signe de la chose.

3. Terme de canuserie. Petite agglomération de bourre qui se fait parfois aux fils de la chaîne par suite de l'écorchement de la soie.

4. Terme de tendresse. *Mon cœur, mon petit bouchon.* — Est-ce bouchon de cabaret pris au fig.? Le bouchon de cabaret est pour beaucoup une vue si aimable.
Bouchon de latrines. Se dit, au fig., d'une très petite femme. Il est bon de s'abstenir de cette métaphore devant les dames.
A bouchon, loc. adv. *Tomber à bouchon,* S'aboucher. *Se coucher à bouchon,* Se coucher sur le ventre. « Ce mot est encore en usage (je le crois bien!), dit Armand Fraisse, témoin ce refrain suave que nous avons entendu, il y a quelques jours, à la Guillotière, chanté à tue-tête par une petite fille rose et blonde:

> *Fouilleuse,*
> *Rogneuse,*
> *Marchande d'oignons,*
> *Qui vire,*
> *Qui tourne,*
> *Qui tombe à bouchon.* »

De *bouchon* (v. *aboucher*).

BOUCI-BOULA, adv. — Couci, couça. A un négociant: *Comment vont les affaires?* — *Bouci-boula.* A une jeune mariée: *Eh bien, ce mari, ça marche-il?* — *Bouci-boula.* — C'est une corruption de sens. Le sens véritable est tête-bêche (bout-ci, bout-là). La dérivation s'est faite sous la double influence de *boulotter,* aller plan-plan, et de *couci-couça,* dont les terminaisons rythmiques se rapprochent de *bouci-boula.*

BOUFFARET, adj. — Jouffflu. Ne s'emploie que dans l'expression *Ange bouffaret* pour un petit chérubin bouffi. *Rose comme un ange bouffaret.* On raconte que lorsque la sainte Vierge monta au ciel, le jour de l'Assomption, elle fut portée par des anges bouffarets, de ceux qui n'ont que la tête et deux ailes, comme cela se voit dans les tableaux des vieux maîtres. En arrivant là-haut, les petits anges, comme bien s'accorde, étaient bien fatigués. Il paraît qu'il y a si loin! « Allons, mes petits enfants, dit la sainte Vierge compatissante,

vous devez être bien las, asseyez-vous !
— Eh, bonne sainte Vierge, firent les anges,
nous voudrions bien, mais nous n'avons
pas de quoi. » C'est un bon vieux curé
qui m'a conté cette gandoise. — Fait sur
bouff, bouffer.

BOUFFER, v. n. et a. — 1. Souffler, attiser.
Le vent bouffe ce soir.·
2. Gonfler, enfler. Une dame à sa
tailleuse : *Tâchez voir moyen de bien faire
bouffer mon postiche.* — D'une interjection
bouff, produite au moyen du gonflement
des joues.

BOUGEON, ONNE, adj. — Remuant. *Un
enfant bougeon.* Quand mon ami Agnus
Poupard, de la rue Ferrachat, se maria, on
lui demandait comment il avait passé la
nuit. *Je l'aurais bien passée, dit-il, mais
ma femme est si tellement bougeonne que
je n'ai rien pu dormir.*

BOUGRASSER, v. n. — Se remuer sans
effet utile. *Je ne sais pas ce que j'ai bou-
grassé ce matin. je n'ai pas fait une aune.
Il est un peu bas.* - Étymologie : — Ah
non, par exemple !

BOUIL (prononc. *bou*), s. m. — État de
bouillir. *Le bouil de la vendange. Un tour
de bouil. Faire prendre le bouil à la soupe.
Aller grand bouil.* Quand on est jeune,
l'amour va grand bouil. Puis le bois
manque. Ça va petit bouil. Puis, il n'y a
plus que des cendres, et froide est la
marmite. — Subst. verbal de *bouillir.*

BOUILLES, s. m. pl. - Entrailles. — Ce mot
a été inscrit par Chanoine en marge de
son exemplaire de Molard. C'est une
forme de *bôyes* (voy. ce mot), de *botulae,*
et plus voisine du français.

BOUILLI, s. m. — Quiconque a reçu des
leçons de bon genre sait assez que l'on ne
doit jamais dire : *Voulez-vous du bouilli ?*
mais : *Voulez-vous. du bœuf ?* — Sottise !
Savez-vouz si ce n'est pas de la vache ?
Puis l'Acad. dit proprement : « *Bouilli,*
viande cuite dans un pot, dans une marmite. » Et Mᵐᵉ de Sévigné écrit : « Nous
avons mangé du potage et du bouilli tout
chauds. » Allez, grammairiens, et tâchez
d'écrire comme elle.
Je connaissais un excellent homme que
des imbéciles, dans un repas d'amis, firent
boire avec excès pour l'emmener ensuite

comme Saint-Preux, chez ce que, par un
délicat euphémisme, Rousseau, dans la
table de *la Nouvelle Héloïse,* appelle « des
femmes du monde ». Le bonhomme, dégrisé
et rentrant à la maison, disait mélancoliquement à ses amis : « Ah ! rien ne vaut
encore le bouilli de la bourgeoise ! »

BOUILLIR. — De quelqu'un qui n'est bon à
rien nous disons : *Il n'est bon ni pour
bouillir ni pour rôtir.*

BOUILLON. — *Bouillon de chien,* Pluie. Un
dimanche, je rencontre aux Terreaux le
père Petavert, qui était sur ses trente-six.
*Tiens, que je fais, le père Petavert qu'a mis
son habit à manger de viande ! — Justement,*
qu'il me dit, *je m'ensauve pour rentrer
avant qu'i tombe de bouillon de chien* ; *je
voudrais pas saucer mon panneau !*
C'est un bouillon qui chauffe. Même sens
que *Bain qui chauffe* (voy. *bain*).
Boire un bouillon. Se dit d'un marchand
qui perd sur une affaire ou de quiconque
a fait une spéculation malheureuse.
Bouillon pointu. — *Piglialo su, Signor
monsu !*
Bouillon d'onze heures, Bocon. — On
explique la locution par la persuasion où
étaient les vieux Lyonnais que, dans les
hôpitaux de Lyon, on se débarrassait des
malades incurables en leur faisant prendre un bouillon empoisonné qui se distri-
buait à onze heures. Mais la généralisation
de l'expression, qui se retrouve dans tout
le Velay et jusqu'au fond de la Saintonge,
doit lui faire attribuer plus qu'une origine locale.

BOULANGER (LE). — Le Diable. Ainsi dénommé parce qu'il met à cuire les damnés
dans son four. Nos pères paraissent avoir
beaucoup redouté de désigner le Diable
par son nom, comme si l'on eût craint
d'attirer son attention. En le désignant
comme cela, par un sobriquet convenu, il
ne se doutait de rien.

BOULE. — *Tirer une boule,* La déplacer en
lançant la sienne contre elle. *Tirer en
place,* Baucher en place (voy. *baucher*).
Avoir les yeux en boules de gomme. A
peu près comme avoir les yeux en boules
de loto. C'est Blanc-Saint-Bonnet ou Saint-
Bonnet-Blanc.
Avoir les yeux en boules de loto. C'est
les avoir à fleur de tête, comme les grenouilles. On prétend que ceux qui les

ont de la sorte ont beaucoup de mémoire, pour autant que, pour se loger dans la cervelle, elle est obligée de pousser les yeux en dehors.

Perdre la boule, Perdre la tête, ne savoir plus où l'on en est.

BOULIGANT, ANTE, adj. — *Eh bien,* disais-je un jour au père Lacocat, *vous ne mariez donc pas la Reine ? Voilà cependant qu'elle va contre ses vingt-cinq ans. — M. Puitspelu, m'en parlez pas. Elle m'a dit :* « *P'pa, je ne veux me marier qu'avec un homme qui soye bien bouligant comme moi.* » *Elle n'en a pas encore trouvé qui soye assez bouligant.* Bouligant, pour la Reine, qui était une forte fille, d'un gros sang, cela voulait dire actif, remuant, travailleur, un massacre à l'ouvrage, et dans tous les genres d'ouvrages. Ces hommes-là sont rares, hélas ! et la Reine, toujours bouligante, est restée garçon.

BOULIGUER, v. a. — Remuer, secouer, agiter. J'étais en villégiature en Dauphiné, maison hospitalière, nommée la Belinas. Avec nous, une jeune et jolie dame, sa fille Suzon, neuf ans, qui couchait dans un cabinet, jouxte la chambre de sa mère. Mari à Lyon, à son commerce comme bien s'accorde. Il arrive un samedi soir, toujours comme bien s'accorde. La jeune femme demande une chambre pour son mari : nez de bois. Le dimanche, au fin beau milieu du déjeûner, voilà Suzon qui se met à dire : *Je ne sais pas ce que papa et maman ont tant bouligué cette nuit !* Quoi là d'extraordinaire? Mais il y a des gens qui s'étonnent de tout. Une flamme passe sur le visage de la jeune femme ; elle se lève et prend la porte... Tout le monde se regarde ébahi... Le petit Jacques, le cadet de sa sœur de près de dix ans, était naguère cuirassier. Ceux qui ont été témoins de cette véridique histoire ne l'appellent entre eux que Jacques de Belinas. Suzon est une charmante mère de famille. — De *Bullicare,* fréquentatif de *bullire.* Le mot est d'origine provençale.

S'emploie au fig. pour *émotionner : Te manges pas, Marvina ? — Je suis toute bouliguée, par rapport à ce pauve vieu que j'ai vu marpailler par le tramevet de Neuville.*

BOUQUET. — Fleurs. *Ramasser des bouquets,* Cueillir des fleurs. — Métonymie du tout pour la partie.

Bouquet-tout-fait, Œillet barbu, *dianthus barbatus.*

Bouquet de fréquentation, Bouquet que l'usage oblige d'apporter chaque jour à sa prétendue, et que la bouquetière compose en conséquence.

BOURCETTE, s. f. — Mâche (Voy. *blanchette*). De *bourse,* suivant Littré : petite bourse. Mais cela se ressemble comme une bigue et une paume. Lisez plutôt un dérivé de *bourre, bourrassette, boursette.*

BOURCHANIN. — *Les cornards du Bourchanin.* Voy. *Cornard.*

BOURDIFAILLE, s. f. — Assemblée confuse, Cohue. *Ma chère comtesse, êtes-vous allée au bal de la préfecture ? — Ma chère baronne, je ne vais pas à ces bourdifailles.* — Du vieux franç. *bourdiff,* feu de joie ; *bourdi,* nom donné aux fêtes du dimanche des brandons ; de *behourdir,* primitivement jouter à la lance puis se divertir.

BOURGEOIS ou mieux BORGEOIS ou mieux BARGEOIS, s. m. — Chef d'atelier en canuserie. Madelènne Batillon datait sa lettre à Gérôme Blicart « des latrines où je suis n'après trancaner la jointe de mon borgeois avant qui n'en soit levé (manquablement pour lever la flotte). »

Bourgeois de Lyon. — Titre recherché avant la révolution à cause de ses privilèges. S'obtenait par l'inscription à l'hôtel de ville des noms et qualités de celui qui venait faire sa déclaration de domicile, de bonnes mœurs, et de religion catholique. Dix ans après cette formalité, on avait le titre de bourgeois, pourvu qu'il n'y eût pas de vitupère, pour insolvabilité, mauvaise conduite, etc. Les habitants *nés dans Lyon,* d'un bourgeois, étaient de droit bourgeois.

BOURGEOISE, s. f. — L'épouse légitime. *Faut que je rentre vite, la bourgeoise raffoulerait* (les bourgeoises sont souvent raffouleuses, mais on est tout de même bien content de les avoir). *La plus canante des connaissances ne fait qu'une matrue bourgeoise,* disait mon maître d'apprentissage, le philosophe.

Proverbe : *Qui mieux ne peut couche avec la bourgeoise.*

BOURGOIN. — *Te dois pas être loin de Bourgoin, te sens la Grive.* Manière polie de dire à quelqu'un qu'il est soûl (la Grive est un petit village des environs de Bourgoin). Comp. *Soûl comme une grive.*

BOURLAYER (bourlèyé), v. n. — Remuer inutilement, perdre son temps en ayant l'air pressé. *Il a l'air de travailler, et il ne fait que bourlayer.* — De *bulla*, lyonn. *bourle.* Bourlayer, rouler comme une boule.

BOURLE, s. f. — Bosse, enflure, spécialement à la suite d'un coup. Quand on s'est fait une bourle il faut appuyer un moment dessus avec un sou. Je suppose que c'est parce qu'on a plus facilement un sou dans sa poche qu'un louis. Cependant, il est toujours plus sûr d'employer un sou pour bien suivre l'ordonnance. — de *bulla*, boule.

BOURNEAU, BEURNEAU, s. m. — Tuyau de terre cuite pour la conduite des eaux. — Du radical *bulla*, signifiant chose creusée en tuyau ; du vieux haut allem. *borón*, percer.

BOURRASSE, s. f. — Grosse touffe de soie, laine, bourre, etc. — Augmentat. de *bourron.*

BOURRASSER, v. n. — S'effilocher, se mettre en bourre. *C'te soie, autant de bave ; elle bourrasse, qu'elle peut pas passer à travers les mailles.*

BOURRASSEUX, EUSE, adj. — Qualité d'un objet qui se bourrasse. Au fig. UN AMI à un ami : *La bourgeoise n'est pas méchante, mais elle est bourrasseuse.* — L'AUTRE AMI : — *Comme la mienne, quoi !* — TROISIÈME AMI, haussant les épaules : *Comme en partie toutes les femmes, quoi !*

BOURRATIF, IVE, adj. — Se dit des aliments qui bourrent. Dans un grand dîner, LA MAITRESSE DE MAISON, d'une voix des dimanches : *M. Anatole, vous ne revenez pas à l'oie aux marrons ; est-ce qu'elle n'est pas bonne ?* — M. ANATOLE avec un sourire aimable : *Oh ! si, Madame, mais c'est un peu bourratif et ça me tube.* — *C'est comme moi, si j'en mange un peu trop, je suis toute gonfle.*

BOURRE, s. f. — Image gracieuse pour dire cheveux. Les femmes, quand elles montent à l'échelle, sont fortes pour s'attrap-

per par la bourre. On dit encore : *S'empoigner par la bauche, S'accrocher par la chavasse,* comparaisons empruntées à la vie rustique, comme on le voit dans les *Géorgiques.*

BOURREAU, s. m. — *Bourreau d'argent.* Se dit de ceux qui attachent leurs chiens avec des saucisses, ou qui jettent les épaules de mouton par la fenêtre.

BOURREAUDER, v. a. — Martyriser, faire souffrir. *Pétrus, auras-tu bientôt fini de bourreauder le chat, que te vas te faire graffigner ?*

BOURRÉE, s. f. — Brouée, bruine. *Pleut-i ?* — *Oh rien, quèque dégouts. Une bourrée seulement.* — C'est *brouée* avec métathèse de *r* pour faciliter la prononciation.

BOURRER, v. a. — 1. Bourrer quelqu'un, le rabrouer. C'est *bourrer,* cogner, pris au fig.
2. Terme du jeu de gobilles. Bourrer, c'est lancer sa main en avant quand on jette sa gobille pour lui donner plus de force. C'est une frouille.
En terme de manège on dit aussi qu'un cheval *bourre* lorsqu'il s'élance en avant sans que le cavalier s'y attende.

BOURRIER, s. m. — Amas de balles ou enveloppes de grains. *Le grand vent a fait des bourriers dans les coins.* — *Y avait six mois que la bourgeoise n'avait pas balayé sous le lit. C'était un vrai bourrier.*

BOURRILLON, s. m., terme de canuserie. — Petit bouchon de soie auquel on n'a pas pris garde en remondant, et qui paraît sur la façure. On l'enlève en pincetant. — De *bourre.*

BOURRIQUE. — *Éventail à bourrique.* Euphémisme délicat pour dire un garrot. *Dodon, viens-tu, on gare l'éventail à bourrique !* J'ai retrouvé, non sans un peu d'étonnement, l'expression dans la bouche d'un héros de l'*Assommoir.* Elle a été importée du Midi par l'auteur, car elle ne figure dans aucun des dictionnaires de l'argot parisien, tels que ceux de M. Larchey et de M. Lucien Rigaud.
Tourner en bourrique, Faire tourner en bourrique, S'abêtir par l'ennui et la monotonie. *Ma fille est si bouligante qu'elle*

peut pas tenir à un ouvrage patet. Elle dit que de remonder, ça la fait tourner en bour- rique.

BOURRON, s. m. — 1. Petit ânon. — De ce que le poil du petit ânon ressemble à de la bourre.

2. Petite touffe de laine, soie, etc. *Tiens, tiens, le Victor qu'esse allé chez des dévi- deuses : il a tout plein de bourrons après ses culottes.* Fine plaisanterie que les demoi- selles ne manquent jamais de faire aux messieurs, toutes et quantes fois qu'ils en offrent l'occasion.

3. Petit paquet de chiffons, de papier, etc., bien serré : *Fais-me donc passer un bour- ron de papier. — Pourquoi-t-est-ce faire ? — Pour faire l'âme de mon peloton.*

BOURRU. — *Vin bourru.* Littré en donne cette définition : « Vin blanc nouveau qui se conserve doux dans le tonneau pendant quelque temps. » Chez nous, c'est simple- ment le vin à l'anche de la cuve. Il est un peu trouble, fort sucré, et tout de même l'on se fiole avec. Quand j'étais petit, je n'aimais pas le vin de Bourgogne, mais le vin bourru, si bien !

BOUSILLAGE, s. m. — Défaut dans la pièce du canut. Par extension, sottise, faute. *Je sais pas,* disait le père Fouilleron, en voyant s'élargir la ceinture de sa fille, *je sais pas ce qu'a fait la Parnon ; j'ai bien peur que l'oye fait encore quelque bou- sillage.*

BOUSILLER, v. a. — Faire un travail de travers, le gâcher. *Allons bon !* disait M. B..., l'avoué à la Cour, dont la femme venait de se blesser pour la seconde fois, *encore un de bousillé !*

C'est le franç. *bousiller* au fig. On sait que *bousiller*, c'est faire une méchante maçonnerie de terre et de paille. *Bousiller,* de *bouse,* parce que le mortier dont on se sert a un peu l'apparence de bouse de vache.

BOUSILLON, s. m. — Un qui bousille. Sur la formation comp. *barbouillon* pour *bar- bouilleur* ; de même *bousillon* pour *bousil- leur.*

BOUT, s. m., terme de canuserie. — S'em- ploie pour fil. *Un pou-de-soie tramé cinq bouts.*

BOUTASSE, s. f. — Réservoir où l'on recueille les eaux des chemins. Les eaux des toits vont dans la *citerne,* les eaux de la source dans la *serve,* les eaux des che- mins dans la *boutasse.* — De *butta,* ton- neau, avec le suffixe *asse,* agrandissant et péjoratif.

BOUTE-ROUE, BUTE-ROUE, s. m. — Chasse- roue. *Jeunes vierges, que le char enflammé des impurs désirs se brise toujours au bute- roue de votre pudeur !* s'écriait en 1825 un célèbre prédicateur lyonnais. — Composé avec *bouter, buter* et *roue,* comme *chasse- roue* avec *chasser* et *roue.*

BOUTIFFE, BOUTIFFLE, adj. — Enflé, bouffi. A Lyon on a la mauvaise habi- tude de ne pas se gêner, parlant par respect, pour pancher de l'eau sur les cadettes en temps de gel. De là, de mau- vaises tombures. Un jour d'hiver, devant Saint-Pierre, je fais rencontre de mon camarade Borlucosset, aujourd'hui l'archi- tecte en grand renom. Il n'était pas de connaître : le visage tout gonfle, le nez tout enfle, cabossé, qui était fait comme une poire cuisse-dame ; un œil au beurre noir, et la gaugne en pantoufle, comme quelqu'un qui vient de se faire tirer une dent chez Paillasson (ou chez Duchesne, le nom n'y fait rien). *Que t'esse-t-i donc arrivé, mon pauvre Borlucosset ?* que je lui fais. J'attends un moment sans rien voir venir. Borlucosset met la main à sa gaugne, comme pour retenir les briques d'un tupin cassé. Enfin, moitié sifflet, moitié glouglou, il amène ces mots : *Oh, c'est rien. J'ai glissé sur de pipi par les escaliers des Capucins, et j'ai piqué une tête sur le coupant des marches. Je m'ai retenu avec la bouche. Heureusement les dents ont cédé. Sans quoi j'étais capable de m'abîmer la ganache ! Seulement j'ai resté un peu boutiffe.* — D'un radical *boud,* signifiant objet enflé.

BOUTIOU, s. m. — Terme dépréciant pour maçon. — C'est *boute-ieau,* gougeat qui porte l'eau.

BOUTIQUE, s. f. - Atelier de canut. — C'est le mot *boutique,* au vieux sens d'*officina.* Primitivement atelier ne s'en- tendait que de l'atelier de menuiserie.

BOYAU. — *Il faut toujours avoir une aune de boyau pour ses amis.* — Manière de dire qu'il faut toujours être en mesure de manger peu ou prou lorsque les amis vous offrent.

Aimer quelqu'un comme ses petits boyaux, L'aimer beaucoup. Héloïse aimait Abélard comme ses petits boyaux. Ce qui me remémore deux jeunes mariés, qui, ayant fait à Paris leur voyage nuptial, me racontaient au retour qu'ils étaient allés pieusement s'agenouiller *au tombeau de Louise et Bernard*. Aussi quelle drôle d'idée de s'appeler Héloïse et Abélard, au lieu de Louise et Bernard, qui se comprend bien mieux !

BOYE (bô-ye), s. f. — Jeune fille. *Une belle bôye*. En Savoie *bouille*. — Pourrait reporter à un *bagucula*, formé sur le celtique *bach*, petit ; d'où *bachgenes*, jeune fille.

BOYES (bôye), s. f. pl. — Boyaux. *Il a le bôyes carcinées par l'arquebuse*. — De *botulae*.

BRACHES, s. f. pl. — Menus débris de végétaux, de bois. Quand j'étais petit, comme j'étais tout potringue, on me faisait des infusions tant que dure dure. On avait beau les passer à la passoire, je me plaignais toujours qu'il y eût des brâches au fond. A quoi ma mère de répondre invariablement « qu'on ne *les* engraissait pas avec de l'eau claire ». — Forme dénasalisée de *branche*.

BRAGARD, s. m. — Vif, émerillonné, bien mis, piaffeux. Mon cousin Lespinasse signait : *Lespinasse, dit Bragard, fifre* (v. ce mot) *de Mornant*. — Vieux prov. *bragard*, même sens; vieux franç. *bragard*, gentil, aimable. Mot d'origine germanique.

BRAISE, s. f. — Miette. *De braises de pain*. Des miettes de pain. Par extension, Un tant soit peu. *Veux-tu de retailles ?* — *Baille-me-n'en une braise*. — Les formes des autres patois indiquent un subst. verbal de *briser*.

2. Terme de tendresse. Ne s'emploie qu'à la deuxième personne : *Ven, ma braise, ma coque, mon boson !* — C'est le sens de miette pris pour extrême diminutif. Les termes de tendresse sont toujours diminutifs. On dit « mon petit cœur » et non « mon grand gendarme ».

BRAME, s. f. — Brême. — De l'allemand *brachsme*.

BRANDIGOLER, v. n. — Branler, vaciller. — C'est *brandir*, avec un suffixe comique. Comp. *rigoler*.

BRANDONS. — *Le Dimanche des Brandons* ou *les Brandons*, Le premier dimanche de carême, dit aussi *Dimanche des Bugnes*. — De *brandons*, rameaux verts que le peuple lyonnais allait tous les ans chercher ce jour-là au faubourg de la Guillotière, et qu'on rapportait en ville, chargés de fruits et de gâteaux.

BRANDOUILLE. — Ne s'emploie que dans cette loc. *Cuisinier brandouille, cuisinière brandouille, — qui fait la sauce aux grenouilles*, ajoute-t-on souvent.

Un de mes amis m'expliquait qu'un jour, dans un restaurant parisien, impatienté d'attendre trop longtemps sa soupe, il était aller gourmander le gâte-sauce à la cuisine. « Figure-toi que je trouve ce cuisinier brandouille en train de faire des yeux au bouillon. — Comment ! Faire des yeux au bouillon ? — Eh oui !.. il était devant la marmite, sa bouche pleine d'huile, et gonflant ses joues, il tapait dessus avec ses deux poings : Pssss ! Pssss ! Pssss ! et comme ça il envoyait des postillons à foison sur le bouillon, pour lui faire des yeux ! Je lui crie des sottises : il tourne la tête de mon côté ; je lui donne un coup de poing sur sa joue gonflée, qui fait qu'il me crache toute son huile par la figure. Je tape plus fort, la garde vient. Je passe en correctionnelle. Tu penses p't-êt' qu'on a condamné ce salopiaud ? Pas du tout, c'est moi qui paie 25 francs d'amende et 50 francs de dommages-intérêts. »

Le mot est-il en relation avec l'ital. *brodaia*, méchante soupe à bouillon très allongé.

BRANDUSSER. v. n. — Muser, flâner, se prendre à des riens. — C'est *brandir* avec un suffixe comique de fantaisie. Nyons, *brandouiller*.

BRANLER (SE), v. pr. — Se balancer sur une escarpolette. Très usité. Se trouve dans Molard, qui prétend qu'on doit dire *brandiller*.

BRANLICOTER, v. n. — Fréquentatif de *branler*.

BRANLOIRE, s. f. — Escarpolette. Molard assure qu'il faut dire *brandilloire*. Non. La brandilloire n'est pas proprement l'escarpolette, mais selon l'Acad., « des branches entrelacées ou quelque autre chose de semblable sur quoi l'on peut s'asseoir pour se brandiller. »

BRAQUE, s. m. — Un peu timbré, un peu toqué. — Dérivation de sens de *braque*, chien étourdi.

BRAS-NEUFS, s. m. — Un paresseux, un propre à rien. Nos voyageurs en grève, nos orateurs de réunions publiques, nos politiciens sont en partie tous des bras-neufs.

BRASSAGE, s. m. — *Eh ben, père Pignard, travaillez-vous ? — Oui, mais ça ne vaut pas grand'chose, y a trop de brassage.* Dialogue que vous entendrez tous les jours à la Croix-Rousse. Le brassage, c'est la transformation d'un métier, sans qu'on ait pourtant à le remonter, par exemple d'un métier qui vient de faire un façonné en huit chemins (voy. ce mot) et qui doit faire un autre façonné en six chemins.

BRASSÉE, s. f. — Terme de nage. *Faire une brassée*, c'est ramener le bras contre le corps, puis le retirer avec grâce de l'eau, l'étendre et battre l'eau avec la main creuse. On dit plus élégamment *battre ses agottiaux*.

BRASSE-ROQUETS, s. m. — Nom un peu dépréciant que l'on donne aux petits commis de fabrique.

BRAVOURE, s. f. — Qualité de l'honnête homme. *Il est la bravoure même.* Le franç. a fait *bravoure* sur *brave* dans le sens d'*homme brave*, et le lyonn. sur *brave* dans le sens de *brave homme*.

BRAYER, v. a. — *Brayer le chanvre*, Le tiller. C'est le vieux franç. *brayer*, qu'on trouve encore dans Cotgrave au sens de broyer.

BRAYES (bra-ye), s. f. pl. — Culottes. Vieux franç. « Nos libertés auront peine à sortir d'ici les braies nettes, » dit Molière. Ce mot a l'avantage d'être plus distingué que culotte dont le radical est pénible à prononcer devant des dames.

BRÉCANIÈRE, BRANCANIÈRE, s. f. — Sorte de filet dont le manche se divise en deux branches. — Du type qui a formé le franç. *branche*.

BRÈCHE, s. f. — *Brèche de miel.* Rayon de miel. C'est le vieux franç. *bresche*, de *ruscum*, ruche, lui-même d'origine celtique : *rusk, rusg*, écorce, parce que les ruches étaient primitivement en écorce.

BREDIN, s. m. — Niais, sot. *Faire le bredin*, Faire la bête. — Du radical qui a formé le français *bredouiller*.

BREDOUILLE, s. f. — Ventre. — Vieux franç. *bredaille*, en rapport avec *breuilles*, entrailles de poisson ; *buille*, entrailles ; de *botulus*.

BREDOUILLON, s. m. — Un homme qui ne sait ce qu'il fait, qui n'a ni consistance ni parole. — De *bredouiller*, avec le suffixe *on*, comme dans *barbouillon, bousillon*.

BRÉSIBILLE, s. f. — Bisbille, Molard dit inexactement *bresbille*. Aussi, dans un exemplaire de l'édition de 1803, que je possède, et qui a appartenu à l'imprimeur Chanoine, celui-ci a-t-il mis un petit *i* sur le mot, pour indiquer la correction.

BRESSAN. — *Long, lourd, lent, lâche.* Proverbe allitéré. On sait que chaque pays daube sur ses voisins.

BRETAGNE, s. f. — Plaque de fonte qui se met au fond de l'âtre d'une cheminée pour défendre le mur de l'action du feu. La duchesse de Berry fut prise à Nantes, en 1851, derrière une bretagne qui dissimulait une cachette de trois pieds et demi de long sur dix-huit pouces de large. La duchesse resta là dix-sept heures avec trois personnes et une presse portative. Le supplice était horrible, mais le pis fut que les gendarmes qui gardaient la pièce eurent froid et firent du feu. « La plaque devint presque rouge, dit la duchesse : ma robe, en contact avec elle, était déjà brûlée en plusieurs endroits, et nous fûmes heureux de pouvoir prévenir cet incendie avec nos mouchoirs imbibés de pipi... » Enfin il fallut se rendre. Le mot est très ancien à Lyon, car on le retrouve dans l'*Inventaire*, de Monet, 1636. Origine inconnue.

BRETEAUX, BRETIAUX. — Corruption de *Brotteaux*, née d'un besoin euphonique, et fort ancienne. « Est aussi fait défenses... de faire descharger sur les Ports et Quais... aucunes meules de moulin et guises : ains serons deschargées à la queue du *Breteau d'Esnay*. » (Ordonn. 1672.) — Fonvieille, dans son *Collot dans Lyon*, écrit toujours *Breteaux*.

BRETONNÉ, ÉE, BRETONNEUX, EUSE, adj. — Bourgeonneux, euse. *Avoir le nez bretonneux.* — Fait sur *bretonner*.

BRETONNER, v. n. — Bourgeonner. *Voilà les lilas qui bretonnent, ton groin aussi.* — De *brot*.

BRICAILLES, s. f. pl. — Débris de briques, de pierres, etc. — Tiré de *briques*, comme *pierrailles* de *pierre*.

BRICHET, s. m. — Creux de l'estomac. On le trouve dans Molière : « En glieu de pourpoint, de petites brassières qui ne leur venont pas jusqu'au brichet. » — Emprunté irrévérencieusement à l'anatomie des poulailles. Le *brechet* est la côte saillante qui se trouve à la face externe du sternum des volailles. — Origine celtique.

BRICOLE, s. f. — Se dit, en construction, de menus travaux de réparations. *Avoir quelques bricoles* (à faire). Un de mes camarades avait de grandes prétentions au Don Juan. Nous lui demandions un jour des nouvelles de ses succès. *Heu, heu, quèques bricoles*, répondit-il avec modestie.

Littré le définit « Travail de hasard, mal rétribué... Cette expression est tirée de la bricole qu'on se met au cou pour traîner les petites voitures. » Définition inexacte, du moins en ce qui nous concerne. La bricole peut être très bien rétribuée. C'est seulement un travail peu considérable. Je crois que le mot est le subst. verb. de *bricoler*, aller de çà et de là. « Quand on mange quelque chose de trop chaud, on le fait bricoler dans la bouche. » (*Acad.* 1694.)

BRICOLER, v. n. — Faire des bricoles, n'avoir que des bricoles. Je demandais un jour, parlant par respect, à un gandou, s'il avait beaucoup de travaux. *Euh, euh*, qu'il me dit, *nous n'avons point de beaux travaux, nous bricolons.* Il entendait qu'il n'avait que quelques méchantes allèges d'eau claire ; qu'il n'avait pas de ces belles et vastes fosses de la Croix-Rousse, où, parlant par respect, la matière est d'une si admirable pureté ; enfin il n'avait pas de beaux travaux. Puis, peut-être cette année-là avait-il du chômage.

BRIDER. — *Brider son âne par le c..*, Prendre un travail, une affaire à rebours. Un père, obligé de marier la cadette de ses filles avant l'aînée, me disait d'un air mécontent : *Je bride mon âne par le c...* Quand il y a des dames, on dit *brider par la queue.*

BRIGNOLES. — *Arrapés comme de brignoles.* Se dit de deux personnes qui s'embrassent longuement. *Y se fesiont nimi en se tenant arrapés comme de brignoles.*

BRIGNON, s. m. — Ce n'est que depuis peu de temps que je sais qu'on doit dire *brugnon*. J'avais cru d'abord à une corruption de prononciation et l'intérêt eût été médiocre. Mais *brignon* est au contraire le mot primitif, que donne Olivier de Serres et c'est *brugnon* qui est la corruption.

BRILLANT, s. m. — Bruant. — Confusion de sons avec *bruant*. — Le *brillant* n'a pas le plumage brillant du tout.

BRILLAUDI, s. m. — Garçon évaporé, bruyant. — En rapport avec le suisso-romand *brelauda*, troubler, peut-être lui-même en rapport avec l'armor. *brella*, brouiller. *Brillaudi* est une forme patoise pour *brillaudier.*

BRIN, s. m. — Un tantinet. A table : *Cadet, veux-tu de flageóles ?* — *P'pa, j'en prendrai un brin.* Une dame en voiture : *Conducteur, eh ! arrêtez un brin, j'ai faute de descendre.* — *Brin*, chose menue, étendue au sens général de chose de mince importance.

BRINDAS. — *Vin de Brindas*, Mauvais vin. Brindas, village de nos environs, renommé pour la fâcheuse qualité de son vin. Un Lyonnais, pour gausser, dans un grand restaurant de Paris, demande : *Avez-vous du Brindas ?* Mais il fut le dindon de la farce. — *Certainement, Monsieur !* Et on lui apporte un vin cacheté quelconque, qu'à l'addition l'on compta six francs.

BRINGUE, s. f. — *Une grande bringue, une fille longue et dégingandée.* — Subs. verb. du vieux franç. *bringuer*, danser ; vieux esp. *brincar*. Le sens est dérivé de danser à se démancher en dansant.

BRIOCHE, s. f. — *Brioche de Lyon.* La différence fondamentale entre la brioche de Lyon et celle de Paris, me dit un briochier, c'est que la nôtre est faite avec du levain de pain et celle de Paris avec de la levûre de bière.
Faire une brioche, Faire une sottise. Pourquoi cette expression ? Il ne faut pas déjà être tant benoni pour fabriquer une bonne brioche ! Comp. *faire une boulette.*

BRIQUE. — *De brique et de broque,* Sans ordonnance, sans choix. Un livre, un discours fait de brique et de broque. — C'est un pléonasme. *Brique* et *broque* (de *breque*, forme de *brique*) signifient tous deux morceaux. Comp. la locut. *de pièces et de morceaux.*

BRIQUES, s. f. pl. — Morceaux, débris d'une substance dure. Madame est dans sa chambre ; la bonne dans le corridor, après son service. On entend *bing !* — LA DAME : *Ah, mon Dieu, je suis sûre que voilà mon thomas en mille briques !* Notre sens est le sens primitif du franç. *briques.*
Briques de défense, terme de batellerie. — Ce sont des madriers suspendus aux flancs des bateaux et qui servent à amortir les chocs si le bateau est poussé contre une rive ou un rocher.

BRIQUET, s. m. — Sorte de petite pâtisserie en pâte tendre et légère qui a la forme des anciens briquets en acier servant à enflammer l'amadou.

BRIQUETAGE, s. m. — Cloison faite de briques d'un pied de long (pied de roi), six pouces de large et un pouce d'épaisseur. C'est la grandeur de la brique dans le moule. Le retrait de la cuisson la réduit un peu. — Mot bien mieux fait que *galandage*, qui raisonnablement, ne se devrait dire que d'un galant âgé.

BRISCAILLE, s. f. — *Faire briscaille.* C'est, dans une partie de gobilles, rafler les gobilles qui sont sur jeu, puis s'enfuir. — Du patois *briscaila*, mauvais sujet, vagabond et qui vient du vieux français *brès, brècon.* fou, insensé, imprudent. La locution primitive a dû être *faire la briscaille,* faire le voleur, condensée en *faire briscaille.*

BRISE-FER. — Enfant qui démolit tout, déchire ses culottes, casse les visières de ses casquettes, use les bouts de ses souliers et qui finira manquablement sur l'échafaud.

BRISE-RAISON, s. m. — Se dit de quelqu'un qui n'a point de suite dans le raisonnement, dans la conversation ; qui n'a point de jugement. *M. Petamour, c'est un brise-raison ; il parle comme un âne pète.*

BRISON, s. m. — *Un petit brison,* Un tant soit peu. — C'est le mâle de *brisette*, en vieux franc. petit morceau. — De *briser.*

BRISQUE, s. f. — Chevron du soldat, du caporal ou du sous-officier qui a fait un congé. *Il a deux brisques.* Par extension, la personne qui a des brisques : *Une vieille brisque,* Un vieux militaire. — Du vieux franç. *bris, brix,* rupture, chose brisée. Architecture, *bris,* rencontre des deux pentes d'un toit brisé.

BROCANTE, s. f. — Même signification que *bricole.* — Subst. verbal de *brocanter.*

BROCANTER, v. a. — Remuer des objets, spécialement des objets sans valeur ; perdre son temps à ravauder. *Que don qu'i brocante tant avec sa femme ?* — Dérivat. de *brocanter*, acheter et revendre. Comp. *trafiquer*, qui a pris aussi à Lyon le sens de remuer, ravauder.

BROCHE, s. f. — 1. Aiguille de bas. « Le mot broche, observe judicieusement Molard, convient mieux qu'aiguille, car une aiguille est pointue à une extrémité et percée à l'autre, au lieu que la broche est semblable par les deux bouts. »
2. Brochette de bois que le boucher, lorsqu'il vous fait porter votre viande, pique dans le morceau et où est marquée par des coches, comme à l'ouche du boulanger, la quantité fournie.
3. Terme de dévidage. Petite tige de fer à tête de bois, dont les dévideuses se servent comme d'un axe pour leurs roquets, lorsqu'ils sont placés sur la mécanique.
4. *Broches à dessin,* accessoire de la Jacquard, Broches de fer qui supportent les cartons sur le cerceau.

5. Dans le langage des banquiers, Effet de peu d'importance. Avant l'invention des sociétés par actions, beaucoup de Lyonnais, pour faire porter intérêt à leur argent, escomptaient des broches chez les marchands faisant un peu de banque.

6. Broches, Jambes. *Décaniller ses broches,* Filer vite.

BROCHER, v. a. — Faire un travail en hâte, à la diable. Brocher un travail, une lettre. — De *brocher* par opposition à *relier* (?).

BROCHET, s. m. — Quand vous tirez une boule, si vous êtes très mogneux, il arrive souvent que votre boule va tomber plus loin que celle que vous visez. L'espace compris entre les deux boules s'appelle un brochet. *Faire des brochets de longueur.*

BROCHEUR, s. m., terme de canuserie. — De mon temps l'espolin, dans les effets brochés, se lançait à la main. Aujourd'hui, on a un appareil à crémaillère destiné à faire mouvoir de petites navettes pour ces articles. Le brocheur se place au-devant du battant.

BROCHON. s. m. — Petite broche.

BRODEUSE, s. f., terme de canuserie. — Appareil destiné à remplacer le brocheur pour brocher de petites prises.

BRONDE, s. f. — Houssine, rameau. — Paraît venir de l'esp. *brota*, vieux franç. *broust*, même sens.

BRONZÉS. — *Souliers bronzés,* Souliers minces, découverts, dont l'empeigne est en étoffe veloutée : chaussure d'été qui se porte aux grandes fêtes. Un de mes amis, qui, enfant, habitait le bas Vivarais, était déjà grandet lorsque pour la première fois, il fut à Montpellier, où, lui avait-on dit, se trouvait la statue de Louis XIV en bronze. Il fut tout surpris de voir que la statue n'était pas en peau de souliers bronzés. — Probablement de ce que les premiers souliers bronzés étaient en étoffe de couleur cuivrée.

BROQUETTE, s. f. — Certain organe chez les petits mamis. Le terme est un peu bas, mais jadis on était moins prude, et on l'employait couramment. Mon père me contait qu'en 1800, les canuts et autres gens du peuple portaient encore des cu-

lottes de couleur tendre. Un jour, dans la voiture de Mornant, il y avait, jouxte lui, un brave homme qui paraissait inquiet. En face, une jeune mère avec son enfant. Finalement l'homme perd patience : *Dama ! Dama !.. rintró don la broquetta de voutron pitit : vo n'avisó don pós que va sóli ma culotta fleú-de-pécher !* — De *broccus,* dent saillante.

BROQUETTES, s. f. pl. — Clous de soulier. A Paris, petits clous. Racine conte, dans une lettre, qu'allant à Uzès, « il avait commencé dès Lyon à ne plus entendre le langage du pays et à n'être plus intelligible lui-même ». Il ajoute : « Il arrive souvent que j'y perds toutes mes mesures, comme il arriva hier qu'ayant besoin de petits clous à broquette pour ajuster ma chambre, j'envoyai le valet de mon oncle en ville et lui dis de m'acheter deux ou trois cents de broquettes : il m'apporta trois bottes d'allumettes. » En effet, en Languedoc, des allumettes sont des *brouqueto.*

Ouvrir les yeux comme un chien qui exprime des broquettes, Les ouvrir fortement. L'image est un peu familière, mais elle est réellement expressive.

BROSSER. — Lorsque vous rendez à quelqu'un le service de le brosser, ne manquez jamais de vous interrompre de temps en temps pour taper deux ou trois fois du bois de la brosse par terre, comme les palefreniers font de l'étrille. Cette plaisanterie est très goûtée.

BROT, s. m. — Jeune pousse des arbres ou des arbustes. — Bas latin *brustum,* du vieux haut allem. *broz,* jeune pousse.

BROU. — *De trou ou de brou,* D'une façon ou d'une autre. *Y a pas de trou ou de brou, faut que te rendes ta pièce aujourd'hui.* — Paraît être une locution inventée de toutes pièces pour le seul amour de la répétition des sons.

BROUBROU, s. m. — Quelqu'un qui fait beaucoup de bruit, qui dérange tout pour n'aboutir à rien. *Être broubrou.* — Onomatopée.

BROUGER, v. n. — Réfléchir profondément, ruminer. — De *rumigare* (Chabaneau).

BROUILLARD. — *Brouillard d'une lettre,* Brouillon d'une lettre. On prétend que ce mot n'est pas français. Pourtant les négociants n'appellent pas *brouillon*, mais *brouillard* le livre sur lequel ils enregistrent leurs opérations au fur et à mesure de leur accomplissement. Le brouillard est à la comptabilité exactement ce que notre brouillard est à nos lettres.

Hypothéqué sur les brouillards du Rhône. — Ne se dit pas d'une garantie bien sûre. Mais pourquoi dit-on toujours *les brouillards du Rhône*, et jamais *les brouillards de la Saône*

Ce mot, au sens de brouillon, se retrouve dans Clément Marot et dans une lettre de Montaigne.

BROUILLE. — *Brouille de canailles ne dure pas.* C'est ce que me disait ma mère, quand j'étais brouillé avec le chat.

BROUILLÉ. — *Lait brouillé.* Se dit du lait qui a tourné. Une partie se change en eau, l'autre en séré. C'est bien triste, allez, le matin, quand votre poche-grasse vous vient dire : *M'sieu, le lait qu'a brouillé !* Aussi, chez nous, avait-on le biais de faire bouillir le lait la veille. Quoique ça, des fois, les orages le faisaient brouiller. Et dire que l'Académie des Sciences n'a pas même éclairci cette question : « Pourquoi les orages font-ils brouiller le lait ? »

BROYOU, s. m., terme de construction. — Sorte de pelle arrondie et recourbée, emmanchée au bout d'un long bâton, et qui sert aux boutioux à corroyer le mortier. A Paris, on le nomme *rabot.* – C'est la forme lyonnaise de *broyeur.*

BRULE-BOUT, BRULE-TOUT, s. m. — Binet (voy. ce mot).

BRULER. — *Brûler le c.. à quelqu'un.* Trope vulgaire, mais vif, pour indiquer qu'on l'a dépassé à la marche. Probablement de l'idée de frôler, qui développe de la chaleur : *brûler le pavé, brûler une station.*

Brûler une carte. La mettre sous le talon, la supprimer, quand, par exemple, elle a été vue par accident. Ici brûler est pris au sens d'anéantir.

Trois petits pâtés, ma chemise brûle. Spirituelle pénitence dans les jeux de société. Elle consiste à crier de toutes ses forces, par la fenêtre : « Trois petits pâtés, ma chemise brûle ! » Je n'ai jamais pu bien comprendre l'association d'idées entre la chemise et les petits pâtés. La pénitence qui consiste à embrasser une demoiselle est mieux de comprendre.

Brûler, v. n. — Aux jeux de société, se rapprocher d'un objet ou d'un mot cherché. Comparaison de l'objet cherché avec le feu qui brûle quand on s'en approche.

BRULOT, s. m. — Écervelé, qui fait des folies. *Il est gentil, mais trop brûlot.*

Le mot ne vient pas de *brûlot,* terme de marine, mais de *brulot* ou *bruleau* qui, en patois lyonnais, signifie four à chaux. Comp. à Lyon *fourachaux,* qui se dit aussi d'un garçon écervelé.

BRUSQUER. — *Il ne faut pas brusquer la vaisselle.* C'est comme les femmes, il vaut mieux la prendre par la douceur.

BRUTAL (LE). — Le canon. *Lo brutal va petô,* dit Roquille dans *Breyou.*

BUCHE. — *Une bûche de paille,* Une bûche de balai. *Un brin de paille,* Un brin de jonc. — Dérivat. de sens. Comp. *bûchette.* « Anciennement le mot bûche signifiait brin de paille », dit Grangier. Je n'en crois rien.

BUCHER, v. n. — 1. Travailler avec énergie. *Bûcher comme un sourd ; Travailler comme un nègre.* On ne dirait pas travailler comme un sourd ni bûcher comme un nègre. — De *bûche. Bûcher,* Faire un travail de bûcheron.

2. Terme de taille de pierre, Enlever au têtu la partie trop saillante d'un bloc de pierre ou d'une maçonnerie.

3. Terme de charpenterie, Enlever à l'herminette la partie trop saillante d'une pièce de bois.

Se bûcher. Se battre à l'épée de Couzon.

BUCLER, v. a. — Parlant par respect, Brûler le poil d'un cayon. Beaucoup de personnes disent à quelqu'un qui a brûlé sa barbe, qu'il s'est bûclé, mais la figure est malhonnête.

Bûcler les cordons, terme de canuserie, Passer rapidement un morceau de papier enflammé sous les cordons pour brûler les fils qui dépassent. S'il fallait en croire Villon, déjà, au temps de Job, on aurait bûclé les cordons :

*Mez jours s'en sont allez errant
Comme, dit Job, d'une touaille
Sont les filetz, quant tisserant
Tient en son poing ardente paille :
Lors, s'il y a nul bout qui saille,
Soudainement il le ravit.*

Villon traduit mal. Dans la Vulgate, le fil n'est pas bùclé, mais coupé: *succiditus*. Quoi qu'il en soit, on voit qu'au temps de Villon, déjà les tisserands bùclaient les fils qui dépassaient le tissu. — De *bustulare*, fait sur *bustum*, brùlé.

BUCOLIQUES, s. f. pl. — Menus objets, ciseaux, pelotons, plumes, trousses, etc. Un mari trouvant sa table encombrée, à sa femme : *Auras-tu bientôt fini de m'embroncher de toutes tes bucoliques ?* — Comme il faut que ces Lyonnais aient ancré profond le sentiment de la nature, pour avoir donné un nom si poétique à des objets qui n'ont rien de champêtre par eux-mêmes !

BUFFALO, s. m. — Sorte de car-ripert très léger, ouvert de toutes parts. M. Clédat a expliqué la formation de ce mot. En 1889, un Américain, qui avait pris le nom de Buffalo-Bill (mot à mot Guillaume Buffle), donna à Lyon des représentations d'une sorte de cirque de sauvages et de chasseurs de buffles, sur un terrain éloigné, au cours Lafayette. La Compagnie des Tramways organisa un service fait par ces voitures, qui étaient encore inconnues à Lyon. Comme elles conduisaient à Buffalo-Bill, le peuple leur donna aussitôt le nom de Buffalo, qu'elles ont gardé.

BUGEY. — *En Bugey, le plus honnête homme a volé deux paires de bœufs.* Les Bugistes, de leur côté, doivent avoir d'autres proverbes non moins flatteurs pour nous.

BUGISTRE, s. m. — Bugiste. — De même *jésuite* est devenu *jugistre*.

BUGNASSE, s. f. — Superlatif de *Bugne*. — Je ne sais pourquoi à l'Académie française on pratique la fausse orthographe *pugnace*. « Vous êtes pu̅gnace, Monsieur, » disait naguère M. le comte d'Haussonville en réponse au discours de réception d'un très éminent critique. A l'Académie du Gourguillon où nous écrivons *bugnasse*, nous n'oserions jamais nous dire de telles choses, ou du moins nous le dirions plus correctement.

BUGNE, s. f. — 1. Sorte de pâtisserie en forme de couronne, frite dans l'huile.

Bugne à l'éperon, Sorte de beignet de pâte craquante, saupoudré de sucre. L'épithète *à l'éperon* vient de ce que, pour découper la pâte, aplatie en feuille sur la planche à pâtés, les cuisinières se servent d'un instrument assez semblable à l'éperon du cavalier.

Bugne à la rose, Autre sorte de beignet sucré en pâte très légère et parfumée comme son nom l'indique. On la criait par les rues sur la mélopée suivante :

Bugn' à la rose! Un sou la piè — ce!

Bugne entre deux talons. Fi ! l'horreur !... Notre *bugne* est le même que le vieux franç. *beigne, bugne, bigne, beugne*, sortes de crêpes roulées et frites comme nos bugnes. 2. Au fig. Benêt, caquenano. S'emploie surtout avec le mot *grande*. *Va-t'en donc, grande bugne!* disait un jour un de mes camarades à un ami. Celui-ci, d'humeur un peu susceptible, de se récrier. *Mais,* reprend le premier, *c'est pas pour te fâcher ! Je t'ai dit grande bugne comme je t'aurais dit grande bête !* — *Oh, alors !...* J'ignore d'ailleurs pourquoi une bugne est plus bête qu'autre chose.

Droit comme une bugne. — *Celui-là, quand i mourra, il ira au ciel droit comme une bugne !* Manière de gognandise, parce que la bugne est ronde.

3. Chapeau monté, chapeau à haute forme. Ce mot est employé à Neuchâtel, qui ne connaît pas *bugne*, pâtisserie. J'en conclus que notre mot n'est pas un figuré de *bugne* 1 (ce qui d'ailleurs n'aurait point de sens), mais qu'il a une origine différente, se référant peut-être à la fabrication de la chapellerie.

L'espagnol a *bugnelo*; en grec, *bougnos*. (M. D.)

BUGNON, s. m. — Diminutif de *bugne* 2. Un certain Philibert Bugnon, fort ignoré, conseiller et avocat du Roi en l'élection de Lyon, mort en 1590, a été l'objet d'une docte thèse latine de M. Ferdinand Brunot, alors chargé de cours à notre Université de Lyon, aujourd'hui maître de conférences à la Sorbonne. M. Brunot, en des termes qui le rendraient digne assurément de l'Académie du Gourguillon, n'a point manqué de faire l'observation suivante : *Nec mirum, cum illud vocabulum* bugne, *a quo Bugnon, aut Bugnyon facile duci potest, in vulgari provinciae lugdunensis lingua usitatissimum sit, atque adhuc ii quorum mens parum acuta habetur,* bugnes *vel* bugnasses *haud raro dicantur.*

.

BUNE, s. f. — Borne, pierre servant de limite aux héritages. Me promenant un jour avec mon cousin Cauliard de Mornant, nous voyons une brave femme de la montagne s'amener sur son mulet, jambe de ci, jambe de là. Cauliard aimait à gandoiser : *Eh, bona fèna, vos z'êtes bin in fin jaumètre : vos partagt lo mondo! — Voua! mé y è pôs vos que plantaré la buna!* repartit gaillardement la bonne femme. — Du bas latin *bodina,* même sens, lui-même d'un radical qui exprime l'idée de renflement.

BUSQUE, s. m. — Buste. *As-te vu à Saint-Pierre le busque en bronze de M. Filochard, comme il est ressemblant? — S'est-i fait tirer de face ou de prophyre?*

BUT, s. m. — Le Cochonnet, au jeu de boules. On le nomme aussi *le petit. Tirer le but,* Lancer contre lui une boule, de manière à l'envoyer au loin.

BUTIN, s. m. — Mobilier, hardes. *Avoir beaucoup de butin.* Date de l'invasion de 1814-1815, l'idée de butin, c'est-à-dire de choses acquises par le pillage, s'étant complètement confondue chez nos frères d'outre-Rhin avec celle de biens mobiliers quelconques. Le mot de butin a d'ailleurs une origine germanique, la pensée de pillage étant caractéristique de l'état d'âme des hordes envahissantes à la fin de l'empire romain.

Le supérieur d'une institution religieuse de Lyon avait loué, dans une maison de rapport, un local à un cordonnier allemand. Il alla voir l'installation de son locataire, et lui fit compliment de son mobilier. Schuster de répondre en se rengorgeant : *C'être rien, ça, Monsi lé quiré : temain ch'arriferai afec ine bleine foidure de pùtin!* Le pauvre prêtre s'enfuit épouvanté.

BUVABLE, adj. — Qui peut se boire. Ce mot, si naturellement dérivé, est proscrit par les puristes,. mais Littré lui a donné place dans son dictionnaire.

BUVANVIN, s. m. — Ivrogne. Jean Brunier (prononcez Bruni), notre granger, était un brave homme, mais quelque peu buvanvin. Un dimanche, à trois heures, mon père le trouve le pouce sur le loquet du *Bon Coin,* à Saint-Irénée. — *Eh, Jean, que faites-vous là? — Monsu, j'allóve à vépres. —* Au moins, disait mon père, s'il n'avait pas eu le pouce sur le loquet !

BUVENDE, s. f. — Piquette faite avec de l'eau jetée sur le gêne. Le P. Monet, dans son *Parallèle* (1642), écrit à Lyon, donne « buvande, beuvande, vin de dépanse ». Cotgrave (1675), qui renferme beaucoup de mots lyonnais, le donne sous la définition de « petit vin, vin de ménage, vin des domestiques ». — De *bibenda.*

BUYANDIÈRE, s. f. — Femme qui *coule* la buye. Molard (1810) dit que la buyandière est une femme qui *lave* la lessive. Erreur. Celle qui lave le linge au lavoir ou à la plate se nomme lavandière. Une comédie patoise du XVIIᵉ siècle nous apprend qu'à cette époque, une buyandière était payée huit sous par jour, mais on la nourrissait et on lui fournissait le savon.

Frais comme les cuisses d'une buyandière. Je donne le proverbe pour ce qu'il vaut, n'en ayant jamais vérifié l'exactitude. Avoir les mains fraiches comme les cuisses d'une buyandière est signe de santé.

BUYANDIÈRES, s. f. pl. — Tranches de bœuf bouilli, sautées avec des oignons. Cela s'appelle aussi *du bouilli à la poêle.* — De ce que c'était un mets fréquemment donné aux buyandières, comme le lard aux billiouds.

BUYE (bu-ye), s. f. — Lessive, mais au sens restreint de lessive coulée. *Couler la buye,* mais non laver la buye. (Cependant Despériers dit *lavait sa buée.) — Amour de gendresse, amour de gendre, buye sans cendre.* — Vraisemblablement subst. verbal de *bucare,* filtrer.

S'entend de lessive, pris en tous sens. *Faire un commerce de buye,* entreprendre le blanchissage. *Un tel a une bonne buye,* a une bonne maison de blanchissage.

C

ÇA. — *Ça de.* Charmante locution explétive qui donne un certain tour délicat à la proposition. *Quoi don qu'il a, M. Bousinard, il a l'air tout chose ? — C'est ça de la Josette que le bouligue.* Comme « c'est la Josette que le bouligue » serait plat et vulgaire en comparaison !

CABARET, s. m. — *Cabaret à café,* Assortiment de tasses, etc., ensemble le plateau qui le porte. *Cabaret à liqueurs,* Assortiment de carafons, petits verres, etc., ensemble le système d'étagères circulaires, fixées à un montant central, qui les porte. Ce système est aujourd'hui remplacé par une sorte de caisse fermant à clef, dont les côtés se développent, et qu'on nomme *cave.* Ce manque de confiance indique tout un changement dans les mœurs.

Mot français, mais tombé en désuétude. Il y a quarante ans vous alliez chez un marchand demander un cabaret. Aujourd'hui à peine saurait-il ce que vous voulez dire. On demande « un service », que le marchand vous vend et ne vous rend pas.

CABAS. — *Un vieux cabas,* terme injurieux, Une vieille femme. On le trouve déjà dans la *Bernarde,* pièce du xvii⁸ siècle. Cabas est ici employé au sens de *vulva,* ainsi qu'en témoigne le vieux franç. *cabatz rabattu,* prostituée.

ÇA-BAS, ÇA-HAUT. — En opposition à *là-bas, là-haut,* qui expriment l'éloignement comme *çà-bas, çà-haut,* expriment le rapprochement. « Et avec eulx estoient montez ça-haut, » dit le bon Paradin dans son journal. « Yl ez ben gran, encor qu'y vint ça-bas, » se trouve dans un noël patois du xviii⁸ siècle. Ma mère se souvenait toujours d'un joli mariage qu'elle avait vu à Saint-François. En sortant, le marié voulut prendre une porte et dit à sa nouvelle épouse : *Passe donc çà-haut, poison ! — Ah te m'em...nuie, je veux passer çà-bas !* Et elle prit l'autre.

CABELOT, s. m. — Petit escabeau. Le petit Jeanbroche, en face de chez nous, avait récité pour la fête de sa maman un joli compliment. *Jeanbroche,* lui dit mon grand, *qui t'a fait ton compliment ! — Je me l'ai fait soi seul. — Allons donc, t'esses ben trop petit ! — Oh, je m'ai monté sur un cabelot.* — Du vieux franc. *escabel,* de *scabellum,* avec suffixe diminutif *ot.*

CABOCHE, s. f. — Clou à grosse tête pour souliers. *J'ons fait mettre des caboches à mes grollons.* De *caput,* parce que le clou a une grosse tête.

CABORNE, s. f. — Petite hutte dans les champs où le journalier se met à l'abri.

2. Méchante chambre, réduit borgne. Rabelais place dans la bibliothèque de Saint-Victor un ouvrage intitulé *la Cabourne des Briffauts,* c'est-à-dire la Caverne des Goulus, et non, comme le traduit le Duchat, le Capuchon des Moines. — D'un radical germanique *born* qui a le sens de cavité, avec préfixe péjoratif *ca.*

CABOSSER, v. a. — Bossuer. *'Cabosser son crasse,* Bossuer son chapeau. — De *bosse,* avec le préfixe péjoratif *ca.*

CABOT, s. m. — Chien de dévideuse. Race horrible. L'animal est tout petit, bas jambé, gros ventre, petite tête, pelage noir le plus souvent. Se dit péjorativement de tous les roquets. Étant petits gones, nous vîmes un jour une ravissante levrette, avec un paletot de fin drap et des armoiries sur la fesse, surmontées d'une couronne de comte (ce que je connaissais pour avoir un peu lu d'un vieux bouquin qui contenait les éléments du blason avec ceux de la mythologie). Et nous autres d'approcher respectueusement : *M. le comte, prenez garde à votre cabot, on a jeté le bocon ce matin !* — Je crois que *cabot* est pour le vieux franç. *clabaud*, chien aboyeur. Comp. *cafi* pour *clafi*.

CABRILLON, s. m. — Fromage tout petit, épais et qu'on mange mi-frais. A ma petite ème, le roi des fromages. — De *cabre*, chèvre (dans les dialectes d'oc), parce que le cabrillon se fait avec du pur lait de chèvre.

CABUCHER, v. n., terme de batellerie. — Se dit d'un bateau qui sombre en s'enfonçant de la proue. — De *caput*, parce que le bateau pique une tête.

CABUNE, s. f. — Même sens que *caborne*. dont il est sans doute une forme.

CACABOSON. — *Se mettre à cacaboson*, S'accroupir. Le mot représente, parlant par respect, *caque-boson*. Outre que la métaphore manque d'élégance, on voit que c'est un pléonasme, vu que le verbe n'a pas le choix du régime. Mais le peuple aime le pléonasme. C'est une manière de frapper deux fois sur la tête du clou.

CACARUCHE, s. f. — 1. Croque au front, contusion à la tête. *Se faire une cacaruche sur la bosse du crâne* . — De *roquer*, heurter, et un préfixe *ca*, redoublé pour accuser le caractère péjoratif.
  2. Chapeau de femme passé de mode, ridicule, fané. J'étais chez une modiste (honni soit qui mal y pense). Vient M** de X... pour un chapeau. La modiste empressée, souriante, minaudante : *Voyez, Madame, un modèle de Paris ; je l'ai rapporté lundi passé.* — *Est-ce que vous croyez que je veux d'une cacaruche pareille pour m'embroncher tout le visage !* — *Madame préférerait peut-être un chapeau à la cuque-moi donc !* fit la modiste pincée. — Assemblage fantaisiste de syllabes péjoratives.

CACHE, s. f. — Cachette. Mot français, mais, par désuétude, devenu provincialisme.

CACHE-GUENILLES, s. m. — Se dit de tout vêtement ample et long qui se met par-dessus les vêtements ordinaires. Par ainsi, les dames peuvent aller au marché ou à la messe, tout en restant en sale par-dessous.

CACHE-MAILLE, s. f. — Tirelire. Elle est en terre cuite vernissée, communément de couleur verte. C'est une boule qui porte sur un pied, et qui a une fente par où faire passer les sous. Quelquefois la cachemaille est peinte grossièrement, pour figurer une tête dont la fente aux piastres serait la bouche. — Figurément Tête. *Se fêler la cache-maille*, Se donner un fort coup sur la tête. — De *cache* et *maille*. La maille était la plus minime des monnaies. C'était la moitié d'un denier, soit la vingt-quatrième partie d'un sou. Il en fallait six pour faire un liard.

CACHET, s. m. — Pain à cacheter. — *Donnez-moi pour un sou de cachets.* Devrait être français. En effet, se dit non non seulement de l'objet avec quoi l'on imprime, mais encore de la matière avec laquelle on cachette. Or, on cachette bien avec un pain à cacheter.

CACHON, s. m. — Noyau des fruits. *Jouer aux cachons* (aujourd'hui jouer aux noyaux). On jette avec force un cachon d'abricot dans le dauphin d'un cornet de descente. Le cachon redescend en bondissant sur la cadette. Tout noyau lancé reste au jeu jusqu'à ce que l'un d'eux, en redescendant, en pogue un autre. Alors, gagné ! Des fois, quand nous étions le plus acharnés, gouaf! gouaf! dévalait un siau d'eau de vaisselle grasse, de savonnage, etc., avec un tas d'ordures que les bonnes font passer par le trou de l'évier, qui emportait tous les cachons, jiclait sur le nez du gone à cacaboson, cochonnait les culottes, que c'était une horreur. — Il faut bien payer ses plaisirs.

CACOU, s. m. — Œuf. « De beurre et de cacoux, — Qu'ils s'en lichont jusqu'au cou. » (*La Vogue.*) — Onomatopée du cri de la poule qui a fait son œuf.

CADAVRE, s. m. — Corps vivant. Seulement dans ces expressions. *Un beau cadavre, Un grand cadavre*, pour dire une belle charpente. J'étais au bal de la Préfecture avec Galupet. Vient à passer une dame superbe : un vrai gendarme. Je ne pus m'empêcher de m'écrier : *Quel beau cadavre, hein ?* — *Ah !* fit Galupet troublé, *un* *dinde qui lui prendrait un grain de blé noir au bas du dos sans sauter ne serait pas cher à six francs !*

CADEAU. — Les puristes proscrivaient l'emploi de cadeau au sens de présent, et Molard (1820) fait remarquer que l'Académie ne lui donne pas cette signification. Richelet (1709) a cette singulière définition : « Chose spécieuse et inutile. Au fig. Faire des cadeaux. » Trévoux (1743) ne mentionne pas le sens de présent. C'était un néologisme. L'usage a pris le dessus, et l'Académie, en 1835, donne enfin l'exemple : « Il m'a fait cadeau d'une bague. »

CADET, s. m. — 1. Nom propre donné au puîné dans chaque famille. Le puîné de mon père ne fut jamais dénommé que Cadet.
    2. Personnage du théâtre Guignol, que remplissait Minne en rue Écorche-bœuf et à la Galerie de l'Argue. Guignol, Gnafron et Cadet sont les personnages types de la comédie et trois amis inséparables. Cadet n'est qu'un personnage épisodique, mais il apparaît invariablement au dénoûment lorsqu'on va « licher ».
    C'est le cadet de mes soucis. Très jolie locution, beaucoup plus convenable que « Je m'en f... », et qui veut dire exactement la même chose.
    Les enfants bien élevés appellent ainsi leur derrière. Une petite fille dira gentiment : *Je suis tombée sur mon cadet, mais je m'ai pas fait mal.*

CADETTE, s. f. — Dalle étroite qui, avant l'invention des trottoirs, était placée contre la façade des maisons, afin d'en éloigner les eaux pluviales.
    2. Parapet, bahut, banc en pierre de taille. *Les cadettes de Bellecour :* c'est la ceinture de bancs en pierre de taille qui enclôt la place sur trois côtés.
    La forme primitive est *pierre de cadette,* pierre pour daller. Je crois qu'il faut faire remonter l'origine du nom à une distinction faite dans la carrière entre la pierre en blocs mesurée au cube, et la pierre mince, mesurée au carré ; celle-ci étant considérée comme la *cadette* de l'autre ; de même au billard on appelle *cadette* une queue plus courte.

CADICHON, s. m. — Diminutif de Cadet. Terme d'amitié. *Viens-tu çà-bas, Cadichon* (Cadichon est sur la suspente) ? *Je te donnerai une rôtie de crasse de beurre !* — Cadichon débaroule l'échelle.

CADOLLE, s. f, — 1. Petite hutte dans les champs.
    2. Tabagnon, cabinet borgne. Le père X..., le gros fabricant, qui s'était fait bâtir par le père Benoît un si beau château, disait avec notre modestie lyonnaise, lorsqu'il recevait des compliments : *Euh, euh, une cadolle !..*
    3. Cabane des bateaux.
    De *catabulum,* méchante étable, fosse avec toit ; lui-même dérivé de *caput.*

CADRE DE LIT. — Ciel de lit, à cause de la forme carrée du bâtis sur quoi est tendue l'étoffe. Ces cadres de lit sont parfois dangereux. Nous avions marié une de nos cousines. Juste la première nuit de noces, le cadre de lit tomba. Effrayés par le bruit, nous nous levâmes en hâte, et d'accourir en demandant avec angoisse à notre cousine si elle était grièvement blessée. *Oh, moi je n'ai point de mal,* dit-elle, *mais mon mari a le dos tout écorché.*

CAFARD, s. m. — 1. Blatte. J'entendais un jour le père Mignotet causer avec le père Fumeron, qui était un grand savant : *Père Fumeron, c'est-i vrai ça qu'on dit, que si le cafôs i vous arregardent le premis, ça porte malheû ?* — *Les anciens de chez nous y ont toujou dit. Moi, je les fisque tout de suite, rapport à ça.* — *Parait que quand c'est en colère, i vous piss' aux yeux.* — *Manquablement. Puis, qu'i faut bien faire attention à ne pas les arregarder de trop près !* — *Voua, mais y en a qui disent comme ça que ça se qualités : c'est bon epoux.* — *Oh, pour être bon epoux, c'est bon epoux : rien à dire.* — *Vaudrait bien mieux que le cafôs i fussent pas rien tant si bon epoux, hi, hi, hi !* — Origine germanique : allem. *kaefer,* coléoptère.
    2. Espèce de maillon (v. ce mot).

CAFARDIÈRE, s. f. — 1. Piège pour prendre les cafards. C'est une petite caisse carré long, où l'on a cloué tout le tour, au bord d'en haut, une bande de ferblanc en pente, la pente en dedans. Dans la cafardière on a mis des braises de pain, des taillons de truffes, des râclons d'hortolage, des culs de salade gâtes, enfin toute espèce de bonnes choses. Les cafards, sans se douter de rien, arrivent, attirés par la bonne odeur. Mais ils n'ont pas plutôt mis le pied sur le ferblanc, patatras, les voilà qui glissent dans la cafardière, où ils font des *cra, cra, cra* épouvantables toute la nuit, sans pouvoir sortir, par rapport au ferblanc. Le matin venu, on les voit là, des centaines, qui jouent à paume, pour se distraire. Alors, quand votre poêle est bien pris, vous secouez la cafardière dedans. La nuit suivante, il y a autant de cafards, mais aussi ce ne sont plus les mêmes.

2. Urne électorale, parce que les bulletins y tombent comme les cafards dans la cafardière. En 1848, il y avait une cafardière au Palais Saint-Pierre. Nous allons voter, tous deux Cafagnat. Passe une dame de belle corporence, un bel immeuble. Un insolent l'aborde : *Madame, pour qui vote-t-on ? — Pour mon mari,* répond la dame, non sans beaucoup d'à-propos. Tout le monde de rire. En sortant nous rencontrons Pocasson. *Figure-toi,* dit Cafagnat, *que nous venons de voir un meciou qu'a dit à une dame :* « *Pour qui votez-vous !* » *Et la dame a répondu :* « *Pour mon mari.* » *Comme c'est drôle ! Hi ! hi ! hi !*

Cafardière à cramiaux, Parlant par respect, Crachoir.

CAFETIÈRE, s. f. — Dame du cafetier. *Entrons là, je te ferai voir une jolie cafetière ! — En cuivre ou en viande ! — En viande. — Alors, entrons !* On prétend que ce n'est pas français. Pourtant le lavandier a sa lavandière, le charbonnier a sa charbonnière, le limonadier a sa limonadière : pourquoi le cafetier n'aurait-il pas sa cafetière ?

CAFI, IE, adj. — Épais, tassé, bourré. *Du pain cafi.* Dans *Caquire* (1780), parodie de *Zaïre,* par M. de Combles, magistrat lyonnais, on trouve cette épithète (acte II, sc. 3), mais ce n'est pas à propos de pain. *Un auteur, un ouvrage cafi.* Lorsque le pauvre Thierry (mort photographe) voulut se marier, on lui présenta une demoiselle fort riche, mais, au grand désespoir de ses parents, il la refusa disant qu'il la trouvait trop cafie. C'est une raison. — A Genève, *clafi,* surempli : *un lit clafi de punaises* (Humbert). — Du celtique kymri *clap, clamp,* monceau.

CAFOIRÉ, ÉE, adj. — Écrasé, écrabouillé, *Un œuf tout cafoiré,* Écrasé dans le plat. — Vieux franç. *escafouré,* barbouillé, devenu *escafoiré,* puis *cafoiré,* sous l'influence, parlant par respect, de *foire.*

Escafourer est lui-même un mot savant, dont la première partie est faite sur un radical *sca,* qui avait en latin la signification d'ordure, excrément. Le mot populaire, fait selon les règles, était *chaufouré.*

CAFORNIAU, CAFOURNIAU. — *Se mettre à caforniau.* Se dit quand les femmes écartent les jambes et soulèvent leurs jupes, de manière à se mettre à cheval sur le feu. — C'est *fourneau,* avec le préfixe péjoratif *ca.*

CAFOURNER (SE), v. pr. — Se chauffer en se mettant à cafourniau, et par extension, se chauffer immodérément, comme ces bonnes gens qui se tiennent à cheval sur le poêle toute la sainte journée, à seule fin qu'il ne s'ensauve pas. J'ai entendu dire à M. Chrétien, le bourreau, que c'était mauvais pour la santé, parce que cela séchait le mou. De *furnum,* avec préfixe péjoratif *ca.* ·

CAGE D'ESCALIER. — Ensemble des murs qui entourent l'escalier, et qui forment, en effet, une cage, depuis qu'on a trouvé le biais de faire des escaliers sans support intérieur.

CAGNARD, s. m. — Lieu bien exposé au soleil et abrité du vent du nord, par exemple dans un angle de mur rentrant : « Au *caignard angulaire,* dont on tire au papegay vermiforme, avec la vistempenarde, » comme dit si judicieusement le docte Pantagruel dans son équitable sentence entre les seigneurs de Baisecul et de Humevesne. C'est *cagnard,* adjectif, pris substantivement.

CAGNARD, ARDE, adj. — Se dit de celui qui a une sorte d'indolence caressante. *Faire son cagnard,* se faire caresser, se faire gâter. Le mot n'a rien du sens de lâche, que le populaire lui donne en français. — De *cagne,* paresse.

CAGNARDER (SE), v. pr. — Se chauffer le ventre au soleil, le chapeau sur les yeux, à l'abri d'un cagnard.

CAGNE, s. f. — Paresse. Une vieille chanson dit :

De temps en temps, la cagne, la cagne,
De temps en temps, la cagne me prend.

C'est le vieux franç. *cagne*, chienne, de l'ital. *cagna*, de *canis*. Saint-Amant dit : *Venus, la bonne cagne, aux paillards appétits.*

Le président Bouhier raconte que « le duc de Roquelaure, soupant chez la 'duchesse de Bouillon, prit avec les doigts du sel dans la salière. Cela parut incivil à la duchesse, qui dit tout haut, en montrant la salière : « Voilà la passée d'une grande beste. » Le duc répondit vivement : « La bonne cagne, elle a le sentiment (l'odorat) bon. » Cela ne donne pas une très haute idée des bonnes manières de la grande noblesse au xvii° siècle.

CAHOTEMENT. — Proscrit par Molard, Grangier, Callet, etc., qui veulent qu'on dise avec l'Académie *cahotage*, mais Humbert, tout strict qu'il est, ajoute avec moult bon sens : « Cahotement, mot connu partout, vaut bien cahotage, qui est beaucoup moins usité. » Aussi n'est-ce pas sans étonnement que l'on a vu l'Académie, qui a introduit dans sa dernière édition de jolis mots comme *élyme, encaquement, monétisation, revouloir, sargasse, miramolin, fissipare, orichalque, involutif, pertinacité, déconstruire, étampure, fatrassier, fricoteur, fragon, halieutique, harmoste, lectisterne, lathyrus, mangoustan, nelumbo, ornithorynque, récapitulatif, spina-bifida, soûlard, tamandua, térébrant, trélingage, tungstène, unitarisme, xérophtalmie, vomiquier, zircon*, etc., etc., fermer obstinément la porte à ce modeste cahotement. Notons pourtant que le mot à employer de préférence est, au lieu d'un dérivé, le simple *cahot*.

CAILLAT, s. m. — Lait caillé au moyen de présure. Cela fait une espèce de recuite, cependant très inférieure à la vraie recuite de Sainte-Foy.

CAILLE. — *Chasser à la caille coiffée.* Se dit du chasseur qui cherche plus les bonnes fortunes que les bonnes chasses. Une caille avec une coiffe, cela donne l'idée de bien des femmes. Seulement elles ne sont pas toutes aussi grasses.
Chaud comme une caille. La première fois que j'ai entendu ce dicton, c'était à l'école. Il gelait à pierre fendre, et je me plaignais de ne pouvoir me réchauffer la nuit. Un petit camarade m'expliqua qu'il couchait avec son père et sa mère, et que grâce à l'absence de ventilation ou plutôt grâce à l'excès de ventilation, *i z'équiant chauds comme trois cailles.*

CAILLE-TORTUE, s. f. — Tortue. Faut croire l'espèce perdue, car oncques ne vis ce volatile. Le mot, d'ailleurs vieilli, est une contraction d'*écaille-tortue.*

CAISSETIN (prononc. questin), s. m. — Petite caisse carrée, fixée au pied de métier, à portée de la main et où le canut mettait ses canettes. — Diminut. de *caisse.* Métaphoriquement : *J'ai grand'peur que la Nanon oye un miaillon dans le questin.*

CALADE, s. f. — Parvis dallé, Dalle le long des maisons. Le premier sens a prévalu. « Et pendant que la messe se disoit, monsieur de Sauls se pourmenoit sur la calade de Saint-Jean. » (Rubys.) — Provençal *calada*, pavé, de *calar*, descendre, parce que, à l'origine, les rues en pente étaient seules pavées.

CALADOIS, OISE, s. — Habitant de Villefranche. « Ils sont ainsi appelés parce que la plupart d'entre eux se promènent habituellement sur la calade de leur église. d'où ils contrôlent les passants. » (Cochard.) Contrairement à l'habitude pour les sobriquets, celui-ci n'est pas injurieux.

CALANDRE, s. f. — 1. Alouette. *Tiens, te m'avais pas dit que t'avais une calandre en cage ? — Oh, c'est la Fine ! Pour la chantaison, elle a pas sa pareille !* Manière aimable de dire à un mari que sa femme est drôle, de bonne humeur, qu'elle chante bien. — Du franç. *calandre*, sorte de grosse alouette.
2. *Vulva feminea.* Le mot était déjà employé dans ce sens au xvii° siècle. — De *calandre*, machine où l'étoffe est chamarrée sous un cylindre.

CALE, s. f. — *Avoir bonne câle, avoir mauvaise câle*, Avoir bonne ou mauvaise mine. *Y est venu un cougne allonger la demi-aune. Avait-i mauvaise câle ! Je me suis pensé qu'i revenait de prendre ses vacances à Toulon.* — De *cara*, mine, visage ; grec καρα, provenç. *caro.* Le lyonnais ancien était *cara.*

CALÉ, ÉE, adj. — Qui a du foin dans ses bottes. Rothschild est un homme calé. C'est afin d'être calé que l'on affane, que l'on geint, et même quelquefois que l'on fait le mal. Mais c'est pour être décalé tout d'un coup. — Homme calé, qui a des cales sous les pieds, manière qu'il tienne bien.

CALER (SE), v. pr. — Se glisser. Laurès, dans son *Supplément* à Pernetti, donne l'histoire de *Madame Je me Cale*. Ma mère la racontait avec des détails plus piquants. Lorsque la dame alla porter sa plainte à M. Vaginay, celui-ci lui dit que le meilleur parti était de ne pas faire attention à ces plaisanteries. — *Que voulez-vous*, fit-il avec bonhomie, *on m'appelle bien Monsieur de la Diligence embourbée!* — Madame, piquée de voir que M. Vaginay n'attachait pas plus d'importance à son cas, se lève pour sortir, et, arrivée à la porte, lui fait une de ces profondes révérence de menuet, à triple étage, comme en savaient faire nos grand'mères: *Bonsoir, Monsieur de la Diligence embourbée!* — A quoi M. Vaginay de répondre par un salut à fond ouvert: *Bonsoir, Madame Je me Cale!*

Ma mère m'a souvent chanté un ou deux couplets de la chanson qui avait pour refrain: « Madame, je me cale! » Mais je n'en ai rien retenu, que le motif du refrain.

C'est, au neutre, le vieux français *caler*, descendre, enfoncer.

CALLICHE, s. f. — Massue pour assommer les bœufs. Dans nos campagnes *callichi*, bâton pour brayer le chanvre. — De *cala*, *bûche*.

CALLICHET, s. m. — Petit morceau de bois pointu des deux bouts pour jouer au canichet ou au quinet. — De *calliche*.

CALMANDRE, s. f. — Calmande, sorte d'étoffe. Comp. *amandre* pour *amande*.

CALVAIRE. — *Un calvaire de décorations*. Se dit d'un homme qui a trois croix. Pour Castellane c'était un cimetière.

CALVIN. — *Faire des yeux de Calvin*, Regarder de la façon la plus haineuse. *Quand la Colarde s'a aperçue que son mari me trouvait plus jolie qu'elle, alle m'a fait des yeux de Calvin.* — Vieux dicton catholique, souvenir des guerres religieuses du xviᵉ siècle.

CALVINE. — *Pomme calvine* pour *pomme calville* « L'origine de ce mot ne m'est pas connue, dit Ménage... Il se peut que les pommes de calville ayent été ainsi nommées de quelque lieu appelé Calville. Et à ce propos, il est à remarquer que, dans le voisinage de Lyon, du costé de la Bresse, il y a un lieu appelé Calville. » Le

Calville de Ménage, c'est *Caluire*. Il a peut-être été trompé par la confusion graphique de *v* et *u*, mais il faut bien qu'il ait été victime de la confusion euphonique de *l* et *r*, comme dans pomme *calvine*, nous avons été victimes de la confusion de *l* et *n*.

CALVIRE. — Pomme *calvire* pour pomme *calville*. Ménage dit « qu'il est à remarquer qu'en Languedoc on dit pomme de calvire. » Ce genre de pommes n'est pas, que je sache, connu en Languedoc. Calvine et calvire, tous deux usités chez nous, sont simplement deux formes de calville. Quant à ce dernier mot, j'en ignore l'origine, mais elle n'est pas due à un nom de lieu. Il n'existe pas en France de commune appelée Calville.

CAMBOUILLIR, v. a. — Trop bouillir. Une maîtresse de maison à table: *Je ne sais pas pourquoi cette bonne fait comme ça cambouillir sa viande! Autant de mourve!* — De *bouillir* avec le préfixe préjoratif *ca* nasalisé.

CAMBRONNE, s. m. — Carbone. *Je traite mes vignes au sulfure de cambronne*, me disait un brave viticulteur de Venissieux.

CAMELOT, s. m. — Ce n'est pas le sens moderne de vendeur sur la voie publique. C'est simplement un terme de mépris en relation avec *camelotte*. « Les Pares Camelots — De la Guillotière... » dit un vieux noël. Les Pères Camelots sont ici les Picpus qui s'établirent à la Guillotière en 1607.

CAMELOTTE, s. f. — Contrebande. *Faire la camelotte*, Faire la contrebande. « Et gn' y aura plus de gâpians que brassiont les appas de nos femmes pour voi si gn' y a de camelotte. » (*Adresse à Sa Majesté Louis-Felipe.*)

CAMELOTTIER, s. m. — Contrebandier.

CAMION, s. m. — Suivant Cochard : « Petit tombereau à bras dont se servent les maçons. » Ce n'est pas absolument exact. Notre camion n'est pas un tombereau, mais un chariot très bas, à deux roues, sur quoi les ouvriers font le bardage des matériaux. On le nomme aussi *crapaud*.

CAMPAGNE, s. f. — Maison de campagne. On le trouve dans Saint-Simon : « Il vécut encore quatre ans dans l'abandon et l'ignominie, et mourut à sa campagne sur la fin de 1693. »

CAMPANE, s. f., terme de canuserie. — Sorte de mécanique à dévider.

Gn'i a que l'apprentiss' qui tout le jour
[se cancane
Et voit z'avec plaisi reposer sa campane.
(*Pétition des canuts de Lyon*
à M. de Saint-Criq.)

Métathèse de *pancane* (voy. ce mot), qui est la forme véritable.

CANANT, ANTE, adj. — « Délicat, divertissant, très agréable. » dit le glossaire d'Et. Blanc. *Nous sons allés aux Charpennes dimanche soir. Y avait des petites feuilles. C'était canant* (les canuts ont toujours eu des goûts champêtres). — Paraît avoir été forgé au xviii° siècle. Peut-être le primitif a-t-il été *caner*, flâner, mot à mot marcher en se dandinant comme les canes, que les dérivés *se cancaner, se lenticaner,* on fait disparaître. De *caner* on aurait tiré *canant*, avec une dérivation du sens de flâner, à celui d'être agréable en général, rien n'étant plus agréable que de flâner.

CANANTE, s. f. — Une bonne-amie. *Je l'ons vu dimanche que se baladait à la vogue de Vaise avè sa canante.* — De *canant*, parce qu'une canante, dans les commencements, c'est tout ce qu'il y a de plus canant, mais dans les commencements seulement.

CANARI. — *Changer l'eau de son canari,* parlant par respect. Euphémisme délicat pour Évacuer le superflu de la boisson. Quoique ça, il est familier.

CANARETTE, s. f. — Femelle du canari. *Y a ma canarette que s'est ensauvée.*

CANCANER (SE), v. pr. — Se bambaner, marcher nonchalamment et en se promenant. — Composé avec la répétition de *cane*. Se cancaner : marcher comme les canes.

CANCORNE, s. f. — Une raffouleuse, une radoteuse, une bigorne. Les filles bien élevées et qui couratent, quand leur maman les gronde, elles l'appellent cancorne. — Forézien *cancorna*, hanneton, parce que le hanneton bourdonne et que la cancorne bougonne. L'origine est *quinquerne* pour *guiterne*, vielle, forme nasalisée de *guiterne*, de *cithara. Quinquerne* a passé à *cancorne* sous l'influence de corne, les cornes étant caractéristiques du hanneton.

CANE. — *Quand les canes vont en champ, la première va devant.* Proverbe dont j'ai plusieurs fois vérifié l'exactitude.

CANEÇON, s. m. — Caleçon. Voy. *jacquette*.

CANER, v. n. — Reculer, manquer de courage. Nombre d'hommes canent devant leurs femmes. — La plupart des étymologistes ont cru que le mot venait de l'idée de faire la cane, se dérober en plongeant. C'est ainsi que l'ont employé Rabelais et Montaigne. Il y a en réalité deux expressions : l'une *caner*, se dérober en plongeant ; l'autre *caner*, qui est une forme de *caler* (*calare*), céder, mollir. Comp. *caler la voile.*

CANETIER, ÈRE (*canequié*), s. — Celui ou celle qui fait les canettes.

CANETIÈRE, s. f. — Nouvelle machine avec laquelle je me suis laissé dire qu'on peut faire vingt ou trente canettes à la fois tandis qu'avec le rouet il fallait les faire à cha-une. Je ne désespère pas de voir un jour une invention pour faire vingt ou trente enfants à la fois. En attendant, nous gaussions le vieux père B..., le canut, qui était connu pour chasser à la caille coiffée. Oh, qu'il nous fit, *j'ai monté ma canetière au grenier. Elle était toute détraquée. J'ai pas trouvé de battandier pour y raccommoder.*

CANETTE, s. f. — Littré dit : « Petit tuyau de bois ou de roseau qu'on charge de fil ou de soie pour faire la trame d'une étoffe. » Définition qui s'applique proprement au *quiau* sur lequel s'enroule la soie. La canette, c'est l'ensemble du quiau et de la soie. *Chômer de canettes,* Ne pouvoir passer la navette faute d'avoir des canettes.
— Vient de ce que, primitivement le quiau, au lieu d'être en carton, était fait d'un tronçon de canne mince, c'est-à-dire de roseau. *Canette*, petite canne.

CANEZARD, s. m. — Mot employé quelquefois pour canut, dont il est un dérivé de fantaisie, comme *épicemard, pharma-*

cemard, etc. *Canezard* a été répandu par les petits journaux écrits en langage de Guignol, et qui ont ordinairement beaucoup plus d'argot parisien et de langue verte que de langage lyonnais.

CANICHE. — *Jouer à caniche.* Voy. *classe.* — De ce que, pour jouer à ce jeu, il faut tenir la jambe pliée comme celle d'un caniche.

CANICHET, s. m. — Jeu des gones. On le nomme le plus souvent *quinet*, quoique, proprement, le quinet soit un jeu un peu différent. C'est le même mot que *callichet*. La dérivation a dù se produire sous l'influence de *caniche*, jeu.

CANIF. — *Tomber de canif en syllabe.* — *Te sais, le Jules s'est décapiyé d'avec la Fanchette, mais c'est pour se capiyer avec la Claudia. Il est tombé de canif en syllabe.* On s'explique très bien qu'aux noms barbares de Charybde et Scylla, le populaire ait substitué des mots qui n'ont pas entre eux un lien bien logique, mais qu'il comprend, tandis que, pour qui n'a pas lu l'*Odyssée,* Charybde et Scylla ne veulent rien dire.

CANILLES, s. f. — Jambes. Quand on va pour tirer, aux boules, c'est une politesse exigée que de crier par préalable : *Gare les canilles, ceux qui en ont !* — De *canne,* avec le sufixe *ille,* indiquant le sens spécial de menus objets. Le nom de choses minces et longues est par gausserie appliqué aux jambes. On dit des flûtes, des picarlats, des broches, des canilles, etc.

CANNE. — *Cannes à tordre,* terme de canuserie. Grandes cannes rondes en poirier, autrefois en roseau, que l'on place dans l'enverjure de la chaîne pour le tordage ou le remettage, afin de faciliter le purgeage des fils.

CANNELLES, s. f. pl. — Roseaux. *Nous ons loué un petit vide-bouteille à la Pape. Y a une lône avè de vourgines, de z'ambres, de cannelles, et de sabots dans les gaillots. C'est tout plein champêtre.* — Diminutif de *canne.*

CANON-KROUPP, s. m. — Se dit, dans le monde des artilleurs, d'une dame fortement hanchée : *C'est un beau canon-kroupp.*

CANON, s. m., terme de canuserie. — Roquet à une tête. Le nom a été donné à cause de la forme.

CANTINE, s. f. — Bocal en verre, de forme cylindrique, avec une très large ouverture dans le haut, et qui sert à mettre les fruits à l'eau-de-vie, cerises, griottes, prunes, pelosses, cerneaux, abricots, pêches, raisins, chinois, nèfles du Japon, alises, sorbes, merises, azeroles, etc. Des fois, pour que le pied soit plus solide, la cantine a un trottoir autour. On connaît les bonnes ménagères et les bonnes maisons à ce que leurs placards ont des cantines à regonfle. — De *cantina,* en italien petite cave.

CANTRE, s. m. — 1. Ustensile qui porte les roquets pour l'ourdissage.

2. Ustensile qui porte les bobines pour certains métiers de façonnés. — De *canterius,* qu'on trouve dans Columelle pour un appareil qui a quelque analogie de forme avec les nôtres.

CANULER, v. a. — Importuner, ennuyer fortement, en parlant des personnes. On ne citerait pas ici ce mot, d'argot parisien, s'il ne donnait lieu à un souvenir lyonnais. En 1840, si je n'erre, M. D... était président du tribunal de commerce. Très capable, mais vif, il fut un jour si fatigué du verbiage d'un avocat, qu'il s'oublia au point de s'écrier : *Maître un tel, vous voyez bien que vous canulez le tribunal !* L'effet fut immense ! Quoiqu'on ne connût pas encore les grèves, l'Ordre en fit une, et nul avocat ne voulut plaider devant le président. Stanislas Clerc fit quelques gorges chaudes de l'affaire dans son *Tour des deux quais,* que publiait périodiquement le *Censeur.* N'osant reproduire le mot, il le traduisit chastement par *médicamenter.* L'affaire dut pourtant s'arranger, car je vois que les avocats plaident encore devant le tribunal de commerce.

CANUSERIE, s. f. — Art de la soie. C'est un bel art, et qui n'est pas si facile que ça. Pour être bon canut, il y faut beaucoup d'âme. — Fait sur *canut,* avec le suffixe collectif *erie.* Comp. *coutellerie, confiserie,* etc.

CANUT, USE, s. — Ouvrier, ouvrière en soie. Les canuses sont renommées pour leur patience et leur bon caractère. Elles font tout ça que veulent leurs maris. C'est la canuserie que comporte ça. En 1832-1833, il était fort question du mariage du duc d'Orléans, Rosolin, comme l'appelaient alors les gens de l'opposition (d'un de ses prénoms : Ferdinand, Philippe, Louis, Charles, Rosolin, Henri d'Orléans). Depassio fit une chanson célèbre où il conseillait au duc, pour prendre une bonne épouse, de choisir une canuse :

La veux-tu vertueuse et douce,
Viens la prendre à la Croix-Rousse ;
Crois-moi, Rosolin,
Fais-toi republicain !

Littré dit : « peut-être de canette. » Non pas de *canette*, mais de *canne*, plus le suffixe *ut* pour *u*, qui représente le latin *orem*, français *eur*. Le canut est donc celui qui use de la canne (dont a été faite la canette). — Comp. *peju*, savetier, celui qui use de la poix.

Lecteur, regarde avec respect ce canut. Tu n'en verras bientôt plus. Lorsque j'étais borriau, voilà cinquante-deux ans en ça, il y avait à Lyon soixante mille métiers à main, entends-tu, soixante mille battants frappant la trame (1). En 1890, année prospère, qui a bénéficié du succès de l'Exposition, il n'y en avait plus, selon une enquête de la Chambre de commerce, que douze mille. Et depuis lors, la disproportion est bien plus grande. Si j'en croyais une statistique de l'Office du travail, à l'heure où j'écris (juin 1894), il n'y aurait d'occupés que trois mille métiers à la main. J'espère que c'est une exagération. Mais il reste que le nombre des ateliers privés va diminuant chaque jour au profit du métier mécanique. C'est-à-dire que la famille disparaît devant l'usine. Cette organisation singulière de l'industrie de la soie, si profondément morale, unique entre toutes, aura bientôt cessé d'être.

---

(1) Le chiffre de 60.000 métiers, pour l'époque désignée, m'a été obligeamment fourni par un ancien fabricant, membre de la Chambre de commerce Il est de tradition dans la fabrique lyonnaise. Dans ces 60.000, on comprenait les métiers au dehors de Lyon, qui, de mon temps, commençaient à être assez nombreux. M. Rondot, dans le *Bulletin des soies* (24 juillet 1894), donne, sans citer d'ailleurs les sources où il a puisé, le chiffre de 27.450 métiers *montés* et *en activité, intra muros*, en 1840. M. Robin, cité par M. Morand (*la Fabrique lyonnaise*, page 27), donne, pour juin 1870, le chiffre de 35,216 métiers *intra muros*. — Enfin quoi ! suffit que de mon temps il y avait beaucoup de métiers, c'est sûr, et que l'on ignorait encore les métiers mécaniques qui peu à peu envahissent tout.

Canu ou *Canut*, ouvrier à façon qui travaille à la *canne*, qui fait une longueur. (M. D.)

CANUT, USE, adj. — Qui tient de la canuserie. *Le parler canut, les usages canuts.* Souvent je veux parler français, mais le canut m'échappe.

Voilà z'à la Croix-Rousse
Les usages canuts :
Les femmes y sont douces
Et les maris, etc.

(Chanson canuse, air des *Usages bretons*).

CAPHARNAUM, s. m. — Se dit d'un tas d'objets, et généralement de vieux objets jetés en garenne, et où l'on ne peut pas se reconnaître. Exemple frappant du sens péjoratif attaché à de certaines sonorités, car la ville de Galilée, où Jésus passa trois ans, n'avait rien de plus désordre que Bethléem, Nazareth ou toute autre.

CAPIÉ, CAPIYÉ, ÉE, adj. — Agglutiné, aggloméré. Se dit spécialement des fils de soie de la chaîne quand ils s'accrochent entre eux, rapport aux bourrons, et forment des tenues. Se dit aussi des cheveux agglutinés. Les buvanvins, au lendemain d'une cuite, ont généralement les cheveux capiés. — Partic. de *capier*.

CAPIER, CAPIYER (SE), v. pr. — 1. Se coller, s'agglomérer, au propre et au fig. *Pauv' vieux, comment que t'as fait pour te capier avè une sampille pareille ?*
2. Se tapir, se cacher. *Je m'ai capiyé dans n'un coin pour durmi.*

Italien *cappiare*, nouer ; *cappio*, nœud ; *cappietto*, défaut du tissage qui vient de la trame retenue par les nœuds de la chaîne. De *capere*.

CAPON, s. m. — Poltron. Je ne sais quelle drôle d'idée Molard a de le proscrire. Il est en plein dictionn. de l'Académie. — *Capon qui s'en dédit*, exclamation que nous disons toutes les fois que, dans une gageure, l'on redoute de voir son adversaire retirer sa parole devant la gravité des conséquences possibles de sa gageure : *Tiens, tant pis ! Deux sous à l'écarté, en cinq lié ? — Capon qui s'en dédit !*

CAPONNER, v. n. — Caner, lâcher pied. *Le Joset caponne toujou devant sa femme.*

CAPOUT. — *Faire capout.* Tuer. Cette expression date de l'invasion autrichienne de 1815. C'est l'allemand familier *caput, capot,* ruiné, mort.

CAPUCHE, s. f. — Sorte de coiffure en façon de pseudo-capuchon, que les femmes se mettent sur leur quartier de lune. « Dites *capuce* ou *capuchon,* » s'écrie Molard. Non le capuce ou le capuchon, partie du vêtement monacal, est un objet entièrement différent de capuche. Proscrit par Molard et l'Académie, *capuche* a fini par trouver asile dans Littré.

CAPUCINE. — *Être plein jusqu'à la troisième capucine.* Se dit de quelqu'un complètement ivre. Par extension, se dit de quelqu'un qui a mangé énormément, Métaphore empruntée à l'ancien fusil de munition. Le canon était relié au bois par trois capucines en cuivre dont la dernière très rapprochée de la gueule. Sur le choix de l'image, comp. *Se taper le fusil.*

CAQUENANO, s. m. — Se dit de quelqu'un de timide et de benêt. J'ai raconté ailleurs que sa maman avait marié Agnus Poupard. *Quel grand caquenano !* me disait la maman quinze jours après, *un mari de carême !* — *Et pourquoi de carême ?* que je lui faisais. — *Vous aussi, si caquenano que ça !* — *Mais encore ?* — *Eh, parbleu, on sait assez qu'un carême, on ne touche pas à la viande !* — Composé, parlant par respect, de *caquer* et de *nano,* expression enfantine pour lit. Concluez.

CAQUER, v. n. — Parlant par respect, *Cacare.* Nous faisons une différence énorme entre le terme lyonnais et son correspondant français. Le premier, sans appartenir à la langue absolument littéraire, est beaucoup moins bas que le second. Quand j'étais petit, on me tolérait l'emploi de l'un, on m'eût sévèrement puni pour l'emploi de l'autre.

Lorsque je fus à Paris, le premier jour où j'eus à prononcer le mot lyonnais, je demeurai stupéfait de voir que, parmi mes camarades, personne n'y comprenait rien. Cela me semblait cependant chose si naturelle ! — De *cacare,* par une forme prov. *cagar.* Le radical *cac* se retrouve dans toutes les langues aryennes. Et nos petits mamis eux-mêmes, lorsqu'ils disent *caca* parlent sanscrit ! Quelle belle chose que la philologie !

Un visage à caquer contre (parlant par respect). Se dit d'un visage qui n'est pas bien joli.

CAQUERELLE, s. f. — *Avoir la caquerelle,* parlant par respect, Avoir la vasivite.

CAQUETIÈRE, s. f. — Mot honnête pour *Communs,* ainsi qu'en témoigne ce couplet de la chanson lyonnaise du *Petit Bossu,* air de l'*Aco d'aqui :*

(*Parlant par respect.*)
Quand Petit Bossu veut aller caquer,
Il n'y va jamais sans son papier ;
Il arrive à la caquetière ;
Tortillant son petit derrière :
« *Je viens pour caquer ;*
« *Voici mon papier.*
« *Faites promptement ;*
« *Voilà votre argent.* »

CAQUILLON, s. m. — Petit baril, de contenance variable. On se sert de caquillons pour le vin d'Espagne, l'eau-de-vie, surtout le vinaigre, car tout bon ménage bien ménagé doit avoir son caquillon de vinaigre, que l'on recroit avec du vin tourné, des baissières, etc. Il n'y a que les mauvais ménages, mal ménagés, où l'on envoie acheter à cha-bouteille, chez l'espicier, du vinaigre fabriqué avec du bois, des acides, et parlant par respect toutes sortes de cochonneries. — De *caque,* tonneau, avec le suffixe diminutif *illon.*

CARABASSE. — *Vendre la carabasse,* Faire connaître un secret. — Mot emprunté au languedocien, *troumpa la carabassa,* frauder la gabelle.

CARABOSSER, v. a. — Cabosser très fortement. L'insertion de *ra* dans le thème *cabosser* est intensive.

CARAMELLE, s. f. — Bonbon au caramel. Nous disons *Faire un caramel,* faire un sirop de sucre fondu au feu ; et *Manger une caramelle,* bonbon. Cette distinction entre les deux objets est très préférable à la confusion faite par le français employant le nom unique de caramel.

CARCAILLAT, s. m. — Crachat très vilain. — Onomatopée attrayante.

CARCAN, s. m. — Vieux cheval, rosse. Au fig. terme aimable pour désigner une grande femme sèche. « Ce grand carcan de Julia. » (*Les Martyrs.*) — De l'italien *carcame*, squelette, carcasse. Nos soldats ont dû rapporter le mot des guerres d'Italie, aux xv° et xvi° siècles.

CARCASSER, v. n. — Tousser d'une façon qui ressemble au son de la cloche de Saint-Nizier. Nous avons en partie tous nos Lyonnais respectables qui carcassent. On commence par croquer un rhume de cerveau. Des myriades de diablotins font élection de domicile dans vos fosses nasales, et là, de leurs fourches et de leurs griffes aiguës, fouillent, chatouillent, titillent et grabottent, tant qu'enfin vos deux yeux versent plus de larmes que ceux de sainte Magdeleine, et votre nez rend jalouse la fontaine des Trois-Cornets. — Du nez l'inflammation s'étend au pharynx ; du pharynx au larynx ; du larynx aux bronches ; des bronches aux poumons. Le rhume de cerveau est « tombé sur la poitrine », et vous toussaillez tout l'hiver. Jusqu'à trente ans, on dit que c'est un rhume ; de trente à quarante ans, on appelle cela une bronchite ; à cinquante ans, vous vous apercevez tout d'un coup que vous avez un catarrhe. Et vous voici à carcasser pour le restant de vos jours. Tel est le sort que nous font les brouillards lyonnais.

D'un radical *carc* (v. *carcot*), plus le suff. péjoratif et agrandissant *asser*.

CARCOT. — *Sonner le carcot*, Sonner creux. *Ce tonneau sonne le carcot.* Au fig. se dit d'une toux au pronostic fâcheux ; Suisse romande : *sonner le carcan.* — D'un rad. *carc*, qu'on retrouve dans *carcer*, geôle ; dans le bas latin *carchesium*, carquois : dans le franç. *carcasse*, projectile creux, et dans de nombreux mots dialectaux où il a la signification de creux.

CARÊTE, s. m. — Bâtis en bois, placé sur le métier et portant l'appareil destiné à faire mouvoir les lisses. — Ital. *carretto*, de *quadratum*, parce que le bâtis est carré.

CARIMENTRAN, s. m. — 1. Mannequin figurant Mardi-gras.
2. Personne maigre, grand fantôme dégingandé.
Du vieux franç. *Caresme-entrant*, mercredi des cendres.

CARMES DÉCHAUX. — C'est le vrai mot, et non *Carmes déchaussés*, comme le pré-

tend à l'aveuglette le bonhomme Molard. A Lyon, il y avait les Grands Carmes ou Carmes Chaux (quoique les facétieux du temps prétendissent qu'ils l'étaient tous plus ou moins) et les Carmes Déchaux dont le couvent était à Montauban, au-dessus de Pierre-Scize.

CARMES. — *Eau des Carmes*, Alcoolat anti-apoplectique renommé. Dans mon enfance, on l'achetait chez les D^{lles} Garcin, place Neuve-des-Carmes. Mais il y avait une concurrence à la montée Saint-Barthélemy. Ici, l'eau était fabriquée par les deux frères Carme. Je n'ai jamais pu savoir lequel des deux produits était le vrai Jean-Marie Farina, mais j'incline à croire que Carme aîné et Carme cadet avaient profité d'une synonymie de nom, et qu'on eût pu dire à leur eau comme je ne sais plus quelle noble dame du xv° siècle à un chevalier qui, pour pénétrer plus privément auprès d'elle, s'était déguisé en Carme : *Ah ! tu n'est pas Carme !*

CARNIER, s. m. — Carnassière. Les deux mots viennent de *carnem*, mais il faut avouer que le nôtre est mieux forgé ; en effet, *carnassière* proprement n'est pas ce qui renferme la viande, mais ce qui la mange. *Carnier*, proscrit par tous les grammairiens, a fait son entrée dans la dernière édition de l'*Académie*. Je l'ai regretté. Il me déplaît de voir accepter nos bons mots, qui cessent d'être nôtres, pour devenir ceux de tout le monde. Ainsi n'aimerait-on pas à voir sa femme entrer dans la circulation.

CAROGNE, s. f. — « Épithète injurieuse, donnée à une femme de mauvaise vie. » (Cochard.) Tombé en désuétude à Lyon, mais au marché de Caluire vous pouvez encore entendre très couramment : *Ma jolie petite dame, voli-vos de poriaux, de z'ugnons ?* — *Rien aujourd'hui, marchande.* — *I don, carouni !* — Carogne, mot fort vilain, est au Dictionn. de l'Académie.

CAROTTE, s. f. — Betterave. *Une salade de carottes.* Nous disons aussi des *carottes rouges* par opposition aux *carottes jaunes*, nom sous lequel nous désignons parfois les pastonades. Une salade de carottes avec presque pas de carottes et beaucoup, beaucoup de truffes noires, ce n'est point mauvais.

CAROUGE. — *C'est un carouge*, C'est un refuge de canailles. — De ce que jadis les banqueroutiers, etc., qui s'enfuyaient de Lyon se réfugiaient généralement à Carouge, faubourg de Genève. *Faire Carouge*, Faire faillite ; spécialement s'enfuir après faillite.

Il y a cinquante ans, on appelait Carouge le groupe des maisons bâties, au sortir des barrières de la Croix-Rousse, grande rue Coste. Le petit Versailles était alors *le petit Carouge*.

CARPE. — *Rester comme une carpe qui perd l'eau*, Rester bouche bée, sans savoir que dire.

CARPIÈRE, s. f. — Marchande de poisson, parce que jadis le poisson le plus commun était la carpe. Les carpières sont renommées pour la beauté de leur langage académique. *Elle m'a dit de sottises, autant une carpière ! — Et te lui as repondu, autant un avocat de plate !*

CARQUELIN. — Forme métathésée de *craquelin*.

CARRE, s. m. — *Le carre de la rue Mercière*, au point de rencontre des rues Mercière et Thomassin. Comp. l'anglais *square*. (M. D.)

CARRÉ, s. m. — *Un carré de mouton*, terme de boucherie. Se dit d'un morceau qui comprend plusieurs côtelettes réunies ensemble.

Carré pointu, Triangle. Ce n'est pas beaucoup plus extraordinaire qu'un « carré long », qui n'est plus carré puisqu'il est long. *Jouer au carré pointu*. Sorte de jeu de gobilles où les gobilles sont préalablement disposées en triangle.

CARRÉ, adj. — *Carré des épaules*. Se dit figurément de quelqu'un qui est un bon mari. Ma blanchisseuse étant devenue veuve, elle se remaria, comme bien s'accorde. *Eh bien, que je lui faisais, Madame Buyant, êtes-vous contente de votre nouveau mari ? — Ah, M. Puitspelu, c'est un bien brave homme, mais il n'est pas carré des épaules comme l'autre.*

Carré comme la rue Longue. Image fort usitée quoiqu'elle ne soit plus guère de raison, depuis que la rue Longue a quadruplé de largeur. Lorsqu'un bisque venait chez nous acheter des mouchoirs de poche à carreaux pour les tabassus, il ne faillait jamais à demander : *Sont-ils carrés au* moins ? — S'ils sont carrés ! faisait mon oncle Cadet avec indignation. — *Ouin ! carrés comme la rue Longue*, répondait invariablement le bisque, en pliant en diagonale le premier mouchoir de la pièce, afin de s'assurer de ce qu'il en était.

CARREAU, s. m. — 1. Terme de construction lyonnaise. Petite dalle rectangulaire, posée sur chant, et qui sert à former un joli parement à un mur en maçonnerie qu'on veut faire croire en pierre de taille. S'emploie surtout par opposition au mot boutisse : *appareillé par carreaux et boutisses*.

2. Terme du jeu de boules. — *Faire un carreau*, baucher une boule en place.

CARREAUDAGE, s. m. — L'ensemble des carreaux et boutisses formant le parement d'un mur.

CARRÉE. — *Pièce carrée*. C'est le nom que nos charpentiers donnent à une équerre d'architecte, parce qu'elle est triangulaire.

CARRELET, s. m. — Petite règle à quatre côtés égaux, pour régler le papier. — Du vieux franç. *quarrel*, carreau.

CARRICHON, s. m. — *Un carrichon de pain*, Un gros quartier de pain. Déjà usité au xviᵉ siècle : « Et cely carrichon de pan, — Per lo garda de la fan. » (*La Bernarde*). — De *carré* avec un suffixe fantaisiste. On suppose le pain coupé en carré.

CARRON, s. m. — Carreau de terre cuite. Vieilli. — De *quadratum*.

CARRONAGE, s. m. — Carrelage. Au xviiᵉ siècle ce mot appartenait à notre langue lyonnaise officielle.

CARRONER, v. a. — Daller avec des carrons. Ménage l'a mis dans son Dictionnaire étymologique. Après une citation des *Voyages* de Monconis, qui dit qu'à l'Alcazar de Séville « les allées sont carronnées », Ménage ajoute : « C'est aussi comme on parle présentement parmi le petit peuple de Lyon et des villes circonvoisines. »

CARTABLE, s. m. — Il se compose de deux grandes feuilles de carton, retenues ensemble par un dos en peau ou en toile, et munies d'attaches pour empêcher les feuilles de s'échapper quand on a mis les dessins ou gravures entre deux. Des fois, les deux feuilles de carton sont fermées sur les côtés par des triangles de peau ou de toile qu'on nomme *goussets*.

On donne aussi ce nom au sac dans lequel les écoliers portent leurs affaires de classe. De mon temps ce harnais était inconnu. On attachait ses livres avec une arcade. — De *cartabulum*, « fait sur *carta*.

Les mots français *portefeuille, carton,* dont on se sert quelquefois, ne peuvent remplacer *cartable.* Ils indiquent des objets différents.

CARTE, s. f. — Qualité d'une étoffe lorsqu'elle est ferme, qu'elle « fait la carte ». *Mise en carte,* terme de fabrique. Translation d'un dessin sur un papier approprié, où des lignes respectivement perpendiculaires forment de petits carrés. Chacun des petits carrés représente la lève ou la baisse d'un fil. La suite des carrés longitudinaux représente les fils de la chaîne. La suite des carrés transversaux représente les coups de trame. Le papier pour la mise en carte se nomme *papier réglé.* Dans la dénomination du papier, on commence toujours par énoncer la chaîne. Par exemple dans le *papier 8 en 10,* huit fils de chaîne et dix coups de trame forment un carré, entouré d'un trait plus gros et plus noir. Le *carreautage* du papier correspond ainsi à la réduction de l'étoffe. C'est d'après cette mise en carte que le liseur perce les cartons.

On dit que l'invention de la mise en carte est due à Revel, habile dessinateur de fabrique, vers 1770 ; et que c'est Philippe de la Salle, autre dessinateur renommé, qui, en 1774, inventa de la colorier à l'exemple du tissu.

Perdre la carte, Ne plus savoir où l'on en est, perdre la boule. L'origine de la locution est peut-être dans cette idée d'avoir égaré la carte qui pouvait faire gagner la partie.

Si t'es pas content, va prendre des cartes. Manière polie de dire à quelqu'un : « Va te faire... »

Carte de pâté de lièvre, c'est-à-dire de pâté de veau froid. Ces pâtés sont allongés et plats en dessous. On les détaillait en tranches, que l'on mesurait avec un as de pique, bien graisseux (ou toute autre carte). Seize sous la carte en long; huit sous la carte en travers; voire des quarts de carte (marqués par une coche) : quatre sous. Par suite du renchérissement

des ténors, la carte est aujourd'hui à vingt sous. Je crois d'ailleurs que beaucoup de pâtissiers ne détaillent plus cet article. — Ce genre de pâtés est spécial à Lyon. Jadis la grande réputation était celle de Prost, au coin de la rue Dubois et de la rue Mercière.

CARTEUX, EUSE, adj. — Se dit d'une étoffe qui a de la carte. J'avais un ami, Gopisset, de Saint-Just, qui ne voulait épouser qu'une femme *qui soye bien carteuse.* Il entendait qui ne fût pas molle de tissu comme un florence tramé souple.

CARTON, s. m. — On dit aussi *Carton de mécanique.* Un des éléments principaux du métier à la Jacquard. C'est une bande de carton gris, percée de trous où passent les aiguilles qui font lever les fils de la chaîne. La disposition des trous fait le dessin. Le nombre des cartons n'est limité que par l'espace dont on dispose. Aussi est-on arrivé pour les grands dessins de façonnés à créer des mécaniques où le carton est remplacé par du papier mince et parcheminé.

CARVILLE. — Pomme calville. *Une bonne carville.* — Forme de calville.

CASAQUIN. — *Tomber sur le casaquin,* Dire du mal, faire des reproches. Très usité. *Puis ensuite après i n'ont parlé de M. Salopinet don qu'i va marier M^ll^e Graillon. I n'y sont tombés sur le casaquin!*

S'emploie aussi dans le sens de frapper, abîmer : *Si elle n'avait pipé mot, il lui tombait sur le casaquin.*

CASSE, s. f. — 1. Poêle à frire. C'est le sens primitif du mot.

2. Casserole.

3. Poche de cuivre ou de ferblanc, destinée à puiser de l'eau dans le seau. Ce sens est le plus récent.

Du vieux haut allemand *chezil,* moyen haut allem. *kezzel,* « caldarium, cacabus ».

Casse, s. f. — Action de casser. *Messieurs, la casse est personnelle!* Sage avis que, dans un grand dîner, spécialement dans les repas de corps, le président ne doit jamais manquer de prononcer à haute et intelligible voix, pour que ceux qui vont se fioler soient bien prévenus que s'ils cassent la vaisselle, c'est à leurs dépens et non aux dépens de l'Amphytrion ou de la masse des invités.

CASSE-ÉCUELLES, s. m. — Avale-tout-cru, avaleur de charrettes ferrées. *Te me feras pas caner, avec ton air casse-écuelle !*

CASSEMENT. — *Cassement de tête*, Effort cérébral. C'est connu qu'en partie tous nos grands savants, qui ont beaucoup de cassement de tête, sont des gens abstraits. Mon bourgeois disait coutumièrement qu'il mourrait beaucoup plus de gens du cassement du bas rein que du cassement de tête. Molard a oublié de proscrire le mot, et Littré lui a donné asile.

CASSER. — *Casser du sucre*. Une des plus fortes plaisanteries des grammairiens est de le remplacer par *concasser du sucre*. Concasser est un terme pharmaceutique, ici impropre. Notre expression a prévalu, et Littré a mis *casser du sucre* en tête de ses exemples.
Casser la graine, casser la grune, Boire un coup. Quand vous recevez une visite à la campagne, vous devez toujours offrir un verre de quoi que ce soit : du china-china, du vespétro, du parfait-amour, du tord-boyaux, du casse-poitrine, du fil-en-quatre, de la christoflette, du raspail, de l'arquebuse, de l'alcool camphré, enfin de tout ça que vous avez de meilleur. Vous devez dire d'un air aimable à votre visiteur ou à votre visiteuse : *Voulez-vous casser une grune avec moi ?* C'est du moins ce que font tous ceux qui ont de l'usage.
Casser la dévotion, Fatiguer, agacer, porter sur les nerfs. *Finis don, Pétrus, avè ta raquette, tu nous casses la dévotion.* L'idée est : Tu nous distrais de nos prières.

CASSE-TALON. — *Prendre la voiture de M. Casse-Talon pour aller à Mornant, Vaugneray, ou ailleurs.* Y aller de pied. On dit aussi *Prendre la voiture des frères Talon.*

CASSERELLE. s. f. — Sorte d'amande à coque tendre.

CASSON, s. m. — Planche de jardinage. *Un casson de pastonades, de doigts-de-mort, un casson de cocus*, etc. — De *capsa*, caisse.

CASTILLE. — *Chercher castille*, Chercher dispute. Vieilli à Lyon, mais toujours usité dans nos campagnes. — Esp. *castillo*, château. Autrefois la Castille désignait une espèce de joute où l'on attaquait des simulacres de château.

CASTONNADE, s. f. — Cassonade. Ancienne forme. « J'ay dit dans mes *Observations sur la Langue Françoyse*, que le plus grand usage étoit pour *castonade*, mais que je ne blâmois pas ceux qui disoient *cassonade*. » (Ménage.)

CASUEL, ELLE, adj. — Fragile. *La vertu des femmes n'est casuelle*, disait mon maître d'apprentissage. Aujourd'hui on fait des assiettes minces comme du papier pelure, des verres mousseline que n'ont que l'âme. C'est si casuel que ça se casse tout seul, si l'on a le malheur de les regarder de trop près. — *Casuel* n'est pas, comme un vain peuple pense, une corruption de *cassant* ou *cassable*. Casuel, en métaphysique, se dit de ce qui dépend des cas, des accidents. Or, rien ne dépend plus des accidents qu'une porcelaine trop fragile.

*****CATAPLAME**, s. m. — Cataplasme.

CATI, IE, adj. — Se dit des cheveux embrouillés. C'est le participe de *catir* au sens ancien : « Catir, serrer, presser, faire adhérer ensemble (car c'est un terme de tisserand), » dit Cotgrave. — De *coactus*, pressé.

CATOFLE, s. f. — Pomme de terre. Mot resté de l'invasion autrichienne de 1815 : allem. *kartoffel.*

CATOLLE, s. f. — 1. « Dites birloir ». ajoute Molard. Chanoine a mis cette note fort exacte en marge de son exemplaire : « Le birloir est bien le tourniquet qui sert à retenir un châssis de fenêtre (Chanoine avait vécu au temps des châssis), mais la catolle est autre chose ; c'est un morceau de bois tournant sur un axe, qui retient fermée une porte d'armoire. Cet objet est ainsi nommé par les menuisiers. Le mot *virole* n'est pas non plus français en ce sens. » De *catabula*, machine à lancer des traits, et qui avait sans doute quelque rapport de forme.
2. Grumeau, caton adhérent. *Marius, veux-tu pas mettre ton doigt dans le nez ! — P'pa, j'ai de catolles.* — De *catir*, avec un suffixe diminutif.
3. Grateron (*gallium aparine*) (1). On sait que c'est une plante dont le fruit,

---

(1) D'après P. Blanc, ce n'est pas le fruit du *Gallium*, mais celui du *Lappa magna* ou bardane.

pourvu de poils, a la qualité d'être très adhérent, surtout quand on le met dans les cheveux. On ne peut plus s'en débarrasser. C'est une plaisanterie de bon goût de remplir sa main de catolles, puis de la passer doucement dans les cheveux d'une dame pour la caresser ou juger de la beauté de sa natte postiche. — C'est *catolle 2*, parce que le grateron fait ainsi des catolles.

4. Une cancorne, spécialement une bigote qui se scandalise de tout. Entre deux jeunes filles : *Eh ben, Parnon, as-te bien dansé à la vogue ? — Ah ben vouat'! ma tante qu'a pas voulu! — Voyez-vous, c'te vieille catolle !* — C'est encore *catolle 2* : Une femme qui vous accroche comme un grateron, et dont on ne peut se débarrasser davantage.

CATOLLER, v. n. — Hésiter, Barguigner. Catoller, agir en catolle, manquablement.

CATON, s. m. — Grumeau. Je connaissais un jeune pousse-canule à prétentions. *Cela fait, Madame* (disait-il devant moi), *si je puis employer le terme pharmaceutique, des grumeaux.* — *Allons*, dit la dame impatientée, *je ne connais pas le patois; vous voulez dire des catons?* — De *catir*, avec le suffixe diminutif *on*.

CATONNÉ, ¡ÉE, adj. — Qui est en catons. *Cadet, pourquoi t'est-ce que te mange pas ta farine jaune ? — P'pa, elle est toute catonnée.*

CAUCHE-VIEILLE, s. f. — Cauchemar. « Les Lyonnais disent *cauche-vieille*, » écrivait Ménage au mot *cauchemar*, voilà plus de deux siècles. Mais pourquoi vieille? Le démon ne chauche pas les vieilles de préférence aux jeunes. Ne faut-il pas lire, suivant la construction germanique : *Vieille qui chauche*, comme *cauchemar* est démon qui chauche (vieux haut allem. *mar*, « *incubus?* »). Après tout, on peut assez bien se représenter le démon sous la forme d'une vieille. En partie tous nos jeunes anges deviennent de vieux diables.

CAUSE. — *A cause?* loc. interrog. — Pourquoi? *Bargeois*, disait un jour notre petite apprentisse, *comment que vous trouvez le Benoît ? — Je le trouve bien gentil. A cause? — A cause de rien.* Remarquez que toutes les fois que vous leur direz : « A cause de quoi? » les femmes

vous répondront toujours « A cause de rien ». Dans l'espèce, il n'est pas sûr que pour l'apprentisse ce fût à cause de rien.

CAUSETTE, s. f. — « Entretien qui a de l'abandon et de la bonhomie, conversation nourrie et animée, mais douce et facile... Expression heureuse, qui n'a point d'équivalent dans la langue des dictionnaires; et dont ils feraient bien de s'enrichir. » C'est ainsi que parle excellemment le puriste Humbert, indulgent à ses heures. Le mot est très répandu. *An Scholasticus lugdunensis faciens causettam cum puella praesumitur dicere Pater noster ? — Non ita*, écrit le célèbre Papinien dans ses *Libri XIX responsorum*.

CAVALETTES, s. f. pl. — Harnais du métier d'uni qui n'existait pas de mon temps. —Ce sont deux cadres de bois rentrant l'un dans l'autre, mais qui n'ont que trois côtés. Les deux branches d'équerre ont leur bout pivotant sur des orillons fixés aux pieds de devant du métier, au-dessous des banques ; le grand côté de chaque cavalette est assujetti à la marche par un crochet et relié aux lisses par des cordes. Mais comme les cavalettes seraient trop minces d'épaisseur pour y attacher le nombre de lisses qu'elles doivent faire baisser, on y supplée par des règles de bois intermédiaires, qu'on nomme *sabots*, et dont le profil en forme de la moulure appelée talon, et allongé dans le sens de la longueur du métier, permet d'y accrocher, sans dévier de la verticale, des cordes correspondantes aux lisses actionnées par la cavalette . — Par ainsi, en baissant la marche, la cavalette s'ouvre et tire les lisses par en bas, ce qui a l'avantage de faire ouvrir franchement le pas. — De *cavale*, comme *chevalet*, de cheval. On a comparé le mouvement des cavalettes au pas du cheval.

CAVE. — Jadis nom d'une prison provisoire à l'hôtel de ville, qui chaque nuit s'emplissait de vagabonds, de voleurs et de Vénus du trottoir. *Passer une nuit à la Cave.* Locution de la meilleure compagnie, témoin la réponse d'une haute et noble dame de la galanterie lyonnaise, aujourd'hui vieille, et puissante à en être d'un remuage difficultueux (on la reconnaîtra). Un jour qu'elle s'était un peu oubliée à souper, elle tomba, sur le coup de deux heures du matin, à la porte de son allée, qui était aux Brotteaux. Passent deux bleus, bons diables, qui la ramassent, la font s'expliquer, parviennent à comprendre ses bredouillements, et la montent, non sans peine, à son appartement. *Savez-vous, Madame*, dit l'un d'eux en s'en allant, *que nous aurions pu vous arrêter ?* — *Croyez-vous*, répondit-elle avec dignité, *que je ne suis pas une assez bonne b...esse pour passer une nuit à la Cave ?*

En 1857, M. Vaïsse transformant l'hôtel de ville en préfecture, il supprima la Cave et fit transporter la geôle provisoire à l'hôtel de police de la rue Luizerne.

CAVET, s. m. — Sobriquet donné aux canuts. Je crois fort que c'est un mot d'argot (*cavé*, dupe), importé par les petits journaux qui veulent parler Guignol, et parlent surtout la langue verte. On ne rencontre pas une fois *cavet* dans Revérony ni dans Et. Blanc, et je ne l'ai jamais entendu dans ma jeunesse.

CAVEUX, s. m., terme de gones. — Poltron, capon. On le fait généralement précéder de l'épithète de sale. *Sale caveux, va !* — Probablement fait sur *cave ; caveux*, qui se cache à la cave, qui se terre.

CAVON, s. m. — Caveau, petite cave où l'on met le vin fin (quand on en a). C'est du vieux franç. « Ils les encavent (les vins) en cavons et en celliers. » (Du Pinet.)

CAYE (ka-ye), s. f. — 1. Parlant par respect, La femme du cayon.

2. Gros chantier que l'on place pardessus les madriers nommés *cayons*, quand on presse la vendange (Voy. *cayon* 2). — Image de la truie couvrant ses marcassins.

Étym. — M. Cornu donne, parlant par respect, *cacare*. Mais pourquoi les porcs auraient-ils seuls tiré ce nom d'une faculté qu'ils partagent avec tout le monde, voire avec les philologues eux-mêmes ? Le kymri *cagl*, fange, fiente ; *caglog*, souillé de fange, irait bien comme sens et comme forme, et il expliquerait la forme languedocienne *caliou*. Le cayon serait le « souillé de fange ». Le fâcheux est que *caye* a dû précéder *cayon*, comme *coche* a précédé *cochon*, et que dans *caye*, on ne voit pas le suffixe indispensable pour former un dérivé de *cagl*.

CAYON, s. m. — 1. Parlant par respect, Habillé de soie.

Ladre comme un cayon. — Très avare. Dans ce dicton, on joue sur le mot *ladrerie*, maladie du porc. et *ladrerie*, avarice, quoique je n'aie jamais pu comprendre la relation (qui remonte au moins au xvi° siècle) entre les deux sens.

D'un bon cayon, hormis le... bran, tout est bon.

L'honnête Cotgrave donne le même proverbe sous une forme bien plus grossière : *Le porc a tout bon en soy, fors que la m...* Il ajoute cependant cette restriction que j'aime mieux laisser au lecteur (tout le monde sait l'anglais maintenant) le soin de traduire : *Yet is the dung of a hog an excellent remedy for bloudspitting* (blood spitting) ; *but it must first be eaten, fried with sweet butter, and some of the bloudy spittle,*

Autant qu'un cayon n'en peut compter, c'est-à-dire un, le cayon faisant toujours *hun, hun*, et jamais deux.

Il ira loin si les cayons ne le mangent pas en route, pour indiquer qu'un jeune homme est plein d'avenir, toutefois avec une restriction bien naturelle.

Amis comme cayons, Très unis. Il parait que les cayons, entre eux, sont bons amis. Il est plus convenable de dire *amis comme ..... frères*, et cela revient souvent au même.

C'est donner de la confiture à un cayon. Répond au *margaritas, ante porcos* des latins. Le génie populaire est partout le même.

Nous n'avons pas gardé les cayons ensemble. Manière noble de faire entendre à quelqu'un que l'on entend conserver son quant à soi. Un monsieur de ma connaissance avait un domestique d'humeur susceptible. Un jour, pour adoucir un petit reproche, il l'appela « mon ami ». *Monsieur et moi*, fit le domestique avec dignité, *nous n'avons pas gardé les cayons ensemble.*

Au fig. sale, malpropre. Un père dira à son fils avec bonté : *Auras-tu bientôt fini de pitrogner comme ça de la bouse de vache, petit cayon !*

Qui se marie est content une journée, qui tue un cayon est content toute une année. Proverbe inventé par un mari repentant.

Un marchand est comme un cayon dont on ne sait s'il est gras que lorsqu'il est mort. Il y a en effet bien des gens dont la mort seule révèle l'embarras des affaires.

Gras comme un cayon. Voy. *gras.*

On dit encore à un ami qu'on n'a pas vu depuis quelque temps et qu'on retrouve florissant : *Ça me fait plaisi de voir que te te portes comme un cayon.*

2. Les *cayons* sont des soliveaux ou chantiers que l'on place sur le *manteau* qui couvre la trouillée lorsqu'on fait le vin, afin de combler le vide entre le *manteau* et le *chapeau.* Un chantier beaucoup plus gros qu'on place par-dessus se nomme *caye* (v. *caye* 2). Le peuple s'est plu à donner des noms d'animaux aux objets qui supportent. Comp. *grue, chèvre, corbeau, poutre, sommier, grenouille* (treuil) et le vieux lyonnais *bochet* (petit bouc), sorte de corbeau.

CEINTURONNIER, s. m. — Fabricant de ceinturons. Molard ajoute : « Dites ceinturier. » Et que non pas, bonnes gens ! Le ceinturier est un fabricant de ceintures, le ceinturonnier, un fabricant de ceinturons.

CELLE A... — S'entend de reste. Un monsieur en voyant passer une dame bien bâchée : *C'est celle à M. le sous-préfet.*

CELUI-LA-LA, CEUX-LA-LA. — Pléonasme toujours usité : *Regarde voire ceux-là-là qui vont là-bas.* Trois là.

CÈNE BÉNITE. — Petit gâteau rond et plat, sans beurre, rapport à la collation (ou à l'économie), fortement safrané, partant d'un jaune vif, que l'on vend le Jeudi-saint à la porte des églises. Sont-ils bons ? Cela dépend de l'âge de celui qui les mange. A sept ans, délicieux ; à soixante ans, exécrables. Le nom est un souvenir du pain consacré à la cène.

CENPOTE, s. m. — Fût de vin qui contient environ 105 litres. — Mot fait sur *cent-pots.*

CENSÉ, adv. — Censément (voy. ce mot). *Il est venu à Noël, censé pour son oncle, mais c'était pour la Pierrette.*

CENSÉMENT, adv. — Très jolie expression, impossible à rendre exactement en français de l'Académie. N'en déplaise à Littré, il n'a pas toujours le sens de « par supposition ». Ainsi, cette proposition : *Nos ministres sont censément les valets des députés, et les députés sont censément les valets*

des *voyous qui les élisent*, ne saurait se remplacer par : « Les ministres sont par supposition les valets des députés, etc. », car ce ne serait pas une supposition du tout. Je traduirais volontiers censément par « comme qui dirait ». Ne pas confondre avec *sensément.* D'une dame on dit souvent : *C'est censément sa femme.* Censément, oui ; sensément, non ; insensément, souvent. — Dérivé de *censé*, pas censément mais sensément.

CENTAURE. — *Une voix de centaure*, Une très grosse voix. — Corruption de *stentor.*

CERCEAU, s. m. — Appendice de la Jacquard. Il se compose de deux barres de fer recourbées, placées au-dessous de la mécanique, et qui servent à supporter les cartons du dessin.

CERISES. — *Être à ses cerises.* C'est ne plus être apprenti, ne plus travailler pour le bourgeois, mais avoir son métier pour maître.

Synon. *Être à ses croûtes.* (P. B.)
Les demoiselles de la rue Tupin font une bouchée de deux cerises (Breghot dit trois), *et celles de la rue Mercière deux bouchées d'une cerise.* Dicton un peu oublié, et sans doute inventé par une demoiselle de la rue Mercière pour faire croire à la petitesse de sa bouche.

CERMILLE, s. f. — Cerfeuil. De cermille frite sur les rissoles, c'est franc bon. — C'est *cærefolium*, où *folium* a été remplacé par *milium*, mil.

CERVELLE. — *Cervelle de canut*, Claqueret, fromage blanc. Hélas, une cervelle de fromage blanc n'annonce pas qu'on se nourrisse de truffes noires avec de chambertin.

CESSE. — *N'avoir ni fin ni cesse que...* Très usité. La langue un jour fourcha à l'un de mes amis : *Figurez-vous*, me disait-il, *que ma femme n'a ni sin ni fesse que je la mène au bal de la Préfecture* (textuel).

CHA. — *A cha-un*, Un à un ; *A cha-deux*, Deux à deux ; *A cha-peu*, Peu à peu. A cha-peu, en s'y reprenant tous les jours, c'est étonnant ce qu'on finit par faire d'ouvrage. C'est comme cela que se font les grosses familles. Maille à maille se fait l'haubergeon. C'est à cha-peu, chaque jour, que je fais ce mien présent « Thrésor de la langue lyonnoise ». En mettant des sous de côté, à cha-peu, si l'on a la chance de vivre longtemps, on a la consolation, après s'être gêné toute sa vie, de mourir en laissant une belle fortune. — De *ad cata unum*. (Paul Meyer.)

CHADRILLON, CHATRILLON, s. m. — Chardonneret. — De *carduum*, chardon, comme *chardonneret*, parce que cet oiseau est friand de la graine du chardon.

CHAILLÉE, s. f. — Le bon Molard l'a oublié, mais Chanoine, Lyonnais *ad unguem*, n'a point failli à écrire en marge de son exemplaire : « *Châillée*. C'est une multitude confuse et en désordre. » Très péjoratif. *Chère Madame, êtes-vous allée au bal de l'Empereur, à l'hôtel de ville ? — Manquablement. Oh, quelle châillée !* On dit aussi par pléonasme *Une châillée de monde, Une châillée d'enfants, Une châillée de citoyens.* — J'ai toujours compris, et ne crois pas avoir erré, que châillée, parlant par respect, était pour *chiâillée.* Il y a *châille*, pierre et *châillée*, tas de pierres. (M. D.)

CHAILLOTE, s. f. — Échalote. Au fig. Dent. Hélas qu'il arrive vite le moment où les chaillotes se transforment en clous de girofle ! — Franç. *échalote*, dans lequel, d'après une règle du lyonnais, *e* initial est tombé. Voilà plus de nonante ans que le bon Molard signalait le mot comme une faute.

CHAINE, s. f. — C'est l'ensemble des fils qui forment la longueur de l'étoffe, par opposition à la trame. Le mot vient de ce qu'à l'ourdissage, on fixe les enverjures par des liens, et, pour que les fils ne se mêlent pas, on réunit les musettes sous forme d'anneaux. Quand Figaro chante : *Ah ! ma trame est bien ourdie*, il dit une bêtise, vu que tous nos bons canuts savent bien que c'est la chaîne qu'on ourdit et non la trame.

CHAINE D'OIGNONS. — La folie, heureusement inoffensive, des grammairiens est allée jusqu'à proscrire cette expression si naturelle. Le sévère Molard prétend qu'il faut dire *glane d'oignons*. Cependant l'Académie dit : « chaîne, suite non interrompue *d'objets* semblables, » tandis que les grammairiens se sont imaginés qu'une

chaîne était nécessairement composée d'anneaux.

Aller en chaîne d'oignons, Aller à la suite les uns des autres, comme les canes qui vont en champ. Pour deux à deux, on dit : *Aller comme le pensionnat Champavert*, pensionnat bien connu, qui était à la Croix-Rousse, sur les Tapis, où s'élève aujourd'hui une école normale.

CHAIRCUTIER, CHAIRCUITIER. — C'est l'ancienne forme de *charcutier*, qu'on trouve déjà au Diction. de 1694. Ce mot. que j'ai encore entendu dans mon enfance, me paraît tombé en désuétude.

CHAISE. — *Chaise à sel.* Aujourd'hui, dans les ménages, on achète à cha deux sous, le sel tout pilé. Autrefois, on n'avait que du gros sel en provision, que l'on pilait au fur et à mesure des besoins. C'était un souvenir du temps de la gabelle, où celle-ci fixait la quantité de sel que chaque famille était tenue de consommer. On le plaçait dans une petite caisse en forme de chaise sans pied. Notre chaise à sel, en vieux noyer poli, à panneaux contournés, datait du commencement du XVIIIᵉ siècle. C'est sur la chaise à sel que, dans chaque famille, s'asseyait le culot. Dans le Limousin, c'était la seconde place au feu réservée au jeune homme qui entrait gendre.

Chaise à dévider, Chaise à tordre, Chaises larges et très élevées. C'est grâce à cette élévation que les dévideuses et les tordeuses sont à la hauteur de leur tâche.

CHALE. — *Châle au quart*, terme de canuserie. On appelait ainsi des châles carrés et par conséquent très larges que l'ouvrier tissait avec le concours d'un lanceur. — *Quart* est une corruption de *quarre*. *Châle au quarre*, châle carré.

Le châle se portait en pointe ou en carré. Cette dernière manière était dite *en vache malade*. (P. Blanc.)

CHALÉE, s. f. — Sentier dans la neige, dans les feuilles mortes. Quand nous étions petits, nous nous amusions, parlant par respect, à faire sur la neige, au moyen d'un liquide tiède, des chalées minces et longues. — De *callata*, de *callem*, sentier.

CHAMBELLAN, CHAMBERLAN, s. m. — « Celui qui travaille en chambre, *sans droit.* » Je ne puis que rapporter la définition de Molard, n'ayant jamais entendu prononcer ce mot, qui nous reporte avant 1789, au temps des corporations.

CHAMBRER. — *Chambrer une seringue*, La garnir de chanvre, à seule fin que rien ne se perde du bouillon. *Chambrer* est ici pour *chanvrer*, dont la prononciation serait peu commode.

CHAMBROTTE, s. f. — Petite chambre. *Coucher dans une chambrotte.*

CHAMP. — *Aller en champ.* Voy. *aller*.
Mettre des chaises (ou autres objets) *en champ*, Les mettre en garenne, en désordre.
A tout bout de champ, A tout moment, à propos de tout : *Y se biquiont à tout bout de champ.*

CHAMPAGNE. — *La propreté du petit Champagne.* Une des plus usitées de nos locutions pour exprimer la dernière saleté. LA MAMAN : *Ce sale enfant a toujours des chandelles des six. Quelle dégoûtation !* — LE PAPA : *La propreté du petit Champagne !* Entre dames : *Et votre nouvelle bonne, en êtes-vous contente ? — Elle est de bon command, mais la propreté du petit Champagne ! Figurez-vous qu'hier, en découvrant la soupe, nous avons trouvé un cafard dedans qui battait ses agottiaux. Comme si elle aurait pas pu l'ôter !*
Origine évidemment historique et toute lyonnaise, mais que j'ignore. Quel était ce jeune Champagne ? A quelle époque vivait-il ? Avait-il été vacciné ?... Redoutables énigmes pour la solution desquelles toute la science patiente et approfondie de nos érudits lyonnais ne serait pas de trop.

CHAMPAGNON, s. m. — Voy. *compagnon*.

CHAMPAVERT. — Titre d'une pièce canuse qui date de la Restauration et qui, à ma connaissance, n'a jamais été imprimée. C'est évidemment la parodie de quelque ballade moyen âge de ce temps-là. La pièce est fort libre.

CHAMPÊTRE, adj. — Se dit de tout ce qui est bien canant, bien agréable. *J'ons passé le tantôt aux Charpennes, à jouer au bouchon. J'ai gagné dix sous. C'était tout plein champêtre.* (N. B. Quand on gagne de l'argent, c'est toujours champêtre, man-

quablement.) Les Lyonnais sont bien supérieurs à Horace : il ne voyait du « champêtre » qu'à la campagne ; ils en voient partout.

CHAMPIGNON, s. m. — Cheville de portemanteau. *M. Riclon a du lusque! il a de champignons après sa porte pour appondre ses frusques.* — De la ressemblance marquée de cette cheville à tête ronde avec un gros champignon.

CHANA, s. f. terme de canuserie. — Rainure creusée dans le battant pour recevoir le peigne. — De *canalem*.

CHANCAGNER, v. a. — Chagriner, harceler, peiner. Un jour que j'étais assis sur le piédestal de la croix, à la Croix-Rousse, j'assistai à la conversation suivante : *Que don que vous avez, M. Cacouillet ? Vous avez l'air tout chose ? — Oh, c'est rien, M. Fenassut. Voilà : y a la bourgeoise qu'est aux douleurs. Elle te vous pousse de ces quinchées ! Vous savez, on a beau être mâle, ça vous chancagne tout de même. Alors comme alors, je suis sorti un moment. — Que voulez-vous, M. Cacouillet ! I vaut encore mieux que ce soye elles au lieur que nous. Ça nous serait ben encore mai penible ! Hi ! hi ! hi !* — De *cancerem*. En Dauphiné *chancragner*.

CHANÉE, s. f. — Cheneau de toiture. M. Faganat arrive en retard à un dîner prié, par rapport à une avale d'eau. LA MAITRESSE DE MAISON : *Avez-vous été saucé, M. Faganat ? — Ah, Madame, la raie du d...os n'en faisait chanée !* Au XVIIe siècle, à Lyon les chanées étaient en bois. Il n'y avait pas de cornets de descente. A l'extrémité du toit les chanées faisaient retour d'équerre, et dégorgeaient sur les passants. — De *canalem*.

CHANES, s. f. pl. — Fleurs du vin. — De *canae*, blanches, choses blanches.

CHANGER (SE), v. pr. — Changer de linge. UNE BONNE FEMME à son mari : *Ma coque, t'esses tout trempe de chaud. Va don te changer !* — Métonymie. A combien ne pourrait-on pas dire sans métonymie : « Va donc te changer ! »

CHANIN, INE, adj. — Désagréable, aigre, piquant. *Un temps chanin, un air chanin.* « I visite le cropion qu'elle tenait toujou dans sa main, et i nous dit : — Vous autres, farmé don la liquerno, i vient z'un air chanin que l'y gèle le cotivet. » (*Ressit des amours*). — De *caninum*. Un temps chanin, un temps de chien.

CHANOINE. — *Salade de chanoine*, Mâche, *valerianella olitoria*. Je ne sais pas expliquer l'origine de l'expression.

CHANON s. m. — Étui pour les aiguilles. — De *canonem*.

CHANT. — *Chant du cygne*. Métaphore poétique. Nous étions réunis quatre dans la chambre de ce pauvre ami X..., qui était très malade et sentait s'approcher sa fin. Il se soulagea par une incongruité énorme. « Ha, fit-il tristement, c'est le... *chant* du cygne ! »

CHANT. — *Un briquetage en briques de chant, Une pierre de taille posée sur chant*, etc. C'est-à-dire que les briques, la pierre, sont posées sur le côté le plus étroit. — De *cantus*.

CHANTE. — *Chante, merle, ta cage brûle !* Proverbe commun que nous disons à ceux qui ont de la gaieté hors de propos. Si nous pensions bien que pour nous tous, qui que nous soyons, la cage est après brûler, plus jamais ne chanterions.
Chanter Margot t-et Blaise, — Chanter avec entrain, avec gaieté.

CHANTERELLE. — *Appuyer sur la chanterelle*, Forcer la note, exagérer des prix. Les grands avocats, les grands médecins appuient sur la chanterelle. — Trope emprunté à l'art du violoniste.

CHAPEAU, s. m. — 1. *Chapeau du pressoir*, Pièce de bois sous la vis du pressoir et qui glisse entre les deux aiguilles (voy. ce mot). — De ce que cette pièce sert de chapeau aux madriers placés par-dessous.
2. Couche supérieure de la grappe qui, dans la cuvée, forme une coupole aplatie au-dessus du liquide. Chez nous, on renfonce constamment le chapeau. Dans le Midi, on n'y touche pas, et après la cuvée, il sert à faire du vinaigre.
3. Fumeron de la mèche d'une chandelle, formant champignon. Des chapeaux à la chandelle annoncent sûrement des visites.

Chapeau monté, Chapeau haut de forme. On dit encore plus volontiers un crasse ou un bugne. — Une plaisanterie très goûtée consiste à demander à un ami d'essayer son chapeau monté, voir s'il vous va. Vous prenez délicatement le bugne, le tournez la bouche en bas, et vous appliquez deux ou trois chiquenaudes très sèches sur le couvert, comme pour faire tomber la graine qui se trouverait adhérente à la coiffe. Vous regardez avec soin s'il n'en reste point, et alors le mettez sur votre tête. Puis vous le rendez en disant : *I me vas pas, les cornes l'ont tout déformé.*
Chapeau à la coque-moi donc, Sorte de chapeau de femme rejeté en arrière, qui découvre tout le visage.
Chapeau d'ânier, Chapeau de paille. *T'as mis ton chapeau d'ânier, c'est signe de printemps.* — De ce que, au temps des âniers, ils avaient tous des chapeaux de paille, qui, pour dire vrai, n'étaient pas toujours de la dernière fraicheur.

CHAPELET, s. m. — 1. Série des vertèbres qui composent l'épine dorsale. Dans les meilleurs ménages, il y a des fois de légères picoteries. J'en connaissais un où il y avait eu quelque petite chose comme cela. Comme bien s'accorde, ils étaient couchés, et comme bien s'accorde aussi, c'était la femme qui boudait, et avait tourné le dos. Le mari, pour se désennuyer, s'amusait à compter du doigt les vertèbres du dos de sa femme. Elle, déjà un peu moins fâchée, de lui dire : *Que faites-vous, mon ami ?* — *Ma bonne, je dis mon chapelet.* — *C'est bien, quand vous serez au bout, n'oubliez pas de baiser la médaille.* — Je ne sais pas ce qu'il en fut, mais la paix se fit.
2. Terme de boucherie. — Morceau qui comprend les vertèbres de l'échine du bœuf. Chez Garcin : *Antoine, le plat du jour ? — Du bouilli. — Du prein ou des clinquettes ? — Non, m'sieu, du chapelet. — C'est bien, donnez-me-n'en.*
Dire son chapelet. Se dit des chats quand ils ronronnent.

CHAPIRON, s. m. — 1. Tout ce qui dépasse une chose, la couronne. Une crête de coq est un chapiron. Les pignons gothiques ont des chapirons. *Comment que te trouves les tours de Fourvières ? — C'est bien beau, mais je pensais qu'i n'y mettrient un chapiron.* — C'est une forme de *chaperon*.
2. Huppe. — A cause du chapiron qu'elle a sur la tête.

CHAPIRONNER, v. a. — Gronder, réprimander. *Il a chapironné le Gusse, censément qu'i fréquentait trop la Barnadine.* — De ce que, au moyen âge, on disait en parlant des oiseaux de proie, *chaperonner*, pour leur couvrir la tête d'un chaperon, qui, en les plongeant dans l'obscurité, les rendait absolument dociles.

CHAPIRONNER (SE), v. pr. — Se dresser sur ses fumerons, comme le coq sur ses ergots. Littéralement dresser son chapiron (voy. ce mot).

CHAPIT, s. m. — Hangar, abri, petit couvert. Virginie faisait à Paul un chapit de son jupon. — De *cappa*, chape, et par dérivation abri.

CHAPLER, v. a. — Aiguiser les faux en les martelant. — Vieux français *chapler*, battre, devenu *chapeler*.

CHAPON, s. m. — 1. Sarment pour bouture. C'est aussi le nom donné aux jeunes vignes jusqu'à ce qu'elles produisent, c'est-à-dire jusqu'à cinq ou six ans. *Un carré de chapons.* — De *caput*, tête, et, par extension, extrémité. Le chapon est un *bout* de sarment.
2. Croûte de pain frottée d'ail, qu'on met au fond du saladier. Beaucoup la mangent. Là-dessus trois verres de roide, trois pipes, et, si c'est le soir, le lendemain matin l'on est suave ; si c'est le matin on a la bouche fraîche toute la journée.
3. La gousse elle-même dont on frotte la croûte. Dans cette dernière acception, Littré confond le mot sous la même étymologie que chapon, coq châtré. C'est une erreur. Il vient de *caput*. La gousse est une *tête* d'ail, et de la gousse le nom s'est étendu au croûton qui en est frotté.

CHAPONNIÈRE, s. f. — Une ranche de ceps, *Mettre la vigne en chaponnières.* La planter par ranches en même temps qu'en échiquier. — Fait sur *chapon*.

CHAPOTER, v. a. — Frapper avec un marteau, une mailloche, etc. Au fig. Frapper à coups de poing. — Le président : *Vous êtes prévenu d'avoir battu votre femme.* — Le prévenu : *Ah ben, si en république, on peut plus chapoter sa femme !* — Le président avec douceur : *On ne vous dit pas de*

ne pas la chapoter, mais il ne faut pas l'assommer ! — En vieux lyonnais *chapoter* signifiait tailler, en parlant du bois. D'un radical *cap*, qui signifie tailler. Rabelais emploie *chapoter* au sens lyonnais moderne de frapper.

CHAPUIS, s. m. — Charpentier. Mot tombé en désuétude. M. Godefroy dit qu'il est encore usité dans le patois lyonnais. C'est bien possible, mais je ne l'ai jamais entendu. — Subst. verbal de *chapuiser*.

CHAPUISER, CHAPUSER, v. n. — 1. Charpenter. *Pourquoi-t'esse que ton mari a une poupée au doigt ? — Pardine, il est adroit comme l'oiseau de saint Luc, et i veut toujou chapuser ! Manquablement, i se chapuse les doigts.*
2. Tailler menu, couper en débris en parlant du bois. — Du radical *cap*.

CHAPUISEUR, CHAPUSEUR, s. m. — En vieux français un chapuiseur était un charpentier. Nous avons gardé le mot seulement au sens d'homme qui a le goût de chapuiser, comme les bourgeois retirés à la campagne. Un de nos vieux proverbes dit, parlant par respect: *Mieux vaut être près d'un caqueur que d'un chapuseur.* Salomon n'eût pas mieux dit. L'un n'offense que le nez, l'autre peut vous tirer un œil d'une éclape.

CHAQUE. — *Ces cornets à piston valent un sou chaque.* Il faut dire *un sou chacun*, de par les savants. Ça, c'est juste comme le doigt au trou.

CHARABARAT, s. m. — Marché aux chevaux. - Le vieux sens était verbiage, caquetage bruyant, du prov. *charra*, caqueter.
Peut-être une forme lyonnaise de *charivari* que le bas latin exprime par *carivarium*, *charavaria* et autres onomatopées. A rapprocher de *charabia*.

CHARASSEMENT, s. m. — « Le bâton dispose d'une grande force comique. La pièce reçoit de cet agent une vigueur admirable ; elle se précipite vers le *grand charassement final*. C'est ainsi que les Lyonnais, chez qui le type de Guignol fut créé, désignent la mêlée générale qui termine toutes les pièces du répertoire. » (Anatole France, *Guignol*).

Merci m'sieu. L'Académie du Gourguillon, qui possède déjà un membre de l'Institut, ne faillira pas à nommer M. A. France membre correspondant.

CHARASSON, s. m. — Échelle à un seul montant pour la cueillette des fruits. Au temps de la récolte des bigarreaux, le bon curé de Saint-Julien-Molin-Molette, dans son prône, recommandait toujours aux garçons de monter sur le charasson, et aux filles de rester en bas. — De *scala*.

CHARBOUILLER, v. n. — Se noircir. *Melina, va donc te décochonner, t'as le groin tout charbouilllé.* — Substitution du préfixe *char, car*, au préfixe *bar*, tous deux péjoratifs.

CHARBON DE PIERRE. — Houille, « sorte de fossile dur et inflammable, dites *charbon de terre*. » (Molard.) Grangier le proscrit également. Il semble cependant que la houille ait bien plus de ressemblance avec de la pierre qu'avec de la terre. Les Allemands l'ont compris comme nous, et ils disent *Steinkohle*. Quant à *houille*, c'est un mot de savant, que nous ne comprendrions pas plus qu'*abdomen* pour *bredouille*, *sternum* pour *brechet*, *œsophage*, pour *corniolon*, *sacrum* pour *croupion* et *rectum* pour...
Ma pauvre Gustine, t'esses venue au monde quand les charbons étiont en fleur. Se dit à quelqu'un dont le teint est moins transparent que celui de Vénus.

CHARBONNAILLE, s. f. — Petits charbons formés par la braise du four éteint. Le plus précieux des combustibles pour les ménagères pressées, en ce qu'il s'allume avec la plus grande facilité. On n'est pas obligé, comme pour le charbon de bois, de souffler, de souffler tant que la barbe en fume. Le bon Molard ne sait ce qu'il dit lorsqu'il affirme que la charbonnaille est de la « poussière de charbon », et qu'il ajoute : « dites poussier. »

CHARGÉ. — *Chargé d'argent comme un crapaud de plumes.* Rabelais a emprunté au lyonnais cette pittoresque locution.
Chargé de cuisine, Obèse. *Eh, eh, m'sieu Cochonnier, vous commencez ben à être chargé de cuisine ! — C'est la bourgeoise que me fait trop manger de tripes.*

CHARIBOTTER, v. a. et n. — Travailler maladroitement. *Ce menuisier de mon*

c...œur *m'a charibotté cette porte.* — D'un radical *carp, carb*, qui a la signification de déchirer, d'où le franç. *charpir.*

CHARIPE, CHAROUPE, s. f. — Terme injurieux, très grossier. Peut-être l'était-il moins jadis. Dans un vieux noël, le Diable, pour voir la fête, passe la tête par la chatière :

> *Saint Joset prit sa varlopa,*
> *L'y en fotit una vartoya* (tripotée) :
> *Al avôve, la charopa,*
> *Lo groin tot écramaya.*

Charoupe (forme la plus commune) n'est point une corruption de *charogne*. Il répond à un primitif, représenté en Valais par *tsaropa*, personne engourdie, paresseuse. Mais d'où vient le primitif ?

CHAROGNE (parlant par respect), s. f. — Terme ignoble. Il peut cependant servir à exprimer l'enthousiasme. J'avais un ami, musicien dans les moelles. Un jour, nous entendions, admirablement exécuté, un de ces quatuors de Mozart où la mélodie divine se déroule, puis s'adoucit, s'obscurcit pour reparaître plus brillante sous mille formes. Un moment, nous étions en suspens, bercés par le calme des accords qui préparaient le retour du motif principal. Mon camarade était haletant, la tête renversée, les yeux à demi-clos. Lorqu'enfin, sans secousse, naturellement, comme une balançoire qui s'abaisse, nous retombâmes dans le flot mélodique, il n'y tint plus : Ah !... Charogne !!! — Croyez-vous qu'il existe un mot au monde pour exprimer tant d'enthousiasme !

Terme affectueux entre vieux amis qui se rencontrent : *C'est-i don toi, charogne ! Ça me fait-i plaisi de te voir !* (Ils se collent comme des poires tapées.)

Enfin, c'est, dans les grandes occasions, un mot d'amour, témoin le vers brûlant que notre grand Victor Hugo donne dans la bouche innocente de *dona Blanca* :

> *Dis-moi des mots d'amour, appelle-moi*
> *[charogne !*

L'emploi de ce mot au sens passionné paraît extraordinaire. Voici ce que me répond un membre de l'Académie française à ce sujet : « Les gourmets prisent beaucoup le gibier qui sent un peu le corrompu, en d'autres termes la charogne. Donc être un peu... cela, est une qualité appréciée de certains. »

CHARPENNE, s. f. — 1. Bois de charme. *Brûler de la charpenne.*

2. Bois, bosquet de charmes. C'est de là que les Charpennes tirent leur nom. Je connaissais un bon vieux, le père Petit, qui avait enfin pu voir réaliser son rêve d'entrer à la Charité. *Eh bien, père Petit,* que je lui faisais, *êtes-vous content ? — Si je suis content, m'sieu Puitspelu ! Figurez-vous que, le matin, toutes les sœurs défilent devant mon lit. Y en a qui te vous ont de ces façades ! Puis voilà-t-i pas que j'ai retrouvé des petites vieilles que, dans les temps, nous étions allés manger la salade ensemble aux Charpennes !* — De *carpinum,* charme.

CHARPILLER, ÉCHARPILLER, v. a. — Mettre en débris, en lambeaux. Un canut me disait: *C'te pauv' fenne, pour l'accoucher les majors l'ont toute charpillée.* UNE BONNE MÈRE : *Voilà ce que c'est que d'aller faire la polisse sur les quais. On se charpille avè les gones ; puis c'est la maman qui faut qu'elle petasse les culottes.* — De *charpir,* avec un suffixe fréquentatif.

CHARRI, s. m. — Drap grossier et très vaste, qu'on met sur la gerle quand on fait la buye, et sur lequel on place les cendres. Le charri est encore fort utile pour les cheminées quand on a les ramoneurs, à seule fin que la suie ne vole pas par toute la chambre. La bourgeoise de mon bargeois, quand j'étais en apprentissage, avait des mouchenez, autant des charris. Aujourd'hui, les dames vous en ont qui sont grands comme des cartes postales. — Du franç. *charrée,* cendre qui reste sur le charri après le coulage de la lessive.

CHASSE, s. f. — *Qui va à la chasse perd sa place.* Proverbe que les petits gones ne faillent jamais à dire à celui qui s'est levé, et dont on prend vite la place. Mais celui-ci revient, et s'il est le plus fort, il pousse l'intrus par les épaules en disant : *Qui revient chasse le coquin.*

CHÂSSE, s. f. — 1. Cercueil. Il a vieilli, mais il existe encore dans nos campagnes. Comp. *caisse,* qui à Nyons, signifie cercueil, et comme châsse, vient de *capsa.*

2. Boîte.

3. *Châsse de la navette,* Cavité de la navette dans laquelle on loge la canette.

4. Chas d'une aiguille.

CHÀSSIS, s. m. — Ancienne fermeture de fenêtre, composée de châssis comme nos croisées, mais sans espagnolette et fermant à l'aide d'un birloir. Les carreaux, au lieu d'être en verre, étaient en papier huilé.

Pocher le châssis, Crever un des carreaux de papier. S'emploie métaphoriquement :

Deux minutes plus tard, hélas ! c'était fini,
Et de cette vartu y pochiont le châssi.

(*La châste Suzanne.*)

2. Œil. *Le Tonius m'a revenu de la vogue des Charpennes avè un châssis poché.* — *Attention ! ouvre les châssis !* Regarde bien !

CHATEAU-FLOQUET. — On désignait sous ce nom, il y a quelques années, l'hospice de l'Antiquaille, aujourd'hui hôpital Saint-Pothin, qui servait alors d'asile pour les aliénés. Quand on disait de quelqu'un : *Il a monté au Château-Floquet,* c'était considéré comme une injure. Il paraît que l'hospice de l'Antiquaille, ancien couvent de Visitandines, avait été acheté à l'époque de la Révolution par un nommé Floquet, qui le céda ensuite à la ville.

CHAT, s. m. — Nom donné au gone sur qui le sort fait tomber le rôle solitaire dans les jeux, parce qu'on le chasse comme un chat.

C'est ici que les chats se peignent. Se dit dans les moments difficultueux.

Non, c'est le chat. Forme polie d'un démenti. *Je gage que Bigaleux* (c'est l'aîné des fils Bigaleux) *est encore allé après la mollette de beurre !* — *P'pa, c'est pas moi !* — *Non, c'est le chat !* — Dé ce que, censément, c'est le chat, d'après Bigaleux fils, qui est allé après la mollette. D'une idée de ce genre, le sens s'est étendu à démenti en général.

Sur beaucoup de grand'routes, vous rencontrez cette enseigne :

Entrons ici, il n'y a pas du bon vin. Non, c'est le (ici un chat peint à la fresque qui vous regarde assis sur son cul.)

Être chat de quelque chose, en être friand. *Je suis chat de la crasse de beurre.* Au fig. *Le Joanny est chat des cailles coiffées.*

Être chatte. Se dit d'une femme caressante de certaines caresses alanguissantes ; lente de ses mouvements, d'une grâce nonchalante. Ce n'est pas la même chose qu'une femme amoureuse. Il y a des femmes amoureuses qui ne sont pas chattes. Il y a des femmes chattes qui n'ont que l'apparence de l'amour. Mais les deux peuvent coexister.

C'est de la bouillie pour les chats, Ça ne vaut rien, c'est à détruire. Que de pages de ce mien présent dictionnaire, dont j'ai fait de la bouillie pour les chats !

CHÂTEAU, s. m. — Se dit du cabinet ou petit vide-bouteilles que les Lyonnais non millionnaires aiment à posséder dans un petit jardin pour aller se récréer le dimanche. *Viens don dîner demain à mon château. N'oublie pas de porter un cervelas.*

CHATIÈRES, s. f. pl. — Certaines quantités de mailles laissées à intervalles égaux dans le remisse, pour que celui-ci puisse servir pour des comptes inférieurs au nombre des mailles qui le composent.

CHATILLES. s. f. pl. — Houille en petits morceaux. Voici les noms des différentes catégories de houille, en commençant par la plus fine : *Menu* (poussière), *chatilles* ou *braisette, dragées, grêle* ou *grêlassons, pérat* ou *gros.*

CHAUCHÉE, s. f. — Bourrade, rossée. *Il lui a donné une bonne chauchée*, Comme qui dirait il lui a trempé une soupe. — M. Crapouillard, de Trion, avait une bourgeoise si tellement hargneuse, asticoteuse, querelleuse, criante, sciante, collante, pistonnante, qu'il ne se pouvait tenir de fois à autre de lui donner quelque bonne chauchée. Mais voilà : par ensuite fallait toujours se raccommoder, et à chaque fois c'était un enfant. Quand le père Crapouillard vit que ça marchait de ce train-là, il cessa de donner des chauchées à sa femme. Il devint doux comme de castonnade, supportant tout, d'une patience de Griselidis. Car, disait-il, c'est grande sottise que battre une femme qui crie, vu que nous ne battons pas les oies quand elles en font autant. *Mame Crapouillard*, disait-on un jour à sa femme, *comme vous devez t'être n'hureuse d'avoir un mari autant un belin !* — *Ah ! fit-elle tout en pleurs, comme il a sangé pour moi ! Voilà au moins trois ans qu'il ne m'a pas donné une pauvre petite chauchée!*

CHAUCHER, v. a. — Fouler aux pieds. Par extension, presser, tasser, bourrer. *Chaucher la vindême*, la fouler, soit en entrant dans la cuve, soit avec une barre. — De *calcare.*

CHAUD. — *Quand il fera chaud... — Oh toi, quand je te reprêterai de l'argent, il fera chaud.* On parle évidemment d'une chaleur si extraordinaire qu'il ne s'en présentera jamais.

Il est comme les mauvaises bêtes : il prend chaud en mangeant et froid en travaillant (ça m'est souvent arrivé). Se dit de ceux qui ne se foulent pas trop la rate.

CHAUD ET FROID. Voy. *Froid et chaud.*

CHAUDELET A L'ANIS. — Petit gâteau particulier à Lyon. Il est fait avec de la pâte de pain au lait, de l'anis, du raisin de Corinthe et du lait. Si vous voulez faire un bon hachis, mettez-y un chaudelet. Autrefois des bonnes femmes vendaient des chaudelets par les rues sur la mélopée suivante :

Chau—de—lets l'a — nis, chau — de — lets!

Du vieux français *chaudel*, sorte de gâteau chaud, probablement.

CHAUDIER, s. m. — Fabricant de chaux. — Fait sur *chaux* à l'aide du suffixe *ier*, relié au thème par *d*, sous l'influence de l'orthographe *chaud.*

CHAUFFE-LIT, s. m. — 1. Bassinoire. Littré a eu le bon sens de l'admettre dans son dictionnaire. — Au fig. *Bien le bonjou, m'sieu Gringrignôte, comment que ça va chez vous ? — Ben tout plan plan. Y a la bourgeoise qu'a tombé sur son chauffe-lit par les escaliers. A s'est fait un bleu !* —

Ça sera rien; c'est censémemt du sang maillé. Faut n'y mettre de tormentine et d'arquebuse.

2. Image gracieuse pour montre de grosse dimension. *Quelle heure est-i ? — Six heures au chauffe-lit de mon papa.*

CHAVASSE, s. f. — 1. Bauche des plantes ; tiges et feuilles par opposition au tubercule. *De chavasse de raves.* Au fig. Chevelures. *Ces dames se sont empoignées par la chavasse.*

2. Cancan, potin. Un brave curé me disait, en parlant des femmes de son village : *I font de cancans, i font de pia-pias, i font de cotters, i font de chavasses !...* — Pour 1, de *cheveux;* mais je ne sais comment s'est faite la déviation au sens 2.

CHAVASSER (SE), v. pr. — S'empoigner respectivement par la chavasse.

CHAVASSON, s. m. — Sorte de poisson du genre able, qu'on appelle aussi *meunier.* — De *caput,* parce que le chavasson a une grosse tête. Comp. *chabot,* un des noms du chavasson.

CHAVER, v. n. — Venir à bout d'une chose. *Te peux pas chaver,* Tu ne peux pas en venir à bout. Vieilli, mais encore très usité aux portes de Lyon. — C'est le vieux franç. *chevir* (de *caput).* Ce dernier mot a donné lieu chez nous à une corruption singulière. D'un gone insupportable (ils le sont tous) nous disons : *On ne peut pas en jouir* pour On ne peut pas en *chevir,* c'est-à-dire on ne peut venir à bout de le dompter. « Nous ne saurions en chevir, » dit M. Dimanche du petit chien Brusquet. Ne comprenant plus *chevir,* nous l'avons transformé en *jouir,* quoique jouir en ce sens ne veuille rien dire.

CHEF, s. m., terme de fabrique. — Bande qui forme le commencement ou la fin d'une pièce d'étoffe, et que l'on différencie du tissu. Souvent le fabricant fait mettre une marque de fabrique dans le chef. — De *caput.*

CHEFTAINE, s. f. — Dans la langue de nos hospices, la cheftaine ou sœur cheftaine est celle qui a la direction d'une salle où il y a plusieurs sœurs. C'est le féminin du vieux franç. *chevetain,* chef, capitaine, importé par les Normands en Angleterre, où il est resté sous la forme *chieftain.* Il

eût semblé plus naturel de prendre pour désigner cette sœur le féminin du mot *chef,* formé avec la désinence ordinaire *esse,* comme *négresse,* de *nègre; pauvresse,* de *pauvre.* On a sans doute voulu éviter des sonorités désagréables. Pour mon compte, je n'aurais jamais osé dire : « Bonjour, ma sœur chefesse ! »

CHELOFFE. — *Faire cheloffe,* Dormir. — De l'allemand *schlaf.* Introduit lors de l'invasion de 1815.

CHELU, s. m. — 1. Sorte de lampe de fer-blanc qui, par sa forme, rappelle la *lucerna* romaine. Les canuts l'appendent au-dessus de leur façure. — *Le chelu du jour,* le soleil. — Au fig. Œil. *La Suzon te vous a de chelus dont la luisance transparce le cœur.* De *caliculus,* vieux franç. *caleil.*

CHEMIN, s. m., terme de fabrique. — C'est l'espace occupé en largeur par un dessin de façonné. Il y a autant de chemins que le dessin se répète de fois dans la largeur.

CHEMIN DE SAINT-JACQUES. — Voie lactée. Censément parce qu'en suivant sa direction on arrive à Saint-Jacques-de-Compostelle.

CHEMISE. — *Je n'y ai pas plus pensé qu'à ma première chemise,* c'est-à-dire pas du tout.

Parlant par respect, *Plus près m'est le c.. que la chemise.* Métaphore élégante pour dire qu'il vaut mieux un dommage matériel, une perte d'argent, par exemple, qu'une maladie ou la mort.

CHEMISE DE CAPUCIN (on sait que les capucins ne portent pas de linge). — Un verre de vin. C'est une bonne précaution, quand on est trempe de chaud, de prendre une chemise de capucin.

CHENU, USE, adj. — Exprime tout ce qu'il y a de mieux. *C'est du chenu !* expression admirative. *Une chenuse colombe,* Une charmante maîtresse. — Par quelle singulière dérivation, *canutus,* blanc, blanc de vieillesse, a-t-il passé au sens d'exquis ? Dites-moi pourquoi les Parisiens disent *chouette* au même sens, et je vous répondrai (1).

---

(1) Y est-on bien? — Très bien, fit Gavroche. Là, vrai, *chenument.* (V. Hugo, *Les Misérables.*) *Chenu* se trouve dans le dictionnaire d'argot de Lorédan Larchey.

CHERCHE-ROGNE, s. m. — Querelleur. Voy. *chercher rogne.*

Qui cherche rogne et trouve pogne ne perd pas son temps. (P. Blanc.)

CHERCHER. — *Ça ira chercher autour.....* M. Claqueposse, entrant dans une boutique derrière Saint-Bonaventure: *Bonjour père Pejut, je voudrais faire regroller mes agottiaux.* — M. Pejut: *Je vois ce que c'est: la semelle à changer, le talon aussi et mettre cinq pièces à l'empeigne. Ça va vous faire des souliers pour aller danser, que toutes les petites fenottes vous courront après.* — M. Claqueposse: *Combien que vous me prendrez ?* — M. Pejut, après avoir réfléchi longuement: *Ça ira chercher autour d'une pièce de quatre francs.*

Aussi bien cherché que trouvé, pour dire de deux ou plusieurs personnes qu'elles se valent en ne valant pas grand'chose *Te sais, la Marion Bombée que se marie avè Foirasson.* — *I sont aussi bien cherchés que trouvés.*

Chercher de l'ouvrage en priant Dieu de n'en pas trouver. Il y en a beaucoup qui en cherchent comme ça. Je me rappelle avoir vu un gone de cet acabit, arrivant directement de Paris, dans un village de quarante feux, à quinze cent mètres au-dessus du niveau de la mer, afin de chercher de l'ouvrage pour ouvrier sur nacre.

Chercher son pain, Mendier.

Chercher rogne, Chercher querelle. Comp. *rogneux,* Qui a mauvais caractère. *Chercher rogne* était déjà usité à Lyon au XVIIᵉ siècle.

CHEVAL. — *Cheval fait et femme à faire.* Tout à fait ma manière de voir, surtout pour la femme.

Le cheval est plus longtemps rosse que poulain. Je l'ai expérimenté.

CHEVAL DE BRONZE. — C'est le nom donné par les Lyonnais à la statue de Louis XIV sur la place Bellecour. Mon bourgeois avait un vieil ami, le père Écachepoux, qui était allé à Paris étant militaire. De tout ce qu'il avait vu, ce qui l'avait le plus frappé, c'est que, sur la place des Victoires, il y avait « un cheval de bronze en marbre » ; ce qui l'étonnait, « le marbre étant beaucoup plus casuel ».

En mars 1848, un tas de racailles fit des « manifestations » pour faire renverser le Cheval de Bronze, où l'on voyait « un monument de la tyrannie, qui offen-

sait la majesté du Peuple » ! Tous les soirs ils faisaient en Bellecour un boucan épouvantable, en criant : « Il partira ! » A quoi un autre groupe répondait: « Il ne partira pas ! » Mais, naturellement, les galapiants étaient les plus nombreux. Ils représentaient le Peuple Souverain. — Un passant, peu au courant de l'affaire, demanda : « Pourquoi don qu'i veulent descendre le Cheval de Bronze ? — Pardi, répondit un narquois, pour le faire pisser ! »

Depuis ce temps-là, c'est un gandin classique parmi les canuts que de dire à un innocent : *Te sais pas, on a descendu hier le Cheval de Bronze. — Ah bah ! Et pourquoi ? — Pour le faire pisser.* Mais ça ne prend plus. Tout le monde la connaît.

CHEVALETS, s. m. pl. — Ustensile du métier de canut. Ce sont de petits tréteaux de bois sur lesquels on place le papier à remonder.

CHEVAL FORT. — Jeu des gones. Ce n'est pas le même que celui connu à Paris sous le nom de *Cheval fondu.*

CHEVESSIÉ, s. m. — Oreiller, traversin. — Vieux franç. *chevecier,* de *chef.*

CHEVEUX. — *Des cheveux qui frisent comme la rue Longue.* Se dit de cheveux qui ne ressemblent pas à de l'astrakan. On dit aussi *qui frisent comme des potences* ou *comme des chandelles.*

Avoir des cheveux autant que du cresson sur un caillou, Avoir moins de cheveux qu'Absalon.

CHEVILLE, s. f., terme du métier de canut. — 1. Tavelle en bois dur, arrondie au tour et fuselée, extrêmement lisse, sur laquelle l'ourdisseuse enroule la chaîne de l'étoffe en la croisant de manière à lui donner la forme d'un œuf énorme.

2. *Cheville à tourner devant.* C'était une tavelle attachée au pied du métier et dont le canut se servait comme d'un levier pour faire tourner le rouleau de devant, au fur et à mesure de la fabrication de l'étoffe. Ainsi font les voituriers quand ils billent leur chargement. Ce système a été remplacé par le *régulateur.* Aujourd'hui les chevilles à tourner devant ne servent plus aux pauvres canuts qu'à tenir leurs bourgeoises en respect, lorsqu'elles veulent tout à fait trop porter les culottes.

CHEVILLE DE VIOLON. — Métaphore appétissante pour Dent.

CHEVILLIÈRE, s. f. — 1. Ruban de fil Un écrivain a publié, dans une revue lyonnaise, un roman intitulé *la Jarretière bleue*, parce que le héros est devenu amoureux d'une jeune fille, dont, par hasard, il a entrevu la jarretière sans voir la figure. Au rebours, je connais un quelqu'un qui prit une femme parce que, par hasard aussi, il l'avait vue attacher ses bas avec un bout de chevillière. Il en conclut : 1° qu'elle était épargneuse ; 2° qu'elle ne montrait pas volontiers sa jambe, une jarretière aussi humble n'étant pas de celles qu'on aime à laisser voir.

2. Décamètre s'enroulant dans une boîte ronde, à l'usage des architectes. Je me suis laissé dire qu'on faisait maintenant des chevillières en caoutchouc, extrêmement commodes, qui n'ont pas plus d'un mètre de long. En tirant bien, on peut mesurer jusqu'à dix mètres. Comme tout de même, au jour d'aujourd'hui, on te vous a de ces inventions qu'on n'avait pas de notre temps !

La *chevelière* était le ruban qui nouait les *cheveux*. (M. D.)

CHÈVRE, s. f. — Se dit quelquefois pour sauterelle, surtout de la grosse espèce. — De l'habitude qu'a la chèvre de sauter. — *Pur chèvre* (et non *pure chèvre* : sous-entendu lait ou fromage). S'emploie au propre en parlant d'un fromage, mais souvent au figuré. Je me plais à penser que ce présent dictionnaire est du lyonnais pur chèvre. — *Devenir chèvre,* Perdre la tête par suite d'un excès de surexcitation nerveuse : *Avè tout ce monde faut faire une cuisine ! Y a de quoi en devenir chèvre.*

CHEVRER, v. n. — Enrager. *Je l'y ai dit que la Péroline avait dansé avè moi. Ça l'a fait chevrer.* Forgé sur la locution précédente.

CHEVRON. — *Chevron de couvert.* Les chevrons sont des pièces de bois de faible équarrissage (ordinairement 09/08°) sur lesquels on cloue les voliges de la toiture. — *De chèvre.* Chevron, petite chèvre. On sait que le peuple a donné des noms d'animaux aux objets qui portent (voy. *cayon* 2).

CHAUME (beaucoup disent *Quiaume*), s. m. — Cabine à l'arrière des grands bateaux du Rhône et des barquettes.

CHIEN. — 1. *Chien de devideuse.* Voy. *cabot.*
Comme les chiens pour mordre le monde. Un célibataire : *Les femmes sont faites pour embellir l'existence de l'homme.* — Un homme marié : *Oui, comme les chiens pour mordre le monde.*
Malade comme un chien, Être malade comme tout. — *On ne voit que ça et les chiens par les rues.* Se dit à propos de quelqu'un que l'on rencontre partout.
Jamais bon chien n'a rongé bon os. C'est-à-dire que le bonheur ne vient pas à ceux qui le méritent. Quelquefois vrai, mais, le plus souvent, les os qu'on ronge sont proportionnés à la peine qu'on se donne pour les avoir.
Un temps à ne pas mettre un chien dehors. Se dit d'un temps pas très beau. Dans mon jeune temps les légitimistes ne manquaient jamais de dire : « Un temps à ne pas mettre Louis-Philippe dehors. »
Coup de chien, Coup déloyal, coup de Jarnac. Souvenir de nos pères les Latins. Le coup de chien était le plus mauvais coup au jeu de dés, l'ambesas : *canis damnosi.* — *Tam facile quam canis excidit,* disait un proverbe latin.
Il n'attache pas ses chiens avec des saucisses. Se dit des personnes qui ne jettent pas les épaules de mouton par la fenêtre.

2. Lésinier, avide, sans entrailles. *Noutron marchand est prou bon chien,* dit un noël canut du XVIII° siècle. Pour exprimer l'idée d'avarice et de lésinerie, nous avons de mots à regonfle.

Le mot de chien au sens de lésinier se retrouve jusque dans la haute poésie, ainsi qu'en témoignent les vers de V. Hugo :

Dieu prodigue ses biens
A ceux qui font vœu d'être chiens.

3. Se dit parfois pour le fruit du *gallium apparine* (voy. *catolle* 3). *Madame, vous n'avez des chiens après votre robe.* Je crois l'expression d'origine dauphinoise.

CHIENNERIE, s. f. — 1. Lésinerie.
2. Appétit luxurieux. *C'est la chiennerie qui le pousse.*

CH... (parlant par respect). — Se dit lorsqu'une enveloppe, principalement sous une pression, laisse échapper ce qu'elle devait garder. Lorsque, à la maison, pour faire de la confiture, on pressait la pulpe de groseille dans un linge clair qu'on tordait fortement, la bonne disait parfois d'un ton de désespoir: *Madame, la confiture qui ch.. par un trou du linge !* — De même quand on bâtit un mur trop vite, et qu'il s'abouse sous la charge, parce que le mortier n'a pas eu le temps de prendre, on dit que *la maçonnerie a ch..*

Se dit aussi, au fig., de quelque affaire manquée. *I n'ont fait le vert et le sec pour ce mariage, mais au dernier moment l'affaire a ch..*

Ch... du poivre (parlant par respect) Se dérober, manquer à un engagement, partir sans prévenir. *J'avais un joli rendez-vous d'amour, mais ma colombe m'a ch... du poivre.* Le 8 décembre 1775, M. de Bellescize, prévôt des marchands, étant parti pour Paris, on afficha à l'hôtel de ville ce placard : « Citoyens, à présent que M. de Bellescize est éloigné, méfiez-vous de M. de Chancey et des notables, parce qu'ils vous ch.... du poivre. » C'était une délicate allusion aux aspirations à la prévôté de Pierre Poivre, le naturaliste.

Molard a omis cette expression, mais en marge de son exemplaire Chanoine a écrit : « *Ch... du poivre,* fuir, parce que les chèvres quand elles ont peur et qu'elles fuyent, ch.... de petits crottins, avec une poussière qui ressemble à du poivre. » Je doute très fort de l'exactitude du renseignement. Chanoine manquait d'histoire naturelle. Je suppose plus simplement que l'idée est que la cuisson fait courir ceux qui, etc.

Ch... sur le métier (parlant par respect), Abandonner une profession, et par extension, une entreprise, laisser là les choses. *Te sais pas, le gros Pierre n'esse plus architecte. Il a ch.. sur le métier. I s'a fait gandou.*

Ch... à reculons (parlant par respect), Faire un ouvrage à rebours, par exemple marier sa fille cadette avant l'aînée.

Ch... des cordes (parlant par respect), Se dit pour exprimer l'état d'âme désigné par *pessime* dans l'aphorisme de l'École de Salerne: *Si molle, bene ; si durum, male ; si durissimum, pessime.* — C'est un pur latinisme : *Cacare funes,* lit-on dans Plaute. Se trouverait aussi dans Aristophane d'après P. Blanc, qui donne à cette expression le sens d'opérer longuement, n'en plus finir.

C'est son père tout ch.. (parlant par respect). Manière obligeante de dire à une dame, en parlant de son enfant, qu'elle n'a pas fait son mari...

Il a ch.. dans ma malle jusqu'au cadenas, se dit d'une personne qui vous a joué un mauvais tour et avec qui on ne veut plus avoir de relations. (G. Canard.)

CHIFFON. — *Un chiffon de pain,* Un troc d'arton. — *Chiffe,* en wallon, signifie coupures, angl. *chip,* petit morceau. D'où le dérivé *chiffon,* avec une dérivation de sens agrandissante.

CHINARD, s. m. — Os de l'échine du cayon. — De *skina,* échine.

CHINER, v. a. et n. — Porter avec effort. — D'*échine.* Chiner, faire effort de l'échine.

CHIOTTES (parlant par respect), s. f. pl. — Vilain mot pour Communs. Une jeune demoiselle bien élevée ne doit pas dire devant son prétendu : *Je vais aux chiottes,* mais elle dira avec modestie, en baissant les yeux: *Je vais aux communs,* ou, en souriant finement: *Je vais à la caquetière.*

Une question: Pourquoi les mots qui expriment cette chose sont-ils pluriels : des latrines, des water-closets, des privés, des lieux, des commodités, des communs, des chiottes, etc. ? J'ai passé une grande partie de ma vie à réfléchir là-dessus, sans le pouvoir trouver. Peut-être cela vient-il de ce que les planches de latrines avaient ordinairement deux lunettes. C'est encore l'usage dans le Forez et dans la Suisse romande. Le vénérable doyen Bridel, au mot *sè vergogni,* avoir honte, en usage dans les cantons de Vaud et de Fribourg, raconte que « Un jeune écolier étant entré dans un lieu d'aisances où trônait déjà une bonne châtelaine, voulait respectueusement se retirer, lorsque la dame le retint par ces mots: *Vin picé, mon minolet, y a place por dou; ne m'è vergogno pas dè tè, tè faut pas tè vergogni dè mè.* » — Dieu merci, nous n'avons pas de ces familiarités que je qualifierai d'excessives.

CHIPOTER, v. n. — Il est français, mais rarement employé dans la poésie lyrique. Ne se trouve pas une seule fois dans les *Harmonies* de Lamartine. *Allons, il ne faut pas chipoter pour un sou !* entendais-je un jour une carpière dire à une chalande. —

*Vous avez bien raison de ne pas vouloir chipoter pour un sou,*répondit l'acheteuse. *Merci, je le garde.*

CHIPOTIER, ÈRE, CHIPOTEUR, EUSE, s. — Celui ou celle qui chipote, naturablement.

CHIQUET, s. m. — Tout petit, petit morceau. *Nous sons allés l'aut' jou chez les Piniacut. I mangiont de bugnes. I nous en ont pas rien offrit tant seulement un chiquet.* — De *chiquer*, infailliblement. Mais tandis que nous avons fait de *chiquet* un diminutif, à Genève chiquet signifie au contraire gros morceau d'une chose qui se mange.

CHIRAT, s. m. — 1. Amas de pierres en désordre.

2. Phénomène géologique particulier à nos montagnes granitiques. Des pointes de rochers se sont désagrégées et se sont éboulées en formant sur les flancs des montagnes des coulées de blocs irréguliers parfois énormes. Ce sont ces amas que l'on nomme des chirats. Ces blocs ont cessé de se désagréger et se sont tout simplement arrondis et polis sous l'action des pluies. — Vieux lyonnais *chierrat, acervus lapidum.* Celtique *cair,* pierre ; irland. *carn,* amas de pierres.

Les pierres vont toujours au chirat, pour dire que l'argent va toujours aux riches.

CHION, s. m. — Sorte de pierre calcaire oolithique, à grains très serrés, froide, très dure, susceptible de recevoir une taille fine, et propre à former des angles vifs. Les principales carrières de choin sont à Villebois. — La plus ancienne forme est *chaon* (1192). Peut-on le rattacher au type qui a fait le hollandais *kai, kei,* caillou, et qui est vraisemblablement celtique ?

CHOIN BATARD. — Sorte de pierre qui a quelques-uns des caractères du choin, mais moins belle, avec des grains plus gros. On en retrouve des bancs entre Vaise et Saint-Germain-au-Mont-d'Or. Il en existe des carrières à l'Arbresle.

CHOISIR. — *Choisir la salade.* « Lyonnaisisme, dit Molard en son langage barbare, dites *éplucher.* » Comme si éplucher la salade n'était pas précisément choisir le bon et le mauvais !

On dit aussi *monder* la salade ; les *mondures* de salade.

CHOIX. — *Il a choix de roi.* Se dit d'un père qui a deux garçons et deux filles.

CHOMER. — *Chômer de trame.* C'est lorsque le canut est obligé de suspendre son travail parce que le fabricant lui fait attendre la trame. Par extension, chômer de quoi que ce soit. *Eh ben, M. Champavert, comment que va Madame votre n'épouse ? — Alle est à Genas, chez sa m'man, depuis quinze jours. — Et ça vous fait chômer de trame ? Hi, hi, hi!*

CHOPINAISON, CHOPINATION, s. f. — Action de lever le coude. *Être fort pour la chopination,* Aimer à lever le coude. Le dernier mot se trouve en vieux français. Dans le *Mystère de S. Did.,* maistre Arripe de Barbarie est « docteur en chopinacion ».

CHOSE. — *Ce n'est pas pour la chose de dire...* Précaution oratoire constamment usitée. *Ce n'est pas pour la chose de dire, mais je crois bien que M*** Cussonnard en fait porter à son mari.*

Avoir l'air tout chose, Avoir l'air singulier, préoccupé. Cadet Roustonnet rencontre Roustonnet l'aîné : *Que don que t'as ? T'as l'air tout chose. — Le père qu'est mort cette nuit. — Ah, te m'as fait peur ! je croyais que le feu était à la maison.*

T'as vu Ravacho, quand il a été condamné à mort. Comment qu'il était ? — Il avait l'air tout chose.

CHOU. — *Mon chou, mon petit chou.* Expression de tendresse. Il ne s'agit ici ni d'un chou cabus, ni d'un chou-fleur, ni même d'un chou à la crème cuite ou froide. C'est le substantif verbal de *chouer.*

Vous en ferez des choux et des raves, c'est-à-dire ce qu'il vous plaira.

CHOUER, v. a. — Choyer, gâter. *C'est le mari à la Nanon qu'esse bien choué ! Un vrai coq en plâtre !* — Vieux franç. *chuer,* flatter, caresser, blandir.

CHOUGNER, v. n. — Pleurer, gémir, grogner. Un jour j'entendais le brave père Taconet, de la montée des Épies, parlant d'un de ses voisins qui pleurait parce que sa femme était partie avec un autre : *J'y ai bien dit : Qu'è que t'as don à chougner comme ça, grand caquenano ! T'aurais ben plutôt dû la payer pour qu'a s'en alle !* — Prov. *choun,* petit porc. Chougner, crier comme un petit porc.

CHOUX. — *Huile de choux*, Huile de colza. On s'en sert pour la friture.

CHRÉTIEN, s. m. — Homme. Je passais de bon matin sur le pont Seguin. Plusieurs personnes entouraient de larges taches de sang. On pérorait : savoir si c'était un crime, ou un animal qu'on aurait tué. *Je te dis que c'est du sang de chrétien*, criait un brave homme ; *M. Ferrand t'y dira comme moi !* Comp. Molière : « Il faut parler chrétien, si vous voulez qu'on vous entende ! » — Tradition du moyen âge, où l'idée d'homme se confondait avec celle de chrétien. Les non baptisés étaient mis au rang des bêtes.

Un ami me fait observer que, tout du long de l'ouvrage, j'ai parlé de M. Chrétien sans dire qui il était. Se pourrait-il qu'un seul de mes lecteurs ignorât que M. Chrétien était un honnête homme, qui a rendu à la société des services beaucoup plus réels que tels ou tels de nos grands politiciens, M. Rochefort ou M. Clémenceau par exemple, en le débarrassant de quelques criminels par trop exagérés. Il habitait aux Charpennes, avec sa dame et ses deux demoiselles, une petite maison calme, isolée, poétique, à gauche de la route. La croyance populaire a de tout temps attribué aux bourreaux quelques vertus médicatrices, mais M. Chrétien était un grand médecin et je crois bien que la canuserie tout entière a défilé dans son cabinet. On eut le bon goût, s'il m'en souvient, de ne jamais le poursuivre pour exercice illégal de la médecine. Après sa mort, les canuts se précipitèrent dans le Raspail. Il n'y avait pas un ménage où l'on n'eût le *Manuel*, l'eau sédative, le camphre, etc. A telles enseignes qu'un de mes amis, à force de respirer la cigarette de camphre (du camphre dans un tuyau de plume), s'attira une maladie d'entrailles dont il est mort. Telle fut du moins l'opinion du médecin qui le soigna, et dont je n'ai pas à prendre la responsabilité.

CHRISTAUDINOS, s. m. — Quelqu'un qui a un visage long et maigre, des traits creusés, une mine hâve et blème. *Un grand christaudinos. Un visage de christaudinos.* — De *Christe audi nos.* L'idée est : un visage de suppliant. On a fait de *Christe audi nos* un seul mot, comme le gros X..., le surveillant de Saint-Pierre, qu'on appelait « le Suisse », avait fait *christôrôsô* de *Christ au roseau.* Le Suisse expliquait la décadence de l'école par cela qu'on n'y faisait plus de christôrôsô. — *L'année que mon fils eut la mention* (c'était, de l'avis de X..., une année célèbre dans les fastes de l'école), *dont que c'était M. Bonnefond, on avait fait un christôrôsô. Alors tout le monde allait à l'exposition de l'école pour voir ce christôrôsô. Ça encourageait les élèves. Maintenant on fait des académies. Alors, vous comprenez, on amène une jeune personne à l'exposition. Quelle est la première chose qu'elle voit là, en beau devant ?* etc., etc. *C'est pas étonnant que l'école n'aye plus d'élèves !*

CH'TI, ITE, adj. — Chétif, ive. Sur *ch'ti* nous avons fait le fém. *ch'tite*, comme sur *petit* on a fait *petite.*

CIEL. — *Ciel pommelé, fille fardée, ne sont pas de longue durée.* Les anciens y ont toujours dit.

Au premier en descendant du ciel. Expression fort usitée pour donner son adresse. De même, je puis me flatter qu'en mon temps, j'étais le premier architecte de Lyon...en arrivant par Perrache.

CIEL-OUVERT, s. m. — Ciel vitré.

CIERGE. — *Manger du cierge.* Être d'une dévotion poussée à l'excès.

CIERGER, s. m. — Celui qui vend des cierges. Le mot a certainement, selon nos règles, été *ciergier.* La prononciation en étant un peu pénible, il a passé à *cierger.*

CIGALE, s. f. — Se dit des fois pour cigare. J'étais au bureau de tabac. Voilà que s'amène un gone d'une dizaine d'années tenant par la main un autre qui pouvait en avoir cinq ou six : *Donnez-moi deux sous de gros pour moi et une cigale pour mon petit frère, qui peut pas porter la pipe.*

CIGOGNER. v. a. — Secouer une chose par un mouvement de va-et-vient. — De *ciconia*, qu'on trouve dans Isidore pour un appareil assez semblable à une balance, et qui sert à puiser l'eau. Quant à *ciconia*, il vient d'une sorte de ressemblance avec une cigogne qui pêche.

CIGROLER, v. a. — Secouer, ébranler dans tous les sens. — Fait sur le vieux français *croler*, secouer, et un préfixe *ci*, probablement par analogie avec *cigogner.*

CIMETIÈRE. — *Un cimetière de soupes*, Un gros mangeur.

CINI, s. m. — Espèce de passereau. — De *cina*, parce qu'il se nourrit de cinelles. *Cini* est une forme patoise où *i* répond au français *ier*.

CIRE. — *Cire des yeux*, Chassie. *Cire des Oreilles*. Cérumen. Pour le premier, on dit plus volontiers *bagagne* ou *piquerne*, et pour le second *beurre d'oreilles*. Mais les personnes qui tiennent à parler français disent *cire*. — *T'as de la chance. T'as pas rien besoin d'acheter un cierge pour la première communion de ton gone. — Pourquoi? — Pace que t'as ben de la cire pour n'en faire un chenu!* Compliment aimable que l'on fait à ceux qui ont les yeux bagagneux.

CIRER, v. a. — Porter malheur au jeu par voisinage. Je croyais que c'était un terme d'argot, mais je ne le trouve dans aucun dictionnaire de ce genre.

CIREUX, EUSE, adj. — *Avoir les yeux cireux*, Avoir les yeux bagagneux.

CIVOUX, s. m. pl. — Petits oignons. — Vieux franç. *civot*.

CLAIN, s. m. — *Un clain de paille* ou simplement *un clain*. Une botte de paille. — Du patois *cliai*, paille longue, avec le suffixe *ain*, d'*anus*. *Cliai* vient lui-même du celtique: kymri, *cloig*, paquet de paille pour couvrir en chaume.

CLAMPIN, s. m. — Jeune homme sans consistance, moutard. *Vas-tu pas poser cete cigale? Cete espèce de clampin, ça veut fumer!* Acception différente de celle du mot populaire donné par Littré.

CLAPOTER, v. n. — Faire du bruit avec les clapotons en gaffant dans l'eau. *O me n'amante*, disait un Lyonnais poétique qui venait tous les soirs du chemin de Baraban au cours Charlemagne, *m'a-t-i fallu clapoter dans les gaillots pour arriver jusqu'à vous!*

CLAPOTONS, s. m. pl. — Pieds de mouton. *Une salade de clapotons avè de transons de fège*, Salade de pieds de mouton avec des tranches de foie. Au fig. Pied de chrétien. *Dimanche j'irai me laver les clapo-*

tons en Saône. — *Avoir de z'agacins aux clapotons*. — Le mot de *cliapota* se disant en patois exclusivement des pieds fourchus, il peut venir du germanique *klaue*, pied fourchu, *kloben*, fendre.

CLAQUE, s. f. — Dans *Champavert* (voy. ce mot) on lit :

Le beau Champavert, mine blême et creuse,
La claque au mollet, le chelu z'au doigt.

Ne connnaissant pas le mot, j'ai pris le parti d'écrire à Champavert lui-même (ce n'est pas le héros de la pièce. Est-ce son petit-fils? Je n'en sais rien). Voici sa réponse : « Du temps de la maîtrise, les maîtres-gardes canuts, en grande tenue, portaient l'habit, des culottes courtes, des baraquettes, avec des boucles en argent, parfois même en or, l'épée ; et sur le mollet était ajustée une ronde-bosse en cuir qui l'emboîtait et qu'on nommait *la claque*. »

CLAQUEPOSSE, s. m. — On pourrait inférer, de la composition du mot, que c'est un homme qui regarde de trop près les charmes des nourrices. C'est simplement un musard, qui cotillonne beaucoup plus par oisiveté que par vocation ; un paresseux, un propre à rien, vu que ce n'est pas faire grand'chose que ce qu'exprime le mot.

CLAQUERET, s. m. — Fromage blanc. — Probablement formé sur l'onomatopée *clac*, parce que le claqueret se bat fortement.

CLARINETTE. — *C'est clarinette*, Le premier des sept calembours de l'ami Ch..., mon camarade chez Bossan. Sept, comme il y a les sept sacrements, les sept sages de la Grèce, les sept merveilles du monde. Ils méritent de passer à la postérité. Les voici dans leur ordre :

1. *C'est clarinette* (c'est clair et net).
2. *Vous avez rognon* (vous avez raison).
3. *C'est dix francs* (c'est différent).
4. *Moi saucisse* (moi aussi).
5. *Un bon museau de chien* (un bon musicien).
6. *Un bon Gascon* (un bon garçon).
7. *A la bonne huile* (à la bonne heure).

Ces sept calembours suffisent à toute une vie.

CLASSE, s. f. — Jeu des gones. A Paris, on l'appelle la marelle.

CLAVEAU, CLAVAUX, s. m. — Hameçon. On lit dans le glossaire des *Canettes* : « La maison Clavaux, qui a donné son nom à ces engins de pêche, existe encore rue Coquillière, à Paris. » Il existait des claveaux bien avant la maison Clavaux, témoin le bon Panurge qui, « en une de ses fasques, portait toujours force provision de haims et claveaux... » — De *clavellum*, diminutif de *clavum*.

CLAVELÉ. — *Cendres clavelées.* C'est *cendres gravelées*, corrompu sous l'influence du vieux franç. *clavel*, clou.

CLAVETTES, s. f. pl. — Articulations. *Avoir les clavettes enrouillées par la vieillonge.*

CLÉDAR, s. m. — « Ouverture d'un jardin ; dites *clairevoie*. » (Molard.) — Une ouverture qui est une clairevoie me semble extraordinaire. Le clédar n'est pas une clairevoie, mais une porte en clairevoie, de *clida*, claie.

CLEF, s. f. — La clef ou traverse du métier est la pièce de bois qui retient le métier en travers par en haut. Il y a deux traverses ; quelquefois trois, dont deux en avant. Cette dernière disposition est rare.
Mettre la clef sous la porte, Faire faillite.
Perdre sa clef, sa loquetière. M. Bosonet : *Bien le bonjou, M. Caconaud, vous avez l'air tout bouligué ce matin.* — M. Caconaud : *Merci bien, m'sieu Bosonet ; c'est rien, que seulement hier soir nous ons mangé trois livres de flageôles avè deux livres de double, que je ne sais pas si se sont pas bien accordées, qu'enfin voilà que ça m'a fait perdre ma clef, que, toute la nuit, parlant par respect, j'ai couru aux z'écommuns.* — M. Bosonet : *Vous faut manger une brioche toute chaude, sans boire ; ça vous fera retrouver votre loquetière, hi, hi, hi !*

CLERGEON, s. m. — 1. Petit clerc de manécanterie. On le trouve aux XIIᵉ et XIIIᵉ siècles avec cette signification.
2. Laitue frisée, variété blonde, cueillie lorsqu'elle n'a encore que trois ou quatre feuilles. L'expression vient de que ces laitues toutes jeunes sont considérées au regard des laitues adultes et pommées comme étant dans le rapport d'un jeune clergeon à un curé bedonnant.

CLINQUAILLE, s. f. — *Faire clinquaille.* Voyez *quincaille.*

CLINQUAILLER, s. m. — Quincaillier. **CLINQUAILLERIE, s. f.** — Quincaillerie. *Va donc m'acheter pour deux sous de broquettes chez le clinquailler.* — Mots très réguliers faits sur *clinquaille*, qui, en vieux franç,. signifiait ustensiles de ménage en métal, et que le français a corrompu en *quincaille* d'où *quincaillier*, *quincaillerie*. Mais alors pourquoi dit-on *clinquant* (qui dérive de la même racine) et non *quincant ?*

CLINQUETTES, s. f. pl. — Os du bouilli, *id est* côte de bœuf (ou de vache), avec quoi nos gones font des castagnettes mélodieuses. C'est le vieux franç. *cliquettes.*
2. Terme de boucherie. Morceau de côte de bœuf (ou de vache) qu'on met bouillir. — Ainsi nommé parce que les os font des clinquettes.
3. Terme de canuserie. — Quand on veut fabriquer des articles très légers, florences, pelure d'oignon, etc., il est nécessaire que le battant frappe très légèrement la trame. Dans ce but, on a cherché à rendre le peigne mobile, de telle façon que, se renversant sous le choc, il ne serre pas le coup. De là le *Battant à clinquettes.* Dans ma jeunesse ce battant était très simple. On relevait la poignée du battant. Le peigne n'était donc plus retenu que par le pied dans la chana (voy. ce mot) de la masse du battant. Pour qu'il ne se renversât pas complètement sous le coup de battant, on plaçait horizontalement derrière le peigne, au sommet (et par conséquent sous la poignée), une réglette horizontale, et l'on fixait par leur partie inférieure, aux deux extrémités de cette réglette, deux lamelles verticales très minces et très flexibles, que l'on nommait *clinquettes*, parce qu'on pouvait y voir quelque ressemblance avec de longues castagnettes. Les deux clinquettes étaient vissées dans leur partie supérieure sur les lames du battant, et tenaient ainsi suspendue la réglette contre laquelle s'appuyait le haut du peigne. A mesure que l'on donnait le coup de battant, le peigne pressant sur la réglette, celle-ci s'écartait de tout le jeu laissé par l'élasticité des clinquettes. Le battant repoussé, les clinquettes, reprenant leur position naturelle, ramenaient la réglette contre le peigne. Plus

les clinquettes étaient longues, plus léger était le coup.

Ce système a été perfectionné successivement, et depuis longtemps les battants à clinquettes n'ont plus de clinquettes. Mais le nom s'est conservé en s'appliquant à la réglette. Celle-ci porte maintenant une rainure par-dessous dans laquelle on fait entrer le bord supérieur du peigne. N'étant pas fixée par les bouts, comme dans le système précédent, si rien ne la retenait, elle se renverserait avec le peigne dont elle est devenue partie intégrante. Pour la retenir, tout en lui permettant un mouvement de va-et-vient avec le peigne, on assujettit sous la poignée du battant, en avant du peigne, une lamelle mince, parallèle à la réglette ou clinquette, et portant vissées deux petites plaques de fer qui descendent plus bas que la lamelle, en façon d'oreilles. Elles ont chacune un trou par lequel on fait passer une corde à boyau qui va s'attacher à un petit ressort à boudin, logé en face dans la clinquette. La clinquette, ainsi attachée aux plaques de fer, ne peut plus se déplacer que de l'espace laissé par le jeu du ressort, selon que, sous un coup de battant plus ou moins fort, le boudin s'étire plus ou moins.

CLIQUES. — *Prendre ses cliques et ses claques,* S'en aller. *Oh puis, si la Delaïde veut continuer comme ça à m'enquiquiner, j'aurai ben tôt fait de prendre mes cliq' et mes claques.* — Symétrie de sons, *cliques* ne signifiant rien, mais *claques* se disant d'une chaussure qui se met par-dessus les souliers quand il y a beaucoup de bassouille.

CLOCHE, s. f. — Sorte de marmite en fonte, très basse, de forme oblongue, avec trois pieds, un manche et un couvercle. *Faire cuire une longe à la cloche.* — Vient probablement de la sonorité de l'ustensile, qui rappelle celle d'une cloche.

CLOCHER, v. n. — Sonner à la porte. « Comme donc ils prenoient leur pauvre et chetive refection..., quelqu'un clocha à la porte fort impetueusement. » (*N.-D. de Bonnes-Nouvelles,* 1639.) Molard qui avait inséré l'expression dans son édition de 1803, l'a fait disparaître dans celle de 1810. Ne la jugeait-il donc plus vicieuse? Après ça, *clocher* est à *clochette* ce que *sonner* est à *sonnette.*

CLOU. - *Regard à couper un clou,* Regard qui manque d'amabilité. Un jour que je causais en bonne et nombreuse compagnie avec une aimable dame : *Vous rappelez-vous,* lui dis-je sans penser à mal, *quand nous étions petits tous les deux, et que nous nous amusions à jouer aux boules à Sainte-Foy ? Ça devait être en 1836.* — *Je ne me souviens pas du tout,* dit la dame, et elle me lança un regard ! Cette fois, si le clou y avait été, il était coupé net.

Clou de girofle, Image poétique pour dent.

Compter les clous de la porte. Se dit quand on vous fait attendre avant de vous ouvrir.

COCHE. — *Manquer la coche,* Manquer l'occasion. C'est le français manquer le coche. Le mot de coche au sens de voiture par eau est aujourd'hui complètement oublié. On ne connaît plus que coche au sens d'entaille. D'où *manquer la coche,* quoiqu'on ne voie pas bien ce que cela veut dire.

COCHES. — *Être aux coches de quelqu'un,* Être à sa charge. Les coches sont ici les coches de l'ouche. Par la même raison on dit : *Être à l'ouche de quelqu'un.*

COCHON DE CAVE. — Cloporte (du sirop de cloportes, et non du *sirop de clous de porte,* comme disent ceux qui veulent trop bien parler). Le mot lyonnais exprime la même idée que cloporte (*clausus porcus* (porc renfermé). Mais j'ignore subséquemment pourquoi la plupart des dialectes ont vu dans un cloporte une ressemblance avec un cochon.

COCHON DE MER. — Cobaye. Influence des mots ! Ce joli petit animal me répugnait dans mon enfance parce que je m'imaginais toujours que c'était une espèce de cochon, et je n'ai pas encore pu vaincre cette impression originelle. — Ce nom de cochon de mer me paraît absurde, aussi bien d'ailleurs que le nom français de *cochon d'Inde.* Le cobaye n'a rien du cochon, il n'est pas marin, et il ne vient pas de l'Inde.

COCHON SALÉ. — Jeu des gones, longuement décrit dans les *Vieilleries.*

COCHONNAILLE, s. f. — Charcuterie. De mon temps, Chatal, en rue Saint-Dominique, faisait de la très bonne cochonnaille. On louait aussi Charbonnier, *au Cochon paisible*.

COCHONNER, v. a. — Se dit de quelqu'un qui ne fait pas merveilleusement son travail. Je connaissais une très honorable famille où, lorsqu'on avait du monde, le grand-père engageait sa petite-fille à montrer son talent sur le piano : *Adélaïde, allons, ma fille*, disait-il avec bonté, *cochonne-nous voire un peu* « la Prière d'une Vierge ». — Cela faisait rire la jeune fille, mais la maman pas.

COCHONNIER, IÈRE, s. (terme pas très distingué). — Se dit d'un quelqu'un' qui cochonne l'ouvrage ou ne fait pas une besogne très propre. La m'man : *J'ai trouvé Cadet qu'était après pitrogner de la bouse.* — Le p'pa : *Voyez-vous ce cochonnier !* Enfin ce n'est pas une expression pleine de louange.

COCO, s. m. — Le coco, dans son ensemble, est constitué par une sorte de carafe immense, à goulot en gueule de tromblon, dans laquelle il y a de la tisane de réglisse. Sur la bouche de la carafe est posé un citron qui a pour but d'empêcher la poussière de pénétrer dans la carafe, et qui, en même temps, est un agréable symbole pour vous annoncer qu'on a pressé un peu de jus de citron dans la tisane. Cette carafe est en beau devant sur le pieds-humides. Vous demandez du coco ; la marchande vous en remplit un verre qui tient un bon demi-pot. Elle prend une petite fiole couverte par une plaque de métal percée de petits trous, et, d'un mouvement vif, zag, zag ! elle seringue quelques gouttes d'anisette (c'est le nom que nous donnons à l'eau-de-vie anisée) dans le verre. Vous buvez : c'est absolument délicieux. Vous donnez un sou, et la marchande vous rend deux liards.

Voilà le coco de mon enfance, de ma jeunesse et même de mon âge mûr. Aujourd'hui, plus de coco. Les pieds-humides, qui jadis tenaient simplement du coco, de l'orgeat, du sirop de groseille, de l'eau-de-vie anisée, n'ont plus de coco, mais une immense variété d'horribles alcools propres à donner le *delirium tremens* à un bataillon de sapeurs. A mon dernier voyage à Lyon, il m'a fallu aller jusqu'en Bellecour avant de trouver du coco, mais sans la belle carafe, sans le seringage d'anisette et dans un verre à cul pointu. J'ai donné un sou et, malgré ma réclamation, le gueux de marchand a tout gardé !

On ne trouve plus même ce coco qu'en Bellecour, ou peut-être dans d'autres endroits où l'on mène jouer les enfants, parce que c'est la boisson que les bonnes leur font boire. J'ai demandé du coco à l'Exposition, où l'on aurait dû au moins le mettre dans la classe des arts rétrospectifs. J'ai gardé ma soif. Le pieds-humides n'est plus qu'une succursale des comptoirs.

Marchand de coco. Ils étaient jadis très nombreux. Un homme en chapeau de paille, sans habit, avec un corset de couleur, un tablier blanc, très propre, à bavette. Sur le dos, une fontaine, c'est-à-dire un réservoir d'étain rempli de coco, avec deux robinets, qui, au moyen d'un serpentin, arrivent par devant. Par l'un sort du coco, par l'autre de l'eau fraîche pour laver le verre. Deux verres à pied sont adroitement accrochés aux bretelles à l'aide desquelles l'homme porte sa fontaine. De même la petite fiole d'anisette. A la main une sonnette pour annoncer sa présence. Partout où il y avait foule, il y avait de nombreux marchands de coco. Petit métier et rude.

Un marchand de coco arrivait jadis en ville tous les matins par la porte des Étroits. Le gapian ouvrait les robinets, et constatait qu'il sortait bien par l'un du coco, par l'autre de l'eau claire. Mais il avait compté sans un double fond rempli d'alcool. Ce métier dura longtemps. Probablement une dénonciation anonyme prévint l'octroi.

COCODRILLE, COCODRI, s. m. — Crocodile. Quand j'étais petit, mon père, en me faisant un jour traverser la salle du Grand Dôme, à l'Hôtel-Dieu, me montra suspendu à la voûte, un cocodrille empaillé. Et il me raconta que ce cocodrille, ayant remonté le Rhône, sur les bords duquel il fit beaucoup de ravages, il fut tué à Lyon et, pour servir d'exemple, pendu au Grand Dôme. Il ne m'expliqua pas si c'était en nageant que le cocodrille était arrivé aux embouchures du Rhône. Savoir si quelque voyageur ne l'aurait pas rapporté tout empaillé des bords du Nil ? Pas moins, la tradition est bien ancrée, et le cocodrille doit encore se voir au Grand Dôme. — *Cocodrille* n'est point une corruption de *crocodile;* c'est le provençal *cocodrilh*, de *crocodilum*.

COCOLER, v. a. — Chérir, caresser, blandir. Dans les premiers temps du mariage le mari et la femme ne font que se cocoler. Puis ils se cocolent moins, puis ils ne se cocolent plus du tout. — Fréquentatif de *coquer*.

COCOTE, s. f. — Conjonctivite, maladie des yeux qui rend la conjonctive rouge. — De ce que la poule (cocote) a la conjonctive de couleur vive et orangée.

COCU, s. m. — *Primula officinalis*. Espèce de primevère, ainsi nommée de sa belle couleur de ménage. Étant petit gone, un jour de printemps, la famille était allée faire une promenade dans les Fons, vallon qui menait de chez nous à Francheville par de belles prairies. Voilà que, par un coup, au détour d'un sentier, nous nous trouvons dans un grand pré, rempli de primevères, et nous nous croisons avec une dizaine de messieurs respectables, décorés, qui revenaient d'une descente de lieux. *O p'pa*, que je fis dans mon admiration des fleurs, *avisez donc que de cocus !* Il y eut deux ou trois de ces messieurs qui me lancèrent un regard à couper un clou.

CŒUR. — *Si le cœur vous n'en dit*. Bousinet, au père Pouillasson qui porte une balle de pêches : *Vous avez ben là de jolis ambounis de Vénus ?* — Le Père Pouillasson, avançant sa corbeille : *Si le cœur vous n'en dit ?*

Avoir le cœur sur les lèvres, Avoir envie de rendre son royaume.

COFFE, s. m. — Cosse des pois. — De *cupha*, coiffe.

COFFRE, s. m. — Poitrine. Figurément, constitution physique, tempérament. *Avoir un bon coffre*. — De même l'angl. *chest*, l'allem. *kiste*, coffre, servent aussi à dire poitrine. En latin vulgaire *arca* avait la même signification.

COGNÉ, ÉE, adj. — *Nous sons venus ce matin par la voiture de Meyzieu. La voiture tient dix places. J'étions quinze, dont six femmes enceintes et quatre nourrices. J'étions cognés comme de z'anchois dans le càquillon.* — Malgré l'élégance de cette phrase, *cogné*, en ce sens, n'est pas français, selon les grammairiens. Moi je trouve que c'est une jolie métaphore.

COGNE-MOU, s. m. — C'est le contraire d'un cogne-dur.

COGNE-V.... (parlant par respect). — C'est, en beaucoup plus énergique, le *cogne-fétu* français. En effet, qu'est-ce qu'un cogne-fétu ? Un homme qui s'occupe de vétilles. Mais combien n'est-il pas encore plus vain et plus misérable de se consumer en efforts pour cogner un gaz traître et subtil que pour cogner le plus chétif brin de paille, aurait dit Bossuet dans son sublime langage ! — C'est une question fort importante, souvent agitée par les jurisconsultes, mais qui n'a pas encore été tranchée par la Cour de cassation, que celle de savoir si cogne-v.... constitue une injure ou une diffamation.

COGNON, s. m. — Chose cognée, pressée, ramassée. *Glaé, me fais don pas de chemises si longues : ça fait de gros cognons à la fourche dans mes culottes.*

En cognon, État d'une chose cognée. Un mari à sa femme : *Te sors comme ça avè ta capote tout en cognon ?*

COIFFAGE, s. m. — Gros linteaux de pierre de taille recouvrant le rez-de-chaussée de nos façades. Ainsi dénommés de ce que ces linteaux « coiffent » la baie.

COIFFE. — *Coiffe du ventre*. Vous avez bien vu des veaux pendus à la porte des bouchers, le ventre ouvert, et, relevée en dehors de celui-ci, une membrane graisseuse, qui ressemble à une sorte de tissu : c'est la coiffe. Et si vous avez à porter de gros fardeaux, prenez bien garde à ne pas vous faire peter la coiffe du ventre. C'est très mauvais.

COIRE. Voyez *couare*.

COITE. — *A la coite.* 1. En toute hâte. Vieux franç. *à coite d'éperons*, « à rapidité d'éperons ». — De *coctare*, faire cuire, qui, dans la basse latinité, avait pris le sens de se hâter. A la coite, c'est-à-dire comme si l'on brûlait. On dit élégamment dans ce sens : *Se dépêcher comme si l'on avait le feu... quelque part.*

2. A l'abri. *Se mettre à la coite.* — De *quietus*.

COIVETTE, s. f. — Balayette. Tout le monde à Lyon sait une célèbre histoire de canut où figure « le manche de la coivette ».

Elle ne saurait trouver place ici. — Diminutif de *couéve*, balai, comme *balayette*, de *balai*.

COL pour *Cou*. — Archaïsme excellent. Je lisais l'autre jour dans un feuilleton scientifique que « les gens qui ont le *cou court* sont exposés aux apoplexies ». Ce *cou court*, pour peu surtout que ce fût un cou court courbé, est moins harmonieux qu'un vers de Larmatine. Il y a d'autres inconvénients à remplacer col. Lorsque j'étais aux Minimes, à la fin du déjeûner, l'élève chargé de la lecture pendant le repas lisait le martyrologe du jour. Une fois lisait-il : « Il fut précipité dans le Tibre, une pierre au col » (l'édition était ancienne). Le préfet, qui voulait nous élever en puristes, interrompit : « Lisez comme s'il y avait un *u*. » L'élève, à la bonne foi, reprenant de son ton monotone et nasillard : « Il fut précipité dans le Tibre, une pierre au c.. » (Émotion générale.)

COLAN, s. m. — Collier de femme. C'est le français *coulant*, même sens, de *collum*. L'orthographe *colan* est la bonne : *col* (*lum*) + *anum*.

COLAUD. — *M. Colaud a passé par les vignes*, La fleur de la vigne a coulé. *Colaud*, de *couler*.

COLÈRE. — *Être en colère comme un chapon rôti*. La Bélonie : *As-te vu la Maria quand se n'homme m'a t'ayu embrassée ? Autant un chapon rôti !* On suppose que le chapon, quand il se voit rôti, est furieux de l'être. Il y a de quoi.

COLLAGNE, s. f. — Association entreprise à intérêts communs. *Faire de collagne ensemble*. — C'est le dauphinois *collagne*, étoupe ; lyonn. *cologne*, quenouille. Proverbe : *Étoupe et collagne sont parties pour Beaucaire*, Il n'y a plus rien. — *Faire de collagne*, c'est littéralement peigner le chanvre. L'idée a dévié à Peigner le chanvre ensemble, puis à Faire une entreprise quelconque ensemble.

COLLATION. — *Être collation*. Se dit des aliments qui ne renfermant ni œufs, ni beurre, ni lait, peuvent, en carême, se manger au repas du soir, dit collation. *Les bugnes sont collation*.

COLLE, s. f. — Histoire, craque, mensonge. *La femme à Jean-Liaude a voulu lui faire gober qu'elle avait passé la nuit chez sa tatan qu'est malade, mais la colle n'a pas prenu*. On voit la dérivation du sens : on tâche à coller une pièce sur l'accroc que l'on a fait à la vertu, à la politesse, etc. Des fois la colle prend, des fois elle ne prend pas.

Battre une colle, Faire une craque. L'expression se comprend : pour qu'une colle ne fasse pas de catons, il faut la battre avant de la faire cuire.

COLLÈGE. — *Faire son éducation autour du collège*. C'est ainsi que s'est faite la mienne. Ce n'est pas une éducation bien pénible, mais ça ne vaut pas l'École normale.

COLLET, s. m., terme de montage de métier. — Bout de cordelette, terminée à son extrémité inférieure par un petit crochet nommé *fer de collet*. Les collets s'accrochent aux crochets de la mécanique (voy. *arcade*).

Collet de mouton, Cou de l'animal. Sert à faire de l'excellent bouillon. Ne faillez jamais à mettre bouillir avec le rond de veine un morceau de collet.

COLLETAGE, s. m., terme de montage de métier. — Opération par laquelle on suspend les arcades empoutées à leurs collets respectifs (voy. *arcade*).

COLOGNE, s. f. — Quenouille. — Vieux franç. *queloigne*, de *colucula*. Nos aïeules, au lieu de faire de la tapisserie, des broderies, des petites bêtises, filaient de la laine à la cologne pour ensuite en tricoter des bas. Nous avions encore, à Sainte-Foy, la cologne de mon arrière-grand'mère. Elle était garnie en ivoire.

COLOMBINE. — *Colombine de chrétien*. La colombine est la fiente du pigeon. Colombine de chrétien (on dit aussi *colombine de personne*) est un euphémisme gracieux et délicat, que les gens distingués emploient au lieu d'un vilain mot. Les épinards, la laitue, l'oseille se fument de préférence à la colombine de chrétien.

COMBIEN. — *Combien tenons-nous du mois ? Combien sommes-nous du mois ?* A quel quantième du mois sommes-nous ? — Le vieux franç. *com* signifiait « à quel point ? » Il a fait *combien* par l'adjonction de *bien*, qui est une affirmation. « Combien sommes-nous du mois », c'est, littéralement : « A quel point du mois sommes-nous bien ? », phrase absolument logique.

Combien d'ici Yzeron ? disais-je un jour à deux cantonniers au bord de la route. — « A huit kilomètres, me dit l'un. — Bah, fit l'autre, vous avez deux bons chevaux, vous les ferez bien en six ! »

On fait souvent de *combien* un substantif. *Le combien est-ce ?*

COMMAND. — *Être de bon command,* Facile à gouverner. *Eh bien, chère Madame, êtes-vous contente de votre nouvelle bonne ? — Elle a bien un peu les côt' en long, mais elle est de bon command. — C'est l'essentiel ; c'est assez connu que nous avons en partie tous les gens de bon command que sont un peu mollasses. — Command* est le substantif verbal de *commander.* A Neuchâtel, ce subs. est fém. On dit : « être de bonne commande ».

COMMANDE, s. f., terme de canuserie. — *Fil en commande,* Fil cassé de la chaîne et qu'on entortille à une épingle recourbée qu'on pique à l'ensouple, en attendant que l'ensouple, en se déroulant, fasse reconnaître la place exacte du fil. L'ensemble du système s'appelle *commande.* A un ouvrier qui a beaucoup d'épingles à son rouleau, l'on dira : *Oh, comme t'as de commandes !* — (N. B. Faire attention à ce que la bourgeoise ne vous mouche pas les épingles de vos commandes pour faire tenir les rubans de sa coiffe.) — Ital. *acco-mandare,* mettre les fils en commande (à commandement). D'où un subst. verbal *commande.*

COMMANDER. — *Sans vous commander,* expression que le Lyonnais, toujours timide et modeste, toujours poli, ne manque pas d'ajouter à toute demande. En 1848, le capitaine de ma compagnie de la garde nationale, M. Jean Pignard, marchand de cordes à boyau, nous disait toujours : *Portez armes ! sans vous commander.*

COMME. — *Comme bien s'accorde,* Comme il est naturel. Souvent *que* remplace *comme. Donc, que bien s'accorde.* On l'emploie très fréquemment après *arrimais.* Dans ce cas, il renforce l'affirmation. *Arrimais que bien s'accorde, c'étiont deux Jean-Fesse ensemble.*

Comme ça. — Locution pléonastique très usitée, surtout après « dire ». *J'y ai*

dit comme ça au Jean-Louis : « *Je crois bien que la femme t'en fait porter.* » *I m'a fait comme ça :* « *Oh, plus tant maintenant !* »

Comme de juste, Comme de vrai, pour *Comme il est juste, Comme il est vrai.* Ces locutions ont beau être proscrites par les puristes, elles ont une tournure elliptique heureuse et donnent de la rapidité à la phrase. Pas à hésiter sur leur emploi.

COMMERCE. — *Faire un commerce,* Se livrer à une occupation quelconque prolongée. L'expression a un sens un peu péjoratif. Un jour ou plutôt une nuit, à l'hôtel de la Poste, à Clermont, j'étais séparé par une mince cloison de la chambre voisine, occupée par deux jeunes mariés, qui ne faisaient aucun mal, à mon sens, mais parlaient-ils trop haut, je ne sais, lorsque le voisin de l'autre côté, brutal, de leur crier : *Aurez-vous bientôt fini de faire votre commerce ?* Bon, dis-je, un Lyonnais !

C'est exactement le *negotium* des Latins : occupation, travail, soin. charge en général, et négoce seulement au sens particulier.

COMMILLON. s. m. — Bistaud, saute-ruisseau, méchant petit commis. Molard a oublié l'expression, mais point Chanoine, qui l'a consignée en marge de son exemplaire du *Mauvais langage.*

COMMIS. — *Commis de ronde* ou *Rondier.* C'est le commis chargé de la visite et de l'inspection des métiers en travail. De mon temps, l'été, il commençait sa ronde à cinq heures du matin, et la poursuivait jusqu'au coup d'onze heures, moment où il rentrait au magasin pour manger la petite miche et rendre compte de sa tournée.

Commis de balance. C'est le commis chargé de peser et d'inscrire les matières qu'on donne à l'ouvrier, aussi bien que les pièces et matières qu'il rend.

COMMISSIONS. — *Faire des commissions.* Une dame, un dimanche d'été, à Brignais : *Faut que j'aille demain à Lyon faire mes commissions,* C'est-à-dire mes emplettes, en un mot les commissions que je me donne à moi-même, naturablement. Cela est parfaitement logique.

COMMODE, adj. — *Il n'est pas riche, mais il est commode,* pour Il est à son aise. Molard, en proscrivant cette charmante expression, ne se doutait pas que Corneille l'avait employée dans l'*Illusion* :

L'amour et l'hyménée ont diverse méthode :
L'un court au plus aimable, et l'autre au plus
                    [*commode.*

En rouchi, *commodieux* signifie très riche. La signification moyenne du lyonnais me plaît d'avantage.

On dit aussi de quelqu'un : *Il n'a pas l'air commode*, pour dire qu'il ne paraît pas de facile composition. Au musée de Lyon, il y a un des plus beaux Delacroix, représentant la mort de Marc-Aurèle. Son fils est là, et quoi qu'on veuille bien dire, il n'a pas l'air tant Commode que ça.

COMMODES, s. f. pl. — Biceps. Le teinturier Gagneau, bien connu en fabrique, tendait le bras et se faisait attacher un fil d'arcade autour du bras sur les commodes. Puis il pliait le bras, et les commodes en se gonflant, faisaient peter le fil. Qui sait ce que c'est qu'un fil d'arcade il dira que Gagneau avait de fameuses commodes.

Peut-être un subst. verbal de *accommodare*, appliquer, employer à, et par extension de sens, porter, employer sa force musculaire.

COMMODITÉS. Voy. *Communs*.

COMMUNS, s. m. pl. — Je rougis de donner la définition française : Latrines. C'est cependant le mot exigé par Molard, Grangier et les autres. Fi, quelle horreur ! Ce mot semble puer en le prononçant ! Vous figurez-vous une jeune personne disant à son fiancé : « Pardon, monsieur, de vous quitter, il faut que j'aille aux latrines (!!!). » Communs n'appartient peut-être pas à la haute poésie lyrique, mais l'euphémisme, dans son vague et sa généralité, voile avec goût le côté abject de la chose.

Je ne connaissais pas d'autre sens à ce mot, lorsqu'un jour je reçus une lettre d'un propriétaire, qui me priait de lui étudier « un plan de communs » sur un développement de cent quatre-vingts mètres autour de la cour de son château. Je fus renversé. « Tiens, que je me dis, en voilà un original ! Faut croire que, comme le père Brunet, qui voulait pouvoir se mettre à une fenêtre différente de sa maison chaque jour de l'année, celui-là veut pouvoir chaque jour de l'année se mettre à un *oculus* différent ! » Heureuse-

ment, un charitable confrère, à qui je m'en ouvris, me prévint de mon erreur. Mais où fus-je encore surpris, c'est lorsqu'un bon propriétaire de Saint-Étienne me recommanda de ne pas oublier de mettre deux orifices dans le même cabinet ; une vraie paire de lunettes, quoi ! J'appris que c'était un usage constant dans le pays. « C'est drôle, que je me disais, je n'avais cependant pas remarqué qu'à Saint-Étienne les gens en eussent deux ! » L'idée qui a fait choisir ce mot est sans doute que l'objet des communs l'est (commun) aux rois et aux gagne-deniers.

Dans le plan primitif de la Charité on voit une série de lunettes, qui permettaient de se rendre en commun dans un endroit où l'usage est plutôt d'aller seul. (Em. Vingt.)

COMPAGNON, ONNE, quelquefois CHAMPAGNON, s. — C'est l'ouvrier ou l'ouvrière qui travaille dans la boutique d'un canut, à son propre compte, mais avec un métier et des ustensiles au bourgeois. « Gérôme Blicart, compagnon velotier, montant z'un métier velors trois carts, cheux maître Charpolet, maison Grimo, à la Granda Côta (*Déclarai. d'amour*). Le bourgeois prélève la moitié de la façon du compagnon pour le louage du métier et des ustensiles, la fourniture du local, de l'éclairage, du chauffage, etc. — *Champagnon* est une dérivation fantaisiste de *compagnon*.

COMPARAISON. — *Sans comparaison*. Précaution oratoire exigée par la politesse toutes fois et quantes que vous êtes amené à comparer un animal à un chrétien. *M. Bousinard a un vrai visage de cayon, sans comparaison.*

COMPAS. — *Avoir le compas dans l'œil*, Mesurer les distances à vue de nez, très exactement, comme si l'on avait un compas dans l'œil (les pointes tournées en dehors). Au jeu de boules : *Qui don qui tient ? — C'est Boyau. — Allons don, c'est Cancanet ! — Apporte voire deux bûches de paille.* (On bide.) — *Què que je te disais : un pouce de vache ! T'as pas le compas dans l'œil.*

COMPASTEUR, s. m., terme de canuserie. — Baguette plate, de noyer bien poli, qui au pliage, est passée dans les enverjures de la chaîne, et s'insère dans une rainure pratiquée dans l'ensouple, de façon à maintenir la chaîne, qui est ensuite envidée sur cette ensouple. Une seconde baguette aide à serrer la première dans la rainure. De même pour commencer une pièce, on passe un compasteur dans la tirelle. Ce compasteur est ensuite inséré dans la rainure du rouleau de devant. — De *passer*, avec la préposit. *com* (*cum*). Le mot primitif était *compasseteur* parce que le compasteur passe dans les musettes. Ét. Blanc écrit *composteur*. C'est une méprise des éditeurs.

COMPERCHE, s. f., terme de construct. — Pièce de bois horizontale, à l'extrémité de laquelle est fixée une poulie pour l'ascension des matériaux. Par extension, Bigue verticale pour un échafaudage. — De *perche* avec le préfixe *com* de *cum*. Comp. *écoperche*.

COMPOSSIBLE. — Compossible s'emploie dans des phrases de ce genre : *On lui a fait tous les remèdes possibles et compossibles*. C'est la répétition de *possible* avec un renforcement.

COMPRENETTE, s. f. — Âme, intelligence. Il y en a qui ont la comprenette facile, d'autres qui l'ont dure. Quand j'étais petit, pour la soupe personne n'avait la comprenette plus subtile, ni moins pour la grammaire.

COMPTE, s. m., terme de fabrique. — Se dit du nombre de portées (voy. ce mot) d'une chaîne, ou du nombre des mailles d'un remisse. *Un petit compte, un gros compte.*

COMPTER. — *Compter au piquet.* Se dit de quelque chose d'important, de grave. *Je lui ai campé une giffle qui compte au piquet.*
    Compter ses écus. Voy. *bardoire.*
    Compter sur quelqu'un comme sur une planche pourrie. — *Il m'a promis le mariage*, disait la pauvre Gathe, qui était « embarrassée », *mais je compte sur lui comme sur une planche pourrie.*

CONCHE, s. f. — Pierre plate, faiblement recreusée, avec un bord saillant tout le tour, et placée sous l'évier, au niveau du carronnage. L'évier dégorge dans la conche qui a dans un coin une sorte de bec recreusé et formant rigole, lequel traverse le mur pour aller aboutir à une cuvette de la descente extérieure. L'usage des conches va s'abandonnant. — De *concha.*

CONCHON. — *Conchon va devant.* Sorte de jeu de boules. *Conchon* représente *cochon.* C'est le cochonnet.

CONDUCTEUR, s. m. — Important organe de la navette à défiler. C'est une demi-ellipse fort saillante, en cuivre poli, fixée au flanc de la navette, du côté opposé au peigne, et derrière laquelle sont logées une série d'agnolets, portés par des pantins, et où passe successivement la trame qui sort enfin d'un agnolet placé au centre du conducteur dans un sabot (voy. *sabot du conducteur*). Ces pantins, maintenus par des ressorts, ont pour but de tenir la trame toujours tirante, et d'une tension toujours égale.

CONDUITE. — *La Jacqueline ne risque rien de s'acheter une conduite pour ses étrennes.* — Jeu de mot sur le titre d'un ancien livre de piété : *la Conduite du chrétien.* Plaisanterie très répandue, et qui montre le haut prix que nous attachons à la conduite. À preuve un brave homme que je connaissais, et qui passait bêtes et gens à une traille du Haut-Rhône. Me narrant un jour son histoire, et combien il avait chèrement payé les fautes de sa jeunesse : *Et dire que, si j'avais eu de la conduite, je serais peut-être aujourd'hui m....... à la Guillotière !*
    La Conduite vaut mieux que le psauti. — Proverbe qui, avec le même calembour que dans le dicton précédent, n'est que la traduction de la parole du *Sermon sur la montagne :* « Ceux qui me disent: Seigneur, Seigneur, n'entreront pas tous dans le royaume des cieux, mais celui-là seulement qui fait la volonté de mon Père. »
    Faire la conduite de Grenoble, Reconduire à coup de pied au... Cette expression n'est pas exclusivement lyonnaise. D'après M. Larchey, on la retrouve sous la plume d'Hébert, en 1793, Elle doit avoir une origine historique.

CONFESSION. — *On lui aurait donné le bon Dieu sans confession.* Se dit de quelque pas-rien qui savait admirablement jouer le saint homme.

CONFLE, s. f. — Vessie, ampoule, bulle. Nous disons le plus souvent *gonfle*. Cependant *confle* ne laisse pas d'être employé par les bons auteurs : « Vous voyé la confle de savon que prend la couleur gigié de pigeon... » (*Oraison funéraire.*) Et Calvin dit, dans un de ses sermons : « C'est comme d'une vessie qui sera enflée, ou une confle (qu'on appelle ici). »

CONFUS. — *Un pucier confus de bardanes,* Un lit plein de punaises. Métonymie. L'idée de confusion, applicable à la grande quantité de bardanes, a été appliquée à l'objet qui les contient.

CONNAISSANCE. — *Avoir un doigt de pied sans connaissance.* Se dit lorsque, par suite d'une fausse position ou pour toute autre raison, on a un doigt de pied engourdi et insensible.
Faire tort à ses connaissances. Voy. *tort.*

CONNAITRE. — Le mari : *Bon, en me baissant, n'ai-je pas fait peter mes culottes !* — La femme : *Je vas t'y donner un point ; ça sera pas de connaître.*
Il ne se connaît plus, Il a perdu connaissance.

CONROYEUR, s. m. — Corroyeur. Près d'un siècle et demi devant Molard, Ménage recommandait de ne pas dire *conroyeur,* qui était déjà un archaïsme, l'ancienne forme de *corroyer* étant *conréer.* Je crois bien que, depuis Molard, conroyeur a disparu.

CONSCIENCE, s. f. — Estomac. *Se mettre quinze matefaims sur la conscience.* On suppose que la conscience est dans la poitrine.
Conscience de bennier. Voy. *bennier.*

CONSENTU. — Participe passé de *consentir. Comme i n'avoint fait Pâques avant la Trinité, le pipa a consentu.* Sur la formation, voy. *repentu.*

CONSÉQUENT, ENTE, adj. — Considérable, important. Je ne puis mieux faire que de citer, à titre d'exemple, un fragment de belle littérature lyonnaise qui remonte à 1823 :

Encore un lyonnaisisme

« ..... Entendez le libéral M. B... s'écrier que son parti est, en France, le plus *conséquent...* — Avez-vous vu au muséum le

Bon Samaritain ? (1) — Non, pas encore. Mais c'est des nouveaux tableaux le plus *conséquent;* que tardez-vous? — Docteur, que pensez-vous de la maladie de mon Adolphe ? — Pour un mal aussi *conséquent,* vous m'appelez bien tard. — Les intérêts cumulés donnent à la longue des sommes *conséquentes,* répétait encore hier mon agent de change; il s'interrompit cependant pour me dire que la guerre contre l'Espagne serait pour la France seule une guerre trop *conséquente.* — Irène soupire depuis quelques jours après une pelisse; mais cette année les pertes de son cher Alfred sont si *conséquentes !* — Pauvre plaideur, prends patience, je viens de voir mon avoué : « Votre affaire, m'a-t-il dit, est trop *conséquente* pour passer avant les féries... » — « Bon Dieu, bon Dieu, dans une ville *conséquente* comme la nôtre, répètent sans cesse de *jeunes littérateurs* (sic) lyonnais, pourquoi faut-il que l'art de peindre passe avant l'art d'écrire ?... »
Depuis 1823, l'usage de *conséquent,* en ce sens, s'est bien perdu, même chez les agents de change et les « jeunes littérateurs ».

CONSERVER. — *Conservez-vous !* C'est notre adieu. Comp. le *lebt wohl* (vivez bien) des Allemands.

CONSISTE. — *Ça ne consiste en rien,* pour dire cela ne signifie rien, cela n'a aucune importance. *Tout ce qui se dit à c'te Chambre des députés, ça ne consiste en rien.*

CONSULTE, s. f. — Consultation de médecin. Vieux franç. « Le curé de Domfront, qui... passoit au Mans pour faire faire une *consulte* (les éditeurs modernes ont fort sottement corrigé par *consultation*) de médecins... » (*Roman comique.*) — Combien est-il de regretter que les pédants aient remplacé par d'affreux dérivés en *ation* nos bons vieux substantifs verbaux : *purgation* au lieu de *purge, diffamation* au lieu de *diffame, prononciation* au lieu de *prononce,* etc.

CONTENT. — *Content comme un fondeur qui a manqué sa cloche.* Se dit de quelqu'un qui n'est pas content du tout.
Content comme Barrabas à la Passion, Très content.

(1) C'est le tableau de Drolling que le gouvernement venait de donner au musée de Lyon.

CONTINU. — De *continu*, Attenant, sans décesser, sans interruption. *Y a plu de continu toute la journée.*

CONTRACER, v. a. — Contrarier. « Mais i ne faudrait pas rien non plus que votre oiseau (l'aigle), parfois trop vigoret et contraçant, alla se mettre comme ça souvent z'en courroux pour les combas sans réson. » *(Adresse à Napolyion.)* — C'est *contrarier*, avec substitution de suffixe par analogie avec *agacer*.

CONTRACIBÊTE, s. m. — Se dit de ceux qui contrarient les animaux. A la maison l'on disait simplement *contrariant de bête.* S'emploie souvent au fig. LA JENNY : *Pepa, faites don fini l'Amable, i ne fait que de m'embêter.* — LE PEPA : *Amable, veux-tu fini, grand contracibête!* — De *contracer* et *bête*, démonstrativement.

CONTRAIRE. — *Au contraire*, Formule de politesse qui s'emploie lorsque quelqu'un craint de vous avoir fait mal ou de vous avoir contrarié. Exemple : Un monsieur, sortant avec précipitation d'un magasin de soieries, pousse la porte volante avec violence, et vous met le nez en compote. Le sang coule abondamment. Désolé, le monsieur dit avec intérêt : *Je vous ai fait mal ?* — *Au contraire*, devez-vous répondre avec politesse.

CONTRE. — *Faire contre*, Faire de l'opposition à quelqu'un. M. de la Rochepouilleux me racontait l'histoire de sa demande en mariage de Mlle Grossou, la fille cadette de M. Grossou, le marchand de soie : *La maman et sa demoiselle me voulaient bien*, qu'il me disait, *mais c'est M. Vessard (celui-là qu'avait marié l'aînée) que m'a fait contre.*
Aller contre les beaux jours. Voy. *aller.*
Te vois don pas qu'en allant de ce côté, nous allons contre Lyon? pour « du côté de Lyon ». L'allemand dit *Gegen Norden gehen*, « aller *contre* le nord ».
Aller contre ses vingt ans, Approcher de la vingtième année. L'allemand dit : « Il est *contre* vingt ans : *Er ist gegen zwanzig Jahre.*
Par contre. Pour une fois que Molard a eu raison, il n'a pas eu de chance. Déjà Voltaire proscrivait ce sot barbarisme. Cela n'a pas empêché le barbarisme de faire son chemin. Aujourd'hui, maint académicien l'écrit sans sourciller.

— Expliquez où les gens ont pu prendre cette imagination d'écrire *par contre*, lorsqu'il est si commode d'écrire *au rebours*, à *l'opposé*, ou simplement *au contraire !*

CONTREPASSER, v. a. — Croiser, dépasser. *Je l'ai reconnu quand je l'ai eu contrepassé.*

CONTREPOIDS, s. m. — *Contrepoids de dargnier.* Organe du métier de canut. Voy. sous *bascule*. Au fig. *Tomber sur son contre-poids de dargnier*, parlant par respect, tomber sur son prussien.

CONTRE-SEMPLÉ, ÉE, adj. — Se dit au propre de la partie d'un dessin de fabrique qui est symétrique à l'autre, c'est-à-dire le répète au sens inverse, et se dit au fig. de tous les objets dans les mêmes conditions de symétrie. Les façades d'architecture sont généralement contre-semplées, c'est-à-dire symétriques par moitié.
Dans le métier à la tire, le semple était l'ensemble des lacs que l'on tirait pour faire lever les lisses ou les maillons dans l'ordre du dessin. Pour répéter la moitié du dessin symétrique, il suffisait de lever les lacs dans l'ordre inverse : on *contre-semplait.*

CONTREPOINTIER, s. m. — « Celui qui pique des deux côtés un ouvrage de toile ou de taffetas. Ce mot n'est pas français, c'est le tapissier qui fait ce travail ; dites donc tapissier. » (Molard.) — Molard fait erreur. La fabrication des couvertures piquées avait assez d'importance pour faire l'objet d'une profession à part. On trouve dans Cotgrave : *contrepointier, a Quilter.* Aujourd'hui encore, ce ne sont pas les tapissiers, mais les couturières qui font les couettes.

COQ. — *Fort comme un coq saigné.* Ce n'est pas être bien robuste.

COQUARD, s. m. — Homme qui court après les femmes. — De *coq.*
Le père et la mère Coquard, personnages de la Crèche.

COQUE, s. f. — 1. Morceau de pain trempé dans du lait et que l'on fait frire. — Du vieux haut allem. *chuocha*, gâteau.
2. Poule. — De *coq.*
3. *Une petite coque*, Une petite fenote. *Viens donc sur les' Tapis, nous voirons pas-*

ser *toutes les petites coques*. C'est 2 pris au figuré. L'idée de comparer les femmes aux poules est très ancienne ; Plaute emploie *gallina* au même sens. Comp. aussi *pucelle* de *pulla*.

4. *Ma coque*, expression de tendresse. Dans un bon ménage le mari et la femme ne s'appellent jamais que ma *coque*. *Ma coque, allons nous coucher ! — Voui, ma coque !* Comp. *ma poule*.

COQUELLE, s. f. — Cloche (voy. ce mot). Ne vient point de *coquille*, malgré le rapport de forme. C'est le vieux franç. *cloquelle*, diminutif de *cloche*.

COQUELUCHON, s. m. — Proprement, Morceau saillant au sommet d'une fiarde ; par extension, au sommet d'un objet quelconque. Au Grand Dôme, le coqueluchon se fait en manière de mamis qui n'ont pas perdu la boule, puisqu'ils la portent. Au fig. Tête. *Taper sur le coqueluchon*. Se dit d'un vin qui porte à la tête. *Nous n'avions bu que onze pots à deux, mais ces vins drogués ça vous tape sur le coqueluchon.* — *Avoir quelque chose dans le coqueluchon*, Être un peu troublé d'esprit. — C'est le vieux français *coqueluchon*, capuchon de moine, de *cucullum*.

COQUER, v. a. — Faire mimi, embrasser, baiser. *Se coquer*, Se faire peter la miaille. Quand M. X..., le gros fabricant, fut décoré devant toutes les autorités constituées, Mᵐᵉ X..., se tournant de mon côté, ivre de joie : *Comment*, fit-elle, *vous ne me coquez pas !* — C'est une forme du français *cocher*, de *coq*, mais le mot a depuis longtemps perdu tout sens obscène.

COQUETIER, s. m. — Paysan qui vient vendre au marché ses poulailles, ses œufs, etc. — Forme du vieux français, *coquatier, coquassier*, dérivé de *coq*.

COQUEUR, EUSE, s. — Se dit de ceux ou de celles qui coquent à propos de rien. Les Lyonnais sont beaucoup moins coqueurs que les Provençaux. En Provence, on se vous coque attenant.

COQUILLARD, s. m., terme péjoratif. — Paillard. — De *coq*.

CORBILLON. — *Changement de corbillon donne appétit de pain bénit.* J'ai entendu souvent ce proverbe à propos de ces

bons maris qui font tant de cas de leurs femmes qu'ils n'en font pas leur à tous les jours, mais les réservent pour les bonnes fêtes.

CORBILLONIER, s. m. — Vannier, faiseur de corbeilles. — Dérivé de *corbillon*.

CORCE, s. f. — Écorce. Un proverbe lyonnais dit qu'entre l'arbre et le doigt, il ne faut pas mettre la corce ou la Corse, je n'ai jamais bien su au juste. — C'est le franç. *escorce*, devenu *corce* suivant une loi de la phonétique lyonnaise.

CORCENAIRE, s. m. — Scorsonère. Si nous disons mal, les gens de haute instruction ne disent guère mieux, car ils appellent scorsonère ce qui est proprement le salsifis, c'est-à-dire pas du tout la même chose.

CORDAT, s. m. — Grosse toile de fil croisé. Ce mot, si usité à Lyon, a passé dans le Dict. de Littré.

CORDE, s. f., terme de fabrique. — *Un dessin sur tant de cordes*, c'est-à-dire sur tant de crochets de la mécanique. L'expression est un souvenir du métier à semple, antérieur à la Jacquard. On tirait une corde du semple pour faire lever les fils de la chaîne correspondants, comme fait aujourd'hui un crochet. Une corde représente donc autant d'arcades qu'il y a de chemins dans la disposition.

Corde d'enlaçage. Voy. *enlaçage*.

CORDELIERS, s. m. pl., terme de canuserie. Voy. sous *bascule*.

CORDELINE, s. f., terme de canuserie. — Fil de cordonnet placé à l'extérieur de la chaîne pour retenir la trame. « Le cordon, la cordeline, — Tout ça casse en même temps », dit la *Chanson de ma cousine Mariette*.

CORDET, s. m. — D'après Cochard, Sorte de gâteau. Je n'ai jamais entendu ce mot. Le nom vient sans doute de ce que la forme avait quelque analogie avec celle d'une tresse.

CORDIER. — *Cordier, le bon Dieu vous avance.* Encouragement amical que vous ne devez jamais faillir de donner à un cordier toutes les fois que vous passez près de lui (on sait que les cordiers travaillent en reculant». — Le digne abbé Ponthus, vicaire à Saint-Bonaventure au temps du curé Pascal, il y a septante-cinq ans, était Lyonnais de franc pied. Passant dans un village du Dauphiné, il avise un cordier à son travail. En ce temps-là, le souvenir de la potence était encore très vivant. *Vous travaillez là pour les gens de votre pays ?* dit le père Ponthus avec bonté. — *Oh oui, mecieu le curé !* Ce ne fut que lorsque le père Ponthus eut fait quelque cinquante pas que l'autre s'aperçut qu'on lui en avait baillé à garder. — *Et pour ceux du vôtre aussi !* cria-t-il de toutes ses forces.

CORDONS, s. m. pl., terme de canuserie. — Liserés en forte soie à droite et à gauche de la chaîne pour consolider l'étoffe.

CORÉE, s. f. — Poumon des animaux, mais plus spécialement du mouton et, parlant par respect, du cayon. — *Se dépondre la corée.* C'est très mauvais. C'est des fois en faisant un effort, d'autres fois de faiblesse. On ne s'en aperçoit pas toujours tout de suite. Quand on s'en doute, il faut voir un bon rhabilleur, car nous avons les médecins qui n'y entendent rien. De *cor*. La *corée* est ce qui tient au *cœur*.

CORGNOLE, s. f. — Gosier. Le bon curé X... buvait un jour avec moi du vin de Côte-Rôtie. *Pour boire dignement cela, disait-il, il faudrait avoir la corgnôle longue comme d'ici Fourvières* (N. B. que. lorsqu'il le disait, il était à deux cent quarante-deux kilomètres et quart de Lyon). C'était exagéré, mais on ne peut disconvenir que les gens qui ont le cou long n'aient un grand avantage sur les autres.

*Se jeter quelque chose dans la corgnôle,
Faire passer quelque chose dans la corgnôle,
Se laver la corgnôle. S'adoucir la corgnôle,
Se rincer la corgnôle,* etc., toutes expressions fort littéraires pour Boire. *Se couper la corgnôle,* expression généralement et heureusement exagérée pour Se battre en duel. — De *corne,* pris au sens d'objet creux.

CORGNOLON, s. m. — Diminutif de *corgnôle,* mais ayant gardé le sens plein du terme.

CORIAU, s. m. — Baie de l'églantier. « Dites gratte-cu (*sic*) », ajoute le bon Molard. Fi ! l'horreur ! Si j'avais été appelé à l'honneur de faire le Dictionn. de l'Acad., j'au-

rais mis plus honnêtement : « Gratte-cul, dites coriau. »

C'est la forme lyonnaise de *corail.* La couleur a inspiré le nom. Dans nos campagnes, les fillettes percent les coriaux dans le sens de la longueur et s'en font des colliers de corail à bon marché.

CORNARD. — *Les Cornards du Bourchanin.* Beaucoup de vieux quartiers de Lyon avaient jadis des sobriquets injurieux.

*Car l'on nous prendrait, pour certain,
Pour des cornards du Bourchanin,*

dit l'auteur de *Lyon en vers burlesques.* Il est vraisemblable que le nom vient de l'enseigne d'une maison de la rue Bourchanin, démolie en 1865, qui portait, au-dessus de la porte d'allée, deux mascarons cornus avec l'inscription : *Sunt similia tuis.*

CORNE, s. f. — Chausse-pied. *Ma coque, je n'ai pas de corne. — Je te dis que si ! — Je t'assure que non ! — Ah, tu m'ennuies ; je te dis que j'en suis sûre ! — En effet, tu as raison, ma coque, la voilà !*

Ce mot qui m'a été souvent signalé, voire par un docte professeur de l'Université comme un « lyonnaisisme », s'étale pourtant en plein Dictionn. de l'Acad. — De ce que, jadis, les cornes étaient en corne ; mais il y a aujourd'hui des cornes en ferblanc, des verres en maillechort, des pavés en bois, des chemins de fer en acier, et des « Cheval de Bronze » en marbre.

CORNET, s. m. — Tuyau. *Un cornet de poêle, Un cornet de bateau à vapeur,* et, parlant par respect, *Un cornet de latrines.* Le 30 octobre 1778, un arrêté du Bureau des finances ordonne à tous les propriétaires de mettre des « cornets de descente (tuyaux d'eau pluviale) » à leurs maisons. — A *cornet* comp. *corgnôle,* où corne est pris aussi au sens d'objet creux formant tuyau.

CORNUE, s. f. — Sorte de petit benot à deux becs (d'où le nom), que les sablonniers portent sur l'épaule pour transporter le sable du bateau au tombereau. Dans le Midi, c'est le nom donné à notre benne de vendange.

CORPORANCE, s. f. — Grandeur et grosseur du corps, *J'ai vu le nouveau mami à la Guerite ; il n'est pas d'une grosse corporance, mais il est vigoret, autant un jicle !*

— Vieux mot français, dérivé de *corps*. On dit aussi quelquefois : *Cette dame a une grosse corporation*, mais c'est une faute.

CORPS, terme de canuserie. — Dans le métier de façonné, Ensemble des maillons. *Un gros corps*, Un corps qui a beaucoup de maillons. On donne aussi parfois au remisse le nom de *corps de remisse*, et, par extension, de *corps* tout seul dans les expressions comme *un gros corps*, Un corps qui a beaucoup de lisses. — Ital. *corpo*, même sens.

CORSET, s. m. — Vêtement commun aux deux sexes, et qu'on appelle aussi *tricot*. C'est une sorte de gilet à manches que les hommes mettent sous l'habit et le gilet. *Ma coque*, dira une bonne femme à son mari, *la froid pique ce matin, faut mettre ton corset*. Le bon père Melache, lui, mettait son corset dès que, parlant par respect, il voyait fumer certaines horreurs par les chemins. C'était pour lui signe infaillible de froid.
Je suis venu jusqu'à mon tirage au sort sans savoir qu'un corset pouvait s'entendre d'autre chose que celui que portait le père Melache, et que je portais moi-même. Cela se comprend. La bonne mère Melache, la bourgeoise du père Melache, dont il vient d'être narré, disait au Jean-Liaude, son fils, qui était un peu couratier : *Te pipes, te bois de z'aliqueurs, te sais comme les corsets de femme se lacent, et te dis que t'as pas de défauts !* Il ne s'agissait plus, on le voit, des mêmes corsets. — Or je n'avais pas de défauts, et l'on ne voyait pas encore, dans les montres des magasins, des femmes en chemise qui tournent lentement sur un pivot, à seule fin de vous apprendre comme les corsets des femmes se lacent.
Mon bourgeois prétendait que, dans son jeune temps, il avait vu, au cul-de-sac Saint-Charles, cette enseigne d'une marchande de corsets : *Corsets à la mode de Caen*. Mais j'ai toujours cru que c'était une gandoise.

CORTIAUD, AUDE, adj. — Tout petit. *Le cortiaud*, le petit doigt. Nom des doigts en commençant par le pouce : *Gros det, Laridet, Longue Dame, Jean du Siau, Saute, petit Cortiaud !* — De *curtum*.

COSAQUER, v. a. — Terme libre. Son existence date de l'invasion des armées russes en 1815.

COSTE ou RACHE, s. f., terme de canuserie. — Bouchon (voy. *bouchon* 3), qui, au lieu de se former en boule, s'est étendu le long du fil, soit parce que le fil s'est écorché ou pour toute autre cause. — *Coste* est le vieux franç. *coste*, côte. *Râche* est une image gracieuse des croûtes qui se forment sur la tête des petits mamis.

COTE, s. f. — Nom que nous donnons à trois montées allant à la Croix-Rousse : la *Grand' Côte*, la *Côte des Carmélites* et la *Côte Saint-Sébastien*.

CÔTÉ. — *De l'autre côté de l'eau*. Expression pour désigner les quartiers Saint-Paul, Saint-Jean et Saint-Georges. Celui qui parle est toujours censé sur la rive gauche de la Saône. La réciproque n'est pas employée. L'expression ne peut dater que du moment où le gros de la ville n'était déjà plus sur la rive droite.

COTES. — *Avoir les côtes en long*. Manière pittoresque de dire de quelqu'un qu'il est paresseux de nature : pour autant qu'il n'est pas possible de travailler la terre sans se baisser, et que (il faut être juste) il n'est pas possible de vous baisser si, au lieu d'avoir les côtes en travers, comme les autres, vous les avez en long.

COTIVET, s. m. — Nuque.

> *Accept' ce fichu violet,*
> *Pour cacher de ton cotivet*
> *Les mordures de puces !*
>
> (Chanson canuse.)

On ne saurait trop recommander l'usage de nos mots lyonnais, plutôt que de se hausser aux mots difficultueux des savants L'exemple suivant, *dont je garantis l'authenticité*, en est une preuve : M. Jacq... avait une filature qui occupait des ouvrières surveillées par sa femme. Se promenant un jour dans l'atelier, il remarque une jeune fille dont quelques boucles folles s'étaient échappées sur la nuque et, en passant, par manière de plaisanterie, il en tira une légèrement. Ayant recommencé ce jeu deux ou trois fois, la jeune fille s'écria : *Madame Jacq..., faites donc finir M. Jacq..., il me gratte l'anus !* — Si elle avait dit le cotivet, comme tout le monde elle ne se fût pas exposée à lâcher une grosse inconvenance.

De même l'expérience m'a enseigné que, lorsqu'on a la cocotte aux chelus, il n'est rien tel qu'une mouche de Milan sur le cotivet. — De χοτίς, occiput.

COTTE, s. f. — Caie, *C'te table branlicote, autant la queue d'une vache! — Mets-y don une cotte!* — Subst. verbal de *cotter*.

COTTER (*cotterr*), s. m. — Assemblée de femmes qui se réunissent pour dire du mal des autres. Et pourquoi voudriez-vous donc qu'elles se réunissent ? — Du bas latin *coteria*, association de paysans qui s'assemblent pour tenir en commun les terres du seigneur.

COUAME, COUÊME, adj. — Timide, embarrassé, qui a l'air couyon. Le mari: *J'ai biché le Pétrus avè la bourgeoise! Si t'avais vu cômme i z'avoient l'air couame!* En normand, *couême* signifie bouse de vache M. Fleury le rattache à l'allem. et danois *kuh*, vache, et danois *eme*, fumier. S'il a vu juste, *couême* signifierait mou comme une bouse.

COUANE (quelques-uns écrivent *couenne*). Homme indolent, timide, sans énergie. Cours d'histoire de France : « Henri IV n'était pas couane, mais trop couratier. Louis XIII était couane avec les femmes. Louis XIV a été couane en se laissant mettre le grappin dessus par la Maintenon. Louis XV n'était que la dernière des couanes. Louis XVI a été trop couane avec les révolutionnaires. Louis-Philippe était un digne homme. Dommage qu'il était un peu couane. » Continuez.

Comme il n'y a aucun rapport entre un homme timide et de la couenne de cayon, je crois que *couane* n'est autre que *couame* influencé par l'homophonie avec *cquenne* (qui comme on le sait se prononce *couane*).

COUARE, COIRE, s. f., terme de boucherie. — *Un morceau de coire*, Morceau de la cuisse de bœuf, en dehors, séparé du *filet* par le *pendant de filet*. — De *coua* (*coda*), à cause du voisinage de la queue. En Languedoc, le *coual* est une pièce de mouton où la queue tient. *Couare* est pour *couard* = *coual* = *caudalis*.

COUBLE, s. m. — 1. Voiture attelée de deux bêtes de front.

2. Le couple formé par ces deux bêtes. — De *copulum*.

3. s. f. — Sorte de vaste filet aux bords duquel sont suspendues des balles de plomb pour le faire aller à fond. — De *copula*, au sens de lien, chaîne.

COUCHER. — *Il faut coucher sous la pendule.* C'était le dicton favori de mon père. Maxime de négociant lyonnais pour dire qu'il faut soigner l'heure, afin de ne pas manquer l'échéance.

Je vais me coucher pour te plaindre. Pour autant que, dans cette position, on plaint les autres plus agréablement. Dicton que l'on ne faut pas à répéter à tous ceux qui se plaignent de maux sans importance.

Si tu n'es pas plus sage, je te ferai coucher ce soir les pieds nus et la tête sur le chevet! Punition redoutable dont on menace les enfants, et dont l'idée, vague pour eux, ne laisse pas de les impressionner fortement. Quoique ça, je ne m'y laissais pas prendre.

COUDE. — *Huile de coude.* La maitresse de maison : *Marie, les grollons de Monsieur ne brillent rien.* — *Madame, c'est le cirage qu'est mauvais.* — *C'est pas le cirage qu'est mauvais comme l'huile de coude que manque.* — Je connaissais un grand-père qui donnait sa bénédiction à son petit-fils le jour de ses noces : *Attention, te sais! Faut de l'huile de coude!*

Avoir mal aux coudes, Être paresseux, mollasse.

Lever le coude, Être fort pour la chopination.

Ne pas se moucher du coude. Se dit de quelqu'un d'énergique, d'intelligent, qui ne se laisse pas facilement monter sur les arpions. Napoléon Ier ne se mouchait pas du coude. Napoléon III en avait son plein coude.

COUDIÈRE, s. f. — C'est ce qu'à Paris ils nomment assez improprement appui de fenêtre, car il semble que c'est la fenêtre qui s'appuie, tandis que chez nous on voit tout de suite que ce sont les coudes.

COUDRE. — *Coudre comme un curé.* Se dit d'une ouvrière qui ne coud pas aussi bien que peignait Raphaël.

COUENNE. Voy. *couane*.

COUET, ETTE, adj. — Penaud, honteux. La Zoé, la compagnonne, s'était mariée avec Jean Miel, le compagnon. Elle disait à sa bargeoise : *Mame Chipotot, figurez-vous que ce pauvre Jean Miel est resté tout couet! — LA* BARGEOISE : *C'est extraordinaire, j'aurais jamais cru!... — De quietum.*

COUETTE, COITE, s. f. — 1. Couverture piquée. — Français *couette*, aujourd'hui presque inconnu, qui signifiait matelas de plume. De matelas le sens a passé à couverture.
2. Petite queue. — De *cauda.*

COUFLE, COUFLETTE, adj. — Gonflé, plein, rempli. UN BON MARI, après dîner : *T'esses fatiguée des fiageôles? — Non, mais je suis coufle.* — Adj. verbal de *conflare.*

COUGNASSE, s. f. — Superlatif de cougne. Tout ce qu'il y a de mieux en fait de cougne.

COUGNASSER, v. n. — Superlatif de *cougner.*

COUGNE, CÔGNE, s. m. — Mendiant, spécialement mendiant plaignard. — Subst. verbal de *cougner.*

COUGNER, v. n. — Mendier de façon plaintive. en gémissant. — Probablem. *couiner* avec mouillement de la nasale : *couigner, cougner.*

COUINER, v. n. — Pousser le cri étouffé d'une personne qu'on étrangle. *Figure-toi qu'hier, en mangeant un œuf, j'y ai trouvé le petit poulet dedans. — Et te l'as laissé? — Il a ben couiné, mais a ben fallu qu'i passe!* — Les formes de divers dialectes montrent que *couiner* est une onomatopée du cri des petits porcs.

COULANT. — *Coulant de serviette.* A Paris, ils l'appellent *rond de serviette,* ce qui n'est pas plus français et n'est pas intelligible. — De couler. Compt. *colan.*

COULER. — *Couler la lessive,* Faire passer le lissieu au travers du charri.
Se la couler douce et heureuse. Sous-entendu *vie.*

COULEUR. — *Couleur de ménage.* Se dit d'une belle couleur jaune canari. *Une robe couleur de ménage... Il a la figure couleur de ménage,* Il a la jaunisse.

COULEUSE, s. f. — Femme qui coule la lessive.

COULOIR, s. m. — Vaisseau en tôle sur plan rond, et formant par conséquent un cylindre. La partie supérieure est tronquée en sifflet, ce qui lui fait un bec. Il est muni d'une ansière mobile en haut, et d'une poignée fixe sur le côté. On y met du menu, qu'on jette sur le foyer en tenant le couloir par l'anse et la manette. Ustensile très apprécié de nos ménagères.

COUP, s. m. — Fois. *Le premier coup qu'i pleuvra, nous aurons les fraîcheurs.* L'acception est ancienne. « Ayant prouvé, par bons et valides arguments, que c'estoit à ce coup que tout iroit bien, » dit la *Satire Ménippée.* — De *colaphus,* coup de poing. *Un coup de poing* devenir *une fois,* la dérivation de sens est tout de même extraordinaire.
Un mauvais coup, Un coup qui tue ou estropie. La bonne Mme X... détournait son mari de la candidature à la députation. Elle avait peur qu'à la Chambre, dans les discussions, « il n'attrapât quelque mauvais coup ».
Être là pour un coup, Être là pour une aide, un coup de main.
Donner coup. Se dit d'un mur qui cède. — Figurém. *Il a donné coup,* Sa santé est atteinte dans les forces vives. L'expression est singulière, car un étranger traduirait avec son dictionnaire : « cette maison a donné coup », par : « cette maison a frappé. »
Tenir coup, Résister. C'est le contraire de *donner coup.*
Donner un coup de pied chez quelqu'un, Y faire un saut, rien qu'aller et revenir.
Être aux cent coups, Ne savoir plus où l'on en est. Être atterré. *Le Denis, quand il a perdu sa fène, ça lui a pas ôté son dîner, mais quand il a perdu son cabot, il était aux cent coups.*
Faire les cent dix-neuf coups, Faire toute espèce de folies, de bêtises, etc. *I sont fiôlés à la vogue de Messimy. I n'ont fait les cent dix-neuf coups!* Pourquoi juste cent dix-neuf? Je n'en sais rien. Mais si vous disiez qu'ils ont fait les cent vingt coups, personne ne vous comprendrait.
Un coup de sang, Une remontée de sang.
Un coup de froid, Saisissement du froid qui cause une maladie, une indisposition. *Coup d'air* est français, mais *coup de froid* ne l'est pas. O grammaire?
Battre un coup sur la caisse et un coup sur le tambour, Ménager la chèvre et le chou.

Coup de pied au Cheval de Bronze, Cuir, *Donner des coups de pied au Cheval de Bronze*, Faire des cuirs. Origine obscure. Je ne vois d'autre analogie possible, sinon que, lorsqu'on donne au réel des coups de pied au Cheval de Bronze, on se fait mal au pied, et lorsqu'on en donne au français, on fait tort à ses connaissances.

Donner (ou *recevoir*) *un coup de pied dans le bas de la Grand'Côte*. Voy. *bas*.

Valoir le coup, Valoir la peine. Se dit d'une chose qui, sans être bien extraordinaire, n'est pas sans quelque valeur. *Avez-vous lu les poésies de Cuchonnet ? Est-ce bon ? — Heu, heu, ça n'est pas du Victor Hugo, Mais enfin ça vaut le coup.* (N. B. Éviter de le dire en parlant des dames.)

Coup d'hasard. Pittoresque expression, pour Enfant né hors mariage.

Coup, terme de canuserie, Passage d'un fil de trame. *Cette armure se fait en sept coups*, littéralement en sept coups de battant.

Le premier coup, le second coup, le dernier coup, ou, plus simplement, *le premier, le second*, etc., Sonnerie successive des cloches pour inviter les fidèles à la messe du dimanche. Je connaissais un architecte qui était un dimanche matin en Beaujolais dans le château d'un client. On lui avait donné la chambre contiguë à celle de Monsieur et Madame. Je ne sais ce qu'ils tarabàtaient, mais j'entendis la voix de Madame : *Allons, Monsieur, dépêchez-vous, voilà le dernier qui sonne !*

COUPE. — *Avoir bonne coupe, mauvaise coupe*, Avoir bonne façon, mauvaise façon. — Extension du mot *coupe* au sens des tailleurs.

Une coupe foireuse. Se dit, au jeu de cartes, d'une coupe qui n'est pas nette et laisse mêler les cartes.

La politesse exige que lorsque quelqu'un coupe de cette façon vous lui disiez ce proverbe spirituel : *Qui coupe foireux retourne merdeux.*

COUPER. — *Couper son eau*. M. Fumeron debout contre un mur, le dos tourné à la rue. De la main gauche, il avance soigneusement le pan de sa redingote. Passe Mᵐᵉ Mignotet. M. FUMERON : *Bien le bonjoù, mame Mignotet ! Cusez si je coupe pas mon eau, mais on dit comme ça que ça fait beaucoup du mal.* — Mᵐᵉ MIGNOTET : *Faites pas attention, mecieu Fumeron. C'est assez*

connu par tous nos anciens qu'i faut jamais couper son eau. Bien le bonjoù à Mame Fumeron (elle continue son chemin). — M. FUMERON, se repentant d'avoir oublié la politesse : *Mame Mignotet !* (elle se retourne). *Cusez si je vous quitte pas mon chapeau ; j'ai les deux mains occupées.* — Mᵐᵉ MIGNOTET : *Vous faites pas de mauvais sang, mecieu Fumeron. C'est pas votre faute. C'est pas comme nous que ça se fait tout seul. Hi, hi, hi !*

COUPERON, s. m. — Couperet dont la cuisinière se sert pour couper les viandes sur la planche à hacher.

COUPILLER, v. a. — Fréquentatif et diminutif de *couper*. J'ai remarqué qu'au palais, les avocats et les procureurs avaient tout coupillé la barre devant laquelle ils plaident.

Il n'a pas été coupé en bonne lune. Se dit d'un pauvre diable qui n'a pas de chance. — On sait que le bois coupé en mauvaise lune s'artisonne tout de suite. Mais ici, pour l'exactitude, il faudrait *semé* au lieu de *coupé*.

COUPON, s. m. — Saladier. Oncques à la maison ne dit-on autrement, toutes et quantes fois qu'il s'agissait de faire la salade : *Coco, fais-moi passer le coupon* (Coco, c'était moi) ; *Lustucru, va à la cuisine chercher le coupon* (Lustucru, c'était moi) ; *Allons bon ! voilà le coupon qu'est berchu !* Un jour une dame me racontait combien sa fille était bonne nourrice : *Monsieur, elle te vous a des nénets que chacun ferait un plein coupon !* — Comme bien s'accorde, de *coupe*.

COURATER, v. n. — Sortir constamment. Courir sans cesse de côté et d'autre. *Eh ben, Mame Gringrignôte, où don qu'est le Jirôme ? — Vous savez ben qu'i ne fait que courater toute la sainte journée. On peut pas en jouir !* Se prend quelquefois dans le sens de courir le sexe. *Et le Tonius ? — Oh ! c'est pas méchant, mais ça courate un peu. — C'est la force du bois.* Vieux franç. *courrater*, faire le métier de courtier, dont nous avons dévié le sens, en y voyant à tort un fréquentatif de *courir*.

COURATERIE, s. f. — Action de courater.

COURATIER, ÈRE, s. — Quelqu'un qui *courate*, dans l'un ou l'autre sens. *C'te Jeanne,*

*ton amie, c'est une couratière ! — Oh ! pe-
t-on bien ! — A preuve qu'on l'a vue avè
z'un houzard. — Oh ! pet-on bien ! C'était
z'un dragon.*

COURATIER-PÉLERIN, s. m. — Se dit de
ceux qui ont la dévotion de saint Trottin, qui courent sans cesse aux péleri-
nages, etc.

COURGE, s. f. — Courle. Mot français,
mais absolument inusité. Dont vient que
les Parisiens disent toujours *potiron*, et
ont même un imperceptible mouvement
d'épaules quand ils nous entendent dire
courge. C'est la causé pourquoi, manquablement, *la Cuisinière bourgeoise* dit :
« Courge, voyez potiron. » En retour, *le
Bon jardinier*, qui est moins stylé, dit :
« Potiron, voyez courge. » — De *cucurbica*
pour *cucurbita*.

COURGE-BOUTEILLE, COURLE-BOUTEILLE,
s. f. — « Petite courge, dit le savant du
Pinet, dans son *Histoire naturelle*, qui a
aulcuns rapports de ressemblance avecques un vieil teton. » Une fois vidée des
graines par le goulot, et convenablement
affranchie, elle sert de bouteille pour les
liquides.

COURIR. — *Courir tant qu'on a de jambes*,
Courir à toute vitesse, jusqu'à ce que, les
jambes étant usées, on finisse par ne plus
courir que sur les moignons.
Courir comme un rat empoisonné. Dicton inexact. J'ai vu des rats empoisonnés.
Ils marchaient à peine, titubant comme
s'ils avaient trop bu.

COURIRAI, AS, A, etc. Futur du v. *courir*.
— *Si les bleus viennent, nous courirons*.
Analogie avec *maigrir, maigrirai; guérir
guérirai*, etc.

COURLE, s. f. — Courge. — De *cucurbita*,
par l'intermédiaire provençal *cougourda*,
avec un changement insolite de *d* en *l*.

COURONNE, s. f. — 1. *Couronne de pain*,
Pain qui a la forme d'une couronne.
2. *Couronne de mitron*, Rond en forme
de couronne, d'une grandeur telle qu'il
tienne sur la tête, garni de bourre et
communément recouvert de morceaux de
velours de diverses couleurs, taillés en
triangle, ce qui fait un très joli effet. Le
mitron met la couronne sur sa tête, à

seule fin que la paillasse, lourde de
pains, ne lui offense pas la bosse du
crâne.
3. *Couronne de comptable*, Rond de cuir
sur lequel s'asseoient les personnes qui
ont le cœur sensible. Quelques incongrus
disent *couronne à fessier*, mais cette expression ne serait tolérée qu'à la tribune,
dans une réunion publique.

COURSE, s. m., terme de canuserie. —
Voy. sous *marquer*.
Course (pour *cours*), s. m., terme de
canuserie, Subdivision des fils de la
chaîne dans le remettage (voy. ce mot).
De course, loc. ad. Vivement, promptement. *M. Trancanoir m'y a dit :* « *Père
Lantimèche, faut me faire cette pièce de
course.* » *De course* est pour *à la course*.

COURSIÈRE, s. f. — Sentier qui coupant
d'un lacet d'une route en pente à un
autre, permet d'abréger le chemin. —
Non de *course*, mais du vieux franç.
acorcier, raccourcir.

COURT-BOUILLONNÉ. — *Visage court-bouillonné*. Image aimable pour un visage cou-
perosé.

COURTEROLLE, s. f. — *Grillo-talpa vulgaris*,
courtilière. — Du vieux franç. *courtil*,
jardin, avec le suffixe *olle*. On a donc eu
courtillole, devenu *courterolle*.

COURTET, ETTE, adj. — Tout petit, ite.
Diminutif de *court*.

COURTIAUD, AUDE, adj. — Forme francisée
de *cortiaud*.

COUTEAU. — *Couteau de miel*, Gâteau de
miel. Le bon Humbert y voit le figuré de
rayon de miel, mais il faut une grande
puissance dans la création des métaphores
pour figurer un rayon de miel par un
couteau. La vérité, c'est que couteau représente ici *culcitellum*, de *culcita*, couche.
Couteau à trouillée, Sorte d'énorme couperet qui sert, lorsqu'on tire le vin, à
couper de la trouillée tout ce qui déborde
le manteau.

COUVENT. — *Le Couvent de saint Joset, quatre
pantoufles sous le lit*. C'est le saint état de
mariage. Un jour, un ecclésiastique ra-
baissait si vivement l'état du mariage

comparé à la virginité en présence de ma grand-mère, M**⁺⁺ Durafor, que celle-ci, piquée, lui dit : « Mousieur l'abbé, j'ai vu dans l'Évangile que Notre-Seigneur avait assisté à des noces ; je n'y ai pas vu qu'il eût assisté à une prise d'habit. »

Le Couvent de saint Benoît, on se couche deux, on se lève trois. Même sens. Un de mes oncles de Mornant avait une petite fille qui disait toujours qu'elle voulait se faire religieuse. — *Oui, ma fille*, répondait le bonhomme, *je te mettrai au couvent de saint Benoît.* — *C'est ça, papa, ce doit être un joli couvent !* — Elle n'a pas manqué d'y entrer, et elle a si bien observé la règle, qu'elle a eu dix enfants.

COUVERCLE. — *Il n'est si vilain pot qui ne trouve son couvercle*, Il n'est si laide fille qui ne trouve à se marier.

Cf. Regnier :

Il n'est si décrépite
Qui ne trouve en payant couvercle à sa mar-
[*mite.*

COUVERT, s. m. — 1. Garniture de table à manger. — *Mettre le couvert ;* ce qui *couvre* la table.

2. Un cuiller et une fourchette. C'est un dérivé du sens 1.

Les vieux Lyonnais appelaient la réunion de la cuiller et de la fourchette *un service* et non un couvert. On dit, du reste, un service à découper et non un couvert.

3. Toit, toiture. On le trouve déjà dans ce sens dans un acte de 1518.

Adj. — *Un homme bien couvert*, Un homme bien floupé.

COUVERTE, s. f. — 1. Couverture. Molard n'a point failli à écrire : « Couverte, dites couverture. » Pourtant Regnier avait dit :

Un garde-robe gras servait de pavillon ;
De couverte un rideau...

Contradiction du langage ! *couverte* n'est point ici la chose *couverte*, mais la chose *couvrante.* Il en va du reste exactement de même avec *découverte.* Si les grammairiens avaient quelque logique, de même qu'ils disent la *couverture du lit*, ils devraient dire la *découverture de l'Amérique.*

2. Terme de construction, Pierre taillée ou pièce de bois placée sur une baie pour la couvrir horizontalement.

COUVERTINE, s. f., terme de construction. — Dalle plate ou bombée, servant à couronner un mur.

COUVET, s. m. — Pot de terre dans lequel on met de la braise pour servir de chauffepieds. Ce n'est point, comme l'a cru Littré, un dérivé de *couver.* C'est un dérivé de *chauffer*, de *calefare*, comme l'indique la forme provençale *caufet.*

Faire couvet. C'est quand une femme s'asseoit devant le feu en écartant les jambes et en troussant sa cotte, pour que le feu la réchauffe bien sous ses vêtements. On appelle aussi cela *Faire la petite chapelle*, expression qui me semble singulière, car j'ignore quel saint on y peut honorer.

COUVRE-AMOUR, s. m. — Chapeau. LA COMTESSE : *Vous cherchez votre couvreamour, marquis, il est resté dans l'antichambre. Baptiste, allez chercher le couvreamour de M. le marquis.* — BAPTISTE : *Madame la comtesse, il n'y a que le bugne de M. le comte.* — LA COMTESSE : *Ah, pardon, marquis ! j'étais assise dessus ; le voilà. Ça l'a un petit peu cabossé.*

COUVRE-ARÇONS, s. m. — Morceau de lustrine, verte communément, que l'on met par-dessus les arçons. Les ballouffières, les couvre-arçons, les béguis, les corsets, les flênes, etc., font toujours partie du trousseau que l'on remet à la nourrice.

COUVRE-PLAT, s. m. — 1. Vaste cône tronqué de ferblanc, très aplati, que l'on place sur les plats et les casseroles. Ce n'est pas du tout, comme le croit Molard, la même chose qu'un couvercle. Le couvreplat servait particulièrement à couvrir le rôti, lorsqu'on le rapportait de chez le boulanger chez qui on faisait cuire les rôtis et aussi les pièces de pâtisserie façonnées par la bourgeoise rapport à l'insuffisance des potagers de ménage.

Des oreilles comme des couvre-plat. Comparaison élégante et très employée pour dire de grandes oreilles.

2. Chapeau plat à grands rebords. Se dit parce qu'il a quelque analogie de forme avec un couvre-plat, mais aussi parce que, quel que soit le personnage qu'il couvre, il y a beaucoup de chances pour qu'il couvre un plat.

COUYON, s. m. — Benoît, mollasse, couâme, cogne-v...., etc. Ce mot n'a absolument rien chez nous du caractère déshonnête qu'on attribue, paraît-il, au français coïon.

Un couyon de la lune, même sens. — Chacun sait que les femmes ont en partie toutes un quartier de lune dans la tête, sans compter les *pêcheurs de lune*, illustrés depuis peu par E. Rostand. Il résulte de toutes ces acceptions qu'on reporte à la lune l'influence de rêvasserie qu'on retrouve dans l'expression *Il est toujours dans la lune* pour désigner quelqu'un qui pense toujours à autre chose que ce dont il doit s'occuper dans le moment.

Quand je revins de nourrice, j'avais une bonne grosse face large, mais sans flamme. On me mène chez des amis pour me faire faire connaissance avec leur petite fille âgée de deux ou trois ans de plus que moi et qui bégayait. Je la regardais intimidé. — *Comment que tu le trouves*, fit mon père ? — *Je trou... trou... ve qu'il a l'air d'un tou... tou... touyon de la lune !*

COUYONNADE, s. f. — 1. Gandoise.
2. Niaiserie. *Dire des couyonnades*, Dire des plaisanteries, des niaiseries. Ne s'entend nullement de dire des choses déshonnêtes.
Couyonnade en bâtons, Crème de niaiserie.

COUYONNE. — *Mar-chand d'eau dé Couyonne!* C'était sur une mélopée triste et lamentable, que de pauvres traîne-grolles, généralement très vieux, criaient ainsi par les rues la vente de l'eau de Cologne dans des fioles très minces, longues comme un crissin de chez Casati, et qu'on ne pouvait tenir autrement que couchées. Dire que de pauvres gens gagnaient ainsi leur pauvre vie, cela semble extraordinaire, car enfin l'eau de Cologne n'est pas une denrée à vente démocratique comme les courles. Il y a beau temps que les bazars ont tué les marchands d'eau dé Couyonne !

COUYONNER, v. n. — Plaisanter, railler, gausser. *Vous dites que maintenant on se cause de Paris à Lyon? Vous couyonnez !*
Couyonner le service, Mal s'acquitter d'un office, d'une commission, d'un devoir.
Te voilà marié, disait le père Carbouillon à son fils le soir de ses noces, *va pas couyonner le service !*

COUZON. — *Duel à l'épée de Couzon*, Duel à coups de poing.

COUZONNAIRE, AISE. — Habitant, ante de Couzon. A Lyon, on appelle plus spécialement Couzonnaires les mariniers qui apportent la pierre de Couzon, dont tout Lyon est bâti.

COVIN, s. m. — Piquette, second vin. — *Cum vino.*

COYAU, s. m. — Morceau de bois rapporté sur l'extrémité inférieure du chevron dans les toitures à forte pente et qui les fait se terminer agréablement par une courbe concave. On trouve déjà *coiau* au XIV° siècle. — De *cauda*, queue.

CRABOUILLER, ÉCRABOUILLER, v. a. — Écraser, réduire en capilotade. Quand mon grand-père était petit, mon arrière-grand-père, donc le passementier de la rue de l'Hôpital, l'envoya une fois acheter un quarteron d'abricots, bien mûrs. Mon grand-père, n'ayant pas de panier (ni de gilet), ouvre sa chemise à l'estomac, met les abricots dedans. Les abricots, par leur poids, petit à petit, tirent la chemise, la font passer par-dessus la ceinture, et les abricots dans le ruisseau. Mon grand-père veut les ramasser, il glisse, pouf! et le voilà à plat ventre sur ses abricots, nageant à la grenouille. Si les abricots furent écrabouillés! — Le petit gone fut obligé de les manger sur place. — Aussi mon grand-père, dans sa vieillesse, recommandait-il à ses petits-enfants de ne jamais aller acheter d'abricots sans avoir bien serré la ceinture de leurs culottes. — Vieux franç. *escharbouiller*, de *carbuculare.*

CRACHAT. — *Se noyer dans son crachat.* Se dit de quelqu'un qui se fait des monstres des moindres difficultés. Le grand Ampère écrivait : « L'état de mon esprit est singulier ; je suis comme un homme qui se noierait dans son crachat, et qui chercherait inutilement une branche pour s'accrocher. » — J'ai remarqué que, de tous les défauts, c'est celui sur lequel la volonté a le moins de prise.

CRACHÉ. — *C'est son père tout craché.* La plupart du monde emploient un autre mot que craché, mais il faut avoir de la distinction. Un jour, place Bellecour, je rencontre Mme ***, tenant par la main un enfant. Moi, tout de suite, selon la politesse: *Oh, comme votre mami est drôle ! C'est votre homme tout craché ! — Comment*, reprit la dame, furieuse, *vous trouvez qu'il ressemble à mon mari ! C'est l'enfant d'une de mes amies !*

CRACHER. — *Cracher en l'air pour qu'il vous retombe sur le nez*, Accomplir une action, une vengeance inutile et qui peut vous être nuisible. La Dodon: *Je veux plus aller avec la Catherine*. — La Jeanne: *A cause ?* — La Dodon: *Te sais pôs qu'a va faire un pet à vingt ongles ?* — La Jeanne: *B... de sampille !* — La Grand', sur ses anilles, qui a de l'expérience : *Crachez pas tant en l'air, que pourrait vous retomber sur le nez !*

Cracher au bassinet. Voy. *bassinet*.

Faut cracher dessus et prier le bon Dieu que ça gèle. C'est ce qu'on dit aux enfants quand ils ont cassé une assiette et qu'ils en rapprochent les morceaux. (N. B. Le dicton ne dispense pas de la patte mouillée ou du robinet.)

CRACOVIE. — *Te vois pas qu'i revient de Cracovie*, Qu'il dit des mensonges. Jeu de mots sur *craque*.

CRAILLON, s. m. — Crachat. Mais, parlant par respect, crachat particulier, horrible, ostréiforme. L'onomatopée, très différente de celle de *cramiau*, indique de grands efforts pour l'expulsion ; tandis que *cramiau*, ça file tout seul. Il n'y a que le lyonnais pour avoir de ces nuances. — German. *hraki*, auquel nous avons appondu un ignoble suffixe *aillon*: Comp. *tripaillon*, *penaillon*, *graillon*, etc.

CRAINDRE. — *Craindre quelque chose*, Ne pas l'aimer. *Ne pas craindre une chose*, L'aimer, sans l'aimer passionnément. La maîtresse de maison, tendant un plat : *M. Oscar, aimez-vous les viédazes ? — Merci, Madame, je ne les crains pas.*

Ne pas craindre quelqu'un, Ne pas avoir peur qu'il vous communique du mal. La demoiselle de la maison au charbonnier qui a monté une benne de malborough : « *Allons, buvez un coup. Voilà un verre, mais j'ai bu dedans, je vous en chercher un autre. — Oh, Mademoiselle, pas besoin, je vous crains pas !* Ce n'en serait pas moins imprudent de boire comme cela dans le verre de toutes les demoiselles.

Une étoffe, une robe qui craint. — Entre deux dames : *Vous avez une bien jolie robe ! — C'est vrai ; dommage que ce soye une étoffe qui craigne tant ! — Nous avons en partie toutes les jolies couleurs qui craignent.*

CRAMAILLER, ÉCRAMAILLER, v. a. — Écraser, écrabouiller. *Il a reçu un coup de poing qui lui a tout cramaillé le nez*. — D'un radical *carp* (*carpere*) et de *mailler*, en vieux français frapper avec un maillet, un marteau.

CRAMIAU, s. m. — Parlant par respect, Crachat. — Un Lyonnais reçoit un Marseillais. Salon scrupuleusement ciré. Le Marseillais : Il fume et envoie un cramiau splendide sur le parquet. — Le Lyonnais : Il a l'air inquiet et pousse timidement du pied un crachoir. — Le Marseillais : Il refume et envoie un recramiau. — Le Lyonnais : Il a l'air de plus en plus mal à l'aise, et avance un peu plus le crachoir. — Le Marseillais : Il refume et envoie un rerecramiau. — Le Lyonnais, agité : Il pousse le crachoir un peu précipitamment et heurte légèrement la cheville du Marseillais. — Le Marseillais, impatienté : *Ah ça, mon cer, si vous me poussez encore une fois votre botte dans les zambes, ze vous préviens que ze crace dedans !* — Onomatopée fabriquée sur le radical de *cracher*.

CRAPAUD, s. m. — 1. Petit chariot à roues très basses, qui sert à transporter les matériaux dans un chantier. Les objets qui portent ont pris en général le nom d'animaux (voy. *cayon*). Ici la comparaison est d'autant plus frappante que le chariot est bas et avance avec lenteur.

2. Terme de canuserie, Défaut de fabrication dans une étoffe. Il se produit lorsque quelque maille du remisse est cassée, et que le fil n'obéissant plus à la lève ou à la baisse des lisses, la trame passe par-dessus ou par dessous, ou par quelque autre raison de ce genre. Avec une très grande bonne volonté, complétée par une très grande imagination, l'on peut y voir l'image d'un crapaud.

Chargé d'argent comme un crapaud de plumes. Voy. *chargé*.

CRAPPE, s. f. — Marc du raisin. *Du vin de la crappe*, Vin des dernières pressées.

CRAQUANT, s. m. — Lorsque vous achetez des souliers, ne faillez point à vous y faire mettre par le cordonnier un peu de craquant, dût-il vous en coûter quelque chose de plus. Il n'y a rien qui achatisse les bôyes comme des souliers qui craquent. On voit tout de suite que vous êtes un homme distingué.

CRAQUE, s. f. — Gandin, colle, surtout dans le sens d'exagération, de gasconnade. — Subst. verbal de *craquer*.

CRAQUER, v. n. — Faire des craques, battre des colles. C'est le fig. de *craquer*, faire du bruit, d'où faire le vantard.

CRAQUEUR, EUSE, s. — Celui ou celle qui fait des craques. Une vieille chanson lyonnaise dit :

Tu me disais que tu m'aimais,
Menteuse,
Craqueuse,
Tu me disais que tu m'aimais,
C'est un' carott' que tu m' tirais !

CRAQUELIN, s. m. — Sorte de gâteau sec, sans beurre, avec force blancs d'œufs. Il est en forme de couronne, avec de petites cornes de temps en temps, comme une couronne d'épines aimable. Quelques-uns le nomment *gâteau à l'eau*. C'est, me dit-on, l'échaudé parisien, avec cette différence que l'échaudé a la forme d'une barquette. Nourriture favorite des canaris. — Diminutif de *craquelle*, sorte de vieille pâtisserie lyonnaise. En 1573, Lyon fut menacé de la famine. Le 1ᵉʳ mai, le Consulat ordonna qu'on irait prier M. le Gouverneur de « faire défense aux boulangers, pâtissiers et autres de la Ville, de cuyre aulcunes miches, tartres, radisses, saffranées, pastez, bugnes, chaudellets, cachemuseaulx, *craquelles*, et autres semblables sortes de pâtisseries où il se consomme grande quantité de farine passée, pendant trois mois prochains, sous peine de grosse amende arbitraire. » — *Craquelle*, de *craquer*, indubitablement.

Avoir ses bas en craquelins, Les avoir en façon de colonnes torses, faute de les retenir par des ficelles. Une dame qui a toujours ses bas en craquelins n'est pas donnée comme un modèle de femme soigneuse, généralement parlant.

CRAS. — *Être à cras*, Être à toute extrémité. Le marchand, quand il va déposer son bilan, l'homme quand il va mourir, sont à cras. En 1870, la France était à cras. *O Navis, referent in mare te novi fluctus !* — Subst. verbal d'*écraser*.

CRASE. s, f. — Ravin, creux de terrain. *Passe don pas dans la crase, y a de gabouille.* — De *corrosa*. La forme *crase* a été facilitée par l'influence de *rase*, creux, fossé.

CRASSE, s. f. — *Faire une crasse*, Manquer de magnificence dans quelque circonstance. Un bonhomme, chaque samedi, donnait une pièce blanche à un pauvre. Vint un jour que le bonhomme, faute de pièce blanche, donna du billon. Le pauvre fit son compte : il y manquait un sou. *Ce cochon-là m'a fait une crasse !* faisait le pauvre avec indignation. — Subst. verbal de l'inusité *crasser*, faire acte de crasseux au sens d'avare, les avares étant généralement malpropres.

Crasse de beurre. Voy. *beurre.*

CRASSE. s. m. — Chapeau. *Hortensia, faut que j'aille chez le préfet : porte-moi mon panneau, ma cravate blanche et mon crasse !* — Se dit surtout d'un chapeau monté, quelquefois d'un chapeau melon, mais jamais d'un chapeau de paille. On dirait alors : « Donne-moi mon chapeau d'ânier ! »

CRÈCHE, s. f. — Nom donné à Lyon à des représentations du mystère de la Nativité au moyen de marionnettes suspendues par des fils. Ces représentations étaient destinées aux enfants.

CRÊME. — *Bonnet de crème.* Voy. *Bonnet.*

CRÉMER, v. n. — Se dit de l'eau quand il ne gèle pas assez pour que les aiguilles de glace se soudent. *O Madame*, s'écriait un amoureux de ma connaissance, *vous êtes de glace pour moi !* — *Non, je crème seulement*, répondit la dame. Il me semble que cela laissait quelque espoir. — On dit aussi quelquefois *créper*, parce que la surface de l'eau est alors rugueuse comme un crêpe.

CRÉNEAU, s. m. — Sorte de grande cage sans fond, composée de quatre cerceaux (habituellement faits avec des cercles de tonneaux), reliés entre eux par un filet à très larges mailles. Cela fait une manière de cloche sous laquelle on met les poulets lorsqu'on veut qu'ils soient en plein air, et qu'ils ne vaguent pas. — Peut-être d'un radical celtique qu'on trouve dans tous les dialectes avec la signification de chose qui recouvre, sous les formes cren, crwn, cron, cruin.

CRÊPER. Voy. sous *crémer*.

CRESSURES, s. f. pl. — Douleurs dans les membres qu'éprouvent les enfants et que le populaire attribue à la croissance des os. — Fait sur *cressu*, participe du vieux lyonn. *creitre*, croître.

CREST (*crè*), s. m. — Sommet d'une montagne. — De *crista*, crête.

CREUX, s. m. — Voix. « Comme elle chantait à vêpres et à complies ! Elle vous avait un creux ! i fallait voir ce creux ! » (*Oraison funèbre.*) — Pour nous la voix ne sort pas du larynx, mais du creux de la poitrine. C'est d'ailleurs bien plus naturel.

CRÈVE, s. f. — *Avoir la crève,* Avoir une maladie dont on croit mourir. — Subst. verbal de *crever*.

CRÈVE-FAIM, s. m. — Terme méprisant pour un homme incapable de travailler et qui ne sait que croupir dans la misère. — Contraction de *crève-de-faim*.

CREVOGNÉ, ÉE, adj. — Fatigué, abattu. LE DOCTEUR: *Madame la duchesse, que se sent-elle ? — Ah, docteur, je suis toute crevognée ce matin. — Dormez-vous ? — Oui. — Digérez-vous ? — Oui. — Allez-vous bien à la selle ? — Oui. — Allons, allons, tranquillisez-vous, nous allons vous faire passer tout cela.*

CRIER. — *Crier quelqu'un.* En partie toutes les femmes crient leurs maris du matin au soir, c'est-à-dire les grondent, les bourrent, les scient, les sèchent, les tourmentent, les agacent, les énervent, les tamponnent, les horripilent, etc., etc. Les domestiques non plus n'aiment pas qu'on les crie sans cesse, mais eux ils peuvent s'en aller.

CRIMER, v. a. et n. — Se dit des objets qui brûlent sans flamme. *Le lait a crimé au fond du pot... J'ai crimé ma robe au poêle.* — Probablement corruption de *rimer*, même sens, sous l'influence de *cremare*, patois *crémô*.

CRINSER, v. a. et n. — Se dit des objets qui brûlent sans flamme et en se crispant. LA FEMME, en entrant : *Comme i sent la corne brûlée ! —* LE MARI : *C'est moi qui m'ai crinsé les cheveux.* On dira encore : *Fais don attention! te vas crinser tes bamboches en te chauffant les clapotons!* — Vieux français *crincier*, *crainser*, se crisper; de *crin*, comme *crincier*, tamiser. Le mot est assez répandu pour que je le lise dans le *Salut Public* du 15 février 1874 : « Jusqu'à ces derniers froids l'extrémité seule de leurs rameaux (des eucalyptus) avait été crainsie. » — Quelques-uns disent *grincer*.

CRIQUE, s. f. — Usité seulement dans cette locution : *Que la crique me croque !* manière de dire : « Que le diable m'emporte ! » mais plus convenable. *Mame Potachier, une femme vartueuse ! elle a de la vartu comme vous et moi! Si son mari entre en paradis sans se baisser, je veux bien que la crique me croque!* C'est ce que Mme Catinet, notre voisine, disait un jour à mon bargeois. Le bargeois, lui, avait une façon encore plus honnête de jurer. « Si c'est pas vrai, disait-il souvent, je veux bien que la carcasse d'un poulet m'entre dans le ventre! » — Sur le point de savoir ce que c'est que la crique, adressez-vous à ceux qui ont fait leurs classes.

CRISSIN, s. m. — Pain au lait, extrêmement long et mince, très craquant, importé d'Italie : génois *grissin*. Mais j'ignore l'origine de ce dernier.

CRISTAUX, s. m. sing. — Cristaux de soude qu'on fait dissoudre pour blanchir le linge. LA MAITRESSE DE MAISON : *Glaudia, pourquoi c'est-ce que ce linge est si mal lavé ? —* LA BONNE : *Madame, c'est des cochonneries, que ça ne partira qu'avec du cristaux. —* LA DAME : *Oui, mais faites votre cristaux pas trop fort, pour ne pas manger le linge.*

CRISTELLES, s. f. pl. — Terme de canuserie. — Cordelettes serrées sur le lisseron et auxquelles les mailles composant une lisse sont arrêtées, pour maintenir l'écartement des mailles entre elles dans la largeur voulue. Je suppose qu'en italien l'objet doit s'appeler *crestella*. Sinon, on a dû former le mot par analogie avec l'italien *crestella* (de *crista*), bordure du peigne, laquelle recouvre le plomb de la soudure des dents.

CROQ, s. m. — Escroc. *Croc* est la vieille forme lyonnaise, signalée par Molard, et depuis lors tombée en désuétude. Nous ne disons plus guère: *C'est un croc;* malheureusement, il y en a plus que jamais.

CROCHET, s. m. — 1. Instrument pour peser. C'est proprement une romaine. L'instrument étant muni d'un crochet pour y suspendre l'objet à peser, la partie a donné le nom au tout. Du temps de nos grand'mères, il n'y avait pas un ménage où il n'y eût un crochet, à seul fin d'éviter d'être refait au même par le marchand.

2. Os au-dessus du creux de l'estomac. Nous l'appelons crochet, parce que tout le monde sait qu'il fait le crochet et que c'est à cet os qu'est appondu le gigier ou estomac. Aussi rien de si mauvais que de se *décrocher l'estomac.* C'est des fois de misère, des fois une forçure, mais c'est très mauvais. Les médecins n'y entendent rien, mais M. Chrétien avait de remèdes pour le recrocheter, notamment « le remède que nous portons tous avec nous ».

3. Organe de la Jacquard. Les crochets sont des aiguilles verticales recourbées aux deux extrémités. Le croc inférieur supporte le collet (voy. ce mot). Le mouvement de la mécanique enlève le crochet par son croc supérieur ; et le crochet, par son croc inférieur, enlève le collet et les branches d'arcades (voy. ce mot) qui y sont appendues. Il y a aujourd'hui des mécaniques jusqu'en 1100 crochets et peut-être plus.

4. Harnais du métier de canut. C'est une règle de bois, aussi longue que la chaîne est large, munie de crochets d'un côté et à laquelle sont attachées des cordes qu'on nomme *cordes à encorder.* Lorsqu'une pièce touche à sa fin, et que le compasteur quitte le rouleau de derrière, on accroche les crochets au compasteur en les faisant passer entre les fils et on enroule les cordes sur le rouleau de derrière. Les cordes, en se déroulant, permettent de conduire le compasteur jusque derrière le remisse, et de ne rien perdre de la chaîne.

CROIRE. — *S'en croire.* Être vaniteux, s'imaginer qu'on est le premier moutardier du pape; on dit aujourd'hui à l'Académie « se gober ». Je connaissais un brave infirmier dans un hospice, qui était chargé, parlant par respect, de faire chauffer les lavements. Comme il était soigneux et intelligent, il fut appelé à la fonction supé-

rieure de les donner. Ainsi que le faisait judicieusement remarquer un de ses collègues, ce n'était pas une raison pour son épouse de s'en croire tant comme elle s'en croyait.

Ce n'est pas de croire, Ce n'est pas croyable.

Faut croire. Formule d'assentiment très usitée. *Chavasse est-i venu ? — Non, — Manquablement il aura reçu une pièce. — Faut croire.*

CROISSANT, s. m. — 1. Faucille de moissonneur.

2. Serpe emmanchée à un long bâton pour élaguer les arbres. — De la forme en croissant de lune.

3. Crochet en cuivre placé horizontalement de chaque côté d'un intérieur de cheminée pour retenir la pelle et les pinces. — De la forme, qu'avec de la bonne volonté, on peut comparer à un croissant exagéré.

CROIX. — C'est un usage pieux, conservé dans les vieilles familles, lorsqu'on entame un pain, de tracer une croix dessus avec le couteau.

Faire la croix dessus. 1. En finir avec une chose. *Eh ben, père Fenassu, c'est-t-i vrai, ça qu'on dit, que vous courez toujours ? — Oh, y a beau temps que j'ai fait la croix dessus.*

2. Se résigner à une perte. *Et vos Lyonet-Loire ? — Oh, je n'y pense plus, j'ai fait la croix dessus.*

Ayez soin, quand vous serez à table, de ne pas mettre en croix deux couteaux ou bien votre couteau et votre fourchette. Cela porte infailliblement malheur. Il m'est arrivé de chagriner ainsi, faute d'attention, beaucoup de bonnes gens.

CROIX-DE-MALTE, s. f. — *Lychnis chalcedonica,* plante à fleurs d'un rouge éclatant, à pétales opposés, de manière à paraître figurer une croix de Malte.

CROIX-PILE. — *Se mettre à croix-pile,* Se coucher à bouchon les bras et les jambes écartés. On est à *pile,* puisque le revers de la médaille est en l'air, et en même temps l'on est à *croix,* puisqu'on en a pris la forme. C'est très champêtre, dans un pré, pour faire son quart d'heure.

CROMPIRE, s. f. — Pomme de terre. — All. *grundbirn;* holland. *grondpeer.* Introduit lors de l'invasion de 1815.

CROQUE, s. f. — Contusion ou petite blessure sur un endroit osseux. On a beau faire avec les mamis, les mettre dans des tintebiens, leur ajuster des bourrelets comme des couronnes de Guillaume III, c'est bien rare s'ils passent une demijournée sans se faire une croque au front. — Radical de *croquignole*. Croquignole, petite croque.

CROQUER. — *Croquer un rhume de cerveau.* Si vous avez ce désagrément, il faut bien vous graisser la racine du nez avec de la chandelle des six, le soir avant de vous coucher, et, pour que le rhume ne vous tombe pas sur la poitrine, vous mettre un bas de laine sale autour du cou. — *Croquer*, saisir avec un croc.

CROSSE, s. f. — 1. Béquille, anille. — D'un rad. *croc* qui se trouve dans le germanique et le celtique.
2. Terme de construction, Pierre de taille, mince et longue, posée debout, et alternant avec des pierres posées sur plat, qu'on nomme *lancis*, pour former le jambage d'une baie. — Je ne vois pas sous quelle influence a pu s'opérer cette déviation du sens primitif de crosse.
3. Terme de serrurerie, Clou forgé, très long, à section carrée, avec une tête oblongue, pour planter dans les murs (pas la tête, la pointe). — De la forme de la tête, qui lui donne une ressemblance avec *crosse* 1.

CROSSER, v. a. — 1. Bercer. Dans certaines de nos montagnes, on place le crosson sur un rayon à rebord, contre le lit conjugal. On y attache une corde, et du lit, la femme crosse le mami tant que dure dure. Mais, des fois, il y a des interruptions. — Terme emprunté au jeu de paume. *Crosser*, c'était lancer une paume avec une crosse. Crosser un berceau, c'est le faire aller et venir comme une paume.
2. Railler. Littéralement se jouer de quelqu'un comme d'une paume. L'argot parisien a *balancer* dans le même sens.

CROSSEUR, s. m. — Un railleur, un gausseur. *Y avait à la vogue de Messimy un montreur qui disait qu'il montrait un cheval sans tête et une femme sans malice. Mais j'ai pas entré. J'ai bien vu que c'était un crosseur.*

CROSSON, s. m. — Berceau. Le crosson est en planches et surtout usité à la campagne. A Lyon, on se sert de balles en osier.

CROTTU, USE, adj. — Marqué de petite vérole. *Ça serait un bel homme, s'il avait pas le groin crottu.* — De *crupta* (*crypta*), trou.

CROUPETON. — *Se mettre à croupeton*, Se mettre à cacaboson. On le trouve dans Villon. — De *croupe*.

CROUSTENDILLE, CRUSTENDELLE, s. f. — Cartilage. *La croustendille de l'oreille*, Le cartilage de l'oreille. Quand on mange un oreillon, il y en a qui aiment la croustendille, mais il faut toujours bien regarder auparavant si la cuisinière n'a pas oublier d'ôter le coton (pour le cas où le veau aurait eu des maux de dents). — Du vieux franç. *crussir*, craquer. L'introduction du *t* s'est produite sous l'influence de *crusta*, croûte.

CROUTES. — *Il est aux croûtes de son p'pa*, Il vit aux dépens de son père.
Être à ses croûtes, Vivre de son travail, être sorti d'apprentissage.

CRU, s. m. — Excellent substantif, fait du verbe *croître*. — *C't enfant a fait son crû*, Il a atteint toute sa croissance pour son âge. Molard, qui avait proscrit le mot, s'est sans doute aperçu qu'il était au dictionnaire de l'Académie, car il a disparu de l'édition de 1810.

CRUCIFIX. — *Désargenté comme le crucifix de saint François.* Se dit de quelqu'un qui manque de monnaie faute de grosses pièces. Le crucifix n'est pas celui de la riche paroisse de Saint-François-de-Sales, mais celui des frères Mineurs.
Il ferait noyer une barque de crucifix. Image énergique pour dire de quelqu'un qu'il porte bissêtre.

Ç'TUI, adj. dém. — Celui. *Ç'tui qu'a éventé la vapeur n'équiait pas rien la moitié d'une bête !* On dit aussi *Ç'tui-là* pour Celui-là. « Et que, plus tard, devient le feu de l'enfer, et par conséquent cetuit-là de la mort. » (*Calamitances.*) — Vieux franç. *cestuy*, de *ecce istui*. « Cestuy là a fait caca dans nos paniers, » dit la *Satire Ménippée*.

CUCHON, s. m. — Tas, amas de matières quelconques, généralement de forme conique. *Un cuchon de z'équevilles.* Mon camarade Greluchard me disait un jour : *Figure-toi qu'à la sortie de l'Alcazar, c'était bachique : y avait par terre un cuchon de masques qu'équiont soûls.* — Vieux franc., *cuche,* même sens, d'origine inconnue.

CUILLER. — *Tourner la cuiller autour du pot,* Prendre des précautions oratoires. D'après La Rochefoucauld, l'amour platonique serait proprement le tour de la cuiller autour du pot.

CUINÉ, ÉE, adj. — Ruiné, perdu, qui est à cras. A l'écarté, abattant son jeu : *Le roi et le point ; t'esses cuiné !* — Forme de *couiné.* Celui qui est cuiné est comme celui qui est couiné, c'est-à-dire qui a poussé son dernier cri.

CUIR. — *Le cuir sera bon marché, les veaux s'étendent.* Se dit amicalement à quelqu'un qui s'étire.

CUIRASSIER, s. m. — Celui qui fait des cuirs.

CUIRE, v. n. — *Mettre à cuire,* avoir affaire à forte partie, par suite de démarche ou attaque imprudente. (M. D.)

CUISON, s. f. — Cuisson, surtout dans le sens de douleur à la peau. *Touche pas les chenilles, ça donne de cuisons.*

CUISSE-FROIDE, s. f. — Se dit d'une personne qui n'a rien d'un volcan. Je demandais un jour à la bonne Mᵐᵉ du Poivre pourquoi elle ne mariait pas son aîné, qui était chez un marchand de mélasse. *Que voulez-vous que je marie cette cuisse-froide !* me fit-elle avec un ton d'indicible mépris.

CUIVRE. — *Eau de cuivre,* Eau pour nettoyer les objets de cuivre. Métonymie simplifiante.

CUIVRER, v. n. — Donner de l'argent. Un jour, aux Célestins, l'acteur Huguet étant indisposé, le régisseur proposa au public d'échanger ses billets contre des billets pour une représentation ultérieure où jouerait l'acteur. Mais le parterre debout se révolta. *Nous ons cuivré,* criait-on de toutes parts, *nous volons gin de papi !*

CUIVRES. — *Faire ses cuivres.* C'est, pour nos ménagères, frotter tous les cuivres de l'appartement : tirages de sonnettes, boutons de porte, cadres de cheminée, croissants, etc., de manière à leur faire tirer les yeux. Dans un ménage bien ordonné, on ne faut jamais à faire ses cuivres tous les samedis. C'est une agréable plaisanterie de dire à quelqu'un qui s'est lavé le visage : *On voit que c'est samedi, aujourd'hui ; tu as fait tes cuivres.*

C.. (parlant par respect, je le dis ici une fois pour toutes) — *Avoir la v.... du c.. tournée.* Voy. *v....*

Tourner le c.. au pain, Agir contre ses intérêts. D'un candidat qui n'a pas voulu se faire radical, on dira : *Il a tourné,* etc.

Avoir le c.. sur le visage, Avoir une mine florissante de santé.

Prendre son c.. par l'oreille, S'en aller.

Se sauver sans prendre le temps de dire au c.. de venir, Décaniller à toute vitesse.

Avoir l'esprit pointu comme le c.. d'une bareille, Ne pas l'avoir très subtil.

Prendre son c.. pour ses chausses, Se tromper lourdement. En effet l'erreur est forte.

Mettre une bareille à c.., La lever sur le fond.

Rencontrer c.. à son nez, Rencontrer quelqu'un qui vous résiste en face.

Être à c.., Être à cras, être ruiné, etc.

Donner un coup de c.., S'armer de courage pour faire une montée. Par extension, faire un effort en général. *J'écris une élégie à faire fondre en larmes,* m'écrivait un poète. *Encore un coup de c.., et elle sera finie.*

Coup de c.., La montée elle-même. De la Maison-Blanche à Yzeron, il y a un bon coup de c..

Montée de Tire-c.., Aujourd'hui montée des Chazeaux.

C.. sur c.., En désordre, sens dessus dessous. *Nous sommes en remuage. Chez nous tout est c.. sur c..,* me disait la très digne Mᵐᵉ V..., dont le gendre a été président du Tribunal de commerce.

Être c.. et chemise. Se dit de deux personnes intimement liées. *Ce sont deux c... dans une chemise,* même sens.

Un visage comme un c.. de pauvre. Se dit du visage d'une personne grasse, fraîche, rose, en bon point. C'est un compliment que l'on fait volontiers à quelqu'un que l'on n'a pas vu depuis un peu de temps, et qui fait toujours plaisir :

Eh bonjour, chère Madame, quelle bonne mine vous avez! un vrai c.. de pauvre! — Vous êtes vraiment trop aimable. Mais ce n'est rien, ça: si vous voyez du corps! Le fait est que mon mari me disait hier soir que je rajeunis tous les jours.

On dit aussi *Des joues comme les fesses d'un pauvre homme.* On choisit : affaire de goût.

Lever le c.., terme de commerce, Faire faillite. Autrefois, à Lyon, le failli était astreint à convoquer ses créanciers sur le parvis de Saint-Jean, à · se dépouiller de ses vêtements devant eux pour leur montrer... qu'il leur abandonnait tout ce qu'il possédait, et à s'asseoir à cru sur la cadette.

Au xv° siècle, Guy Pape nous apprend que celui qui demandait à faire cession de ses biens s'asseyait encore nu en public sur une pierre qui était devant l'auditoire. Dans la suite, il dut seulement se présenter à l'audience « dans une attitude humble » et là, en présence du juge, il ôtait sa ceinture, qu'il abandonnait à ses créanciers. Aujourd'hui il n'a plus qu'à déposer son bilan. D'après une loi en préparation, il suffira qu'il leur fasse la gniaque.

Je crois que cette dame s'est levée ce matin le c.. le premier. Se dit d'une personne qui paraît de mauvaise humeur. Nous avons des dames qui ne se lèvent jamais la tête la première.

Brûler le c.. Voy. *brûler.*

Baiser le c.. de la vieille. Voy. *baiser.*

C..-bénit, Mot qui ne doit pas se dire pour personne mariée. *En les entendant se disputer, j'ai compris tout de suite que c'était des... personnes mariées.* On ne saurait trop recommander aux jeunes gens qui sont en fréquentation d'éviter de se servir devant leurs futures de cette expression, que l'on s'étonne de ne pas voir proscrite par le respectable Molard.

C..-blanc, s. m. — 1. C'est le nom que nous donnons à un oiseau qui a des plumes blanches sur le croupion. Le bon Molard qui ortographie *cublan,* prétend qu'il faut dire un *vitrec.* Depuis Molard le nom de *vitrec* a été remplacé par celui de *saxicole.* Quand vous déterminerez un chasseur à dire : *J'ai tué un saxicole,* au lieu de *J'ai tué un c..-blanc,* il fera cent vingt-cinq degrés de chaleur, raie au mur. — Je ne sais pourquoi le vénérable Molard a fait disparaître *cublan* de l'édition de 1810.

2. Bisque, colporteur du « pays nostre ». Les c..-blancs, jusqu'en 1840, formaient une partie importante de la clientèle de la maison Puitspelu, en rue Basse-Grenette, au numéro 14 : Rouennerie, toiles, cotonnades, enfin pattes à briquet en général. — Le nom vient de ce que les c..-blancs portaient ordinairement des vêtements de toile grise ou blanche.

C..-de-piau, s. m., Marinier. Pour autant que le fond de leurs culottes, pour plus de solidité, est communément garni de cuir.

C..-de-plomb. s. m., Homme sur un rond de cuir, devant une table à écrire. — Méchant métier pour la santé. Ce qu'il y a dans ce rond de cuir d'anorexies, de chiragres, de podagres, de néphrites, d'anémies, de paraplégies, d'hémiplégies, de cystites, d'arthrites, de gastralgies, de dyspepsies, de glycosuries, de phosphaturies, d'azoturies, d'albuminuries, de prostatites, de pyélites, etc., etc., etc., nul ne · le saura jamais.

Voici qui montre quel tort c'est de ne pas enseigner le lyonnais dans les couvents et les lycées de jeunes filles. Je connaissais une aimable demoiselle en âge d'être mariée. Le père voulait d'un commis de ronde. Comme bien s'accorde, la mère n'en voulait pas. Elle entendait d'un employé à la recette générale. *Je veux pas qu'Aspasie épouse un cul-de-plomb!* s'écriait le père avec véhémence.

Comme bien s'accorde, Aspasie écoutait à la porte. Elle était trop instruite pour ignorer qu'on fabriquait des nez d'argent et des têtes en buis pour les invalides estropiés. — On l'appela. Comme bien s'accorde encore, la mère l'avait emporté. Aux premiers mots, l'infortunée jeune fille tombe à genoux en sanglotant : *O maman... an... an!... je t'en supplie! Pas un homme qui en ait un en plomb,.. omb... omb!...*

C..-levé, Faire un c..-levé à l'écarté, c'est jouer alternativement, chaque joueur qui perd se levant et cédant la place à un autre.

Peigne-c.. Se dit de ceux qui écorchent les poux pour en avoir la peau. L'idée est que le *de cujus* ne reculerait devant aucune besogne pour en tirer profit. Souvenir du xv°-xvi° siècle, et des barbiers attachés aux étuves des deux sexes, lesquels étaient fort déprisés à cause de la nature de leur besogne, exprimée dans le vers célèbre du *Rondeau des Barbiers :* « Tondre, etc. » (*Recueil de poésie françoise, 1550.*)

Révérence à c.. ouvert (le mot *salut* serait plus exact, mais révérence est l'expression accoutumée). C'est une rigoureuse observation des lois de la physiologie qui a conduit les Lyonnais à donner ce nom à un profond salut, qu'il s'adresse d'ailleurs à un monsieur ou à une dame, il n'importe. L'agent principal du phénomène consigné dans cette expression est la contraction des muscles abdominaux : le grand droit, le pyramidal qui lui fait suite, le grand oblique, le petit oblique et le transverse. A cette contraction correspond, naturablement, l'extension des fibres antérieures du muscle que, parlant par respect, les physiologistes nomment le grand fessier. Ce muscle rhomboïdal, épais, constitue l'élément le plus actif de la station debout. Son bord inférieur forme la limite de la πυγή. Lorsque le saluant s'incline, l'ἰσχίον cesse d'être recouvert par le muscle, et l'ὀῤῥοπύγιον s'entr'ouvre proportionnellement. L'opération inverse a lieu lorsque le muscle, sous l'action nerveuse, reprend sa position primitive et vient de nouveau recouvrir l'ἰσχίον. Les sphincters sont étrangers à ce mouvement ; cependant ils cèdent relativement dans la position baissée, et c'est ce qui explique pourquoi il n'est pas sans exemple qu'une révérence trop profonde n'ait amené des accidents, sans importance au point de vue pathologique, il est vrai, mais contraires aux lois de la politesse.

Si nous avons bien pu faire comprendre ce qui précède, il en résulte que, appelant :

E, l'écartement de l'ὀῤῥοπύγιον au maximum du salut ;

N, le salut ou inclinaison du corps en fonction de cette écartement ;

R, l'importance de la personne saluée ;

On a : $\dfrac{E}{N} = \dfrac{N}{R}$

D'où : $N^2 = ER$

D'où : $\dfrac{N^2}{E} = R$

On peut donc en mesurant dans la pratique l'écartement de l'ὀῤῥοπύγιον du saluant, connaître l'importance du salué.

Quant à la valeur de R, elle est pratiquement variable. Autrefois elle s'obtenait par la multiplication de divers coefficients ; moralité, considération, rang social, services rendus, etc. Aujourd'hui il n'en est plus de même, et je connais des députés, des préfets, des sous-préfets, des magistrats, dont je ne donnerais pas deux sous,

et que de pauvres diables sont obligés de saluer à sept, huit, neuf et jusqu'à dix centimètres d'écartement.

CULASSE, s. f. — Pétardier. Ceux qui ont eu le bonheur d'entendre l'Alboni se rappellent qu'elle avait la culasse aussi forte que la voix belle.

CULASSIER, s. m. — Cuirassier. La Bélonio me disait un jour comme ça : *Mon cusin Dodo* (Adolphe) *est si bel homme qu'i l'ont metu dans les culassiers.* — De ce qu'une culasse est un objet plus connu qu'une cuirasse. Et peut-être que Dodo était aussi remarquable par l'une que par l'autre.

CULOT, s. m.· — Le dernier né. Quand j'étais petit, on m'appelait volontiers le culot, encore que je ne fusse que le cinquième sur six, mais le dernier étant mort en bas âge, j'avais pris son rang. Cela ne laissait pas de m'humilier, bien qu'il n'y ait rien d'humiliant à être le dernier, mais c'est ce nom de culot qui n'est pas joli. — Parlant par respect, de c.., parce que le dernier-né est considéré comme le bout, la fin de la famille. On y a ajouté le suffixe diminutif *ot*, le dernier étant le plus petit. En Dauphiné, on l'appelle le *serre-buissou*, celui qui ferme le buisson ; en Gévaudan, le *gasta-gnis*, celui qui souille le nid. En Provence on l'appelle plus crûment le *cago-nis.*

Si tu ne le corriges pas culot, il te chagrinera culasse, C'est-à-dire si tu ne le corriges pas pendant qu'il est petit, il te fera des misères quand il sera grand.

Il a du culot. Expression idiote qui, m'assure-t-on, s'est introduite à Lyon depuis quelques années pour dire : Il a de l'aplomb, il a du toupet.

CULOTTE, s. f. — Terme de construction. — Portion de tuyau en terre cuite, en forme d'*y* grec, et destiné, parlant par respect à conduire du siège des commodités au cornet de chute le résidu des repas.

CULOTTES, s. f. pl. — Braies. Nous l'employons toujours au pluriel, comme nous disons des *pantalons* (Voy. ce mot), témoin la célèbre chanson :

Quand j'étais petit, je n'étais pas grand ;
J'avais des culottes de fromage blanc ;
Je montrais mon ... à tous les passants.

Nous appelons de même culottes les pantalons, quoique les objets soient différents. M. de Maupassant, dont le style est si ferme et si serré, a suivi notre exemple : « Il avait dès lors supprimé les pantalons de couleur et les vestons de fantaisie, porté des culottes noires et de longues redingotes... » (*En Famille.*)

Nous avions pour voisine en rue Grenette une bonne femme qui eut le malheur de perdre son mari. Quelque temps après, fouillant dans ses placards, elle trouve une paire de pantalons : *Ah,* s'écriait-elle d'un ton déchirant, fondant en larmes, *voilà bien les culottes, mais le c.. n'est pas dedans !*

Il semble que le bon Dieu vous descend dans le gosier en culottes de velours. Voy. **Bon Dieu.**

CULUIT, s. m. — Femelle du lampyre luisant, *vulgo* ver luisant. L'épithète est exacte. C'est en effet de cette partie incongrue que le ver luisant jette sa lumière. Il faudra désormais changer le vers célèbre :

C'est du nord aujourd'hui que nous vient la
[*lumière.*

Au fig. s'emploie pour désigner une méchante petite lampe, un chelu qui éclaire mal. *Comment veux-tu que j'y vo-ye, avè ton culuit ?*

CUPELU. — Non fréquemment donné au Puitspelu.

CURAGE, s. m. — Persicaire ou poivre d'eau, *polygonum hydropiper.* Lisez, parlant par respect, *cul-rage.* Mon excellent collègue, le docteur Saint-Lager, veut bien me communiquer l'explication que donne de ce mot Matthias de Lobel dans les *Stirpium adversaria nova :* « Persicaria hydropiper, Gallis *Culraige* vocatum, ut cujus folia quæ quis podicis (honos sit auribus) abstergendi causa affricuerit, inurant *rabiem* clunibus, sive ut loquentur Leguleii *Culo* (ce *Leguleii* est sublime !) » — A *curage,* Littré met : « étymol. inconnue. » Tout le monde n'est pas tenu de connaître Lobel, mais le bon Cotgrave dit expressément : *Culrage, as curage, the herb Water-pepper Arsemart* (on sait que *arse* = *podex* et *smart,* cuisson), *Killridge* ou *Culerage,* — Le sage Rabelais met la « persiguiere » au nombre des herbes dont il faut éviter

de se servir lorsqu'on se trouve à la campagne, à peine d'avoir la « cacque sangue de Lombard ».

CURAILLE, s. f. — « Le milieu d'un fruit dont on a ôté ce qui est bon ; dites trognon. » (Molard.) — D'après l'Acad. *trognon* a deux sens : 1° tige de chou, etc. ; 2° milieu d'un fruit. Lyon ne voulant pas d'équivoques, a deux expressions. Sans compter que *trognon,* de *trogne,* nez, n'a absolument rien à faire avec l'intérieur d'un fruit. L'utilité de cette distinction se marque d'une manière frappante dans le sermon du bon chanoine aux mariages dotés (10 avril 1810) : « Faites comme le bon prophète Grignole, qu'aimait mieux laissé manger ses joyes par les bardanes, plutôt que de succombé z'à la tentation du péché de la chaire, et que, s'escannant d'un monde corrompu, a vivu trois ans dans une île desarte, rien que de trognons de salade et de *curailles* de pommes. »

CURE-OREILLE. s. m. — 1. *Forficula auricularia.* Dans certains pays on s'imagine sottement qu'il perce les oreilles, mais nous savons qu'il se contente de les nettoyer avec soin.

2. Petit instrument d'ivoire ou d'os, en forme de cuiller, qui sert à enlever le cérumen. J'ignore son nom français.

CURET, s. m. — Vidangeur. Ce mot, tombé en désuétude, a été généralement remplacé, parlant par respect, par celui de gandou. Au XVIIIe siècle, les Curets formaient une compagnie célèbre. On les aimait, parce que leur voisinage assurait la sécurité mieux que la Compagnie du Guet. Ils avaient du reste un mot de passe, et quand on leur criait : « Curets, quelle heure est-il ? » ils répondaient par un mot dont la première lettre est effacée dans mon exemplaire des *Lyonnais dignes de mémoire,* et dont il ne reste que *erda.* Je suppose que c'est de l'allemand, et qu'il s'agit du cri des Prussiens : *wer da.* — De *curer,* manquablement.

CURIEUX. — *Vous êtes curieux comme un confessionnal,* dit-on à un indiscret.

CUTI, IE, adj. — Se dit des cheveux agglomérés (voy. *s'acutir*). Au lendemain matin d'une cuite, on a souvent les cheveux cutis par je ne sais quelle substance gluante.

CUVIER, s. m. — Local où sont placées les cuves.

CYLINDRE, s. m. — Organe de la Jacquard. Prisme en bois à quatre pans, percés de trous qui reçoivent les aiguilles horizontales de la mécanique. Le cylindre accomplit un tour de révolution à chaque coup de battant.

D

DADA, s. m. — *Un grand dada,* Un grand dadais, un grand nigaud. Depuis que Molard a signalé ce mot, il s'est répandu partout. Vraisemblable est-il, au reste, que *dadais* a été fait sur *dada.*

DAGNE, s. f. — Au sens de tige creuse dans une vieille chanson lyonnaise : « Arrosons-nous — La dagne, la dagne, Arrosons-nous — La dagne du cou. » — Patois *dagni,* tige du chanvre. On sait que cette tige fait tuyau.

DAMAGE, s. m. — Action de damer (voy. ce mot).

DAME, s. f. — 1. Hie, instrument pour battre le pavé. N'est pas au Dict. de l'Acad., mais se trouve dans Barré, Littré, etc. Vient de ce que le paveur tient sa dame à peu près comme il en tiendrait une en viande avec laquelle il valserait. Littré ajoute qu'on dit plutôt *demoiselle,* mais nous ne connaissons que *dame.* Du reste la différence est si mince! Il y a, il est vrai, peu de dames qui soient demoiselles (j'en ai connu cependant, et des Lyonnaises), mais tant de demoiselles qui sont dames.
2. Écouvillon de four. Probablement de ce que le linge mouillé qui fait la tête de l'écouvillon rappelle vaguement une espèce de poupée.

DAME. — *Bien le bonjou, Mecieu Capouillu; comment que va vot' dame ? — Merci bien, Mecieu Godivaud, a va ben tout plan plan. — Et vos demoiselles ? — Y a l'aînée que va comme le pont de la Guiyottière, mais la cadette, le sanque lui fait un peu la guerre.*

En pareil cas les grands délicats disent *femme* au lieu de *dame,* et *fille* au lieu de *demoiselle.* Mais l'expression était bien ancrée, en dépit de Molard, et même chez les gens chargés d'enseigner la jeunesse. Je lis en effet cette annonce dans un journal de Lyon de 1823 : « Madame Joulain et *sa demoiselle,* sous la recommandation de beaucoup de personnes considérées, ont l'honneur d'offrir leur plan d'enseignement, etc. » Et pas plus tard qu'hier, je lisais dans un grand journal de Lyon un article écrit par un ancien professeur de l'Université, sur une fête musicale. Il était parlé des « musiciens et de leurs *dames* ». Or, à qui ferez-vous croire que les musiciens n'aient pas trouvé cela plus poli que s'il avait dit grossièrement « leurs femmes » ?

Un temps de dame : Ni pluie, ni vent, ni soleil. Soit, mais c'est de tous les temps le plus ennuyeux. Peut-être est-ce pour cela qu'on l'a nommé de dame.

DAMER, v. a. — Serrer le pavé ou pilonner la terre avec une dame.

DAMOCHE, s. f. — Une dame qui n'est pas dame et qui veut faire la dame. Je ne connais rien de plus laid. Le même air que moi si j'étais habillé en général. *Quidque in loco.* Mais par ce temps où le peuple est tout, personne ne consent à être peuple.

DAMOISEAU, s. m. — « On appelle ainsi un jeune homme qui fait le beau, et qui affecte de s'attacher aux dames; dites *dameret.* » (Molard.) — Observation bien erronée. Damoiseau, au xvie-xviie siècle, existait déjà au sens de *a neat fellow,* spruce yonker, *effeminate youth* (Cotgrave), et se trouvait, au temps de Molard, au Dict. de l'Acad. avec la définition à peu près littérale qu'il en donne.

DANDOUILLARD, s. m. — Flâneur, lambin, cogne-mou. — De *dandouiller*, avec un suffixe accentuant le caractère péjoratif.

DANDOUILLER (SE), v. pr. — Flâner, perdre son temps. — Du rad. qui a fourni l'angl. *to dandle*, dodeliner; *to daddle*, marcher à pas chancelants.

DARE, s. f. — *Faire une dare*, Faire une scène. LA PETITE APPRENTISSE : *La Bargeoise m'a-t-elle pas fait une dare parce que je prenais un agacin au ventre! J'y ai dit : Vous êtes ben enceinte, vous! — Moi, qu'elle m'a dit, c'est du Bargeois! — Moi aussi, que j'y ai fait!*
Être tout en dare, Être tout agité, tout ému, hors de soi. *La Francine est tout en dare, son pipa veut pas la marier au Jirôme.*
Être dans ses dares. Se dit de quelqu'un qui est dans un accès de nervosité. *Le miron a don sentu de la valériane, qu'il est si tellement dans ses dares?* Ou bien : *Faut pas parler à ma femme aujourd'hui, elle est dans ses dares.*
Mener une dare, Faire grand bruit.
Le mot existe dans une foule de dialectes. Comp. le français *dare-dare*. Vraisemblablement d'origine celtique : kymri *dar*, bruit, tumulte; gaélique *dararach*, grêle (de flèches, etc.); irland. *daradh*, rut; cornique *dar*, tristesse, affliction (probablement mal traduit pour agitation d'esprit).

DARBON, s. m. — Taupe.

DAUDON MEDÉE (LA). — Nom d'une pièce canuse inédite, d'auteur inconnu, et qui doit dater de la Restauration. En voici l'intitulé : *A Mameselle Daudon Medée* (voyez *medée*), *Montée de Tire-Cul, chez Messieu Cochonneau.* Elle est signée : *Jean-François-Benoni Petavet, compagnon taffetatier,* et comprend 50 vers, faiblement comiques. Voici les deux meilleurs :

La bourre que descend sur votre cotivet
Me semble d'organsin que n'a fait de déchet.

On voit du reste que la pièce est faite par quelqu'un de la partie. Chose assez rare en ce genre, elle ne renferme aucune allusion risquée.

DAUPHIN, s. m. — Morceau de cornet en fonte (vu qu'en zinc ou en ferblanc, il serait trop vite pourri), au bas des cornets de descente. — De ce qu'au XVI⁰-XVII⁰ siècle l'usage était de décorer de têtes de dauphins à gueule ouverte l'extrémité de ces tuyaux. Voyez encore les dauphins de l'hôtel de ville.

DAUPHINÉ. — *Pour boire une bouteille de bon vin avec un brave homme en Dauphiné, il faut porter le vin et mener l'homme* (à ce que prétendent les Lyonnais).

DAUPHINOIS. — *Le Dauphinois, fin et courtois, sent venir le vent et connaît la couleur de la bise.*

DAVANT QUE. — *Il faut toujours aller chez son marchand davant que d'aller chez sa canante.* C'est ce que les bourgeois appellent *les affaires avant tout.*

DE devant un verbe (voy. *connaître*). — La tournure s'emploie pour beaucoup de verbes. *Y a Bougrachaud qu'a quasiment cassé les reins de sa femme. — Ça, d'abord, c'est des choses qui sont pas de faire. — Ça n'est vraiment pas de pardonner. — Paraît que c'est un homme de craindre. — Oui, mais qui t'y a dit? — C'est M. Couyonnet. — Oh, c'est un homme de croire!* etc. Ces tournures sont vives et heureuses. Comp. l'italien : *cosa non da fare, uomo da temere.*
De, article partitif, au lieu de *du, des.* *Cadet, veux-tu de mélasse* pour « *Veux-tu de la mélasse?* » En français, pour qu'on puisse employer *de*, il faut qu'il soit suivi d'un adjectif : « *Voilà de mauvais fromage.* » Oui, mais il faut dire : « *Voilà du fromage mauvais.* » Est-ce assez benoni?

. . . . . *Car il n'importe guère,* [rière.
Que mauvais soit devant ou bien qu'il soit der-

De ce que pour Pendant que. *De ce que je vas chez le plieur, va donc me chercher de trame au magasin.*
De absolu. Ont-i fait pache? — I sont convenus d'un prix de. C'est-à-dire ils ont fixé un prix, que j'ignore.
De explétif. Il ne fait que de m'embêter pour « que m'embêter ». Ellipse : Il ne fait (autre chose) que de m'embêter. » *Passez donc de là* pour « passez là ». Autre ellipse : « *Passez donc de* (ce côté-)là. »

DÉBAGAGER, v. n. — Trousser bagage, s'en aller prestement. *Je nous sons débagagés de bonne heure pour aller à la messe.*

S'emploie quelquefois au sens actif pour chasser. *J'ai trouvé deux marque-mal dans le jardin. Je les ai débagagés !*

Se débagager le ventre, Se purger. Peut-être par analogie avec *dégager*.

DÉBARRAS, s. m. — Chambre borgne où l'on met les viéilles barafûtes, les vieux grollons, les vieilles rouillardes, les crossons quand les mamis sont venus grands et qu'on n'en attend plus d'autres, parlant par respect, les vieilles seringues, tout ce qui ne serait pas à sa place au salon. Enfin un débarras sert à se débarrasser de tout ce qui embarrasse. Cela coule comme un rhume de cerveau.

DÉBAROULER, v. n. — Voy. *barouler*.

DEBITORIBUS. — *Débitoribus à gauche, à droite. Un* ENVIEUX : *As-te vu le prétendu à la Glaé ? On dirait qu'i lui manque une miche : i marche tout debitoribus à gauche.* — Mot forgé, en imitation du latin, sur le vieux lyonnais *débitors*, contrefait, de *bis torsus*. On trouve *debitoribus* dans Rabelais, qui l'aura vraisemblablement recueilli dans son séjour à Lyon.

DÉBONDER, v. n. et a., terme bas. — Se dit du cataclysme qui communément suit, parlant par respect, la constipation prolongée. Au temps où le carême entier était maigre, un très bon homme me disait : *Le jour de Pâques, j'ai débondé tout mon carême.*

DÉBORD, s. m. — *Le débord du Rhône a tout ablagé Villeurbanne.* Un imprimé de 1570 est intitulé : « De l'effroyable et merveilleux desbord de la Rivière du Rhosne... en 1570. » — Ce subst. verbal de *déborder*, m'écrivait M. Egger, méritait infiniment mieux de pénétrer dans le français que l'ennuyeux dérivé *débordement*.

DÉCABANER (SE), v. pr. — Changer de résidence ou simplement de place. *Faut se décabaner ; la bourgeoise gongonnerait.* — Fait sur *cabane*, visiblement.

DÉCALER, v. n. — Diminuer, faiblir, être à cras. *Je viens de voir le pauvre Nizier, il décale*, Il va mourir. — C'est le vieux franç. *caler*, descendre, enfoncer, avec le préfixe *de* au sens intensif, comme dans *défaillir*.

DÉCAMOTTER, v. a. — Défaire quelque chose qui est aggloméré, capiyé ; désagréger des catolles. *Décamotter des jaunes d'œuf dans la barbe.* Quand vous voyez un pauvre tousseur qui se travaille, parlant par respect, pour expectorer, vous devez lui dire avec bienveillance (il faut toujours donner du courage aux malades) : *Allons, te vas mieux, velà ton rhume que commence a se décamotter.* — De *motte*, au sens de petite agglomération, avec le préfixe disjonctif *de* et l'insertion de la syllabe péjorative *ca*. Comp. le berrichon *déca-crotté* pour un enfant tout grandi, *tout décrotté*.

DÉCANILLER, v. n. et a. — Faire sauver, se sauver. *Magine-te que j'ai biché me n'epouse sus la suspente n'avè le Joset, que n'avait pas rien laissé sa roupe, comme l'autre, hi, hi, hi ! — Et tu leur z'y a cogné ? — Oh, non, mais je te les ai fait décaniller un peu vite ! I sont allés où i n'ont voulu.* — Un bon homme à sa femme le matin : *Allons, ma coque, c'est pas le moment de jouer au bouchon, lève-toi, velà cinq heures. Faut te décaniller pour faire la soupe.* — *Décaniller* : jouer des canilles.

DECAPIER, DECAPIYER, v. a. — Détacher des fils capiés. Au fig. *Le Zupère voulait se décapiyer d'avè la Pothine ; mais ce fennes, ça tient, parlant par respect, comme un pou sur une rogne.*

DÉCATOLER v. a. — Faire cesser d'être catole. *Le fils Cugniasse, c'est z'un vrai benoni. Y va se marier avè M⁽ˡˡᵉ⁾ Brúlard. I saura pas comment s'y prendre. — Oh ! M⁽ˡˡᵉ⁾ Brúlard se chargera ben de le décatoler.*

DECENDRE. — C'est notre manière de prononcer *descendre*. Un bon canut, sur le pas de sa porte d'allée. Son gone est à la fenêtre au cinquième. LE CANUT : *Joannesse, la mère decend-elle ?* — JOANNESSE : *Pepa, je vas voir.* Il revient : *Oui, pepa, la mère decend.* — En principe, nous remplaçons tant que nous pouvons les é et les è atones, à l'initiale ou à l'intérieur des mots par dès e muets. C'est ainsi que nous disons *confeceur, profeceur* (et aussi le simple *feceur*), *genereux, desolation, devider, detailler, netèyer, drecer, melasse, epoux* ; parlant par respect, *peter*, etc., etc.

DÉCESSER, v. n. — Cesser, mais ne s'emploie qu'au sens négatif. *Quel avocat ! trois heures sans décesser de dégobiller!* Mais on ne dira pas, au sens affirmatif, même en style noble : « Ici maître Braillard décessa de discourir. » — Molard, en blâmant l'expression, ajoute : « Si elle était permise, elle signifierait le contraire de ce qu'on veut dire. » Si Molard a raison, *découler* est le contraire de *couler;* *déchoir* est le contraire de *choir* ; *découper* est le contraire de *couper;* *détailler* est le contraire de *tailler;* *déchiqueter* est le contraire de *chiqueter*, et *faillir* est le contraire de *défaillir*.

DÉCHARGE, s. f., terme de construction. — Pierre de taille ébauchée, épaisse, que l'on place au-dessus de la couverte d'une baie pour *décharger* cette couverte, et empêcher que celle-ci, qui est ordinairement taillée et mince, ne pète sous un tassement.

DÉCHARPILLER, v. a. — Voy. *charpiller*.

DÈCHETÉ, ÉE, adj. — Qui a dépéri, qui est diminué, affaibli. *J'ai vu le pauvre Coquasson, que vient de passer trois mois au Grand Dôme. Comme il est dècheté!* Ou encore : *Depuis que le Maquiu s'est marié, il est tout dècheté.* — Fait sur *déchet.* Se confond souvent avec *déjeté,* qui est un mot différent.

DÉCHICOTER, v. a. — Déchiqueter. *Totole, veux-tu bien \|ne pas déchicoter ton pain comme ça, petit cayon!* — Vieux franç. *deschicoter,* qu'on trouve dans Cotgrave, et qui doit venir de *chicot,* comme *déchiqueter* de *chiquet.*

DÉCIZE, s. f. — Descente au fil de l'eau. Au temps des Modères, la descente d'un bateau, de Serin à Ainay, constituait une décize, comme la remonte constituait une mode. — De *descensa.*

DÉCLAVETÉ, ÉE, adj. — Malade, mal en train. *Depuis que j'ai pris un coup de froid à la vogue des Choux, je suis tout déclaveté.*

DÉCLAVETER, v. a. — *Se déclaveter l'épaule, le genou, l'épine du dos,* Se déboîter les os dont s'agit.

DÉCOCHONNAGE, s. m. — Action de faire sa toilette. *Je vas dîner à la Préfecture, c'est le coup du grand décochonnage!*

DÉCOCHONNER (SE), v. pr. — Expression élégante pour « faire sa toilette ». Très usité. Une bonne bourgeoise disait devant moi à l'une de ses amies : *Moi, j'ai trop à faire pour m'approprier sur semaine, mais le dimanche je me décochonne à fond; ça fait plaisir à mon mari.* A quoi l'autre de répondre : *Moi je me décochonne bien pour aller à la messe, mais quand je reviens, je me mets en sale pour faire mon ménage.*

DÉCOMPOSER, v. a., terme de fabrique. — *Décomposer une étoffe.* C'est, en l'examinant à l'aide du quart de pouce, en compter les fils, relever leur mode de baisser et de lever, et, d'après ces éléments, reconstituer le dessin, l'empoutage et le remettage, de manière à pouvoir au besoin reproduire l'étoffe sur le métier.

DÉCOMPOSITION, s. f., terme de fabrique. — Action de décomposer (voy. ce mot).

DÉCORÉ, ÉE, adj. — Se dit parfois de quelqu'un qui a le cœur sur les lèvres. *Je me sens toute décorée ce matin. — Vous avez p't-être une poire à deux yeux que vous bouligue le ventre. Hi, hi, hi ! De cor, cœur.* C'est une forme d'*écœuré* avec changement de préfixe.

DÉCOCONNER, v. n. — Perdre la boule, devenir gaga.

DÉCOUVRIR. — *Découvrir un lit* est proscrit par Humbert, qui le traduit par « faire la couverture d'un lit, préparer le lit avant que de se coucher ». Mais c'est *faire la couverture* qui n'est pas français ! ! Le matin, que bien s'accorde, on a fait votre lit. Le soir venu, la Marie relève la couverture en manière de mouchoir, à celle fin que vous puissiez entrer dans votre lit tout de go ; place votre cascamèche et votre chemise sur le lit, et vos bamboches à portée. Si ce n'est pas là *découvrir un lit,* que diable est-ce faire ?

DÉCRASSER. — *Décrasser le cœur.* C'est assez connu de tous nos anciens que de dormir encrasse le cœur. Aussi le matin, si vous êtes décoré, dégoûté, affadi, prenez-moi une bonne tasse de café noir sans sucre, avec du jus de citron dedans. N'y a que ça pour bien décrasser le cœur.

DÉCRASSOIR, s. m. — Linge pour se décrasser. Au beau de l'Empire, un artiste lyonnais de grand talent avait été invité aux fêtes de Compiègne. Dans sa chambre, on avait oublié de garnir la toilette. Il sonne. Apparaît un grand laquais, doré comme un calice. — *Que désire Monsieur ?* — *Un décrassoir.* — Le laquais s'enfuit épouvanté. *C'est singulier*, me disait l'artiste en me narrant l'histoire, *j'aurais cru que dans cette maison l'on était plus propre.* — Ce mot est si usité et si naturel à la fois que ni Molard, ni Humbert, ni Grangier, ni aucun des puristes qui se sont donné mission de corriger le mauvais parler, ne l'a signalé ; ils l'ont cru français ! !

Il n'y a pas de terme inutile : les décrassoirs sont pour le visage, les essuie-mains pour les mains. Comment font-ils donc à Paris leurs notes de blanchissage ? Je suppose qu'ils désignent tout sous le nom commun de torchons.

DÉCROCHETER. — *Décrocheter un corset, une robe*, « dites *dégrafer* » (Humbert.) — L'un vaut l'autre : l'agrafe n'est qu'une sorte de crochet.

DÉCUTIR, v. a. — 1. Démêler les cheveux cutis (voy. *cuti*).

2. Écorcher, enlever la peau. *Je m'ai tout décuti le doigt d'un coup de râpe.* — De *cutem*. On devrait avoir *décoti*, mais le mot a subi l'influence de *décutir* 1.

DEDANS. — *Mettre quelqu'un dedans*, Le tromper dans une affaire. *Quand je me suis marié, je me suis mis dedans*, disait le pauvre Patient, de la rue des Chevaucheurs. Tout le monde comprend ces phrases, et pourtant je ne puis saisir l'ellipse. Dedans quoi ?

DÈDELA, adv. — Au delà, par là, par delà. *Ce thomas embarrasse au milieu de la chambre. Porte-le don dèdelà !* Ou bien : *Je suis allé partout dèdelà pour chercher la grosse.* Humbert remarque qu'à Lyon *dèdelà l'eau* veut dire de l'autre côté du fleuve. — C'est drôle, les *doctissimi* s'indignent de *dèdelà*, et ils ne s'indignent pas de *de deçà*, qui est à l'Académie. Pourtant, si l'on peut rester *de deçà*, on peut bien rester *de delà* : cela tomberait sous le sens du plus bugne.

DÉDITE, s. f. — Congé d'un logement. *Mon regrettier m'a donné ma dédite.* Ou encore : *Y a si tellement de sempillerie de monde dans c'te maison, que je n'ai été obligé de donner ma dédite.* — Molard écrit : « Il faut faire usage du mot *dédit*. » Pas du tout, Molard ! On ne peut pas dire : « J'ai donné *dédit* de mon logement. » Si vous ne voulez pas employer le mot lyonnais, il faut dire : « J'ai donné *congé*. » De même nous ne dirions pas : « Ce comédien a été obligé de donner une *dédite* de trois mille francs à son directeur. » Ici il faut *dédit*. Chacun en sa place. — C'est du bon vieux français, dont nous avons particularisé le sens : « Le repentir n'est qu'une *desdicte* de notre volonté », dit Montaigne.

DÉFAIRE. — Dans un magasin de nouveautés : Le commis, aimable : *Madame, j'ai là ce qu'il vous faut ; tout ce qu'il y a de plus nouveau* (c'est un rossignol de quatre ans, sur lequel le patron lui a promis une forte guelte). — La dame : *Ne défaites pas cette pièce, je veux quelque chose de moins nouveau.* — Ça, nous le disons à chaque fois que nous achetons de l'étoffe.

DÉFARDE, s. f. — Désordre, trouble, panique tumultueuse. *Nous sons été voir les courses au Grand-Camp. Il est venu une avale d'eau ! Si t'avais vu c'te défarde !* — Vieux franç. *fardes*, bagage, avec le préfixe *de* au sens de séparation, éloignement. La défarde est littéralement la mise sens dessus dessous des bagages.

DÉFENDRE. — *Je m'en défends des pieds, des mains et je touche talon.* Phrase magique que, lorsqu'un gone veut se retirer d'un jeu, il prononce rapidement en pliant la jambe droite et en se touchant vivement le talon, par exemple au moment où, à la tape, il va être atteint par un coureur plus agile. Ces mots le déclarent *tabou*, mais il ne peut plus prendre part au jeu.

DÉFICELER. — Dire qu'on peut *ficeler* un paquet en parlant bien, et que, pour le *déficeler*, il faut parler mal. O Seigneur !

DÉFINITION, s. f. — Fin, achèvement. Un soir, montant le Gourguillon, j'entendais un bon canut parler à son voisin : *I m'ont dit comme ça : Je voulons la définition de cette affaire ; j'irons voir Cussonnet* (un agent d'affaires). *Et moi je leur z'y ai dit : Allez voir Cussonnet, allez voir Cussonnet, vous en serez toujours de vos argents.* — Dérivé logique de *finir*. Finition, action de finir, plus le préfixe intensif *de*.

DEFORE, adv. — Dehors. *l l'ont metu defore.* Ils l'ont mis à la porte. Ce mot, encore très usité dans mon enfance, me paraît tombé en désuétude, sauf dans la batellerie. On avait ramené de nourrice un gentil mami, bien élevé. On lui avait recommandé de ne jamais descendre au jardin sans prévenir sa maman. Il arrive, bien obéissant, dans le salon plein de monde : *Môre, vo ch... defore !* J'ai connu beaucoup ce mami. — C'est le latin *de foras.*

DÉFUNTER, v. n. — Mourir.

DÉGAGER (SE), v. pron. — Se dépêcher. *Allons, Fine, dégageons-nous : c'est tard; le pucier nous attend.* — En effet, pour pouvoir aller vite, il faut être dégagé.

DÉGAILLER, v. n. — Rendre son royaume. *Tè, tè, v'là la petite que dégaille !* entendais-je un jour un bon mari dire à sa bonne femme. Vienne le jour de l'an, vous n'entendrez que parents gongonnant leurs mamis : *Veux-tu bien ne pas manger de bons comme n'avanglé! Par près, te dégailleras, et c'est nous qu'aurons la petouge!* — Du provençal *degalha*, même sens, de *dis-vaculare.*

DÉGAINE, s. f. — Tournure, démarche. S'emploie généralement dans un sens péjoratif. Un **jeune enflammé**, d'une dame à demi accroupie sur une bergère : *Quelle adorable désinvolture !* — Un **Monsieur**, à côté, revenu des illusions : *Mon Dieu, quelle dégaine !* — Ce terme, que j'aurais à peine osé employer dans une oraison funèbre, est au dictionnaire de l'Académie ! Moi qui le croyais pur Gourguillon ! N'empêche que les demoiselles du cours « normal » ne le trouveraient pas (normal). — C'est un subst. verbal de *dégainer.* Cotgrave, après *desgaine*, action de dégainer, donne l'exemple : « Il y marcha bien d'une autre desgaine », *he proceeded in a far quicker fashion*, qui indique comment l'idée de démarche a pu se lier à celle de dégainer une épée.

DÉGOBILLER, v. n. — Parlant par respect, Vomir. — J'avais la folle vanité de le supposer lyonnais. Hélas, il s'étale au Dict. de l'Académie ! Je ne crois pas cependant que Bossuet l'emploie dans son oraison funèbre de la Palatine, mais si bien le bon Tallemand dans son *Historiette XIII* : « On dit qu'un jour M. de Turenne, depuis M. de Bouillon, étant ivre, lui dégobilla sur la gorge en la voulant jeter sur un lit. » — Au fig. Parler éloquemment et avec abondance. Un de mes amis, en 1845, était allé à Paris. *Eh bien, lui dis-je, tu as entendu Berryer ? — Si je l'ai entendu ! Mon ami, si tu voyais comme i te vous dégobille ça !* — Notre bonne était allée aux vêpres de Saint-Irénée : *Marie,* dit la maman, *sur quoi a prêché le prédicateur ? — Madame, il a dégobillé tout le temps sur le Parisien et sur le Républicain.*

Composé de *de* et *gober*, avec l'insertion de la syllabe *ill* à significat. péjorative, en même temps qu'elle répond à l'idée de menues choses. C'est cet *ill* qui donne cette physionomie charmante à *dégobiller.* Il semble qu'on y est.

DÉGOGNER (SE), v. réfl. — Se remuer, s'agiter par des mouvements dislocatoires. Une **mère** à sa fille, au bal de la Préfecture : *Veux-tu bien ne pas danser en te dégognant comme ça ! Te crois-tu à l'Alcazar?* — « Il y a ici (à Vichy) des femmes fort jolies, écrit Mᵐᵉ de Sévigné. Elles dansèrent hier des bourrées du pays, qui sont en vérité les plus jolies du monde. Il y a beaucoup de mouvement, et l'on se *dégôgne* extrêmement. » Et ailleurs : « Elles (les Bohémiennes) font des *dégognades* où les curés trouvent un peu à redire. » Enfin le bon Fléchier écrit : « La *goignade*, sur le fond de gaieté de la bourrée, ajoute une broderie d'impudence. » — Un *coxinare*, de *coxa*, donnerait *goigner, gôgner, dégôgner.*

DÉGOULER, v. n. et a. — Parlant par respect, Vomir. *Toutes les fois que je vais en voiture,* me disait une grande dame, *je suis sûre et certaine de dégouler.* — C'est le vieux français *desgouler* (de *gula*), que les Parisiens ont remplacé par leur ignoble *dégueuler.*

DÉGOURDI, a. — Débrouillard. Ironique aussi, quand on s'adresse aux *patets.*

DÉGOUT, s. m. — Goutte d'eau. Jean Brunier (prononcez Bruni), notre granger, pour prédire le temps, était un véritable observatoire. Jean, qu'on lui faisait, *vous qui vous y connaissez, quel temps va-t-il faire ?* Jean Brunier (prononcez Bruni) mouillait son doigt, le levait en l'air, regardait au matin, au couchant, du côté du vent, du côté de la bise, interrogeait la marche des nuages, réfléchissait un moment, puis il disait : *Euh, euh, des fois pleuvra ; des fois pleuvra pas ; des fois ça sera quèques dégouts.* Chose extraordinaire, il ne se trompait presque jamais. — Subst. verbal de *dégoutter.* Le bon Regnier dit :

Et du haut des maisons tomboit un tel desgout,
Que les chiens altérez pouvoient boire debout.

DÉGOUTÉ. — *Dégoûté avant de plaire.* Se dit de quelqu'un qui tord le nez à quelque chose ou à quelque besogne, par exemple à un plat dont on lui offre.

DÉGRENÉE, adj. — Se dit d'une pompe, qu'en pompant, l'on ne pompe plus. Cela vient de ce que le cuir, étant trop sec, s'est recrenillé, inévitablement. Alors comme alors, le piston laissant passer des courants d'air, la pompe s'enrhume (comme on le connaît au bruit), et l'eau ne monte plus, provisoirement. Le remède est de vider de l'eau par le haut dans le corps de pompe, abondamment. L'eau mouille le cuir ; et quand il est gonfle, l'eau d'en bas monte, ascensionnellement. — *Dégrené* est l'opposé d'*engrené,* de *in-crenare,* lui-même de *crena,* cran. Au fig. Misérable, affamé ; quelqu'un dont le piston ne fonctionne plus. « Mange et bois, dégrené, remplis-toi la bredouille, » a dit Lamartine, ne sais plus où. Ce doit être dans *la Chute d'un ange.*

DÉGRENER, v. a. — Enlever les dorses des petits pois, des fiageôles, etc. *Dégrener des groseilles,* Faire entrer le picou entre les dents d'une fourchette, et en insistant, faire tomber les graines dans un coupon, pour les convertir en confiture. — De *grain : dégrainer, dégrener.*

DÉGROBER, v. a. — Désencutir quelqu'un ; l'arracher à son immobilité semblable à celle d'une grobe. *Allons, faut pourtant se dégrober du cabaret. Jules, vons-nous-t'i ou vous-nous pas-t'i ?*

DÉGUENILLER, v. a. — *Dégueniller quelqu'un,* Le faire se dépêcher par des invectives ou des menaces. *Mon mari a la cagne tous les matins,* me disait une aimable dame, *il faut toujours que je le déguenille pour le faire lever.* En partie toutes les dames ont la fâcheuse habitude de dégueniller leurs bonnes du matin au soir.

DÉGUILLER, GUILLER, v. n. — Tirer au sort dans les jeux des gones pour désigner le chat ou le maire. — Composé avec le préfixe disjonctif *de* et *guille,* en suissoromand pointe, sommet, du vieux haut allemand *chekil, chegil.* D'où *déguiller,* tomber, faire tomber. Comp. *tomber au sort.*

Il n'y a qu'une méthode classique de *déguiller.* A cha trois, les gones crient en se tapant sur la cuisse (les loustics se tapent sur la fesse) *zig, zing, zoug,* et relèvent la main en tendant les bras dans la position du serment du Grütli. Alors, de deux choses l'une, ou les trois mains sont tournées de même, paume dessus ou dessous, et alors rien de fait, on recommence, ou une des mains est tournée différemment des deux autres, et celui à qui elle appartient se *retire.* On continue ainsi jusqu'à la gauche et le dernier qui reste sans s'être retiré est *maire.*

Les jeunes personnes préfèrent à ce mode trop mâle la désignation du *chat* par la chanson :

Uni, Unelle,
Gazin, gazelle,
Du pied, du jonc,
Coquille, bourdon,
Un loup, etc.

DÉHONTÉ, ÉE, adj. — Sans honte, sans pudeur. Mᵐᵉ Évesque, qui signale ce mot, ajoute : « Dites *éhonté* ». Ce qui pouvait être une incorrection au temps de Mᵐᵉ Évesque ne l'est plus aujourd'hui. Dans son édition de 1835, l'Académie a recueilli *déhonté* qui est d'ailleurs plus euphonique qu'*éhonté,* et plus expressif, le préfixe *dé* ayant pour le populaire une signification plus marquée que son collègue *é.*

DÉJA. — *Ma fois, ce n'est déjà pas si fameux !* — *Comment s'appelle-t-il déjà?* Dans ces phrases, « déjà » a une valeur expressive qui se sent à ravir, mais que je ne sais comment exprimer.

DÉJETÉ, ÉE, adj. — Abattu, affaibli, diminué, dècheté. *A quatre-vingts ans on est bien déjeté.* — Vieux franç. *dejecté,* « brought low, cast down » (Cotgr.), de *dejectare.*

DÉJOINDRE, v. a. — Disjoindre. Le préfixe populaire *dé* a été substitué au préfixe savant *dis.* C'est ainsi qu'en patois ripagérien *déloqué* est pour *disloqué.* Si à l'inverse, nous disons *dispenser* pour *dépenser,* c'est que c'est un archaïsme.

DÉLACER, v. a., terme de canuserie. — *Délacer un dessin,* Enlever les cordes qui relient entre eux les cartons composant un dessin.

DELAPIDER. Voy. *lapider.*

DELAVORER, v. a. — Augmentatif de *dévorer.* Je connaissais une jeune épouse qui consolait son mari, tout triste d'avoir fait en grand « l'opération du père de famille (décembre 1881) ». *Allons, à quoi que ça te sert de te délavorer le fège comme ça?* disait-elle. « O femmes, écrit le grand Chateaubriand, vous avez des baumes pour toutes les blessures! » — De *dévorer,* avec l'insertion d'une syllabe, qui, en pareil cas, accuse le caractère préjoratif.

DÉLICAFOIREUX, adj. — Se dit d'un enfant qui tord le nez devant ce qu'on lui donne à manger. *Veux-tu bien manger tout de suite tes fiagôles! Qui est-ce qui m'a fait un délicafoireux comme ça?*

DÉLICATESSE. — *Être en délicatesse.* Être en froid, sans être précisément brouillés. Tout le monde connaît l'histoire de Voltaire qui avait ôté son chapeau devant le viatique. Quelqu'un lui dit : « Je vous croyais brouillé avec le bon Dieu. — Nous nous saluons, mais nous ne nous parlons pas. » C'est exactement le cas pour ceux qui sont en délicatesse.

DÉLINGUER, v. n. — Décliner, décroître, s'affaiblir, mourir. *Comment que va l'Ustache? — Hélas, le pauvre b..... est en train de délinguer de la poitrine.* — De *disliquare.*

DELPHINATI. — *Delphinati coquinati.* La forme « latine » de ce proverbe anti-dauphinois me semble indiquer une origine de séminaire.

DEMANDER. — *Demander à ce que.* Faute grossière que commet maint journaliste. *Je demande à ce que l'on vote sur ma proposition.* Formule règlementaire dans les assemblées et corps délibérants.

DÉMANGOGNER (SE), v. pr. — Se démener avec des mouvements dislocatoires. *J'ons été au cirque. Y a de grands couyons que se démangognent. Si te voyais ça!* — Mot fait sur le patois *manço,* manche, de *manicum.* Se démangogner, littéralement se démancher.

DÉMARCOURER (SE), v. pr. — Se maucœurer, s'abîmer de chagrin. La petite Lympe était aux cent coups de ce que son prétendu l'avait lâchée, tandis que sa bonne amie Zélie épousait le sien. *C'est pas juste que je soye si malhureuse, et que la Zélie soye si n'hureuse!* disait-elle tout en pleurs. — *Faut pas te démarcourer comme ça,* répondait M⁽ᵉ⁾ Filandouille, plus âgée, et qui avait de l'expérience, *te feras la connaissance de se n'homme.*

DÉMATINER (SE), v. pr. — Se lever de grand matin. J'ai connu un bon-papa qui avait depuis peu marié son petit-fils. *Mes enfants,* disait-il aux jeunes mariés, *prenez l'habitude de vous dématiner. Ce que j'en dis, ce n'est pas pour vous empêcher de vous reposer : au contraire.*

DÉMENET, ETTE, s. — Qui s'agite beaucoup, vif, alerte, empressé, trop empressé. Nasie et Titine avaient quatorze ans. Je leur demandais un jour comment elles voulaient leur mari. Titine répondit : *J'en voudrais un qui porterait cent livres à bras tendu.* — *Moi,* fit Nasie, souriant finement, *je voudrais un petit démenet.* — Sub. verbal de *démener.* Comp. le vieux franç. *endemené.* « Or ces deux cousines s'estans gouuernees la nuict ie ne scai comment, ou estans maugesantes et endemenees, se trouuent toutes descouuertes dessus le lict. » (Bouchet.) — Voyez aussi Regnier, sat. XI.

DEMEURANCE, s. f. — Logis, domicile. C'est du vieux français.

DEMI-AUNE, s. f. — Le bras, *Allonger la demi-aune,* Mendier. (P. B.)

DEMOISELLE. Voy. *dame.*

DENT. — *Mettre ses dents.* — *Votre dernier mami a-t-il mis toutes ses dents?* Un mami ne se *met* pas lui-même ses dents, d'accord, mais il se les fabrique encore moins. Pourtant *Faire ses dents* se trouve dans Littré.
La bonne Mᵐᵉ Pelossard me disait avec orgueil : *J'ai encore toutes mes dents moyennant deux ou trois qui me manquent.*
Une dent d'en bas, Une dent d'en haut, Dent de la mâchoire supérieure, Dent de la mâchoire inférieure.
J'ai une dent qui me manque. Voy. *avoir.*

La dent de l'œil. Paraît qu'il faut dire la dent œillère. Il me semble que, pour changer, c'est la même chose, puisque les dictionnaires traduisent œillère, par « de l'œil ».

Avoir les dents longues, au fig. Avoir très faim. *Avoir les dents longues comme les dents d'un râteau,* au propre Ne les avoir pas courtes ; au fig. Avoir horriblement faim.

Mal de dents, mal d'amour. — Nous avons à Lyon divers remèdes pour le mal de dents. Un des plus assurés, c'est de prendre une pomme calvire entre les dents et de mettre la tête devant la gueule d'un four. Lorsque la pomme est cuite, le mal de dents est guéri. D'aucuns préfèrent se mettre la pomme dans la bouche et s'asseoir sur le poêle jusqu'à tant qu'elle soit cuite.

Un autre moyen qui n'est pas mauvais, c'est de prendre un pavé en silex, comme ceux qui servaient jadis à paver nos rues. Vous le lavez avec soin, puis vous le prenez de la main gauche et le tenez derrière la tête. De la main droite vous frictionnez doucement le caillou de manière à le faire fondre. Quand il est fondu, c'est bien rare si l'on n'est pas soulagé.

Voilà les remèdes pour le mal de dents. Pour le mal d'amour : en aimer une autre.

Dent de peigne, terme de cánuserie, Intervalle entre deux des lamelles d'acier composant le peigne,

Dent corrompue, Dent du peigne qui a plus ou moins que le nombre des fils voulus.

DÉPARLER, v. n. — Dire des sornettes, des choses qui n'ont pas le sens commun. *Te dis que les majors en sav' autant que les rhabilleurs ! Te déparles !* — Le préfixe *dé* exprime ici le contraire du thème. *Déparler,* parler comme si l'on ne parlait pas.

DÉPART. — *Être sur son départ,* Être sur le point de partir pour un voyage. — *Pardon, chère Madame, de vous faire une visite en courant d'air, nous sommes sur notre départ.*

DÉPASSER. — *Dépasser sa trame,* terme de canuserie. Lorsqu'on s'aperçoit qu'il y a un bousillage dans la façure, on dépasse sa trame jusqu'au défaut pour recommencer le travail. Au fig. se dit quand on a fait une fausse manœuvre. *Ma fenne qu'a*

fait un bousiyage : alle s'est blessée ! — *Ben quoi ! faut dépasser la trame pour recommencer, mon pauv' vieux !*

DÉPATROUILLER (SE) v. pr. — Se débrouiller, se tirer d'embarras. *Le Pothin s'est enfin dépatrouillé de la Catherine. C'est pas trop tôt !* — Se dépatrouiller, cesser de patrouiller.

DÉPÊCHER. — *Dépêchez-vous vite.* On dit que c'est une faute. Pourtant il y a des fois que, si l'on veut bien faire, il faut se dépêcher doucement. C'est le moyen d'aller plus vite.

DÉPENDEUR. — *Dépendeur d'andouilles.* Voy. *andouille.*

DÉPILLANDRER, v. a. — Mettre en pillandre, déchirer, dégueniller. Une dame ne doit jamais sortir dépillandrée, même pour faire son marché ou aller à la première messe. Ce n'est pas convenable. *As-te vu la Glaudine ce matin, comme elle était dépiyandrée !* On lui aurait accroché toutes *les cuillères à pot du quartier !* Voilà des observations qu'on ne doit pas s'attirer. — De *pillandre.*

DÉPILLOCHER, ÉPILLOCHER, PILLOCHER, v. a. — Enlever avec peine et minutie l'écorce, la peau de quelque chose. « Quand i vous vient de langues de chat, de mensonges autour de z'ongles, faut pas s'amuser à les dépillocher, ça fait venir de postumes, ou de rognes, si c'est dans les froids. » (*Conseils d'un grand-père à ses petits-enfants.*) — *Dépillocher de fageôles, de pesettes,* ôter la dorse. « Ne pilloche don pas c't' orange avè tes doigts qu'on dirait le cul de la casse. » (Mme de Genlis : *Recommandations d'une mère à sa fille.*) — « Il ne faut jamais trop épillocher les grands hommes, on risque d'en trouver de petits dessous. » (*La Rochefoucauld.*) — De *pellem.*

DÉPOITRAILLÉ, ÉE, adj. — *J'ai été au bal de Mme de Saint-Bavons. Les dames étaient si tellement dépoitraillées que ça faisait regret.*

DÉPONDRE, v. a. — Se dit lorsqu'on rompt un lien qui tenait une chose suspendue. *Glaudius, va don me dépondre un saucisson du plancher !* Ou encore : *Tention, Nasie, ta jupe qu'est dépondue !*

Se dépondre le cou, Se rompre le cou. *Se dépondre le gigier,* Se dépondre la corée (voy. *corée*). C'est de mauvaises maladies.

Dépondre une croûte, Manger un morceau. Comp. *casser une croûte*.

Il ne dépond pas de parler, Il ne décesse pas de parler. — De *deponere*, comme *appondre* de *ad ponere*.

DÉPONTELER, v. a. — Enlever les ponteaux qui retiennent le variement du métier (voy. *ponteau*).

Se dépondre le gigier, l'estôme. Ceux qui connaissent l'anatomie savent que l'estôme est appondu au brichet. Mais tout le monde ne sait pas que, comme il gasserait manquablement dans le coffre, il est retenu des deux côtés par des ponteaux. Des fois un ponteau se lâche. C'est des fois d'une forçure, plus souvent de misère. Ça arrive surtout aux enfants de quatorze à quinze ans, qui sont ch'tis. Alors ils maigrissent, n'ont plus d'appétit, prennent les lèvres pâles, et souvent finissent par délinguer. Malheureusement les majors n'y connaissent rien. Mais M. Chrétien avait de remèdes et de bons remèdes. Je crois vous rendre service en vous indiquant le remède pour le gigier dépontelé. Vous faites frire à la poêle un bon morceau de lard et vous versez la graisse toute chaude dans une bouteille de bon vin vieux. Tous les matins, vous en faites boire deux grands verres au malade, après avoir bien gassé la bouteille. Il ronfle du nez là-dessus pendant trois heures à poings fermés, et quand il se réveille, la tête lui tourne un peu. Mais ça ne fait rien. — Avec ça, bien entendu, le remède que nous portons tous avec nous (ça, c'est pour toutes les maladies). Puis vous lui frottez tous les jours le brichet avec de la graisse de chrétien (malheureusement on ne peut plus s'en procurer). Après deux mois de ce régime, c'est bien rare si votre gone ne reprend pas de couleurs. C'est signe que le ponteau lâché commence à se recaler.

Au fig. *J'ai l'estomac tout dépontelé*, J'ai une faim dévorante.

DÉPOTENTER (SE), v. pr. — S'épuiser en efforts, s'abîmer, s'anéantir. *Je me suis dépotenté pour monter cette bareille.* Ou bien : *Je me suis dépotenté pour faire plaisir à la bourgeoise...* — De *potentem.* C'est un mot de formation savante.

DEPUIS. — *Depuis lors*, blâmé par des écrivains suisses comme une locution incorrectement employée par Rousseau, est considéré avec raison par Littré comme correct au même titre que *dès lors.*

Depuis vous, depuis lui. Ellipse pour « depuis que je vous ai vu, depuis que je l'ai vu ». *Depuis toi, j'ai-t-ayu une poire à deux yeux. Devine ce que c'est ! — Un gone ? — Non — Une bôye ? — Ah, finaud, on te l'avait dit !*

DÉRANGER. — *Déranger une jeune personne*, La faire sortir de ses devoirs. *Te sais pas ? Y a le Guiyaume qu'a dérangé la demoiselle aux Pouillon ! — Platt-i ? Alors c'est saint Joset qu'a dérangé la Putiphar ? Hi, hi, hi !*

Se déranger, Commencer à se mal conduire.

En visite. LA MAITRESSE DE MAISON : *M. Oscar, voulez-vous vous rafraîchir ? — Merci, Madame, ne vous dérangez pas ! — Oh, y a ben longtemps que je suis dérangée !*

Être dérangé, parlant par respect, Avoir la vasivite. *Cete courle, avè cete tripaille m'ont dérangé.* On dit aussi *Avoir le ventre dérangé*, mais plus élégamment *Avoir le ventre en liaque.*

DERNE, s. m, — Pie-grièche. *Méchant comme un derne.*

DERNIER. — *En dernier.* Ellipse pour « en dernier lieu ». *Il habitait en dernier le cul-de-sac Saint-Charles.*

DERNIER, DARNIER, DARGNIÉ, s. m. —
1. Derrière, dans tous les sens. *Tomber sur son dernier*, Demeurer sur le darnier. On lit dans une délibération du Consulat, du 15 septembre 1509 : « ... Ou (au) moyen de quoi plusieurs, ayant des dictes galleries sur la Saône, sont découverts par le derrenier de leurs maisons. »

Les bonnes religieuses de Marlhes, célèbres dans tout le diocèse, étaient trop instruites pour dire derrenier. Un jour qu'elles faisaient visiter à S. E. Mgr le cardinal de Bonald leur couvent, qui était sens dessus dessous, à cause des réparations : *Monseigneur*, dit humblement la supérieure, *voilà le devant du bâtiment ; nous vous montrerions bien le derrière mais il n'est pas propre.* Je tiens la gosse de l'excellent abbé Beaujolin, alors grand-vicaire du cardinal. Il avait une manière de la dire inimitable.

2. Adv. « L'amoureux, qu'était caché à grabotton dargnié le chevessié du lit de la

mama, arrive tout couâme. » (*La Séduction reparée.*)

Derrenier, darnier est dérivé de l'ancien français *derrain*, qui signifiait derrière, de *deretranus*, fait sur *retro.*

DÉROCHER (SE), v. pr. — Tomber d'un lieu élevé. — Vieux franç, *desrocher,* de *roche,* pris au sens d'escarpement, de sommet. Latin du moyen âge *derochare.*

DÉSABONNER. — *Abonnez*-vous à un journal, c'est français, mais vous êtes obligé de le garder, car vous y *désabonner* n'est plus français. Entre nous, il faut que le Dict. de l'Acad. soit fait avec quelque légèreté pour qu'on n'y ait pas inséré ce mot, qui figure dans Littré, mais que Landais, Barré, Bescherelle ne connaissent pas plus que l'Académie ne le connaît !

DÉSACUTIR, DÉSENCUTIR, v. a. — Faire perdre l'habitude d'être acuti. *La Marion a eu tôt fait de désacuti le Georget. Il est maintenant démenet comme de vif-argent.*

DÉSAMASSER, v. a. — Dissiper, gaspiller. *Il a désamassé tout ce que son père lui avait laissé.*

DÉSASSORTIR, IE. — Rappelez-vous que, — de par les grammairiens. — de la marchandise, de la porcelaine, par exemple, peut être *désassortie,* mais un marchand, jamais. — C'est extraordinaire, dites-vous, j'en ai vu cependant qui n'avaient pas grand'chose en magasin. Ça ne consiste en rien.

DESCENDRE. — *Descendre en bas.* N'est toléré que dans cette expression : *Descendre en bas de soie.*

Descendre la garde, Mourir. Cela se comprend : on quitte son « poste ». Se dit quelquefois pour tomber : *J'ai descendu la garde jusqu'en bas des escaliers du Change.*

DESCENTE. — *Descente de gosier.* Sorte de maladie très grave. On l'a souvent sur le coup de quinze ans. — *Comment va Fla-pouille ? — Oh, il est bien malade ; il a une descente de gosier : quand il croit mâcher, il avale.* Dicton pour exprimer qu'on est d'un si gros appétit que les morceaux s'engouffrent dans la garga-gnole avant qu'on ait le temps de les mâcher.

DÉSHABILLER. — *Il ne faut pas se déshabiller avant que de se coucher.* Manière de dire qu'il ne faut pas céder son bien avant de mourir.

DÉSONDRER, v. a. — Gâter, abîmer, défi-gurer. *Ta prétendue est-elle jolie ? — Elle n'est pas mal, seulement qu'elle a un œil crevé et la bouche en Mort-qui-file, ce qui la désondre un petit peu.* A ceux qui ont des ronfles de longueur, nous leur disons en commun proverbe, par manière de consolation :

Jamais un grand clocher n'a désondré village,
Ni grand nez désondré visage.

De *dishonorare.*

DESSAMPILLER, v. a. — Mettre en sam-pilles, en lambeaux. LA M'MAN : *Te vas faire la polisse sur le port avec des pas-rien, puis te me reviens tout dessampillé ! Attatends ! C'est moi que je vas te dessampiller les fesses !* — C'est *sampiller* avec préfixe in-tensif.

DESSINANDIER, s. m. — Dessinateur. Le célèbre Bony était connu sous le nom de *Jean-François Bony, dessinandier de Givors,* parce que son père, un bon cu-de-piau de Givors, étant venu voir son fils à l'École de dessin, avait demandé tout le long de sa route, à partir de la Mulatière : *Connaissi-vos pós Jean-François Bony, dessinandier de Givors ?*

Un dessinateur est un qui dessine. Un dessinandier est un qui fait sa profession de dessiner. Le suffixe *andier,* au lieu de *ier,* est ici par analogie avec *battandier, dinandier.*

DESSORCELER, v. a. — Désensorceler. — Fait sur le vieux franç. *sorceler,* tandis que *désensorceler* est fait sur *ensorceler.*

DESSUS DE LIT. — Grande couverte en étoffe, qu'on étend sur le lit quand il est fait, et qui recouvre tout. C'est le cache-guenilles du lit.

DET, s. m. — *Gros det.* Voy. sous *cortiaud.*

DÉTACHER, v. a. — Lever les taches d'un vêtement avec de *l'eau à détacher.* Dans mon enfance, un marchand d'eau et de savon à détacher avait ouvert en rue Mer-cière un étalage qui avait pour enseigne *Au fort détaché.* C'était le moment de la discussion des fortifications de Paris, où il était constamment question des forts détachés.

DÉTOUR. — *Se faire un détour, se donner un détour*, Se faire une entorse, se fouler un muscle. Quand on s'est fait un détour, il faut vite aller chez le rhabilleur. — De ce que le nerf (que vous appelez muscle) a été *détourné* de sa place, comme cela se comprend oculiquement.

DÉTRANCANER, v. a. — 1. Trancaner (voy. ce mot).

2. Déménager, avoir l'esprit qui se dérange. *Te sais, y a Melachon qu'on va mener à l'Antiquaille ; i détrancane.* — L'idée d'un objet déplacé se lie dans le peuple à l'idée d'esprit troublé. A *détrancaner* comp. *déménager*.

DÉTRANCANOIR, s. m. — Trancanoir (voy. ce mot).

DETTES. — *Se mettre dans les dettes*, S'endetter. Comp. l'allem. *Sich in Schulden stecken*.

DEUX. — *Deux sur dix*, Formule cabalistique que nos marchands emploient pour recommander à leurs commis de veiller sur l'acheteur dont on soupçonne la probité. *M. Auguste, les foulards! Voyez numéro 7943! deux sur dix!* C'est-à-dire deux yeux sur dix doigts.

L'excellent père X..., le drapier si connu à Lyon, et si estimé pour sa grande piété, avait une formule latine pour une recommandation d'un autre ordre. Un de ses commis était-il en train de vendre une pièce de drap à quelque acheteur peu exact à solder ses factures, il se promenait autour de la banque en scandant à mi-voix : *Pagare lantare, sàlare*. — « Qu'est-ce que dit donc M. X...? faisait le client. — — Oh! faites pas attention, répondait le commis, il dit sa prière. »

DÉVA. — *Bonjour, comment ça va? — Ça ne vas pas, ça déva*, répond l'interlocuteur, qui se sent atteint d'un mal profond.

DEVANT. — *En beau devant.* Voy. *beau. Avoir quelque chose devant soi*, Être bien dans ses affaires, avoir de quoi, être moyenné. — *La Toinon épouse le fils Acoqua. C'est un bon parti. Une fille est déjà bien heureuse quand son homme a quelque chose devant soi.*

DEVANTI, s. m. — Tablier. *Appare voire c't' orange dans ton devanti!* — Vieux franç. *devantier*.

DEVENIR. — *Devenir mort.* — *Qu'est don devenu le père Flaquet! — Il est devenu mort.* On ne le dirait pas de quelqu'un qui vient de mourir. — Pourquoi peut-on « devenir vieux », et ne peut-on pas « devenir mort »? Cela se ressemble tant!

Cf. en Lorraine : *C'est votre fils, madame? Comme il est venu grand!*

DEVERS, prép. — De. *Je suis devers Ampuis.* Je suis d'Ampuis.

DEV...ER (parlant par respect) v. a., terme bas. — Se dit d'aérer une chambre pour chasser le mauvais air. *Tous les matins, à cinq heures, j'ouvre les deux fenêtres pour dév...er notre chambre.* C'est une bonne habitude.

DÉVIANDÉ, ÉE, adj. — Amaigri. *J'ai vu le pauvre Maquia ; il est bien déviandé.*

DÉVISAGER, v. a. — *Dévisager quelqu'un*, Le regarder fixement et longtemps. *Je sais pas ce qu'avait c'te dame de me dévisager comme ça! — C'est p'tête mame Putiphà que te prenait pour saint Joset? Hi. hi, hi!* — C'est le franç. *dévisager* pris métaphoriquement. Dévisager quelqu'un, c'est lui abîmer le visage à force de le regarder.

DEVISE, s. f. — Nom que nous donnons aux rébus qui enveloppent les papillotes. *Si te prends de papillotes, manque pas de les prendre avè de devises.*

DÉVOUEMENT, s m. — « Flux de ventre ; dites dévoiement. » O monsieur Molard! quelle grossièreté de langage! Vous n'avez donc pas compris le sentiment de pudeur délicate qui faisait dire aux Lyonnais dévouement pour dévoiement! — Après cela, je confesse qu'on rencontre plus souvent le second que le premier.

DIABLE, s. m. — 1. Chariot très bas, à quatre roues massives en fer ou fonte, qui sert, dans les chantiers, à barder les blocs de taille ou les moellons.

2. Sorte de brouette à deux roues, sans caisse, avec un large rebord en fer par devant, et dont on se sert pour le maniement des ballots de soie. En élevant les brancards verticalement, le rebord touche le sol. On fait reposer le ballot sur le rebord, et en abaissant les brancards, le ballot se trouve tout chargé.

3. Sorte de couvercle en tôle, auquel est

ajusté un tuyau étroit, et qu'on place sur le trou du potager pour, en activant le tirage, allumer la charbonnaille.

4. Sorte de toupie qui ronfle en tournant.

Les rapports de 1 et 2 avec le diable me paraissent vagues. Pour le 3, on saisit très bien que l'instrument, en attisant le feu, fasse le service du diable, dont c'est la fonction particulière.

Diable boiteux, Jeu des gones.

C'est là le diable : c'est là que les chats se peignent.

Le diable marie ses filles. Se dit lorsqu'il fait des alternatives de soleil et de pluie. Il m'est impossible de saisir la relation d'idées. Il doit y en avoir une cependant.

DIES IRAE. — *Ressembler à un Dies irae,* Avoir une mine funèbre, dure et triste. Nos bons canuts n'ont jamais ressemblé à un *Dies irae.*

DIFFÉRER v. n. — **1.** Disconvenir. Ne s'emploie que négativement. *Je n'en diffère pas,* Je n'en disconviens pas. L'idée est : « Je ne diffère pas d'avis. »

2. Refuser (toujours avec la négation). *Je ne diffère pas d'y aller* ne veut pas dire : « J'y vais sans différer », mais : « Je ne refuse pas d'y aller. » — Vieux franç. *differer*, qui, employé au neutre, avait la signification de diverger d'opinion : « Lorsque le roi d'Angleterre vey ainsi murmurer et *differer* son clergié. »

DIGÉRÉ. — *Ce qui est digéré n'est pas perdu.* Proverbe d'un usage courant sur le Plateau, mais qui nous vient de Vénissieux.

DILIGENTER (SE), v. pr. — Faire diligence.

DIMANCHE. — Dans mon jeune temps le populaire le faisait toujours féminin, comme il l'est encore dans nos patois sous la forme *dimingi.* Le couplet final de la Crèche se terminait ainsi :

> *Dans le doux espoir*
> *De venir nous voir*
> *Le jeudi et la dimanche !*

L'emploi du féminin n'est point une incorrection. C'est au contraire la vraie forme issue du latin : *Dies dominica.*

DIMIER, s. m. — Au temps de Molard on était assez près de l'ancien régime pour savoir ce que c'était qu'un *dimier*, c'est-

à-dire celui qui percevait les dîmes. On voit combien à Lyon les vieux mots s'étaient conservés, car *dismier*, qui figure dans Cotgrave, n'est plus au Dictionn. de l'Acad. de 1694. Mais Trévoux (1743) le donne avec le signe « vieilli ». Aujourd'hui *dimier*, et encore moins *dixmeur*, qu'exige Molard, ne seraient compris de personne.

DINDE. — *Un dinde,* au lieu de *une dinde.* On a conservé le genre de *coq d'Inde,* seul mot admis au xviiᵉ siècle. *Dinde* est devenu une simple abréviation du mot. Dugas de Saint-Just, qui était Lyonnais, ne manque pas d'écrire « un dinde ». (*Paris, Versailles,* etc., t. II, p. 223.)

DINDON. — *Être le dindon de la farce,* Être dupe. Ce dicton doit avoir une origine historique, et se rapporter à une farce ou à une pièce comique, où un dindon jouait un rôle.

DINER. — *Un dîner à ch... partout* (parlant par respect). Expression élogieuse, usitée dans la meilleure compagnie, pour un très beau dîner.

DINGUER. — *Envoyer dinguer. Faire dinguer,* Rejeter au loin. *Il a voulu faire son malin, mais je l'ai envoyé dinguer dans les z'écommuns.* — Onomatopée *ding,* parce que, en repoussant le *de cujus,* on l'envoie cogner de la tête contre quelque chose de dur.

DIRAIT. — *Comme qui dirait,* loc. adv., En apparence, censément, pour ainsi dire. *Il est venu un mecieu avè une serviette sous le bras. — Alors, c'est un garçon de café. — Non, comme qui dirait un notaire.*

DIRE. — *Ce n'est pas pour dire.* Sorte de précaution oratoire. *C'est pas pour dire, mais M. Couyasson, si la porte du paradis n'est pas plus n'haute que celle de Fourvières, je crois bien qu'i pourra jamais entrer sans se baisser !*

Ça ne me dit rien, Elle ne me dit rien, Ça ou elle ne m'inspire aucune envie. C'est exactement le mot de Gœthe : *Hübsch ist sie wohl, doch sagt sie mir nicht zu,* « Elle est vraiment jolie, mais elle ne me dit pas. » Seulement, *zusagen* est dérivé à « plaire ».

Il est vrai de dire est condamné par les grammairiens. Il est vrai de dire que c'est un pléonasme.

Au lieu de *ce n'est pas pour dire*, on emploie volontiers la locution : *Ce n'est par pour la chose de dire*. Cette dernière tournure est plus élégante.

On vous le saura à dire, On vous le saura dire. Analogie avec le français « On vous le fera à savoir ».

Sur dix pièces qui sont rentrées au magasin aujourd'hui, je n'en ai trouvé qu'une à dire. pour Où il y eût quelque chose à dire. Cette curieuse locution existait déjà au xviiₑ siècle.

DISPENSER, v. a. — Dépenser — C'est le sens primitif du franç. *dispenser*, répartir, distribuer (*Il dispensa son bien aux pauvres*) ; d'où, par extension, employer de l'argent à quelque chose.

DODON. — Nom de femme. Une des sœurs de mon grand-père, Barthélemy Puitspelu, passementier, se nommait Dodon. Canuse de son état, c'était une personnalité curieusement poétique. — *Dodon*, qui serait mieux orthographié *Daudon*, est l'ancien nom de femme *Claude*, avec le suffixe *on*. Comp. *Françon, Pernon.*

DOIGT. — Nom des doigts. Voy. sous *cortiaud.*

Avoir un doigt sans connaissance. Voy. *connaissance.*

On s'en lècherait les cinq doigts et le pouce. Se dit de quelque chose de franc bon. Au fig. *Comment que te trouves la Fanchette ? — On s'en licherait les cinq doigts et le pouce !*

Doigts-de-morts, Corcenères, salsifis. — A cause de leur forme effilée et de leur couleur blanche. Image gracieuse pour exciter l'appétit.

DOME. — *Dôme de poêle*, Gros couvercle en tôle, de forme cylindrique, qui sert à recouvrir la marmite sur le poêle pour faciliter la cuisson. Dans les maisons riches, il monte et descend à l'aide d'une poulie.

DONC. — Particule explétive si naturelle que j'en ai usé tout le long de l'ouvrage, sans même penser à l'enregistrer. *M. Greluchard, donc qu'il est aujourd'hui député*, signifie : « M. Greluchard qui est aujourd'hui député. » Mais *donc*, sans changer le sens, le renforce. Il semble dire : « Remarquez bien que, etc. »

DONDON, s. f. — Grosse fille un peu courte, réjouie. On le trouve dans Scar-

ron. — Du vieux franç. *dondaine*, cornemuse. Une fille enflée comme une cornemuse. Aussi, dans nos patois, dondon a le double sens de musique et de grosse femme.

DONNER. — *S'en donner*, Se livrer avec rage à un travail, à un plaisir, etc. *En* sous-entend l'objet dont on s'occupe. Comp. l'argot : *s'en payer une tranche.* En ménage, disait mon bourgeois, qui était la sagesse même, il ne faut jamais trop s'en donner.

Donner coup. Voy. *coup.*

Frapper, darder. *Le soleil donne sur le toit de la maison.* Au fig. *Tu nous donnes sur le tempérament*, Tu nous enquiquines. L'expression se retrouve partout, mais elle ne figure pas dans les dictionnaires.

Tout ce que le bon Dieu lui a donné, c'est-à-dire tout ce qui est l'attribut de son sexe ou sis aux environs Se dit surtout à propos des enfants : *Pauline, veux-tu bien pas faire le trébicholet comme ça! tu montres tout ce que le bon Dieu t'a donné !*

DORMILLE, s. f. — Loche franche, poisson. — Ainsi nommé de ses habitudes nonchalantes qui le font sembler dormir.

DORSE, s. f. — Gousse, cosse. *De dorses de flageôles*, des gousses de haricot. — De *dorsum*, qui, réduit à *dossum*, avait pris le sens de *pellis*. Cotgrave a *dosse d'ail.*

Dorse d'ail est toujours du bon parler dans les ménages lyonnais. (M. D.)

DOUBLE, s. f. — Gras-double. Molard dit que « Richelet reconnaît les deux mots et les distingue », mais mon édition de Richelet (Amsterdam, 1706) ne contient que gras-double. Il en est de même de tous les dictionnaires que je connais des xviiₑ et xviiiₑ siècles.

Double à la lyonnaise, Double sautée à la poêle avec de petits oignons. Chenu !

DOUBLOIR, s. m., terme de canuserie. — Ustensiles pour porter les roquets lorsqu'on fait les canettes. — De ce que le doubloir permet de mettre plusieurs bouts à la trâme, de la doubler.

DOUCE. — *Cette femme a la peau douce comme le c.. du chat*. Je ne puis me porter garant de l'exactitude du dicton, n'ayant jamais eu envie de la vérifier.

Aller tout à la douce, Aller tout planplan ; ne pas être précisément malade mais ne pas être vaillant.

DOUCETTE, s. f. — La même chose que *bourcette, blanchette, mâche.* De ce que cette salade est douce, quand on y met peu de sel, très peu de poivre, pas de vinaigre et beaucoup d'huile. Le mot n'est pas exclusivement lyonnais.

DOUCEUR. — *En douceur,* Doucement, avec soin. *Moule en douceur!* cri des mariniers pour « Lâche doucement la corde! » *Faut toujours prendre les femmes en douceur,* disait le père Petacheux, en faisant gentiment un petit moulinet avec le martinet qu'il avait à la main.

Faire une douceur, Faire un rabais sur une marchandise. *Combien c'te courle, p'pa Chaponeau? — Une courle, mon cavaillon! huit sous. — Vous ferez bien une petite douceur? n'en velà quat' sous.*

Passez-moi ça en douceur, Passez-le-moi au prix le plus juste.

DOUELLE, DUELLE, s. f. — 1. Douve de tonneau. *Tomber en duelles.* Se dit d'un tonneau écléné dont les douves ne tiennent plus. Au fig. *Je tombe en duelles,* Je suis écléné, je meurs de faim.

2. Terme de construction. C'est la partie concave et la partie convexe d'un claveau d'arc, d'un voussoir de voûte, etc. — De *doga,* de δοχή, *receptaculum.*

DOULEURS. — Douleurs de l'enfantement. *Quand c'te pauvre petite s'a vu aux douleurs me racontait une bonne mère, « M'man, qu'elle m'a dit, je veux pas t'y cacher plus longtemps, ça y est! »*

DRAGÉES. — Houille en morceaux plus gros que les chatilles et plus petits que le pérat (voy. *chatilles*).

DRAPIER, s. m. — C'est le nom que nous donnons au martin-pêcheur, pour autant que, lorsque vous l'aurez tué, il vous le faudra mettre dans votre garde-robe, au mitan de vos lainages. et qu'il empêchera les artes de s'y mettre. Je ne suis pas sûr qu'il chassera les artes, mais je suis sûr qu'il fera embsconner vos lainages.

DRAPILLES, s. f. pl. — Méchants vêtements, méchant linge. — Fait sur *drap,* avec un suffixe péjoratif, et qui indique l'effilochage. Comp. *guenilles.*

DRESSIÈRE, s. f. — Coursière, raccourci qui coupe en ligne droite d'un anneau d'une route à un autre. — Vieux franç. *dressière,* de *drecier (directiare).*

DROGASSER, v. a. — 1. Sous la forme réfléchie, signifie prendre des drogues. *C'est pas étonnant qu'i soye toujou patraque; i fait rien que de se drogasser.* — 2. Altérer, en parlant des aliments. *La vinasse est si tellement drogassée au jour d'aujourd'hui, qu'i gn'a plus moyen d'en boire son soûl.*

DROIT, OITE, adj. — Debout. *La Jeanneton avait si tellement sommeil qu'elle dormait toute droite... J'ai été obligé de rester droit tout le temps du sermon.* — Proscrit par les savantasses. Il me semble pourtant qu'on n'est jamais si droit que lorsqu'on est debout.

Le père Taquenet, avè ses huitante-cinq, est droit comme un fifre. Comparaison très usitée. On dit aussi *Droit comme un i.*

Droit comme mon bras quand je me mouche. LE MAÇON : *Voyez, mecieu l'architecte, si c'est bâti droit!* — L'ARCHITECTE, pas content : *Oui, comme mon bras quand je me mouche.*

Droit comme la jambe d'Azor. Je disais un jour au père Trinquet, en parlant de M. Filouchard, le procureur : *Pour un homme qu'est droit, je crois que c'est un homme qu'est droit.* — *Oui, qu'il me fit, comme la jambe d'Azor.*

DROLE, adj. — Gentil, aimable, joli, gracieux, parlant des personnes. *Un mami bien drôle... Une demoiselle qu'on va marier, qu'est bien drôle.* Remarquer que les deux acceptions sont les mêmes en français pour le mot *plaisant,* qui s'entend à la fois de quelque chose qui est comique et de quelque chose qui plaît.

C'est encore bien drôle c'te invention! Cette invention est bien curieuse.

DROLET, ETTE, adj. — Diminutif de *drôle. Vous n'avez là une demoiselle bien drôlette. — Oh elle est tout plein gentille! Pour torcher les plats, elle a pas sa pareille!*

DROUILLES, s. f. pl. — Vieilles hardes, vieilles nippes. Le commode, à la campagne, c'est que l'on peut porter toutes ses vieilles drouilles, au lieu de se mettre sur ses trente-six ; heureux encore, à Lyon lorsqu'on n'est pas obligé d'endosser son panneau et de mettre une cravate blanche pour aller dans les réunions publiques ! — Vieux franç. *drilles*, chiffons, avec substitution de la syllabe *ouilles* sous une influence préjorative. Comp *fripouille* et *drapouille*, vieux vêtements.

DRU. — *Dru et menu*, loc. adv., qui marque l'énergie de l'action. *Le Benoît a voulu me faire contre, mais je l'ai mené dru et menu.* L'expression se trouve dans Scarron. — L'idée est « en gros et en détail ».

DRUGE, s. f. — 1. Pousse excessive des végétaux. *C'est la druge qui empêche ce poirier de produire.* Au fig. surabondance, pléthore, excès de plaisir ou de santé, ou d'autre chose. J'ai raconté le mariage d'Agnus Poupard, et comme il était caquenano. Mais il finit par se déniaiser, et fit comme les nouveaux convertis, qui se livrent à des excès de dévotion. En quelques mois, il était devenu tout ch'ti, déviandé, un hareng sauret. Sa maman le mena chez M. Chrétien, qui connut tout de suite ce qu'il avait, et dit : *C'est la druge du mariage.* Il demanda si Agnus avait un oncle curé. Précisément il en avait un, curé dans le Mâconnais.

« Alors, dit M. Chrétien, faut qu'il parte tout de suite ; il servira la messe tous les matins ; il boira chaque jour au moins deux grands pots de bon vin ; le matin, pur ; le soir, sans eau ; et il mangera de gros trocs d'aloyau et de couare. Puis, comme bien s'accorde, il boira le remède « que chacun porte avec soi ». Il restera là trois mois, sans broncher, et sans recevoir de visites, que celle de sa maman. »

Fait comme dit. Les trois mois parachevés, Agnus était florissant. Il te vous avait un visage, un vrai cul de pauvre. Venu le moment de rentrer, il prit la voiture de Casse-talon, pour aller à Mâcon, où il devait trouver les vapeurs. Voilà qu'en passant devers un pré, il voit un Âne en train de faire sa déclaration à une Ânesse. *Oh, toi*, que fit Agnus, *si t'as pas un oncle curé, je t'en donne pas pour six mois !* Du celtique : kymri *drud*, vigoureux ; gaëlique *druth*, pétulant.

2. Fumier, engrais. — Armoricain *druz*, gras, en parlant de la terre ; *druza*, graisser, engraisser. Évidemment le même que le kymri *drud*.

Être dans ses druges, Être sous le coup d'une violente exitation. Se dit des chats quand ils ont leurs nerfs, qu'ils bondissent, qu'ils ne peuvent tenir en place, qu'ils soufflent, etc.

Se plaindre de druge, Se plaindre de trop de bien-être, de l'excès d'amour de sa femme, etc. En un mot, se plaindre que la mariée est trop belle.

DRUGEON, s. m. — Pousse, rejeton au pied d'un vieil arbre. — De *druge ;* ou de *drageon*, influencé par *druge*.

DRUGER, v. n. — 1. Pousser surabondamment. Sur son exemplaire de Molard, Chanoine a écrit en marge : « On dit en patois du Dauphiné un champ *druge* pour dire qu'il est fertile, abondant, riche. »

2. Bondir, sauter, s'amuser par des sauts précipités. *Ces gones drugent toute la sainte journée..... Qu'a don le miron à druger comme ça ?*

3. Tromper, gourer, mettre dedans. *Ce pauvre b..... de Godivaisse s'est-i pas fait druger au Panama ?*

Pour 1 et 2, de *druge*. Pour 3, du vieux haut allem. *trugt*, tromper.

DRUGEUR, EUSE, s. — Trompeur, euse. — De *druger* 3.

DU, s. m. — *Avoir des dûs*. Avoir des dettes. *Il lui a payé son dû*, Il lui a payé sa dette. — Excellente « substantification » du participe de *devoir*. Comp. *faire son crû*.

DUBELLOIRE, s. f. — Cafetière en terre dite grès, avec passoire de même nature. Origine historique. Ces cafetières ont été inventées par du Belloy ou Dubelloy, corrompu en Dubelloire, à l'aide du suffixe *oire*, qui s'applique aux objets moyens d'action. Comp. *passoire*, *araignoir*.

DU DEPUIS. — Depuis lors. *Nous nous sons brouillés à ma noce, qu'i baisait ma femme comme du pain chaud. Nous nous sons pas revus du depuis.* — C'est un archaïsme. « Votre âme, du depuis, ailleurs s'est engagée, » dit le grand Corneille.

DUR. — *Dur à la détente*. Se dit d'un homme qu'il faut instamment solliciter pour lui faire desserrer sa filoche. *Il est bon enfant, mais dur à la détente.* L'avare est comparé à une arme à feu dont il faut presser fortement la détente pour la faire partir. On dit encore : *Il a un vipère dans la poche.* (P. B.)

E

EAU. — *Il va y avoir de l'eau.* Euphémisme pour : *Il va pleuvoir.* On dit aussi : *Il va tomber de l'eau ;* mais le meilleur est : *Il va y avoir du bouillon de chien.*

De l'autre côté de l'eau. Voy. *côté.*

EAU BLANCHE. — Eau-de-vie anisée. Ainsi nommée de ce que, lorsque cette eau-de-vie est mêlée d'eau, le breuvage prend une belle couleur blanche, quoique l'eau-de-vie soit en elle-même parfaitement limpide. Nous l'appelons plus simplement anisette. Ne pas confondre avec l'anisette de Bordeaux. Il me souvient de la déception que j'éprouvai lorsque, après une longue marche, je demandai de l'anisette et de l'eau dans un cabaret devers Chaponost et que je vis tomber de la bouteille dans mon verre une liqueur chaude et visqueuse. Pas moins le fus-je, déçu, à Paris, lorsque demandant de l'eau blanche dans un beau café, le garçon me répondit que c'était les pharmaciens qui tenaient ça. Le caquenano croyait que je voulais de l'extrait de Saturne.

ÉBERCHÉ, ÉE, adj. — Ébréché, ée. On dit plus élégamment *berchu.*

ÉBERCHURE, s. f. — *Faire une éberchure à un coupon… Faire une éberchure à se n'honneur* (en parlant des filles). — Répond à un français *ébréchure,* de *brèche,* qui manque.

ÉBISER (S'), v. pr. — S'entrecuire par l'effet de la bise. La bise froide rend la peau rèche comme une peau de raquin ; et si, avec cela, on a des culottes en étoffe roide, et qu'on fasse une longue marche, le frottement ébise, parlant par respect, la face interne des cuisses, la talle, et que ce n'est pas canant du tout.

ÉBOUILLANTER, v. a. — Jeter de l'eau bouillante sur un légume pour lui enlever son âpreté avant de le faire cuire. *Ébouillanter*

des viédazes.* On ébouillante aussi les cayons tués pour enlever le poil. *S'ébouillanter les clapotons,* Se laisser tomber de l'eau bouillante sur les pieds, comme cela arrive des fois aux poches-grasses, qui sont adroites comme l'oiseau de saint Luc.

ÉBOYER (S') (ébô-yié), v. pr. — S'éventrer, se crever. S'emploie aussi au neutre. *Y a Pillandreau que nous a conté de gandoises à faire éboyer de rire… Une canette que s'éboye,* Canette qui n'est pas assez serrée, et dont le ventre s'ouvre. Au fig. Se démarcourer, se laisser abattre. *Allons, t'ébôye pas comme une canette de borriau !* — De *bôyes,* boyaux, S'éboyer, perdre ses boyaux.

ÉBRAVAGÉ, ÉE, adj. — 1. Fourachaux, écervelé. *Le Glaudius a fait l'ébravagé avec toutes ces manifestances. I s'est fait caler à la Cave.*

2. Fou d'émotion, d'épouvante. *Ma fenne est tout ébravagée des coups de tonnerre.* — De *ravager.*

ÉCAFOIRER v. a. Voy. *cafoiré.*

ÉCARRER, v. a. — *Écarrer une pièce de bois,* L'équarrir. Mot tout naturellement formé par analogie avec *carré.*

ÉCHAILLER, v. a., terme de construction. — *Échailler une voûte,* Garnir les joints en-dessus avec des échailles que l'on cogne au marteau, afin de donner artificiellement aux moellons la coupe de claveaux. — Fait sur *échailles.*

ÉCHAILLES, s. f. pl. — Petits éclats de pierre minces qui servent à garnir les voûtes. — Forme d'*écailles.*

ÉCHANTILLER, v. n., terme de canuserie. — Compter le nombre de grammes de trame employée au mètre, à celle fin de savoir combien il en faut pour la pièce.

ÉCHANTILLON, s. m. — Chenevotte. Depuis qu'on a inventé les allumettes chimiques, les échantillons sont inconnus. — De *cannabum*, par une forme languedocienne *cande, candi.*

ÉCHAPPE, adj. des 2 g. — Échappé, sauvé. *Le père Pitanchardïer va mieux ; le médecin a dit qu'il était échappe.* — Adj. verbal d'*échapper*. Comp. *arrête.*

ÉCHAPPÉ. — *Échappé de banquette.* Se dit des fois de ceux qui ont quitté la canuserie pour devenir brasse-roquets, rondiers, voire même conseillers municipaux ou députés, et qui ne regardent plus ceux qu'ils ont connu les autres fois. *Te vois pas, cete échappé de banquette, ce qu'i fait son bistaud!*

ÉCHAQUER, v. a. — Écailler, en parlant d'un poisson. Je l'entendais souvent dans mon enfance. Il me parait tombé en désuétude. — Se rattache à *écaille*, mais la transition ne laisse pas d'être obscure.

ÉCHARPILLER. Voy. *charpiller.*

ÉCHELLE, s. f. — *Échelle d'engin*, terme de construction. — Chèvre. — *Échelle*, parce qu'elle a des barreaux, et *d'engin* parce que le nom d'engin s'applique surtout aux machines composées, destinées à élever les fardeaux. (Voir *engin*.)
Monter à l'échelle, S'exciter, s'emporter. *Faire monter à l'échelle*, S'amuser à exciter quelqu'un en le mettant sur des sujets où il s'emporte. C'est une plaisanterie très goûtée.

ÉCHIFFRE, ÉCHIFFE, s. f. — Écharde. Quand on se plante des échiffres, faut les tirer avec des pinces à pinceler ; sans quoi il vient de postumes ; les postumes jettent de borme, et l'on n'en voit plus la définition. — Du vieux haut allem. *skivero*, éclat, fragment ; allem. *schieffer* ; angl. *shive.*

ÉCHINAT, s. m. — Morceau de porc salé ; le même que le *chinard* (voy. ce mot). — De *skina.*

ÉCLAIRCIR. — *Éclaicir un verre*, L'approprier avec soin, le faire briller, le rendre clair, cela coule comme les Trois-Cornets.
Éclaircir le linge, Le passer par l'eau, avant de le mettre au sale, afin d'enlever le plus gros, et qu'il n'emboconne pas en attendant la prochaine buye. La femme forte, nous dit l'Écriture, ne faillait jamais à faire éclaircir son linge sale.

ÉCLAIRER, v. a. — Allumer : *Éclairer le poêle, Éclairer le chelu.*

ÉCLAPER, v. a. — Faire des éclats de bois à la hache. Au fig. Mettre en morceaux, abîmer. *Cette pauvre fenne est tombée par les escaliers en allant aux z'écommuns ; elle s'est tout éclapée.* — On a de la peine à ne pas voir dans *éclaper* un parent d'*éclater*, quoiqu'on ne s'explique pas bien sous quelle influence la finale *per* a pu être substituée à *ter.*

ÉCLAPES, s. f. pl. — Éclats de bois détachés à la hache. Une vieille enseigne de la rue Grenette représentait un mami portant des morceaux de bois, avec cette inscription : *A l'éclape.* — Subst. verbal d'*éclaper.*

ÉCLÉNÉ, ÉE, adj. — Se dit d'un vaisseau dont les douves laissent échapper le liquide par suite de leur dessiccation. *Écléné comme une vieille benne.* Au fig. Abattu, harrassé, hors de service. *Je me suis rien metu dans le gigier d'aujourd'hui. Je suis tout écléné ; je vais tomber en duelles !*

ÉCOINÇON, s. m., terme de construction. — Pierre mince posée sur chant, pour faire l'angle intérieur d'un jambage de croisée dans la hauteur de la formette. — De *coin.*

ÉCOMMUNS. Voyez *Communs.* — *Écommuns* s'emploie plus volontiers en poésie, comme plus euphonique.

ÉCORCHER. — *Écorcher un pou pour en avoir la peau.* Se dit des personnes qui ne sont pas magnifiques par tempérament.

ÉCOUPEAUX, s. m. pl. — Copeaux. Le mot est si usité chez nous que, dans son *Dictionnaire*, Cochard traduit *éclapia* par « écoupeau » (ce qui, par parenthèse, n'est pas exact). — *Coupeau* est une forme archaïque, et *é* est un préfixe explétif, que nous plaçons quelquefois devant *c*. Comp. *écommuns.*

ÉCOUTER (S'), v. pr. — Se dit de quelqu'un qui se croit toujours malade, qui porte une attention exagérée au moindre bobo. *La Françon qu'est encore fatiguée! Quelle potringue! — Faut pas trop te mercurer. Elle s'écoute si tellement! Elle se croit morte avant d'être malade.* — Expression absolument bien trouvée.

ÉCRABOUILLER. Voyez *crabouiller*. —
M. Zola, qui est du Midi, l'a trouvé si
joli, qu'il l'a employé dans l'*Assommoir*.

ÉCRAMAILLER. Voy. *cramailler*.

ÉCU. — *Un petit écu*, Écu de trois livres.
La tradition est si forte qu'aujourd'hui
encore, quand on dit *cent écus*, cela veut
dire 300 francs ; *mille écus*, 3.000 francs.
De même nous comptons les louis par
24 francs : *cent louis*, 2.400 francs.

Le père Potard, notre voisin en rue
Grenette, rentrait souvent soûl comme
un Poméranien. Il se salissait. Pour qu'il
consentît à se laisser approprier, sa
femme était obligée de lui donner un
écu, qu'à la vérité elle lui reprenait
pendant qu'il dormait. Le lendemain, il
ne se souvenait de rien. Ce trait, absolument véridique, eût produit grand effet
dans un roman de M. Zola.

Écu changé, écu mangé. — A méditer,
mes gones !

ÉCU DE FOULARDIER. — Pièce de dix
sous. A la manille : *Jouons-nous encore
un pot ? — J'ai ben encore un écu de foulardier.* De ce que le foulard étant un
article très mal payé, les pauvres foul-
lardiers sont obligés de faire des écus
avec des pièces de dix sous.

ÉCUELLE. — *Tout mettre par les écuelles*,
Ne négliger aucun soin, aucune dépense
pour une réception, etc. *A la noce de
Mme Cougnasse, les parents ont tout mis
par les écuelles. Y avait de l'argenterie en
maillechiore.*

Haut comme quatre écuelles, Se dit d'un
qui n'est pas un géant.

ÉCUME. — *Hum, ça n'est pas de l'écume !*
Se dit de quelque chose qui n'est pas
frelaté, qui est de grande valeur. *Il lui a
fait cadeau d'un brillant. — Combien qu'il
a coûté ? — Douze francs. — Hum, ça
n'est pas de l'écume !*

EFFECTIVEMENT, FECTIVEMENT. Voyez
autrement. — Le fait est qu'autrement et
effectivement, c'est bien à peu près la
même chose.

EFFET. — *Si c'était un effet de la vôtre ?*
Sous-entendu complaisance. Manière
courtoise de demander un service. *Mademoiselle, si c'était un effet de la vôtre de
me faire passer mon crasse ?*

EFFORT, s. m. — 1. Forçure, tension violente et douloureuse d'un muscle qui
cause une douleur persistante. *Je m'ai
fait un effort dans la canicule en voulant
retenir la grosse qu'allait s'étendre par
terre à bouchon, que je peux plus branlicoter le bras.*

2. Hernie. *Il s'est fait un effort que lui
a fait peter la basane.*

EFFRANGÉ, ÉE, adj. — Effiloché. Les personnes du sexe ne doivent jamais aller
dans le monde avec des jupes, des robes
effrangées. Avant de quitter la maison, il
faut affranchir le bord avec des ciseaux.
C'est ce font toutes les dames comme il
faut.

ÉGAL. — *C'est égal*, loc. adv., Quand même,
néanmoins, quoique ça. *Cornachon est
allé pour prendre sa femme chez Paillar-
dot, mais elle n'y était pas. — C'est égal,
faut pas qu'i s'y fie !* Autre : *J'ai débaroulé les escaliers sur le chapelet du dos,
sans me faire grand mal. — C'est égal, te
ferais bien de prendre d'arquebuse.*

ÉGANCETTES, s. f. pl., terme de canuserie.
— Ce sont deux règles de bois, d'une
longueur égale à la largeur de la pièce,
reliées entre elles par des cordes d'environ dix-huit pouces de long. Lorsque l'on
commence une pièce, une de ces égancettes est fixée à la tirelle que l'on a
laissée en terminant la pièce précédente ;
l'autre est engagée dans la rainure du
rouleau de devant. On fait tendre les
cordes en tournant le rouleau, et l'on a
de la sorte une façure artificielle formée
par les cordes, permettant de ne pas
perdre le morceau de la chaîne entre le
rouleau et le battant, qui ne pourrait
être tissé.

ÉGARADE, s. f. — Algarade. *Faire une égarade à quelqu'un*, Le prendre violemment
à partie. *La Toinon que m'a fait une égarade,
parce qu'elle m'a trouvé avè se n'homme sur
la suspente, que nous cherchions ses bretelles,
Comme si ça consistait en quèque chose !* —
Ce n'est point une corruption d'*algarade*.
C'est le vieux franç., *esgarrade*, coup, ba-
lafre, dérivé de sens sous l'influence d'*algarade*.

ÉGLISE. — *Sortir de là comme d'une église*,
c'est-à-dire sans gain ni perte ; encore bien
qu'on puisse sortir d'une église avec une

perte matérielle, si on y a fait l'aumône, et avec un gain moral, si l'on y a pris de bonnes résolutions.

ÉGLOMISER, v. a. — Voilà un mot qui n'a eu qu'une existence d'un jour. Vers 1835-1845 la mode était d'églomiser les gravures et surtout les dessins sous cadre, c'est-à-dire, au lieu de les laisser se détacher sur un fond blanc, de les entourer de une ou plusieurs bandes, de couleurs douces, lavées à l'aquarelle et séparées par des traits noirs. On trouvait que cela faisait ressortir le dessin. J'ai vu des mine-de-plomb des Flandrin églomisés. Je serais assez disposé à croire que c'était une mode lyonnaise. Églomiser avait été forgé sur ἐγγλυμμα, image gravée.

ÉGRAFINER. Voy. grafigner. — J'ignore pourquoi n se mouille dans une forme et non dans l'autre.

ÉLANCÉE, LANCÉE, s. f. — Douleur soudaine, « poussante », que l'on ressent par intervalles dans un organe malade. Mon panaris me donne des lancées. On a comparé la douleur à celle d'un coup de lance.

ÉLEVURE, s. f. Voy. boucharle. — Élevure est le vieux franç. enleveure, de lever, qu'on trouve dans Cotgrave.

ÉMANCHETTES, s. f. pl., terme de canuserie. — Petites bandes de papier épais, larges de un ou deux centimètres, qu'on place sous les cordons, au rouleau de devant, pour les faire prêter, afin qu'ils ne tirent pas plus que l'étoffe. — C'est manchettes, orné d'un préfixe. Sur le sens, comp. manchettes d'imprimerie, ce qui est imprimé sur le bord en marge.

EMBABOUINER, v. a., terme péjoratif. — Séduire, amadouer. Le Roch est embabouiné de la Josette, Il est féru de la Josette. — De babouin, au sens de visage ; mot à mot : « Il s'est épris du babouin de la Josette. » Vieux franç. embabouiner, tromper.

EMBARGAILLER, Forme d'emmargailler.

EMBARLIFICOTER (S'). — Dans l'édit. de 1803, Molard donne la forme emberlificoter, qu'il corrige par s'embarrasser, s'emberlucoter. « Emberlucoter » n'existe pas. C'est peut-être une faute d'impression, car on lit dans l'édit. de 1810 : « Dites s'emberlu-

coquer. » L'erreur est magistrale. S'emberlucoquer signifie se coiffer d'une opinion et non s'embarrasser. Quant à emberlificoter, il a fait du chemin depuis Molard, et Littré, Scheler lui ont donné une pieuse hospitalité.

EMBARRAS. — Ce n'est pas l'embarras. Sorte de précaution oratoire, que l'on emploie à cha-phrase, et dont je ne trouve pas l'analogie en langage académique : Ce n'est pas l'embarras, mais je crois que tous ces montages par actions y a bien des filous... Ce n'est pas l'embarras, mais je crois bien que le père, le fils et le gendre sont trois jeanfesse ensemble... Ce n'est pas l'embarras, mais il me semble bien que mame Culasson a pris une postume de neuf mois, et ainsi de suite. « C'est pas l'embarras, dit l'Adresse des canuts à l'empereur Napolyon, nous pensons ben qu'une fois que votre n'épouse, la Marion (Marie-Louise), vous aura joint, elle saura le mettre en cage (l'aigle) et endeurmi z'un peu se n'ardeur... » [1]

Faire ses embarras. Se dit d'un piaffeur, de quelqu'un qui veut faire de l'esbroufte.

EMBARRASSÉE. adj. — Qualification trop juste pour une fille enceinte.

EMBARRER. Voy. barrer 2.

EMBIERNE, s. f. — Embarras, ennui, difficulté de toutes sortes. Un Parisien dirait emm....ment (les étymologies concordent). Je passais un soir avec Briochien, de Saint-Pierre (donc qu'il est aujourd'hui membre de la Société d'architecture), dans la rue Casse-froide. Nous rencontrons Galuchet (donc qu'il est aujourd'hui fabricant de vins de Bordeaux) qui s'amenait avec une cariatide sous le bras. Y en a qu'aimont le z'embiernes, me dit Galuchet avec sa philosophie sereine. Le bon père Ustache Grottard, du Mont-Sauvage, disait aussi que les deux plus grandes embiernes du monde, c'étaient une canante et des dûs (les deux, des fois, vont de compagnie). — Subst. verbal d'embierner.

EMBIERNÉ, ÉE, adj. — Qui a des embiernes.

EMBIERNER, v. a. — Créer des embarras, des difficultés, des ennuis. Très péjoratif. Vaut autant à dire comme enquiquiner. Une bonne mère dira à son fils : Fourt, fourt ! b..... de caquenano, que te m'em-

biernes ! — Vieux franç. *embrener,* souiller, parlant par respect, de colombine de chrétien ; de *bran,* la colombine elle-même.

. EMBOBELINER, v. a. — Tromper en amadouant. En partie, tous nos fourachaux, nos ébravages finissent par se laisser embobeliner par quelque Marie Guenillon, avec qui ils convolent. — Vieux français *embobeliner,* tromper, fait sur *bobelin,* nigaud, dont j'ignore l'origine, et que M. Godefroy me parait imprudemment rapprocher de *bouvier.*

EMBOBINER. — Très souvent employé pour *embobeliner.* — *Cete fumelle l'a si bien embobiné qu'il a reconnu le mami.* — C'est *embobeliner* corrompu sous l'influence de *bobine.*

EMBOCONNER, v. n. — Répandre une mauvaise odeur. *Je ne sais pas ce qu'ont ces z'écommuns qu'i n'emboconnont comme ça ! — C'est les vents de Provence.* — De *bocon.*

EMBOIRE. — *Ce papier emboit.* Expression défendue. Emboire se dit des peintures. La nuance semble imperceptible. Car enfin si mon papier boit de l'encre, il en boit, c'est sûr !

EMBOISER, v. a. — Tromper en amadouant, tromper en général. *Ah mon pauv' vieux, je me suis emboisé en mariant la Benotte ! — Que veux-tu, te l'as prise parce qu'elle était agriffante. Faut jamais arregarder ça. Vois la mienne : ceux qui l'ont vue de jour n'iront pas se dépondre le cou pour la voir de nuit ! Hi, hi, hi !* — Vieux franç. *boiser,* tromper. « Et li signor vont lor moiller (femmes) boisant, » disait-on déjà au xii° siècle. On voit que la chanson n'a pas changé. *Boiser* venait probablement de *bois,* espèce de filet. Emboiser, prendre au filet.

EMBOQUER, v. a. — On emboque les dindes quand on leur fourre des noix entières dans le bec, que l'on fait ensuite descendre dans le gigier en appuyant sur le corgnolon. On les emboque aussi avec du gros blé. Au fig. se dit des chrétiens. *Nous sons été dimanche chez la mère Brigousse. Nous nous sons emboqués ! !* — De *bucca,* bouche.

S'emploie des fois au fig. en parlant des petits mamis auxquels on donne la bichée : *T'as si tellement emboqué ton mami qu'il en est coufle.*

EMBOSSER, v. a. — Cabosser en général. Se dit particulièrement de faire des contusions en donnant des coups, sens que n'a pas cabosser.

Je croyais qu'à ces mots le grand m'embos-
⠀⠀⠀⠀⠀⠀⠀⠀⠀⠀⠀⠀⠀⠀⠀⠀*[serait.*
⠀⠀⠀⠀⠀⠀(*Songe de Guignol.*)

De *bosse,* comme bien s'accorde.

EMBOSSU, s. m. — Entonnoir. Chez Mille, au retour d'un enterrement : *Eh dis don, toi là-bas, Saquavin, t'as pas rien besuin d'un embossu pour te rempli ! — Sois tranquille, si y a un bondon pour entrer, y a ben une anche pour sorti ! Hi hi, hi !* — De *bosse,* tonneau.

EMBOTTER, v. n. - Se dit lorsque les pieds enfoncent profond dans la boue épaisse. *Mélie, tu sors ? Prends tes escarpins de Mornant : ça embotte.* — Peut ne pas venir de *botte* (se faire des bottes de boue), mais venir de *bota,* mare, qui aurait donné *boue.* Embotter, enfoncer dans la boue.

EMBRASSER. — *Embrasser comme du pain chaud, Baiser comme du pain chaud.* A la boutique de mon bourgeois, notre apprentisse était de si bon command que tout le monde la baisait comme du pain chaud.

EMBRINGUE, s. f. — Embarras, obstacle, difficulté de toute nature. *Quelle embringue que cette Lalie ! Hier, j'avions de z'amis ; elle a pas pu seulement porter deux pots sans dégobiller.* — Subst. verbal d'*embringuer.*

EMBRINGUER, v. a. — Embarrasser, empêtrer, entraver. *S'embringuer d'une femme, S'embringuer d'hypothèques, S'embringuer de la mairie* (en se laissant nommer maire). — Renferme peut-être le radical qui a formé *brique.*

EMBRONCHER, v. a. — Gêner, porter obstacle. *Je suis embronché par mes agacins... Ces arbres embronchent la vue.* — *J'aime pas ces grandes capotes que l'on fait maintenant aux dames,* me disait M. Lenglumé, *ça leur embronche tout le groin.* — Vieux franç. *embronchier,* abaisser, tenir bas. On le trouve à Lyon au xii° siècle : « Etaviant les faces embronchies comme pleynes de grande pidie (pitié). » La dérivation est : baisser le visage, être sombre, être embarrassé par ses préoccupations, être embarrassé en général.

EMBROUILLAGE, s. m. — Dites *embrouille-ment*. Si *embrouillage* était au dictionnaire (un suffixe vaut l'autre), nous écririons : « *Embrouillement*, dites *embrouillage*. »

EMBROUILLAMINI, s. m. — Brouillamini. Les deux se valent puisqu'on dit *brouiller* et *embrouiller*.

ÈME (on le fait communément féminin, par analogie avec les mots terminés en *e* muet, mais il est masculin). — Intelligence, juge-ment. M⁰ᵉ Pignatet n'était pas contente de son gone : *Le Tonius n'a gin d'éme ; si y a un gaillot au mitan du chemin, i met les clapotons dedans ; s'i porte une chandelle, i se bucle le groin ; s'i y a un trou à son mou-chenez, i se mouche avè le trou.*
Te n'as gin d'émo, va n'en charchi à Tre-voux. — Vieille plaisanterie, parce qu'au xvuᵉ siècle les liards fabriqués à Trévoux portaient une M, marque de la souverai-neté de la maison de Bourbon-Montpen-sier. — A Lyon, selon Menestrier, « les denrées s'achetaient de deux manières : au poids ou à l'esme ». C'était le cas d'avoir de celui-ci. — Subst. verbal d'*æstimare*.

EMMALGAMÉ, ÉE, adj. (voy. *remettage*). — Amalgamé. Le préfixe *en* étant d'un usage très fréquent, le populaire l'a substitué, par analogie, à l'*a* initial plus rarement employé comme préfixe.

EMMALICER, v. a. — Exciter quelqu'un de manière à le mettre en colère, Attiser sa malice. *A force de crier ton homme, te l'as emmalicé, et i t'a giflée, pardi. C'est bien fait !*

EMMANCHER. — *Emmancher une affaire, un mariage*, Les faire aboutir.

EMMARGAILLER, EMBARGAILLER, v. a. — Souiller, emplâtrer, spécialement avec une matière malpropre. Le Tonius à Mᵐᵉ Pi-gnatet, quand il mangeait des rôties de mélasse, s'emmargaillait tous les doigts, puis, comme il aimait bien sa mama, il allait l'embrasser, et il emmargaillait sa coiffe. — Vieux franç. *margoiller*, rouler dans la fange, de *marga*.

EMMIELLER, v. a. — Euphémisme.

EMPANNON, s. m., terme de charpenterie. — Assemblage de solives ou de chevrons dans une pièce de bois posée en biais sur l'angle de deux murs. — Non, comme le croirait Littré, d'*empenner*, mais du vieux franç. *paner*, saisir, fixer ; *pan*, gage. *Em-pannon* est ainsi en relation avec *panneau*.

EMPARE, s. f., terme de serrurerie. — Pen-ture. — Subst. verbal de *emparer*, fortifier (comp. *rempart*), de *in-parare*. Les empares fortifient la porte, la défendent.

EMPÊCHER A. — *Y a de bourrons dans le canon qu'empéch' à ma loquetière d'entrer. — Faut siffler dedans.* Empêcher, suivant Humbert et Grangier, ne prend pas de régime indirect. Mais Malherbe, Corneille, Bossuet, Chateaubriand ont dit *empêcher à*, et ils valent bien Grangier et Humbert.

EMPEGÉ, ÉE, adj. — Empêtré, embarrassé, gêné par. *J'irais bien te voir dimanche, mais je suis empegé par ma femme, que veut que je l'accompagne à Venissieux, chez sa m'man.* — De *pège*. Empegé, retenu comme par de la pège. « Comme une souris em-peigée, » dit le bon Rabelais.

EMPEINTE, s. f. — Rame immense à l'ar-rière des grands bateaux et des radeaux, et qui sert de gouvernail. *J'aimerais autant monter une empeinte par un escalier à noyau.* Se dit d'une besogne très difficultueuse. — D'*impincta*, formé sur *impingere*, pous-ser, comme *pinctus* sur *pingere*.

EMPIRE, s. m., terme de batellerie. — *Côté de l'Empire*, Rive gauche de la Saône et du Rhône au-dessous du confluent, par oppo-sition au *Côté du Royaume*, qui est la rive droite. Les mariniers disent communément *l'Empi, le Riaume. — Pique au Riaume*, Dirige le bateau vers la rive droite. On voit que ces mots ne remontent à rien de moins qu'au xıᵉ siècle, alors que le Royaume de Bourgogne faisait partie de l'Empire germanique. Ils ne sont plus em-ployés que dans la batellerie, mais au moyen âge on trouve constamment pour désigner le domicile des citoyens les mots *Côté de l'Empire*, c'est-à-dire la partie de la ville comprenant Saint-Nizier, etc. ; et *Côté du Royaume*, c'est-à-dire la partie com-prenant Saint-Jean, Saint-Paul, etc.

EMPLATRE, s. m. — 1. Gifle. *Je te lui ai atousé un emplâtre qui compte au piquet !*
2. Se dit de quelqu'un de maladif, qui est constamment à se petouger. *Ma femme, quel emplâtre! Elle a toujours la v.... du, etc.*

tournée ! Par extension, se dit de toute personne gênante, encombrante. — Dans le grand monde : *Ma femme, quel emplâtre ! Pour voyager, il lui faut toujours quatre chapelières et cinq cartons, sans compter les sacs !*

EMPLATRER, v. a. — Souiller, surtout de quelque chose d'adhésif. *Le Jules, tout son badinage, c'est de pitrogner de la bouse, et puis i me revient tout emplâtré.*

EMPOIGNÉE, s. f. — Dispute violente, accompagnée parfois d'arguments frappants. A la Chambre il y a constamment des empoignées.

EMPOISONNER, v. n. — Répandre une mauvaise odeur. — Une mère à son fils qui l'embrasse : *Pouah ! t'empoisonnes la pipe !* Une femme, inquiète, à son mari qui l'embrasse : *D'où vient donc que t'empoisonnes le musc ?* — Une petite fillette d'une douzaine d'années se confessait au vénérable curé de Saint-Polycarpe. Après les aimables péchés sans importance d'une jeune vierge, tout d'un coup elle s'arrête, puis hésitant beaucoup, rougissant, balbutiant, elle dit : — Mon père, je m'accuse encore... d'avoir... empoisonné... ma mère !
— O mon Dieu ! fit le digne prêtre en bondissant. Petit monstre ! Si jeune ! et comment avez-vous fait ?
La fillette partit en sanglots : — Mon pè... è... ère..., voilà... à... à l... J'étais assise sur maman... an... Tout à coup elle m'a poussée par les épaules en me disant : *Veux-tu te sauver, petite cayonne, tu m'empoisonnes !*
Voilà les inconvénients de ne pas parler proprement lyonnais. Si cette jeune personne s'était accusée d'avoir emboconné sa mère, au lieu de l'avoir empoisonnée, le confesseur n'aurait pas eu un instant d'hésitation.

EMPOTIQUER, v. a. — Hypothéquer. — Substitution du préfixe usuel *en* à la syllabe étrange *hy*. Pourtant nous ne disons pas une *empotique*, mais une *impotèque.*

EMPOUTAGE, s. m., terme de canuserie. — Opération qui consiste à faire passer les arcades dans la planche à collets et dans la planche à arcades, suivant l'ordre déterminé pour produire le dessin. On distingue *l'empoutage suivi, l'empoutage à pointe, l'empoutage à pointe et retour, l'em-*

poutage sur deux corps, etc. Le fabricant figure l'empoutage par un dessin. Symboliquement : *Te vas te marier. Tâche moyen de faire un bon empoutage, pour ne pas bousiyer le dessin.*

EN, prép. — 1. Pour « dans la ». *En rue du Cornet, en rue Treize-pas,* au lieu de *dans la rue,* etc.
2. Pour « à ». *Je vais en Serin, en Bellecour,* au lieu de *à Serin,* etc. — Latinisme excellent, employé par les meilleurs auteurs du XVII siècle. Pourquoi dit-on Jeter *en* Saône et Jeter *au* Rhône ?

ENCARPIONNÉ. — J'entendais dire un jour à un bonhomme : *Mon fils est encarpionné de cette fumelle !* Je crus à l'un de ces mots « éjaculatoires », réunion de syllabes péjoratives qui sortent dans le discours presque sans le vouloir. Mais il me fallut reconnaître que le mot avait des ancêtres, lorsque je rencontrai en piémontais *ancarpionè,* féru d'amour. — Je le suppose fait sur *arpion,* avec le préfixe *en* et l'insertion de la syllabe péjorative *ca : en-ca-arpion-né.* Littéralement, « les arpions de cette femme se sont incrustés dans sa chair ».

ENCATONNÉ, ÉE. Voy. *catonné, ée.*

ENCHANT, s. m., terme de construction. — 1. Angle d'une maison ou d'un mur.
2. Pierre servant à bâtir les enchants. — De *cantus,* bord aigu, coin ; d'origine celtique.

ENCLUSEAUX, s. m. pl., terme de charpenterie. — Remplissages en bois placés entre les têtes des tras, dans un plancher à la française, pour fermer le vide qui, sans cela, existerait entre ces tras, sur le sommier ou le demi-sommier. — De *in-clausellum,* de *clausum.*

ENCRENILLÉ, ÉE, RECRENILLÉ, ÉE, adj. — Tortu, crispé, crochu. *Une vieille qu'avait le groin tout encrenillé.* — On peut y lire *crin* (crispé comme un crin), mais je le crois plutôt venu de *corne : encrenillé* pour *encornillé.* On trouve en effet dans le Forez *recornilli* au même sens. On dit aussi *des arpions encrenillés,* ce qui cadre bien avec l'étymologie *corne.*

ENCUTI, IE. Voy. *acuti.*

ENDORMIR. — *Il ne faut pas s'endormir sur le rôti,* Il faut veiller au grain.

ENFANT. — *Enfant de femme.* Se dit avec une expression mi-partie de compassion et de mépris. *Passe donc ta navette, au lieu de parler de ce que te sais pas, enfant de femme !* — Idée de la faiblesse de « l'homme né de la femme », suivant la parole de l'Écriture.

Garçon. J'ai un enfant et deux filles. (P. B.)

ENFANTURE, s. f. — Grossesse. *Je crois qu'y a quèque enfanture par là-dessous.*

ENFLAXER, v. a. — Ennuyer, gêner, faire faire une mauvaise affaire. *Je me suis enflaxé de cette campagne... Il m'a enflaxé de deux pièces de vin.* Ce mot, que je crois récent, me paraît la transcription savante de l'argot des voleurs, *flacqué*, condamné, emprisonné, avec une légère dérivation de sens.

ENFLE, adj. des 2 g. — Enflé, ée. — Le célèbre chirurgien Bonnet voyait sa clinique suivie par plusieurs médecins du dehors. Parmi ces étrangers, il avait remarqué un homme d'un certain âge, de mise un peu rustique, qui suivait ses leçons avec une telle assiduité, pourrait-on dire, que Bonnet en fut touché et ne douta pas qu'il n'eût affaire à un praticien de campagne intelligent et dévoré du désir de l'instruction. Résolu à le récompenser de son zèle, Bonnet, se trouvant en présence d'un cas curieux de sarcocèle, pria le praticien de donner son avis. Celui-ci se met à genoux pour mieux examiner le siège de la maladie, porte son attention sur les plus petits détails, palpe, soupèse, réfléchit longtemps et dit enfin : *Ça, mecieu, c'est une... chose qu'est enfle.* — Sur les adj. verbaux de ce genre voy. *arrête.*

ENGARIER, v. a. — Engager dans des embarras, dans une mauvaise affaire, *Je me suis engarié dans les valeurs portugaises. J'y ai mangé mes quat'sous.* — Vieux franç. *angarier*, vexer, harceler, fatiguer de corvées, avec la dérivation de vexer à « engager dans une mauvaise affaire ».

ENGIN, s. m. — Ingéniosité. — Du lat. *ingenium. Mon mami, il se fait un jouet avec n'importe quoi : un cheval avec une baliette, un traîneau avec une grolle, une*
trompette avec une seringue, il a bien de l'engin !*
Voy. *Échelle d'engin.*

ENGRAIN, s. m. — « Quand on veut aller à la pêche à la ligne, on prépare soit un pâté de son qu'on a préalablement mis au soleil et arrosé, à seule fin que les mouches y déposent des œufs, d'où il épiera des vesons, soit du crottin de cheval où les asticots abondent. C'est l'*engrain*. On va ensuite se balader au bord de Saône ; on choisit l'endroit où l'on pense que ça bichera, et l'on jette l'engrain (ce qui engraine). Les poissons viennent, il n'y a plus qu'à amorcer la ligne, et ça biche attenant. » S'il manque quelque chose à cette définition, adressez-vous à Porthos.

ENGREGER (S'), ENGREGIER (S'), v. pr. — Se dit d'une chose qui s'ancre, se fixe, pénètre. — Une bonne mère, en peignant son fils : *I faut bien te laisser pigner, mon boson, parce que la pedouille s'engrègerait et le pioux feriont une chaîne et te mèneriont en Saône.* — *Oh, voui, m'man ! Le Jules, qui se laisse pas pigner, le pioux le mèneront en Saône ; pas, m'man ? Ça sera bien fait !* — Vieux franç. *engregier*, aggraver, de *grevis.*

ENGRENER, v. a. — *Engrener une affaire,* — La mettre en train, en bonne voie. On compare l'affaire à une pompe que l'on engrène.

ENGUEUSEUR, s. m. — Séducteur, suborneur. *Ma fille,* disait la bonne mère Painchaut, *ne crois pas les engueuseurs. Quand i te le leur aura donné un pain sur la fournée, i voudront plus acheter le four.* Non de *gueux*, mais du vieux franç. *induiseur*, passé à *engueuseur*, sous l'influence de *gueux.*

ENGUILLER. Voy. *anguiller.*

ENLAÇAGE, s. m., terme de montage de métier. — Action de relier entre eux les cartons de la mécanique, au moyen d'une corde qu'on nomme *corde d'enlaçage.*

ENLACER, v. a. — *Enlacer un dessin.* Voy. *enlaçage.*

ENLIASSER, v. a. — *Enliasser du linge*, Le mettre en liasse. Comment un mot si logiquement formé n'est-il pas sur les dictionnaires ?

ENQUELIN, s. m. — Voisin, habitant de la même maison. Par extension, familier, camarade. ami. *Qu'on se soûle avè de z'enquelins*, disait le compagnon de chez nous, *je le comprends, mais tout seul ! un salaud !* — Vieilli. A Lyon, au moyen âge, il avait la signification de locataire. — D'*inquilinum*.

ENQUILLER, Voy. RENQUILLER.

ENQUIQUINER, v. a. — Embrener. *Va te promener, tu m'enquiquines !* Se dit aux fâcheux. Le célèbre lutteur Bouzon, dit Quiquine, n'est pour rien dans le mot. C'est simplement un euphémisme délicat pour remplacer le mot français, trop grossier, commençant par la même syllabe.

ENRAYER, v. a. — C'est le contraire d'enrayer une roue. Commencer un ouvrage, le mettre en train. *Un ouvrage enrayé est à moitié fait.* — De *riga*, raie. Littéralement, faire la première raie d'un labour.

ENREINIÈRES, s. f. pl. — Douleurs de reins. *En me baissant, je me suis fait une forçure, les nerfs du croupion se sont chevauchés, ça m'a donné les enreinières.* — De *rein*, pas besoin de le dire.

ENRONCHÉ, ÉE, adj. — Enroué, ée. *Nous ons chanté Margot t'et Blaise hier, aux Charpennes, toute la sainte soirée. Je suis tout enronché.* — De *raucum*, mais influencé peut-être par *rhonchare* (voy. *ronchonner*), car, nous devrions avoir *enrouché* comme dans la Suisse romande.

ENROUILLER, v. a. — Rouiller. *J'ai la noix du genou qu'est enrouillée.* — C'est *rouiller*, avec un préfixe par analogie avec les mots où *en* exprime le passage d'un état à un autre (*embellir. embraser*). *S'enrouiller*, c'est *devenir* rouillé.

ENSACHER, v. a. — Mettre dans une sache, dans un sac.

ENSAUVER (S'), v. pr. — Constamment usité pour se sauver. *Y avait de gones que vouliont me battre, mais je me suis ensauvé.*

Le mot doit venir d'une confusion avec *en* pronom relatif. « Il était en péril de mort, mais il *s'en sauva.* » transformé en *s'ensauva.*

ENSEIGNE. — *Prends-tu mon bras pour une enseigne ?* Se dit à quelqu'un à qui l'on tend une chose, et qui ne se presse pas de la prendre.

ENTAMER (S'), v. pr. — Se faire des plaies par suite d'un séjour prolongé au lit. Les puristes proscrivent cette expression, à tort, ce m'est avis, puisque, selon eux, on dit correctement : « Les engelures m'ont entamé le doigt. »

ENTAQUER, v. a. — Voy. *taque*.

ENTENDOIR, s. m. — Ême, intelligence. capacité. Le suffixe *oir, oire*, est caractéristique des objets moyens d'action. C'est pour cela qu'*un bon entendoir met le pain à la mâchoire*.

ENTENDU, s. m. — Plan concerté entre deux ou plusieurs personnes. *Quand j'ai t'ayu vu le Pothin et la Vincende partir chacun de son côté, j'ai bien pensé que c'était un entendu pour se retrouver quelque part.* Cet emploi du participe comme substantif donne un tour vif au discours. Comp. un *dû*.

ENTER, v. a. — *Enter des bas*, Les raccommoder en y ajoutant des bouts. Cette expression est ingénieuse. On greffe des pieds neufs sur de vieilles jambes.

ENTERREMENT. — *Il a eu un joli enterrement : Y avait le suisse en rouge et les vieux de la Charité.* Mot à mot, cela voudrait dire que l'enterrement était « gentil, agréable », mais pour nous *joli* veut dire beau.
« *Voir passer un enterrement*, dites voir passer un convoi. » Sottise ! Enterrement est ici une métonymie pour Le cortège accompagnant l'enterrement, et peut se dire correctement.

ENTÊTATION, s. f. — S'emploie toujours de préférence à entêtement. Lorsque l'excellent François B., commis chez mon père, se maria, sa jeune femme, en dépit des avertissements maternels, l'envoya promener de si rude façon et avec des arguments si frappants (elle était forte comme

Bouzon, dit Quiquine), qu'il dut se replier en bon ordre. *Elle y a mis si tellement d'entêtation*, me disait le bon François, *que sa m'man a été obligée de l'envoyer à son conf'sseur, M. Vuillerme* (alors curé de Saint-Nizier), *qui y a dit qu'elle était une catolle.* Elle a si bien suivi les conseils de M. Vuillerme, qu'elle a eu huit enfants. — Mais quoi, hélas ! F. B. et sa femme sont morts depuis longtemps !

ENTOISER, v. a. — *Entoiser des moellons*, Les emmétrer. Expression qui remonte au temps où l'on mesurait à la toise, et qui s'est conservée après que celle-ci a eu disparu.

ENTORSE, s. f. — *Se faire une entorse*, Se donner une entorse. Les grammairiens ont raison de proscrire cette expression. Dites *Se faire un détour.*

Terme de canuserie. Ce sont des fils qui se tordent ensemble, comme quand les nerfs du pied se chevauchent. Ce n'est pas tout à fait la même chose que les tenues, où les fils sont simplement arrapés.

(La définition toute pittoresque donnée ici par Puitspelu est exacte, bien qu'elle n'indique pas la raison de la chose. Pour les professionnels, une entorse est un faux tour fait par l'ourdisseuse.)

ENTRAIN, s. m. — *Étudier avec entrain, Aimer sa femme avec entrain* (rare dans ce sens). « Ce substantif si usité chez nous, dit Humbert, n'existe pas en français. » Il y existe depuis la dernière édition du Dict. de l'Acad., qui s'est enfin décidée à l'y faire entrer, en le traduisant par « chaleur, gaieté naturelle ».

ENTRE. — *Entre eux tous, ils n'avaient que cinquante sous.* Cette expression *entre eux tous*, *entre tous*, serait très faiblement représentée par *ensemble*. La curieuse application de la préposition *entre* est à signaler.

ENTREBAT, s. m. — Défaut d'une étoffe où les coups de battant n'ont pas été frappés régulièrement de la même force. Les entrebats peuvent ne pas provenir toujours de la faute du canut. Il suffit qu'un ponteau se lâche et que le métier varie pour qu'il se produise des entrebats. Un des premiers ouvriers de Claude-Joseph Bonnet avait son atelier aux Brotteaux,

où il fabriquait des pou-de-soie magnifiques. Une machine à vapeur ayant été installée au rez-de-chaussée de la maison, les trépidations des murs amenèrent des entrebats qui obligèrent le chef d'atelier à quitter le local immédiatement.

ENTRECUIRE (S'), v. pr. — Lorsque, par suite d'une longue marche et de l'effet de la bise sur la peau (voy. *ébiser*), l'entrefrottement de l'ὁρρόπυγιον a meurtri et talé réciproquement la peau, on appelle cela s'*entrecuire*, manquablement parce que ça *cuit entre*. Encore bien que le mot n'ait rien que de convenable, vous ne devez pas dire à une jeune personne en manière de compliment : *Mademoiselle, il me semble, à vous voir marcher, que vous êtes entrecuite : il n'y a que les peaux fines qui s'entrecuisent ;* ni ajouter par intérêt : *Il faut vous poudrer avec du lycopode ou de l'amidon. Ça, c'est son affaire.*

ENTRE DEUX. — 1. Expression qui signifie, dans un jugement, ni trop, ni trop peu. *Mlle Fifichonnette est-elle vertueuse ? — Entre deux. — M. Grospouillu est-il un homme de fiance ? — Entre deux.* Je remarque que, dans le monde, quasi tout est entre deux.

2. *Je suis entre deux*, Je suis en balan, comme un chat entre deux melettes. *Me marierai-je, ne marierai-je pas ? Je suis entre deux.* Belle expression philosophique de la liberté humaine.

ENTRELARDÉ. — Se dit d'une femme en bon point, qui n'est ni trop grasse ni trop maigre. Mon camarade La Pétardière, qui avait le sens esthétique, ne voulait épouser qu'une femme entrelardée.

ENTREMI, prép. — Entre. « Je mets cette fleur, Mlle, entremi les feuillets de cette lettre, pour vous respirer l'odeur de mon amour. » (*Modèles de correspondances.*) — Se place aussi à la fin de la phrase, sans complément. LA MARIA : *J'ai pris des fraîcheurs aux bras, qu'i sont tout raides.* — LE MARIUS, rougissant : *Oh, Mameselle, je voudrais être entremi pour vous les réchauffer !* — D'*inter medium*.

ENTREPRENDRE, v. a. — *Entreprendre quelqu'un*, Entrer en discussion avec lui.

ENTREPRIS, adj. — Embarrassé, qui ne sait comment s'y prendre. Le lendemain des noces : *Ben, Pierrette, comment que ça s'est passé ? — En commençant il était tout entrepris; moi pas.*

ENVERJURE, s. f., terme de montage de métier. — Mode de croisement des fils de la chaîne. Ce croisement des fils passés alternativement un à un entre deux chevilles a pour but de maintenir aux fils de la chaîne dans l'ourdissage leurs places respectives, et de faciliter la recherche du fil qui casserait et qu'il faudrait remplacer pendant l'opération. L'enverjure est pratiquée non seulement sur l'ourdissoir, mais encore au pliage sur le métier à tisser.

ENVERS. — *Se coucher à l'envers,* Se coucher à bouchon.

EN VEUX-TU, EN VOILA. — A regonfle, à foison. *J'ai été à la soirée de M*** de Saint-Oiseux. — Qu'y avait-il ? — Y avait des tetons en veux-tu, en voilà.*

ENVIRONS. — *J'irai te voir aux environs de Noël*. Chinoiserie de la grammaire. *Environ* peut se dire du temps et des lieux, et *aux environs* ne peut se dire que des lieux.

ÉPARGNEUX. — *Épargneux comme un Auvergnat.*

ÉPARVÉRER, PARVÉRER, v. a., terme de bâtisse. — Polir un enduit à l'éparvier.

ÉPARVIER, s. m. — Outil qui sert à polir l'enduit. — D'*épervier*, oiseau, parce que l'outil a quelque analogie lointaine avec un grand oiseau ayant les ailes étendues.

ÉPAISSEUR. — *Ça commence à se tirer d'épaisseur.* Se dit lorsqu'un ouvrage s'avance. *Mon recueil de poésies commence à se tirer d'épaisseur.* — Terme emprunté à la menuiserie. Une planche est tirée d'épaisseur, lorsque, en la rabotant, on l'a mise à l'épaisseur voulue pour pouvoir la travailler.

ÉPAULE. — *Épaule de mouton.* Ce mot n'est-il pas cent fois meilleur qu'*éclanche* ? *Sentir l'épaule de mouton.* Se dit de quelqu'un dont le corps n'exhale pas une odeur de rose thé. *En partie tous les hommes sentent l'épaule de mouton,* disait un jour notre petite apprentisse. — *Te*

les a ben si bien sentus!* répondit la bourgeoise.

Il ne jette pas les épaules de mouton par la fenêtre. Se dit de quelqu'un qui n'attache pas ses chiens avec des saucisses.

Large des épaules. Se dit d'un avaricieux. L'idée est : « Il est large... mais seulement des épaules. »

Carré des épaules. Voy. *Carré.*

ÉPÉE. — *Épée de Couzon.* Voy. *Couzon.*

Épée à deux poings. Même genre que l'*Épée de Couzon.*

Jouer de l'épée à deux jambes, Se sauver.

ÉPIER, v. n. — 1. Se dit du blé quand le grain se forme dans l'épi. *Ce beau temps va faire épier le blé.*

2. Éclore, en parlant des œufs. « Pendant ces quinze ans, disons-ju, la France couvait le cacou de la liberté, qu'a-t-épié au mois de juillet. » (Et. Blanc.) — D'*épi.* On dit que le blé épie quand le grain apparaît. On a vu une analogie entre le grain qui sort de l'enveloppe, et le poulet qui sort de l'œuf.

ÉPILLOCHER. — Voy. *dépillocher.*

ÉPINARDS. — *Raccommoder les épinards.* Se dit d'un moyen employé pour réparer une sottise que l'on a lâchée. *Y a le père de Filouchon qu'il est connu pour piquer l'once. J'y ai pu pensé, et j'y ai dit devant le fils :* « *Tous ces piqueurs d'once, on devrait les flanquer aux galères!* » *Filouchon est devenu rouge comme un coq nigaud. J'ai vu que j'y avais fait un pied-failli. J'ai vite ajouté :* « *Je dis pas rien ça pour ton pipa!* » *Comme ça, j'ai raccommodé les épinards.*

Lorsque, à table, vous servez des épinards à une dame, c'est une plaisanterie de bon goût de lever la cuillère bien haut, puis de flanquer le contenu avec force dans l'assiette, comme un maçon jette une truellée de mortier contre un mur. Quoique ça, bien prendre garde que les épinards ne jiclent pas sur la robe de la dame. C'est cette fois que l'on ne pourrait pas les raccommoder, les épinards!

Épinards rouges, Arroche.

ÉPIPACUANA pour *Ipécacuanha.* — Cette transformation s'est opérée ensuite de la tendance à répéter la consonne qui existe déjà dans un mot. Comp. *reguingote* pour *redingote, carcabeau* pour *cartabeau, cancorne* pour *guinterne,* etc.

ÉPOGNE, s. f. — Voy. *Pogne*. Cette dernière forme est la plus fréquente.

ÉPONGE. — *Avoir un magasin d'éponges dans l'estôme*. Se dit d'être grand buveur.

ÉPOUSER, v. a., terme d'architecture. — Suivre tous les contours d'une chose. L'architecte : *Pour bien se raccorder, il faut que votre menuiserie épouse le profil de la taille.*

ÉPRESSES, s. f. pl. — Épreintes. J'entendais un jour M. Mignotet, qui était allé consulter M. Fumeron, lequel, comme j'ai eu l'occasion de le dire, était un grand savant : *Père Fumeron, j'ai la bourgeoise, parlant par respect, qu'a des épresses dans le fondement. Qui qu'y faut faire ?* — M. Fumeron, d'un ton d'autorité : *Faut n'y mettre des suppositions en beurre de cacao.* — Dérivé très logique de *presser*, tandis que l'on ne comprend pas, sans un dictionnaire d'étymologie, d'où vient épreintes.

ÉPREUVE. — *A l'épreuve on lève les taches*, Au pied du mur on voit le maçon.

ÉQUEVILLES, s. f. pl. — Balayures, ordures. Tous ces politiciens, tous ces gens affamés de crapularité, je serais d'avis de les jeter aux équevilles. — Fait sur le vieux franç. *escouve*, balai, de *scopa*.

ÉQUIPAGE, s. m. — 1. File d'énormes chevaux, attelés par deux, qui remorquaient des files de bateaux, avant l'invention des bateaux à vapeur.
2. L'ensemble des bateaux eux-mêmes. Une écurie de chevaux de ce genre s'appelait aussi un équipage. L'équipage de Jean La Miche, de Serrières, comprenait soixante chevaux.

ÉREINTE, s. f. — Action de s'éreinter. *Avé me n'épouse, y a de quoi n'en prendre une éreinte*. On dit aussi *Faire une chose à toute éreinte*, La faire avec une énergie à s'en abîmer le tempérament. — Subst. verbal d'*éreinter*.

ÉRÉNER, v. a. — Éreinter. *Je vas au pucier ; je suis érénée d'avoir lavé. Viens-tu, toi, ma coque ?* — De rein.

ESCALADOU, s. m., terme de canuserie. — Sorte de dévidoir léger qui se manœuvre en imprimant avec le plat de la main un mouvement de rotation à une tige horizontale au milieu de laquelle est un volant destiné à prolonger le mouvement. Du côté opposé à celui que manœuvre la main est un roquet à deux têtes qui envide la soie se déroulant d'un guindre placé en face. — Pseudonyme employé par Soulary pour signer des chansons. — De *scaladosum*, non que ce dévidoir ait rien de commun avec une échelle, mais parce que le dévidoir primitif, dont l'escaladou est une variante, est formé de cannes simulant une échelle courbe.

ESCALETTE, s. f., terme de lisage. — Dans le métier pour lire les cartons, le semple ou ensemble des cordes verticales passe sur une barre de bois transversale. Sur cette barre de bois on place un *liteau*, sorte de règle percée de trous dans lesquels on enfile les cordes du semple comme les arcades dans la planche à arcades, avec cette différence que les trous sont plus larges, les cordes du semple étant plus grosses. Le liteau étant placé, on le fixe avec une seconde barre de bois qu'on visse sur la première par les deux extrémités avec des vis de bois. L'ensemble des deux barres constitue l'escalette. — De *scala*, parce qu'on a comparé le liteau percé de trous à une échelle. Ce mot de *scala* a donné plusieurs termes de notre industrie. Voy. *escaladou*.

ESCALIER, s. m. — Nous l'employons toujours au pluriel. *Une montée d'escaliers*. — *Débarouler par les escaliers*. Je lis dans un journal de Lyon, du 20 décembre 1880 : « Mme G... est tombée hier sur les escaliers du quai Saint-Antoine. » C'est que pour nous un escalier signifie une marche. *Prenez garde dans le corridor, il y a deux escaliers à descendre.*
Escalier à noyau, Escalier tournant, à milieu plein.

ESCALINS, s. m. pl. — Argent. *Avoir des escalins*, Être moyenné. Pierre-Marie X..., licencié en droit, avoué près la Cour d'appel, l'été, venait tous les jours par l'omnibus de l'Ile-Barbe, avec un voisin. Pierre-Marie X... payait un jour pour tous les deux, mais le lendemain quand le conducteur allongeait la demi-aune, le voisin dormait, infailliblement. — Pierre-Marie X... de ne pas se démonter pour si peu. Et secouant le voisin : *Allons, papa, faisons pas la bête ; c'est le coup de tirer les escalins de la filoche ! Payez pour deux !*

Le mot est français, mais je ne l'ai guère vu usité qu'à Lyon, où l'on s'en sert au jour la journée. — De *schelling*, monnaie des Pays-Bas, qui vaut aux environs de treize sous.

ESCANNER (S'), v. pr. — Décaniller, prendre la poudre d'escampette. *Je me suis escanné de la réunion publique avec mon bugne en soufflet d'accordéon et mon panneau en pillandre.* — De *canne*, pris au sens de jambe.

ESCARABILLÉ, ÉE, adj. — « Gai, vif, éveillé, dites *escarbillard, arde.* » Je tire ceci d'un petit recueil, dressé dans le premier quart de ce siècle, sous le titre de « Lyonnoisismes les plus usités », par M⁰⁰ Évesque, née d'Arnal, auteur de quelques ouvrages sur l'enfance, et grand'tante de M. R. de Cazenove, à qui je dois la communication du manuscrit. *Escarbillard*, qui n'est plus français, l'était encore au temps où écrivait M⁰⁰ Évesque. C'est une légère corruption du vieux français *escarbillat* qu'on trouve au xvi⁰ siècle, avec le même sens, plus celui d'étourdi, de fantasque, et qui est employé par Montaigne. *Escarabillé* n'est qu'un pur emprunt au provençal *escarabilha*. Mot français et mot lyonnais sont tombés en désuétude. Je les crois tirés de *scarabæus*, comme notre *escharbot.* Comp. l'ital. *scarbillare*, faire des arpèges. c'est-à-dire bourdonner comme le scarabée. Comp. aussi *étourdi comme un hanneton.*

ESCARBILLARD, ARDE. — Voy. *escarabillé.*

ESCARPINS. — *Escarpins en peau de bois, Escarpins de Mornant,* Sabots.

ESCLOPÉ, ÉE, adj. — Éclopé, ée. *Un pauvre homme tout esclopé.* — Dans la plupart de nos mots, le préfixe *es* s'est réduit à *é*, comme en français. Nous l'avons cependant conservé dans deux ou trois, dont *esclopé, espicier.*

ESCOFFIER, s. m. — « Vieux terme qui signifie cordonnier, » dit Cochard. Il est aujourd'hui oublié, et même assez inusité déjà au temps de Molard pour que celui-ci n'ait pas jugé à propos de le mentionner. Il signifiait aussi marchand de cuir. — De *corium*, par une série de transformations trop complexes pour les rapporter.

Escoffier, v. a. — Tuer, spécialement égorger. — De *conficere*, achever, tuer.

Français populaire, particulièrement usité à Lyon.

Il y avait à Feurs la rue de la Cordonnerie, *Carreria Escofferiae*, ce que M. Broutin, dans son *Histoire de Feurs*, p. 147, traduit hardiment par *rue des Marchands de subsistances.*

ESCOFFINE, s. f. — Scie à main. — Vieux franç. *escohine*, râpe à deux mains; *égohine*, scie à main pour les grosses branches. Peut-être d'*escot*, grosse branche, et d'un verbe *haner*, qui signifie labourer, et qui a pu prendre le sens de couper, comme en témoigne *hanel*, doloire. D'où *escohane, escohenne, escohine, escoffine.* On trouve du reste *écouenne.*

ESCORLON, s. m. — Algarade, reproches, gronderie. GNAFRON : *Non, z'enfants, faut s'escanner, la bourgeoise me ferait un escorlon !* (Guignol.) — Ce mot est-il une façon d'estropier *escorgeon, escourgée,* coups de fouet?

ESMILLÉ, adj., terme de construction lyonnaise. — *Moellons esmillés,* Moellons équarris et taillés avec le gros côté du marteau. — De *simileare*, de *similis*, parce que ces moellons *simulent* les moellons piqués. Comp. *similor.*

ESPADRON, ESPADRONNER pour *espadon, espadonner.* — Je suis arrivé à trente ans en disant *espadron.* Cette insertion de *r* a pour nous un charme particulier. Ainsi *badana* a fait *bardane ; bisbille, brésibille ; maxevole, marnèfle,* etc.

ESPÉRER. — *J'espère* pour Je suppose, J'imagine, avec un sens de satiété ou de commandement. *J'espère que voilà assez de remèdes ! J'espère que tu auras bientôt fini !* Cette dérivation de sens paraît toute naturelle.

Garantir, assurer. *J'espère qu'il a l'air bête.* Comparez *promettre.*

ESPICIER pour *épicier.* — Se dit encore, surtout par manière de rire, mais parfois à la bonne foi. Voy. *esclopé.*

ESPINCHAUX, s. m. pl. — Argent. Avoir des *espinchaux*, Être riche. *Aboulez les espinchaux,* Donnez l'argent. — Rapprochez le vieux franç. *espinciau, espinchau,* épingle. On aura peut-être trouvé comique de substituer un sens à l'autre, à cause de la minime valeur des épingles. Ainsi dit-on *Avoir des liards* pour Être riche.

ESPOLIN, s. m. — Petite navette pour les brocheurs. Se dit parfois pour petit enfant. « Je ne sai comme sa se fit..., je finis par faire un petit nespolin. » (*Lettre de la Satinaire*.) L'espolin est considéré comme l'enfant de la grosse navette. Ital. *spola*, du vieux haut allem. *spuola*, navette.

ESPRITÉ, ÉE, adj. — Se dit de quelqu'un qui a de l'âme, de l'intelligence, du savoir. André-Marie Ampère était bien esprité. — Dérivé tout naturellement d'*esprit*.

ESQUEPRÈS. — A l'*esqueprès*, par *esqueprès*. — *La Parnette est de si bon command qu'on dirait qu'elle a le caractère fait à l'esqueprès pour s' n'homme. Il l'aura commandée à la Grenette, bien sûr !* (Je dois avouer que cet exemple est rare.) — Plus agréable au prononcer qu'*exprès*. L'exemple montre que *cs*, quoique en disent certains philologues allemands, peut se transformer en *sc*.

ESQUILETTE, s. m. — Squelette. Nous avons préposé *e* comme dans tous les mots français bien faits, qui commençaient en latin par *sp, st, sc* : esprit, estomac, estime, estame, échine, etc. On devrait dire de même *estation, espatule, escandale*, etc. La prononciation est incomparablement plus euphonique.

ESQUINTER, v. a. — Abîmer, échiner. *Une femme pour qui je me suis esquinté !* Non d'*échine*, mais du vieux provenç. *esquintar*, *esquissar*, néo-provenç. *esquicha*, écraser, qu'on rapporte à σχιζειν ou à *scissum*, influencé par σχιζειν.

ESSEMINS, s. m. pl. — Semences. *Il pleut ; c'est un bon temps pour les essemins.* — De *sementes*.

ESSENCE. — *Essence de Venissieux.* Voy. *Artillerie de Villeurbanne*.

ESSUYER. — *Cette bonne, elle essuie les milieux, et puis les coins, si n'en veulent, faut qu'i s'amènent.*

ESTASES, s. f. pl. — Pièces de bois horizontales, placées en haut du métier, et qui le maintiennent dans le sens de la longueur.

— De *statia*, de *stare*, parce que les estases maintiennent le métier en équilibre.

ESTIQUER, v. a. — Frapper, piquer. « Je l'i avoui que c'était les agnolets de la Barnadine qu'aviont estiqué dans me n'âme. » — De l'allem. *stich*, chose pointue.

ESTOC, s. m. — Âme, esprit, intelligence, capacité. — *Le jeune Pouscayon a de l'estoc. Aussi le vela clerc d'huissier.* — Dérivation du sens de l'expression *être de bon estoc*, être de bonne souche, confondue avec *faire quelque chose de son estoc*, le faire de sa propre idée. D'où *avoir bon estoc*, avoir de l'idée naturelle.

ESTOME, s. m. — Estomac. *Avoir mal à l'estôme.* — Ce n'est nullement une corruption d'*estomac*. C'est l'accentuation grecque στόμαχος. Ceci semble indiquer que l'influence grecque s'est directement exercée chez nous.

ESTOURBER, v. a. — Tuer. — De l'allemand *sterben*, mourir, par le participe *gestorben*. Le sens du vieux allem. *sterbian* était tuer. Le mot lyonnais existait bien avant l'invasion de 1815.

ESTRACLE, s. m. — Se dit de quelqu'un de chétif, d'un gringalet, d'un avorton. Ne s'emploie guère isolé d'un complément. *Un estracle d'homme.* « Vous voyé la confle de savon, que prend la couleur gigié de pigeon, s'envolé d'un air orguyeux et semble devoir grimpé pardessus la sorpente du fier-mamant ; mais tout d'un coup un estracle de moucheron vient la poché et la fait tumbé z'en bâve ! » (*Oraison funéraire.*)
Vieux franç. *estrac*, maigre, mince, grêle, du vieux haut allem. *strac*, étiré, allongé.

ESTRANGOUILLER, v. a. — Étrangler. S'emploie surtout au sens comique. Un MARI à sa femme qui lui fait son nœud de cravate : *Fannie, as-tu bientôt fini de tiripiller ma cravate, te m'estrangouilles !* — Est-il fabriqué de l'allem. *strangulieren ?* Je crois plutôt que ce n'est qu'une forme d'*estringoler* (voy. ce mot), avec substitution du suffixe comique *ouiller*.

ESTRINGOLER, v. a. — Étrangler. Au fig. esquinter, exténuer. LA BOURGEOISE : *Je m'estringole à passer la navette pendant que ce pas-rien va courater.* — Vieux provençal *strangolar*, de *strangulare*.

ESTROPIÉ. — *Estropié de cervelle.* Se dit de quelqu'un qui n'a pas le cerveau d'un Archimède.

ÉTABLISSEMENT, s. m. — C'est sous ce nom vague que les propriétaires de cafés, brasseries, comptoirs, désignent leurs fonds de commerce. Le mot a quelque chose de plus distingué. A Monaco, un monsieur nous racontait qu'il avait *monté dans sa vie dix-huit établissements.* Il est vrai qu'il partit le soir sans payer.

ÉTAMPE, s. f. — Étai. — Vieux franç. *estape*, pieu ; d'origine germanique : anglo-saxon *stapel*, étai ; suédois *stapel*, pieu en fondations.

ÉTAMPER, TAMPER, v. a. — Mettre des étampes. *Il voudrait étamper le ciel.* Se dit de quelqu'un qui a toujours peur de ne pas prendre assez de précautions, jusqu'à vouloir étayer le firmament dans la crainte qu'il ne soit pas bien solide et qu'il ne lui choie dessus.

ÉTATS. — *Être dans tous ses états.* Un mari sait prou ce que c'est. Quand sa femme est « dans son état », ce n'est pas toujours agréable, mais « dans tous ses états », juge un peu voire !

ÉTÉ. — *Se mettre en été*, Quitter les habillements d'hiver pour ceux d'été. On dit de même *Se mettre en hiver.* Mon maître d'apprentissage, qui savait tant de choses, disait qu'il ne fallait jamais s'en rapporter ni aux enjôlements des femmes, ni aux premières chaleurs, et qu'on ne doit pas se mettre en été avant la Saint-Boniface, donc qu'il est le 14 mai.

ÉTEINDU, UE, pour *Éteint, éteinte.* — Les part. *éteindu, prenu, metu, prometu,* etc., sont faits par analogie avec les participes de la plupart des verbes en *re* : *cru, crû, paru, repu, entendu, résolu, tordu,* etc. C'est *promis, mis, éteint* qui sont des irrégularités.

ÉTEINTE. — *Une éteinte de voix* (voy. *atteinte*). Ce subst. verbal *éteinte*, conforme aux lois de la saine dérivation, est cent fois préférable à l'affreux barbarisme *extinction*.

ÉTENDARD, s. m., terme de charpenterie. — Étampe placée horizontalement, le plus souvent entre deux maisons pour retenir le dévers des façades. — De l'analogie avec un étendard que le vent étend horizontalement ? Ou fait sur la racine germanique *stand*, être debout ?

ÉTÊTUÉ, ÉE, adj. — Se dit des moellons (ou même de toute autre pierre) dégrossis au têtu (v. ce mot). Ceux qui, croyant parler plus académiquement, disent *moellons étêtés*, se trompent de gros, car c'est *têtu*, et non *tête* qui est la racine.

ÉTIRER. — *Étirer le linge*, « dites *détirer*. Étirer ne se dit que des métaux. » Nuances bien fines pour un simple bourgeois comme moi, *Étirer à quatre épingles*, « dites tiré à quatre épingles. » Cependant puisqu'on dit *détirer le linge*, on devrait dire *détiré à quatre épingles*.

ÉTISIE, s. f. — Maigreur, consomption. *Tomber en étisie.* Locution constamment usitée chez nous. « Écrivez phtisie, » dit Molard. Pourquoi ? Étisie était déjà, en 1795, en plein Dictionnaire de l'Académie.

ÉTOFFE. — *Grand étoffe (il ne vaut pas).* « Les dits lieutenants et enseignes ne sont pas personnages de grand étoffe. » (Lettre de 1600. Péricaud, cité par Em. Vingtrinier.)

ÉTONNÉ. — *Étonné comme une poule qui a trouvé un couteau*, Fort étonné. Je me demande cependant si le couteau ne serait pas encore plus étonné, si c'était lui qui avait trouvé la poule. *Étonné comme s'il lui poussait des cornes.* Inexact. On ne s'en aperçoit pas.

ÉTOUFFOIR, s. m. — « Dites éteignoir. » Que non pas ! Dans le premier mot, j'ai en vue d'étouffer la flamme ; dans le second, d'éteindre la lumière. Deux faces de la même idée.

ÉTOURDISSEMENT, s. m. — Vertige.

ÉTRANGER, v. a. — *Étranger quelqu'un*, Lui vendre trop cher. Littéralement le traiter comme un étranger et non comme un compatriote. *Il ne faut pas étranger les successions.* Dicton très fréquent chez nous et qui signifie que, lorsqu'on a des parents, on n'a pas le droit moral de faire passer à des étrangers le bien qu'on a reçu de sa famille. Quant au capital que l'on a gagné de son travail ou reçu d'ailleurs on est libre d'en disposer à son gré. Cette ligne de conduite me semble tracée par un grand sens moral.

ÊTRE. — *Être à l'étiquette*, Agir avec des formes cérémonieuses.

ÉTRENNE, s. f. — Pourboire. N'est pas aux dictionnaires dans ce sens. Pends-toi, Molard, tu as oublié celui-là ! Quoique ça, vous pouvez dire à un cocher : *Voici une étrenne*, il ne la refusera pas parce que vous n'aurez pas parlé français. Nous disons plus clairement et plus simplement : « Tiens, Collignon, pour boire pot ! »

ÉTR.. (parlant mille fois par respect). — *Eh ben, t'as vu la mariée. Est-elle jolie ? Comme un étr.. en fleur.* Cette image poétique n'est pas la propriété exclusive des Lyonnais. Dans une pièce dauphinoise qui date du xvi° siècle, *le Banquet des Fées ou la Physionomie du jaloux,* le Jaloux est qualifié d'*eitron fluri.*

Briller comme un étr.. dans une lanterne, Un de mes cousins, au collège, était un vrai cancre. Un jour le professeur, d'un ton solennel comme celui de Bossuet dans ses Oraisons funèbres, lui dit : *Vous brillerez dans le monde, Monsieur B...! vous brillerez comme un étr.. flamand dans une lanterne sourde!* (historique).

Étr.. de Limousin (expression ignoble à faire rendre gorge !) pour dire que le *de cujus* est d'un volume énorme.

ÉVENTAIL. — *Éventail à bourrique.* Voy. *bourrique.*

ÉVITER. — *Je vous en éviterai la peine,* pour « Je vous en épargnerai la peine. » L'expression *éviter à* se trouve dans de bons auteurs, notamment dans Buffon, et dans la conversation elle est universelle.

Pourtant je ne diffère pas que cette façon de parler n'est pas absolument correcte.

EXCUSE. — *Je vous demande excuse* pour « Je vous demande pardon » n'est pas tout à fait orthodoxe, quoique les grands auteurs du xvii° siècle l'aient employé. Notre formule ordinaire est d'ailleurs *Faites excuse ;* expression venue naturellement sous l'idée de l'identité supposée de *faire excuse* et d'*excuser,* comme *faire pardon,* s'il était français, serait identique à *pardonner, faire promenade* à *promener,* etc. Le peuple est souvent logique dans ses incorrections.

J'ai eu le plaisir de rencontrer cette locution dans Michelet (*la Sorcière,* in-12, Dentu, p. 377) : ... *lui demande excuse.*
* *Faire excuse* se trouve dans nos meilleurs écrivains classiques, notamment dans Pascal : *Lettres provinciales.*

EXPOSITION, s. f. — Action de s'exposer. Une bonne femme de ma connaissance disait à son mari, garde national en 1870 : *Ma coque, si tu vas te battre, prends bien garde de ne pas te mettre à l'exposition !*

EXPRÈS. — Ne dites pas *par exprès,* recommande Molard. Il a raison : Dites *A l'esqueprès.*
Par exprès est l'ancienne locution usitée au xvi° siècle et conservée à Lyon. (M. D.)

EXTRAIT. — *Extrait de baptême.* Cette expression si naturelle est cependant un provincialisme. Un ménage venu du Nord avait monté une épicerie sur la paroisse des Chartreux. On envoyait le petit au catéchisme. Venu le moment de la première communion, M. le curé Pater dit au petit d'apporter son extrait de baptême. Les parents n'avaient jamais entendu le nom de cette marchandise. Après avoir longtemps cherché à deviner ce que ce pouvait être, le père décida que ce devait être de l'extrait de térébenthine, et le gone, le lendemain, en porta une bouteille au curé (historique).

F

FABRICANT, s. m. — Le marchand qui fait fabriquer les étoffes de soie. Le canut nomme souvent *mon marchand* le fabricant pour lequel il travaille.

FABRIQUE, s. f. — Fabrique des étoffes de soie. *La fabrique marche,* Est en activité. — *La fabrique ne va pas.* — *Acheter en fabrique,* Acheter directement chez le marchand.

FACE. — *J'ai un architecte en face.* L'architecte est en face, sans doute, mais vous n'en êtes pas propriétaire, à moins pourtant que vous ne soyez sa femme.

FAÇON, s. f. — A Saint-Laurent, on mettait la petite Catiche, âgée de cinq ans, coucher avec la servante Françon. Un jour que la mère vint pour la lever, elle trouva Catiche après s'étirer, en disant avec langueur : *Je farins bin ina façon, stu demadin ! — Qué que te dios ? — Y est la Françon que dio come iquien, de veys, lo demadin.*

Il faut laisser la façon aux tailleurs. — Se dit aux personnes qui font des cérémonies pour accepter quelque chose.

De façon à ce que, de manière à ce que pour « De façon que, De manière que », Si les piquantes tournures archaïques, les vieux mots savoureux sont de bon emploi, rien d'odieux comme les fautes de français. Je dois confesser que maint journaliste use des barbarismes ci-dessus au jour la journée.

FAÇURE, s. f. — Partie de l'étoffe fabriquée qui est entre le battant et la poitrine du canut (ou de la canuse). — De l'ital. *facciola,* même sens, avec substitution de suffixe.

FAGANAT, s. m. — Odeur plate et particulièrement nauséabonde ; par exemple, le matin, l'odeur des chambres où l'on a couché et qui n'ont pas été airées.

Quand Agnus Poupard se maria, il disait qu'il aimait bien sa femme, qu'elle était bien gentille, mais qu'elle sentait le faganat. — Vieux franç. *faguenas,* même sens, du provenç. *faguina,* fouine. Faganat, odeur de fouine.

FAIENCE. — *Je tombe en faïence d'inhalation.* C'est une forme pittoresque de « Je tombe en défaillance d'inanition ». *Faïence,* pas n'est besoin de le dire, représente *faillance,* de *faillir.*

FAILLIR. — La plupart du monde, les bacheliers, les licenciés eux-mêmes écrivent : *Il a failli mourir.* Ni Molard, ni Humbert, ni aucun autre n'a relevé ce qu'il ne pensait pas être une incorrection, mais la seule façon de parler classique et française est : « il a failli *à mourir.* » Quand nous parlons lyonnais, parlons lyonnais, mais quand nous parlons français, parlons français.

FAIM. — *Une faim canife.* Canife est la traduction de *canine,* peu intelligible, tandis qu'une faim canife, on voit tout de suite que c'est une faim aiguisée.

Avoir faim comme le Rhône a soif, N'avoir pas faim du tout, vu que le Rhône a suffisamment de quoi boire.

J'ai une faim, que je la vois courir. Quand on voit courir sa faim devant soi, c'est que véritablement on ne saurait s'abuser sur son existence.

FAIRE. — *Il ne fait pas bon faire.* Voy. *bon.*

Faire mimi. Voy. *mimi.*

Il fait des choses qui ne sont pas de faire, me disait une bonne dame en se plaignant de son mari (elles se plaignent toutes de leurs maris). Voy. *connaître,*

Il fait bon connaître son monde, Il est utile de connaître les gens avec qui on a affaire.

Faire dans les draps, les nouveautés, etc. Faire le commerce de ces articles. Lorsque Napoléon revint de l'île d'Elbe, il reçut à Lyon les notabilités de la ville hommes et dames. Tâchant d'avoir un mot aimable pour tous, il dit à une dame : *Que fait votre mari ? — Sire, il fait dans les draps* (historique).

Rendez-moi donc le livre que je vous ai prêté, il me fait besoin pour « J'en ai besoin ». *Faire besoin* est dans Molière.

Faire faute. La même chose que *faire besoin*.

Faire courage, Se donner du cœur à l'ouvrage, redoubler d'efforts. *Allons, il faut avoir une postérité ! Fais courage !* disait un bon-papa à son petit-fils, marié depuis trois ans et qui n'avait pas d'enfant.

Faire contre. Voy. *contre*.

Faire son grand tour, son petit tour. Demandez aux fillettes des écoles. En levant la main : *Ma sœur, mon grand tour !*

J'ai besoin de prendre l'air, je vais faire un tour. Sous-entendez « de promenade ».

J'ai fait demander de vos nouvelles, d'après Humbert, n'est pas français. Il faut dire : *J'ai envoyé savoir*. Si je comprends en quoi « faire demander des nouvelles » est incorrect, je veux être empalé !

J'ai beaucoup à faire. Même observation. Dites : *J'ai beaucoup d'affaires*, ajoute Humbert. — Pas du tout, ce n'est pas la même chose, pas du tout.

Je m'en suis fait (ou *mis* ou *f...chu*) *pour quinze sous*, Cette fantaisie ou cet accident m'a fait dépenser quinze sous.

Faire son fendant, son faraud, dites : « faire le fendant, etc. » (Humbert.) — Je crois qu'il a tort. On dit en effet « sentir *son* épaule de mouton », quoique l'épaule ne soit pas à celui qui sent. Je pense que la meilleure tournure serait « faire du fendant ».

Faire du lard, Engraisser par l'oisiveté.

Faire la bête pour avoir du son, jouer le rôle de niais ou d'ignorant dans un but d'intérêt.

Faire cinq sous. Une bonne mère : *Allons, petit cayon, essuie le raisiné de ta menotte et fais cinq sous à la dame !* C'est-à-dire touche-lui la main. Curieuse locution qui doit avoir quelque bien de parenté avec la légende du Juif-Errant, qui en donnant cinq sous donnait tout ce qu'il possédait.

A quoi le Jean-Pierre passe-t-il son temps ? — A faire des pertuis dans des trous. C'est-à-dire à ne rien faire.

Cette dame a fait fortune dans les draps. Se dit parfois en parlant de personnes dont le commerce a été fructueux.

Faire lumière, Éclairer (les Italiens disent correctement *far lume*). — *Il fait soleil* (mais on ne dirait pas « il fait lune »). Pourquoi ne pas dire il fait soleil », puisqu'on dit « il fait jour » ?

Faire excuse. Voy. *excuse*.

On vous fait à savoir qu'il a été perdu, etc. Ainsi disait le célèbre crieur Larose ; ainsi disons-nous. Et c'est du français très correct, malgré la bizarrerie de la tournure. Seulement il faut remarquer que *à savoir* est une corruption du vieux verbe *assavoir*. Comp. « On vous saura à dire ».

Il n'y a que celui qui ne fait rien qui ne se trompe pas. Dicton véridique et que nous répétons toutes et quantes fois que nous avons fait une erreur. La femme d'un de mes amis le surprit un jour avec l'apprentisse. La bonne femme de taper. *Que veux-tu*, disait le mari avec bonhomie, *il n'y a que celui qui ne fait rien qui ne se trompe pas*.

Faire, loc. explétive. *Pourquoi faire grognes-tu ?* —Se met parfois à la fin de la phrase : *Pourquoi lui écrivez-vous faire?*

FAITIÈRE, s. f., terme de construction. — *Tuiles faîtières*, Rang de grosses tuiles placées sur le faîtage. — Vieux franç. *festière*, de *faîte*.

FALLOIR. — Le digne Molard veut qu'on dise : « Il ne s'en est *guère fallu*, » au lieu de notre tournure : « Il ne s'en est fallu *de guère*. » Il fait tort à ses connaissances. « L'un fait beaucoup de bruit qui ne lui sert de guère, » a dit Molière.

FANON, s. m. — Estôme. « Comment voulez-vous que je vous aime, lorsque je n'ai rien dans le fanon ? » disait mélancoliquement mon camarade Picampot à sa colombe. Sur quoi la colombe, qui était poche-grasse chez Mme de Saint-Plumé, de lui donner quelques béatilles, accompagnées de quelques verres de vin. — Je ne serais pas surpris que *fanon* eût eu d'abord ici la signification de *fanal* qu'il avait au xvie siècle. Puis le sens serait dérivé à celui de *fanon*, peau que les bœufs ont sous le menton, et qui, dans l'expression actuelle, est prise pour synonyme d'estomac, de gésier.

FANAL, s. m. — S'emploie aussi pour *fanon*. C'est un changement de suffixe, sous cette idée que la nourriture est à l'estôme ce que l'huile est au fanal.

FANTOME, s. f. — *Une grande fantôme de femme*. Se dit d'une femme grande et dégingandée.

FAQUE, s. f. — Poche. Ce mot, dont ma mère usait constamment, s'est, je crois, à peu près perdu. — C'est du vieux franç. Rabelais nous apprend que le bon Panurge « en son saye avoit plus de vingt et six petites bougettes ou fasques ».

FAQUIN, s. m. — Bien mis et fier de ses vêtements. *T'esses ben tant faquin avè ta vagnotte neuve, que brille comme les vieilles soutanes de M. le curé ?* — C'est le français *faquin*, avec une dérivation de sens, vraisemblablement parce qu'on a vu dans *faquin* un dérivé de *(fat)*. Le provençal de *faquin* a fait *faquino*, lévite.

FARAUD. — *J'ai rencontré Desvessons sur les Tapis. Il était fàraud comme le chien du bourreau quand son maître va faire ses Pâques.*

FARBALAS, s. m. — Falbalas. L devant une des consonnes T, P, B, F devient R.

FARCE. — *En voir la farce. — Je m'ai acheté des grollons neufs. Je m'y ai dit : bah, pour deux petits écus j'en verrai la farce !*

FARCIR. — *Farcir l'âne*. Si vous avez à table un ami qui montre peu d'appétit, la politesse exige que vous l'encouragiez à manger en disant : *Allons, allons, du courage ! il faut farcir l'âne.*

FARETTES. — Faire ses fredaines, se mettre en fête. *Le père Pelachon est allé à la vogue du Grand-Trou. I va faire ses farettes !* — Est-ce *affarette ?* Faire ses farettes, « faire ses petites affaires » ?

FARFOTEMENT, s. m. — Bruit d'une respiration gênée, bruit de râle. Fraisse signale cette phrase, dite à un médecin de Saint-Just, moins de huit jours avant qu'il écrivit son article : « Messieu le médecin, j'ai mal à mon reculement (c'est un bossu qui parle) et je sens de farfotements dans l'estomac. » — De *farfoter*.

FARFOTER, v. n. — Râler. *Bonnes gens, il est à l'agonie ! Il farfote !* — Onomatopée.

S'emploie aussi pour exprimer une chose moins triste que le râle d'un agonisant. Il se dit aussi du bruit que fait un fricot sur le feu. C'est un petit bruit particulièrement agréable. *Farfoter* se distingue aussi de *gargoter* en ce sens qu'il n'a pas le caractère péjoratif.

FARINE JAUNE. — Farine de maïs. — De la couleur, indubitablement.

FARINETTE. — *Donner à la farinette, Faire farinette*. C'est, au jeu de cartes, distribuer les cartes une par une. C'est l'idée d'une chose très menue comme la farine. Il est impossible de donner plus menu que un à un.

FARINIÈRE, s. f. — 1. Pièce où l'on met la farine. Aujourd'hui il n'y a que les boulangers qui aient des farinières, mais autrefois, comme on faisait son pain, chaque maison bourgeoise avait sa farinière, au moins à la campagne qu'on habitait l'été.

2. Coffre à farine. « Une farinière bois sapin avec sa porte toute neuve, » dit un inventaire des meubles de la Manécanterie, de 1633.

FARSIFIER, v. a. — Falsifier.

FATIGUÉ, ÉE, adj. — Indisposé, ée. S'emploie aussi dans le sens de très malade. *Comment va monsieur? — Il est bien fatigué. Le médecin a dit qu'il ne passerait pas la nuit.*

FATIGUER, v. a. — *Fatiguer la salade*, L'oucher longtemps et en appuyant, de manière que les feuilles soient un peu flapies. Les Lyonnais l'aiment mieux ainsi. Beaucoup préfèrent même la salade de la veille, qu'on appelle alors *salade cuite* (ne pas confondre avec la *salade cuite*, macédoine). Ma mère la mangeait toujours ainsi, au vieux goût lyonnais, que l'on trouve aujourd'hui singulier. Maintenant, dans les restaurants, on mange la salade si fraîche qu'on y trouve encore souvent les chenilles.

FAUSSE-LISSE, s. f., terme de canuserie. — Elle serait mieux nommée faux-peigne. C'est une lisse en soie de remisse faisant peigne, que l'on place au-devant du peigne dans les gros comptes, où il y a un trop grand nombre de bouts dans chaque dent du peigne. On partage les bouts dans la fausse-lisse, à seule fin de ne pas faire des chemins dans l'étoffe.

FAUTE. — *Avoir faute*, Avoir besoin. *Mame Piluchon, faites excuse de vous laisser un m'ment, j'ai faute de pancher de l'eau.* — *Faute de*, suivi d'un substantif, est employé par les bons auteurs. « Je porte tout mon avoir avec moi, disait le digne Béroalde, de peur d'avoir bien faute de poux. » Par analogie, les Lyonnais se sont servis de *faute de* devant un verbe. Il s'emploie même isolément, et quand un mami dit en société : Maman, j'ai faute, tout le monde comprend et sourit de cette preuve de bonne éducation, d'un air flatteur pour la maman.

Ce livre me fait faute. Voy. *faire besoin.*

Le jeu ne demande que faute. Dicton que l'on rappelle au joueur qui veut revenir sur un oubli ou sur une distraction.

FAUTER, v. n. — Faire une faute. *Quand une femme a fauté une fois*, disait le bon père Navet, de la Grande-Côte, *c'est comme aux chevaux couronnés, ça marque toujou.*

FAUX. — *Faux comme Judas.* Quelqu'un qui n'est pas un modèle de franchise.

FAUX-FILET, terme de boucherie. — Morceau moins bon que le filet, mais succulent encore. Il est attenant au filet, du côté opposé au pendant de filet.

FAVETTE, s. f. — Frayeur. *Prendre la favette*, Prendre peur. Je croyais ce mot tiré de l'argot, mais je ne l'ai trouvé dans aucun dictionnaire des termes populaires. La *favette*, c'est proprement *la petite fève*. On trouve en provençal *avè la favo*, avoir le guignon, littéralement *avoir la fève ;* je suppose que le mot lyonnais et la locution provenç. se rapportent à quelque croyance populaire où la fève tient un rôle.

FAYARD, s. m. — Hêtre. — De *fagum.*

FAYE (fa-ye), s. f. — Brebis. A table, en tiripillant un gigot: *C'est pas de mouton que le nagu t'a donné, c'est quèque vieille faye.* De *fœta.*

FÈGE, s. m. — 1. Foie. *Le chagrin lui a délavoré le fège.*

2, s. f. En particulier, Tranches de foie cuit qu'on achète pour mettre en salade, communément avec des pieds de mouton. De *fidica*, forme de *ficata (jecur ficatum: Pinguibus et ficis pastum jecur anseris albi).*

FEMME. — *Femme du Puy, homme de Lyon font bonne maison.* Parce que l'une est avare, et l'autre laborieux.

Quand la maison porte sur quatre piliers, la femme en tient trois (quand elle n'en tient pas quatre). Le sûr, c'est que l'ordre et l'économie de la femme font la prospérité du ménage.

Il faut laisser les portes et les femmes comme on les trouve. C'est ce que me répétait toujours mon maître d'apprentissage (Dieu ait son âme), qui m'a donné tant de bons conseils.

Les femmes en vivent et les hommes en meurent. C'est un proverbe que répétait souvent M. Chrétien aux jeunes gens qui allaient le consulter.

FENAISON. — « Temps de faner le foin ; dites *fanaison.* » (Molard.) — Observation fausse. « Il (fenaison) se dit aussi du temps où l'on coupe les foins, » écrivait déjà l'Académie en 1798.

FENASSU, s. m. — Cotillonneur. *Le père Chauchaud, y est un bonhomme, mais un petit peu fenassu.* — Du patois *fena*, femme, avec le suffixe *u* et insertion de la syllabe *ass* pour donner le caractère fréquentatif. Comp. *mardassu*, celui qui est habituellement malpropre, et *mardu*, celui qui l'est dans la circonstance même.

FENDRE (SE), v. pr. — Faire acte de générosité. *Le père Pourillon vous ferait pas tort d'un sou, mai i n'aime pas à se fendre.* S'emploie devant un complément avec la préposition *de. Pour la noce de mon neveu Cotivesse, je m'ai fendu d'un cabaret qui m'a coûté douze francs.*

FENIÈRE, s. f. — Fenil. — De *fœnaria.*

FENNE, s. f. — Femme. Lorsque, en parlant de sa femme, on ne dit pas « la bourgeoise » ou « la grosse », on dit toujours *notre fenne*, parce que *ma* femme serait outrecuidant, et que d'ailleurs on ne doit pas avancer une proposition hasardée. — *Fenne*, épave de notre ancien patois, tend à vieillir. — De *femina*, où *m* est tombée tandis que c'est *n* dans le français *femme*

FENOTTE, s. f. — Femme. S'emploie dans un sens aimable, comme tous les diminutifs. *J'ai trouvé dimanche aux Charpennes une petite fenotte, gentille comme cinq sous. — Si elle est sage, va pas rien la déranger ! — Si elle est sage ! que je le pense ! Alle a dit tout de suite : « Te sais, pas de bêtise sans voir les liards ! »* — Comp. *menotte, petiote, pillote,* etc.

FER, s. m. — *Fer à velours.* On l'appelle fer parce qu'il est en cuivre. C'est une mince lamelle de cuivre, dont la longueur égale la largeur de l'étoffe, et dans laquelle on a creusé une rainure. Cette lamelle, plate en dessous, est passée dans l'ouverture de la medée, la rainure du côté du peigne, et d'un coup du battant articulé, on la tourne de manière qu'elle présente la rainure en dessus. Puis lorsqu'on a passé un nombre suffisant de coups pour retenir la chaîne faisant poil, l'ouvrier coupe le poil à l'aide du rabot dont le couteau glisse dans la rainure, et il retire le fer. Il y a aussi des « fers en bois », ce sont ceux de la peluche, et enfin des « fers en fer », ce sont ceux du velours frisé.
Fer de collet, terme de canuserie, ouvrages façonnés, Petit crochet en fer, placé à l'extrémité inférieure du collet, et auquel on accroche au moyen d'une boucle les arcades correspondantes deux par deux (voy. *arcades*).
Il ne vaut pas les quatre fers d'un chien. Se dit d'un homme de mince valeur, les fers d'un chien ne représentant pas gros d'argent.
S'étendre les quatre fers en l'air, Faire une chute à la renverse sur le dos.

FERMER. — *Le père Chamaut a fait fermer son gone, que lui faisait de misères.... Marie, fermez le linge dans la garde-robe.... J'ai perdu ma loquetière, je suis fermé dehors.* On prétend qu'il faut dire *enfermer.* Je n'y vois pas de mal pour les deux premiers exemples, mais pour le dernier, ce me semble, *enfermer* n'irait pas mieux. Mais, dit-on, si vous êtes fermé, vous n'êtes pas dehors, et si vous êtes dehors, vous n'êtes pas fermé. Pardon, vous êtes bien fermé puisque vous ne pouvez pas franchir la porte, et vous êtes bien fermé dehors, puisque vous n'êtes pas dedans. Tirez-vous de là !

FERMETURE, s. f. — Devanture, revêtement en boiserie du devant d'une boutique. Fer-meture se dit proprement de ce qui ferme la boutique, et la devanture ne la ferme pas. Quoique ça, nous employons constament fermeture pour devanture. Simple nuance.

FERRANDINIERS, s. m. pl. — C'était le nom que s'était donné un compagnonnage pour la canuserie, comme pour la charpenterie il y avait les gavots et les devoirants. J'imagine que le nom devait venir d'un fondateur nommé Ferrand. Suivant la tradition, ils avaient une mère (gargotière) qui tenait la pension des ouvriers. Les ferrandiniers portaient la canne floquetée. Il advint qu'un beau jour en 1846 — quelques compagnons, s'apercevant que les ferrandiniers étaient toujours farauds et ne travaillaient guère, demandèrent à connaître l'état de la caisse. On la trouva vide. Les ferrandiniers en pied, qui étaient peu nombreux, mangeaient, dit-on, l'argent versé par les aspirants. Il y eut alors une scission ; les mécontents s'installèrent rue Bodin, dans le voisinage de l'église Saint-Bernard. On les appela les renégats. Cette rivalité provoqua de violentes altercations entre ferrandiniers et renégats.
L'institution disparut en 1848.

FERRATIER, s. m. — Ferronnier. *Va don m'acheter pour deux sous de broquettes chez le ferratier.* — C'est un vieux mot lyonnais. En 1451 et 1475, Étienne Laurencin était maître de métiers pour les ferratiers.

FERRER. — *Se faire ferrer.* Se dit quelquefois à propos d'une jeune fille qu'on mène chez le bijoutier pour acheter les cadeaux de noce. *La Goton que s'est fait ferrer chez M. Bijoutin ! Plus que ça d'ébouriffure !*

FESSES (parlant par respect). — *Avoir les joues comme les fesses d'un pauvre homme.* Voyez sous *c..*
N'y aller que d'une fesse, Faire une chose sans attrait, sans conviction. *I ne s'est marié comme qui dirait que d'une fesse.*
Quand j'ai entendu siffler les balles, je te f...iche mon billet que j'ai eu chaud aux fesses. Je n'avais jamais remarqué cet effet de la peur.
Par les fesses. Dans un grand bal chez Mme X..., un danseur poussa un candélabre trop près de la cheminée. On n'y

prit pas garde. Au bout d'un moment, pan ! voilà la glace fêlée. On se prit à rire. *Riez, riez*, dit la maîtresse de la maison, *vous ne savez pas que vous m'en fichez pour cinq cents francs par les fesses!* (historique).

Hors de propos, as-tu remarqué, lecteur, comme l'homophonie des sons entraîne la dérivation des sens, encore que les objets n'aient pas de rapport ? Dans le Briançonnais, *faisses* (*fissa*) signifie des bandes de végétation à la jonction des escarpements de rochers. Par suite un lieu de ce genre, qui était la propriété de M⁰⁰ Carl, a pris le nom de *les Fesses de Mᵐᵉ Carl*. Ici pourtant les objets n'ont pas de rapport.

FESSIER (parlant par respect). — *Des gens de haut fessier*. Se disais jadis des gens de haute lignée. Se dit aujourd'hui de quiconque a une haute position et une grande fortune. Par le temps qui court, il y a des politiciens radicaux qui étaient de très bas fessier et qui sont devenus de très haut fessier.

FEU. — *Monter le feu*. Voy. *monter*.
Feu, s. m. — Échauffement. *Mᵐᵉ Irma Bousasse est bien fatiguée. — Quoi quelle a ? — C'est un grand feu*. — Lᴇ ᴘÈʀᴇ ꜰᴜᴍᴇʀᴏɴ : *Faut y faire prendre de gramin par en n'haut et de mauve par en bas,*
Feux, s. m. pl. — Boutons avec aspect rouge, quelquefois purulents. *T'as vu le prétendu de la Tiennette ? Comment qu'il est ? — Il a des feux par la figure que ça fait regret.*
Craindre comme le feu. Se dit de quelque chose ou de quelqu'un pour lequel on ne nourrit pas une tendresse inépuisable.
S'embrouiller dans les feux de file, Se noyer dans son crachat. — Trope emprunté à l'art militaire.

FEUILLE. — *Qui craint la feuille, il ne doit pas aller au bois*. Dicton affectionné des Lyonnais pour dire que qui ne veut pas attraper de boucharles, il ne doit pas aller boire dans tous les verres.

FEUILLETTE, s. f. — 1. Demi-pièce de vin ou cenpote, comprenant 105 litres environ.
2. Mesure de vin contenant la moitié du pot. Pour cette dernière on disait plus volontiers *foliette*. On ne connaît plus aujourd'hui que 1. — De *phialetta*.

FEUTRÉ. — *Te crains pas le froid, t'as l'estôme bien feutré*. Mauvaise plaisanterie que l'on dit à ceux qui sont bossus par devant.
I fait froid, faut se feutrer l'estôme par dedans : appare voir ce carrichon de rôti ! Instance aimable auprès d'un invité.

FIABLE, adj. des 2 g. — A qui l'on se peut fier. Mon cousin Aug. F... était juge de paix dans un bourg du Lyonnais. Vient un paysan réclamant 300 francs à un voisin auquel il les avait prêtés. *As-tu un billet ?* fit mon cousin. — *Non, monsu ; je me pinsôve qu'al équiet fiôble. — Comment, tu prêtes comme ça cent écus ! Crois-tu que je prêterais cent écus à ma femme sans billet ?* (historique).

FIACRES DE VENISSIEUX. — Voy. *Artillerie de Villeurbanne*.

FIAGEOLES, s. f. pl. — Haricots. Uɴ ʙᴏɴ ᴘÈʀᴇ : *Cadet, mange don pas tant de fiageôles, que par après te nous emboconneras.*

FIANCE, s. f. — Action de se fier. *J'ai z'eu tort de mettre ma fiance en ce garçon*, disait la pauvre Bernarde qui était devenue embarrassée. — Vieux français.

FIARDE, s. f. — Toupie. — Du vieux lyonn. *fierdre*, frapper, parce que la fiarde se frappait avec un fouet pour la faire tourner. Aujourd'hui la fiarde est lancée en déroulant la corde qui l'enveloppe. — *Fierdre*, de *ferere* pour *ferire*.
Avoir les tetons en pointe de fiarde. Se dit des femmes qui ont les seins fermes et aigus, à la façon par exemple de celles qu'on voit représentées sur les bas-reliefs égyptiens.
Jouer comme une fiarde, Jouer comme un fifre. A ʟᴀ ᴍᴀɴɪʟʟᴇ : *Pourquoi que te coupes, quand je tiens ? Tiens, te joues comme une fiarde.*

FICELLE, s. f. — Nom donné aux chemins de fer funiculaires. Longtemps on a dit *la Ficelle* tout court, parce qu'il n'y en avait qu'une. Aujourd'hui l'on dit la Ficelle de la Croix-Rousse, la Ficelle de Saint-Just, la Ficelle de la Croix-Pâquet. Cette métaphore diminutive et méprisante est admirable.
Être ficelle, Être d'une probité médiocre. *M. Finochon est un homme qu'a de l'estoc ; dommage qu'i soye un peu ficelle*. — Je me

demande quelle analogie on a pu voir entre un morceau de ficelle et un filou ? Possible quelque vague analogie de consonnance, tout simplement.

F...ICHANT, adj. — Ennuyeux, désagréable. *L'ouvrage ne va pas, la bareille se vide, la femme se remplit, c'est f...ichant tout de même* (la finale correcte est: *on s'em..., et puis on se mange*). On cite aussi cet exemple : *C'est b...ment f...chant, dit la princesse, que son extrême timidité avait jusque-là empêchée de prendre la parole.*

FIDÈLE, adj. — Probe, honnête, en parlant des domestiques. *La Marie est très fidèle; voilà vingt ans que nous l'avons.* Au mot fidèle on attache l'idée de quelqu'un à qui l'on donne une sorte de mission de confiance. La fidélité n'est pas exactement la même chose que la probité.

FIEL. — *N'avoir pas plus de fiel qu'un pigeon,* Être incapable de méchanceté, de rancune. — De la croyance populaire que le pigeon est le seul animal qui n'ait point de fiel.

FIER, ÈRE, adj. — Se dit de quelqu'un de bien mis. *Comme t'esses fier aujourd'hui!* Comme tu es bien paré! — Dérivation de sens du franç. *fier,* qui semble confirmer pour *faraud* l'étymologie *ferus.*
Il n'est pas fier, il boirait avec un paysan pourvu qu'il paie. Raillerie à l'adresse des pique-assiettes.

FI ET FAIT, adj. — Fieffé. *Un scélérat fi et fait.* C'est la diérèse (d'ailleurs très euphonique) de *e* qui a amené cette singulière confusion que, pour mon compte, j'ai faite longtemps.

FIÈVRE. — *Fièvre de veau,* Tremblement que, dans les froids, on prend souvent après le repas, et qui est l'effet de la digestion. *P'pa, je grelotte,* disais-je parfois à mon père. — *C'est la fièvre du veau, qui tremble quand il est soûl,* qu'il me répondait.

FIFI, s. m. — Chéri, favori. *Le frère lui donne toujours la croix parce que c'est son fifi* (et non *parce qu'il est*).

FIFRE, s. m. — Lamproie. — De la forme ronde et allongée de la lamproie.

FIFRE, le plus souvent FIFRE DE MORNANT. — Surnom des habitants de Mornant, parce que, me racontait mon père, le curé, mécontent de ce que les hommes sortaient toujours lorsqu'il allait prêcher, tira un jour un fifre de sa poche et se mit à en jouer en chaire. Sur quoi les hommes de rentrer en hâte, croyant que le curé était devenu fou. Le curé fit alors fermer les portes, et commença ainsi : *Grand Diu! I modont à voutra parola, et y rintront ou brut d'in fifro !*

FIFRER, v. a. — Boire, en parlant du vin. *Le Barnabé, pour fifrer et se balader, y a pas son pareil.* Comp. *flûter,* même sens. On dit aussi : *Il a fifré tout son bien,* Il a dissipé tout son bien en plaisirs.

FIGNOLER, v. a. — Se dit d'un ouvrage que l'on polit, que l'on fifit avec grand soin, et surtout d'une peinture. L'école de peinture lyonnaise, au commencement du siècle, fignolait beaucoup. — Fait sur *fin.*

FIGUETTE, s. f. — Flacon. — Probablement une corruption de l'ital. *fiaschetta,* petite bouteille. La corruption peut avoir eu lieu sous l'influence de *figue,* à cause de la forme (comp. *poire* à poudre).

FIGURE, s. f. — Visage. Ne dites pas *se laver la figure,* mais *se laver le visage,* prétendent les grammairiens. Du reste, nous ne faisons jamais la faute, nous disons toujours *se laver le groin.*
Une figure à coucher dehors (le visage est si laid qu'on ne laisse pas entrer celui qui le porte).
Une figure (parlant par respect) *à ch... contre* (très péjoratif).
Une figure comme la porte de Roanne (l'ancienne prison de Roanne, de l'autre côté de l'eau). Voy. *gai.*
Une figure de dies iræ. Voy. *dies iræ.*
Une figure de jugement dernier.
Ces trois métaphores s'emploient à propos de visages qui manquent de gaîté.
Une figure qu'on dirait qu'on s'est assis dessus. Se dit d'un visage plat, à nez épaté.

FIL. — *Fil d'arcade,* voy. *arcade.*
Fil de maille, Fil qui tient le maillon suspendu dans le tissage des façonnés.
Les fils de la vigne, du fraisier, pour Mains, vrilles, etc. Expression tout à fait appropriée.
Avoir le fil, Avoir l'esprit fin, aiguisé. Métaphore tirée du couteau qui a le fil.

FILANDRES, s. f. pl. — Fils des haricots verts, des pois gourmands, etc. — Il est français, mais, je crois, peu usité ailleurs que chez nous. Les demoiselles à brevet disent *filaments*.

FILET. — *La releveuse qui t'a coupé le filet ne t'a pas rien volé ton argent.* Se dit à un grand parleur.
Je m'en vas faire un filet d'eau. Euphémisme plein de délicatesse.

FILIOLES, s. f. pl. — Rejetons d'arbustes, de plantes, qu'on enlève pour les planter. — De *filiola*, fille en bas âge.

FILIP. — *Faire filip*, Fouetter l'air avec une houssine. *Gare que je te fasse filip !* Prends garde que je ne te fouette ! — Onomatopée du sifflement. Comp. l'angle *fillip*, chiquenaude.

FILIPOT, s. m., terme de menuiserie. — Fourrure rapportée entre deux lames de parquet disjointes. — C'est le franç. *flipot*, dont j'ignore l'origine. Nous avons inséré un *i* pour la facilité du prononcer.

FILLASSE, s. f. — Fille de mauvaise vie. *Fille + asse.* On sait que le suffixe *asse* est essentiellement péjoratif.

FILLATRE, s. des 2 g. — Gendre, et très exceptionnellement *bru* (pour ce dernier on dit communément *gendresse*). — De *fillastrem*, qu'on trouve dans les inscriptions de la décadence pour *privignus*.

FILOCHE, s. f. — Bourse. — Parce que les anciennes bourses étaient en filet.

FILOCHER, v. a. — Fabriquer du filet. *Le gapian était après filocher.* V. *filoche*.

FILOCHON, s. m. — Filet en forme de poche, qui sert à prendre les poissons dans les bachus. — Fait sur *filoche*, probablement parce que le filochon est en forme de poche ou de bourse.

FILOGNE, s. f. — Chanvre à filer, étoupe. Dans toutes les bonnes maisons, la ménagère avait jadis en réserve une provision de filogne pour le cas où une seringue perdrait, et où l'on serait obligé de là chambrer. — De *fil*, avec un suffixe *ogne*, probablement par analogie avec *cologne*, à cause de la parenté des objets.

FILS. — Ne pas dire « le fils Gâtouillon » mais « Gâtouillon fils ». En place, vous avez le droit de dire « le père Gâtouillon ». — Logique des précieux !

FILTRER, v. n. — Terme savant qui s'est introduit de l'anglais par suite du grand développement de l'instruction secondaire. *Te sais pas, y a Crapouillaud qu'a voulu filtrer avec mameselle Baluchon. Y a le pipa que te vous a pris le bâton du pojau ! Y a fallu qu'i se renquille vite !* — Métathèse de *flirter*.

FIN, INE, adj. intensif. — *Le fin fond des enfers*, Tout à fait au fond. *A la procession ils étaient les beaux fins premiers*, Tout à fait en tête. *Du linge fin blanc de buye*, Du linge tout frais de lessive.
Fin, adv. — Très, très bien. *Il entend bien fin*, Il a l'oreille très fine.

FINABLEMENT, adv. — Finalement, d'une manière définitive. Ne croyez mie que ce soit une corruption. C'est du vieux franç. « Finablement s'accorderent lesdites parties, » dit un texte de 1361.

FINASSU, s. m. — Homme rusé, qui use de mauvaises finesses. *Le père Virolet est un finassu. I sait par cœur tout son code* (j'ai rencontré un canut comme cela). — Forme de *finasseur*.

FINI, adj. (ne s'emploie guère qu'au masc.) — Parfait, achevé. *Un grimpeur fini* (des Alpinistes). *Un danseur fini*, *Un noceur fini* (s'il n'y avait pas tant de noceurs finis, la célèbre « question sociale » serait résolue).

FINIR. — Il y a quelque chose d'enfantin dans le mal que s'infligent les grammairiens pour corriger ce qui est correct. Molard condamne l'expression : *Il faut en finir*. Et l'Académie, en 1798, donnait déjà l'exemple : *Il est temps d'en finir*.
Des gens qui ont fini de bien faire. Très usité pour Des pas-rien. Après cela ils n'ont pas eu de peine à finir de bien faire ; je crois bien qu'ils n'ont jamais commencé.
Les ouvriers ne sont pas finis de payer. Locut. usuelle que le sévère Molard aurait mieux fait de signaler que *en finir*. « Des ouvriers qui ne sont pas finis de payer » pour « qu'on n'a pas fini de payer », est une simple métonymie du 2ᵉ genre (l'effet pour la cause), mais elle m'enchante.

Faire finir quelqu'un, L'obliger à cesser de faire quelque chose. *Meman, faites don fini la Julie, elle me pique avè de z'epingles dans les gras.*

FINISSAGE, s. m.; terme de canuserie. — Ce qui manque de trame pour finir une pièce. Une supposition qu'il manque 300 grammes de trame. Le canut porte une canette au magasin, d'après quoi l'on teint la quantité nécessaire. Et le canut de courir chez la dévideuse : *Je vous apporte mon finissage, dépêchez-vous vite !*

FINITION, s. f. — La même chose que *définition* (voy, ce mot).

FINOCHE, s. m. — La même chose que *finassu* et fait de même sur *fin*, mais avec le suffixe *oche*, non moins péjoratif. Comp. *damoche*.

FIOLER, v. a. — Boire. *Se fioler*, S'enivrer. La ғᴇᴍᴍᴇ : *Dans quel état tu me reviens ! — Que veux-tu, on peut pourtant pas voir de vieux t'amis sans se fioler un petit peu !* — Non de *fiole*, comme on le croirait au premier abord, mais de *fioula, fiola*, en patois lyonnais jouer du flageolet, siffler, de *sibilare*. Comp. *siffler un verre de vin*.

FION, s. m. — *Un coup de fion.* — *Velà mon ode terminée ; il n'y manque plus qu'un coup de fion*, c'est-à-dire quelques retouches pour lui donner de la tournure, du ragoût. *Je ne suis pas ce qu'on appelle jolie, mais avec un coup de fion, on fait encore ses frais aux Charpennes*, c'est-à-dire avec un peu de toilette.
Faire des fions, Faire des tours d'adresse, de grâce. *Quand le velocipeteux a vu la Benotte, i s'est mis à faire des fions.* — Je n'entrevois rien sur la formation de ce mot expressif.

FIXE, s. m. — Revenu assuré par une place. C'est l'ambition de beaucoup de mères de famille d'avoir un gendre qui ait un fixe. La mère Filoselle, la mercière de la Grand' Rue, m'avait chargé de lui trouver un parti pour sa Mélanie. Je lui proposai mon ami Cacanet, l'architecte qui est aujourd'hui en si grand renom. — *Un architèque, qu'est-ce que c'est que ça ? Ça a-t-i un fisque ?* — *Non, mais Cacanet a beaucoup de talent et gagnera beaucoup d'argent. — Tout ça, c'est hypothéqué sur les brouillards du Rhône ; je veux un fillâtre qu'oye un fisque !*

— *Alors, prenez le fils Lassonde ; il est gapian et a un fixe de douze cents francs.* — Et voilà comment la Mélanie est devenue Mᵐᵉ Lassonde.

FIXER, v. a. — Regarder fixement. *Fixer le soleil, Fixer une dame.* Peu correct, mais usité. On dit aussi *fisquer*. Alors, pour parler avec correction, il faut dire *regarder fisquement*.

FLACHE, s. m., terme de charpente. — On dit qu'une pièce de bois équarrie dans son ensemble a du flache, lorsqu'à certains endroits il manque du bois pour que l'équarrissage soit à vive arête. — C'est le vieux franç. *flache*, employé au moyen âge dans le même sens.

FLAFLA, s. m. — *Faire du flafla*, Faire ses embarras. *La noce à Patafiaut, i sont n'allés à Saint-Denis en voiture. — Tout ça pour faire du flafla !* — Onomatopée.

FLANC, s. m. — S'emploie pour côté. *J'ai beau me virer d'un flanc et de l'autre, je vois pas revenir ma femme.*

FLANDRIN. — En passant, un souvenir au *Clos Flandrin*. C'était un vaste tènement cultivé, qui s'étendait depuis le chemin de ronde derrière le rempart de la Croix-Rousse (cela s'appelait la rue Bellevue), au nord, jusque vers la Tour Pitrat au midi ; et, du côté de matin, depuis la rue Jean-Baptiste-Say vers la Grand'Côte, jusque par là vers le clos Champavert (où est maintenant l'École normale) à l'ouest. Au matin, le tènement formait une pointe, dont le côté s'alignait sur ce qui est aujourd'hui la rue Jean-Baptiste-Say. Il était clos là par une simple haie. Du côté du rempart, un mur de pisé à demi détruit. Une vigne était plantée dans la partie avoisinant le Mont-Sauvage (tènement de la Tour Pitrat). Du côté de la rue Jean-Baptiste-Say et de la rue Bellevue, un champ de blé. On avait ainsi la campagne en plein Lyon. La propriétaire, une vieille fille, Mˡˡᵉ Flandrin, avait pour tout logement une petite cadolle dans le voisinage de la Tour Pitrat, logement partagé avec plusieurs chiens, qu'elle lâchait la nuit pour écarter les maraudeurs. Près de la cadolle une basse-cour et des chèvres, que Mˡˡᵉ Flandrin menait en champ dans la partie inculte de son clos. Déjà à cette époque, la propriétaire aurait pu tirer parti de sa propriété en la dépeçant, mais cette vie de philosophe lui convenait sans doute. Après sa mort, vers 1845, on morcela peu à peu le terrain. Bientôt s'élevèrent des maisons dont plusieurs même furent démolies pour la Ficelle en 1856.

FLAPE, adj. des 2 g. — Flasque, mou, pendant. *Avec ces corsets d'aujourd'hui,* disait le fils Ganachard, *les plus flapes paraissent fermes. On trompe sur tout. C'est comme le vin fuchsiné, qu'on dirait du vin franc bon.* — D'une racine germanique *flap,* qui exprime une chose pendante.

FLAPIR, v. n. — Flétrir, au sens de rendre mou, flape. *Le gel a tout flapi ces doucettes.* — De *flape.*

FLASQUE, s. f. — 1. Bouteille garnie d'osier pour mettre de la boisson.
2. Poire à poudre. — Bas latin *flasca.* sorte de vase en cuir destiné à protéger les vases en verre. C'est la garniture qui, au sens 1, a donné son nom à l'objet.

FLAT, s. m. — Souffle, haleine. *Que le b.....
a le flat punais !* est une exclamation que j'ai bien souvent entendue. Par extension, air empuanti. *Quel flat m'est venu par le nez !* — De *flatus.*

FLÉAU. — *Le cœur me battait comme un fléau.* Comparaison très usitée et très énergique.

FLÈNE, s. f. — Taie d'oreiller. Si usité que j'ai vieilli sans savoir qu'il fallût dire autrement, jusqu'au jour où une dame m'a corrigé, en m'apprenant qu'il fallait dire *tête d'oreiller.* — Vieux franç. *flaine,* couette pour lit, assez vraisemblablement de *flamineum* « voile. couvre-chief » en laine.

FLEUR. — *Fleur de lait,* Premier lait.
A fleur et à mesure, A fur et à mesure (qui est d'ailleurs un beau pléonasme). Nous avons rectifié en *fleur* ce mot *fur,* qui était inintelligible.

FLEURIR. — *Tiens, on dit qu'y a plus de miracle, et velà le bec des ânes que fleurit !* Aimable couyonnade que l'on dit aux benonis qui ont l'habitude de tenir une fleur à la bouche.

FLOQUET, s. m. — Ce n'est pas l'ancien président de la Chambre, c'est une touffe de ruban ou de soie, qui sert de pompon . *As-te vu la Mélie qu'a mis de floquets à son bonnet ? Autant le z'âniers que vont en calèche !* — Du vieux franç. *floc,* même sens. « Or notez que Panurge avait mis au bout de sa longue braguette un beau floc de soye rouge, blanche, verte et bleue, » dit le respectable Rabelais.

FLORAISON, — « Floraison, temps où naissent les fleurs, » est repoussé par Molard qui veut qu'on dise *fleuraison.* Je reconnais que *fleuraison* est mieux fait que *floraison,* mais déjà au temps de Molard les deux étaient autorisés par l'Académie.

FLOTTE. — De par les cuistres, vous pouvez dire une *flotte de soie,* mais vous ne pouvez pas dire une *flotte de fil,* il faut dire un *écheveau de fil,* mais vous pouvez dire aussi un *écheveau de soie !!!*
Flotte, terme de fabrique. — Division de la pantime. Voy. *metteuse en mains.*
Lever la flotte, Piquer l'once, enlever un peu de soie sur les matières confiées par le fabricant. M. Manillon avait confié sa femme au cousin Mâchefer pour lui faire faire le voyage de Marseille. Je ne sais qui lui mit la puce à l'oreille, mais il vint confier ses inquiétudes à mon bourgeois, qui était renommé pour ses bons conseils. *Euh, euh,* fit mon bourgeois, *je connais Mâchefer, il aura pe t'ête ben levé la flotte, mais vela tout.* — Il entendait que Mâchefer était manquablement allé jusqu'à ce que nos bons ancêtres appelaient la petite-oie, mais non jusqu'à la grande-oie.

FLOTTILLON, s. m., terme de fabrique. — Subdivision de la flotte. Voy. *metteuse en main.*

FLOUPÉ, ÉE, adj. — Ne s'emploie guère que dans l'expression *Être bien floupé,* Être bien mis, de façon cossue. *Bigre, comme t'esses floupé ! — C'est la vagnotte à mon oncle Pissard, qu'i m'a prêtée pour ma fréquentation.* — L'auteur ignore l'origine de ce mot, qui ne figure pas dans les dictionnaires d'argot.

FLUTER, v. a. — Boire. Je suppose que c'est le mouvement des lèvres en jouant de la flûte qui a donné l'idée de la métaphore.

FLUTES, s. f. pl. — Jambes. Comp. *tibia.*

FOIE, s. m. — *Avoir le foie blanc* se dit de celui qui a enterré plusieurs conjoints. *M. Empereur, le fabricant, enterre sa quatrième femme. Sûr qu'il a le foie blanc.*

FOIREUX (parlant par respect). — *Un temps foireux.* Se dit d'un temps humide qui menace la pluie.

FOIS. — *Une fois.* — *Quand une fois j'aurai tout mis dans la sache,* Quand j'aurai tout mis dans la sache. De même en allemand. Un de mes camarades, Allemand, me disait toujours : « Fiens une fois, » pour « viens ». Il traduisait *Komm einmal.*

La fois, Ce jour. *La fois que vous êtes venu.* Au catéchisme : *Qu'est-ce que la foi ? — C'est le jeudi ! — ?? — C'est la fois où l'on ne va pas à l'école.*

Des fois. 1. Parfois. *Vas-tu souvent au café chantant ? — Des fois avec la Josette, des fois tout seul.*

2. Peut-être *Pleuvra-t-il ? — Des fois oui, des fois non.*

FOLIARET. — *Un petit vent foliaret,* Un petit vent de printemps qui fait pousser les feuilles. — Du vieux lyonn. *folia,* feuille.

FONCER, v. a. — 1. Se précipiter, fondre dessus. *Il fonça sur les ennemis.* Ce mot peu français a cependant pénétré chez certains littérateurs. « De grâce, mon bon ami, foncez droit sur la situation... (Lagenevais, *Revue des Deux-Mondes,* 3ᵉ période, t. 44, p. 225). » Ce français ne me paraît pas valoir le lyonnais. *Foncer* en ce sens a été aussi employé par Vallès dans le *Réfractaire,* et je le vois, sous la signature de M. Fouquier, dans le *Courrier de Lyon* du 14 novembre 1879.

2. Financer. *Qui don que fonce pour la Ninique* (Monique), *qu'elle est toujours si bien floupée ? — Ça doit être M. Bichon ou M. Dindonaud. — Des fois tous les deux.* Ce sens est ancien dans le français. « Il lui convenoit foncer et bailler argent à ce maitre président, » dit le bon Eutrapel.

3. *Foncer un tonneau,* Y mettre un fond. C'est le sens primitif et étymologique du mot. Pour le sens 2, il se tire tout naturellement de *fonds,* argent. Le sens 1 est assez difficile à expliquer autrement que par une vague analogie de sons avec *fondre.*

FOND. — *Te fie pas trop à M. Griffard, le procureur ! C'est une ficelle. — Te fais pas de bile, je le connais à fond de Chaponost !* Tout à fait à fond. — Mauvais jeu de mots, conservé depuis 1848, et qui vient de ce qu'à cette époque, un nommé Fond, de Chaponost, fut nommé représentant du peuple. Son rôle ne fut pas très brillant. Que voulez-vous ? A cette époque il n'y avait pas de grèves. Impossible de faire son chemin en politique.

FONDATIONS, terme de construction. — Fondements. *Les fondations d'un bâtiment.* En ce sens, il n'est pas rigoureusement français. La fondation est l'action de faire les fondements. Mais ce dernier mot est désagréable au prononcer. Cela me rappelle une séance d'une société de charité, où l'excellent Ch..., qui fut architecte, rendait compte de l'état d'une famille pauvre qu'il visitait : *Ils sont dénués de tout fondement,* dit-il (surprise générale).

FONICUNES. — *Des fonicunes de séné.* C'est bien fait, père Ganivesse ! Si vous aviez dit, comme votre mère, *de feuilles de séné* vous ne vous seriez pas exposé à donner des coups de pied au Cheval de Bronze !

FORCÉE. — *Faire une chose à la forcée,* La faire par force. *Il s'est bien marié à la forcée. Le père de la bóye avait pris sa tavelle.* Excellente locution.

FORCER, v. n. — A table, revenir à un plat en se forçant. Dans un dîner de confirmation, Mᵍʳ de Bonald engageait un digne curé de campagne à prendre d'un plat : *Merci, Monseigneur,* fit-il respectueusement, *j'ai déjà forcé deux fois sur la salade.*

Au jeu de gobilles, donner un coup de poignet au lieu de jouer seulement avec les doigts.

FORCES, s. m. pl., terme de canuserie. — Sorte de ciseaux qui servent au remondage.

FORÇURE, s. f. — Effort, tension trop grande d'un muscle. Quand on s'est fait une forçure, il faut tout de suite aller chez le rhabilleur. Le père Tapard, de Bourgneuf, était très ennuyé parce qu'en battant sa femme il s'était fait une forçure.

FORJET, s. m. — Partie du toit qui dépasse l'alignement de la façade. — Subst. verbal de *forjeter.*

FORJETER, v. n. — Se dit d'un mur qui a perdu l'aplomb. *Ce mur forjette*, Se jette en avant. — Vieux lyonn. *forgecter*, projecter en avant de l'alignement. « Des tentes sur liteaux de bois qui se leveront de nuyt contre les murs sans être forgectées (1524, *ap.* Charvet). » — De *foras* et du primitif de *jeter*.

FORMANSES, s. f. pl. — Formes du raisin (v. ce mot). — De *formantia*, de *formare*.

FORME, s. f. — Nom de la grappe du raisin lorsqu'elle n'a pas encore fleuri. Forme, raisin déjà formé.

FORMETTE, s. f., terme de construction. — Partie de maçonnerie mince dans la largeur d'une fenêtre, et s'élevant du sol jusqu'à la coudière. — Évidemment de *forme*, mais la dérivation du sens ne se voit pas sans lunettes..

FORQUETTE, s. f. — Batelet en usage pour la pêche à l'épervier. Le devant est large et plat, et forme une sorte de terrasse où se meut librement celui qui lance l'épervier. Vraisemblablement du nom d'un appareil de pêche, tiré lui-même de *furca*. Une sorte de harpon, en usage sur les bateaux, se nommait *furculus*.

FORTUNE. — *Se faire dire la bonne fortune*, Se faire dire la bonne aventure. Voici la bonne fortune qui me fut dite, quand j'avais vingt-deux ans, par l'excellente mère Crozier, d'Amplepuis, qui avait passé les quatre-vingt-cinq : *Allons, ménat, faites voir votre main!... Hum, hum, vous avez ben t'ayu de bonnes amies!... Enfin, vous êtes ben gentil tout de même, pas méchant, je vois ça. Maintenant, dites trois fois : Qu'aurai-je tout l'an?*
— *Qu'aurai-je tout l'an? Qu'aurai-je tout l'an? Qu'aurai-je tout l'an?*
— *Le partus du c.. puyant!* (historique). Il y avait là des demoiselles. Je fus fort humilié.
A mon ême, bonne fortune, en ce sens, est excellent français, car la fortune de quelqu'un, aux termes du dictionnaire, c'est ce qui peut lui arriver de bien ou de mal.

FORTUNÉ, ÉE, adj. — Riche, qui a de la fortune. Le français *fortuné*, heureux, prend le mot de fortune au sens de bonne chance, le lyonnais au sens de richesse.

FOSSÉ. — A table, dans un grand dîner, le petit Tintin, qui n'a pas eu de tourte, a l'air tout déconfit. La bonne mère s'en apercevant : *Eh, mon pauvre Tintin, l'on t'a pris pour un fossé, l'on t'a sauté!* — Plaisanterie règlementaire.

FOUET. — *Avoir le fouet, Recevoir le fouet*, Recevoir la fessée. *Le Guste, qu'avait manqué à sa m'man, a reçu lê fouet.* Le fait est que le gone, littéralement, n'a pas reçu le fouet en cadeau, mais il comprend tout de même.

FOUETTÉE, s. f. — « Dites fessée. » Il est vrai que fouettée n'est pas dans les dictionnaires, mais il est correctement fait sur *fouetter*, très exactement comme *fessée* sur *fesser*, et le terme est moins bas.

FOUILLERET. — *Vent fouilleret*. Se dit d'un de ces vents tourbillonnants qui se glissent sous les cotillons. Avant qu'il y eût des plaques de tôle aux parapets du vieux pont Morand, le vent fouilleret y était redoutable pour les dames ; d'autant plus que nos grand'mères ne portaient jamais de pantalons, ce qui, par parenthèse, était infiniment meilleur pour la santé. — C'est *vent foliaret*, vent tiède qui fait pousser les feuilles, détourné de son sens sous l'influence de *fouiller*, *foliaret* étant moins clair que *fouilleret*.

FOUINARD, s. m. — Rusé. Ce n'est pas la signification de l'argot.

FOUINASSE, s. f. — Celui qui fouinasse. — Subst. verbal de *fouinasser*.

FOUINASSER, v. n. — Fureter, espionner, tâcher de saisir les secrets. — De *fouine*. Le dérivé naturel serait *fouiner*. On a inséré la syllabe *ass* pour accentuer le caractère péjoratif.

FOULARDIER, s. m. — Ouvrier qui tisse les foulards.

FOURACHAUX, s. m. — Écervelé, ébravagé, qui fait des folles. *Le Barnabé, pas méchant, mais un fourachaux fini.* Un four à chaux ne peut manquer d'être échauffé. Sur cette formation comp. *brûlôt*, qui a aussi le sens de jeune fou.
Les ouvriers des fours à chaux de Vaise et de Saint-Clair jouissaient d'une mauvaise réputation méritée. (P. B.)

FOURCHE, s. f. — Angle que forment les deux cuisses. Quand j'étais gone, à Sainte-Foy, il me survint une enflure douloureuse à la partie inférieure du tibia. C'était sans doute une petite périostéite circonscrite, à la suite de quelque contusion passée inaperçue. On fit venir le père C..., vieil officier de santé qui, pour le choléra, croyait fermement à l'empoisonnement des puits par des gens payés par Louis-Philippe. Il diagnostique une tumeur en voie de formation, fait mettre des émollients, qui agirent comme un notaire sur une jambe de bois. Rien n'y faisant rien, on fit venir une rhabilleuse de Saint-Just, qui examina le mal longtemps, et déclara gravement que *je m'étais fait un détour à la fourche* (*!!!*). Elle me tiripilla la fourche pendant un bon quart d'heure, après quoi elle déclara que *c'était remis*. Mais il n'y eut de remis que la pièce de quarante sous qu'elle se fit remettre. — Enfin la bonne Nature fit la guérison, en dépit des médecins et des rhabilleuses. — Vieux français *forcheure*, même sens, de *forche*, fourche.

FOURCHETÉE, s. f. — *Une fourchetée de salade*, Ce qu'en peut piquer une fourchette. Interdit par les clercs. Et ils disent *cuillerée*, de *cuiller*, comme nous disons *fourcheiée*, de *fourchette!* (Littré a cependant admis *fourchetée*.)

FOURCHETTE, s. f. — Creux de l'estomac. Les côtes inférieures viennent en effet y former une fourche.
Avoir mal à la fourchette. Recevoir un coup de poing à la fourchette (très mauvais). — Vieux franç. *forcelle*. Au XVIIᵉ siècle on disait encore *la forcèle de l'estomac* pour le creux de l'estomac.
Marquer à la fourchette. Se dit lorsque, au jeu, billard, dominos, cartes, etc., on marque plus de points que l'on n'en a fait. — De ce que, avec une fourchette, on fait quatre raies au lieu d'une. — Par extension, se dit d'articles exagérés dans un compte. Par exemple les maçons ayant l'habitude de la fourchette, ils portent communément : « Fourni 100 tuiles, » sous-entendu à diviser par 4.

FOURCHU. — *Pied fourchu*. Molard, en donnant cette expression, ajoute : « Droit qui se paye sur les bêtes qui ont le pied fendu ou *fourché*. Dites *pied fourché*. » L'Académie dit aujourd'hui : « Pied fourchu, pied fendu des animaux ruminants. »

FOURMIS. — *Avoir les fourmis aux pieds*, Y avoir des fourmillements. Dans l'expression lyonnaise, l'image est bien plus forte.

FOURRAGER, v. a. — Chasser bruyamment, chasser en frappant. *J'ai fourragé le chat qu'était après mes canaris*. — Dérivation de sens du français *fourrager* appliqué activement : « Fourrager un pays. » Nous l'avons appliqué aux personnes.

FOURVIÈRES. — Une vieille chanson lyonnaise à danser dit :

> *Vira ton̄ c..*
> *Du côté de Fourvières ;*
> *Vira ton c..*
> *Du côté de Saint-Just!*

Ma pauvre mère me le chantait toutes les fois qu'elle venait pour me bailler un remède.

FOUT', FOUT'. — *Fout', fout', c'est le jurement des chats*. Les chats ne péchant pas, on admet que jurer comme eux, ce n'est pas pécher.

FOUTAISE, s. f. — *C'est de la foutaise*, C'est une chose sans valeur. *Tout ce que tu dis là, c'est des foutaises*. Le bon Littré a admis *fichaise*, qui en est un diminutif. C'est peut-être étendre un peu trop loin pour le français les devoirs de l'hospitalité.

FOUTIMASSÉ, ÉE, adj. — *Je suis tout foutimassé, ce matin*, Je me sens mal en train, mal disposé. Il est un peu bas, et il est mieux d'employer nos bonnes vieilles expressions lyonnaises : « J'ai la v.... du, etc. tournée, » ou d'autres de ce genre.

FOUTRAU, s. m. — Tumulte, violences, coups. *Eh ben, as-tu vu ce foutrau à la Chambre?* — Le *foutrau* était un ancien jeu de cartes où les as se livraient combat. — L'origine est évidemment le verbe f..... Foutrau, action de se f..... des coups.
Il a pris son foutrau. Se dit de quelqu'un qui s'emporte brusquement.

FOUTRAUD, AUDE, s. — Benet, caquenano. Même origine que le précédent, mais f..... n'a ici qu'une signification méprisante, Comp. f..... *bête*.

F...ICHER, F....ICHU. — S'emploient dans diverses locutions. — Au sens de fait. *Il ou elle est bien f...ichu à ma fantaisie*. Se dit d'un joli tableau, d'une jolie femme.

Au sens de capable : *Il n'est pas f...ichu de le faire.*

Avec *mal*, signifie mal disposé, souffrant. *Je me sens tout mal f...ichu ce matin.*

Se substitue à *mettre, faire* (voy. *faire*). *Nous nous en sommes f...ichu pour nos trente sous chacun, mais aussi nous avons bien dîné !*

M. Allumbert, le grand ami de mon grand, avait de belles qualités : il était fort bonhomme, bon buveur (il buvait ses quatorze pots par jour), mais coléreux. Il fit une maladie. En ce temps l'on n'avait point de sœurs du Bon-Secours, mais des garde-malades, la plupart du temps bonnes gaillardes. Un jour que la garde voulait lui faire prendre un lavement, il s'emporta et lui dit violemment : *Allez vous faire f.....!* A quoi la garde de répondre avec douceur : *Allez-y vous, Monsieur, moi j'en viens.*

Au sens de donner : *Je vous f...iche mon billet que...* (voy. *billet*).

FOYÈRE, s. f. — Dalle mince et longue, en pierre polie ou en marbre, placée au devant d'un *foyer* de cheminée.

FRACTURER. — Molard repousse l'expression *fracturer une porte*, et, en effet l'Académie n'admet *fracturer* que comme terme de chirurgie. C'est un comble, suivant l'expression à la mode ; mais Littré dit très bien, sous une forme générale : « Fracturer, rompre la continuité d'un corps solide. »

FRAICHE. — *A la fraîche, qui veut boire ?* Cri des marchands de coco. Dans cette phrase, fraîche est une curieuse « substantialisation » de l'adjectif. Comp. *à la forcée* (voy. ce mot).

FRAICHEURS, s. f. pl. — Rhumatismes. *J'ai de douleurs dans le cropion. — C'est des fraîcheurs.* On dit aussi *Prendre des fraîcheurs*, pour prendre des rhumatismes. — Métonymie du premier genre, la cause pour l'effet.

FRAISES :

Frai — ses fraich'! Oh, les bel — les frai — ses !

Notre sieur Marius Bardoire, de l'Académie, me communique une autre version du cri probablement plus moderne :

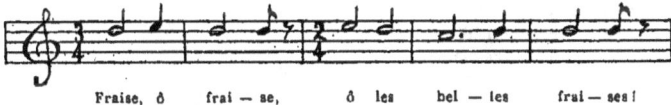

Fraise, ô frai — se, ô les bel — les frai — ses !

Nos plus jolies fraises viennent des bois de Courzieux.

Jadis il m'arrivait quelquefois de déjeûner au café de la Perle. Un jour, amenant un ami pour déjeûner, j'avise un joli panier de fraises. *Tiens, fis-je, déjà des fraises ! —* Oh ça, reprit le garçon en clignant finement de l'œil, *ça n'est pas dans vos prix !* Ces garçons de café sont malhonnêtes.

FRANC, ANCHE, adj. — *Franc comme l'or.* Se dit de quelqu'un de très franc, de très sincère. L'or est souvent pris comme symbole de chose parfaite.

Franc comme l'osier. Ici, j'ai plus de peine à comprendre l'idée. Est-ce parce que l'osier ne se greffant pas, il est toujours franc de pied ?

Franc de collier. Humbert exige qu'on dise *franc du collier.* C'est bien chercher les poux parmi la paille. Littré donne en exemple « cheval franc de collier ». Comp. *franc de pied.*

FRANC, adv. — Tout à fait, entièrement. *Ce vin est franc bon..... La roue a passé franc à côté de ma jambe.*

FRANCE. — *A la nouvelle France,* A la nouvelle mode. *Il s'est fait bâtir une maison à la nouvelle France.* Cette expression, fort répandue en 1830-1840, alors que les

Romantiques prenaient le nom de *Jeune France*, me semble tombée en désuétude, comme souvent les expressions nées d'une circonstance.

FRANCHICOTER, v. n. — Parler avec affectation et en beau français. *Le Jacquot a beau franchicoter i sera toujou le fils d'un canut.* — Fait sur *français* avec un suffixe péjoratif de fantaisie.

FRANDE, s. f. — Corde qui sert à attacher le chargement des voitures. — De *funda*, fronde.

FRANGIN, s. f. — Compagnon, camarade. Ce mot, que les petits journaux ont essayé d'acclimater dans le langage guignol, n'est pas lyonnais ; il est emprunté à l'argot des voleurs. C'est une formation fantaisiste sur *frare*, frère.

FRAPPER (SE), v. pr. — Se croire atteint d'une maladie qui entraîne la mort. *Le pauvre père Mélasse est pormonique ; i se frappe, et manquablement ça le rend plus malade.* — Se frapper, sous-entendu l'imagination.

FRÉNÉTIQUES. — *Avoir des coliques frénétiques.* Dieu vous en préserve ! — Métathèse de *néphrétique*.

FRÉQUENTER, v. a. — Se dit des visites que l'on fait à une personne que l'on doit épouser prochainement. Il s'entend donc spécialement du bon motif. Cependant, par exception, on dit quelquefois d'un garçon et d'une fille : *Ils se sont fréquentés avant de se marier*, Ils ont fait la Trinité avant Pâques.

FRÉQUENTATION. — *Être en fréquentation.* Se dit d'un garçon qui fréquente une fille avant de l'épouser. *Bouquet de fréquentation* (voy. *bouquet*).

FRESILLE, s. f. — Menus branchages de bois mort que l'on ramasse par terre dans les bois. *Faire une fresille.* Au fig. *Au dîner de noces, j'ai pris de pâtisseries, de bonbons pour la Fine. J'ai fait ma petite fresille.*

FRICASSÉE. — *Une fille qui a les yeux tournés à la fricassée.* Se dit d'une fille de tempérament amoureux. Ainsi quelqu'un qui a un grand appétit tourne volontiers les yeux du côté du fricot.

FRIGOUSSE, s. f. — Fricot. *Allons, la Nanette, fais-nous de bonne frigousse, nous ons une faim canife !* — J'ai toujours pensé que la mère *Brigousse* devait une bonne partie de son succès à sa belle rime avec *frigousse*. Mot de fantaisie dont *fricot* est la souche.

FRINGALE. — Molard proscrit ce mot qui, en effet, n'était point de son temps au dictionnaire de l'Académie. Mais il s'est introduit dans l'édition de 1835. Ainsi les nouveautés prennent-elles place dans la maison en attendant qu'on les en chasse comme des vieilleries.

FRINGALER, v. n. — Se dit d'une voiture dont les roues glissent de côté par le verglas ou toute autre cause. — Il semble bien que la première partie du mot soit *frein*. Mais la seconde ? Est-ce le vieux français *galler*, frotter ? *Fringaler*, d'un frein qui frotte, qui glisse.

FRISER. — *Friser comme la rue Longue*, etc. Voy. *cheveux*.
Se dit de l'eau qui gèle légèrement et qui n'est pas à l'état uni. *L'eau frise ce matin.* Voy. *crémer*, *créper*.
Frisé comme un chou. Se dit de ces gens qui ont les cheveux en astrakan.

FRISETTES, s. f. pl. — Se dit des boucles de cheveux que les femmes font tomber sur leur front ou sur leurs tempes ou quelquefois sur leur cou. *Qué jolies frisettes que vous avez, Mamezelle Mélina !*

FRISEUR, s. m. — Friturier. *Philomène, va m'acheter pour deux sous de merluche chez le friseur !* Chez nous les friseurs sont toujours vitriers. Pourquoi ? Quelle est la liaison mystérieuse entre ces deux professions ? « Insondable mystère ! » a dit le grand Hugo. — De plus, nos friseurs sont tous Piémontais. Mais grâce au progrès de l'instruction, ils ont pris un moyen terme entre le pur lyonnais *friseur* et le français *friturier*, et l'on peut lire sur un bout de carton appendu au-dessus de la poêle ; *Malagutti* (ou tout autre nom en i), *friteur*, pose les vitres à domicile.

FRISONS, s. m. pl. — 1. Le même que *frisettes*.
2. Copeaux. A la maison l'on ne connaissait pas *frisons*. L'on disait toujours *écoupeaux*.

FROID. — Nous le faisons féminin. *La froid pique. Nous avons enduré la froid.*

Ramasser froid, Prendre froid, Prendre un coup de froid, Prendre un refroidissement.

Prendre un froid et chaud. Mauvaise maladie. *Le Père Petavet ne fait que tousser. — C'est un froid et chaud. — Faut lui mettre un emplâtre de la rue Saint-Jean.* — *Froid et chaud* est une métathèse pour *chaud et froid,* seul employé par les personnes qui ont étudié la médecine.

Être en froid avec quelqu'un, Être en délicatesse. Je ne sais pourquoi cette charmante locution ne figure pas dans les dictionnaires. L'Académie a celle-ci, bien plus bizarre : « Faire froid à quelqu'un. »

La froid va piquer, les étr... fument. Phrase que vous ne manquerez jamais à dire en passant devant un gone qui fume. Vous êtes sûr de lui faire plaisir.

Il est comme les mauvaises bêtes, il prend chaud en mangeant et froid en travaillant. Voy. *chaud.*

FROMAGE. — *Fromage blanc* (voy. *claqueret*), Fromage mou fait avec du lait de vache.

Fromage fort. C'est un fromage à l'état pâteux, de goût très monté. *J'ai teté jusqu'à trois ans de lait qu'était épais comme de fromage fort,* me disait un jour un Hercule, à la vogue de la Croix-Rousse. Ce fromage n'étant pas d'usance à la maison je me suis adressé, pour en avoir la recette, à mon excellent ami Claudius Porthos, qu'à cause de sa stature, comparable à celle d'Ajax, et de ses muscles puissants, nous avons surnommé « le Rempart de la Croix-Rousse ». Je ne saurais mieux faire que de transcrire sa réponse ; elle est d'un homme congruent en la matière.

« Il y a fromage fort et fromage fort. Celui de la Bresse et du Dauphiné est assez primitif. On prend du fromage de vache, qu'on a fait préalablement sécher entre deux linges sur la braise ; on le met dans un pot de terre, et on le broie en le mouillant avec du bouillon de porreau, plus ou moins assaisonné de beurre frais. On le recoit en ajoutant du fromage et du bouillon. C'est l'enfance de l'art. Voici le vrai fromage fort de la Croix-Rousse :

« On achète une livre ou deux de fromage bleu bien fait ; on enlève la croûte et on le met dans un pot de terre. Il faut vous dire qu'il est important de prendre du fromage gras, dépourvu de vesons, qu'à l'Académie française ils appellent des asticots. Non que l'asticot soit à dédaigner par lui-même, mais comme celui-ci périt nécessairement dans le fromage fort, étouffé par les vapeurs de la fermentation, il devient peu ragoûtant. Ce n'est plus l'asticot aux tons d'ivoire, bien en chair, appétissant, qui gigaude sur l'assiette, et qu'on savoure avec délices, mais une espèce de pelure grisâtre : ce je ne sais quoi qui n'a plus de nom dans aucune langue, dont parle Bossuet. Le fromage bleu est alors arrosé de vin blanc sec et bien pitrogné avec une cuillère de bois. Lorsque la pâte est à point, on râpe du fromage de chèvre bien sec avec une râpoire, et on l'ajoute au levain jusqu'à ce que le pot soit à peu près plein. On continue de mouiller avec le vin blanc... Le fromage fort est fait !

« On le recroit, à mesure que le pot se vide, toujours avec du fromage de chèvre râpé et du vin blanc sec. De temps en temps, lorsqu'on s'aperçoit qu'il devient moins gras, on verse dessus un bol de beurre frais qu'on a fait liquéfier au four, Il ne faut pas que le beurre soit trop chaud.

« *Première remarque importante :* Ne jamais mouiller le fromage avec du bouillon, ce qui lui donne un goût d'aigre.

« *Deuxième remarque importante :* Brasser tous les jours le fromage avec une cuillère de bois.

« Un grand pot ainsi préparé et entretenu convenablement dure depuis l'automne jusqu'à l'été.

« Vous, le voyez, un pot de fromage fort, bien réussi, vaut seul un long poème. Aussi une ménagère soucieuse n'oublie-t-elle jamais, au printemps, d'en conserver un petit pot pour l'hiver suivant. Elle remplit celui-là aux trois quarts, fait fondre une livre de beurre, et le verse presque froid sur le fromage. Elle descend ensuite le pot à la cave. Cette couche épaisse de beurre fondu est placée là à seule fin d'empêcher l'air extérieur de petafiner le fromage fort. On entretient ainsi le ferment sacré avec une piété jalouse qui rappelle celle des prêtresses de l'antiquité conservant le feu sur l'autel de Vesta: Je connais une famille à Fleurieu-sur-Saône, où le fromage fort est conservé depuis 1744. Lorsqu'une fille se marie, elle reçoit avec la couronne de fleurs d'oranger le pot précieux qu'elle transmet à ses enfants. Si, dans beaucoup de familles, le fromage fort ne remonte pas même à un siècle, il faut l'attribuer aux horreurs de 93, qui firent tout négliger. »

Fromage raffiné. Se dit des fromages du Mont-d'Or, lorsqu'ils sont avancés, bien gras, qu'ils coulent un peu et surtout qu'ils emboconnent fortement.

Fromage de geai. Voy. *geai.*

Fromage de Marolles. Durant mon enfance entière, chaque soir, toutes les rues de Lyon retentissaient de ce cri proféré sur une mélopée plaintive qui m'attristait: *Fromage de Marolles!* D'autres criaient simplement :

Ma — rol'   Ma — rol'!

Mais quoi ! le fromage lui même a son destin. Vous demanderiez aujourd'hui du fromage de Marolles dans tous les restaurants de Lyon, que nul garçon ne saurait ce que c'est. Je n'en ai jamais mangé et ne sais même lequel des nombreux Marolles était le père de ce produit. Mon ami Porthos me dit que c'est un fromage carré, d'environ dix centimètres de côté ; que l'on en mange encore à la Croix-Rousse, mais moins qu'autrefois, et qu'il est moins bon.

Le fromage de Marolles est toujours en honneur dans le Nord, mais on l'appelle *Maroilles* (Maroiles, sans mouiller les *l*, conformément à la prononciation flamande). Maroilles est un village de l'arrondissement d'Avesnes, où se fabrique ce produit de forme carrée et de saveur aiguë.

FRONCER. — Nous l'employons au neutre. *As-te vu la Bélonie que porte maintenant de collerettes que froncent! Si y a pas de quoi faire suer la volaille !*

FROUILLE, s. f. — Action de frouiller. *La frouille revient à son maître.* Proverbe que l'on applique au joueur qui perd en dépit de ses frouilles ou de ses tentatives de frouille.

FROUILLER, v. n. — Tricher au jeu. Dans notre Midi, ceux qui tiennent les cafardières électorales frouillent toujours. Ils y fourrent des bulletins attenant.

FROUILLON, ONNE, s. — Celui ou celle qui frouille. *Joue don pas avè le Philibert : c'est un frouillon.* — Sur cet emploi du suffixe *on,* comp. *barbouillon, souillon, sansouillon.*

FRUIT. — *Madame, prendrez-vous un fruit ?* Lecteur, tu viens de commettre un solécisme : il faut dire *du* fruit. Mais tu diras : « Prendrez-vous *une* pêche ? » — Voilà ce qui s'appelle le fin du fin.

FUFU, s. m. — Étoffe sans consistance, très légère, qui ne vaut rien. *C'te robe que t'as achetée là, c'est du fufu.* — La racine *fu,* dans quantité de dialectes, exprime la vileté, le mépris qu'on a d'une chose. Comp. notre interjection *phu !*

FUMANT, s. m. — Acide muriatique dilué dans environ six parties d'eau, que les épiciers vendent aux ménagères et qui fume en effet quand on le vide d'un vase dans un autre. On le nomme encore *esprit de sel.* On s'en sert au moyen d'une patte qu'on a mise au bout d'un bâton et qu'on trempe dans le liquide, parce que, en touchant avec les doigts, on se bûclerait. Avec cela on nettoie, parlant par respect, les cuvettes des commodités, que, c'est une merveille. *Va don acheter pour deux sous de fumant pour te décochonner le groin !* Agréable plaisanterie qui, dans le grand monde, se dit à une personne dont le visage n'est pas d'une propreté absolue.

FUMELLE, s. f. — Femme, avec un sens ordinairement péjoratif. *J'ai rencontré Cochonaud à la brasserie. Il était avè une fumelle.* — De *femella.*

FUMER. — *Fumer sa pipe* ou simplement *fumer,* Être mécontent, rager en dedans. Le brave Baptiste, dont j'ai raconté l'histoire (voy. *Baptiste*), disait à mon oncle Cadet : *Le compagnon, qu'il était parti, quand i m'a vu promener avè ma fenne le dimanche d'après à Saint-t'Ir'née, que nous n'étions pas brouillés pour ça, c'est lui que fumait!!* — L'idée est-elle que celui qui est de mauvaise humeur avance les lèvres comme celui qui fume ?

Tant que la barbe en fume, Tant que dure dure, indéfiniment. *I deviont monter la tour Pitrat tant que la barbe en fume, mais elle a abousé en route.*

La froid va piquer, les étr... fument. Voy. *froid.*

FUMERONS, s. m. pl. — 1. Tisonnasses, morceaux de charbon de bois qui fument sans brûler.

2. Jambes. *J'arrive de Saint-Syphorien par la voiture des frères Talon ; j'ai mes fumerons que me rentrent dans le ventre.* —

Un fumeron long et mince peut assez bien figurer une jambe dans un pantalon noir.

3. Se dit des gones qui fument. Dans un bureau de tabac, en voyant un gone acheter une cigarette : *Tiens, un fumeron ! On disait bien que le charbon de bois ne valait rien cette année !*

FURON, s. m. — 1. Anneau. Tout le monde connaît le jeu du furon, où l'on fait glisser un anneau dans une chevillère en chantant : *Il court, il court le furon... Il a passé par ici, — Le furon du Bois joli.....* Furon signifie ici furet ; mais on a, par confusion, donné le nom de furon à l'anneau lui-même *Qui est-ce qui prête un furon, l'on va jouer !*

2. D'anneau le nom s'est étendu symboliquement : *Tourne ton petit furon, que je te donne un bouillon pointu,* disait à son mami une bonne mère que j'ai bien connue.

FUSER, v. a. — Faire dépérir. *Le pauvre père Bousard s'en va, c'est le chagrin que le fuse. — Se fuser,* dépérir. Quand on est vieux, l'esprit se fuse.

FUSIL. — *Se taper le fusil, se bourrer le fusil,* Manger fortement. *Je sons allés au banquet électorable. Y en avait qui fesiont des discours. Nous, je nous sons tapé le fusil à en faire partir la culasse.*

Prenez garde, son fusil écarte. Se dit des personnes qui ont des dents de devant qui leur manquent, et par ainsi envoient des éclats de salive en éventail.

FUT (fut'), s. m. — Tonneau. Autrefois beaucoup de personnes le faisaient féminin : *Une fûte.* Aujourd'hui je crois bien qu'en partie tout le monde le fait masculin. *J'ai acheté un fût de Brindas. I m'a pas coûté cher, mais on peut pas le boire. Comme ça, c'est économe : on voit pas la fin des bouteilles.* — De *fustem.* Le nom de la matière dont il est fait s'est étendu à l'objet luimême. Comparez *sapin = fiacre.*

Sentir le fût, Avoir quelque chose à se reprocher. *Le père Gripassier y est un brave homme ? — Hum, hum, i sent ben un peu le fût.* Comparaison avec le vin qui a pris le goût du tonneau.

G

GABOUILLE, s. f. — Crotte liquide, eau fangeuse. *Sors pas, ma coque, y a fait relêne, y a de la gabouille qu'on a beau avoir de grollons neufs, ça humide les clapotons.* — Subst. verbal de *gabouiller.*

GABOUILLER, v. a. — Remuer de l'eau, avec sens péjoratif, par exemple de l'eau sale. *Ce salaud de Pétrus, tout son plési c'est de gabouiller dans le ruisseau.* — D'un radical *bol,* qui, en germ. et en celt. signifie mare, plus le préfixe péjoratif *ga* et le suffixe *ouiller,* propre aux mots exprimant le rejaillissement de l'eau (comp. *benouiller, gassouiller*), et qui s'est ici confondu avec le thème.

GACHIS, s. m. — « Il y a du *gâchis ;* dites *brouillamini, désordre,* » ajoute Molard. Comme cela lui arrive souvent, il veut corriger l'Académie : « Il se dit, figurément et

familièrement, de quelque affaire désagréable, dont il est difficile de se tirer. » (*Dict. de l'Académie.*)

GADIN, s. m. — Caillou. *Fais-me don passer ce gadin !* — Il m'est impossible de savoir d'où vient ce mot qui n'a de congénère dans aucun dialecte. En argot *gadin* signifie bouchon. Le mot lyonnais (que je ne crois pas ancien) est-il le même avec déviation du sens ?

GADROUILLER, v. a. — Le même que *gabouiller,* avec sens plus péjoratif. Il se dit d'une eau plus sale. — Le thème primitif est peut-être *gadoue,* car on trouve dans divers patois (entre autres dans le lyonn.) la forme *gadouiller* ou son équivalent.

Les marins ont *vadrouille,* torchon au bout d'un manche, et qui, trempé d'eau, sert à nettoyer le pont.

GADRUE, s. f. — Prostituée du trottoir. Terme bas. — Je croyais ce mot emprunté à l'argot, mais je ne l'ai rencontré dans aucun dictionn. d'argot. Quelques formes dialectales peuvent faire songer à l'étymologie *gadoue*.

GAFFE, s. f. — Acte de sottise, maladresse. *Figure-toi que j'ai fait une gaffe. On dansait à la Préfecture. J'ai dit à un mecieu à côté de moi : « Connaissez-vous cette grande fantôme de femme, qui danse en se dégôgnant ? » — « C'est ma femme, » qui m'a dit. — Moi, pas bête, j'ai raccommodé les épinards. J'y ai dit : « C'est pas celle-là que je voulais dire : c'est l'autre, la petite. »* — Subst. verbal de *gaffer*.

A la gaffe du mortier, terme de maçonnerie. Se dit d'une pierre posée à bain de mortier : il faut que la pierre « gaffe » dans le mortier, par conséquent qu'on n'économise pas celui-ci.

GAFFER, v. a. — Patauger dans un liquide en le faisant rejaillir. *J'ai gaffé dans la bassouille, qu'i m'en a jiclé dans les chelus.* — Le provençal ayant *gafa*, passer à gué, le mot peut venir de *vadum*, mais l'insertion de *f* est assez difficile à expliquer. Serait-elle due à l'influence de *gaffe*, parce que, pour passer à gué, on sonde l'eau avec une gaffe ?

GAFFOUILLER, v. n. — Même sens que *gabouiller*. — De *gaffer*, avec un suffixe *ouiller*, exprimant le rejaillissement de l'eau.

GAGA, s. m. — Sobriquet donné aux gens de Saint-Étienne. Onomatopée destinée à exprimer le balbutiement ; d'où le nom de gaga, aussi donné aux crétins.

GAGAILLE, s. f., parlant par respect. — Flux de ventre. *Avoir la gagaille*, Avoir perdu sa clef. — Corruption de *cacaille*, moins commode au prononcer.

GAGE, s. m. — *Le gage d'une bonne*. Il paraît que *gage*, en ce sens, ne doit prendre que le pluriel. Que la crique me croque si j'en savais rien !

GAGES, s. m. pl. — *Revendeur de gages*, Marchand de meubles de rencontre. Pourtant des revendeurs de gages fournissent aussi des meubles neufs. Autrefois, ces marchands étaient tous au Puitspelu ou en rue du Bœuf. Puis il s'en est établi cours Bourbon, aux Brotteaux. — De ce qu'à l'origine le fond de ces magasins se composait principalement d'objets remis en gage contre des prêts d'argent, et vendus par suite de non-remboursement. Ce nom de gages s'est étendu dans la Basse Auvergne au sens général de meubles, objets mobiliers et même de troupeaux. M. Malval cite le piémontais *gagi*, même sens, mais Ponza ne le donne qu'au sens de « pegno, testimonianza ».

GAGNER. — *Gagner à son avantage*. On veut proscrire cette charmante expression de bienveillance, sous le prétexte qu'on ne peut gagner à son désavantage.

Gagner sa vie à reculons. C'est ce que font les cordiers.

Gagner son avoine, son foin. Métaphores élégantes pour « gagner sa vie ».

GAI, adj. — Se dit de tout objet trop lâche et qui vacille dans son alvéole. *Un pêne trop gai, Une clef trop gaie, Un piston un peu gai*. Par métonymie, *Un chapeau trop gai*, Un chapeau trop large, et mille autres objets dans tous les genres. C'est une assez singulière dérivation de sens du franç. *gai* sous l'idée de « remuant », mais qui a son analogie dans la locution : « cette clef, ce piston *jouent* bien. » Si l'on joue, c'est qu'on est gai, croyablement.

Gai comme la porte de Roanne. Se dit d'un visage de jugement dernier. On sait que l'architecte Bugniet avait donné un caractère féroce à la porte de la prison de Roanne, au lieu où s'élève maintenant le Palais de Justice.

GAILLOT, s. m. — Flaque d'eau généralement malpropre. Les ordonnances du consulat obligeaient les Lyonnais à porter leurs équevilles dans un grand fossé appelé le Grand Gaillot.

De gaillot en gaillot j'ai gaffé jusqu'à toi !

a dit notre grand Hugo.

Parlant par respect, *L'âne va toujours pisser au gaillot*. Manière de dire que l'argent va toujours aux riches.

Ce mot paraît avoir pour base une onomatopée *gail*, exprimant le rejaillissement de l'eau. Cependant on trouve en celtique *kail*, boue.

GALAN, s. m. — Ficelle bien tordue que l'on serre fortement autour d'une fiarde, et qu'on déroule en lançant celle-ci. — Vraisemblablement forme de *galon*.

GALANDAGE, GARANDAGE, s. m., terme lyonn., dit Humbert. — Cloison en briques sur chant. Proscrit naturellement par Humbert, Molard, Bonhote, mais Littré a recueilli l'orphelin. L'origine est *garlande*, guirlande, couronnement ; d'où *gallander*, couronner un mur de hourds ; *gallendeis*, hourds ; puis cloison. Dire qu'une guirlande est devenue un briquetage ! Il est vrai qu'un briquetage est devenu un faux-col.

GALAPIAN, s. m. — Vaurien, vagabond. *T'as vu sur le journal ce galapian qu'a escoffié une femme ?* — Partic. présent du gascon *galapia*, boire en avalant, manger sans mâcher, d'un radical *galp* (voy. *galavard*).

GALAVARD, s. m. — Vaurien, fainéant, vagabond. S'emploie surtout avec l'adjectif grand. *Il est venu un grand galavard allonger la demi-aune.* — D'un radical *galp*, *galav*, *galaf*, qui a produit dans les dialectes romans une quantité de mots où se retrouve la signification de glouton.

GALE. — *Mame Picornu, est-ce une bonne femme ? — Elle ! elle est méchante comme la gale !* D'après tout ce que j'entends dire, la gale, c'est très méchant.

GALEFRETIER, s. m. — Gueux, vagabond, chenapan, truand. Cochard donne le mot mais non Molard. Il est probable que l'expression s'était déjà perdue, quoiqu'elle fût usitée au xviiie siècle. D'un radical *galaf* (voy. *galavard*), mais le mot a été confondu avec un composé de *gale* et *frotter*. — De là le vieux franç. *galefrotier* où l'on a vu l'idée d'un gueux qui frotte ses gales.

GALÈRE, s. f. — 1. Instrument servant à frotter les parquets et composé d'une brosse à cirer, chargée d'une grosse pierre cubique, le tout muni d'un long manche incliné. On peut ainsi frotter les parquets en ne travaillant que des bras.
2. Instrument de même genre qui sert à lisser les mosaïques. — De *galère*, parce qu'on a comparé ce travail à celui du galérien qui rame.

GALETTE, s. f. — Chapeau de forme aplatie *Ma coque, que me conseilles-tu de m'acheter pour c't été ? Un bugne ou une galette ?*
Galette à la rosée (parlant par respect), Bouse de vache.

GALIOT, s. m. — Galérien. Mot tombé en désuétude, mais encore usité il y a soixante ans. — C'est le vieux franç. *galiot*, celui qui montait une galée (galère).

GALOCHE (LA). — C'est le nom qu'on a donné au petit chemin de fer qui relie la gare de la Croix-Rousse à Trévoux, à cause de ses habitudes de simplicité rustique. Le nom s'est étendu à toute voiture qui ne va pas vite. *J'ai pris l'autre jour le caloripert de Perrache. Quelle galoche !*

GALOP. — *Recevoir* (ou *donner*) *un galop*, Recevoir une chasse, un savon, un ratichon, etc.

GALOPE, s. f. — *Faire une chose à la galope*, La dépêcher sans y porter grande attention. Un négociant soigneux, un peintre habile, un mari attaché à son devoir, ne font jamais rien à la galope. — Subst. verbal de *galoper*.

GALOPE-CHOPINE, s. m. — Se dit d'un homme qui aime à tirer des bordées et, failliblement, à faire escale dans les bouchons. Comme l'idée n'est pas de galoper une chopine, mais de « galoper (le pays en buvant) chopine », l'expression contient une forte ellipse.
C'était le nom reçu, presque officiel, des hommes s'offrant pour des courses ou un travail d'occasion. On le trouve dans les délibérations consulaires, dans les règlements des foires. Le sens du mot était : homme prêt à galoper pour gagner une chopine (M. D.).

GALOPER, v. a. — Faire une chose à la galope. *M. le curé a galopé son sermon.*

GAMBE, adj. des 2 g. — Qui marche difficilement. C'est le contraire d'*ingambe*. — *Mlle Canard serait agriffante : dommage qu'elle soye toute gambe.* — Adj. verbal d'un inusité *gamber*, qui est le simple de *gambiller*.

GAMBILLE, adj. des 2 g. — Boiteux, euse. Substantif verbal de *gambiller*.

GAMBILLER, v. n. — Boiter, clocher. *Père Clopinet, qu'avez-vous don à gambiller comme ça ? — Je m'ai fait une forçure à la planche du pied, en descendant du tramevet.*

On dit aussi : *Gambiller comme un canard aux navets.* Gambiller comme un canard, c'est déjà fortement gambiller, jugez un peu voire si le canard est aux navets! — De *gamba*, jambe, avec le suffixe fréquentatif et péjoratif *iller*.

GAMBILLOTER, GAMBIOTTER, v. n. — Boiter légèrement. Fréquentatif du fréquentatif *gambiller*.

GAMBIROT, OTTE, s. — Boiteux, euse. — De *gamba*, jambe, et *ruptum*, rompu.

GANACHE, s. f. — Apéritif composé d'eau de noix et d'arquebuse mêlées. — Impossible de discerner l'étymologie, sinon peut-être dans l'idée que ceux qui prennent des ganaches en sont.

On dit aussi, en parlant d'un magnifique repas : *C'est les noces de Ganache.*

Ganache, après *charogne*, est le plus cordial qualificatif dont on puisse saluer un vrai ami. — *Te v'là, charogne ?* — *Comment, c'est toi, ganache ?* (P. B.)

GANACHER, v. n. — Agir ou parler en sot, en ganache. *Te dis que te veux marier la Liaude, qu'a huit cents francs à la Caisse d'épargne ! Allons, ganache don pas !*

GANDAYER, v. a. — Faire la conduite de Grenoble à coups de pierres. Par extension, Chasser en général. « Nous éprouvons encore un grand plaisi tramé de joie, c'est de voir gandayé de l'armana gregoirien ce saint Napolyon... » (*Adresse à Taillerin-Patrigot.*) L'ange exterminateur est venu, que les a bien fessés et les a gandayés du paradis tarrestre. (*Les Canelles*, de L.-E. Blanc.) — Du vieux franç. *gandir*, céder, se retirer. Le neutre a pris le sens actif, comme dans « tomber un homme », pour « le faire tomber ».

GANDILLE, s. f. — Coureuse, dévergondée. *Grande gandille !* — Subst. verbal de *gandiller*, au vieux sens français.

GANDILLER, v. n. — Reculer, céder, saigner du nez. *Il ne faut pas gandiller,* Il ne faut pas chercher des échappatoires. — Vieux franç. *gandiller*, s'échapper, s'enfuir, fait sur *gandir.*

GANDIN, s. m. — Bourde, piège, tromperie qui consiste surtout à en faire accroire.

Monter un gandin. Exemple : *I n'ont monté un gandin à ce grand benoît de Jean-Marie : i z'y ont fait croire que M⁰ᵉ Fessond, la fille du fabricant, le belette.* — Se rattache au bas latin *gamnum*, *gamnatura*, raillerie.

GANDOISE, s. f. — Plaisanterie, raillerie. *Pistonaud, i nous a dit qu'à Paris, quand il était sordat militaire, il avait visité l'intérieur de l'Eau bélisque, que faut pour ça une carte de Louis-Philippe. Je crois qu'i nous conte de gandoises.*

Au fig. Plaisanterie un peu libre. Il n'est pas convenable de conter des gandoises aux apprentisses.

Forme de *gandin*, avec substitution à *in* du suffixe *oise, d'ensis.*

GANDOISER, v. n. — Dire des gandoises.

GANDOU, parlant par respect, s. m. — Vidangeur. Du temps de Molard on disait aussi *gadois*, mais cette dernière forme a disparu. — Probablement de *gadois*, par substitution à *ois*, de *ou*, suffixe des noms de métier. *Gadois* a été lui-même fait sur *gadoue.*

GANDOUSE, parlant par respect, s. f. — Colombine de personne. — C'est *gadoue*, transformé en *gandouse*, par la nasalisation de *a*, et la substitution du suffixe *ouse* à la finale *oue*, assez rare en français et qui, à l'ouïr, a semblé masculin.

GAPIAN, s. m. — Employé de l'octroi. Ne s'emploie pas dans un sens aimable. « Gn'y aura plus de gâpians que brâssiont les appas de nos femmes pour voir si gn'a de camelotte. » (*Adresse à Louis-Felippe.*) — *Messieurs les Gapians*, s'écriait l'abbé Combalot, dans un sermon à la retraite pastorale du diocèse de Gap, *Messieurs les Gapians, vous êtes les douaniers du ciel!* On prétend que le mot n'eut aucun succès parmi le clergé du diocèse. — En relation avec *gabelle*. Le mot primitif a dû être *gabian*, qui existe encore en provençal.

GARANDAGE, s. m. — Voy. *galandage*, qui est la forme primitive.

GARAUDE, s. f. — Femme de mauvaise vie. Le primitif était *garoude*, qui existe encore dans nos campagnes, de *garou : courir le garou*, courir le guilledou. *Garoude* est devenu *garaude*, sous l'influence de *garaudes*, sorte de grandes guêtres, dont le nom a disparu avec l'usage de la chose.

GARÇON. — D'après les grands connaisseurs, vous ne devez pas dire : *Le garçon de M. Petard est parti pour son sort*, ni même *le fils Petard*, mais il faut dire *M. Petard fils*, ou, si vous le connaissez beaucoup, *Petard fils*. — Mais voulez-vous savoir la vie des garçons ?

> *La vie des garçons n'est agriâble :*
> *Quand i n'ont cinq sous,*
> *I mangent tout.*
> *I vont aux Breteaux, à Villeurbanne,*
> *I reviennent soúls,*
> *Et voilà tout.*

Cela se chante sur l'air : *Allons aux Breteaux, ma mie Jeanne.*

Il y a de quoi appeler son père garçon. Se dit lorsqu'il vous advient quelque chose de tout à fait extraordinaire.

Si c'était à recommencer, je ferais comme mon père, je resterais garçon ? Cri du cœur qui s'échappe souvent de la bouche des maris.

GARÇONNAILLE, s. f., terme fort dépréciant. — Fille à garçons.

GARDE. — *Descendre la garde.* Voy. *descendre.*

GARDE-C., (parlant par respect), s. m. — Nos grand'mères appelaient de ce nom je ne sais plus quel ajustement, tournure ou jupon. Mais ça, c'était du vrai et pur français, quoique aussi roide en son genre que le lyonnais.

GARDE-MANGER, s. m. — Mot bas. *Frapper au garde-manger.* Donner un coup de pied au derrière.

GARDE-ROBE, s. f. — Grande armoire de noyer où les ménagères serrent le linge» C'était la gloire des ménages. Notre garde-robe, en plein style Louis XV, avec des ferrures immenses, est grande comme une chambre. Quand une dame dit à son mari ! *Ma coque, je vais à la garde-robe,* gardez-vous de l'entendre dans le sens que les médecins attachent à l'expression.

GARDEUR. — *Mieux vaut bon gardeur que bon gagneur.* Manière de dire qu'il est encore plus difficile de garder sa fortune que de l'acquérir.

GARDIATEUR, s. m. — *Les pousse-culs ont tout saisi chez Patafiaud. C'est lui qui a été nommé gardiateur.* C'est notre expression constante pour « gardien des scellés ».

GARENNE, s. f. — *En garenne,* En désordre, à l'aventure. Je lisais un jour dans un grand journal de Lyon : « Ces monolithes, par leur disposition en garenne, semblerait provenir d'un solide édifice effondré en cet endroit. » — Du français *garenne,* pris au sens de terrain vague, inculte, où rien n'est ordonné, arrangé.

GARGAGNOLE, s. f. — Gosier, gorge, *Depuis ce matin, je me suis rien metu dans la gargagnole.* — Fait sur une racine *garg,* qu'on prétend représenter *gurges,* et qui a produit le vieux franç. *gargatte,* gorge, *Gargamelle, Gargantua,* etc.

GARGALISER. — Gargariser.

GARGAMELLE, s. f. — Même sens que *gargagnole,* et fait sur la même racine.

GARGOT, s. m. — Restaurant de bas étage. C'est le masculin de *gargote.*

GARGOTER. — 1, v. a. *Gargoter une sauce.* L'abimer, comme dans un gargot.
2, v. n. — Bouillir bruyamment. — D'une onomatopée *garg.*

GARGOUANE, s. m. — Gosier. *J'ai la gargouane sèche comme une barquette! — Oh ! Quel Brindas ! on voudrait avoir la gargouane longue comme la rue Impériale.*

GARGOUILLER, v. n. — Faire un bruit de liquide traversé par l'air. *Le ventre me gargouille.* — *C'est signe que ça va débonder.* Cette expression si pittoresque est proscrite par l'Académie (qui admet cependant « *gargouillement,* Bruit que fait l'eau dans l'intestin »), mais le bon Littré a donné à gargouiller en ce sens une juste hospitalité.

GARNISON. — *As-te vu comme le Tignasse, il a de cheveux ? Autant de bauches de truffes ! — Voui, mais y a de garnison de quoi défendre la ville et les forts !*

GARROT, s. m. — 1. Gros bâton noueux. *Quand j'ai vu arriver ce galapian avè son garrot, ça m'a fait veni le sanque tout rouge.*
2. Jambe. *Velà le Glaude que s'amène avè ses deux garrots que battent le briquet.*
Il est assez vraisemblable que 2 est le primitif ; du celtique *gar,* jambe. Pour le passage au sens 1, comp. *jarrets de fagots,* morceaux de bois ronds et forts.

Il y avait dans les anciens métiers lyonnais des *sergents-garrots*, sorte d'estafiers qui accompagnaient les maîtres gardes dans leurs visites.

GASPARD. — C'était le nom d'un énorme rat légendaire qui était censé habiter la cave de l'Hôtel de Ville (voy. *cave*). Les mamans disaient à leurs petits : *Attatends, si te n'es pas sage, les Romains viendront et i te mettront avé Gaspard !*

GASSER, v. a. — Secouer, agiter, dans un récipient. Si vous faites faire un loch blanc à l'Hôpital, pour votre rhume (remède favori de ma bonne mère, prix 2 francs), vous aurez soin de bien le gasser avant de le boire. Mon maître d'apprentissage disait aussi qu'il ne faut pas se secouer après dîner, parce que ça fait gasser le manger dans le gigier. — De *quassare*. *Siliqua quassante*, dit Virgile.

GASSOUILLAT, s. m. — Bourbier. Trou rempli d'eau dans un chemin. — Dérivé de *gassouille*.

GASSOUILLE, s. f. — Boue liquide (voy. *bassouille*). — Vieux franç. *gassouil*, flaque d'eau sale.

GASSOUILLER, v. a. — Remuer de l'eau malpropre. Fait sur *gassouille*.

GASSOUILLON, s. m. — Laveur de vaisselle, mauvais restaurateur. *On dit aussi *gassouille* pour *gargote*.

GASTRIQUE, s. f. — Gastrite. — Confusion de l'adjectif et du substantif. Mais aussi pourquoi aller chercher des mots savants que personne ne comprend, quand il est si simple de dire qu'on a l'estôme ou le gigier dépontelé !

GATE, adj. des 2 g. — *Mange don pas ce melon, il est gâte.* Voy. *arrête.*

GATEAU :

Gâ - teaux tout chauds, beaux gâ — teaux !

Gâteau à l'eau. Voy. *craquelin.* Le nom vient de ce qu'on trempe la pâte dans l'eau bouillante au moment de la mettre au four.

GATILLER, v. a. — Chatouiller. *M. Fenassu, je vas vous ficher un emplâtre ! D'abô j'aime pas qu'on me gatille !* — Du méridional *catilha*, de *catticulare*.

GATILLU, USE, adj. — Chatouilleux, euse, *Mameselle Fanchette, vous êtes ben si tellement gatilluse !*

GATTE, s. m. — Chat. Moins usité que *miron*, mais encore souvent en usage à la Croix-Rousse et à Vaise. Quand on demandait sa profession au célèbre Battu, de la Croix-Rousse, il répondait : *Je porte les gattes à l'Académie* (pour les faire émasculer). — De l'italien *gatto.* Expression certainement importée par l'immigration italienne au xv°-xvi° siècle.

GAUCHE. — *Passer l'arme à gauche,* Mourir. Quand le soldat passe l'arme à gauche, c'est qu'il n'est plus sous les armes.

GAUDE, s. f. — Graine de maïs. On connaît le célèbre dicton de la Comté : *Mon bon monsieu, voulès-vous des gaudes ? Nos cochons n'en voulont plus, ils aimont mieux la mar..* — *De la soupe de gaude,* De la soupe de maïs. — De l'allem. *wau,* anglais *weld* (*reseda luteola*), plante qui sert à teindre en jaune.

GAUGNE, s. f. — Joue, mâchoire. *Avoir la gaugne en pantoufle,* — Se dit lorsque, par suite d'un mal de dents, on a la joue enveloppée d'un mouchoir noué sur la tête. *Mamezelle Fanie, que don que vous avez, que vous avez la gaugne en pantoufle ?* — *J'ai un marteau qu'est gâte, que ça me donne des lancées que me désôlent.* — Vieux prov. *gaunha,* ouïe de poisson; peut-être de *cavum.*

GAUNÉ, ÉE, adj. — Mal habillé, fagotté. Se joint souvent à *mal*. *As-tu vu la Louison, comme elle était mal gaunée !* La racine *gaun* (qui n'est pas celle du vieux franç. *gonne*, robe) paraît venir du celtique.

GAVAGNE, s. f. — Grande corbeille d'osier. — De *cavanea*, de *cava*.

GAVIOLE. — *Aller de gaviole*, Marcher de travers par suite d'ivresse. *J'allais de gaviole hier en rentrant*, dit Guignol dans *Ma porte d'allée*, pièce de l'ancien répertoire. C'est une transformation fantaisiste de *traviole*. La syllabe *ga*, ici substituée à *tra*, a un caractère essentiellement péjoratif.

GAVION, s. m. — Gorge, estomac. *Se bourrer le gavion*. Ce mot, signalé encore par Cochard dans le premier tiers du siècle, est tombé en désuétude. — De *gave*, jabot des oiseaux, probablement de *cavum*. *Gavion* figure encore au Dict. de l'Acad. avec le sens de gosier.

GAVIOT, s. m. — Petit faisceau de sarments. — De *cavellum*, poignée, javelle. Comp. l'orléanais *javelle*, fagot de sarments.

GAVOT, s. m. — Terme péjoratif appliqué aux habitants des montagnes. *C'est un gavot*. C'est un rustre. *Parler gavot*, Parler un patois grossier. En 1534, il y eut chez nous une sécheresse terrible. « On ne voyait soir et matin, dit Rubys, que ces pauvres gens de village, qui allaient criant en leur gavot : *Sancta Maria, d'aiguy, d'aiguy, d'aiguy !* » — Le mot gavot signifiait primitivement habitant du pays de *Gap*. Le sens est dérivé à gens des montagnes en général.

GAZETTE. — *Lire la gazette*. Se dit de quelqu'un qui ne mange pas tandis qu'un autre mange. C'est très pénible de lire la gazette quand on a grand' faim, je l'ai éprouvé.

GAZON, s. m. — 1. Perruque composée seulement d'un toupet, telles que les portait Louis-Philippe. Il me souvient qu'étant petit gone, je m'étais fait une magnifique barbe de sapeur avec un vieux gazon du papa. Seulement que ça sentait « l'huile antique ».
2. Caton. C'est caton corrompu sous l'influence de gazon.

GAZONNER, v. n. — Se mettre en gazon. *Ma semouille qu'a gazonné.*

GEAI. — *Fromage de geai*. C'est comme cela que nous appelons le fromage de Gex. Songez qu'après tout, si les geais avaient du lait, on en pourrait faire des fromages. Nous sommes donc excusables de nous tromper. A la maison, quand une nouvelle bonne apportait un fromage de chèvre d'un goût fort, on ne manquait jamais de la gronder en lui disant qu'elle aurait dû connaître que c'était du fromage de bouc. Et là-dessus, elle allait donner son ratichon à la marchande.

GÉANE. — « Dite géante. » (Molard.) — Une grande quantité d'expressions signalées par Molard ont disparu. Cela importe peu quand il s'agit de simples estropiements de mots, mais s'agit-il de vieux vocables, c'est fort à regretter. *Géane* ne serait plus possible depuis que tout le monde sait lire les affiches des vogues, et, en tout cas, je ne l'ai jamais entendu.
Ne s'emploie plus aujourd'hui. Mais nous disons toujours une *Bressande*.

GEL, s. m. — Gelée. *Le gel a rôti la vigne*. — Subst. verbal de *geler*, bien préférable au mot formé sur le participe.
Geler de froid. On ne veut pas que cela se dise. Et de quoi voulez-vous qu'on gèle, bonnes gens !

GENDARME, s. m. — Hareng saur. Chez Casati beaucoup de gens demandent *un gendarme avec la salade*. — Non, comme on pourrait le croire, de la vulgaire plaisanterie sur l'odeur des bottes de gendarmes, mais de la forme du chapeau, dans laquelle on a vu quelque analogie avec celle d'un hareng.
Gendarmes, Chanes du vin. Voy. *chanes*. — Sans doute à cause des buffleteries blanches.
Un grand gendarme de femme. Quand je me figure la Mathilde de Dante cueillant des fleurs dans le Paradis terrestre, je n'ai pas la vision d'un grand gendarme de femme.

GENDRE. — *Entrer gendre*. Se dit d'un gendre qui, en se mariant, vient faire vie commune avec ses beaux-parents. C'est des fois économique, mais c'est rarement canant.

Chanson lyonnaise :

Le père, le fils et le gendre
Sont trois jean-f.... ensemble.

Je n'ai jamais su que ces deux vers de cette chanson, mais ils sont très beaux.

GENDRESSE, s. f. — Belle-fille. L'expression *ma bru* est inconnue. On croirait que c'est un euphémisme pour dire *ma brute*. — *Gendresse* est de l'ancien français.

GÈNE. s. m. — Marc de raisin qui a été pressé. De mon temps, on n'avait point le biais de mêler de la castonnade au gène pour faire du faux vin, qu'on vend comme le vrai. On en faisait pur t'et simplement de la buvande. — Subst. verbal de *gehenner, gener*, primitivement torturer, puis presser, serrer. « Et plus que ses voisins, — Dans son pressoüer gennera de raisins, » dit le bon Ronsard.

GÉNÉRALE. — *Battre la générale*, Détrancaner, divaguer.

GÈNES. — *Être dans l'État de Gênes, Habiter l'État de Gênes*. Mauvais calembours usités pour dire de quelqu'un qu'il n'est pas millionnaire.

GENEVOIS. — Prov. *Genevois, quand je te vois, rien je ne vois*. Cela ne me paraît avoir été inventé que pour la richesse de la rime.

Si te vois un Genevois que saute par la fenêtre, saute après lui, y a de l'argent à gagner. Ceci est près de la vérité. Les Genevois passent avec raison pour actifs et très industrieux. Pourtant, mon arrière-grand-père maternel, Pierre-Aymé Durafor. était Genevois, et je ne me suis jamais aperçu que j'en fusse plus industrieux.

Un Genevois vaut quatre Juifs. Manière d'indiquer combien ils sont forts en affaires, puisqu'un Israélite est déjà très fort.

GÊNOISE, s. f. — Corniche faite de plusieurs rangs de tuiles maçonnées, en saillie les uns sur les autres. Je n'ai pas remarqué à Gênes de corniche de ce genre.

GENOU. — *Ce couteau coupe comme le genou de ma grand',... comme le mollet de ma grand'*. — L'antithèse serait plus marquée si l'on disait comme le genou d'une grosse dondon.

GENTIL, ILLE. adj. — L'Académie dit : « Joli, agréable, gracieux. » Le peuple lyonnais apprécie tellement les qualités travailleuses qu'il dit : *Gentil*, « Laborieux ». Être laborieux, pour nous, c'est tout ce qu'il y a de plus « agréable » et de plus « gracieux ». *Qu'elle est gentille, cette Parnon! toujours à passer sa navette avant cinq heures*. — Cependant, s'il s'agit de petits enfants qui, par nature, ne peuvent développer les qualités laborieuses, nous employons l'acception ordinaire. C'est ainsi que nous disons : *Gentil comme cinq sous; Gentil comme un petit écu*. C'est l'éloge que me donnait ma mère quand j'étais bien sage.

Nous avions une bonne qui répétait tout ce qu'elle entendait en l'estropiant. Or, une amie de ma mère avait eu un enfant splendide. La bonne l'alla voir. Quand elle revint : *Eh bien, Marie*, dit ma mère, *comment avez-vous trouvé le petit de Mᵐᵉ D...? — Oh, Madame, il est gentil comme un petit c.. !*

J'entendais un jour deux mariniers (c'est le corps d'état qui a le mieux conservé l'ancien parler lyonnais) : *Et lo pitit Piarre? — Oh, il est gentil, ce pitit, est-i gentil! I n'a que cinq ans; ça dit bogre à sa mére comme un homme! — Sa-t-y prayt Diu! — Oh, l'est incore trop juéne!*

*Le sens propre de ce mot n'est pas joli, agréable. Un gentilhomme n'est pas un joli homme, mais un homme de race, *gentilis*, de *gens*, race. L'emploi que les Lyonnais font de *gentil* est conforme au sens primitif et mériterait d'être conservé.

GEORGET, s. m. — Habitant du quartier Saint-Georges.

GERLE, s. f. — Cuvier pour la lessive. — De *gerula*, déjà employé par les Latins. avec le sens de ce qui contient les liquides : *cornuâ potuum gerula*.

GERLOT, JARLOT, s. m. — Petit baquet, petite seille. On se sert du jarlot pour vendanger, pour prendre des bains de pied. Au fig. Chaire à prêcher. *Quand le capucin, avé sa grand'barbe, est monté dans le jarlot, on aurait entendu peter une mouche.*

GIBECIÈRES, s. f. pl. — Se dit quelquefois de certains appas dont la fermeté laisse à désirer.

GIFLARD, ARDE, s. — Qui a de grosses joues. *As-te vu au thiâtre ce gros giflard que n'a point de nez, que les dames n'o-sioni pas le regarder ? — A cause ? — A cause qu'elles trouvioni que c'était indecent.* — *Giflard* ne représente nullement l'idée de visage à gifles. Il vient de *gifle,* joue en vieux français.

GIFLE, s. f. — Il ne figurait pas encore au dictionnaire de l'Académie en 1798. Aussi Molard le proscrivait. Le fait est qu'il n'est pas encore usité dans les oraisons funèbres.

GIGAUDER, v. n. — 1. Folâtrer. s'amuser, se réjouir en dansant.
    2. Gigoter. *Mame Potanet n'a fait un mami si tellement vigorel, que ne fait que gigauder comme un veson dans du fromage de geai.* — Je crois que c'est *gigoter,* transformé sous l'influence de *gaudir.*

GIGIER, s. m. — Gésier, estomac, et par extension, poitrine, gorge. *J'ai le gigier bien plein,* dira-t-on au sortir d'un grand dîner. *Se déponteler le gigier,* Se déponte-ler l'estomac (voy. *déponteler*). *Couleur gigier de pigeon,* Couleur gorge de pigeon. — C'est du pur latin : *gigerium.*

GIGOT (prononcez *o* très bref). — *Gigot de mouton* est proscrit par Humbert, qui y voit un pléonasme. Cependant outre qu'il y a des gigots de faye, le mot s'entend de diverses manières. *Ma Lucia, si vous voyez ces gigots qu'elle te vous a!* disait la bonne mère Rousselard (façon d'encourager les jeunes gens à demander sa fille en ma-riage'. Et de ses deux mains elle figurait une colonne grosse comme celles du Pa-lais de Justice (historique).
    Gigot à la cloche. Voy. *cloche.*

GIGUE, s. f. — Jambe. S'emploie volontiers avec grand. *Tire don tes grandes gigues!* *Une gigue de mouton,* Un gigot. Se dit plus volotiers d'un gigot long et maigre.

GIN, particule négative. — Vieux mot pa-tois qui s'est conservé dans quelques phrases toutes fait. Joset, boudeur, qu'est mollasse de nature : *P'pa, je veux de gratous.* — Le p'pa : *Avance ton assiette.* — Joset, boudeur, qui ne veut pas pren-dre cette peine : *N'en vole gin.* — De *genus.* Comp. *res = rien.*

GINGIVE, s. f. — Gencive. *J'ai une gingive qu'est enfle.* — Vieux franç. « Les gen-gives lui étoient enflées et pourries », dit Montaigne du philosophe Cléanthe. — latin *gengiva.*

GINGUER, v. n. — Donner des coups de pied avec vivacité, ruer. La bonne mère, en train de fesser le Jean-Louis : *Veux-tu pas tant ginguer, ou je recommence!*
    Par extension, se dit d'une muraille qui tombe, ainsi qu'il appert du langage suivant, qui n'est pas à la plus grande gloire des goujats : *Goujat, porta de mor-tia, la muraille va gingua!* — *Quelle gingue, qu'elle crève, m'en vas dîna!* Fait sur *gigue.*

GINGUET, ETTE, s. — 1. Méchant vin. Je suppose de ce qu'il fait ginguer en le bu-vant. Comp. *du vin à faire danser les chèvres.*
    2. adj. — *Un habit ginguet,* Un habit étriqué, en étoffe mince. — Extension du sens 1.

GIRARDE, s. f. — Julienne (*hesperis matro-nalis*). — De *gyrata,* qui est de forme ronde. Comparez *girande, girandole,* et le prov. *girarda, girada,* gâteau de forme ronde.

GIRON, s. m., terme de construction. — *Le giron d'une marche.* C'est la moulure for-mant saillie au devant de la marche, et qui augmente ainsi la foulée pour poser le pied. — Dérivation de sens de *giron,* foulée de la marche, qui est le sens français et dont le nom est tiré de quelque analogie avec *giron,* figure du blason.

GIVORDIN. — *Givordin, grand, gros et pas fin.*

GLACE. — *Il a passé devant la glace.* S'ap-plique à celui de deux concurrents convoi-tant le même objet, une femme, une place, etc., qui passe dans œuvre tandis que l'autre succède. Celui-ci a eu la réalité, l'autre l'image : il a passé devant la glace. Cette façon de parler est particulièrement usitée à Vaise.

GLAUDE, GLAUDINE. — Bonne prononcia-tion de Claude, Claudine.

GLISSIÈRE, s. f. — 1. Chemin fait sur la glace par les glissades des gones.
    2. Le jeu des gones lui-même.

GLOIRE. — Partir pour la gloire, S'enivrer. L'expression est admirable.

T'as changé de chemise, c'est pas de gloire! Pour dire : « ce n'est pas de luxe, elle était assez sale ! » — C'est le vieux sens de gloire pour vaine gloire, qu'on retrouve dans le vers de la Fontaine : « Il fait bon battre un glorieux. »

GLOMBE, s. f. — Gobille. Aujourd'hui les gones, pour faire les instruits, ne se sont-ils pas mis à dire *bille !* O Seigneur ! — D'un latin populaire *globa* (simple de *globulla*) avec nasalisation de *o*.

GLORIETTE, s. f. — Petite cadolle à côté du four, et où les boulangers remisent, je crois, leurs farines. Quand Bonnefond était à Saint-Pierre, comme on le trouvait un peu glorieux de ses succès, et qu'il était fils de boulanger, ses camarades lui avaient donné le sobriquet de La Gloriette. Nos boulangers et nos pâtissiers ont trouvé le mot trop humble. Ils appellent cela maintenant leur laboratoire (!).

Mon vieil ami Vingtrinier m'écrit qu'on appelle de ce nom les guinguettes de nos environs. Je n'ai jamais entendu le mot dans cette acception, et parmi nos amis personne ne l'a entendu davantage. Mais je ne doute pas que Vingtrinier n'ait raison ; seulement le mot a dû vieillir. Les Espagnols appellent *glorieta* un cabinet de jardin ; et d'après le Dict. de Trévoux, en Hollande, on appelle *gloriette* un pavillon à la campagne. Encore aujourd'hui dans les Vosges et dans la Lorraine, il n'y a pas d'autre nom que gloriette pour une tonnelle. D'une tonne dans un jardin, l'idée a dû facilement s'étendre à une guinguette où l'on dîne en plein air sous une tonne. La rue des Gloriettes, où a vécu notre cher Soulary, était certainement ainsi dénommée à cause de diverses guinguettes où, dans les temps jadis, ou pouvait boire en bel air et magnifique vue.

GNAFRE, s. m. — Regrolleur, savetier. Nous disons de préférence un peju. A Paris, ils disent un *gniaf*.

GNAFRON. — Personnage du théâtre Guignol. On connaît assez son chapeau en tromblon, son énorme ronfle écarlate, sa bouche où il ne reste qu'une dent. Il est le plus souvent peju de son état, ce qui motive le nom. Ce rôle a été tenu, à mon avis, d'une façon incomparable par le pauvre Henry qui avait été canut.

GNAGNES, s. f. pl. — Dents. Forme euphonique de *gnaque*.

GNAQUE, s. f. — Dent. *Fais voir tes petites gnaques*, Montre tes petites dents. — Se rapporte au german. Vieux haut. allem. *nagan*, mordre.

Faire la gnaque à quelqu'un, Montrer les dents à quelqu'un en signe de mépris, se moquer de lui, le défier. On répond aussi à quelqu'un qui vous enquiquine : *Gnaque!* Comme qui dirait *Bran!* mais en moins grossier. — De *gnaque*, dent.

GNARE, s. f. — Sotte, niaise, *La Mariette, c'est une gnare.* — Fait sur *nid*, comme *niais.*

GNIAQUE. — Orthographe adoptée par quelques-uns pour *gnaque*.

GNIGNETTE, s. f. — Une façonnière, une mijaurée, qui trouve toujours les morceaux trop gros pour sa bouche. En relation avec *gnare, gnoune*, etc.

GNIOCHE, GNOUNE, s. f. — Femme sotte, sans biais, niaise. La Félicité Torchon, de Saint-Irénée, était orpheline, et n'avait que sa marraine, Mme Beluchard. Or est-il que la Félicité devint embarrassée. Quand ce fut visible sans télescope, Mme Beluchard, qui était à cheval sur la vertu, fit appeler la Félicité, et vous jugez de la tempête ! Quand elle eut donné vent à sa colère : *Et avec qui cela t'est-il arrivé, malheureuse ?* — *Je ne sais pas, marraine*, fit la Félicité en pleurant ; *je vous jure que je n'ai jamais vu d'homme ! c'est peut-être l'opération du Saint-Esprit* (historique). — *Elle est si gnoune*, faisait Mme Beluchard, *que j'y ai pardonné.* — Même origine que *gnare.*

GNOGNOTE, s. f. — *Ça, c'est de la gnognote !* C'est des bêtises, il n'y a rien de vrai, rien qui vaille la peine qu'on y regarde. — Encore fait sur *nid, niais*, avec une répétition de syllabes qui accentue le caractère péjoratif.

GNOUNE, s. f. — Voy. *gnioche.*

GNOQUE, s. f. — *C'est une grosse gnoque*, Se dit d'une grosse fille, épaisse et sotte. — Ital. *gniocco*, sot. Sur le caractère de la finale *oque*, comp. *mastoque.*

GOBE, adj. des 2 g. — Se dit des doigts engourdis par le froid. *Je peux pas remonder, j'ai les doigts gobes.* — De *gybbus*, parce que l'engourdissement donne la sensation de l'enflure.

GOBEAU, s. m. — Gobelet, tasse. Si vous avez ramassé froid, si vous avez des maux de tête, faites-vous faire par la grosse un bon gobeau d'infusion de moldavie, et faites-vous transpirer en mettant vos jarretières et vos bretelles sur votre lit. La recette est infaillible. — De *cupellum*, de *cupa.*

GOBILLE, s. f. — Petite bille de marbre ou d'agate, dont les gones se servent pour jouer. — De *globicula.*

GODAN, s. m. — Piège, amorce, tromperie. *M. Ficelle a voulu me faire prendre des actions d'un chemin de fer sur l'eau, mais j'ai pas donné dans le godan.* — De l'étymologie on peut dire ce que mon père me répondait quand je lui disais : « P'pa, comment s'appelle ce mecieu ? — Comment, tu ne sais pas que c'est M. Pasconnais ! » — Le Hainaut a *godan*, appât, mais cela ne nous dit rien sur l'origine.

GODELLE, s. f. — Chez nous, blé grué avec quoi l'on fait de la soupe (je vous assure que la soupe de godelle avec du lait, c'est à s'en lécher les cinq doigts et le pouce), mais en réalité la godelle est une espèce particulière de blé, de la section dite *blés Poulard.* Mon père m'a plus d'une fois conté que lorsqu'on le ramena de nourrice chez mon grand-père, on était en train de manger une soupe de godelle. On voulut lui en faire manger, mais il se mit à pleurer à chaudes larmes. *Heu, heu,* fit-il dans ses sanglots, *j'aime pós la sopa de pioux !* Il avait été trompé par la raie noire que le grain de godelle porte sur le dos. — Un spirituel écrivain lyonnais, qui a beaucoup écrit sur l'agriculture, avait pris le nom de *La Godelle.* — Je suppose de *gaude.* Godelle : petite gaude.

GODIVIAU, s. m. — S'emploie surtout avec *grand. Un grand godiviau,* Un grand dadais, Un grand Benoît. — Tiens à *gaudere, gaudir,* sur lequel a été fait un verbe patois *gaudiveló,* s'amuser ; d'où *gaudivella,* grande fille qui s'amuse comme les enfants, et un masculin *gaudiviau,* devenu *godiviau,* par analogie comique avec *godiveau.*

GOGAILLER, v. n. — Faire la gogaille.

GOGNANDISE, s. f. — Bourde, plaisanterie, spécialement avec le caractère un peu grivois. *Allons, dis donc pas de gognandises devant les demoiselles, que c'est pas joli.*

Faire des gognandises, Agir un peu librement. Une chanson canuse sur l'air : *Fanchon, d'en n'haut de ta banquette,* dit:

> *Te m'as ben fait de gognandises*
> *Aux Charpennes, dimanche soir !*
> *Si te l'as fait, c'est par bêtise,*
> *Et je passions le polissoir !*

Fait sur *gognant,* comme *chalandise* sur *chaland.*

GOGNANT, ANDE, s. — Personne gauche, qui a mauvaise tenue. S'emploie surtout dans l'expression *Grand gognant,* grand dégingandé qui se dandine, maladroit, paresseux. « La dame Phigénie — Qu'un gognant voliet buclô, » dit Revérony dans sa chanson sur l'aérostat. — Sur l'étymologie, voy. *dégôgner.* Un *coxinantem* donne *goignant, gognant.*

GOGOSSEL. — Signalé par Molard dans la locution : *Manger à la gogossel,* Manger sans autre assaisonnement que le sel. *Gogossel* doit être une faute d'impression pour *gorgossel,* qui figure dans l'édition de l'an XII. — De *croque-au-sel,* par une déformation qui a obéi à de certaines règles (voy. *cancorne*). Les irrégularités ont leur régularité. L'expression est aujourd'hui inusitée. On dit *une volaille au gros sel.*

GOIFON, s. m. — Goujon. On mangeait à Lozanne de bonnes fritures des goifons de l'Azergues. *Goifon* est signalé par Cotgrave comme « Lionnois ». — De *gobionem.*

GOLET, s. m. — Trou, défilé étroit. *Le golet de la bouteille.* — « Mais la bise que soflave, — Per mais de cinq cents golets, » dit un noël du XVIIIe siècle.

Qui n'entre pas dans les golets ne risque pas d'y trouver de sarpent. C'était un des proverbes favoris de mon maître d'apprentissage. — De *gula.*

GOLICHINANTE, s. f. — Golet étroit et compliqué qu'il faut enfiler avec adresse. Au jeu de boules : *Tâche moyen de bien prendre la golichinante pour arriver sur le petit.* Se dit des moyens difficiles pour atteindre un but : *Quand on veut faire de bons vers, me disait un ami, le tout, c'est de bien* *prendre la golichinante en commençant. Puis ça va tout seul. C'est comme ça que faisait Lamartine.* — C'est *golet*, dont le suffixe a été remplacé par un suffixe très allongé pour mieux marquer le caractère comique.

GONDIVELER, v. a. — Réjouir. « *Et la peinture — De tes appas — Me gondivelle aussi dans mes repas.* » (*Jirôme à Fanchon.*) — C'est *gaudiveler* (voy. *godiviau*), passé à *godiveler* (comme *gaudiviau* à *godiviau*) ; puis à *gondiveler* par nasalisation de *o*.

GONDOLÉE, s. f. — Un grand gobelet de liquide. *Je t'avais demandé une larme de mortavie, et te m'en donnes une gondolée ! Te veux don me fiôler ?* — De *gondole*, qui signifiait primitivement vase à boire, et qui a disparu en ce sens, ne laissant que le dérivé.

GONE, s. m. — Gamin. Par extension se dit d'un adulte, au sens péjoratif. *As-te vu ce gone, comme il avait mauvaise côle !*
Gone mouvant, Petit gone. Un *mouvant*, c'est un moineau qui sort du nid. Donc, *gone mouvant*, gone qui sort du nid.

Assez vraisemblablement du grec γόνος, fils, enfant. On ne le rencontre, il est vrai, dans aucun vieux texte lyonnais, mais il figure sous la forme *gonet* dans un texte dauphinois du premier tiers du xviii° siècle. Et *arton*, qui est bien grec, ne se rencontre non plus dans aucun document.

Arton nous est venu par le provençal, où plusieurs mots grecs ont laissé trace, tandis que *gone* est purement lyonnais et pas fort ancien. *Gone* se rattache plutôt au vieux français *gone* ou *gonne*, robe, et la forme dauphinoise *gonet* confirme cette dérivation.

GONFLE, s. f. — 1. Vessie d'habillé de soie.
2. Ampoule. *Je me suis ébouillanté la main ; ça m'a fait venir de gonfles.*
3. Bulle. *L'amour : une gonfle de savon, le mariage la poche.* disait mon maître d'apprentissage, le philosophe.
Gonfle, adj., Gonflé. — Sur la formation, voy. *arrête.*
Gonfle comme un n'haricot crevé. Se dit de quelqu'un qui revient d'un grand dîner.
Gonfle-b....., Haricots. C'est l'expression employée par les hautes classes. Le menu peuple dit *fiageôles.*

GONGON, s. f. — Femme qui gongonne. On dit aussi *Une gongonneuse.* Les femmes sont en partie toutes des gongonneuses.

GONGONNER, v. n. — 1. Grommeler. C'est le sens primitif.
2. Rabâcher des reproches. C'est le sens le plus commun. *I faut que je me dépêche de rentrer, la bourgeoise gongonnerait.* — Onomatopée. Comp. le prov. *boumbouna*, même sens.

GORGEON. Voy. *avaler.*

GORGOSSON, s. m. — Râle. *Mon Dieu, il va mourir ! il a le gorgosson !* — De *gurgitem.* Par ext. Gosier.

GORRE, s. f. - Méchante vache. S'emploie souvent avec vieille. *De la vieille gorre.* Un boucher de Saint-Just avait une margot. Comme c'est l'habitude des femmes de ronchonner quand elles achètent, beaucoup de clientes, en regardant le morceau qu'on leur servait disaient : *C'est de vieille gorre !* La margot avait retenu le mot. Un jour entre Mme Potasson : *M. Nagu, donnez-me donc un joli morceau de prein. C'est pour ma fille, que relève de couche !* — *Voilà, petite mère, un morceau que sera tendre comme de bave !* — *C'est de vieille gorre !* fait la pie. Furieux, le boucher attrape la margot et la jette dans le puits. La pauvre bête ne se noya pas pourtant, et s'aidant des pieds, du bec, parvint à remonter la paroi à demi ruinée. Toute trempe, la margot vient se sécher tristement sur le pas de la porte. Rentre Miraud, le chien du boucher, qui avait gobé une avale d'eau et semblait un torchon qu'on a mis dans la buye. Étonnée, la margot le regarde : *T'as don dit que c'était de gorre ?* — Telle est l'histoire que m'a contée le véridique La Godelle. — Du vieux franç. *gorre*, truie.

GOSSE, s. f. — Craque, bourde inventée pour se moquer. *Y a Picandeau qui m'a dit comme ça qu'à Paris, chez M. Pasteur, i fabriquiont de z'enfants tout faits avè de drogues dans des cantines. Pt' éte c'est vrai, pt' éte c'est une gosse.* — Subst. verbal de *gosser.*

GOSSER, v. n. — Dire des gosses. C'est le franç. *gausser* sous la forme qu'il avait au xvi° siècle. *Et ne se parle que de rire — Et de gosser en liberté*, dit Bouchet. Et Henri Estienne emploie le mot *gosserie.*

GOUILLAT, s. m. — Mare, flaque d'eau, le plus souvent bourbeuse. *J'ai mis mes clapotons au beau mitan du gouillat.* Le phonème *gouil* pour exprimer l'eau, et spécialement l'eau bourbeuse, se trouve dans presque tous les patois.

GOULUSE, fém. de *Goulu.* — « Ah ! ces maudites fiageòles, la Barnadine n'en mangeait comme une goluse, margré ce que je disais. » *(Ressit des Amours.)* — Tiré de *goulu,* par analogie avec *cabuse,* de *cabus; obtuse,* d'*obtus,* etc.

GOUPILLON. — *Il est venu au monde le goupillon à la main.* Se dit d'un prêtre qui a bonne tournure en officiant.

GOUR, s. m. — Endroit d'une rivière où l'eau est dormante. — De *gurges.*

GOURDER, v. n. — Se noyer, aller au fond de l'eau. Métaphore tirée de la gourde qui flotte sur l'eau, et plonge au fond à mesure que l'eau pénètre par le goulot.

GOURER, v. a. — Tromper. *Prends la riche, tu te goureras ; prends la pauvre tu te goureras. Vois où tu feras le meilleur repas.* (Quand je vous dit que les Lyonnais sont de petits la Rochefoucaulds !)
 Voilà *gourer* devenu français de par le bon Littré. Du reste, il l'était jadis. « Le marchand pensant que ce fussent gens attiltrez pour gourrer (voler) sa chasuble, » dit le bonhomme Bouchet.

GOURGAND, s. m. — Mauvais traiteur. *Nous ons t'ayu la ricle, parlant par respect, toute la sainte nuit. C'est ce gourgand que nous a donné le bocon.* – Subst. verbal de *gourgander.*

GOURGANDER, v. n. et a. — Faire de la détestable cuisine. *Gourgander un plat,* L'abîmer. — Me paraît fait avec une racine *gorg, gourg,* onomatopée d'un liquide qui brûle sur le feu.

GOURGUILLON, s. m. — Charançon du pois. — De *curculionem.*

GOURMAND. — *Pois gourmands.* Parce que c'est très gourmand de quindure. Le franç. dit *pois goulus.* Il n'y a pas la différence d'un cheveu de Vénus refendu en quatre.

GOURRINE, s. f. — Femme de mauvaise vie. Il est bas. — De *gourre,* truie. Voy. *gorre.*

GOUT. — *Faire passer le goût du pain,* Escoffier, tuer.
 C'est le goût du peintre, C'est une fantaisie. La locution se réfère à la bizarrerie supposée des artistes.

GOUTER. — *Un goûter soupatoire.* Cet adjectif *soupatoire* fait mes délices. Après tout, l'expression n'est que le pendant de *Un déjeuner dinatoire,* qui est français.

GOUTTE. — *L'amour n'y voit goutte* est blâmé par Molard, qui veut qu'on dise *Ne voit goutte.* Il n'avait donc pas lu La Fontaine : « J'avoue en bonne foi — Que mon esprit d'abord n'y voyait goutte. »
 De même Humbert n'entend pas qu'on dise *La goutte au nez,* mais *La roupie au nez.* O pileurs d'eau dans un mortier ! Mais Littré donne en exemple : *Il a toujours la goutte au nez.* — A Lyon, nous disons de préférence aux priseurs dans ce cas : « Torche donc ton jus noir ! »

GOUTTE-DE-SANG, s. f. — La fleur nommée *Adonis.*

GOUTTEUX, EUSE, adj. — Se dit d'un terrain, d'une terre humide. On a eu beaucoup de peine dans le temps à percer le tunnel de Tarare parce que le terrain était très goutteux.

GOUTTIÈRE, s. f. — Voie d'eau produite à la toiture, généralement par le bris d'une tuile. On prétend qu'à Lyon, pour boucher une gouttière, le maçon prend une tuile un peu plus loin sur le toit. Cela a l'avantage de faire une nouvelle gouttière qu'il faudra réparer avec une autre tuile, et ainsi de suite. — De *gutta.*

GOUVERT. — *Être de bon gouvert,* Être facile à gouverner. Peu de femmes sont de bon gouvert. — Subst. verbal de *gouverner.* Comp. *Être de bon command.*

GOYARDE, s. f. — Grosse goye. Voyez ce mot.

GOYART, s. m. — Goyarde très forte. On donnait jadis ce nom à une arme de guerre. Dans une *Visitacion des arnoys de guerre* de la ville, en 1412, les goyarts figurent parmi les armes diverses.

GOYE (go-ye), s. f. — Grosse serpette. — Paraît se rattacher au bas latin *guvia*, qui a donné *gouge*.

GOYETTE, s. f. — Petite goye.

GRABOT, s. m. — Criblures du blé. On met de côté le grabot pour les poules qui y picorent avec délices les quelques grains mêlés aux coffes. Au XIVᵉ siècle, dans une charte du chapitre d'Ainay, on trouve *grabotum*, « ce qui est rejeté du van ». — Subst. verbal de *grabotter*, au sens primitif de fouiller. Le grabot est ce qui est mêlé, confus, rejeté du van, comme le déblai de la fosse.

GRABOTTE, s. f. — Mauvais ouvrier qui s'éternise sur le travail, qui fait les choses à demi. *Le Pierre a-t-il fini sa pièce ? — M'en parle pas, c'est une grabotte !* — Sub. verbal de *grabotter*. Grabotte, littéralement celui qui gratte au lieu de creuser.

GRABOTTER, v. a. — Gratter, fouiller légèrement. *Les poules, en grabottant, ont tout abimé ces pieds-d'alouette.* — Les enfants sont forts pour dire des bêtises en rimes. Voici un dicton enfantin que j'ai souvent entendu : *Bibite, bibote, — Mon chien grabotte ; — Il a bien tant grabotté, - Qu'il a mangé mon déjeûner.* — D'une racine germ. *grab*, qui a le sens de graver, creuser. Les dérivés ont pris le sens de gratter.

GRACE. — *Bonne grâce.* Enjolivure, ornementation en fait de toilette. *Il est bien cher, votre bonnet, Madame Canezou, et tout simple. Vous m'y mettrez bien pour le même prix un petit floquet, quelque bonne grâce en beau devant.*

GRACES. — L'excellent père Trouillas, l'ami de mon grand-père maternel, était un homme juste et craignant Dieu. Il disait à haute voix, avant et après le repas, des prières de sa façon. J'ai oublié son *benedicite*, mais voici *authentiquement* ses grâces :

In nomine Patri et Filli et Espiritu santi.

Mon Diu, je vos remarcie de ce repâs !
Faites que l'autre ne tàrde pâs !
A tot le moins que se retàrde, que ne
                              [*manque pâs !*
In nomine, etc.

GRAFFINER, ÉGRAFFINER, GRAFFIGNER, v. a. — Égratigner. L'emploi des deux

premières formes est très usité. On le trouve en vieux français. « Il (Gargantua) leur mordoit les aureilles, et ils (les chiens) lui graphinoient le nez, » dit le bon papa Rabelais. — Du vieux haut allem. *crapho*, croc, crampon.

GRAFFINURE, ÉGRAFFINURE, s. f. — Égratignure.

GRAILLE, s. f. — Corbeau. *J'ai vu passer une bande de grailles ; c'est signe que les rissoleurs vont arriver.* — De *gracula*.

GRAILLON. — *Une Marie Graillon*, Une fille sale. Une jolie chanson dit :

Voulez-vous danser, Mari' Guenillon ?
Salopiaut vous demande !
La Mari' Graillon jouera du violon ;
Nous danserons ensemble !

GRAILLONS, s. m. pl., terme de maçonnerie. — Petits éclats de pierre servant à garnir les interstices des maçonneries. — Non de *gresle*, mais de *gracilem*. Comp. le vieux franç. *graile*, mince, même origine.

GRAIN DE SEL. — Quand j'étais petit, à Sainte-Foy, j'avais toujours des foisons de sel dans ma poche pour mettre sous la queue des petits oiseaux. Le difficultueux, c'est de le mettre. Le reste n'est rien. Mais je n'ai jamais pu réussir dans la première partie de l'opération. De même dans la vie. Je n'ai encore vu personne mettre le grain de sel sous la queue du bonheur.

GRAINE. — *Casser la graine.* Voy. *casser.*

GRAISSE. — *Graisse de baveux.* Voy. *baveux.*

Graisse blanche, Saindoux.

Donner (ou *recevoir*) *une graisse*, Donner une chasse, un savon, un suif.

Graisse de chrétien. C'était une graisse que donnait M. Chrétien. Lorsque l'on avait des points de côté, surtout des crampes d'estomac, etc., on s'en oignait la partie malade, et cela produisait des résultats merveilleux. Tout le monde était convaincu que cette pommade était faite avec de la graisse de supplicié. Je m'en ouvris un jour à M. Chrétien qui me dit qu'au temps jadis, en effet, cela se faisait ainsi, mais que la police n'avait plus voulu. Alors il avait composé une pommade qui avait tous les éléments de la graisse de chrétien et où entrait de la graisse de toute espèce d'animaux bizarres, mais la science ne vaut jamais la nature, et il reconnaissait loyalement qu'avec cette pommade les résultats, encore bien qu'excellents, n'étaient pas aussi miraculeux qu'avec l'autre.

GRAMIN, s. f. — Chiendent. — De *gramen*.

GRAND. — *Ma Grand' Mon Grand*, Abréviation de Ma grand'mère, Mon grand-père. *Mon grand est mort à huitante-cinq ans.*

GRAND' COTE. — *Recevoir un coup de pied au bas de la Grand' Côte.* Les Italiens, qui sont classiques, disent *nel preterito.*

GRANDIR. — *Oh, comme vous avez grandi, votre tête dépasse vos cheveux !* Agréable gandoise que l'on dit aux personnes chauves.

GRANGE, s. f. — Chez nous, ce n'est pas seulement le bâtiment de ferme destiné aux récoltes, c'est aussi l'habitation du fermier, et même l'ensemble de l'exploitation rurale. *J'ai deux granges dans la montagne.*

GRANGER, s. m. — Se dit de celui qui fait valoir un domaine, moyennant un gage, les fruits restant au propriétaire. A Nyons se dit du métayer, mais chez nous le métayage est à peu près inconnu. Breghot remarque que le mot n'existe pas dans les dictionnaires. Mais depuis lors Littré l'a recueilli et l'on s'étonne que l'Académie n'ait pas suivi son exemple.

GRANIQUE, s. m. — Granit. *On fait maintenant des pavés en granique.* Très reçu.

GRAPIGNAN, s. m. — Grippe-sous. Le mari: *Y a le regrettier que veut nous augmenter.* — La femme : *Faut parler au propriétaire ; i sera pt' éte moins grapignan.* — Même origine qu'*agraper* (voy. ce mot).

GRAPILLON, s. m. — Montée très roide. Le mercredi 9 avril 1834, la famille, se sauvant devant l'émeute, prit, pour aller à Sainte-Foy, le grapillon qui est au bout du pont de la Mulatière. — Corruption de *grimpillon.*

GRAPILLONNER, v. a. — Ramasser les grappillons.

GRAPPIN, s. m. — 1. Pique-feu. Dérivation du sens du français *grappin.*

2. Surnom du diable, mot qu'on évite de prononcer. *Toi, quand tu viendras à muri, Grappin aura tôt fait de te mettre l'harpe dessus.*

GRAS (LES). — Euphémisme pour les parties charnues qu'il serait messéant de nommer.

GRAS, adj. — *Gras comme un cayon !* C'est un compliment courtois de dire à quelqu'un : *Ça me fait plaisir de voir que vous êtes gras comme un cayon.*

Gras à fendre à l'ongle. Image très bien observée.

Gras comme un cul de becfi.

Gras (parlant par respect) comme une v.... de carême. Se dit de quelqu'un de très maigre. Cette métaphore, malgré son pittoresque, ne doit pas s'employer devant les dames.

Gras comme un gril. Même sens. Cependant les grils à côtelettes sont parfois très gras.

Il y a gras. Exclamation en présence de quelque chose qui révèle la richesse. Je n'ai jamais vu passer quelque joli enterrement, avec suisse en rouge, enfants de chœur, longue file de clergé, ophicléide, vieux de la Charité, une torche à la main, sans entendre autour de moi : *Y a gras !* c'est-à-dire, c'est un gros riche qu'on enterre. — De même quand les entrepreneurs s'apprêtent à jeter un propriétaire dans des dépenses inutiles, disent-ils entre eux : *Ne crains rien, y a gras !*

GRASPILLE. — *A la graspille.* A la gribouillette. Dans les noces comme il faut, à la sortie de l'église, le marié jette aux gones des dragées à la graspille ; on dit encore plus volontiers A tire-cheveux.

GRATON. — Terme du jeu de boules. — Petit gravier qui retient la boule ou la détourne. *Ta boule était bien jouée, seulement qu'elle a rencontré un graton.* C'est graton, petit morceau de lard rissolé, pris au figuré.

GRATONS, s. m. pl. — Petits fragments grillés et rissolés, résidus de la graisse de porc après qu'elle a été fondue. Avec des pigeons ficelés pour entrée, des gratons pour rôti, des retailles pour entremets et du lèche-etc. pour dessert, on fait un déjeuner succulent et pas trop cher. — Dérivé de *cratem*, gril.

GRATTE, s. f. — 1. Action de gratter. *Je m'ai fait saigner les fumerons à force de gratte.*
2. La gale. Dans mon jeune temps les anciens nous recommandaient de mettre toujours des gants pour danser dans les bals publics, histoire de ne pas attraper la gratte.
3. Petits profits illicites, grivelages. — *Sais-tu si les gandous sont bien payés ? — Heu, heu, s'i n'avoint pas la gratte pour les rattraper ! Parait qu'i volent tous de la marchandise !* — Subst. verbal de *gratter*, indubitablement.

GRATTE-C.. — *T'as vu la nouvelle mariée ? Est-elle bien fraîche ?* — *Fraîche comme un gratte-c..* Une jeune personne doit éviter de faire en public cette comparaison ironique.

GRATTER, v. n. — Lorsque, dans une partie au jeu de boules, on ne fait point de point on dit qu'on a *gratté.* Il y a là quelque chose de sous-entendu que je ne comprends pas. Gratter est un euphémisme poli pour « baiser le c.. de la vieille » (voy. *baiser*).
Gratter le blanc des yeux avec un clou rouillé. Figure ironique. *Quand t'iras voir ton regrettier, faudra n'être bien poli ; faudra lui gratter le blanc des yeux avec un clou rouillé.*
Gratter la rogne, Flatter. *Pardi, il fait lamper le Colas, parce que le Colas lui gratte la rogne !*

GRATTIL (grati), s. m. — Chatouillement. *La Fine craint le grattil.* — Subst. verbal de *gratiller.*

GRATTILLER, v. a. — Chatouiller. — Diminutif de *gratter.*

GRATTUSE, s. f. — Râpe. *Où don t'as mis la grattuse ? — A cause ? — Pour râcler de racines jaunes pour la jaunisse de M. Godelon.* — De *gratter.*

GRAVÉ. — *Gravé de petite vérole.* « Dites *marqué* de petite vérole, » ajoute Molard. La même observation m'a déjà été faite. Je ne comprends pas l'erreur. *Gravé de petite vérole*, qui figurait dans la première édition du Diction. de l'Acad., en 1694, figure encore dans celle de 1884.

GRAVELIN, s. m. — Homme gravé de petite vérole. *C'est un gravelin, Ce gravelin que vous avez vu.* Ce mot, signalé par Bréghot en 1829-1831, avec ces exemples, me paraît tombé en désuétude. — Sur la formation du mot, comp. *gravelle, graveleux.*

GRAVIER. — *Eh ben, comment va ta tousse ? — Gn'y a qu'une infusion de graviers, sucrée avè de jus de pioche, que me guérira, c'est-à-dire la tombe.*

GRAVIR. — J'admire de plus en plus les maîtres d'école qui corrigent l'Académie. Molard défend de dire *gravir une montagne*, il faut dire *gravir sur une montagne*, et l'Académie donne en exemple *gravir un retranchement.*

GREDIN, s. m. — Avare. *Le père Grattier, un gredin que donnerait pas un liard à un affligé !* — C'est la signification étymologique : moyen haut allem. *grit*, avidité ; anglais *greedy*, avide, gourmand.

GREFFIER, s. m. — Ne s'emploie qu'avec l'article *le*. *Va don acheter de melette pour le greffier*, c'est-à-dire pour le chat. — Jeu de mots sur *griffe* : *greffier* pour *griffier.*

GRÊLE, GRÊLASSON ou GROS. — Charbon plus gros que les dragées et moins gros que le pérat.

GRELET, GRELU, adj., ordinairement employé seulement au masculin. — Étriqué, chétif, misérable au physique. *J'ai vu le futur, un petit grelu qu'a de la mogne comme un coq saigné. La Nanon, qu'est d'un gros sang, va vous le faire tomber en bave : ça, c'est sûr !* — De *gracilem.*

GRELUCHON, s. m. — N'a pas du tout chez nous la signification qu'il a en français. C'est simplement *grelu*, avec un suffixe méprisant qui rend le mot plus péjoratif. *Un Greluchon*, un pauvre hère, au physique et au moral.

GRENETTE. — *Une femme commandée à la Grenette*, c'est-à-dire d'un caractère parfait, parce que la rue Grenette était la rue des tourneurs, des marchands d'objets en buis, et qu'une femme tournée en buis n'a jamais mauvais caractère.

GRENOBLE. — *Conduite de Grenoble.* Voy. *Conduite.*

GRENOUILLE, s. f. — Treuil qui sert à élever les fardeaux. — La même analogie qui a fait voir une *chèvre* dans l'appareil composé de deux mâts inclinés pour soulever les fardeaux, une *grue* dans l'appareil qui n'a qu'un mât, a fait voir, dans un treuil horizontal reposant sur deux tréteaux, une grenouille ramassée sur elle-même.

Nager à la grenouille, par opposition à *nager à la brassée*. L'image est d'une justesse parfaite. C'est évidemment la grenouille qui a donné à l'homme l'idée de dégôgner ses bras et ses jambes de cette façon pour se maintenir sur l'eau.

N'être pas l'auteur que les grenouilles n'ont pas de queue. Voy. *auteur.*

GRÊPE. — Signalé par Molard pour *grèbe*, oiseau aquatique, *podiceps*. Je crois le mot tombé en désuétude. Je ne l'ai jamais entendu.

GRÈSE, adj. f. — *Soie grèse*, Soie grège. Signalé par Molard. Le même mot existe à Genève. L'ital. a *greggio* et *grezzo*. Le mot franç. est vraisemblablement venu de la première forme, et le lyonnais de la seconde.

GRÉSILLONS, s. m. pl. — Scories de houille. Une bonne ménagère ne jette pas ses grésillons aux équevilles. Elle les jette dans le poêle quand il est bien rouge, et il en rebrûle une bonne part. — Non de *grésil*, mais de *grésiller*. Grésillon, ce qui a été grésillé.

GRIBOUILLER. — Signalé par Molard, a été introduit dans le Dictionn. de l'Acad., édit. de 1835.

GRIFFE, s. f. — Organe de la Jacquard. C'est une série de lamelles inclinées qui, à chaque fois que le canut enfonce la marche, ont pour fonction d'enlever, dans un mouvement ascensionnel, les crochets que les aiguilles (voy. ce mot) ont laissé saisir, et, par conséquent, d'enlever avec ces crochets les fils correspondant à chacun d'eux.

GRIGNET, ETTE, adj. — Le féminin s'emploie souvent pour le masculin. *Avoir l'air grignet* ou *l'air grignette*, Avoir une apparence pauvre, chétive, misérable, étriquée. C'est la seule locution où on l'emploie. *Mets don pas ton chapeau d'à-*

nier; ça te donne l'air trop grignette ! — Du vieux haut allemand *grinan*, grimacer.

GRILLET, s. m. — 1. Grillon, insecte. *Pincé comme un grillet*, Pris au piège. Je ne m'explique pas très bien ce dicton. Y avait-il des pièges à grillons ?

Avoir des grillets dans la tête, N'avoir pas le cerveau bien sain.

2. Grelot des mulets.

3. Muguet de mai, *convolaria maialis*.

Pour 1, de *grillum*; pour 2, de la souche qui a [fait le franç. *grelot*; pour 3, même étymologie que pour 2, à cause de la ressemblance de la fleur avec une petite clochette.

GRIMPILLON, s. m. — Montée très raide. Voy. *grapillon*. — De *grimper*, avec un suffixe fréquentatif.

GRINEPILLE, s. m. — Chétif, misérable, sans courage. « Faut leur z'y faire voir... — Qu'on est de bons lurons, et pas de grinepilles. » (*Gnafron fils.*) — Fait sur le radical de *grignet* (voy. ce mot), avec un suffixe péjoratif *pille*, par analogie avec *sampille*, *tirepille*.

GRINGOTTER, v. n. — Trembler de froid, claquer des dents, faire un certain *grrr*, *grrr* sous l'action du froid. — Du vieux franç. *gringotter*, faire des trilles ; *gringottis*, bruit répété. Même analogie que celle qui de *grelotter*, faire résonner des grelots, a fait *grelotter*, trembler de froid (vraisemblablement, à l'origine, claquer des dents).

GRINGRIGNOTE, s. m. — 1. Parlant par respect, Gringuenaude.

2. Par extension ironique, Menus débris, miettes. En dépit de la bassesse de la métaphore, lorsque, à la maison, on me disait : *Lustucru, veux-tu ces gringrignotes de tourte ?* je ne me faisais pas prier !

GRIOLET, s. m. — Petit vin sur. *Nous nous sont fôlés avè du griolet.* — D'*aigrelet*, sans doute, mais par une formation obscure.

GRIPPE. — *Prendre quelqu'un en grippe.* Molard exige qu'on dise : *Se prendre de grippe contre quelqu'un*, mais l'Académie donne les deux exemples.

GRISPIPI. — *A la grispipi*, A la gribouillette, à tire-cheveux. *Jeter des dragées à la grispipi.* — D'une racine german. *greip*, *grip*, avec un suffixe comique de fantaisie. C'est peut-être par analogie avec *graspille* (voy. ce mot) que *grip* est devenu *grisp*.

GROBE, s. f. — Grosse bûche, quartier de bois ; spécialement ce qui reste d'un tronc coupé. *La grobe de Noël*, Énorme bûche que l'on réservait autrefois pour la nuit de Noël. Au fig., quelqu'un de lourd, qui ne remue pas facilement. *Ma fenne, autant une grobe.* Voy. *dégrobé*, et *agrobé*. De l'allem. *grob*, gros, épais, arrondi. Il y a bien de cela dans une grosse femme.

GROBILLON, s. m. — Un rondin de bois. Grobillon, petite grobe.
Se tenir à grobillon, Se tenir ramassé en rond. — De *grobe*, parce que la grobe est ramassée, pelotonnée ; elle ne s'étend pas en branches.

GROBON, s. m. — 1. Petite bûche en forme de *grobe*. Grobon, petite grobe.
2. Beignet. — De *grobe*, le beignet représentant une agglomération de pâte autour d'un noyau, assez analogue de forme au quartier de bois formant grobe.
Prendre son grobon, S'enivrer. L'idée est : se réduire à l'état de grobe.

GROGNON. — *Une Marie Grognon.* Se dit d'une femme qui ne fait que grogner. — Molard proscrit le mot de *grognon*, et, de fait, en son temps, il ne figurait pas au Dictionn. de l'Acad. Mais que de mots bannis par les purs ont ainsi fini par conquérir droit de cité !
Le grognon du pain. Voy. *grougnon*.

GROIN, s. m. — Seule expression admise pour visage. Lᴇ ᴘ'ᴘᴀ : *Jean-Jean, va te décochonner, t'as le groin sale.* — Jᴇᴀɴ-Jᴇᴀɴ, surpris : *Mais p'pa, je m'ai lavé le groin dimanche, et je sommes que jeudi !* L'usage est ancien. Au xviiᵉ siècle, Dame Gervaise s'écriait : « Que veux-tu dire, groin tiré ? »

GROIN-D'ANE, s. m. — Crépide à feuilles de pissenlit, *barkausia taraxacifolia*. On prétend que le nom vient de ce que les ânes sont friands de cette plante, mais la dérivation logique ne s'y prête pas. Le nom doit plutôt être tiré de quelque rapport de ressemblance que je ne saisis pas.

GROLIER, s m. — Savetier. Vieilli. On dit communément *regrolleur* ou *peju*. Cependant j'ai entendu quelquefois mon père dire en plaisantant : *Je vais chez le grolier.* En 1421, Jehan le Grolier réparait les tybiaux (bottes d'égoutier). — De *grolla*, avec le suffixe des noms de métier.

GROLLE, s. f. — Savate, vieux soulier éculé. *Traîner la grolle*, Être dans la misère, avec sens péjoratif. — Subst. verbal du vieux prov. *crollar*, de *corotulare*, branler, remuer.
Passe la grolle, la grolle, la grolle, jeu du furet mis à la portée des gones qui ne vont pas nu-pieds.

GROLLON, s. m. — La même chose que *grolle*, avec sens encore plus péjoratif. *De grollons à soupape*, Des souliers qui prennent l'eau. S'emploie aussi pour soulier. *S'acheter de grollons neufs.*

GROS. — *Le gros de l'été, le gros de l'hiver*, Le cœur de l'été, le cœur de l'hiver. *Au gros du soleil, à la grosse chaleur*, et autres expressions semblables.
Être d'un gros sang. Se dit des personnes rouges et sanguines.
De gros en gros, Approximativement, sans entrer dans le détail. *Faire une chose de gros en gros*, La faire à la six-quatre-deux.
Coûter gros. — *Cette campagne a dû coûter gros d'argent.* — *On ne l'a pas rien eue pour des mouchons de chandelles !* On dit aussi *Avoir gros de peine*, beaucoup de peine.
Le Gros visage... « Laissez-le sûrement asseoir son gros visage sur la chaise ancurule de la Chambre nationâle... » (*Cirqulaire*, juin 1831.)

GROS, s. m. — Sorte de charbon. Voy. *grêle*.

GROS-BLE, s, m. — Blé de Turquie. *Une paillasse de paille de gros blé.*

GROSSE. — *La Grosse*, Nom que l'on donne des fois à la bourgeoise, lors même qu'elle serait maigre. *Te viens tout seul ; t'as pas amené la grosse ?* Ce terme nous vient de la campagne, où le mari s'appelle aussi *le Gros.* De 1830 à 1840, il se passa dans la canuserie le phénomène inverse d'aujourd'hui, où les canuts quittent la ville. A cette époque des gens de la campagne envoyaient leurs enfants en apprentissage à la ville, où ils devenaient compagnons, puis maîtres et chefs d'atelier. J'ai été quelque temps dans un atelier où tous les gens, du bourgeois à l'apprenti, étaient de Chaussant et de Saint-Vincent. C'est ainsi que quelques expressions villageoises se sont introduites dans notre parler.

Grosses gens, bonnes gens. Parce que l'envie, la méchanceté font maigrir.

GROTON, s. m. — Forme de *grouton* et plus usitée.

GROTTE, s. f. — C'est un chanteau du dernier pain bénit, que le sacristain porte chez un paroissien pour lui annoncer que c'est son tour d'offrir le pain bénit le dimanche suivant. — De *crusta.*

GROUGNER, ÉGROUGNER, v. a. — Entamer avec les dents. *Jean-Marie, n'égrougne don pas ton pain comme ça, on dirait que t'as gin d'éducance !* — Vieux franç. *esgruignier,* ébrécher.

GROUGNON, GROGNON, s. m. — Endroit où les pains se sont baisés dans le four. *Êtes-vous comme votre serviteur ? Je n'ai jamais pu manger le grognon.* — De *grougner.*

GROUILLER, v. n. — *J'ai trop mangé de fiageôles, le boyes me grouillent.* — *Le feu d'articifle ne tardera pas !*

GROUPER, v. a. — Prendre, saisir. *Je prends d'âge ; j'y vois trouble. Heureusement je sais pas lire, ça me gêne pas. Quoique ça, faut grouper les lunettes pour remonder.*

Des fils qui se groupent. terme de canuserie, Des fils qui s'accrochent par suite de râches.

GROUTON. — *Un grouton de pain.* Un croûton de pain. — Comp. *grotte,* de *crusta.*

GRUNE, s. f. — Voy. sous *casser.*

GUÈNILLARD, s. m., terme très péjoratif. — *Il est venu un guenillard ; il avait si tellement mauvaise câle, que si la grosse l'avait vu, y avait de quoi la faire blesser.*

GUENILLE. — *Ses quatre guenilles,* L'ensemble de ses hardes. LA FEMME, à son mari : *Si te continues à m'enquiquiner comme ça, j'aurai tôt fait de ramasser mes quatre guenilles, et de m'en aller chez ma m'man !*

GUENILLON. — *Une Marie Guenillon,* Une femme sans ordre, qui va en guenilles. Voy. *Graillon.*

GUENIVELER, v. n. — Vaciller, bouger. *Y a un ponteau que s'est lâché ; ça fait gueniveler le méquier.* — De *niveler,* avec un préfixe péjoratif *ga,* qu'on retrouve dans le patois lyonnais. La forme primitive a dû être *ganiveler* = déniveler, avec légère déviation du sens.

GUÊPIER, s. m. — Anthrax dont le pus s'écoule par plusieurs trous, ce qui a quelque rapport avec les alvéoles d'un nid de guêpes.

GUÉRI. — *Un homme guéri de bien faire,* Un pas-rien.

GUÉRIR. — *Se guérir,* aux bèches, c'est se faire jicler de l'eau sur les membres, sur le corps, avant de se jeter à l'eau, afin de ne pas être trop saisi par l'impression du froid. Les vrais nageurs ne prennent pas la peine de se guérir. — *Pouf ! une tête ou un hausse-pieds !* — *Se guérir* est pour *s'aguerrir.*

GUÉRITE, nom propre. — Marguerite. *On disait plutôt *Garite* pour *Marguerite.* Le nom de Garite figure en effet sur des actes de naissance dont les titulaires ont été baptisées *Margarita.*

GUERLE, adj. des 2 g. — Louche. *C'est franc dommage que la Parnon soye guerle : ça serait une belle bôye !* — *Laisse don, c'est ben mai agriâble. L'autre jour, à table, chez Mille, le faisait à gauche un œil doux au Pacôme, et à droite un œil doux au Boniface ! — Ouin ! et t'oublies que j'étais en face, qu'elle m'écrasait le clapoton !* — Vieux français *guerle,* même sens.

GUERRE. — *Le sanque me fait la guerre,* L'excès de sang me cause des incommodités. *La monnaie nous fait la guerre,* Nous avons de la peine à nous procurer de la monnaie, et autres phrases de même nature.

GUEULE-DE-LOUP, s. m. — Mûflier, *antirrhinum majus.* — De ce qu'en pressant les deux côtés de la fleur, on la fait ouvrir et fermer comme une gueule. D'autres disent *Gueule-de-viau,* ce qui est peut-être plus distingué.

GUICHET. — *La bourgeoise qu'a bien mal au ventre : va-t-en vite chercher Madame du Guichet* (l'accoucheuse).

GUIDANE, s. f., terme d'ourdissage. — Avant d'ordonner son étoffe, le fabricant fait ourdir une portée de 80 fils, ce qui lui permet de calculer la quantité d'organsin qui lui est nécessaire pour toute la pièce. Cette portée se nomme *guidane* parce qu'elle sert de *guide* pour l'ensemble de la pièce. — Par extension on donne aussi le nom de guidane à une petite quantité de fils que l'on fait ourdir pour compléter une chaine qui, par une erreur ou un accident, n'a pas la largeur voulue. — De l'ital. *guidana*, même sens.

GUIDE, s. f., terme de construction. — Fil à plomb courant sur un fil horizontal à l'aide d'une poulie.

GUIDE-ANE, s. m. — Feuille de papier rayée avec des lignes bien noires, que l'on place sous la feuille sur laquelle on doit écrire, afin que, par la transparence, on puisse suivre les lignes sans monter au grenier ou descendre à la cave, comme lorsqu'on est livré à sa propre inspiration. On l'appelle aussi *transparent*, parce que c'est la feuille sur laquelle on écrit qui est transparente, et le transparent qui est opaque. — Au fig. toute chose qui sert à guider l'ignorance. Par exemple Daphnis avait besoin d'un guide-âne, et ce fut Lycénion qui le lui prêta.

GUIGNE-QUEUE, s. m. — Bergeronnette. C'est *hoche-queue* dans lequel la première partie du mot a été remplacée par *guigne*, le verbe *guigner* ayant pris chez nous la signification de remuer, frétiller. Comp. *guignoche*.

GUIGNER, v. a. — En franç. il signifie cligner de l'œil, regarder sans faire semblant. Chez nous il signifie faire signe, soit de l'œil, soit de la tête, soit du doigt, mais il comporte l'idée de remuer. Comp. le provenç. *guigna*, remuer, hocher, montrer du doigt. *J'ai vu le Pierre que guignait la Colette. Elle est partie tout de suite.*

GUIGNOCHE, s. f. — Détente d'une arme à feu. *Tirer la guignoche,* presser la détente. — De *guigner.*

GUIGNOL. — Le théâtre et le personnage et ses principaux interprètes sont trop connus pour qu'il y ait lieu de répéter ce qui a été dit tant de fois. Mentionnons seulement la locution : *C'est un guignol !* qui se dit de quelqu'un de pasquin, qui fait des grimaces.

GUIGNOLANT, adj. — Ennuyeux, pénible. Ne s'emploie que sous une forme impersonnelle : *Se dévorer les sangs pour une femme, lui faire des vers copiés sur Lamartine, et se voir traiter de vieille courte, c'est guignolant !* — Guignol n'a pas de responsabilité dans l'expression. *Guignolant* n'est qu'une forme de *guignonnant.*

GUIGUITE, nom propre. — Marguerite.

GUILLE, s. f. – Fausset d'un tonneau. — Du vieux haut allem. *chil,* « parvum lignum » ; moyen haut allem. *kil,* morceau de bois aiguisé. Le vénérable Rabelais écrit *dille.* Serait-ce une faute ? « Autant que je vous en tireray par la dille, autant je vous entonneray par le bondon. »

GUILLE (LA). — Nom, pas très distingué, que des fois l'on donne à la Guillotière, lorsque l'on n'emploie pas le nom poétique de *Jardin de la France.* Un noble poète de l'Académie française du Gourguillon, le grand François Coppié, a écrit :

C'étaient de tout petits espiciers de la Guille,
Vendant de l'humble vin qu'ils tiraient à la
          [guille,
Du poivre, du fumant et du sucre candi,
Trois gones, tout nambots, habillés de cadi,
Maniaient savamment le quinet, la gobille :
L'un guerle, l'autre bègue, et le culot gam-
          [bille...

GUILLER. — 1, v. n. Voy. *déguiller.*
    2, v. a. Tromper. *La Catherine m'a guillé,* me disait le pauvre Cornaudin : *en me mariant, je comptais prendre un méquier tout neuf, et j'ai pris qu'une vieille brocante !* — Du germ. *wile,* ruse.

GUILLOTINE-ROULANTE (LA). — C'est le nom donné au tramway à vapeur de Neuville, qui a esquinté déjà force pauvre monde. *Moi,* disait un canut, *quand je vas à la pêche, je prends la Galoche, pas la Guillotine. Faut ben être fou pour s'embarquer dans cete machine.*

GUIMBARDE, s. f. — 1. Quoique le mot soit au Dict. de l'Académie de 1798, avec cette définition : « Sorte de chariot long et couvert à quatre roues, qui sert de coche ou de fourgon, » Breghot (1829-1831) le signale comme « lyonnaisisme ». Il ajoute : « Le dictionnaire de Trévoux indique le mot et la chose comme étant en usage *du côté de Lyon.* » Breghot, continuant à citer Trévoux, dit qu'on se sert de cette espèce de voiture « quand les rivières ne sont plus navigables, à cause de la grandeur des eaux, ou à cause des glaces ». Les guimbardes étaient en usage en tout temps, car je lis dans l'almanach de 1770 : « A l'arrivée de ces Voitures (les coches d'eau) à Châlons, les Marchandises sont chargées sur des Guimbardes. »

2. Sorte d'instrument de musique. La définition donnée par l'Académie ne s'applique pas absolument à notre instrument. car elle dit que « on fait vibrer la languette en la poussant du doigt ». Or, dans notre guimbarde, c'est le souffle qui fait vibrer la languette d'acier.

GUIMPIER, s. m. — L'ouvrier qui reçoit le fil d'or et d'argent du tireur d'or et qui, après lui avoir fait subir diverses manipulations dont la dernière consiste à l'enrouler en spirale autour d'un fil de soie, le livre au passementier ou au tisseur. C'est une industrie lyonnaise, aujourd'hui bien déchue, mais dont le rôle était considérable au temps où le métal se mariait couramment à la soie dans les tissus, — Il y a, au premier abord, peu de relations entre une guimpe et un fil d'or. Il faut se rappeler qu'aux xvie et xviie siècles les guimpiers étaient des canuts tissant la gaze de soie et spécialement la gaze d'or ou d'argent. De l'ouvrier qui la tissait, le sens est dérivé à l'ouvrier qui en préparait les fils.

GUINCHER. Voy. *aguincher.*

GUINDRE, s. f., terme de dévidage. — Appareil composé de deux cylindres, un grand et un petit, sur lequel on place la flotte à dévider. Le gros cylindre, placé au-dessus de l'autre, s'appelle *chapeau du guindre.* La mécanique à dévider est composée d'une série de guindres placés circulairement. Du guindre le fil passe dans un agnolet de verre qui a un mouvement de va-et-vient afin que le fil se croise sur le roquet ou bobine sur lequel il vient s'envider. Cet agnolet est soutenu par un support en bois nommé *poupée* (voy. ce mot).

GUISE. — *Touche-moi la main de bonne guise !* (l'autre touche). — *Tu as fais pipi dans ta chemise !* — Charmante plaisanterie usitée surtout chez les jeunes personnes.

H

HABILE, adj. des 2 g. — Ne signifie pas capable, intelligent, savant, mais prompt, expéditif. *Il est très habile à canuser ; il te vous expédie sa pièce en rien de temps.* Je crois que c'est à tort que l'on considère cette acception comme une faute, car l'Académie écrit : « Il (habile) se dit aussi pour diligent, expéditif. » Je ne sais pourquoi Littré a omis ce sens.

HABILITÉ, s. f. — Qualité de l'homme prompt, expéditif. *Pour l'habilité il n'a pas son pareil : il a-t-ayu cinq z'enfants en trois ans.* Ce n'est que bien tard que j'ai su que le mot français était habileté. Un jour, le maître qui était censé me donner des leçons de grammaire ayant prononcé *habileté*, je le repris pour dire *habilité.* La confusion doit être ancienne. Je lis dans Cotgrave : « Habilité, as habileté. »

HABILLÉ. — *Habillé de soie,* parlant par respect, euphémisme pour cayon. Jeu de mots sur soie.

HABIT. — *Habit de vinaigre, Habit de verjus,* Habit d'étoffe très mince qui ne défend pas contre le froid. On dit quelquefois vinaigre tout court. Le mari : *J'ai la tousse.* — La bonne femme : *Pardi, te sors par les ginbolées avè ton vinaigre !* — Métaphore très réussie.

L'habit que mange de viande, Panneau, habit que l'on met dans les grandes occasions, quand on est de noce, par exemple. *Le père Ganachon est ben si fier aujourd'hui ! Il a metu l'habit que mange de viande. — Eh ! c'est pour aller à la réunion publique !*

Un habit à l'avantage. Voy. *avantage.*

HABITANTS, s. m. pl. — Parlant par respect, poux.

HABITUÉE. — *A vêpres je prends toujours ma place habituée,* pour *habituelle.*

HACHÉ. — « Chandelier d'argent *haché ;* dites chandelier *argenté ;* ne dites pas non plus flambeau d'or *haché ;* mais dites *en or moulu.* » (Molard.) — Je n'ai jamais entendu l'expression signalée par Molard. Évidemment la confusion venait de ce que l'or ou l'argent présentait une apparence de hachure.

HACHON, s. m. — Petite hache.

HALLEBARDE. — *On dirait qu'i va tomber de z'hallebardes.* Se dit quand le temps est très noir et présage un gros orage.

HARDI ! — Cri d'encouragement à faire un effort. Une supposition que vous soyez deux pour remuer une bigue très lourde : *Hardi !* criez-vous à votre compaing pour qu'il fasse effort en même temps que vous.

Hardi Denis ! La même chose que *hardi !* Le nom de Denis est là pour la rime, quand bien même votre camarade s'appellerait Guillaume ou Boniface.

HARICOT DE MOUTON. — Fort bon ragoût, composé de menus morceaux de mouton. N'est pas d'origine lyonnaise et ne se dit guère à Lyon aujourd'hui. — Du vieux franç. *haligote,* morceau, lambeau, subst. verbal de *haligoter, harigoter,* déchirer, dépiécer ; *haricoter,* spéculer sur de petites choses ; *haricoteur,* marchand au détail. Quand M. Dupin aîné fut nommé procureur général à la Cour de cassation sous l'Empire, Cuvillier-Fleury, qui le rencontra, ne put s'empêcher de le lui reprocher. *Que voulez-vous,* fit Dupin, *j'étais las de*

haricoter avec mes revenus ! — Ah, très bien ! fit Cuvillier, *quand l'Académie en sera au verbe* haricoter, *elle vous chargera de rédiger l'article.*

Gonfle comme un n'haricot crevé. Voyez *gonfle.*

HARNAIS, s. m. — On donne ce nom à l'ensemble des outils qui servent à tisser les étoffes de soie ou à préparer leur tissage. *Un métier avec tous ses harnais.* — De l'ital. technique *arnese,* même sens.

HASARD, loc. adv. — 1. Au risque. *Je fais ce procès, hasard de le perdre.*

2. Dans l'espoir. *J'ai mis à la loterie, hasard de gagner.*

3. Peut-être, avec restriction. *Hasard qu'il viendra !* Il se peut qu'il vienne, mais ce n'est pas certain.

A l'hasard, Balthasar ! — A tout risque. *Te te maries et t'as vu la prétendue que deux fois ! — Que veux-tu ! A l'hasard, Balthasar !* — M. Mistral dit que c'était « peut-être » le cri de guerre des princes des Baux, dont le patron commun était Balthasar. Il est infiniment plus vraisemblable que Balthasar n'est ici que pour la rime. Comp. *à l'arte balarte* (Forez) ; *toto carabo ; nette comme torchette ; il fait chaud, Michaud,* etc.

A l'hasard du pot. — *Allons, viens don dîner un de ces jours à l'hasard du pot ! — J'irai parce que c'est toi, mais si c'était Chambre, j'irais pas rien ! J'aimerais pas l'hasard du pot de Chambre ! hi ! hi ! hi !*

Un objet d'hasard, Un objet de rencontre. *T'as ben là une jolie commode ! — Oh, je l'ai achetée d'hasard, au Cupelu, pour mon mariage.*

Prendre une femme d'hasard. C'est épouser une veuve ou une jeune personne qui pourrait l'être.

Un coup d'hasard. Voy. *coup.*

HASARDER. — *Hasarde qu'hasarde, je m'hasarde !* Se dit lorsqu'on veut risquer quelque chose de grave. J'étais assis à un concert de Georges Hainl, à côté de deux aimables fillettes. J'entendis l'une qui disait à l'autre : *Hasarde qu'hasarde, je m'hasarde !* — J'étais intrigué, mais je connus bientôt à mes narines ce qu'elle avait hasardé. Peut-être que si, devenue grand'mère, elle lit ceci, elle se reconnaîtra.

HAUSSE-PIEDS s. m. — Aux bêches, saut que l'on fait dans l'eau de l'extrémité d'un mât ou de tout autre point élevé, le corps étant debout et entrant dans l'eau par les pieds. — (N. B. Faire bien attention, en sautant, à ne pas transforle hausse-pieds en plat-cul.)

HAUT. — *Haut comme quatre écuelles.* Voy. *écuelle.*

HAUTAINS, s. m. pl. — Vigne que l'on fait monter à des rangées parallèles de palis. Procédé assez rarement employé chez nous, et que nous avons emprunté au Dauphiné.

HAUTS-GOUTS, s. m. pl. — Condiments parfumés, tels que la sauge, le thym, le safran, le genièvre, les épices. *J'aime beaucoup les z'hauts-goûts, mais c'est les z'hauts-goûts qui ne m'aiment pas : i me font de reproches.*

HEIN ? — *Hein* pour *Plaît-il,* étant considéré comme un manque de courtoisie, si quelqu'un vous dit : *Hein ?* vous répondrez sans hésiter : *Chef-lieu, Bourg !*

HERBE. — *Herbe de la jaunisse,* Grande chélidoine, grande éclaire, *chelidonium majus.* On l'appelle aussi *herbe aux verrues.*
Herbe de la Saint-Jean, Armoise. A Plaisance, l'*herbe de la Saint-Jean* est la verveine.
Herbe du bon soldat, Plante appelée aussi *Benotte (Benedicta), geum urbanum.*
Toutes les herbes de la Saint-Jean. Se dit d'une chose où l'on a mis tout ce qu il était possible de mettre. Mme Gibou avait mis dans son thé toutes les herbes de la Saint-Jean. Au palais, entre procureurs : *Avez-vous vu ce jugement ? Le tribunal y a mis toutes les herbes de la Saint-Jean.* Entre architectes : *Avez-vous vu le compte de ce maçon ? Il y a mis toutes les herbes de la Saint-Jean.* Un poète : *Si mon recueil ne lève pas la petariffe, à moi la peur ! J'y ai mis toutes les herbes de la Saint-Jean.* — Le dicton vient de ce que le jour de la Saint-Jean on cueillait des herbes magiques.

HERBES (PETITES). — Assortiment de cerfeuil, ciboule, échalotte, petits oignons, pour mettre dans la salade ou le claqueret, ou des fois pour faire une soupe quand on a pris une purge.

HÉRISSON, s. m. — Brou des noix. Le mot a été importé de la campagne.

HÉRITAGE. — *Étranger les héritages.* Voy. *étranger.*

HEURE. — *J'habite à une heure d'Yzeron,* pour *Une lieue.* « *Heure* ne peut se dire pour *lieue,* » dit Callet. Il veut réformer Mme de Sévigné : « Nous étions à huit heures de Paris. »
Une heure et quart. Les caquenanos veulent qu'on dise *une heure et un quart* ou *une heure un quart.* Pourtant on dit *une heure et demie* et non *une heure une demie.*
Ce commerce a duré deux heures d'horloge. Il paraît qu'elles sont plus longues que les autres, car on ne dirait pas deux heures de montre ni de pendule.
Deux heures de temps. Comment les savants ne crient-ils pas au pléonasme ! Mais le pléonasme est parfois intensif. *Deux heures de temps* dit quelque chose de plus que *deux* heures tout court.
Rentrer à des heures induses. Voy. *indu.*

HISTOIRE. — *Histoire de parler, Histoire de rire.* Précaution oratoire indiquant que l'on attache peu d'importance à ce qu'on vient de dire. *Qu'est-ce que l'on disait ?* — *On disait que Mme X... a des amants. Histoire de parler.*

HIVER. — *Avoir l'hiver dans le corps.* Se dit de ces froids intérieurs qui semblent invincibles.

HOMME. — *Le Petit homme de Saint-Just.* C'est lui qui apporte le sommeil. *Allons, mon boson, je vois à tes yeux que le Petit homme de Saint-Just est arrivé : faut aller au pucier !* — J'ignore complètement l'origine de ce singulier dicton, d'un usage universel chez nous.
Un homme de vigne, pour *une hommée de vigne,* se dit constamment.

HOMMÉE, s. f. — *Une hommée de vigne.* Cette expression ne s'applique qu'à la vigne et non aux céréales. L'hommée de vigne est de 1.000 ceps, et représente environ un tiers de bicherée. Le nom vient de ce qu'un homme est censé fosser cette étendue en un jour.

HOPITAL. — *C'est l'hôpital qui se f...che de la Charité.* Se dit lorsque quelqu'un blâme un autre d'un défaut qu'il possède lui-même. On dit aussi : *C'est la poêle qui se gausse du chaudron*, mais cette dernière locution n'est pas propre à Lyon.

Te dis que je suis pas riche! J'ai trois maisons en ville ! — Ah bah ! — Oui, j'ai l'Antiquaille, la Charité et l'Hôpital. — Gandoise de bonne humeur que l'on dit volontiers lorsque l'on n'est pas très fortement monnayé. Mon père disait de même : « *Tel que vous me voyez, j'ai plus de quatre millions! — Je ne vous croyais pas si riche ! — Oui, j'ai quatre fils, et je ne donnerais pas chacun d'eux pour un million !* »

HORREUR. — Pour *Erreur*. Très fréquent. *Je crois que le mitron a fait une horreur sur mon ouche.* Un maçon de la Demi-Lune mettait au pied de tous ses comptes : *Horreur ne fait pas contre* (erreur ne fait pas compte).

HORTOLAGE, s. m. — Légumes en général, *Au marché y avait de l'hortolage à regonfle.* — D'*hortilaticum*, d'*hortus*.

HUCHER. — Pour *jucher*. Très commun. *Je nous sons huchés sur les arbres pour voir la revue.* C'est l'ancienne aspiration de l'*h* qui a amené la confusion de sons. A cela s'est jointe l'influence de *huche*, coffre : d'où *hucher*, loger dans un coffre, puis loger en général, puis loger sur un arbre.

HUILE. — *Fondre ses huiles*, Se ruiner. *Tiens, l'espicier n'est plus en face ? — Il a fondu ses huiles.* On comprendrait plutôt ses chandelles.

On ne peut pas tirer de l'huile d'une pierre. Se dit à propos d'un débiteur qui n'a rien.

Huile de coude. Voy. *coude.*

Veiller comme l'huile bouillante. Se dit de la surveillance qu'on doit consacrer aux filles. *Ah! me disait une bonne mère, les hommes sont là comme le feu au c.. de la poêle. On n'a pas le temps de virer le sien, que l'huile est partie !*

Frotter le dos à quelqu'un avè de l'huile de picarlats, Lui donner des coups de bâton.

A la bonne huile, A la bonne heure. Spirituel calembour par à peu près dont nous ne nous lassons pas.

HUITANTE. — Quatre-vingts. Vieille et excellente expression qui malheureusement s'est moins conservée que nonante et septante. Ma pauvre mère disait toujours huitante. — Faites une dictée de chiffres : *Cinquante francs quinze :* — *50.15 — Quatre-vingts :* — *4.20 — Mais non! huitante! — Ah, je comprends! 80 !*

HUMEURS. — *Les humeurs froides.* C'est le seul nom que nous donnions aux écrouelles. Ce n'est pas le nom scientifique, mais il est français cependant.

HUMIDER, v. a. — Humecter, rendre humide. *Je suis pas de ces canuts qu'humident la trame. Mon marchand peut z'y dire !*

HUPPE. — *Sale comme une n'huppe.* De la croyance, absolument erronée, que la huppe enduit son nid, parlant par respect, de colombine de chrétien. C'est un très bel oiseau, fort utile à l'agriculture. Son chant monotone berce les rêves.

HYPOTHÉQUÉ. — *Hypothéqué sur les brouillards du Rhône.* Voy. *brouillards.*

I

IDÉE. — *J'ai idée que Pocasson viendra ce tantôt... Y a un tableau, à l'encan, que s'est vendu cinq cent mille francs. A-t-on idée!* Beaumarchais fait dire à Bartholo : « *J'ai idée, moi, qu'il l'a tirée (la lettre) de la sienne* (poche). »

Ben maintenant, me disait le bon père

Avangoulard, après un dîner à fumer partout, *si je change pas d'idée, je ne mangerai jamais plus.* Mais voilà, on change d'idée.

Une idée, Un scrupule, un tantinet. *Veux-tu de poivre ? — Donne-me n'en une idée*, Donne-moi une toute petite pincée de poivre.

IMAGE. — *Sage comme une image.* Compliment que l'on adresse aux enfants bien sages. En effet, on n'a jamais vu une image turbulente.

IMBERLINE, s. f. — Sorte d'étoffe pour ameublement, en soie tramée coton. Suivant Molard il faut dire *iberline.* J'ai toujours entendu dire *imberline,* et ne trouve ni l'une ni l'autre des deux formes dans aucun dictionnaire. « J'ai idée » que le mot doit venir d'un fabricant, nommé Imbert, qui aura donné son nom à une étoffe inventée par lui.

IMITER. — Peut-on dire : *Imitez l'exemple de Joset que laissa sa roupe entre les mains de la Putiphar plutôt que de faire de gognandises avec elle ?* Molard tient que non, et qu'il faut dire: *Suivez l'exemple.* Pourtant l'Académie écrit: « Exemple... ce qui peut être *imité.* » Conclusion : Imitez l'exemple de Joset !

IMPANISSURE, s. f. — Ternissure, par manque de soin de l'ouvrier, à une pièce tissée. — *D'impanir,* ternir, verbe inusité, mais qu'on retrouve en dauphinois, et qui a été fait sur *pannum.*

INCAMEAUX, s. m. pl. — Bruit, plaintes, criailleries. *Y a le père Bradurre qu'a cogné sa fenne un petit peu trop fort. I z'ont fait de z'incameaux pour ça, qu'i vont le mener en correctionnelle ! — Ben, s'y a plus moyen de battre sa fenne, maintenant ! C'est ça, le progrès ?*

INCARCÉRER. — *I n'ont fait incarcérer un article dans le journal, qu'i paraît qu'avè les socialisses, gn'y aura plus d'impositions et qu'avè les z'économies qu'on fera, on donnera à tous les cetoyens et cetoyennes mille écus de rente.*

INCENDIER. — *Incendier quelqu'un de sottises.* L'agonir, lui dire de mauvaises raisons. L'image est singulièrement énergique.

INCOGNITO. — Un bon vieux canut me disait un jour: *A cete époque, i gn'avait pas encore de chemin de fer, le prince est arrivé en coquenito.*

INCONTRAIRE. — Contraire. *A l'incontraire... C'est ben tout l'incontraire.*

INCUITS, s. m. pl. — Se dit de petits morceaux de pierre restés durs, faute de cuisson, dans la chaux, et qui ne peuvent fuser. On trouve, au moyen âge, le mot de *matières incuites* dans une citation d'un traité de médecine, faite par M. Godefroy, mais je ne crois pas qu'il s'agisse de chaux.

INCUTI, IE, adj. — Forme d'*acuti.*

INDUSES. — *Rentrer à des heures induses. Induses* est ici par analogie avec le féminin des adjectifs en *us: confus, confuse, perclus, percluse.*

INFESTINS. — GANIVET: *Y a la bourgeoise. qu'a mal dans les infestins.* — PONTIAUX : *Faut lui mettre sur le domaine un cataplâme humiliant, arrosé d'eau d'anum.* — Quand le canut emploie des mots savants rien d'étonnant qu'il les outrage. Si Ganivet avait dit: *La bourgeoise a mal à la bredouille,* et si Pontiaux avait répondu : *Faut lui mettre sur la basane une omelette à l'huile, toute chaude,* il n'y aurait rien à reprendre.

INFUSION. — *Infusion de gravier.* Voy. *gravier.*

INNOCENTS. — *Donner les innocents,* Donner le fouet. Cette expression que j'ai entendue dans mon enfance, quand ma mère menaçait de me donner les innocents, est tombée en désuétude. C'était une expression parfaitement française, mais déjà devenue archaïque.

Autrefois on donnait les innocents pour punition, non seulement aux enfants mais aux domestiques des deux sexes. C'était un souvenir des corrections de l'esclave. On ne voyait du reste pas à cette punition le caractère indécent et humiliant que nous y attachons. Dans la nouvelle XLV de l'Heptaméron, un mari et sa femme décident de donner les innocents à leur chambrière, pour la punir de sa paresse et c'est le mari qui se charge de ce soin, car la femme confesse qu' « elle n'a ni le cœur, ni la force pour la battre ». — « Le mari... fit acheter des verges des plus fines qu'il put trouver... et les fit tremper dedans la saumure, » etc. On sait la suite. — Le bon Brantôme raconte que Marguerite de Navarre, voulant tout voir par elle-même dans sa maison, faisait fouetter ses pages devant elle. « La même raison qui nous faict fouetter un laquay, tumbant en un roy, lui faict ruyner une province, » dit Montaigne. Et Racine :

Un valet manque-t-il à rendre un verre net,
Condamnez-l'à l'amende et s'il le casse au fouet.

Cette tradition se continuait en plein xviii° siècle, et Laurès, dans son *Supplément aux Lyonnais dignes de mémoire*, raconte de M°° Gena, qui habitait en rue Grenette, que parvenue sur l'âge et « n'ayant pas assez de force pour les corriger (ses servantes), elle appeloit un de ses garçons tourneurs et les faisoit fouetter devant elle ». Encore aujourd'hui, en Angleterre, on punit du fouet les écoliers, même de dix-sept ou dix-huit ans. Ceuxci n'y voient rien d'humiliant et au contraire, en vrais Spartiates, ils mettent leur orgueil à supporter les coups sans tressaillir, car la punition s'inflige devant les élèves réunis. Tout est affaire d'opinion.

En France, le jour des Innocents, 28 de décembre, l'usage autorisait les jeunes gens à donner les innocents aux jeunes filles (mais non aux femmes, comme le dit à tort le bibliophile Jacob). Elles se débattaient comme de beaux diables. Aujourd'hui cette plaisanterie serait considérée comme « un attentat à la pudeur avec violence » et conduirait son auteur droit en Cour d'assises.Peine : la réclusion ! — Pourtant il n'y a aucune comparaison entre la quantité de crimes et de naissances illégitimes que l'on voit aujourd'hui et la faible criminalité d'alors (ce qui prouve que la liberté des mœurs n'implique pas toujours la corruption). Celle qui les recevait le plus fort se mariait infailliblement l'année suivante, parfois même avec son bourreau.

L'usage du jour des Innocents se perdit au xvii° siècle, sous les sévères admonitions du clergé. Pourtant mon père me disait qu'il existait encore à Lyon au milieu du xviii° siècle, mais seulement dans le peuple. En ce temps il y avait, *me* disait-il, une confrérie dont j'ai oublié le nom et qui accompagnait les enterrements chaque confrère portant un cierge avec une grosse plaque sur laquelle était peinte, sur fond noir, une tête de mort avec deux tibias en sautoir. La veille des Innocents, la fille d'un de ces bons confrères, qui demeurait à Saint-Just, déroba la plaque du cierge de son père et la cacha dans son lit. Au lieu de s'enfermer à triple tour, comme les autres jeunes filles (elles n'y perdaient rien, on les attendait, à la porte) elle laissa l'huis au loquet. Le matin venu,elle plaça la plaque en façon de bouclier et attendit avec résignation l'heure du sacrifice. Le jeune homme entrant à l'aube, et un peu surpris de ne trouver aucune résistance fut tellement saisi en rencontrant une tête de mort à la place de ce à quoi il avait le droit de s'attendre, qu'il s'enfuit épouvanté.

INSOLENTER. — M°° DE HAUTPANÉ : *Pourquoi avez-vous mis votre bonne à la porte, ma chère amie ?* — M°° DE GRANDPIGNON : *Elle m'avait insolentée.* — Encore bien que non admis, le mot est ancien. On le trouve dans Saint-Simon.

INSPECTEUR. — *Que fait l'Alessis ?* — *Oh ! il a une bonne place, il est inspecteur des pavés.* Pour dire que l'Alessis est un brasneufs, un musard, qui passe sa vie à se lentibardaner par les rues.

INSTAR, s. m. — Habileté, goût, *M. Galupiau a bien monté ce métier ! — Oh ! c'est un homme qu'a de l'instar !* Mot savamment tiré de la préposition à *l'instar de.* — *Instar*, précédé de l'article, a, naturablement, été pris pour un substantif. J'ai vu le magasin d'un merlan qui avait pour enseigne : *A l'instar de Paris*, et au-dessus d'une petite porte : on lisait : *Entrée de l'instar.*

INTÉRESSÉ, ÉE. — Avide, avare, mais dans un sens un peu moins péjoratif.

INTÉRÊTS. — *Être près de ses intérêts, Être sur ses intérêts.* — *Duroide, est-ce un homme de se fier ?* — *C'est pas un filou, mais il est près de ses intérêts.* Tournure piquante pour dire Il ne passe sur rien, il ne fait aucune concession, il exige jusqu'au dernier liard.

INTERLOQUER. — « Il m'a dit une chose qui m'a *interloqué* ; dites qui m'a *interdit, étonné, déconcerté.* Interloquer n'est français que lorsqu'on l'emploie en parlant d'un jugement *interlocutoire*... C'est un terme de pratique ; mais dans tout autre cas, c'est un barbarisme. » Ces maîtres d'école ont l'outrecuidance désagréable. Interloquer en ce sens est si peu un barbarisme que l'Académie disait déjà en 1798 : « INTERLOQUER, signifie encore dans le langage familier, Embarrasser, étourdir, interdir. *Cette plaisanterie m'a interloqué.* »

INVÉTISON, s. f., terme de pratique. — Bande de terrain qu'un propriétaire a réservée au delà d'un mur séparatif qu'il a fait construire. Nous disons aussi le *Tour d'échelle*. Le terme technique est *évertison*. — D'*investir*, comme d'ailleurs *évertizon*. Vieux franç. *investizon*, investiture.

IRAGNE, s. f. — Araignée. *Ma fenne est si tellement acutie que les iragnes lui font leurs toiles entremi les genoux!* — Bas latin *hiranea*, forme d'*aranea*.

ISIAU, s. m. — Oiseau. Si vous achetez un isiau pour l'offrir à votre bonne amie, ne manquez pas de vous faire donner un sou pour payer l'objet, car lorsqu'on fait cadeau d'un isiau l'amour s'envole, et l'on se brouille. Il en est de même avec les objets pointus ou coupants.

IVROGNE, s. m. — Pivoine. — De sa belle couleur nez de buveur au soleil.
Ivrogne du Pipelu. Terme injurieux tel que l'on s'en donnait autrefois de quartier à quartier. Comparez les Jardus de la Grenette, les Cornards du Bourchanin, les Innocents de la Platière, les Malins de la rue de la Plume. Dans les pièces de l'ancien répertoire de Guignol, on s'appelle encore ivrogne du Pipelu.

J

JABOT. — *Faire jabot*, Se rengorger. *Piquerneux a-t-hérité de huit cents francs de son oncle. Ça lui fait faire jabot. — Se donner du jabot*, même sens. L'idée est-elle : faire comme les dindons qui rentrent leur cou en faisant avancer leur jabot? Ou bien : porter le jabot, comme les seigneurs au XVIII° siècle ?

JACOBINE, s. f. — 1. Petite chambre sous les toits. *La maison a deux étages et des jacobines.*
2. Petite fenêtre au dernier étage. *Il a passé la tête par la jacobine.* Le sens 2 est un dérivé de 1. Jacobine représente vraisemblablement « cellule de Jacobin ». Une chambre petite comme une cellule ; celles des Jacobins, moines mendiants, devaient particulièrement être modestes.

JACQUARD, s. f. — *Une jacquard*, abréviation de *Une machine à la Jacquard*.
Faire une chose à la Jacquard, la faire avec des moyens abrégés, très rapides. L'expression est devenue surannée et l'on dit aujourd'hui *faire à la vapeur*. Je suppose que demain l'on dira *faire à l'électricité*.

JACQUARDIER, s. m. — Canut en façonné. — De *Jacquard*, cela se voit oculiquement.

JACQUES, s. m. — Geai. *Y a Brigolat qu'a acheté un Jacques pour se tenir compagnie.* — Naturellement le Jacques est le parent de la Margot. Le populaire aime à donner aux animaux des noms de chrétien : le *martin* (l'âne ou le bouc suivant les pays), le *martinet*, comme qui dirait le *petit Martin*; la *margot*, la pie; le *Jacquot*, le perroquet.
Le chemin de Saint-Jacques. Voy. *chemin.*
Faire le Jacques, Faire le niais, l'imbécile. Les noms propres ont été souvent pris pour synonymes de niais; comp. *battre Jeannot.*

JACQUET, s. m. — « Jeune domestique, dites *jokey* (sic), mot anglais », écrit Molard. Il ignorait que les Lyonnais parlaient très bien, et que ce sont les Anglais qui, en nous empruntant le nom de *jacquet*, l'ont estropié en *jockey*. Jacquet a disparu, et *jockey* ne s'emploie plus qu'en langue du turf. — Il faut du reste éviter l'usage de ces mots étrangers, qui nous estropient la langue et nous exposent à des pataquès. J'avais un jour présenté à une dame un jeune homme de mes amis, à coupe britannique. *Comment le trouvez-vous?* disais-je à la visite suivante. *N'est-ce pas qu'il a l'air d'un gentleman?* — *En effet*, me dit la dame, *il a tout à fait l'air d'un gentil mâle.*

Éviter aussi de se donner du genre, comme une dame (j'ai vu la lettre) qui avait lancé des billets d'invitation ainsi conçus : *Mme X... a l'honneur d'inviter Mme Z... pour mardi, à un five o'clock à quatre heures.*

JACQUETTE, s. f. — C'était un tout petit, tout petit triangle de grosse toile qui, aux bèches, remplaçait le caleçon et faisait l'office de feuille de vigne. A chaque pointe était attachée une sifelle. Celles de devant s'attachaient autour du corps de manière à former ceinture et celle de derrière, passant entre les cuisses, venait s'attacher aux reins. De mauvais plaisants faisaient semblant de se tromper et mettaient la jacquette par derrière. C'était une source d'inépuisables plaisanteries. Il y avait toujours sur le pont des jeunes filles qui, accoudées au parapet, contemplaient les baigneurs. Le père Marmet, le borgne, leur criait des gognandises, en leur offrant de leur mettre des jacquettes.

L'administration des bèches prêtait gratuitement ce bouclier de la pudeur. Mais une ordonnance de police prescrivit de remplacer les jacquettes par des caleçons. Sous l'influence anglaise, nous sommes devenus de plus en plus pudiques, à l'extérieur (pour certaines choses seulement). Je suis frappé de la liberté de manières qui existait jadis (voy. par exemple *innocents*); et à côté de cela il y avait vingt fois moins d'attentats à la pudeur, vingt fois moins d'enfants naturels et le crime passionnel était inconnu. Nous ne sommes que des sépulcres blanchis.

JAMBE. — *Il n'y a pas tant de mal qu'à la jambe de l'autre,* Le mal n'est pas irréparable. Il paraît que cet « autre » avait la jambe bien endommagée.

Ça me fait belle jambe. Se dit ironiquement à propos d'un honneur ou de toute autre chose qui ne vous rapporte rien. *Tous mes compliments pour votre nomination de chevalier de la Pastonade agricole! — Ça me fait belle jambe!* — Dans ma jeunesse, il y avait une honorable maison de commerce dont la raison sociale était Pascalon et Bellejambe. On disait toujours : *Ça me fait Bellejambe et Pascalon.*

Avoir les jambes en manches de veste (très usité), Les avoir médiocrement rectilignes.

Avoir les jambes en septante-sept, Les avoir toutes les deux jetées du même côté.

Avoir les jambes en paragraphe (§§), Même sens.

Avoir les jambes en pieds de banc, Les avoir jetées à droite et à gauche.

Avoir les jambes en parenthèses, Les avoir arquées.

Avoir les jambes en compas d'épaisseur, Même sens.

JAMBÉ. — *Il est bien jambé,* Il a la jambe bien prise, fortement musclée. Molard ne l'admet pas, mais tous les Lyonnais l'admettent.

Jambé comme un coq. Se dit de quelqu'un dont le mollet n'est pas exagéré.

Jambé comme une girafe, Même sens.

JAMBEROTTE. — *Sauter à la jamberotte,* Sauter sur un pied. — De *gamba rupta,* jambe rompue.

JAMBETTE, s. f. — Parlant par respect, Morceau de cornet en terre, destiné à conduire la colombine de personne, du siège des commodités dans la culotte (voy. ce mot).

JAMBONS. — Se dit quelquefois d'autres jambons que ceux du porc. A *cordier,* j'ai parlé du très digne abbé Ponthus, vicaire à Saint-Bonaventure au temps du curé Pascal, et le meilleur ami de mon père (c'est lui qui m'a baptisé). Il aimait à gosser comme pas un. Revenant un jour par la voiture de Meyzieu, il avait devant lui une énorme femme de campagne qui portait un jambon. Arrivée près de l'octroi, l'énorme femme voulut cacher son jambon pour ne pas payer d'entrée, et à celle fin, elle s'assit dessus. Vient le gapian : *Ces messieurs et dames n'ont rien à déclarer de sujet aux droits?* — Rien, répond tout le monde. Au moment où le gapian va pour se retirer : *Pardon, M. le préposé,* fait M. Ponthus, *celle dame a deux jambons sous elle!* La bonne femme de rougir jusqu'au blanc des yeux, mais ce n'était peut-être pas de pudeur. — *Oh, ceux-là,* fit le gapian en souriant finement, *nous ne les saisissons pas!*

JANOT. — *Battre Janot,* Donner de mauvaises défaites, radoter, parler en bajafle. *J'y ai dit avec fermeté à Pistolet : « C'est-i vrai ça qu'on dit, que te vois ma femme? »*

Alors il a battu Janot. J'y ai plus rien dit, j'ai vu que ça lui faisait de la peine. — L'idée est certainement « agir, parler en Janot (Janot en vieux français égalait caquenano ; comp. *Jocrisse*) », mais pourquoi « battre » ?

JAPPE. — *Avoir bonne jappe,* Avoir bonne langue, Être éloquent. *M. Glapissant, l'avocat, est-ce un grand talent? — Oh, je crois ben, il a bonne jappe! I te vous parle deux heures sans moucher ni cracher.*

JAPILLER, v. 'n. — Bavarder, Parler avec volubilité et inconsidérément. — C'est *japper,* avec le suffixe fréquentatif *iller.*

JAPPILLAGE, s. m. — Bavardage, sots contes. *Voyons, vas-tu te fâcher pour ça? Te sais bien ce que c'est que le jappillage des femmes!*

JAQUILLER, v. a. — Jacasser, bavarder d'une façon fatigante. — Fait sur *jaque, jacques* (voy. ce mot).

JARDIN. — *Le Jardin de la France.* Voy. *Guille.*

JARDINAGE, s. m. — Hortolage, légumes. *On ne peut pas faire un bon dîner sans jardinage.*

JARDINIÈRE, s. f. — Taupe-grillon, *grillotalpa.* — De *jardin,* avec le suffixe *ière,* comme *courtilière de courtil.*

JARDU, s. m. — Homme sale, dégoûtant. Il est devenu suranné, mais est encore en usage à Rive-de-Gier. *Les jardus de la Grenette.* C'était un vieux dicton qui n'avait sans doute d'autre origine, sinon que la plupart des quartiers avaient leur sobriquet injurieux. — Probablement de *jarde,* tumeur phlegmoneuse au jarret du cheval. Le jardu, primitivement, était celui qui avait des ulcères aux jambes, auxquelles le populaire attribuait un caractère syphilitique. De là le sens s'est étendu à homme malsain, dégoûtant.

JARLOT, JARLON. Voy. *gerlot.*

JASERON, s. m. — Chaîne d'or à plusieurs rangs que les femmes se mettaient autour du cou. On connaissait la dot d'une fille au nombre des rangs. Je me rappelle encore le *jaseran* (c'est le nom dans nos campagnes) de ma nourrice, avec sa belle plaque, qui me tirait les yeux. Primitivement *jazerenc* était un adjectif qui signifiait de mailles. *Trestut le cors et l'osberc jazerenc,* « tout le corps et le haubert à mailles ». *(Roland,* v. 1604). Puis jazerenc est devenu un substantif qui a servi à désigner le haubert. Au temps de Rabelais, il avait déjà notre signification. « Les patenostres, anneaux, *jazerans,* carcans estoient de fines pierreries. » — De l'espagnol *jazarino,* algérien.

JEAN BROCHE. — Surnom donné aux petits garçons. *Jean* (lors même qu'il s'appellerait Magloire) *Broche* (lors même qu'il s'appellerait Bousinet), *va donc m'acheter pour deux sous de tabac! —* A la maison quand on n'appelait pas Lustucru (c'était moi), ou bien Coco (c'était moi), on appelait Jean Broche (c'était moi). — De *broche,* objet fluet et petit.

JEAN-DU-SIAU, s. m. — L'annulaire (voy. *cortiaud).*

JETER, v. n. — Suppurer, en parlant d'un abcès, d'une plaie. *Sa postume jette.* — C'est l'abréviation de *jeter de borme* (v. *borme).*
Ne pas jeter les épaules de mouton par la fenêtre. Voy. *épaule.*

JETU, s. m. — Instrument composé d'une poche au bout d'un long manche, et dont on se sert pour couler la lessive. « Un gettoir de lissive, » dit un *Invent. de la Manécanterie,* de 1633. — De *jeter,* avec le suff. *u,* représentant *orem.*

JEU. — *Ce n'est pas de jeu.* Se dit de toute chose non loyale. C'est le *foul play* des Anglais.

JEUDIS. — *La semaine des quatre jeudis.* Cela vaut autant à dire comme en mil huit cent jamais. Je le savais et pourtant cette semaine des quatre jeudis sonnait à mon oreille comme un idéal merveilleux, après lequel je soupirais sans espérer de l'atteindre! Toute notre vie, hélas! se passe à attendre la semaine des quatre jeudis.

JEUNE. — *Jouer à la jeûne.* Si vous êtes trois, par exemple, à jouer aux gobilles à poque avant pot, il y en a un, compréhensiblement, qui restera le dernier à faire son pot. A celui-là les autres ont le droit de tirer sur sa gobille en tenant le poing au bord du pot. Tant que sa gobille est ainsi chassée, on dit du gone qu'il « jeûne ». Jouer aux gobilles avec cette condition, c'est jouer à la jeûne. — *Jeûne* est un subst. verbal de *jeûner*.

JICLE, s. m. — Couleuvre à collier, *coluber natrix*. — Un bâton recouvert de la peau d'un vieux jicle. — Subst. verbal de *jicler*, à cause des mouvements brusques et convulsifs du jicle, qui *jaillit*, pour ainsi dire, en s'élançant.

Malin comme un jicle. Se dit de quelqu'un de vif, qui se rebiffe facilement. Cela ne veut pas dire méchant, car le jicle est inoffensif. Ma mère disait : *Lustucru n'est pas méchant, mais il est malin comme un jicle.*

JICLER, v. n. — Jaillir avec force. *J'ai mis mon clapoton dans n'un gaillot, que l'eau m'en a jiclé jusqu'au cotivet.* — Du germanique *geis*, mouvement violent ; d'où les *geisers* d'Islande, sources jaillissantes.

JICLETTE, s. f. — *Faire la jiclette*, dans le langage des gones, c'est pomper (ou tirer la soupape de la borne-fontaine) d'une main et, bouchant de l'autre l'orifice de sortie, diriger des jets d'eau sur les gones présents, voire sur les passants. C'est très amusant, encore bien qu'on y coure quelquefois le risque d'un coup de pied au bas de la Grand'Côte.

JIDAS, s. m. — Parlant par respect, Document humain. Ce mot est surtout usité chez les mariniers. L'un d'eux me racontait qu'en sortant de son bateau il avait glissé sur un jidas. — De *Judas*, considéré comme le type de la traîtrise, soit parce que le document humain fait glisser, soit simplement parce qu'il souille sans qu'on s'en aperçoive.

JOINT, JUINT, s. m. — Graisse. S'emploie presque exclusivement dans l'expression : *De vieux joint*, De la vieille graisse : « Barnadine les fesais (les matefains) avè de vieux joint et un lichet pour l'économé. » (*Oraison funèbre*.). — *Que don que t'as mangé, que ton flat a le goût de vieux joint ?* — *C'est de beurre que nous a porté mon oncle le pojau.* — D'*unctum*, franç. *oing*.

JOINTE, s. f. — *Roquet de jointe*, terme de canuserie. — C'est un roquet d'organsin, enfilé à une corde au-dessus de la longueur, et qui sert, quand on remonde, à appondre les fils cassés.

JOINTER, v. a., terme de construction. — Jointoyer. Il semble bien que la forme *jointer* a dû précéder *jointoyer*, qui en est un fréquentatif.

JOLI. — *Un joli enterrement.* Voy. *enterrement.*

Joli comme un petit cœur. Comparaison aimable qu'on n'applique pas ordinairement aux vieilles femmes.

Faire le joli cœur, Faire l'aimable, le sémillant, le spirituel. Cette locution doit appartenir au français populaire.

JOLIMENT. — *Cette dame est joliment laide !* Ça semble drôle, mais tout le monde comprend. Dans beaucoup de cas, *joliment* est pris pour synonyme d'*extrêmement*.

JORDONNE. — *Une madame Jordonne*, Une qui veut toujours tout diriger, tout ordonner. Je crois bien que cela se dit partout, (Nana régnait sur ce tas de crapauds ; elle faisait sa mademoiselle Jordonne. Zola) ; mais ce qui est peut-être plus original, c'est :

JORDONNER, v. n. — *Faire la madame Jordonne. Te sais ben comme est mame Torgniolet, elle veut toujours jordonner. Elle a dit comme ça à la Jacqueline : « I te faut pus y avoir d'enfants ! » et la Jacqueline y a dit : « Vous dites ça parce que votre homme vous trouve trop laide pour vous n'en faire. »*

JOSEPH (SAINT). — Les saints eux-mêmes ont leur destin. Vous ne sauriez, dans toutes les cathédrales du xiii° siècle, rencontrer une chapelle dédiée à saint Joseph, et, aujourd'hui, la dévotion à saint Joseph vient immédiatement après la dévotion à la sainte Vierge. J'étais un jour à Saint-Denis, dans la chapelle de saint Joseph. J'avais devant moi un bon canut qui, se croyant seul, faisait sa prière à voix assez haute pour que je l'entendisse : *Grand saint Joset, patron des maris, faites-moi la grâce que, si je le suis, ça soye sans le savoir ; si je le sais, que ça soye sans le voir ; et, si je le vois... eh bien... donnez-moi patience !*

JOUES. — *Des joues*, parlant par respect, comme les fesses d'un pauvre homme. Voy. *c..*

JOUIR. — *Ce sale gone nous fait tourner en bourrique : pas moyen d'en jouir !* Voyez *chaver.*

Jouir d'une mauvaise réputation, d'une mauvaise santé. C'est jouir, au sens de possession avantageuse, dérivé au sens général de possession.

JOUR. — *Jour sur semaine,* Jour ouvrable. *Quel jour sons-nous ? — Le quatorze. — Je pourrai rendre le vingt. — Faut voir sur l'armana si c'est un jour sur semaine.*

Quel jour sommes-nous du mois ? Abréviation de « A quel jour ».

Un grand jour se prépare. Ingénieux calembour pour prévenir un ami que sa culotte commence à se trouer au derrière.

Jour ou non. — Musardinet n'est pas un rossard. I se lève toujours à dix heures, jour ou non.

JOURNAL. — *Lire le journal.* La même chose que *Lire la Gazette.* Voy. ce mot.

JOURNALIER, adj. — *Être journalier,* Être ci ou ça, suivant les jours. En partie tous nos hommes à grand talent, nos grands poètes, sont journaliers. Un jour ça vient, un jour ça ne vient pas. *Neque semper arcum tendit Apollo.*

JOURNÉE. — *Il a fait ce commerce toute la sainte journée,* pour Toute la journée. — Ce n'est point un simple pléonasme, car sainte est ici singulièrement renforçant. Mais pourquoi ce qualificatif sainte plutôt que tout autre ?

Aller en journée, Aller à ses journées, Aller au dehors travailler à ses journées. *Qui qu'i marie le Laurent ?* disait un jour notre voisine. — *Euh,* fit la bourgeoise, *une fille qui va à ses journées. — Ben quoi !* repartit mon bourgeois, *c'est une fille honnête ; vaut mieux ça que si elle allait à ses nuits.*

JOUTEUR, s. m. — Celui qui joute dans les joutes nautiques. La *Société des Jouteurs* était une célèbre société de mariniers fondée en 1811. Ils étaient au nombre de trente-trois. Le dernier, nommé Aubert, est mort vers 1870. La société n'a pas eu de continuateurs.

JU, pron. — C'est *je* en enclitique. *Dis-je* devient *dis-ju* parce que *e* devient tonique par sa position. Il est alors remplacé par une voyelle plus sonore. « Vous, dis-ju,

dont l'âme vigorette cherche toujou, pour pertagé et meurtiplié se n'ardeur, une drole compagnonne... » (*Ressit des amours.*)

JUDAS, s. m. — Petit guichet composé de lames métalliques disposées comme celles des abat-jour, à seule fin de pouvoir aguincher les galavards qui viennent sonner aux portes. Je croyais que ce mot si pittoresque était un pur provincialisme, d'autant plus que je n'ai pas remarqué de judas aux portes palières ailleurs qu'à Lyon, mais, à mon grand étonnement, je le vois au Dict. de l'Académie.

Faux comme Judas. Se dit de quelqu'un dont la franchise laisse un peu à désirer.

JUGE DE PAIX, s. m. — Le *nez. A la réunion publique, il a reçu un coup de poing sur le juge de paix que lui a fait jicler le sanque comme un bœuf.* C'était pour l'étude des questions sociales. — Juge de paix, calembour de mauvais goût.

JUGEMENT. — *Une figure de jugement dernier.* Voy. *figure.*

JUGISTRE, s. m. — Jésuite. C'est le premier *j* qui a appelé le second à se substituer à *z*. Comp., pour *g* dur, *reguingote* au lieu de *redingote.*

JUIFESSE, s. f. — Juive. Fait sur *Juif,* avec une terminaison par analogie avec celle des mots dont le féminin est en esse : *pauvre, pauvresse ; devin, devineresse,* etc. Mais la seconde partie du mot est désagréable au prononcer. Il y en a d'autres qui disent *Juivesse,* et la transformation de *f* finale en *v* est plus conforme aux lois phonétiques que sa conservation, mais la seconde partie du mot n'en est pas plus jolie.

JUINDRE, v. a. — 1. Rejoindre. *Le Joset a juint son régiment.*

2. Atteindre, toucher. *A la réunion électorable, le parzident m'a lancé son grollon, que s'i m'avait juint, i me démontait la ganache !*

JUINT. — *De vieux juint.* Voy. *joint.*

JUIVER, v. a. — Tromper en matière de commerce, spécialement vendre un objet très au-dessus de sa valeur. *T'as une vagnotte toute neuve. Ousque t'as acheté ça ? chez quèque Juif ? — Je l'ai ben achetée chez un chrétien, mais i m'a juivé tout de même.*

JUIVESSE, s. f. Voy. *Juifesse*.

JUMELLES, s. f. pl. — 1. *Jumelles de trapon*, terme de construction. Se dit de deux pierres de taille placées à droite et à gauche d'une ouverture de cave et contre lesquelles vient appuyer la voûte.

2. Terme de fabrique. Se dit de deux pièces de soie qui se tissent ensemble comme, par exemple, pour les ceintures des dames.

3. Un fondeur lyonnais inventa une pièce d'artillerie nommée *jumelle* et composée de deux canons réunis par le milieu. (Em. Vingt.)

JURER, v. n. — *Le chat jure*. Voy. *fout' fout'*.

JUS. — *Trouver le jus bon*. Se dit lorsque quelqu'un, ayant tiré quelque avantage d'un autre, est bien aise de continuer. *Son procureur lui faisait toujours recommencer de procès. I trouvait le jus bon. Mais l'autre s'est lassé. Il a fait la paix avec les ceusse qu'il était en guerre.*

JUS NOIR. — Suc de réglisse. Dans mon enfance on le vendait chez les épiciers par gros bâtons, où l'on ébréchait la lame de son couteau pour en couper de petites braises, que l'on mettait dans la bouche (le jus noir est très fort). Puis les apothicaires ont fait des boîtes pleines de petites crottes de jus noir, fabriquées à la mécanique. C'est notre grand remède contre le rhume, et quand il ne fait pas de bien au rhume, il fait toujours du bien au pharmacien. Nous prononçons toujours jus noir comme s'il était tout d'un mot.

Un professeur de la Martinière, ayant croqué un rhume, suçait force jus noir en faisant sa leçon de grammaire aux élèves de première année. Après avoir parlé du « complément direct (que ces termes de grammaire sont beaux !) » il demande un exemple. Un gone espiègle se lève : *Je suce mon jus noir! — Très bien!* fait le professeur, *maintenant comment écrivez-vous jus noir?*

Le gone d'épeler : *j, u, ju; n, o, i, noi; r, e, re; junoire! — Très bien encore! L'orthographe n'est peut-être pas absolument conforme à celle de l'Académie, mais elle est tout à fait lyonnaise.*

Au fig. *Roupie des tabasseux*. Dans mon enfance, il y avait beaucoup plus de priseurs que de fumeurs, et c'est à chaque instant que dans les salons on entendait une bonne dame dire à son mari : *Dodophe* (ou *Tuthur*), *torche donc ton jus noir! —* C'est de là que les mouchenez ont pris le nom de tire-jus.

JUSQUE. — *Jusqu'à tant que*, Jusqu'à ce que. *J'attendrai la Fine jusqu'à tant qu'elle vienne.* C'est du vieux franç. On le trouve dans Marot et dans Rabelais. Comme euphonie, cette locution est très préférable à *jusqu'à ce que*, détesté de Votaire, et non sans raison.

JUSTE. — *Juste comme le doigt au trou*. Locution qui s'emploie en parlant d'une chose bien mesurée, bien appropriée, bien exacte. *Mon addition est-elle juste? — Juste comme le doigt au trou..... Combien y a-t-il de pas d'ici à ce prunier? — Vingt-cinq — Vous avez deviné juste comme le doigt au trou!* Et ainsi du reste. Qui nous saura à dire ce qui a inspiré cette curieuse métaphore?

A juste. — Nous sommes à juste de pain. Si vient de z'amis, i faudra leur donner de mouchons de chandelles. — On dit aussi : *Nous n'avons que juste de pain*, pour « nous n'avons exactement de pain que le nécessaire ».

Comme de juste. Cette locution si simple, si franche, si concise, n'est dans aucun dictionnaire. Pour parler académiquement il faudra dire *comme il est juste*, ce qui est évidemment moins bon.

JUSTICE. — *Faire justice*, Tuer un porc. Je ne sais pas démêler l'origine de cette bizarre expression qui se retrouve en Beaujolais et dans le bas Dauphiné.

K

KEPSIKE, s. m. — Album pour renfermer des dessins, des gravures, etc. Ce mot, naturellement, est inconnu dans le peuple. Mais je n'ai jamais entendu les personnes de notre plus haute société prononcer autrement. C'est une simple métathèse de voyelles dans *keepsake* (kipsèke), mot savant introduit de l'anglais par les romantiques, aux alentours de 1830.

L

LA, art. — Devant un petit nom de femme : *La Dodon, la Glaudine.* Les gens « distingués » considèrent cela comme du dernier « mauvais genre ». Cependant, en Italie, l'article se met devant les plus grands noms : *In sono la Pia,* dit Dante en ses vers immortels.

Le se place également devant un petit nom d'homme : *Le Pierre, Le Tienne.* — Il en est de même chez les paysans allemands : *Der Franz, Die Monika* (voyez Auerbach, dans les *Schwartzwaelder Dorfgeschichten*).

Le, au lieu de *mon, notre,* en parlant de parents. *Nous avons dîné chez l'oncle..... La cousine est malade,* etc.

LABOURER. — *Labourer du dos,* Reposer au cimetière.

LACETTE, s. f. — Ruban de fil, qui est en laine ou en coton, parfois en soie, le plus souvent de couleur noire, et dont nos ménagères se servent surtout pour border les vêtements. Quand une lévite ou un panneau a le bout des manches usé, on lui refait une virginité au moyen d'une lacette repliée qui cache l'effranjure.

LACHER. — 1. v. a. *Lâcher en douceur,* lâcher très doucement, peu à peu. Voy. *douceur.* · 2, v. pr. *Se lâcher.* Vilaine 'expression pour une vilaine chose. *Se lâcher en douceur.* La douceur n'y fait rien ; ce n'est pas plus joli.

LA-HAUT. — *Là-haut en haut... Par là-haut en haut.* Se dit d'un point très élevé. *Qu'est-ce que je vois, c'est Ganachon par là-haut en haut sur les glaciers !* Le redoublement de là-haut n'est pas un pur pléonasme, il est au contraire très intensif.

LAID. — *Laid à faire retourner une procession.* Le fait est qu'il faut être joliment laid.

LAISSER. — *Je me suis laissé dire que...* « Mauvaise expression, s'écrie Molard ; dites simplement, *on m'a dit.* » Mais ce n'est pas du tout la même chose ! *Se laisser dire* marque le doute, la défiance à l'endroit de ce qu'on vous a dit. *On m'a dit* ne marque aucun sentiment personnel.

LAIT. — *Vin sur lait rend le cœur gai.* Je n'y contredis pas, mais je ne m'en suis jamais aperçu.

Lait sur vin fait vilain. (P.-B.).

Il n'y a rien d'ennuyeux pour une femme comme d'attendre son lait bouillir et son mari mourir. Pour le lait, c'est sûr.

Lait de carpe, Laitance. *Marie, c'est vendredi, vous achèterez une carpe.* — *Faudrat-il la prendre au lait ou aux œufs ?*

Lait de poule. Ce brave Molard, qui sans doute avait oublié de consulter son Dict. de l'Acad., veut qu'on dise *brouet* (!) ou *chaudeau* (!). Mais comme le lait de poule ne ressemble guère au brouet (dont le fond est du bouillon), et que nous ne savons pas ce que c'était qu'un chaudeau, il ajoute avec candeur: « Cependant ces mots ne remplacent pas tout à fait l'expression dont il s'agit. » — Alors pourquoi les dire ? — Il y aurait à faire un bien joli dialogue avec les expressions recommandées par Molard. *Marie, apportez-moi un brouet !* — *Mecieu veut pt'éte dire une brouette ?*

LAITE, s. f. — Laiteron, *sonchus oleraceus.* La laite est au lapin ce qu'est la truffe à l'homme civilisé.

LAMBINOCHER, v. n. — Très agréable fréquentatif de *lambiner.*

LAMPER, v. a. — Boire, en parlant du vin, des liqueurs, etc. Le gosier est comparé à une lampe qu'il faut alimenter d'huile.

LANCE. — *La lance de saint Crépin,* Une alène, saint Crépin étant le patron des bijoutiers sur le genou.

LANCÉE. Voy. *élancée.*

LANCEUR, s. m. — De mon temps, c'était un gone qui, dans les brochés en grande largeur, c'est-à-dire dépassant l'amplitude des deux bras du canut, recevait la navette d'un côté, puis la relançait. Avec le battant à double boîte, il n'y a plus besoin de lanceur.

LANCIS, LANCÉ, terme de construction. — Pierre de taille mince et longue qui se pose à plat dans un dosseret ou un jambage de baie, en alternant avec les crosses sur chant (voyez *crosse*). — De ce que la pierre est *lancée* dans le mur (au sens de pénétrer).

LANÇONNIER, LARÇONNIER, s. m., terme de construction. — Petit soliveau placé transversalement dans l'épaisseur d'un mur de pisé en construction, et qui sert à maintenir les banches entre lesquelles on pise la terre. La forme *larçonnier* est la plus commune. — *Trous de larçonnier*, trous laissés dans le pisé par le larçonnier et qui sont bouchés plus tard. — Du vieux franç. *lançon*, branche d'arbre, par extension petite pièce de bois, de *lancea.*

LANGUE. — *Langue de chat*, Mensonge, pellicule qui croît autour des ongles.
Langue de femme, Amourette des prés, *briza media*. Ainsi nommée parce qu'elle remue toujours.
Avoir la langue bien pendue. Se dit de quelqu'un qui parle beaucoup et longtemps.
Une langue à faire battre la sainte Vierge avec saint Josef. Se dit d'une personne qui rapporte et envenime les choses.
Avoir la langue double. Se dit de l'homme ivre qui, par suite d'une semi-paralysie de la langue, parle avec difficulté.
Pour avoir de bons grollons, il y faut une semelle en langue de femme. Parce que c'est inusable.

LANGUETTE, s. f. — 1. Bande d'étoffe ajoutée pour élargir. *Faut mettre une languette à la ceinture de mes caneçons.*
2. Morceau très mince. *Donne-me don une languette de fromage de cochon.*
3. Terme de construction, Cloison en briques séparant deux gaines de cheminée. — Fait sur *langue.*

LANLAIRE. — *Va te faire lanlaire*. Euphémisme poli pour « Va te faire..... ! » — Mot comique forgé de toutes pièces.

LANTERNE, s. f. — 1. *Briller* (parlant par respect) *comme un étr.. dans une lanterne.* Voy. *étr..*
2. Personne lambine. LA MÈRE GALUCHARD à son fils qui porte une bouteille de vin dans un panier à salade et s'amuse à le branlicoter: *Vances-tu, lanterne ? — Voui, m'man !* — Lanterne est ici un subst. verbal de *lanterner.*
3. Estomac, surtout quand il est vide. *As-tu quèque chose à me mettre dans la lanterne ?*
4. Organe de la Jacquard, dans lequel, avec beaucoup de bonne volonté, on peut voir quelque ressemblance avec une lanterne. C'est une plaque de fer, fixée à l'extrémité du cylindre sur quatre tiges de fer. C'est sur ces tiges que mordent les *loquets* qui font accomplir au cylindre un quart de révolution à chaque fois que le canut enfonce la marche. De mon temps la lanterne était toujours placée sur le devant du métier, côté de l'ouvrier. De là les expressions *côté de la lanterne* (devant) ; *côté opposé à la lanterne* (derrière). — Au fig. *Je suis tombé du côté opposé à la lanterne.* Le dicton ne peut plus s'appliquer aux nouvelles mécaniques en 1100 crochets qui ont deux lanternes, une devant, une derrière.
5. Terme de canuserie, Feuille de carton blanc placée sous la medée, près du remisse (ou corps) afin de permettre au canut, dans les couleurs foncées, de voir facilement les écorchures des fils.

LAPIDER, DELAPIDER, v. a. — *Lapider, delapider* quelqu'un, L'importuner, le persécuter pour en obtenir quelque chose. *Il me lapide pour lui prêter de l'argent.* Dans la forme *delapider*, de est intensif.

LARD. — *Moitié lard moitié cayon*. Répond au dicton français *Moitié chair, moitié poisson*. Cela paraît singulier, car lard et cayon, ça se ressemble beaucoup, mais ici le dernier mot est pris dans le sens de chair, de maigre, par opposition au lard.
On ne sait si c'est du lard ou du cayon,
On ne sait trop qu'en dire.

LARDÈNE, s. f. — Mésange, *parus major* de Linné. — De *larder*, piquer. La lardène est celle qui *larde* les oreilles à cause de son cri strident et répété comme celui d'une lime déchirant les oreilles. C'est pour cela qu'à Nyons on la nomme le *serrurier*.

LARDURE, s. f., terme de canuserie. — Défaut dans une pièce, qui provient de ce que la navette a pris dessous ou dessus des fils qu'elle ne devait pas prendre. La navette a *lardé* les fils.

LARGE, s. m. — *Donner du large*, *Avoir du large*, Donner de l'espace, avoir de l'espace. Chez Garcin : *Mettons-nous à cette table, nous aurons plus de large pour lever le coude..... Écartez-vous un peu, ça nous donnera du large.* Ces expressions me paraissent excellentes de tout point.

Large, adj. des 2 g., Libéral, généreux. *C'est un homme large.* Il se trouve déjà en ce sens dans Froissart.

Il entend la vie large, Il fait des dépenses et des générosités.

N'en mener pas large, Se faire petit parce qu'on se sent dans ses torts ou qu'on redoute un danger.

Large... des épaules, Avare, grigou.

LARGEUR, s. f. — 1. *Largeur des étoffes de soie*. Dans les anciens temps les étoffes se mesuraient à l'aune. Or l'aune de Lyon (pas plus d'ailleurs que l'aune de Paris) n'était un multiple du pied. Elle mesurait 43 pouces 10 lignes 6/10ᵉ, soit 1ᵐ187. Pour indiquer la largeur, il fallait donc l'exprimer par un nombre fractionnaire. Le dénominateur, dans ce cas, était 8, 12, 16 ou 24. On avait des étoffes en 3/8, 5/8, 7/16, etc. d'aune. L'étoffe en 7/12, par exemple, mesurait ainsi 69 cent. 2 mill. 1/3 ; celle en 5/12, 49 cent. 4 mill. 1/2, etc. Après l'adoption du système métrique, on arrondit la mesure de l'aune pour la faire coïncider avec les mesures nouvelles ; on fixa l'aune à 1ᵐ20 et on la divisa par 12. Dont résultait que 5/12 représentait 50 cent. ; 7/12, 70 cent., etc. C'est ainsi que l'on désignait les largeurs de mon temps. On s'aperçut sans doute que le dénominateur 12 était bien inutile, et l'on dit aujourd'hui une étoffe de 50, de 70 cent., etc. — Toutefois, à côté de l'aune de 120 c., il y avait une aune de 116 c., et certains marchands, hélas! mesuraient à 120 c. pour la façon du canut, et à 116 c. pour la vente.

2. Terme de couturière, Largeur d'une étoffe en général. *Vous ajouterez une largeur à cette robe.*

LARMIER, s. m. — Soupirail de cave (voy. *abat-jour*). — De *lacrymarium*. Pas douteux qu'à l'origine le larmier ne fût un trou destiné à évacuer les eaux pluviales (comp. *larmier*, moulure pour les eaux pluviales). Le sens s'est ensuite étendu à des trous qui n'avaient pas la même fonction, tels qu'un soupirail.

LARMISE, s. f. — Lézard gris, *lacerta muralis*. — *Vivre dans un trou de larmise*, Vivre d'une vie retirée et solitaire.

LARÇONNIER, s. m. Voy. *lançonnier*.

LARIDET, s. m. — L'index (voyez sous *cortiaud*).

LASSE, s. f. — Lassitude. *Prendre quelqu'un à la lasse*, Le lasser au point de l'obliger à céder. *Ce rogneux de Marius a pris la pauvre Fine à la lasse.* Subst. verbal de *lasser*. Comparez *la mouille, la purge, la casse, l'abonde*, etc.

LAURELLE, s. f. — Laurier-rose, *nerium oleander*. En 1871, une vieille bonne, qui servait depuis quarante ans dans une famille légitimiste, me disait avec indignation : *C'est ce gueux de Cabestan* (Gambetta) *qui a vendu aux Prussiens l'Alcazar et la Laurelle* (l'Alsace et la Lorraine).

LAVAILLE, s. f. — Rinçure de vaisselle. S'emploie souvent au fig. *C'est pas de bouillon que nous a fait la Marie, c'est de la lavaille.*

LAVANDERIE, s. f. — Buanderie, pièce ou petit bâtiment destiné aux lessives. J'ai entendu quelquefois appliquer ce nom aux souillardes. En ce sens, il a une origine dauphinoise.

LAVEMENT. — *Pressé comme un lavement.* En visite : *Vous nous quittez déjà, Madame la comtesse! Mais vous êtes pressée comme un lavement!* — *Oh, je suis obligée de faire mes visites en courant d'air, j'ai tant de commissions! Puis le comte tient à ce que je soye rentrée quand lui.*

LAVER. — *Elle laverait l'eau*, pour dire d'une femme qu'elle est de la propreté la plus poussée.

LE devant un prénom d'homme. Voy. *la*.

LÈCHE, s. f. — Tranche extrêmement mince. « Longues et larges lesches du gras jambon, » dit le débonnaire Eutrapel. Au fig. Un tant soit peu. « Des ce qu'il illucesce quelque minutule lesche de jour, » dit le tant gracieux Rabelais. — *Coco, veux-tu de viande ?* — *Voui, p'pa, donnez-me n'en un troc.* — *Veux-tu de pain ?* — *Voui, p'pa, donnez-me n'en une lèche.* — Il semble naturel de voir dans *lèche* un subst. verbal de *lécher*, la lèche étant si mince qu'elle peut être considérée à l'égal de la trace de la langue. Il n'en est rien. L's du vieux franç. aussi bien que des formes provenç. indique pour origine le vieux haut allem. *lisca*, roseau, laiche, « carex ». La lèche est considérée comme aussi mince qu'une feuille de laiche ou de roseau.

LÈCHE-C.. (parlant par respect). — 1. Individu qui sait gratter la rogne; flagorneur. Je vois bien des gens dans les bonnes places qui n'y ont d'autre titre que celui de ce paragraphe.
     2. Voy. *biscuit.*

LÉCHER. — *Lécher le miel sur l'épine,* Prendre un plaisir dans un moment critique ou dans le malheur. *M. X..., le marchand, va lever le c.. un de ces quatre matins, et sa femme qu'a mis au levain ! — I lèche le miel sur l'épine !*
     S'en lécher les cinq doigts et le pouce. Se dit d'une friandise que l'on apprécie. S'emploie au fig. *La Catherine n'est pas jolie. — Pas jolie ! Je m'en licherais les cinq doigts et le pouce !*

LENCANER (SE). Voy. *lenticaner (se).*

LENDES, s. f. pl. — (Parlant par respect), Œufs de poux. — De *lendem*, même sens.

LENTIBARDANER, v. n. et réfléchi. — Flâner avec « volupeté ». — « Quand on se n'aime, — C'est si canant, — Qu'on va toujours se lentibardanant, » dit la célèbre chanson de Fanchon. — *Hier à soir, l'un de nous, le norable Barthazard Claqueposse, en se lentibardanant sur le quai des Puces...* (*Cirqulaire*). — Composé de *lent* et d'un fictif *bardaner*, fait sur *bardane. Se lentibardaner,* marcher lentement et agréablement à la façon d'une bardane qui se promène. D'ailleurs les bardanes ne sont pas des cerfs.

LENTICANER, v. n. et réfl. — Flâner avec indolence. Ét. Blanc donne la forme *len-caner,* qui me paraît inusité. *C'est jord'hui dimanche. Nous vons nous lenticaner un m'ment vè Saint-Clair.* — Composé de *lent* et d'un fictif *caner,* marcher lentement et en se balançant comme une cane, parce que le flaneur se dandine.

LENTILLÉ, ÉE, adj. — Qui a des taches de rousseur. *La Tiennette serait jolie si elle était pas tant lentillée qu'on dirait une indienne à pois !*

LESSIF, s. m. — *Lessif sec.* C'est le nom que ceux qui veulent bien parler donnent aux cristaux de potasse. Chez maint espicier vous pouviez lire jadis sur un carton pendu : *lessif sec.* On appelle cela plus simplement du *lissieu sec,* mais aujourd'hui tout le monde dit *du cristaux.* — *Lessif* est un masculin fait sur *lessive.* Le *v* final s'est durci en *f* par la spontanéité des lois phonétiques. Comp, *veuf,* de *veuve.*

LEVAIN. — *Mettre au levain,* Devenir enceinte.

LÈVE, s. f., terme de charpenterie. — Tranche d'une pièce de bois enlevée pour l'équarrir. — Subst. verbal de *lever,* au sens d'enlever.

LEVÉE, s. f. — C'est le nom qu'on donne à la corée lorsqu'elle est cuite. A Nyons, on dit *levadette.*

LEVER, v. a. — Enlever. *Lever la petariffe.* Se dit d'un mets très épicé qui emporte le palais. Au figuré : *I nous a dégobillé un discours qui levait la petariffe.*
     Lever le couvert, la nappe, la table. Bien qu'on ne rencontre pas ces expressions dans le dictionnaire, je les crois correctes. *Table* est une métonymie pour « ce qui garnit la table ». On connaît le vers de Boileau : « En vain à lever tout les valets sont fort prompts. »
     Lever le coude. Voy. *coude.*
     Lever la flotte. Voy. *flotte.*

LÈVE-GROIN, s. m. — Fille évaporée qui a toujours le groin en l'air.

LÉVITE, s. f. — Redingote. *Je me suis fait faire une lévite pour ces fêtes.* Ce mot était très courant dans mon enfance.

LÈVRES. — *Des lèvres en rebord de pot de chambre.* Image gracieuse qui n'a pas besoin d'explication.

LEVRETTE, s. f. — Mâche, *valeriana olitoria.* Je ne vois d'autre raison à ce nom, sinon qu'il n'y a pas de raison.

LEZ (lèss), s. m. — Lé, largeur d'une pièce d'étoffe, d'un rouleau de papier peint, etc. — Je ne peux m'expliquer l's finale dans la prononciation que par suite de l'erreur d'orthographe *lez* pour *lé,* puis par la fausse prononciation, *d'après la lecture,* de *ez,* comme dans *Rhodez, Ravez, Buchez, Suez,* etc.

LIACHE, s. f. — Tique des chiens, *ixodes ricinus.* De *lagasta,* forme de *locusta.*

LIAGE, s. f., terme de canuserie. — Lorsque, à la fin d'une pièce, la chaîne va quitter le rouleau de derrière, on passe la soie dans une sorte de pince en bois, qui a la largeur de l'étoffe. Les deux règles qui la composent sont serrées au moyen de *poulets* (voy. ce mot). Cette pince se nomme *liage.* Elle a pour but de maintenir la régularité dans la tension des fils de la dernière longueur.

LIAQUE, s. f. — *Avoir le ventre en liaque,* parlant par respect, L'avoir dérangé. — Onomatopée délicate. Beaucoup de dialectes ont exprimé la chose par des onomatopées du même genre. Comp. le normand *clliche,* même sens.

LIARDS. — *Avoir des liards,* Être riche. *Rochide, est-i si riche comme on dit? — Oh, il a de liards!* Le populaire, pour symboliser la richesse, prend toujours les monnaies les plus petites. Comp. *Avoir des escalins, des espinchaux* (voy. ces mots). *Les liards sont de fois plus amis de la joye que les écus,* disait mon bourgeois. *A deux liards le pot,* A très bon marché. *Il a acheté c'te maison à deux liards le pot. Fendre les liards en quatre,* Être très économe.

LIASSE. — *Une liasse d'oignons,* Une glane d'oignons. *Une liasse de poireaux,* Une botte de poireaux. *Une liasse de pattes,* Une trousse de linge. *Une liasse de clefs,* Un trousseau de clefs.

On a peine à comprendre que des expressions si naturelles ne figurent pas dans les dictionnaires, et, de plus, qu'il faille changer de qualificatif à chacun des objets pour lesquels un qualificatif général convient si bien. Oignons ou poireaux, ils sont toujours en liasse.

LIAUDE. — Claude, nom d'homme. *C'est un Liaude,* C'est un sot, un nigaud. Comp. *Un grand Benoît, Un Jean-Jean, Un Colas,* et le vieux franç. *Un Jeanin,* Un mari trompé. Je crois que le sens péjoratif de certains noms propres vient de ce que ces noms étaient plus spécialement portés par certaines classes inférieures, manants, paysans, etc.

LIAUDE. — Claude, nom de femme. *Le secret de la Liaude,* Le secret de Polichinelle, que tout le monde sait. *Sais-tu que le Benoît va marier la Fanchette? Faut pas le dire. — C'est le secret de la Liaude; ma fenne l'a-t-apprenu hier à la plate.* Liaude est pris au sens de sotte, niaise, qui ne sait rien dissimuler.

LIBOURNE. — *De quel côté que je me tourne, je ne vois que la ville de Libourne.* Se dit lorsqu'on ne voit aucune issue à une situation difficile ou embarrassée. Le dicton, qui me paraît surtout appelé par la rime, doit avoir été importé, car il existe dans la Saintonge.

LICHARD, s. m., LICHOIRE, s. f. — Homme, femme qui aime à faire la noce. — Vieux franç. *lecheor,* glouton, parasite.

LICHECASSE, s. m. — Gourmand. — Composé de *licher* et *casse,* casserole. Mot à mot, Qui lèche les casseroles.

LICHET, s. m. — Petite patte dont on fait une poupée au bout d'un morceau de bois et qui, enduite de graisse blanche, sert à frotter la poêle, à seule fin que matefains et omelettes n'y arrapent pas. Au besoin, cela sert de quindure. — De *licher,* sensiblement, parce que la patte liche la poêle.

LICOTTE, s. f. — Brin d'osier ou d'un arbuste flexible, servant à lier. — Du prov. *liguar,* lier.

LICOU. — *Je ne connais pas l'âne qui n'a pas le licou,* Je ne connais pas le maire quand il n'a pas l'écharpe. Noble parole à la Mirabeau, dite un jour par un bon canut à un maire de la banlieue qui se réclamait de sa magistrature pour faire de l'esbrouffe.

LIÉES. — *Avoir les dents liées*, Les avoir agacées. *J'ai mangé de griottes, j'ai les dents liées. — Faut te les frotter avè de sel. — Liées*, qui ne peuvent pas mordre en liberté.

LIER. — *Il ne sait ni lier ni délier*. Se dit de quelqu'un d'incapable, qui ne sait prendre aucun parti.

LIEUE, s. f. — *Lieue de pays*. Nous la comptons ordinairement pour cinq kilomètres, et la lieue de poste pour quatre. Mais la lieue de pays est comme les mètres en caoutchouc ; elle s'étend indéfiniment. — *Combien de lieues d'ici à Tarare ? — Quatre. Elles ne sont pas larges, mais elles sont longues*. Aimable plaisanterie que l'on fait au voyageur lassé.

LIÈVRE. — *Il est comme les lièvres, il perd la mémoire en courant.*

LIGNEU, LIGNU, s. m. — Ligneul. A l'inverse du franç. nous ne prononçons jamais *l* final. Nous prononçons d'ailleurs comme les cordonniers eux-mêmes.

LIMACES. — Parmi les remèdes populaires en vogue dans mon jeune temps, il faut compter l'avalement des limaces toutes vives. C'était considéré comme infaillible pour les pulmoniques. Bossan, qui joignait à un immense talent un grand faible pour le merveilleux, avait dans sa jeunesse une santé délicate, pour laquelle il consultait souvent une femme de la rue Saint-Jean, que magnétisait un nommé Poulard. Elle lui avait ordonné d'avaler force limaces. Mais tandis que le peuple croyait simplement à une action adoucissante du remède, Bossan m'expliquait que l'efficace consistait surtout dans l'action magnétique exercée par un être descendu vivant dans l'estomac, et dont *on s'assimilait la vie*. Donc nous allions le matin, dans la rosée, nous promener aux Étroits avec une bonbonnière de sucre pilé dans la poche, et malheur aux énormes limaces que l'on rencontrait ! On les saupoudrait, et kiouf ! — J'avoue que, si fortement qu'on m'ait conseillé le remède, je n'ai jamais eu le courage de le tenter. Je préférais tousser.

Limace, Personne lente et molle. *Arrives-tu, limace ?... C'te limace de Pétrus qu'a pas encore rendu !*

LIME. — *Lime douce*. — *Y a la Babet qu'a dit comme ça que la Glaudine en faisait porter à son mari. — C'est assez connu que la Babet est une lime douce*. Pour dire une mauvaise langue, facilement calomnieuse.

LIMOGES, s. m. — Sorte de coton rouge. *Delaïde, achète don du limoges pour marquer mes mouchenez. —* Je suppose que ce fil vient ou est censé venir de Limoges.

LIMONADIER. — *Allons, limonadier de la Passion, porte-nous une bouteille !* Se dit volontiers au cabaretier chez qui l'on va boire. Le limonadier, c'est le soldat qui porta à la bouche de Jésus du fiel mêlé de vinaigre.

LIMOUSIN. — *Manger comme un Limousin*, Manger énormément (comp. *étr.. de Limousin*). Limousin est pour nous synonyme de maçon.

Document de Limousin, parlant par respect. Voy. sous *étr.*.

LINGE. — De par Callet, *Linge à barbe* pour linge à essuyer le rasoir n'est pas correct, il faut dire un *frottoir*. Quoique Littré donne *linge à barbe* avec cette acception, Callet a raison, car le linge à barbe, c'est proprement le linge dont on s'essuie le groin quand la barbe a été faite, et il est bon d'avoir un autre mot pour linge à essuyer le rasoir.

Reconnaître son linge, Le compter en l'examinant quand la buyandière le rapporte.

LINGE-SALE, s. m. — Garde-linge. *Mecieu l'architecte, vous n'oublierez pas de me faire un linge-sale au-dessus des commodités ? — Oui, madame. — Avec une porte qu'on ouvrira en tirant la ficelle, pour que ça soye plus commode pour mettre le linge au sale ? — Oui, madame*. L'expression *mettre le linge au sale* est singulière, car enfin on n'a pas besoin de le mettre au sale, il l'est déjà.

LINGER (SE), v. pr. — Se monter en linge. *Une bôye qu'a de la pourvoyance doit se linger à fleur et à mesure qu'elle gagne quèques liards, pour ne pas se marier sans chemises.*

LIQUERNE, s. f. — Lucarne. « Vous autres, farmé donc la liquerne ; i vient z'un air chanin que l'y gèle le cotivet. » (*Ressit.*)

LIRE, v. a. — *Lire un dessin*, terme de fabrique. Voy. *liseur de dessins*.

LISAGE, s. m., terme de fabrique. — Action de lire un dessin.

LISEUR. — *Liseur de dessins*. C'est lui qui est chargé de percer les cartons de la mécanique conformément à la mise en carte, de façon que les trous laissent pénétrer les aiguilles (voy. ce mot) voulues pour l'exécution du dessin.

LISSE, s. f. , terme de canuserie. — C'est la réunion d'une série de mailles en soie suspendues à une règle de bois qu'on nomme lisseron, et dans lesquelles passent une partie des fils de la chaîne. L'ensemble des lisses constitue le remisse. En levant ou baissant, la lisse élève ou abaisse les fils qu'elle a reçus. — De l'italien *liccia*, de *licium*, trame.

LISSERONS, s. m. pl. — Lattes de bois léger auxquelles sont attachées, haut et bas, les mailles composant la lisse. Le poids du lisseron inférieur fait tenir la lisse tendue. Le lisseron supérieur est suspendu au carète.

LISSIEU, s. m, — Eau des cendres de lessive. *Lissieu séc*, Potasse. *La Catherine est si tellement sale que le jour de ses noces, sa m'man a été obligée de la laver au lissieu, de la racine de la chavasse jusqu'à la planche des pieds. — La propreté du petit Champagne, quoi ! —* De *lixivum*, forme de *lixivium*.

LISTE, s. f. — Bande ou règle de bois mince et plate. Le lisseron est une liste. *Il faut dire au menuisier de mettre une liste à cette porte. —* Vieux haut allem. *lista*, bordure.

LIT. — *Lit d'enfant*, Placenta.

A-plat de lit. Expression très pittoresque pour alité. *Le pauvre Poulachon a croqué une pourmonique. Il est à plat de lit depuis jeudi.*

LITANIE. — Litanie des filles à marier devers chez nous :

Sainte Marie, je vous n'en prie ;
Sainte Colette, je suis toute prête;
Sainte Perpétue, je n'en puis plus.

LITEAU, s. m. — Chez nous, Latte mince, longue et travaillée. *Il faut clouer un liteau contre ce joint de fenêtre pour empêcher l'air de passer.* Ce n'est pas le sens des dictionnaires pour lesquels le liteau paraît être une pièce de bois plus forte, telle qu'une longrine recevant le pied d'un briquetage.

LIVRE. — *Livre de magasin*, Carnet appartenant au canut, et sur lequel le fabricant enregistre au débit les matières livrées au canut, avec leur poids, et au crédit les pièces ou matières rendues. Ce carnet est tenu en double au magasin.

LIVRET, s. m. — Table de Pythagore, *Glaudius, sais-tu ton livret ? — Oui, p'pa. — Combien font 2 fois 3 ? — P'pa, j'en suis pas encore là.*

Le Grand livret, table de Pythagore jusqu'à 12 par 12. Autrefois, *le Grand Messager boiteux de Berne* avait le Grand livret sur la dernière page de la couverture. Heureusement que je n'ai eu à apprendre que le petit livret ; je ne me serais jamais tiré du grand. — De *livret*, petit livre.

LOCATIS, s. m. — Cheval qu'on loue d'un marchand de chevaux pour aller faire une promenade. *Vois don ces chiques cavaliers ! Ça doit être des gones de la haute ! — Te vois pas que c'est de melachons sur de locatis à vingt sous l'heure ! —* Le mot est fait par un savant sur *locatus*.

LOIN. — *Être loin*, être parti. *J'arrive pour pincer ma canante avè le Maquia, mais le gone était déjà loin !* Il n'y a ici d'incorrect que la conduite de la canante, si j'entends que le gone était parti depuis un moment suffisant pour qu'il fût à une assez grande distance. Mais l'idée de distance ne figure pas ordinairement dans la pensée de celui qui emploie la locution. *Le gone était à peine loin quand je suis arrivé*, pour venait de partir, se dit très bien. Cette dérivation du sens de loin est curieuse, quoiqu'on sente qu'elle ait dû s'opérer tout naturellement.

LONE, s. f. — Bras de rivière où l'eau est dormante. Autrefois le Rhône formait, à la Guillotière et à la Mouche, des lônes adorables où se reflétaient les saules et les vourgines. C'est là qu'en sa jeunesse, Allemand venait peindre. — De *lagona*, forme de *lacuna*.

LONG, LONGUE, adj. — Lent, lente. *Le Pierre est si long dans tout ce qu'il fait, qu'après trois ans de mariage, sa femme n'a pas encore mis au levain.* Ce n'est que bien après être arrivé à l'âge d'homme que j'ai su que *long* en ce sens n'était pas français. Non seulement je l'avais écrit, mais je l'avais imprimé, et nous y sommes si accoutumés à Lyon que personne n'y avait vu une faute.

Long feu. — *Je suis allé à Marseille, mais je n'y ai pas fait long feu,* Je n'y ai pas séjourné longtemps. *Long feu,* dans ce sens, ne s'emploie qu'avec la négative. Métaphore du fusil qui fait long feu, c'est-à-dire qui est « long » à partir.

LONGIN. — De notre Pierre de tout à l'heure, on dira : *Son patron est saint Longin.* Saint Longin est, oculairement, le patron des mollasses qui sont « longs » dans ce qu'ils font.

LONGIOLE, s. f. — Se dit de toute chose longue et étroite. *Quand j'ai vu devant moi c'te longiôle de route, la lasse m'a descendu dans les canilles..... As-te vu la fenne à Picotin ! Quelle longiôle !* — Fait sur *long*, avec un suffixe *ole*, devenu *ôle*, sans autre raison apparente qu'une intention comique.

LONGUE-DAME, s. f. — Le médius (voyez sous *cortiaud*).

LONGUEUR, s. f., terme de canuserie. — Partie de la chaine entre le rouleau de derrière et le remisse.

De longueur. S'emploie pour très long. *Le Jean-Marie a un nez de longueur !* Tournure très pittoresque.

LOQUET. — *Avoir le loquet,* Avoir le hoquet. Pour le faire passer, il n'est rien tel qu'une forte surprise. Une fois que je voyais une dame en proie à un violent loquet, je lui dis brusquement : *Vous trompez votre mari !* Malheureusement, cela ne la surprit pas du tout, de sorte qu'elle continua à loqueter tant qu'il plut à Dieu. — De *hoquet* devenu *l'hoquet* par suppression de l'aspiration, puis *le loquet,* comme *l'ierre* est devenu *lierre, le lierre.*

LOQUET, s. m. — Organe de la Jacquard. Ce sont deux lames de fer, armées chacune d'un crochet, qui, en saisissant les tiges de fer de la lanterne, font accomplir au cylin-dre son quart de révolution. — Ces deux loquets sont reliés entre eux par une corde qui est elle-même fixée au battant. Le loquet supérieur fonctionne dans la marche normale. Le loquet inférieur fonctionne lorsqu'on marche à rebours pour défaire une portion d'étoffe mal faite.

LOQUETIÈRE, s. f. — Passe-partout, clef qui ouvre la porte d'entrée (ne pas confondre avec la clef d'allée). — De *loquet,* parce que, primitivement, la loquetière était la clef qui soulevait le loquet. Puis elle a été la clef ouvrant la serrure à pêne mobile. qui se ferme en la poussant, par opposition à la clef de la serrure à pêne dormant. Puis, comme il n'y a quasi plus de serrure sans demi-tour, le sens de loquetière s'est restreint à la clef de la porte extérieure. On trouve déjà *loquetière* au xIVe siècle.

Perdre sa loquetière. Sur ce fâcheux état d'âme, voy. *clef.* Pierre Dupont était superbe lorsque, légèrement en train, il rejetait sa chevelure en arrière et entonnait sur le sublime air d'Orphée (« J'ai perdu mon Eurydice ») : *J'ai perdu ma loquetière !!...*

LOUIS. — *On n'est pas louis, on ne saurait plaire à tout le monde.* Je m'en suis aperçu toute ma vie.

LOUP. — *Je crois ben que la Fanchon a vu peter le loup,* c'est-à-dire connaît l'amour. D'où vient cette bizarre idée ? Est-ce parce que les amoureux, se donnant rendez-vous dans les bois, courent fortune d'y rencontrer des loups et par conséquent de les voir, ou plutôt de les entendre se soulager ?

Beaucoup disent : *Elle a vu peter le loup sur la pierre de bois.* Cette addition ne me parait qu'une forte bêtise. Dans mon enfance elle était inconnue. — Ajoutons cependant qu'au Gourguillon, nous disons couramment : *Elle a vu peter le loup sur la pierre d'évier,* expression qui ne manque pas de saveur.

Connu comme le loup blanc. Se dit d'une chose aussi nouvelle que la soupe à l'oignon. Pour que le proverbe soit exact, il faut qu'il y ait beaucoup de loups blancs. Je n'en ai pourtant jamais vu.

C'est aussi vrai comme il n'y a qu'un loup, c'est-à-dire c'est un mensonge.

Quand on parle du loup, on en voit la queue. Se dit lorsque l'on parle de quelqu'un et qu'il arrive inopinément.

Si vous voulez dompter le loup, mariez-le.
Proverbe énergique pour indiquer que
rien ne résiste à la force féminine. *Un
petit cheveu d'une femme a plus de force que
cent chevaux*, disait mon maître d'apprentissage. Un proverbe italien dit la même
chose, mais trop crûment.

*Des contes à tuer les loups à coups de
bonnet*, c'est-à-dire des contes si sots que
les loups en seraient abrutis au point de
pouvoir les tuer avec cette arme peu dan-
gereuse? Ou bien des contes où l'on tue
les loups de cette façon?

Loup de poivre, Colin-Maillard. Quelle
singulière métaphore!

LOUPE, s. f. — 1. Argile, terre grasse, terre
adhérente. Par extension toute matière
fortement agglutinée. — Origine celtique:
cornique *loob*, vase, limon.

2. Bras-neufs, fainéant, avec un sens très
péjoratif. — Subst. verbal de *louper*.

LOUPER, v. n. — 1. Fainéanter, flâner. Sens
très péjoratif. — Origine german.: norique
lubbaz, « segniter volutari, » flâner; anglais
looby, nigaud, paresseux, pesant. Vieux
franç. *louper*, se livrer à la boisson. —
2. Abîmer ce que l'on façonne.

LOUVE, s. f., terme de construction. — Forte
patte en fer, en forme de queue d'aronde,
que l'on introduit dans un *trou de louve*,
creusé en forme de cône dans une pierre
de taille. La louve est ensuite serrée par
deux coins de fer, et on soulève la pierre
par un câble auquel est accrochée la louve.
Plus le poids est lourd, plus la louve presse
sur les coins. — La façon dont l'instrument
serre est comparée à la morsure tenace
d'une louve.

LOYER. — Autrefois l'on ne changeait pas de
logement comme de chemise, et les familles se perpétuaient souvent dans le
même appartement de père en fils. Lorsque,
dans une maison d'ouvriers, un locataire
avait payé son loyer pendant cinquante
ans, l'usage était qu'il continuât d'habiter
le même local sans rien payer jusqu'à sa
mort. J'ai même vu appliquer l'usage au
bout de quarante ans d'habitation.

LUC. — *Adroit comme l'oiseau de saint Luc.*
Voy. *adroit*.

LUCE. — *Bois de Sainte-Luce*. Bois de Sainte-
Lucie, palissandre. *Lucie* ou *Luce*, ce n'est
pas une affaire.

LUISERNER, v. imp. — *Il luiserne*. Se dit
lorsqu'il fait des échappées de soleil entre
deux nuages. — De *lucernare*.

LUMIÈRE. — *Faire lumière*. N'est pas admis
par les bureaux d'esprit. Voy. *faire*.
Éclairer la lumière. Voy. *éclairer*.

LUNE, s. f. — Lunaison. Humbert blâme
l'emploi de *lune* en ce sens, par exemple
dans la phrase: *Il pleuvra toute cette lune*,
et il ajoute que « c'est une faute générale
dans le Midi ». — *Lune* signifiant *Mois lunaire*, je ne vois pas en quoi son emploi
dans cette circonstance serait incorrect.
La phrase incriminée est égale à: « Il pleuvra tout ce mois lunaire. »

Être dans ses lunes, Être de mauvaise
humeur, avoir des lubies, des humeurs
noires.

LUNÉ. — *Du bois luné*, Du bois coupé en
bonne lune, d'après la croyance populaire
que le choix du quartier de la lune, pour
l'abattage des bois, exerce une grande
influence sur leur conservation. On dit de
même d'un enfant bien réussi, *Un enfant
bien luné*, pour dire qu'il a été semé en
bonne lune. On attribue à la lune bien
d'autres influences, et, sur *le Grand Messager boiteux de Berne*, on lisait, à l'aide
de signes figurés, à certains jours: « Bon
pour se couper les ongles... » — « Bon pour
se couper les cheveux, etc. » Nous avions
même une édition sur laquelle on lisait:
« Bon pour battre sa femme. »

Bois de lune, Bois volé de nuit.

LUS, s. m. — D'après Gras, on dit à Lyon
gros lus, gros farceur. Je n'ai jamais entendu cette expression, qui a d'ailleurs des
congénères en forézien et en provençal.
Elle peut néanmoins exister. Il y a à Lyon
des mots confinés dans certains milieux. —
De *lusare*, forgé sur *lusum*.

LUSES, s. f. pl. — Pierres plates taillées servant à recouvrir les aqueducs, les murs
de clôture, etc. — Du bas latin *lausa*.
Dauphiné, Ardèche et Midi disent *lauses*.
(M. D.)

LUSTUCRU. — Nom amical et familier que
l'on donne volontiers aux petits gones.
Viens çà, Lustucru!

LUXURE, s. f. — Luxe. *J'ai rencontré en rue
Impériale une dame qui conduisait des chevaux de luxure. Elle doit être habituée à
conduire les bêtes.*

LYON. — *Qui perd Lyon perd la raison.*
Femme du Puy, homme de Lyon font bonne maison (voy. *femme*).

Sais-tu lire ? — Non — Sais-tu nager ? — Je suis de Lyon ! Dicton dont les Lyonnais sont très fiers.

LYONNAIS. — *Lyonnais, niais.* C'est un proverbe inventé par nos voisins du Forez, du Dauphiné, de la Bresse, pour se venger de ceux que nous avons faits sur leur compte. — En Poitou, Lyonnais est synonyme de scieur de long.

LYONNAISE (LA). — C'est la Marseillaise de Lyon, qu'un grand poète anonyme a faite en 1848, et qu'on chantait avec enthousiasme. Elle rend l'esprit lyonnais tout entier dans sa pureté et dans sa bonhomie. Rien de plus amical, de plus pacifique, de moins sanguinaire que cette Marseillaise d'un nouveau genre, surtout lorsqu'elle est chantée avec un fort accent canut :

> *Aux armes, Ly-onnais !*
> *Égalité z'et Paix !*
> *Marchons, marchons, bons citoyens !*
> *Amis republicaiñs !*

M

MACHECROUTE. — 1, s. f. Énorme mannequin que l'on portait jadis à notre carnaval. « C'estoit, dit le tant gracieux Rabelais, une Effigie monstrueuse, ridicule, hideuse, et terrible aulx petits enfans, ayant les œilz plus grands que le ventre, et la teste plus grosse que tout le reste du corps, avecque amples, larges et horrificques maschoüeres bien endentelées tant au dessus comme au dessoubs : lesquelles avecques l'engin d'une petite chorde cachée... l'on faisoit l'une contre l'aultre terrificquement cliqueter. » Le Duchat dit en note : « On ne la porte plus à Lyon, quoiqu'on y en parle encore, et qu'on y menace les enfans de les faire manger à la *Maschecroute.* » La Mâchecroûte était évidemment un souvenir du *Manducus* latin, d'après Plaute et Festus mannequin pourvu de mâchoires et de dents énormes, qu'on promenait dans certains jeux publics. La tradition, comme le mot, est complètement oubliée.

2. s. m. Instrument en fer, composé d'un levier denté et d'une partie fixe, qui servait à briser la croûte du pain pour les vieillards sans dents. Il ressemblait à l'instrument dont on se sert pour mâcher et amollir les bouchons. Depuis soixante ans, c'est-à-dire depuis qu'on fait des fausses dents, l'instrument est hors d'usage.

MACHÉ. — *Avoir les yeux mâchés.* Se dit lorsqu'on a les yeux cernés, battus. *J'ai vu la fenne de M. Bardanet, que s'est marié samedi. — Est-elle jolie ? — Elle serait pas mal, si elle avait pas les yeux mâchés.*

MACHILLER, MACHOUILLER, v. n. — Manger sans goût, sans appétit, en retournant les morceaux dans la bouche sans les avaler. — Fréquentatif de *mâcher.*

MACHILLÈRE. — *Dent mâchillère,* Dent mâchelière. Le Lyonnais ayant le verbe *mâchiller,* il a substitué tout naturellement *mâchillère* à *mâchelière,* d'ailleurs peu compréhensible, car il devrait être *mâchière.*

MACHIN. — Mot bien agréable pour ceux qui n'ont pas la mémoire prompte : *Parnon, prête-me don ton machin ? — Quoi don ? — Ton couteau, pardine !.... Tonine, fais-nous don manger de machins, ce soir !..... Bargeois, y a M. Machin qu'est venu vous demander; j'y ai dit que vous étiez chez M. Chose,* et ainsi de suite.

MACHON, s. m. — Bon repas, forte noce. Au fig. Morceau, chose difficile à dire. « Enfin, elle se voit feurcé de li déclarer le mâchon. » (*La Sedution.*)

MACHOUILLER. Voy. *mâchiller.*

MACLE, s. m. — Le plus souvent, colique néphrétique. — De *masculum,* parce que la pierre est une maladie particulière à l'homme, la femme pouvant facilement évacuer le calcul. De la maladie de la pierre le sens s'est étendu à colique néphrétique, quoique la colique néphrétique atteigne aussi la femme. Puis de colique néphrétique le sens s'est étendu aux maux agissant par crises, comme l'asthme, l'emphysème, etc. Le père Trouillas, dont j'ai parlé au mot *grâces*, était sujet à ce genre de mâcle et prenait de terribles accès de toux suffocante. La mère Trouillas se précipitait, et lui faisait vite « une infusion de *poivre assorti* » (historique), qui « arrêtait le mâcle ». Par ainsi, il a pu vivre jusqu'à sa mort.

MADELEINE, s. f. — *Mantis religiosa*. Insecte. Ainsi nommée par le même motif qui l'a fait nommer en français mante religieuse, c'est-à-dire parce qu'elle joint ses deux pattes de devant dans l'attitude de la prière. On y a vu la figure de la Madeleine repentante. En dépit de leurs habitudes de piété, les madeleines font des piqûres terribles, quoique, à la vérité, non venimeuses.

MAGNIN, s. m. — Chaudronnier ambulant. Les magnins viennent tous d'Auvergne. Lorsque le ciel est très noir, très chargé, on dit parfois *Qu'il va pleuvoir des magnins*, pour autant que les magnins sont mâchurés. — De *machinarius*, avec substitution du suffixe *anus* à *arius*.

MAGNONS, s. m. pl. — Vers à soie. — De *meigna*, petite famille, petits enfants ; du vieux franç. *mesnie* (*mansionata*). Le nom a été donné sous l'influence d'idée d'élevage.

MAIGRE, s. m., terme de taille de pierre. — *Cette pierre a du maigre*, c'est-à-dire que ses dimensions sont un peu plus faibles que celles déterminées par le plan.
Avoir les yeux bordés de maigre de jambon. Vaut autant à dire comme bordés d'anchois (voy. *anchois*).

MAIGRIR, v. a. — Tous ceux qui se sont donné mission de réformer les locutions provinciales, les Humbert, les Grangier, les Bonhote, etc., ont proscrit cette phrase : *La maladie t'a maigri*, maigrir ne pouvant être employé au sens actif. Ils avaient raison lorsqu'ils écrivaient, mais, dans sa dernière édition, l'Académie donne cet exemple : *Sa longue barbe le maigrit*.

MAILLE, s. f. — 1. Câble pour le halage des bateaux. *Tira la mailli !* C'est le cri qui, jadis, retentissait à chaque instant du bateau en tête des trains que halaient d'interminables coubles de chevaux herculéens.
2. Terme de canuserie, Boucles de soie dont la réunion compose la lisse (voy. ce mot), et dans lesquelles passent les fils de la chaîne. Il y a diverses espèces de mailles suivant la disposition de la boucle : la *maille à crochet*, la *maille à coulisse*, la *maille à culotte*. — De *macula*.

MAILLÉ. — *Du sang maillé*, en parlant du sang amassé sous la peau par suite d'une contusion. — De *mailler* (voy. ce mot).

MAILLER, v. a. — Tordre, froisser, marteler. *Mailler une riôte*, tordre un osier afin d'en assouplir les fibres avant de s'en servir comme d'un lien. — Du vieux franç. *mailler*, frapper avec un maillet, un marteau, etc., lui-même de *mail*, masse de bois.

MAILLETTE, s. f. — Câble moins gros que la maille. C'est le petit câble des barquettes, que l'on *remontait à la maillette*, c'est-à-dire en les halant au moyen de chevaux.

MAILLOCHE, s. f., MAILLOCHON, s. m. — Très gros maillet.

MAILLON, s. m., terme de montage de métier pour façonnés. — Petit œil de verre qui comprend plusieurs trous pour recevoir un ou plusieurs fils de la chaîne. L'ensemble des maillons remplace le remisse usité dans l'uni. Voici les noms de quelques espèces de maillons par ordre de grosseur.
1. Maillon dit CAFARD, pour les articles *perles* appelés *gouttes d'eau*. C'est un maillon énorme, qu'avec beaucoup de bonne volonté on peut comparer à un cafard.
2. Maillon dit CAFARD, pour les articles *perles* ordinaires. On peut comparer celui-ci à un jeune cafard qui n'a pas encore atteint sa majorité.
3. Maillon dit SABOT, pour les articles *gaze*. C'est dans ce maillon que passe le fil de la *culotte*. — De ce qu'il a la forme approximative d'un sabot.
4. Maillon pour les articles *meubles*. Quelques-uns ont jusqu'à 12 trous, permettant de passer 10 fils.
5. Maillon *ordinaire*, pour tous les articles façonnés, avec ou sans lisses.

6. Maillon ordinaire, dit ꜰᴜᴄᴇ, pour les articles bien confus (voy. ce mot), de 12,000 à 20,000 maillons en 60 ou 70 centimètres de largeur. — C'est si ressemblant qu'on va pour l'écraser avec l'ongle.

Tous ces maillons sont appondus par le trou supérieur au *fil de maille* (voy. ce mot), et le trou inférieur sert à recevoir le fil auquel est appondu le plomb tréfilé dont le poids tient l'ensemble tendu. L'ensemble des maillons se nomme *corps*. Par extension on donne le nom de maillon à l'appareil tout entier composé du maillon en verre, du fil de maille et du plomb.

MAIN. — *Prêter la main*, Aider, donner un coup de main. Un brave homme me disait : *Couyôrd est un be n'ami ; il m'a prêté la main pour tous mes enfants.* Il entendait qu'il leur était venu en aide. — *Se prêter la main*, S'aider tour à tour dans un travail, un embarras, une difficulté.

Avoir mal à la main qui donne, Être large des épaules.

Il n'y en a que pour une main tournée, Ce sera fait dans un instant.

Avoir des mains de beurre, Avoir les mains malheureuses pour la casse, le beurre étant glissant.

Une main lave l'autre, Un bon procédé en vaut un autre. *Il a donné une jolie montre en or à sa mère, elle y fait un joli miaillon : une main lave l'autre.*

Avoir des mains de m.... (parlant par respect), N'avoir point de moigne, avoir les mains sans aucune vigueur.

MAIN, terme de soierie. — Voy. *Metteuse en mains*.

MAIN-COURANTE, s. f., terme de menuiserie. — C'est une barre, ronde ou profilée, ordinairement en noyer poli, qu'on fixe sur une balustrade en fer, pour que la main ne soit pas en contact avec le fer. Molard proscrit le mot et ajoute : « Dites *rampe*. » En quoi il se trompe de gros, la rampe étant la balustrade elle-même (voy. l'Académie). Main-courante est un terme technique très bien fait, qu'il serait impossible de remplacer.

Le mot propre est *main coulante ;* on le trouve dans Littré. Il a été déformé par le populaire parisien.

MAIN-MORTE, s. f. — Droit de mutation par suite de décès. Un brave homme de mes amis, se sentant très malade, disait à sa femme : *Tiens, va donc tout de suite payer la main-morte. Ça sera ça de fait. En passant tu préviendras la mairie que ce sera pour ce soir.*

MAIRE. — *Le maire de Vaise.* C'est sous ce nom que tous les Lyonnais connaissent le neuf de pique. En général la couleur pique a un caractère péjoratif : comp. *le Polignac*, le valet de pique. Pourquoi a-t-on identifié le neuf de pique avec le maire de Vaise ? On prétend que c'était une plaisanterie inventée au cercle des Marquants (voy. ce mot) à propos du maire de Vaise qui avait précisément fondé le cercle.

Terme employé par les gones dans certains jeux : *C'est toi qui es maire.* C'est celui auquel le sort a été contraire en déguillant.

MAIS, adv. de comparaison indiquant la quantité, et représenté en franç. par Plus. *Depuis mai de trois semaines...* (*Deputation des vieux canus.*) — A Saint-Laurent-d'Agny, où je fus en nourrice, il y avait une brave femme, la mère X..., fort sourde, qui offrait un dimanche le pain bénit. Elle était à genoux, fort dévotement, son cierge à la main. lorsqu'il lui échappa un sonnet. Sa surdité l'empêcha de rien entendre, mais tous les voisins se prirent à rire. La bonne femme crut qu'on se moquait d'elle, à cause que son pain bénit était trop petit : *Riyi, riyi. vos outres !* s'écria-t-elle ; *si j'avians t'ayu mais de pôle, je l'aurians ben fait plus grous !* — De *magis*.

MAISON. — *Une maison de confiance*, Une maison de commerce de toute loyauté. Au fig. *Dîne-t-on bien chez M. X...? — Oh, c'est une maison de confiance!*

Avoir trois maisons à Lyon. Voy. *hôpital*.

MAITRE. — *Maître de danse.* Molard ajoute : « Dites *maître à danser.* » C'est absurde. *Maître de danse ou maître à danser*, dit Littré.

Il est maître quand il est tout seul (parce que sa femme porte les culottes).

Maître de métier. On n'ignore pas que c'étaient des « délégués », comme on dirait aujourd'hui, des corporations d'artisans, tant pour la nomination des conseillers de ville, que pour la surveillance des travaux dans chaque corporation.

Par où nous voyons que dès le xv⁰ siècle
le calembour par approximation florissait
à Lyon, car en 1420 un boucher, nommé
Gobier, fit deux jours de prison et paya
l'amende « pour ce qu'il avoit dit villenie
à Jehan Michiel, maistre du mestier des
bochiers de Lion. en lui appelans *maistre
de merdier* ».

Avoir son métier pour maître. — 1. Se
dit dans la canuserie de l'ouvrier qui possède en propre son métier avec tous ses
harnais.

2. Se dit aussi de l'ouvrier qui moyennant une redevance mensuelle au chef
d'atelier, représentant le loyer du métier
et du local, travaille comme si le métier
lui appartenait. Il paie son dévidage, son
tordage, etc., et touche au magasin la
façon complète, tandis que le compagnon
n'en touche que la moitié, mais est exo-
néré des frais.

MAITRILLONNER, v. n. — Vouloir faire le
maître, imposer sa volonté. — Fait sur
maître, avec un joli suffixe fréquentatif.

MAJEURE. — « *Tierce majeure ;* dites *tierce
major.* » (Molard.) — Depuis Molard, *tierce
major* est devenu un archaïsme, et *tierce
majeure* a prévalu, non sans raison, semble-t-il, car le mot est plus conforme au
génie de la langue.

MAJOR. — C'est le nom que nous donnons
au chirurgien en chef de l'Hôtel-Dieu. *Il
a été nommé major de l'Hôpital.* Quelques-
uns disent aussi *le major de la Charité,*
et *le major de l'Antiquaille,* mais c'est une
extension.

MAL. — *Se donner du mal,* Se donner beaucoup de peine, beaucoup de fatigue. Nous
connaissions un monsieur qui plaidait en
séparation. *Hum,* disait mon maître d'apprentissage (j'ai déjà eu occasion de faire
remarquer qu'il était philosophe), *c'est se
donner bien du mal pour se faire déclarer
c...*

Être mal en train, Être mal dispos.

D'après Humbert, *Se faire mal,* Se blesser (*elle s'est fait mal au doigt*) n'est pas
français. Ces « savants » en décident bien
lestement. « La bise de Grignan me fait
mal à votre poitrine, » écrivait M⁰⁰ de
Sévigné. « Sous prétexte que je me fais
mal aux yeux, » écrit-elle ailleurs.

Avoir du mal, des plaies, des ulcères.
*Le pauvre enfant a du mal par tout le
corps.*

*Le mal vient à cheval et se retourne
de pied,* La maladie vient avec rapidité et
s'en va lentement.

Avoir mal à la main qui donne. Voyez
main.

Pas mal, pour Un assez bon nombre,
n'est nulle part signalé par les censeurs.
En dépit de Littré, qui cite l'exemple : *Il
n'y avait pas mal de curieux,* pas mal, en
ce sens, me semble un gros barbarisme.
L'emploi de la locution est inexplicable.

Penser mal de quelqu'un. Un de mes
amis avait pour principe qu'on ne doit
jamais penser mal de personne. Il était
si à cheval là-dessus qu'il me disait un
jour : *Je prendrais ma femme sur le fait
que je ne voudrais pas penser mal d'elle,
je penserais plutôt qu'elle ne l'a pas fait
par exprès.* — Cette expression ne paraît
pas absolument correcte, encore bien que
La Bruyère l'ait employée. Je crois qu'un
puriste dirait « Penser du mal de quelqu'un. »

MALADE. — *Un temps malade,* Un temps qui,
sans être couvert, présage une pluie plus
ou moins éloignée. Métaphore très pittoresque.

Si vous êtes malade, disait mon maître
d'apprentissage, dit le Sage de Saint-Irénée, *c'est pas une raison, parlant par respect, pour embrener les autres de votre
ricle ; d'autant que ça ne vous désembre-
nerait pas.*

Tout malade, légèrement brouillé ou
indisposé, à l'inverse de *bien fatigué* qui
veut dire gravement atteint : *Que don
que t'as, que te ne dis rien ? — Sais pas,
suis tout malade.*

MALADIE. — Humbert, qui avait l'esprit
beaucoup plus compréhensif que Molard,
écrit : « L'expression *Faire une maladie*
est si répandue, si claire et si commode
qu'elle mériterait presque d'être française. » Son vœu n'a point été exaucé, et
l'Académie n'a pas admis cette locution
fort bizarre (car on ne voit guère comment on s'y prendrait pour fabriquer une
maladie). En revanche Littré l'a recueillie,
en s'appuyant sur un exemple de Rousseau, sans songer peut-être que Rousseau
n'avait fait qu'user d'un des nombreux
idiotismes genevois dont il est coutumier.

MALADIER, v. n. — Faire une maladie. *Il
est remis, mais il a maladié trois mois.* —
Dérivé très logique de *maladie.* Il était

d'ailleurs usité au xv⁰-xvi⁰ siècle, et l'on s'étonne que la langue littéraire ne l'ait pas conservé.

MALAGAUCHE, adj. — Plaisante interversion, en manière de calembour, pour renforcer le sens de *maladroite, maladroit.*

MALAISANCE, s. f. — Difficulté, gêne. Très joli mot dont Montaigne usait, et qui est encore fort utile à nos maçons : 1° *Posé une conche avec difficulté... tant* (le prix est doublé) ; 2° *Pour la malaisance... tant* (le prix est redoublé·, etc., etc. — On dit aussi *Être dans la malaisance*, Être dans la gêne.

MALAISE, adj. des 2 g. — *Je suis tout malaise*, Je ne me sens pas bien portant. — C'est *aise*, adjectif, avec un préfixe négatif, comme dans *mal content, mal commode*, etc.

MALAISÉE, s. f. — Je connaissais un bonhomme qui n'appelait sa femme que la Malaisée (quand elle n'y était pas). *Où est donc ta femme ?* — *La Malaisée est à vêpres.* Ou bien : *Il faut que je me sauve ; la Malaisée va rentrer, et elle rognerait*, et ainsi du reste. Je croyais à une invention plaisante du bonhomme, mais qu'elle n'a pas été ma surprise en trouvant que, dans le patois de la Saintonge, la femme s'appelle *la Malaise.*

MALANDRE, s. f. — Maladie épidémique, par extension plaie, ulcère. « Et n'eusse été quelque malandre. — Que je peschay dans la calandre... » dit, au xvii⁰ siècle, *la Bernarda.* — Vieux franç. *malandre*, lèpre.

MALANDRU, USE, adj. — Teigneux, râcheux, qui a des ulcères.

MAL COMMODE, MAL COMPLAISANT. — Pour Incommode, pour Sans complaisance, et d'autres semblables. Le moyen âge avait beaucoup de mots où *mal* était placé devant des adjectifs pour indiquer le contraire du thème : *maldisant, malduit, malcréant*, etc. Nous en avons gardé trace dans le proverbe : *Qui s'attend à l'écuelle d'autrui est souvent mal dîné.* Ce préfixe *mal* a beaucoup plus de force que le préfixe négatif ordinaire *in.*

MAL DE SAINT JEAN. — Mal caduc. Au moyen âge beaucoup de maux prenaient le nom du saint communément invoqué pour leur guérison : *Mal de saint Roch, Mal de sainte Marguerite, Mal de saint Cyr, mal de saint Men*, etc.

MALET. — *S'acheter un paletot chez Malet*, Mourir. *Je crois bien que je n'ai plus qu'à m'acheter un paletot chez Malet*, dit parfois un pauvre malade qui se désespère. Malet était un fabricant de cercueils, dont la raison de commerce existe encore.

MALHEUR. — *Ça me f...iche malheur.* Se dit quand un événement vous est désagréable. Il est un peu bas.

MALHEUREUX. — *Malheureux comme les pierres.* Dicton continuellement répété, et cependant peu exact, car les pierres me font l'effet d'être ce qu'il y a de plus heureux dans la création.

MALIN. — *Un Malin de la rue de la Plume.* Ce dicton que, dans mon enfance, on redisait encore en plaisantant aux marchands de la rue de la Plume, quand on y achetait quelque chose, a disparu longtemps avant la rue elle-même, supprimée par le percement de la rue Impériale.
Maline, pour Maligne. On ne peut refuser à ce mot le mérite d'être formé de façon absolument régulière, *Maline* est à *malin* ce qu'*orpheline* est à *orphelin, saline* à *salin, sanguine* à *sanguin*, etc.
Malin comme un jicle. Voy. *jicle.*

MAMAU, adv. — *Faire mamau*, Faire du mal. *Je peux pas boire d'eau, ça me fait mamau.* Mot enfantin qui représente *mal-mal*, et qui est un reste du patois.

MAMI, s. m. — 1. Poupon. *Vous avez là un joli mami, qu'est tout plein drôle !* — Fait sur *ami* avec répétition enfantine, à l'initiale, de l'*m* médiale.
2. Nom propre : Maurice. Qui ne connaissait à Lyon le brave Mami Marmet, le petit-fils de François Marmet, le borgne, qui tint si longtemps les bêches ?

MANCHES. — *Avoir les jambes en manches de veste.* Voy. *jambes.*
C'est une autre paire de manches ! L'affaire est autrement difficultueuse, importante, qu'on ne pensait.

MANDARE, s. f. — *Il est venu une mandare*, Une pauvresse déguenillée, de mauvaise mine, susceptible de quelque mauvais coup. Par extension, se dit quelquefois d'un homme. — Même origine que *mandrille*.

MANDRILLE, s. m. — 1. Vagabond, gueux, vaurien. Se dit spécialement d'un gueux dont les vêtements sont dépenaillés.

2. Guenilles. *Fais-me don le plési de jeter la mandrille de robe aux vieilles pattes !*

3. Épouvantail de chenevière.

Du provençal *mandre*, mendiant, truant, pendard. A la racine *mandre* s'est ajouté un suffixe diminutif *ille*, on a eu ainsi la seconde partie du mot : *drille. Drille* signifiant chiffon, le mot a pris partout, à côté du sens de 1, le sens de haillons, guenilles. C'est ainsi qu'en Normandie *mandrille* signifie vêtements en guenilles. Le sens de 3 se tire naturellement des sens 1 et 2.

MANDRIN, s. m. — *Un mandrin*, Un pillard. un maraudeur. — Souvenir du célèbre Mandrin.

MANÉCANTERIE, s. f. — 1. École cathédrale, aujourd'hui dite le Petit séminaire de Saint-Jean.

2. Bâtiment du xᵉ ou xiᵉ siècle, voisin de la cathédrale, et qui servait autrefois au logement des clercs de l'école cathédrale. — De *mane cantare*.

MANÉCANTIER, s. m. — 1. Élève de l'école cathédrale.

2. Par extension Élève des écoles cléricales de paroisses ou écoles des clergeons. Mot tombé en désuétude, mais encore d'un usage courant à Belley, par exemple. — Forme savante de *mane cantarius*.

MANETTE, s. f. — Anse, poignée d'un tiroir, d'un objet quelconque. — De *manus*. Manette, petite main.

MANGER. — *Manger une commission*, L'oublier. LA FEMME : *J'avais dit à la Gustine de me rapporter des bugnes ; elle a mangé la commission.* — LE MARI : *Des fois que te pourrais ben dire vrai ! Hi ! hi ! hi !*

Manger de l'argent. Hélas ! on n'a que trop d'occasions de répéter le dicton !

Il mange le bon Dieu le matin et il rend le diable le soir. Se dit de quelqu'un que la dévotion ne rend pas meilleur.

Manger les salades par le trognon, Être au cimetière.

Se manger, Se ruiner. Un brave canut se désolait de la mortè. *C'est guignolant,* disait-il, *on s'en...quiquine, et puis qu'après se mange !*

MANGILLER, v. n. — Manger sans appétit, sans plaisir, et en en prenant très peu de nourriture. *La pauvre Dédèle est malade. Elle a voulu se mettre à table, mais elle n'a fait que mangiller.*

MANICLE, s. f. — 1. Manique.

2. Partie, au sens de profession. *Il est de la manicle*, Il est de la partie. *C'est un enfant de la manicle.* — En octobre 1847, nous revenions de Valence, sur le bateau à vapeur, avec ce pauvre Musson, vêtus de nos blouses coutumières. Sur le pont du bateau, nous liâmes conversation avec un Lyonnais, ouvrier menuisier, qui nous prit pour des coteries de la même profession. *En vous entendant parler,* nous dit-il, *j'ai bien vu tout de suite que vous étiez de la manicle.*

3. Manière, tour, ruse. *Je connais la manicle... Il y a quelque manicle là-dessous.*

Vieux franc. *manicle*. de *manicula*.

MANIÈRE. — *De manière à ce que.* Voy. *façon.*

MANILLE, s. f. — 1. Même sens que *manette*.

2. Anneau de fer qui est au bout de la corde des cloches, et dont le sonneur se saisit pour tirer la corde. De là le patois *manillier*, sonneur, — De *manicula*.

MANILLON, s. m. — *Un manillon de clefs*, Un trousseau de clefs. — Fait sur *manille.*

MANNE, s. f. — 1. Limon, spécialement le limon fétide qui se trouve au fond des boutasses.

2. Terme de maçonnerie, Argile qui se trouve quelquefois mêlée au sable. *Ce sable ne vaut rien, il y a de la manne.* Le bon Paradin écrit *meynne.* A propos des inondations qui eurent lieu vers 570, il dit : « Le pis fut qu'estant les eaux retirées, l'on trouua les caues, et maisons tant pleines, et combles de vase, de boue et de *meynne*, qu'on ne les pouuoit vuyder, sinon auec frais inestimables. » Du français *marne*, avec chute de *r*, probablement sous l'influence de *manne*, résine, substance adhésive.

MANQUABLEMENT, adv. — Immanquablement, inévitablement. Cette aphérèse de *in*, quoique singulière, n'est pas sans exemple. En patois, *différent* veut dire *indifférent*. Dans une pièce patoise, un homme a trois filles « qui ne sont pas différentes », c'est-à-dire trois filles qui ne sont pas indifférentes ; mais il faut remarquer que trois filles qui ne sont pas indifférentes, c'est une métonymie pour « trois filles pour lesquelles l'on n'est pas indifférent ». — Cette série de mots pris les uns pour les autres est fort drôle.

MANQUE, s. f. — *Depuis que vous êtes parti, vous m'êtes de manque*. Cette locution est très expressive.

MANQUER, v. a. — 1. Manquer de respect, être impoli, grossier. *Ne vous laissez pas manquer*, Ne souffrez pas que l'on vous manque, sous-entendu « de respect ».
2. Faire faillite. *M. X... vient de manquer*, Il vient de faire faillite. Comp. l'anglais *to fail*. — On dirait plus élégamment : « M. X... vient de lever le c... »

MANTIL (manti), s. m. — Nappe. Un petit gone ramené de nourrice fut saisi, en voyant, à la table de son papa, une nappe blanche avec de l'argenterie dessus, qui brillait. Aussi passait-il doucement sa main sur la nappe, en répétant avec admiration : *O lo biau manti ! lo biau manti ! Lo manti de mon pôre* (nourricier) *équiet tot salopo, tot mardu !* — De *mantil*, de *mantum*.

MARABOUT, s. m. — Coquemart à gros ventre, terminé par un couvercle à coqueluchon. Il est en cuivre, étamé par dedans. Nom donné du temps que les turqueries étaient en faveur. On a vu je ne sais quelle vague ressemblance avec la chapelle ou tombeau dénommé marabout.

MARCHAND, s. m. — C'est le nom que le canut donne au négociant qui fait fabriquer les étoffes de soie. « Mais un canut peut bien dire — Que son marchand est un chien, » dit une chanson canuse.

MARCHANDE. — Molard ne veut pas qu'on dise *Marchande d'herbes*, mais *herbière*. Enfantillage ! Il constate lui-même que l'Acad. dit *vendeuse d'herbes*. Qu'est-ce qu'une vendeuse, sinon une marchande ?

MARCHANDISE. — *Il y a de la marchandise*. Se dit en parlant d'une grosse femme, « aux puissantes mamelles » comme la célèbre République de Jules Barbier. *As-tu entendu l'Alboni ? quelle voix — Oh oui ! et puis qu'y a de la marchandise !*

MARCHÉ. — *Faire son marché*, Acheter les provisions de ménage pour la journée. On ne fait son marché que le matin, manquablement, quoique ce soit des fois sans aller au marché proprement dit.

MARCHES, s. f. pl. — Pédales du métier de canut. — *Remettre en marches*, Reprendre le travail. *Enfin, le mardi, il a dessoûlé, et a remis en marches... Remettre sur les marches*, Réconforter, ravigoter, guérir. *J'ai fait une grande maladie, mais M. Chrétien m'a remis sur les marches.*

MARCHEUR, s. m. — Encore une nouvelle invention ! C'est un appareil qui dispense le canut de pousser le battant, comme déjà on l'avait dispensé de pousser la navette. On s'en sert surtout pour le taffetas. Manquablement le *marcheur* est actionné par les *marches*. Si l'on avait raconté ça à mon bourgeois !... Il aurait répondu « Vous couyonnez ! »

MARCHON, s. m. — Chantier sur lequel on place les tonneaux. S'emploie surtout au pluriel, les marchons étant accouplés. — De *marche*, au sens de marche d'escalier, degré.

MARCOURER (SE), SE MERCURER, v. r. — Se ronger de chagrin, se maucœurer. S'emploie quelquefois au sens actif. *Allons, allons, faut pas te marcourer le menillon !* Il ne faut pas te faire mal à l'estomac à force de te désespérer. Lorsque ma bonne mère me voyait quelque petit ennui : *Ne va pas te mercurer pour ça !* me disait-elle. — De *male* et *cor*, franç *se maucœurer*. Quant à se *mercurer*, quelque bizarre que cela paraisse, on a certainement fait une confusion avec *mercure*.

MARDOUS, MARDU (parlant par respect), — Terme d'amitié que l'on donne à un petit mami. *Est-ce que c'est à vous, ce joli petit mardous ?* Ou bien : *Venez me coquer, petit mardu !* Le français *merdeux* serait impoli.

MARELLE, s. f. — Poule d'eau, *fulica chloropus*. — Probablement pour *morelle*, féminin du vieux franç. *moreau*, noir, parce que l'oiseau est très brun, et même noir, quoique avec des blancs aux cuisses.

MARGAGNE, s. f. — Boue visqueuse, tirante, adhérente. *J'ai voulu passer par le champ. Y avait mouillé. La margagne m'a tiré mes grollons comme avè un tire-botte.* — De *marga*.

MARGAGNÉ, ÉE, adj. — Meurtri, ie. *Il a le groin tout margagné,* Il a le visage tout abîmé. *Marie, quand vous achetez des poires, faites donc attention qu'elles soyent pas margagnées!* — *Mecieu, c'est le petit Jouanni que s'est assis dessus.* — D'un radical *mag, mang* qui, dans toutes les langues germaniques, a le sens d'estropiement, mutilation, tare.

MARGAGNEUX, EUSE, adj. — Qui a de la margagne. S'emploie au fig. A Sainte-Foy, quand j'avais aidé la maman à faire de la confiture d'abricots, j'avais les mains tout margagneuses.

MARGAILLAT, s. m. — Gros crachat visqueux et épais. Une des choses qui ont contribué à m'empêcher de prendre l'habitude des cafés, qu'ont tant de gens, c'est l'horreur des margaillats que les fumeurs y font attenant. — De *marga*, avec le suff. *at* et l'insertion de la syllabe péjorative *aill*.

MARGAUDE, s. f. — Femme de mauvaise vie. — Renferme un radical *mag, marg*, exprimant le sens d'infecter, de gâter, avec le suffixe péjoratif *aude*.

MARGAUDER, v. n. — Hanter les femmes de mauvaise vie, mener une vie de débauche, s'abîmer par la débauche. « Et te seras tu exposé à margauder avéc c'te chipie de Constitution. » (*Guignol député.*)

MARGOT, s. f. — 1. Pie. La femme: *Mon ami, as-tu fait bonne chasse pour nos invités de demain ?* — Le mari : *J'ai tué une margot.* 2. Femme qui s'enivre. *Qu'est donc que tout ce bacchanal ?* — *C'est deux margots que se sont empoignées par la chavasse.* — Du nom de *Margot* (Marguerite), donné d'abord aux pies privées.

MARGOTON, s. f. — Femme de mauvaise vie. Comp. *Margot*, femme qui s'enivre.

MARGOTTE s. f. — Marcotte, — De *mergum.* Le lyonnais est plus régulier que le français, où *g* est remonté à *c*.

MARGOUILLAT, s. f. — Flaque d'eau sale, mare fétide. Le père Charabotte, qui voulait toujours franchicoter, arrive un jour à l'atelier le dos recouvert d'une vraie cuirasse de margagne. — A nos questions compatissantes, il répondit *qu'il avait chu dans un cloître.* — *Un cloître,* lui dis-je, *qu'est-ce que c'est que ça ?* — *Un margouillat, pardine ! Vous ne comprenez don pas le français !* — De *marga.* Voy. *margagne* et comp. *margouillis.*

MARGOULIN, s. m. — Colporteur. Par extension, un pacan, un homme grossier. *Ousque don que l'as acheté ces tire-jus ?* — *C'est un margoulin que me les a vendus.* — *Mais c'est du coton !* — *J'y ai bien dit, mais i m'a garanti que c'était du coton électrique, une nouvelle évention que c'est beaucoup meilleur que le fil, mais aussi que c'est plus cher.* — *Te crois ça, toi, grand Benoît ?* — *Mais pisque y a le fil électrique, i peut ben y avoir le coton électrique !*

MARIE. — *Marie Graillon, Marie Guenillon.* Voy. *Graillon, Guenillon.*

MARIER. — Épouser. S'emploie au sens actif. *Le Claudius a marié la Téfanny,* Il a épousé la Stéphanie.

MARINGOTE, s. f. — Cochard la définit : « Voiture légère à deux roues, très en usage sur la route de Paris. » — On me dit qu'au temps des rouliers, c'était une voiture légère, à un seul cheval, qui suivait les voitures des rouliers. Chaque train de roulier avait sa maringote. Je ne comprends pas bien quel en était l'usage dans cette circonstance. Peut-être était-elle destinée aux provisions et aux bagages des rouliers. — Cochard dit qu'on les nomme ainsi parce que les premières se sont faites à *Maringues*, en Auvergne. Aujourd'hui, la maringote, très usitée en Bourgogne, est, m'assure-t-on, une jardinière un peu élevée dont le conducteur s'assoit sur le plancher même de la voiture, les pieds reposant dans un caisson. En tout cas la maringote n'est qu'une variété de la jardinière.

MARION BOMBÉE. — Grosse réjouie, à formes rondes et à devanture en saillie. — C'est un curieux exemple de corruption de sens. Le mot primitif était *Marie Bon-Bec*, grande parleuse, et surtout harengère, qui a passé, suivant la prononciation lyonnaise. à *Marion Bombè*, puis, par confusion, à *Marion Bombée*. Sous cette forme, l'ancien sens a disparu peu à peu pour faire place au sens actuel.

MARJOLAINE, s. f. — Petite maîtresse. — Féminin forgé sur *marjolet*. On devrait avoir *marjolette*, mais le mot a été influencé par le nom de la fleur.

MARMITE. — *Te ne sais pas ce que bout dans la marmite.* Phrase que l'on répète aux enfants qui ne sont pas sages pour leur donner l'idée de quelque chose de mystérieux qui les menace.

MARNÈFLE, MARNEFFE, s. f. — Mazette, personne faible, musculairement ou moralement, molle, lâche, sans courage. *Si le Zupère n'avait pas été une marnèfle, il aurait fiché une rouste à sa bourgeoise.* — De l'ital. *manevole.*

MAROLLES. — Voyez *Fromage.*

MARPAILLER, v. a. — Écraser, gâter, abîmer, souiller. *Boulachat est tombé à bouchon par les escaliers du Change ; i s'est tout marpaillé le groin.* — D'un radical *marp*, qui paraît avoir donné les vieux franç. *marpaut*, goinfre, vaurien, et *marpas*, sale, vilain.

MARQUANT, s. m. — Nom donné aux cartes qui donnent un ou plusieurs points au joueur qui les tourne. A l'écarté, par exemple, le roi est un marquant.

Epithète lancée de loin, par les gones à ceux dont le dédain les froisse mais dont ils redoutent les biceps : *Eh ! va donc, grand marquant !*

Le Cercle des Marquants. Sobriquet d'un cercle fondé en 1853 par le maire de Vaise, et qui était situé à l'angle de la place de la Pyramide et de la rue de Bourgogne, — où est maintenant le café du Cercle, dont le nom vient de là. Le président, à ce que l'on prétend, ayant commencé son allocution par ces mots : *Messieurs, nous sommes une réunion de gens marquants...*, le cercle fut aussitôt baptisé Cercle des Marquants, et c'est sous ce nom qu'on le connaît encore, quoiqu'il n'ait eu qu'une existence éphémère.

MARQUE-MAL, s. m. — Se dit de quelqu'un qui a mauvaise tournure, une mine de malfaiteur. *Il a passé deux marque-mal, que ça doit être les ceux qui ont escoffié la femme qu'était sur le journal.*

MARQUER, v. n. — 1. *Marquer bien*, Avoir bonne tournure. *Marie, comment était ce mecieu qu'est venu me demander ? — C'est un mecieu qui marque bien. Il avait un chapeau monté et une blouse.* Par opposition, *Marquer mal*, Avoir mauvaise câle. *Si te savais comme te marques mal avè ton chapeau d'ânier ! Te sembles un mandrin.*

2. *Marquer.* Se dit d'une jeune fille devenue pubère. *La Louisa n'a que douze ans, et elle marque déjà.* Se dit, au rebours, d'une femme qui n'a pas encore atteint l'âge critique. *Le médecin lui a tout de suite demandé si elle marquait encore.* On dit en proverbe à ce propos : *Toute pièce qui marque est encore valable.*

3. *Marquer le course.* Lorsque le taffetier suspend son travail, il met un cabelot sous la marche qu'il doit baisser en le reprenant, afin de ne pas être exposé, en baissant deux fois de suite la même marche, à passer deux coups de navette de suite dans la même ouverture de la chaîne. Mettre le cabelot, c'est marquer le course.

Je ne sais quel étrange lapsus m'a fait dire que l'on marquait le course dans le métier de taffetas. Il est évident que ce métier n'ayant que deux marches, si l'on enfonce la même marche deux fois de suite, le coup de trame que l'on vient de passer se dépassera. J'ai voulu parler des satins et des armures, avant qu'on ne les fît à l'aide de la mécanique-armure qui n'a qu'une marche. Le satin huit lisses avait huit marches, et l'on faisait des armures de onze marches. Il est clair qu'il était indispensable de marquer la marche où l'on en était avant de reprendre le travail.

MARRAIN, s. m. — Décombres, poussière de plâtras, menus débris provenant de la démolition d'un mur. Il avait jadis une signification plus étendue, et comprenait non seulement les plâtras, mais les pierres de taille brisées, les moellons, les bois, et, en général, tous les matériaux de démolition. C'est ce qui résulte d'une adjudication de 1559, relative au Pont de la Guillotière, « Lesdits priffacteurs... auront et prendront tous les *marrains*, tant *bois* que pierres rouptes et murailles... pour iceulx boys, tant vieulx que neuf, et pierre roupte faire et disposer comme de leur propre chose... » — Ce texte justifie complètement l'étymologie *marrain*, de *materiamen*.

MARRAIRE, s. m. — Pionnier, ouvrier terrassier. Beaucoup de marraires nous viennent, pour la saison d'hiver, des montagnes du Velay ou du Forez. — De *marrarius ;* de *marra*, bêche, pioche.

MARRON, s. m. — Breghot faisait observer que ce mot, au sens de celui qui exerce sans titre l'état d'agent de change ou de courtier, n'était pas français. Mais peu d'années après l'Académie l'insérait dans son dictionnaire.

MARRONNER, v. n. — Gronder, murmurer, être mécontent, grognon, mais sans explosion. — Onomatopée, comme *ronronner*.

MARRONNIER, s. m. — Marchand de marrons. « Vous vous abouzé comme la baraque d'un marronnié que les galopins ont attaché z'à un carrosse qui passe, » dit le pauvre Jirôme Roquet. Cette plaisanterie était encore très usitée dans mon enfance, où les marronniers, au lieu d'être en boutique, avaient des échoppes sur les places, entre autres sur la place des Cordeliers.

MARTEAU, s. m. — Dent mâchelière. *J'ai trois marteaux que sont gâtes.* — De la ressemblance avec un marteau, ostensiblement.

Ramolli, tombé en enfance. *Eh ! va don, vieux marteau !* — Je ne saisis pas bien la relation de l'image avec l'idée. Un vieux marteau n'est pas ramolli du tout.

MARTE, s. m. — Martre, fourrure. *Marte*, en dépit de Molard, est une forme absolument française, qui existe à côté de *martre*, et a été longtemps la forme officielle. L'Acad., dans sa première édition (1694), donne *Marte*, en ajoutant : « Quelques-uns escrivent *martre*. »

MARTINET, s. m. — Sorte de fouet, composé d'un certain nombre de fines lanières de cuir souple, attachées à un manche de bois, et qui remplit la double fonction d'épousseter les habits et ce que les gones ont de plus chair.

Bénir les fesses avec un martinet. Voyez *bénir*.

De *Martin*, nom propre, avec un suffixe diminutif. *Martinet*, le petit Martin.

MARTINETS, s. m. pl. — Petites forges où l'on fabrique des instruments de ménage en fer. Ces petites usines sont toutes établies le long des cours d'eau. — Du bas latin *martinetum*, forge dont les marteaux sont mus par un moulin.

MASSACRE, s. m. — 1. Mauvais ouvrier qui massacre l'ouvrage. *Bibochard, c'est pas un canut, c'est un massacre.* — Subst. verbal de *massacrer*.

2. *Travailler comme un massacre.* Ce n'est pas du tout travailler comme un ouvrier qui massacre l'ouvrage, c'est au contraire travailler avec rage, d'arrache-pied, en surmontant tout obstacle. Hercule, pour épouser les cinquante filles de Danaûs, dut travailler comme un massacre.

Ce mot est un curieux exemple de corruption euphonique. L'expression primitive, encore usitée à Genève, est *travailler comme un sacre*. Un sacre, autrefois, était un homme capable de toute sorte de rapacités et même de crimes, par analogie avec le sacre, qui, d'après Henry Estienne, est « le plus vaillant et le plus hardi entre les oiseaux de proye ». *Travailler comme un sacre*, c'est donc travailler en homme hardi, énergique, que rien n'arrête. Mais ne comprenant plus ce que c'est qu'un *sacre*, nous avons dit *massacre*, ce qui, même comme sens, n'en est pas très loin, car un sacre est très capable de massacres.

MASSE, s. f. — Très grosse mailloche, fixée à un long manche, et dont on se sert pour enfoncer les pieux, pour frapper sur les coins de fer à l'aide desquels on refend le bois, etc. — De *matea*, *matia*, primitif de *mateola*.

Masse du battant (métier de canut). C'est la traverse inférieure du battant, beaucoup plus lourde que la partie supérieure qui se nomme *poignée*. — De *massa*.

MASTOQUE, adj. des 2 g. — Lourd, grossier, trop gros, en parlant des choses ou des personnes. l'Alboni était une merveilleuse chanteuse, mais elle était un peu mastoque. Qu'importe : grosses gens, bonnes gens ! Le plus lourd reproche que l'on puisse faire à une architecture aux yeux du bourgeois, c'est de dire qu'elle est mastoque.

Je crois bien que la première partie du mot est *masse*, auquel on a cousu un suff. péjoratif *toque*. Le phonème *oque* est caractéristique de lourdeur, de stupidité. Comp. *boque, gnoque*.

MASTROQUET, s. m. — Marchand de vin. Ce mot de l'argot parisien s'est répandu à Lyon. Il n'aurait pas d'intérêt pour nous, s'il ne donnait lieu à une observation philologique. Malgré la dissemblance de profession, un *mastroquet* est un *maître queux*, nom qui se donnait jadis au chef des cuisiniers dans les grandes maisons. En est témoin *maistroqueux*, forme que l'on trouve au xvi° siècle.

MAT DE COCAGNE. — Se dit d'une personne grande et très mince. *As-te vu ce mât de cocagne que la Félicia va marier? Elle lui appond à l'embuni.*
   Ouvrir les yeux (parlant par respect) *comme un chien qui caque des mâts de cocagne en travers.* Les ouvrir considérablement, comme cela se comprend facilement par l'exemple.

MATEFAIM, s. m. — Crêpe. « Un jour de mardi-gras nous avions évité le père et le compagnon à manger des matefins tramés de bugnes. » *(Ressit.)* — De *mater* et *faim* : ce qui mate la faim.

MATELAS. — *De matelas que donnent de coups de poing dans les côtes.* Se dit de matelas aussi moelleux en leur genre que les poufs rembourrés de noyaux de pêches.

MATELOTTE, s. f. — Suivant Cochard, « Espèce de gilet sans poche et sans manches, que l'on met sous la veste, et qui se fait généralement en molleton ». Je ne connais point ce harnais, et matelotte pour matelotte, je préférerais celles de la mère Guy.

MATHEVON, s. m. — Sobriquet donné aux terroristes de Lyon pendant la Révolution. Dans mon enfance, on ne les désignait que sous ce nom. « Qu'est-ei don cela grand' fèta, — Que j'avons dedins Lyon ? — Disave la mare Têta — U compare Mathevon, » dit une chanson politique du temps. — Suivant Cochard, le mot de mathevon viendrait d'une pièce bouffonne, intitulée *la Vogue de Saint-Denis de Bron*, dans laquelle figurait un taffetatier, nommé Mathevon, qui se mêlait de parler politique, et sans doute développait les théories révolutionnaires.

MATIÈRE, s. f. — Euphémisme décent pour gandouse, que les personnes délicates considèrent comme bas. Une romance sentimentale, intitulée *la Demoiselle de Venissieux,* se termine ainsi :

   Vierge qui possèdes un cœur,
   Ne te livre pas tout entière!
   Bien loin d'épuiser la matière,
   On n'en doit prendre que la fleur!

MATIN. — *Il va partir pour Carouge un de ces quatre matins,* c'est-à-dire sous peu.
   Pluie de matin n'effraye pas le pèlerin.

MATIN, s. m. — Côté du levant. *Une maison exposée au matin.* Cette expression se trouve constamment dans les vieux actes : « Ledit bâtiment borné de matin, etc. » *Une vache blanche, marquée de noir du côté de matin,* dit un procès-verbal de saisie par huissier. Le même sens de matin se rencontre dans *Hermann et Dorothée* (Kalliope, vers 1848°) : *Und von Morgen wehet der Wind,* Et le vent souffle du matin.

MATINAL. — *Le Matinal,* nom que nous donnons au vent d'est, parce qu'il souffle du côté du matin.

MATINIER, ÈRE, adj. — Qui se lève de bon matin.

MATOU. — *Ce monsieur est un vilain matou.* Expression peu louangeuse pour un homme désagréable, voire même quelque chose de plus.

MATRU, UE, adj. — Chétif, misérable, gringalet. Me paraît avoir vieilli, mais il est encore très usité dans nos campagnes sous la forme *môtru.* — *Un matru gone,* Un méchant gone. *Avè une matrue mécanique, on peut pas faire de la bonne ouvrage.* — Du vieux provençal *malastruc,* malheureux ; de *male astrutus,* né sous une mauvaise étoile.

MATTE, s. f. — 1. Baguette de tambour.
   2. Mailloche de grosse caisse. — Subst. verbal de matter, frapper sur un métal pour l'amincir.

MATTER, v. n. — Pouvoir s'agglutiner. Quand la neige tombe par un gros froid, elle est sèche et ne peut plus se mettre en boule. *Elle ne matte plus.* (P. B.)

MATTHIEU SALÉ, MACU SALÉ. — Mathusalem. Déjà Villon avait écrit : « Et Loys, le bon roy de France... — Vive autant que Mathusalé ! » — *C'est pas étonnant que celui-là se soye si bien conservé,* me disait un bon canut, *pisqu'il équiet salé !*

MATTON, s. m. — Tourteau fait du résidu des noix dont on a extrait l'huile ; tourteau de colza, etc. — Peut-être d'un fictif *mattar*, de μάττειν, pétrir.

MAUVAISES. — *Mauvaises raisons.* Voy. *raisons.*

MAYE (ma-ye), s. f. — Gerbier. — De *meta*, cône, pyramide, monceau.

MAYE (mè-ye), s. f. — 1. Pétrin.
2. Table recreusée du pressoir. — De *magida* pour *magidem*.

MAZAGRAN. — *Barbe à la Mazagran.* C'est une manière de porter la barbe, les joues étant rasées et la barbe comprenant toute la partie inférieure du visage, à partir des moustaches. On l'appelait de ce nom parce que les officiers des chasseurs de Vincennes la portaient ainsi. Je crois que cela s'appelle aujourd'hui *barbe en fer à cheval* ou *en cœur d'artichaut.*

MÉCANIQUE. — *La Mécanique* tout court signifie la Mécanique à la Jacquard.
Mécanique-armure. — 1. C'est une modification simplifiée de la Jacquard, dans laquelle le cylindre, au lieu d'être percé de trous, est au contraire garni de chevilles qui entrent dans les trous des cartons. La mécanique, n'ayant pas d'aiguilles, est économique, mais elle a cet inconvénient que l'armure fabriquée ne peut se composer de plus de coups que le polyèdre dénommé cylindre n'a de faces.
2. Par extension, on donne ce nom aux petites mécaniques de 80 à 104 crochets, employées pour les armures de préférence au carète, et qui ont cet avantage que le métier n'ayant qu'une marche on n'a pas à craindre les pieds-faillis.

MÉCHANT. — *Méchant comme un derne.* Voyez *derne.*
Molard ne veut pas qu'on dise *Méchant comme la gale*, mais *méchant comme la grêle.* Cette faiblesse envers la gale part d'une bonne âme, mais elle est fort singulière.
Il fait méchant sortir avec ce froid... Il fait méchant marcher avec cette bassouille, et autres phrases de même genre. Locutions très expressives.
Il fait méchant sortir avec ce froid est dans le sens originel du mot.

MÉCHANTISE, s. f. — Méchanceté, malice. *Il ne l'a pas fait par méchantise.* On trouve *meschantise* au XVIᵉ siècle. — Fait sur *méchant*, comme *vaillantise* sur *vaillant*, etc.

MÈCHE. — *Il n'y a pas mèche*, Il n'y a pas possibilité. — Métaphore tirée du vieux fusil à mèche.
Faire *mèche* avec quelqu'un ; être de *mèche* avec un autre. Métaphore tirée aussi de la mèche de fusil.

MÉDARD. — *S'il pleut à la Saint-Médard, il pleut pendant quarante jours, mais saint Barnabé peut encore tout raccommoder.* Une année que les pluies de la Saint-Médard contrariaient Jean Brunier (prononcez Bruni), notre granger, il s'écriait d'un ton de mauvaise humeur. *I z'auriant ben pu f..... ce saint en hiver !*

MÉDECIN. — Un jour Gnafron était appelé en justice comme témoin. Le PRÉSIDENT : *Votre profession ?* — GNAFRON : *Médecin...* — Le PRÉSIDENT : !!! — GNAFRON, achevant sa phrase : *De la chaussure humaine.* — Le PRÉSIDENT avec bienveillance : *Plût à Dieu que les médecins nous raccommodassent comme vous les grollons !*

MÉDÉE, s. f., terme de canuserie. — Partie de la chaîne entre le remisse et l'étoffe déjà fabriquée. C'est donc la partie où passe la navette.
La Daudon Medée. Voy. *Daudon.*

MELACHON, s. m. — 1. Melette du cayon. — C'est *melette* avec substitution d'un suffixe péjoratif.
2. Surnom donné par les canuts aux commis gommeux qui font leur fendant. *As-te vu dimanche le melachon de mon marchand que se baladait à cheval ?*

MELATRU, adj. m. — Chétif. *Que veux-tu donc qu'i fasse, il est ben trop melatru.* Forme archaïque de *matru*, avant la syncope de *a* initial dans *male astrutus.* Comp. le français *malotru.*

MELETTE, s. f. — Parlant par respect, Testicule de mouton. Se donne le plus souvent au miron. Pourtant il y a des chrétiens qui la mangent en fricassée. *Comme un miron entre deux melettes* (c'est l'âne de Buridan). Un de mes amis m'écrivait : *Marierai-je la Mélie ? Marierai-je la Glaé ?*

Je suis comme un miron entre deux melettes.
— Du vieux français *mesle*, nèfle, de *mespilum : mesle, méle, melette.* Comparez le rouchi *prones*, prunes ; au fig. *polimina ;* à Rive-de-Gier *le z'ambricots.*

MELON. — Durant quarante années, un brave homme à boucles d'oreilles et à voix de centaure, poussant devant lui sa petite charrette, a fait, quand venait août, retentir nos rues de ce cri :

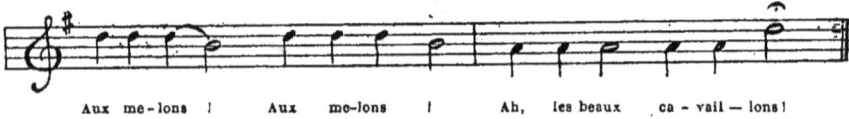

Aux me-lons | Aux me-lons | Ah, les beaux ca - vail — lons !

Hélas! je crains bien qu'il n'ait pas pris sa retraite avec de grosses rentes.

J'ai rêvé que j'étais melon et que tu me sentais au... dessous pour savoir si j'étais bon. Très grossière plaisanterie, mais très usitée et qui a son origine dans l'habitude de flairer les melons vers le pédoncule avant de les acheter, afin de juger de leur parfum.

Femme et melon, on a beau les sentir, on ne sait jamais si c'est bon, avait coutume de dire mon maître d'apprentissage.

MEMBRÉ, — adj. *Un homme bien membré,* pour *Un homme bien membru,* Qui a les membres gros et robustes. Étrange idée d'Humbert, de proscrire ce mot qui était déjà de son temps au Dict. de l'Académie.

MÊME. — *Être refait au même,* Être dupé. *I m'a refait au même : i m'a fait marier sa fille, que j'ai trouvé le pot fêlé.* — Je crois le terme emprunté au jeu de billard.

La même chose, loc. adv. Également, de même. *Et la toux de la bourgeoise ?* — *Toujours la même chose... Votre gone mord-il enfin à la canuserie ?* — *Pour changer, c'est la même chose... Qu'i pleuve, qu'i pleuve pas, la même chose j'irai.*

MÉNAGER. — *Ménagez-vous.* Expression d'intérêt, exigée par la politesse, toutes et quantes fois que vous quittez un ami. *Adieu, ma femme m'attend.* — *Ménagez-vous !* Cela équivaut à dire : « Soignez votre santé ; elle est précieuse; ménagez vos forces , n'abusez pas du travail, etc. »

MENAISON, s. f. — Parlant par respect, Diarrhée ou Dysenterie. *J'ai eu la menaison toute la nuit.* — Archaïsme. « Le roy avoit la maladie de l'ost et menoison moult fort, » dit Joinville.

MÈNE, s. f. — *Être de bonne mène,* Être de bon command, être facile à gouverner. — Subst. verbal de *mener.*

Une médecine qui vous mène, sous-entendu « où vous savez ».

Mener grand bruit. — *Je sais pas quel bruit i se mène dans la rue!* — *C'est de soûlauds que se chancagnent.*

MENER, v. a. — Donner la courante. *Quand je mange de pruneaux, ça me mène.*

MENILLON, s. m. — 1. Fanon du taureau, du bœuf, de la vache.

2. Au fig. Estomac, poitrine. *Depuis ce matin je n'ai rien dans le menillon.* Autre : *Pour être pauvre fille, on n'en a pas moins quèque chose sous le menillon.*

3. Se dit, par raillerie, de la peau ridée du cou d'une vieille femme. *Ma pauvre Christine, c'est le coup de mettre des cols montants pour cacher le menillon.*

Se marcourer le menillon. Voy. *marcourer.*

De *manus,* plus le suffixe *illon* exprimant l'agitation. Comp. l'espagnol *menear,* remuer, agiter, de *manus.*

MENSONGE, s. m. — 1. Pellicules qui croissent dans le voisinage des ongles. Autant que l'on a dit de mensonges, autant de pellicules. *Mariette, t'as dit un mensonge, j'en vois à ton ongle.* — *Mais non, p'pa ! pisque c'est un mensonge, c'est que je n'ai point dit de mensonge!*

2. Ame de peloton (voy. *âme*). Le bourron de papier au cœur du peloton est un mensonge, parce que le peloton représente ainsi plus de fil qu'il n'en contient.

MENTON. — *Un menton à galoche,* Un menton saillant, qui a l'air de se relever. — *Son menton et son nez font la bataille,* Tendent à se réunir. Cela se voit souvent chez les vieilles gens.

MENTONNIÈRES, s. f. pl. — Rubans atta-
chant un bonnet ou un chapeau. Littré ne
donne pas cette acception.

MENUES, s. f. pl. — « Petites herbes de la
salade. » (Molard.) — Je n'ai pas eu occasion d'entendre ce mot.

MENUSAILLES, MENUSES, s. f. pl. — Menues parties du porc, queue, oreilles, débris, etc. « Les Antonins venont bien, —
Portant de menuises, » dit un noël lyonnais de 1723. — Vieux franç. menuises,
menus morceaux, petits objets.

MÉPHIBOSET, s. m., MÉPHIBOSETTE, s. f.
— Boiteux, contrefait, noué. C'est un pauvre méphiboset. Ce mot, très usité jadis, me
paraît tombé en désuétude. Il est encore
employé à Genève, d'où il nous est peut-
être venu, Genève étant plus familier que
nous avec la Bible, surtout autrefois. C'est
en effet un souvenir biblique, ce que n'a
pas manqué de rappeler M** Évesque.
« Or Jonathas, fils de Saül, avoit un fils
qui étoit boiteux des deux jambes; car
lorsque la nouvelle de la mort de Saül et
de Jonathas vint de Jezraël, il n'avoit que
cinq ans; sa nourrice, l'ayant pris entre
ses bras, s'enfuit, et, comme elle fuyoit
avec précipitation, l'enfant tomba, et en
fut boiteux. Il s'appeloit Miphiboseth. »
(Rois, l. ii, chap. iv, vers. 4.)

MERCI. — Merci de la peine. Humbert considère merci de comme un provincialisme.
Il a oublié son Lafontaine : « Bien grand
merci du soin. »

MERCREDI. — J'ai z'été au banquet électorable. Y avait de cito-yens en veux-tu en
voilà, et le député au beau milieu, comme
le mercredi. — De ce que le mercredi est
au beau milieu de la semaine.

MERCURER (SE). Voy. marcourer.

MERDAILLE, s. f. — Se dit d'une tapée d'enfants. C'te merdaille menont un boucan! —
Du mot connu, avec le suffixe collectif et
péjoratif aille.

MERDAILLON, s. m. — Petit gone. As-te vu
ce merdaillon que fume la pipe ?

M.... (parlant par respect). — Dans tous les
pays ce mot ignoble fournit des foisons
de métaphores. Il en est chez nous comme
ailleurs. J'avoue que j'ai un peu hésité à
écrire les lignes suivantes. Pourtant il est
difficile dans un dictionnaire de ce genre
de passer sous silence le mot le plus fécond
de notre littérature. — Après tout, l'on
n'a qu'à sauter la page.

Un sac à m.... Se dit d'un homme ventru
et grossier.

Faire de la m.... avec les dents, Manger.
J'entendais un jour sur les cadettes de
Bellecour une vierge timide dire à sa
compagne : Après la danse, M. Jules m'a
dit comme ça : « Allons, Mameselle, si vous
voulez faire un peu de m.... avec les dents,
nous irons au buffet. » Je me suis pas laissé
manquer et j'y ai répondu : « Mecieu, vous
n'ét' un cochonnier! »

Si l'on voulait de la m.... de vilain, on
n'aurait qu'à lui pendre un panier au ... Ne
se dit pas par manière de grand éloge.
Vilain peut se prendre au propre ou au
figuré (voy. vilain).

C'est la m.... que monte à cheval. Se dit
de quelqu'un qui veut paraître au-dessus
de sa condition. As-te vu la Maria sur les
Tapis, avè sa robe de soie et ses farbalas ? —
La m.... que monte à cheval!

Il ne garderait pas de la m.... dans sa
chemise. Se dit de quelqu'un d'incapable
de porter le moindre secret.

Il faudrait être quatre pour lui dire m....
Se dit à propos de quelqu'un de faraud,
qui fait le fier : Avè ta vagnotte neuve et
ton bugne, i faudrait être quatre pour te
dire m....

Au jour du jugement, autant vaudra la
m.... comme l'argent. On devrait se
répéter ça toute la journée. Il y aurait
moins de gens avides d'être riches.

Il n'a pas de m.... aux yeux, mais y a
de place pour en mettre, se dit de quelqu'un
qui fait son fendant. Sais-tu que M. Pom-
madin est un beau garçon ? — Ça, c'est vrai,
i n'a pas de m.... aux yeux! mais y a de
place pour n'en mettre.

Des mains de m.... Voy. main.

Une bonne femme, dans son exaspéra-
tion contre son mari, qui ne savait se
retourner dans rien, et mangeait de
l'argent où les autres en gagnaient, me
disait devant lui : Il est si bête qu'i ne
saurait pas trouver de la m.... à ma chemise!

Au jour d'aujourd'hui tout le monde veut
la manger avec un cuiller d'argent. Métaphore trop énergique pour dire qu'aujour-
d'hui même les gens des plus infimes
conditions veulent avoir du luxe.

On fait toujours précéder toutes ces locutions ou expressions de la précaution oratoire : « parlant par respect, » mais cela ne les rend pas beaucoup plus belles, et, en général, l'on fera mieux de s'en abstenir, surtout devant les dames.

Rêver à la chose, signe d'argent. Heureux les joueurs de Monaco, quand ils en ont rêvé ! Plus heureux ceux qui, sans s'en apercevoir, ont marché dessus ! Mais la principauté est si bien tenue que ce n'est que sur terre de France qu'on peut espérer cette bonne fortune.

MÈRE GRAND', s. f. — Grand'mère. On dit plus volontiers *la Grand'*.

MERLAN, s. m. — Perruquier. Une vieille chanson dit :

> *Voulez-vous savoir, Mesdames,*
> *Ce que c'est qu'un merlan frit ?*
> *Il a vendu sa boutique*
> *Pour un morceau de pain bis.*

Le bataclan du merlan. Voy. *bataclan.* J'ai lu, je ne sais plus où, que le mot avait une origine historique, et venait de ce que Henri IV, passant par Sisteron, avait été coiffé par un perruquier du nom de Merlan. « Qui le voudra croire le croie. »

MERLASSE, s. f. — Femelle du merle. Je connaissais un bon ménage où l'on avait eu la plus grande affection pour un merle, devenu mort. Au bout de l'an, le mari se prit à dire : *Il y a pourtant un an aujourd'hui que notre pauvre merle est mort !* — *Ah*, reprit la femme en pleurant, *si tu disais notre pauvre merlasse ! — Je te dis que c'était un merle ! — Et moi je te dis que c'était une merlasse !* — Chacun s'échauffant dans son dire, le dialogue finit par une bonne chauchée. Au second anniversaire, le mari se reprit à dire : *Il y a pourtant deux ans aujourd'hui*, etc. Même dialogue, même dénouement, et ainsi de suite tous les ans, tant que le mari et la femme vécurent. Après cela, était-ce un merle, était-ce une merlasse ? Malgré tout le mal que je me suis donné, je ne l'ai jamais pu tirer au clair.

MERLE. — *Chante, merle, ta cage brûle.* Voyez *chanter*.

MERLUCHE, s. f. Femme grande et sèche. *Le Touane a marié une grande merluche.....* *La Marion Bombée ou la Marion Merluche,*

qu'aimerais-tu le mieux ? — J'aime mieux la viande.

MERLUCHIER, s. m. — Épicier, et surtout marchand de denrées coloniales.

MÉSENTENDU, s. m. — Malentendu. A ma grande surprise, je vois que Littré a recueilli ce mot peu académique.

MÉTÉRÉE, s. f. — Mesure agraire équivalente à la bicherée. — De *metare* pour *metiri*.

MÉTIER. — *Avoir son métier pour mattre.* Voy. *mattre*.

Monter un métier. Voy. *monter*.

Avoir un enfant sur le métier. Se dit d'un mari dont la femme est grosse.

METTAGE. — *Mettage en mains*, Ouvrage de la *metteuse en mains*.

METTEUSE. — *Metteuse en mains.* C'est l'ouvrière chargée de diviser les paquets de soie ouvrée ou grège qui lui sont confiés par le fabricant. Elle a pour mission d'assortir les grosseurs, de choisir les flottes ; de faire un triage afin de faciliter et de régulariser l'emploi de la matière première. Après ce triage, les flottes et les matteaux, formes sous lesquelles la soie se présente dans le commerce, sont transformés en paquets, mains et pantimes. Chaque paquet est divisé en 10 mains. La main d'organsin peut peser 150 grammes en moyenne, et la main de trame 250, et peut aller même à 300 grammes Chaque main est divisée en 4 pantimes, et chaque pantime est formée de 10 à 15 flottes.

METTRE, v. a. — *Mettre de coin*, Mettre de côté. *Mets donc ces ciseaux de coin pour les retrouver quand ils te feront faute.*

Mettre de l'argent de coin, Mettre de l'argent de côté.

Mettre en mains. Voyez sous *Metteuse en mains*.

Se mettre de quelque chose. Exemple : *Je me suis metu de la société des Bras-Neufs. — Oh, c'est ben une bonne société. — C'est pour ça que nous sons une quantité.*

Mettre les pouces, — Venir à jubé, se soumettre par contrainte. Je suppose que la métaphore est tirée de l'action de joindre les pouces dans l'attitude de la prière.

Admettre. *Mettons que ça soye vrai, que ta fenne t'en fasse porter. Et après ?*

METU. — Participe passé de *mettre*. Voyez *éteindu*.

MURTE. Voy. *morte*.

MIAILLE, s. m., MIAILLON, s. m. — Petit enfant, mami, *Emporte don ton miaille, qu'i nous fait partir les oreilles ! Te vois bien qu'i veut son tetet !* — De *miailler*, crier, vagir.

MIAILLE, s. f. — Bouche. *Se faire peter la miaille*, S'embrasser avec des baisers bruyants. — Sub. verbal de *miailler*, parce que c'est avec la bouche que l'on miaille.

MIAILLER, v. n. — Crier, vagir. A Bollène (Comtat), il y a la rue des *Miailles*, « Rue des vagissements, des cris ». De même à Crillon (Comtat), il y a la rue des *Mians*. — Fait sur l'onomatopée *mialh*.

MICHAILLE, terme de maçonnerie. — Pierrailles, petits débris. On le trouve dans un texte de 1468. — De *mica*, parcelle, débris, mais il faut supposer une forme *micca*.

MICHE, s. f. — Pain de luxe d'une demi-livre ou d'une livre. Quoique le mot soit au dictionn. de l'Acad., à Paris les boulangers ne savent pas ce que c'est, et vous rient au nez quand vous leur demandez une miche. Racine emploie cette expression dans une lettre à l'abbé Levasseur, du 27 mai 1661 : « Il (M. de la Charles)... commença une harangue qui ne finira qu'avec sa vie si vous n'y donnez ordre, et que vous ne lui fermiez la bouche par une grande lettre d'excuses, qui fasse le même effet que cette miche dont Énée ferma la triple gueule de Cerbère. »

Miche à fesses (parlant par respect). C'est une grosse miche rebondie, divisée par une raie dans toute sa longueur. A la maison on ne connaissait pas d'autre mot. *Marie, vous prendrez une miche, pas une petite miche* (la miche de demi-livre), *mais une miche à fesses* (la miche d'une livre). Les demoiselles sucrées disent par pudeur « *Uno grosso micho.* »

Il y aurait à examiner si une miche à *fesses* n'est pas une miche à fente, une miche fendue, *fissa.* (M. D.)

Les miches de Saint-Étienne, Des cailloux.

Manger sa miche la première, Connaître d'abord les bons jours, puis les mauvais jours.

D'une racine germanique *mik*, qui, à l'origine, avait la signification de farine fine.

MICHÉ, s. m. — Apprenti canut, avec un sens assez peu laudateur. — « Noutron Michi d'aprinti — Soute à bas de son meti. » (*Noël de Jean Guigoud.*) — C'est *Michel*, pris dans un sens péjoratif (voy. *Liaude*).

MICHIER, s. m. — Terme plaisant dont on use quelquefois pour boulanger. *Michier*, faiseur de miches.

MIDI. — *Midi ont sonné.* Dans cette locution nous considérons midi comme égal à *douze heures.* Or on dirait très bien : « Douze heures sont sonnées. » — Et nous disons *ont sonné*, parce que nous considérons *sonner* comme égal à *retentir*. Or on dirait très bien : « Douze coups ont retenti. » Les irrégularités du langage populaire ne sont pas de pures fantaisies. Elles sont fondées sur des analogies, souvent non sans une liaison logique d'idées.

MIGRACE, s. f. — Grimace. « Ne fais donc pas des migraces ! » me disait souvent ma mère en plaisantant. — Métathèse bizarre de *grimaces*, qui me parait avoir eu pour origine une fantaisie burlesque, mais qui est devenue assez populaire pour qu'on la retrouve jusque dans le Berry.

MIL. — *Mameselle Pierrette, quand est-ce que nous marions ? — En mil huit cent jamais. Attrape !*

MILIEU. — *Juste dans le milieu, comme le mercredi.* Voy. *mercredi.*

MILLE-PATTES, s. m. — Scolopendre.

MILLET. — *C'est un grain de millet dans le bec d'un âne.* Voy. *âne.*

MILLIASSE, s. f., MILLON, s. m., terme de maçonnerie. — Petits fragments de pierre. *Il faut garnir avec de la milliasse, du millon*, Il faut mettre de petites pierres dans les interstices des grosses. - De *mille*, à cause que ces pierres sont tellement menues qu'elles sont par milliers.

MIMI. — *Faire mimi*, Donner un baiser. — Un jeune architecte lyonnais fut mandé pour la construction d'une maison de campagne. Après quelques instants de conversation, le monsieur, appelé par ses affaires, laisse l'architecte avec sa femme, lui disant : « Vous ferez tout ce que ma femme vous dira. »

La dame était jeune, fraîche, en fort bon point, déparée seulement en ce qu'elle béguait, non sans quelque grâce même. On arrête les dispositions générales. Supplications à l'architecte de commencer les fondations. Il déclare la chose impossible. *Monsieur*, disait la dame avec une grâce infinie, *vous... vous me ferez ce mi... mi...* L'architecte se souvenant de la recommandation du mari de faire tout ce que dirait sa femme, il l'embrasse. *Racle !* fait la femme, en le repoussant avec violence. L'architecte comprit, mais trop tard, qu'elle avait voulu dire « miracle ». — Il faillit n'en pas faire la maison, mais tout s'arrangea.

Mimi est forgé par répétition de syllabe, comme les mots enfantins, possible avec l'intention d'imiter le bruit du baiser sur chaque joue.

Faire mimi à la pincette. C'est un baiser qui se fait d'une manière aimable en tirant les deux joues de la personne embrassée (pour autant qu'alors on ne peut pas l'embrasser sur les joues).

Je connaissais un jeune licencié ès lettres qui faisait étalage de son latin. Toutes les fois qu'on donnait une pénitence aux jeux innocents, il se précipitait sur une dame (ou une demoiselle) pour l'embrasser, en criant : *Primo mimi !*

MINABLE, adj. des 2 g. — Misérable, chétif. *Avoir l'air minable*, Avoir une apparence de misère. — De *miner*, comme le franç. *miné*, consumé.

MINÉ, s. m. — Travail qui consiste à défoncer la terre en faisant des fossés successifs. *Faire un miné.*

MINER, v. a. — Faire un miné à une terre. — Dérivation de sens du franç. *miner.*

MINISTRE, s. m. — Porc. L'injure ne vise pas les ministres politiques ; avant l'invasion du journalisme populaire, le menu peuple ignorait presque ce que c'est qu'un ministre. Elle remonte au xvi⁰ siècle et a son origine dans les querelles religieuses. C'est une injure des catholiques contre les « ministres du saint Évangile ». En Limousin la même appellation désigne les ânes.

MINON, s. m. — 1. Fourrure en général. *J'ai fait garnir ma robe avec du minon pour cet hiver.... Tel que vous voyez ce manteau, j'y ai fichu pour huit cents francs de minon.*

2. Hermine des magistrats. *C'est des gens qu'ont de grand's manches avè de minon blanc.*

3. Sorte de palatine.

4. Petit chat.

5. Terme libre. *Pubes feminea.*

Pour 1, 2 et 3, de *hermine*, devenu *herminon, minon.* Pour 4 et 5, forme de *minet.*

MIOLE, s. f. — Moelle.

On entendrait gasser la miôle dans mes os,

dit Jean-François-Benoni Petavet, compagnon taffetatier, dans sa déclaration à Mⁱˡˡᵉ Daudon Medée. — De *medula.*

MIQUE, s. f. — Dans l'expression *Une grande mique*, une grande fille niaise et dégingandée. C'est par erreur que Fraisse écrit *nique*. S'emploie en opposition avec *boque* (voy. ce mot). — C'est, avec extension de sens, le patois *mica*, amoureuse, maitresse ; *ina petita mica*, une petite fille ; du vieux provençal *mica*, lui-même d'*amica*.

MIRACLE. — *Faire un miracle*, Casser quelque chose. *Fais don pas porter c'te pile d'assiettes à la Lucie : te sais ben qu'alle est adroite comme l'oiseau de saint Luc ; alle va faire un miracle, pour sûr !*

MIRON, s. m. ; **MIRONNE**, s. f. — Chat. Chatte. *Les femmes, c'est comme les mironnes : elles vous font miaou, miaou ! Puis quand vous les touchez, elles vous graffinent.* (De mon maître d'apprentissage.) — Onomatopée du ronronnement.

MISE, s. f. — Mèche de fouet. — De *myxa*, qui donne *misse*, passé à *mise*, par confusion avec le participe passé de *mettre*. *Mise en carte.* Voy. *carte.*

MISER, v. a. et n. — Surenchérir. *J'irai à l'incan. Y a une calèche. Je la miserai jusqu'à cinquante francs : tant pis si elle me reste !* J'ai toujours cru ce mot français, jusqu'à tant que j'aie vu qu'il n'était pas dans Littré.

MISÈRE. — *Misère, Misère ! tu as tué mon père, mais maintenant je te tiens !* Phrase qui se dit lorsqu'on est en présence de quelque situation difficile.

Faire des misères à quelqu'un, Lui faire du tort, du chagrin, lui susciter des difficultés. *Ah, Monsieur, on m'a tant fait de misères !* Que de fois j'ai entendu dire cela à des gens à qui personne n'avait fait du mal qu'eux-mêmes !

Chercher des misères à quelqu'un, Lui chanter pouille, lui créer des embarras. *Sa femme lui a cherché de misères par rapport qu'il lui avait mangé son saint-frusquin.*

MISSELER, v. a., terme de batellerie. — 1. Réunir deux câbles bout à bout au moyen de petites cordes appelées *batafis* (voy. ce mot).

2. Fixer la maille ou gros câble de halage à la sangle du bateau au moyen de cordes plus grosses que le batafi et appelées varlets (voy. ce mot). — De *miscellare,* formé sur *miscellum.* L'idée est « mêler deux objets » pour en faire un seul.

MISSIAUX, s. m. pl. — Nœuds des varlets (voy. ce mot). — De *miscellum* (v. *misseler*).

MITAN, s. m. — *Le coup de fusil a attrapé au beau mitan de la cible.* — De *medietantem.*

MITE, s. f. — Mitaine. Une bonne mère à sa petite, qui n'est pas sage : *Attattends ! c'est moi que vas prendre des mites pour te fecer !* — Assez vraisemblablement du germanique *mitte,* milieu, les mites étant des demi-gants.

MITONNÉE. — Soupe *mitonnée,* Soupe de pain cuit.

MITONNER, v. a. et n. — Préparer dans l'ombre. — *Il se mitonne un mariage du garçon à M. Pelosse avec Mlle Pocasse, la devideuse.*

MITRAILLE, s. f. — Monnaie de billon. *J'ai apporté ma pleine poche de mitraille pour jouer au bouchon.* — De *mitte,* petite monnaie flamande de cuivre. Un amas de ces petites pièces se nommait *mitaille.* D'où *mitraille* par l'insertion de r sous l'influence de *mitraille,* le billon pouvant d'ailleurs se comparer avec les fragments dont se compose la mitraille.

MODE, s. m., terme de batellerie. — Remonte d'un bateau à la bricole dans tout le parcours de Lyon, d'Ainay à Serin. — Substantif verbal de *moder.*

MODER, v. n. — Partir, s'en aller. *Allons, c'est tard ; faut moder.* — De *motare* ou *movitare.*

MODÈRE, s. m. — Membre de la corporation des Modères, qui avait jadis le privilège de la remonte des bateaux dans la traversée de Lyon. — Fait sur *moder,* avec le suffixe *aire, ère,* applicable aux noms de métier.

MOGNE, s. f. — Force musculaire, spécialement en parlant des bras. *J'aime pas ces hommes que n'ont gin de mogne,* disait la petite Louison. — Formé sur *main,* comme *poigne* est formé sur *poing.*

MOGNIAU, s. m. — Moineau ; **MOGNIAUDE,** s. f. — Femelle du moineau.

Tête de mogniau, terme de canuserie, Gros bourron à un fil de la chaine.

MOIGNEUX, EUSE, adj. — Qui a de la moigne (voy. ce mot).

MOINE, s. m. — Sabot, toupie qu'on fait tourner à coups de fouet. — De *molinum,* de *mola,* chose qui tourne.

MOINS. — *Le moins des moins,* Pour le moins. *Quelle dot a-t-elle ?* — *On ne sait pas trop bien, mais deux mille francs pour le moins des moins.* C'est un renforcement de *pour le moins.*

MOLLASSE, s. f. — 1. Se dit d'une personne molle, lâche, paresseuse. *Veux-tu ne pas traîner la grolle comme ça, mollasse !* Un grand architecte a pris à l'Académie du Gourguillon le pseudonyme de *Mollasson...* par antiphrase.

2. Espèce de pierre, Grès tendre qui nous vient du Dauphiné. La façade de Saint-Maurice à Vienne est bâtie de cette pierre.

MOLLETTE, s. f. — *Une mollette de beurre,* Très grosse pelote de beurre, que les ménagères achètent communément pour faire fondre. Les canuts content en plaisantant la gandoise suivante : Le père à sa fille Parnon, qui est sur la suspente : *Parnon, tu là-haut ? Parnon, tu là-haut ?* Parnon finit par répondre timidement : *Oui, p'pa.* — Le père : *Ah, t'esses là-haut ! Te liches la mollette, t'i pas ? Attattends, c'est moi que je vas te licher les fesses !*

Avoir l'esprit aiguisé comme une mollette de beurre. Ce n'est pas l'avoir très aiguisé.

MOLLON, s. m. — 1. Mie de pain.
2. Pulpe des fruits.

MOMENT. — *Un bon moment,* Un moment long. *Monsieur y est-il ? — Il est sorti, il y a un bon moment.* Cela veut dire une heure, ou plus ou moins, suivant les idiosyncrasies des bonnes.

MONDE, s. m. — Au sens de « les hommes », il est toujours pluriel : *Le monde sont si méchants ! —* C'est un latinisme : *Turba ruunt.*
Comme les chiens pour mordre le monde. Se dit d'une chose naturellement propre à faire le mal. *Ces vélocipattes, c'est inventé pour faire tomber les gens, comme les chiens pour mordre le monde.*
Dans le monde rien, Rien, absolument rien. *Il a demandé quéque sous, on lui a rien donné, Madame, dans le monde rien.*
Pas le moins du monde, Pas du tout. Très usité. *Croyez-vous qui soye heureux avè se n'épouse ? — Pas le moins du monde.* L'idée est : pas le moins qu'il puisse exister de bonheur dans le monde.

MONDURES, s. f. pl. — Épluchures. *De mondures de truffes. —* Fait sur *monder,* comme *épluchures* sur *éplucher.*

MONINE, s. f. — Femme méchante. *Cete monine m'a graffiné.*

MONNAIE. — *Manquer de monnaie, faute de grosses pièces,* N'être pas un Rothschild.

MONNAYÉ, ÉE, adj. — Qui a de la fortune. *Le Glaudius n'est pas très bien de chez lui, mais sa femme est monnayée.* Sur cet emploi du partic. passé au sens de possédant ce qui fait l'objet du thème du verbe, comp. *un homme argenté,* un homme qui a de l'argent ; *un homme renté,* un homme qui a des rentes ; *un homme aisé,* un homme qui a de l'aise ; *un homme bien jambé,* un homme qui a de solides jambes.

MONTAGE, s. m. — Action de monter un métier.

MONTAGNES. — *Elle ferait battre quatre montagnes.* Voy. *battre.*

MONTCHAT. — *C'est le terrain de Montchat, il y faut un jour de soleil, un jour de pluie, un jour de m....* Se dit des terrains secs et caillouteux comme ceux de Montchat.

MONT-D'OR, s. m. — Fromage de chèvre, qui a la forme d'un disque (pas la chèvre, le fromage) et qui se fabrique dans les villages sur les pentes du Mont-d'Or. Il est très renommé. *Un mont-d'or bien raffiné.*

MONTÉE. — *Une montée d'escaliers (escaliers* signifie ici marches). On dit souvent *la montée* tout court. *Y a de mirons que viennent faire leurs zécommuns dans la montée... Avè la Josette nous demeurons dans la même montée.* On dit de même : *Une descente de cave,* mais jamais *une descente* tout court.
Se dit d'une rue avec très forte pente : la *montée du Gourguillon* (ou *le Gourguillon),* la *montée du Chemin-Neuf* (ou *le Chemin-Neuf),* la *montée Saint-Barthélemy,* la *montée des Anges,* la *montée de la Glacière* (aujourd'hui rue Romarin), la *montée de la Butte.* Se dit parfois d'une montée en escaliers : la *montée des Épies,* la *montée de Tirecul* (aujourd'hui *des Chazeaux),* la *montée du Garillan,* la *montée des Carmes-Déchaux,* la *montée Bonafous.* En place, on ne dit pas la montée du Change, la montée des Capucins, mais les *escaliers du Change,* les *escaliers des Capucins.* Les trois montées qui conduisent à la Croix-Rousse se nomment *côtes* (voy. ce mot).

MONTER, v. a. — *Monter un commerce, un établissement* (c'est-à-dire un café, une brasserie). Ces expressions que les forts en grammaire ont oublié de signaler, sont si généralement employées que je les avais toujours crues françaises. J'en dirai autant de :
Monter le feu, Le préparer de façon qu'on n'ait qu'à l'allumer. Cette expression doit être particulière à Lyon, car un jour, dans un hôtel de Nice, je sortis à midi en recommandant de monter le feu dans ma chambre. La bonne paraissant n'avoir pas entendu, je répétai la phrase et sortis. Rentrant à neuf heures, je trouve un rafoyaud qui durait depuis midi, et avait consommé quatre paniers de bois à

2 fr. 75. La bonne ne pouvant parvenir à comprendre ce que c'était que de monter le feu, s'était adressé à la maitresse d'hôtel, qui n'avait pas compris davantage. On avait tenu conseil et décidé que cela voulait dire l'allumer et l'entretenir. *Monter un métier*, Le disposer de façon à recevoir la pièce qu'on lui destine ; le munir de ses agrès, faire faire le remettage, etc.

MONTEUR. — *Monteur de métier*, Ouvrier qui, lorsqu'il s'agit d'un article nouveau pour un métier, vient organiser celui-ci d'après la disposition donnée par le marchand. C'est une opération des plus compliquées, que le canut sait faire, mais celui-ci préfère, le plus souvent, appeler un monteur qui le fait beaucoup plus rapidement.

MONTFALOU, s. m. — On dit que, depuis quelques années, cette expression s'est introduite pour Pacan, Paysan mal dégrossi. — L'origine est évidemment le *mont Falou* inventé par Victor Hugo dans sa ballade de *Gastilbeza*. Par métonymie, on a fait de mont Falou un habitant de ce mont que l'on suppose très sauvage et très reculé. Cette locution stupide a été évidemment rapportée de Paris par quelque bel esprit.

MONTMERLE. — *T'as vu la Génie avè sa calèche à marabouts ? — Elle est comme la sainte Vierge de Montmerle, tant plus qu'on la pare, tant plus elle est laide.*

MONTRE. — *Quelle heure est-il ? — Dix heures. — Vas-tu bien ? Comment ! c'est ma montre qui règle le soleil !* Il est de règle qu'on réponde par cette spirituelle gandoise.

MOQUE. — *Je t'en moque ! — Il a voulu se faire nommer conseiller municipable, mais je t'en moque !* On dit aussi dans le même sens : *Je t'en casse !*

MORDURE, s. f. — Morsure. Fait sur *mordre*, comme *pâture* sur *paître*, *bordure* sur *border*.

MORIBONNE. — C'est le féminin que nous donnons à l'adjectif moribond. *Y a la Toinette qu'est moribonne.*

MORJON, s. m. — 1. Gland d'un bonnet de nuit. — Je crois que c'est *morion* tourné en ridicule.

2. Méchant petit gamin collant dont on ne peut se débarrasser. *Veux-tu t'ensauver, petit morjon !* — Euphémisme pour un mot qui ne doit pas être prononcé.

MORNAIN, s. m. — Nom de deux cépages, le mornain blanc et le mornain noir.

MORSILLER, v. a. et n. — Mordiller. *Les jeunes chiens aiment à morsiller.* — Tandis que *mordure* est une formation récente sur *mordre*, *morsiller* est une formation ancienne sur *morsum*. Le vieux français avait *amorsiller*, même sens, que nous avons réduit à *morsiller*.

MORT. — *La Mort qui file.* C'était, me disait mon père, une enseigne (j'ai oublié où) représentant la Mort filant. Elle faisait une grimace épouvantable, d'où, lorsqu'on se tord la bouche et les yeux, on appelle cela *faire la Mort qui file.* L'expression est ancienne, car je l'ai retrouvée dans je ne sais plus quel bouquin du moyen âge. *Mort d'un côté*, Paralytique hémiplégique. *Le pauvre père Melonnier a pris une attaque, il est mort d'un côté.*

MORTAVIE, s. f. — Moldavie ou Mélisse de Constantinople, qu'on emploie comme vulnéraire et réchauffant. Mais le canut donne surtout ce nom à la liqueur de ménage que l'on fabrique en faisant macérer des feuilles de moldavie dans de l'eau-de-vie.

MORTE (les canuts prononcent le plus souvent *Meurte*). — 1. Temps de chômage pour la fabrique. « La meurte, hélas ! a remplacé la presse. » (*Ma Navette.*) Dieu seul sait ce que ce mot de morte peut représenter de souffrances ! Pourtant aujourd'hui la morte est moins terrible encore que jadis, parce que la majeupe partie des métiers étant au dehors de Lyon, l'ouvrier de la campagne, qui n'a pas que son métier pour seule ressource, est plus à même de supporter quelque chômage.

2. Endroit d'une rivière où l'eau ne court pas, soit que l'eau y dorme, soit qu'elle y forme un tourbillon (voy. *moye*).

MORTUAIRE, s. m. — Extrait mortuaire, *J'ai fait venir le mortuaire de mon oncle.*

MOTTET, s. m. ; **MOTTETTE**, ś. f. — Petit garçon, Petite fille. Par extension, *Un brave mottet*, Un honnête jeune homme : *Le garçon à la Toinon a l'air d'un brave mottet.* On dira encore : *T'as ben pour prétendu un joli mottet*, Un garçon alerte. — Ce mot, que ma mère employait souvent, doit nous être venu de la Bresse. Je le crois vieilli. — De *mustum*, jeune.

MOU, s. m. — Poumon des animaux, spécialement du mouton ou du bœuf, qu'on donne aux chats. « J'y découpe tous mes vieux panaires. I croit que c'est de mou. I se regâle ! » (*Duroquet.*)

MOU, adj. — *Mou comme de tripes.* Voy. *tripes.*

MOUCHE A MIEL. — Abeille. Très bon français quoique proscrit par Molard, j'ignore pourquoi.

MOUCHER, v. a. — 1. Couper le bout à quelque chose. *Il faut moucher cette branche*, il faut en couper le bout. C'est évidemment de moucher dans ce sens que vient l'expression *moucher une chandelle.*
2. Voler, faire disparaître. *Je suis allé à la vogue de la Guillotière, on m'a mouché mon porte-liards... Prends garde au chien, mon petit, qui te moucherait ton bon ! —* Ce sont des dérivations de sens de *moucher son nez.*
Se moucher du coude. Voy. *coude.*
Droit comme mon bras quand je me mouche. Voy. *droit.*
Attraper. — Moucher un rhume, ce qui ne veut pas dire user de son tire-jus, mais bien être mis dans le cas d'en user fréquemment.

MOUCHET, s. m. — 1. Petit bout d'une branche, bouquet de cerises pendant à une branche, et autres choses semblables. Par extension, un tout petit morceau de quelque chose en général. *Veux-tu du cabrillon ? — J'en prendrai un mouchet.* — De *moucher* (voy. ce mot).
2. Barbiche. *Il a un mouchet que s'i sentait le bouc, on croirait que c'en est un.* Dans un noël de 1723, l'enfant Jésus lorgne avec étonnement « le mouchet » que portaient alors les PP. Lazaristes. — Du franç. *mouche*, au sens de barbiche.

MOUCHON, s. m. — Bout d'une mèche consumée de lampe, de bougie, de chandelle. « Si nous croyons Pline, l'enfant estant au ventre de sa mère peut estre suffoqué par l'odeur d'un mouchon de chandelle mal esteint, » dit l'honnête Bouchet.
Vivre de mouchons de chandelle, Être très mal nourri. *Elles ne mingeont pas de mouchons de chandaila*, disait au xvii⁰ siècle la buyandière, en parlant des dames qui la faisaient travailler.
Le mouchon ne vaut pas la chandelle, L'affaire n'en vaut pas la peine.
Voilà une belle maison ! — On ne l'a pas rien bâtie pour des mouchons de chandelle ! Pour dire que sa construction a dû coûter gros d'argent.

MOUILLASSER, v. imp. — *Mouille-t-i ? — Non, i mouillasse seulement*, pour dire qu'il tombe une petite pluie très fine. Le suffixe *asse*, qui est ordinairement augmentatif, est ici, par exception, diminutif.

MOUILLER, v. imp. — *I mouille*, Il pleut.

MOULE, s. m. — *Un moule de bois*, Mesure de bois de chauffage, qui avait quatre pieds dans tous les sens. Aujourd'hui on appelle un moule, un stère.
Du bois de moule, Bois de chauffage rond, propre à être mesuré au moule.

MOULÉES. — *Lettres moulées*, Lettres d'imprimerie. *Oh, pour être vrai, c'est vrai ! je l'ai vu en lettres moulées.* Le peuple, avait, autrefois, une très grande superstition de la lettre moulée. Cela semblait donner à la chose énoncée un caractère officiel qui emportait la certitude. Un des bienfaits de la presse a été de lui faire perdre cette superstition.

MOULER, v. a. et n. — Lâcher doucement, faiblir. *Moula la maillette*, Lâche doucement la corde ! C'était le cri de nos mariniers. — *Souffres-tu toujours autant ? — Ça moule un petit peu*, La douleur diminue. *Le prix du vin a moulé*, a baissé.
Mouler en douceur. Voy. *douceur.*
Naturellement de *mollem*, comme *mollir.*

MOULES. — *Une paire de moules de gants*, Une paire de gifles.

MOUNICHE, s. f., terme libre. — *Pubes femina.* — De *mouna*, femme (voy. *mounine*), avec le suffixe *iche*, par analogie avec *barbiche.*

MOUNINE, s. f. — 1. Guenon. Au fig. une femme grimacière, minaudière. *As-tu* vu c'te *mounine*, *que faisait les yeux blancs ?*

2. Petite fille avec un sens un peu railleur. On le fait précéder de petite : *Venez ici, petite mounine !* — Du patois *mouna*, femme, avec sens péjoratif. *Mouna* vient lui-même de *madona*, contraction de *mea domina*. On a ajouté le suffixe diminutif *ine*.

MOURVE, s. f. ; MOURVET, s. m. — Mucosité du nez. *Delaïde, mouche don ton Jules qu'a la mourve au nez !* — Un paysan de Sainte-Foy était allé demander la main de la fille au père Broquet. Mais comme il était orgueilleux, il avait résolu de ne faire aucune démarche servile. La demande faite au père, il ajouta avec dignité : *Véquia ! Adonc* (maintenant) *bailli-me-la, me la bailli pós, m'en foti autant que du mourvet !* Et prenant son nez de ses deux doigts, il fit comprendre la métaphore par la réalité même.

MOUTARDELLE, s. f. — C'est *mortadelle*, peu commode au prononcer, et qui a été influencé par *moutarde*, encore bien qu'il n'y ait point de moutarde dans la moutardelle.

MOUTARDIER. — *Il se croit le premier moutardier du pape*, pour dire de quelqu'un qu'il s'en croit beaucoup. J'ignore quelle est exactement la fonction du premier moutardier du pape, mais il paraît que c'est un beau poste.

MOUTÉE, s. f. — *Une moutée d'huile, Une moutée de vin*, Une pressée d'huile, Une pressée de vin. — Fait parallèlement à *mouture* (qui n'a pas le même sens) et par analogie avec les substantifs en *tée : assiettée, charretée, potée*, etc.

MOUTONNASSE, s. f. — *Ce gigot a le goût de moutonnasse*. C'est un certain goût désagréable qu'on pourrait comparer au goût de chandelle. Il y a une saison de l'année, durant les mois d'été, où la viande de mouton a en partie toute le goût de moutonnasse.

MOUTONS, s. m. pl. — Métaphore idyllique pour désigner les petits vers qu'on trouve dans les cerises. — De la couleur blanche du ver.

MOUTU, UE, adj. — Moulu, ue. Le français *moulu* a été formé à un moment où l'on

avait *mol-dre*, d'où *molu*. Le lyonn. a fait de *moud-re, moudu*, puis *moutu*, par analogie avec *mouture*.

MOUVANT, s. f. — Jeune moineau qui sort du nid. — De *mouvoir*. Le moineau commence à ce mouvoir.
Gone mouvant. Voy. *gone*.

MOYE (mo-ye), s. f. — Tourbillon d'eau. On sait combien était redoutable la moye de la Mort-qui-trompe, au Pont-de-Pierre. — De *mota*, subst. verbal de *motare*.

MOYEN. — *Tâcher moyen*, Faire en sorte. *Tâche moyen que ça ne te retourne pas arriver !* C'est à la fois une ellipse et un pléonasme, car cela peut se traduire par « Tâche de prendre les moyens pour... », aussi bien que par : « Fais effort pour... » Quoi qu'il en soit, cet assemblage de mots est fort drôle. On dit encore mieux : *Tâche moyen de faire en sorte*.

MOYENNANT. — *J'irai moyennant que vous y soyez;* « cette manière de parler n'est pas française, » dit Molard. En effet, *moyennant que* ne figure pas au Dictionnaire de l'Académie, mais on le trouve dans Landais, dans Bescherelle sous cette définition : « loc. conjonctive, A condition que ». Et Littré, qui le donne aussi, ajoute l'exemple : « On aura ses services moyennant qu'on le paiera. » J'avoue que j'aurais préféré un exemple tiré d'un auteur classique.

MOYENNÉ, ÉE, adj. — Qui est commode, qui a quelque fortune. Mot charmant, dont use l'honnête Eutrapel : « Encore que vous, seigneur Eutrapel, ne soyez que simple gentilhomme, assez moyenné et riche... » — Être moyenné, avoir des moyens, figurativement.

MOYENNER, v. a. et n. — Faire en sorte, prendre les moyens pour. *Il faut pourtant moyenner cette affaire....? Il a tant et si bien moyenné qu'il a fini par marier la Suzon. Il n'y a pas moyen de moyenner*, Il est impossible de venir à bout de cette affaire. Très usité.

MOYENS. — *Avoir des moyens.* — 1. Être intelligent, capable. *Le fils Polaillon a eu une mention à l'école municipable du soir* pour *les dessinandiers*. *Paraît qu'il a beaucoup de moyens*.

2. Être calé, être riche. *On dit que Rochide a des moyens*. — *Sûr qu'il a mai de liards que toi*.

Un homme à moyens, Un homme qui a des moyens au sens 1. Descartes, Pascal, Leibnitz, Newton étaient des hommes à moyens.

MUGUET, s. m. — C'est le nom que nous donnons au violier jaune, *cheiranthus cheiri*. Au muguet nous donnons le nom de *grillet*.

MURAILLÈRE, MUREUSE. — *Pierre muraillère, Pierre mureuse*. Se dit de la pierre en fragments bruts qui sert à bâtir les murs. Le premier mot est fait sur *muraille*, avec le suffixe *ière*. Comp. *terre truffière*. Le second mot est fait sur *mur* avec le suffixe *euse*, moins bien approprié. Littré, dans son Supplément, cite *pierre mureuse* dans une loi du 5 août 1821.

MUSETTE, s. f., terme d'ourdissage. — La musette est un assemblage de 40 fils de la chaîne, ou demi-portée, qui, à l'ourdissage, est dévidé comme un seul ruban et s'enroule autour de l'ourdissoir, en formant un nombre de spires à égale distance sur toute la hauteur.

Ça lui a coupé la musette. Ça l'a tout interloqué, ça l'a mis hors d'état de répondre. *Musette* est ici l'équivalent de *sifflet* dans la locution : *Ça lui a coupé le sifflet*. Sifflet ou musette, ce n'est pas loin.

MUTUALISTES. — C'était le nom d'une société de secours mutuels de canuts qui, dans les premières années du règne de Louis-Philippe, eut un rôle important, en ce que sa commission représentait à peu près ce que sont aujourd'hui les syndicats ouvriers. En février 1834, elle décréta la suspension du travail dans tous les ateliers. Elle était très redoutée des chefs d'atelier qui entendaient garder leur indépendance. A l'enterrement d'un ouvrier, le 6 avril, il y eut une sorte de revue des forces ouvrières et révolutionnaires. Les Mutualistes et les Ferrandiniers y défilèrent au nombre d'environ 8.000. Une loi sur les associations avait été votée, d'après laquelle nulle association ne pouvait exister sans avoir été approuvée. Une protestation violente se couvrit de 2.600 signatures. Les journées d'avril furent l'œuvre de la Société des Droits de l'homme, purement révolutionnaire, et des Mutualistes coalisés avec les Ferrandiniers. Après la répression de l'insurrection, l'association mutualiste fut dissoute.

Mutualiste est une corruption de *mutuelliste*.

MUTUELLE. — *La Mutuelle*, nom donné aux écoles de la Société d'instruction primaire, parce que l'instruction s'y donnait sous la forme de l'enseignement mutuel.

N

N, liaison euphonique. Voy. *à n'un*.

NAGEOIRES, s. f. pl. — Favoris. J'étais un jour dans un de nos bons restaurants. *Pour qui l'addition ?* dit la dame de comptoir au garçon qui attendait. — *Pour ce monsieur à nageoires*. Le monsieur entend, et, furieux, saute à la gorge du garçon. On le retient. *Mais quoi*, lui représentait-on, *dire qu'on a des favoris en nageoires n'est pas une injure !* — *Pardon*, reprit-il, *comme je suis de la Guillotière, j'avais cru qu'i avait voulu se moquer de ma profession !*

NAGER. — *Nage toujours, t'y fie pas !* Aide-toi, le Ciel t'aidera. Très usité. Un marinier, étant tombé en Saône, criait : *Grand saint Nicolas, ayez pitié de moi !* Un collègue, de dessus le pont Volant, lui cria : *Nage tojo! t'y fiôs pôs!* C'est, à ce qu'on affirme, l'origine du dicton.

NAGU, s. m. — Sobriquet donné jadis aux bouchers parce que le juron *naigu* (*nus aist Diu*) leur était particulier. Dans toutes les pièces patoises où figurent des bouchers, on leur met constamment ce juron dans la bouche. Le mot est tombé en désuétude; cependant une dame, qui est la petite-fille d'un canut, m'a assuré que c'était le mot dont on se servait dans l'atelier de son grand-père pour désigner le boucher.

NAIE, s. f. — Chiffon de linge pour nettoyer le four. On l'appelle aussi *dame* (v. ce mot).

NAISER, v. a. — Faire rouir le chanvre. M. Meyer-Lübke y lit *natiare*, du germ. *natjan*, allem. *netzen*, mouiller, humecter. Se dit, par extension, des doigts qui ont trempé longtemps dans l'eau, et dont l'épiderme est requinquillé.

NAMBOT, OTTE, s. — Très petit homme, très petite femme. — Vieux franç. *nambot*, *nimbot*, même sens.

NANO, s. m. — Lit. *Allons au nano.* — Mot enfantin. (V. Caquenano.)

NANT, s. m. — Ce mot, qui a dû exister chez nous, comme en témoigne notre lieu dit de *Beaunant*, connu par nos beaux restes d'aqueducs, signifie en Dauphiné et à Genève, où il est d'un usage constant, un ruisseau ou un torrent coulant au fond d'une vallée étroite. Il faut que le mot soit bien usité, car l'auteur d'une traduction d'*Adam Bede*, de Georges Eliot, l'a cru français et l'a bravement employé, notamment tome I, p. 117. Le traducteur est, dit-on, une dame de Genève, qui a pris le pseudonyme d'Albert Durade. — *Beaunant* signifie donc Beau ruisseau.

NANZOU, s. m. — Espèce de mousseline des Indes. — Une bonne charge : Grangier ne veut pas qu'on dise *nanzou*, mais *malle-molle*. Inutile de dire que ni l'un ni l'autre de ces termes ne figure dans les dictionnaires. Alors pourquoi choisir l'inintelligible plutôt que l'intelligible ?

NATURABLEMENT, adv. — Naturellement. Le mot lyonnais n'est point le mot français estropié, c'est du français du moyen âge que nous avons conservé.

NATURES, s. f. pl. — Organes urinaires et autres. *Il ne faut jamais s'asseoir sur la terre mouillée, ça fait prendre de rhumatiss' aux natures*, disait mon maître d'apprentissage, bien digne d'être le huitième sage de la Grèce.

NAVEAU, NAVIAU, s. m. — Navet. *Un haricot de mouton avè de naviaux, c'est ça que rafraîchit le menillon !* — Ce n'est point *navet* estropié, mais le *naveau* qu'on rencontre constamment dans nos vieux bons auteurs, et qui vient de *napellum*, de *napum*.

NAVET. — 1. Une demoiselle de ma connaissance devait se marier. Son prétendu était venu déjeûner à la campagne chez le futur beau-père. Or, parmi les plats se trouvaient des navets. Après déjeûner, on s'éparpille sur la terrasse. La jeune fille eut à monter au premier. En montant, elle se soulageait gaillardement en faisant à chaque marche : *Un navet : brrr ! Deux navets : brrr!* *Trois navets : brrr !* Quand ce vint au quatrième navet, en tournant le palier, elle aperçoit le prétendu derrière elle. *Eh quoi, Monsieur*, lui fit-elle, *vous étiez là !* — *Oui, Mademoiselle, depuis le premier navet !!!*

Nous autres, rapins, nous aurions ri de la chose. Mais quoi! ce jeune homme était plein de poésie ; il était nourri de Byron, de Lamartine! Il fut tellement suffoqué qu'il en rompit le mariage (historique !). L'imbécile s'imaginait-il donc épouser un ange que le Ciel aurait privé de la faculté de compter les navets ?

2. Surnom donné aux canuts. « Quand celos puvres navets — N'ont gin de liards au gosset, » dit une chanson de Reverony. Cochard contait qu'un député à la Constituante, sorti du commerce de la soierie, se trouvant un jour entre deux collègues, ceux-ci s'avisèrent en plaisantant de le qualifier de *navet*, à quoi il répondit qu'un navet entre deux plats constituait un excellent ragoût. Ce surnom de *navet* est aujourd'hui presque oublié. Comme le dit Cochard, il avait dû être fait sur *navette*. On l'a remplacé par *cavet* qui n'a point d'esprit et qui est inintelligible.

NAVETTE, s. f. — De mon temps, on n'employait que la navette antique, la poétique navette qui servait à Pallas pour tisser les péplos divins. Cette navette, tout le monde la connaît, avec son élégante courbure, sa châsse où les canettes se déroulent sur une pointizelle, son agnolet de verre, à travers quoi l'on siffle le bout de trame.

Aujourd'hui, avec le battant à bouton, on se sert de deux autres espèces de navettes fort compliquées, qui ont entre elles cela de commun qu'elles sont droites, au lieu d'être sinueuses, et qu'elles sont par-dessous munies de galets, dénommés *roulettes*. On ne les décrira pas, car si vous ne les connaissez point, la description ne vous servira de guère, et si vous les connaissez, elle est inutile. Leur différence fondamentale consiste en ceci : 1° La *navette à dérouler* a une canette se déroulant sur une pointizelle, comme dans l'ancienne navette ; 1° La *navette à défiler* a une canette qui, fixée à une *fourche*, ne se déroule pas, mais abandonne son fil par la pointe. Dans la navette à dérouler, la trame étant plus tirante, grâce à la pointizelle, donne une étoffe plus carteuse ; on l'emploie pour le taffetas en gros comptes. La navette à défiler s'emploie pour des étoffes qui, comme les façonnés, doivent être plus molles, et, comme on dit, « faire plus la patte ».

NAVIGATION, s. f. — Bruit, agitation, foule, multiplicité d'affaires. *Figure-toi qu'à Paris, c'est bien encore une autre navigation qu'à Lyon !*

NAYERET (na-yeret), s. m. — Tout petit bateau, très étroit, qui ne peut contenir qu'une seule personne et se manœuvre avec une pagaye à double palette. Il est très facile à chavirer, d'où le nom. A Genève on le nomme *noie-chrétien*, et à Paris, *périssoire*. — De *nèyer*, *nayer*, noyer.

NAZARETH. — *Faire le vin de Nazareth*, Rejeter par le nez une partie du vin qu'on a avalé de travers. — Jeu de mots sur *nas*, nez, en vieux lyonnais. Il est assez singulier que les Béarnais aient eu la même idée. Ils appellent cela *na Nazareth*, faire nazareth.

N'EMPÊCHE QUE. — Locut. adv. équivalente à Quoique ça, Néanmoins. *M. Ficelard a bonne renommée. — N'empêche qu'il a piqué l'once dans son temps.* On dit aussi *N'empêche* tout court, adverbialement parlant : *M. Ficelard, etc. — N'empêche, il a piqué*, etc. Naturablement, ce sont des abrégés de « Cela n'empêche pas que... »

NENET, NENON, s. m. — Sein. « Pomme d'api, pomme carvine — M'offre l'aspect de tes nenons, » dit Jirôme à Fanchon, dans la célèbre chanson. — Mot enfantin formé par répétition, comme *bobo, nounou, mami*, etc.

NERF (quelques-uns disent *nerfle*), s. m. — Muscle. *J'ai les nerfs du mollet que se chevauchent*, J'ai la crampe. *J'ai pris une fraîcheur aux nerfs du bras*, J'ai un rhumatisme musculaire au bras. Par extension, *nerf*, force musculaire, Bouzon, dit Quiquine, avait du nerf.

Te n'as don gin de nerf dans les veines ! Se dit à quelqu'un de mollasse, qui fait l'ouvrage sans conviction.

Nerf de bœuf (prononcez *beu*). C'est la canne favorite des bouchers. On croit généralement, à cause du nom, que le nerf de bœuf est le picou desséché du bœuf, mais en réalité, c'est un ligament cervical du bœuf, disposé artificiellement en forme de cylindre.

NERTE, s. f. — Myrte, *J'y ai donné un pot de nerte pour sa fête.* — Vieux franç. *nerte*.

NERVU, USE, adj. — Nerveux, euse, au sens vrai, c'est-à-dire qui a du *nerf*, qui a de la force ; et non qui a les nerfs irritables, comme l'entendent à tort les modernes. — Le suffixe *u*, en lyonnais, représente à la fois *orem* et *osus*.

NETTE. — *Nette comme torchette*, loc. pour dire de quelque chose qu'il est très propre, comme quelque chose de bien torché. *P'pa, voyez si je me suis bien approprié le visage ! — Il est nette comme torchette !* Au fig. *J'ons tout dispensé à la vogue. Nous sons rentrés nette comme torchette !* — On a réuni *net* et *torché*, deux vocables exprimant l'idée de propreté, en leur donnant des désinences sans signification logique, mais rimantes.

NEUF. — Humbert proscrit la phrase *S'habiller à neuf*, et exige *S'habiller de neuf*. On doit préférer, en effet, cette dernière tournure, qui serre de plus près l'idée. Cependant Littré cite l'exemple : « Les bataillons habillés à neuf. »

NÈYER, v. a. et n. — Noyer. *Nèyer une pièce de linge.* Se dit lorsqu'à la plate, une lavandière laisse glisser une pièce à l'eau.

Il ferait nèyer une barque de crucifix. Se dit de quelqu'un qui porte tellement malheur qu'il ferait naufrager une barque d'objets sacrés, encore bien que leur nature dût sembler les faire préserver par la Providence.·

Se nèyer dans son crachat. Voy. *crachat.* Ces diverses expressions s'emploient aussi avec le français *noyer.* Vieux franç. *neier,* de *necare.*

NEZ. — L'ARCHITECTE: *Vous avez une colonne qui a du maigre.* — *Oh, Mecieu l'architecte, ça se voit pas !* — *Ça se voit comme le nez au milieu du visage!*

LOUISON: *I veulent me marier avè un petit rabouloi, parlant par respect, qu'a le nez entre deux fesses.* La Louison veut dire un petit nez entre deux grosses joues. Cette locution est très reçue.

Je suis allé voir M. Nigodet, mais j'ai trouvé nez de bois, Je n'ai trouvé personne. La métaphore est drôle, mais je ne saisis pas bien la liaison des idées, car le visiteur n'a pas trouvé le nez de Nigodet, c'est sûr, mais il n'en a pas non plus trouvé un autre en bois.

Jamais grand nez n'a désondré visage. Voy. *désondrer.*

Le nez aussi plat comme une andouille. Se dit d'un gros nez charnu.

A vue de nez, comme les chiens attrapent les puces, A l'ême, au juger. *J'ai fait mon dessin sans mesurer, à vue de nez, comme,* etc.

Faire des farces à un pauvre détrancané, ça n'a point de nez, Ça n'a point d'esprit, point de sel. *Ce que tu nous racontes là n'a point de nez,* Tu nous dis des sornettes.

Le nez d'un bateau, terme de batellerie, La proue.

NI. — *Ni peu ni trop,* Beaucoup, abondamment, fortement. *Je lui ai lavé les oreilles ni peu ni trop..... Nous avons bu ni peu ni trop.* — L'idée primitive est ni trop ni trop peu, c'est-à-dire « à juste mesure » ; puis le sens est dérivé à « à pleine mesure ». Il a paru que, pour boire, par exemple, la juste mesure était la grande.

Ni vu ni connu, je t'embrouille, locut. proverbiale. Se dit à propos de quelqu'un qui est dupé sans en avoir le moindre soupçon, en n'y voyant que du feu. *La Nanette a fait croire à se n'homme qu'elle allait à Venissieux voir sa tatan, tandis qu'elle allait à Craponne voir M. Pistolet. Ni vu ni connu, je t'embrouille !*

NIFLER, v. a. — 1. Renifler. — 2. Par extension, sentir. *Mameselle, faites-moi nifler vos cheveux que puent si bon!* — Vieux franç. *nifler,* le simple de *renifler* qui a seul persisté dans le langage académique.

NIGAUDINOS, s. m. — *Comment, i vont marier ce grand nigaudinos! I faudra que ce soye sa femme que lui apprenne l'état.* — C'est *nigaud,* transformé en nom propre prétendu latin, par analogie avec *Christaudinos* (voy. ce mot), *libera nos,* et autres semblables.

NIGAUDS. — *Les Nigauds de la Platière, qui prennent les sous pour des liards.* Proverbe ironique, entendant que les prétendus nigauds comptent toujours à leur avantage. On dit de même *Les Innocents de la Platière.* C'est un de ces proverbes injurieux pour tel ou tel quartier, qui étaient jadis communs à Lyon. Comp. les *Jardis de la Grenette,* les *Cornards du Bourchanin.*

NIGODÈME, s. m. — Sot, nigaud. « Je li disi : Nigodaimo, — Onte est don que te va? » (*Noël de Jean Guigoud.*) — S'emploie souvent avec le mot de grand. *Parle don pas de ce que te sais pas, grand Nigodème !* — On a joué sur *Nicodème,* nom propre, où l'on a vu *nigaud,* plus un suffixe drôle. Comp. *Nigaudinos.*

NIGUEDOUILLE, NIGUEDANDOUILLE, s. m. — Grand nigaud, grand sot. — C'est *nigaud* avec le suffixe péjoratif *ouille,* et l'insertion de une ou deux syllabes entre le thème et le suffixe, pour accuser le caractère déprisant. Ajoutez que *niguedandouille* a de plus l'avantage de rappeler *andouille.*

NIOCQUE. — Voyez *gnoque. C'te niocque s'est laissé prendre un pain...*

NIX, NIXO, adv. — Pas du tout, nullement, néant, rien. *Je comptais que Greluchard, quand il a rendu sa pièce, me rendrait les trente-cinq sous que je lui ai prêtés, mais nix!..... On disait que la fille aux Pouillu était vartueuse, mais nixo! Paraît qu'elle a mis au levain.* — De l'allem. *Nichts.*

NOBLE. — *Un noble,* Un porc. Souvenir de la haine du paysan contre le noble.

NŒUD, s. m. — *Le nœud du cou*, La nuque. *Nœud*, terme de canuserie. Il y a des nœuds de forme variée : *Nœud à l'oiseau* ou *à l'ongle* (de l'ital. *nodo a uccello*); *Nœud tirant* ou *volant* (c'est celui qu'on emploie au remondage pour le rhabillage des fils cassés); *Nœud coulant* ; *Nœud à bretelle.*

NOIR. — *Avoir le noir*, Avoir l'esprit tourné aux choses tristes, le plus souvent sous une influence physique. — *Être dans ses noirs.* Se dit de quelqu'un qui a un accès d'humeur sombre. *Faut pas lui parler de ce mariage aujourd'hui, il est dans ses noirs.*

Avoir le vin noir, Avoir l'ivresse triste.

Noir comme le cul de la poêle. Ne se dit pas de quelqu'un remarquable par sa blancheur.

Noir comme le c.. du diable. Je le crois très noir, mais on est obligé de s'en rapporter.

NOIX. — *La noix du genou*, La rotule. Ce nom est très bien trouvé, car la rotule fonctionne comme, en mécanique, une noix dans sa chappe.

NOM, s. m. — *Un nom à coucher dehors.* Se dit d'un très vilain nom, comme par exemple, celui de ce préfet de Louis-Philippe, qui s'appelait Cochon. J'ai connu des noms pires, témoins des noms obscènes. — La même métaphore s'emploie pour *figure* (voy. ce mot).

Nom d'un rat! — Juron très usité. C'est le juron favori de Guignol. Les Provençaux disent de même : *Noum d'un garrit!*

NON. — *Non, c'est le chat.* Voy. *chat.*

NONANTE, nom de nombre. — Quatre-vingt-dix. Il est encore très usité à Lyon. Pour désigner la Terreur, nous ne disons jamais que Nonante-trois. — Mot excellent qu'il faut conserver.

NONANTER, v. n. — *Au piquet*, Faire repic. Molard donne ce mot, que je n'ai jamais entendu. Je ne connais pas du reste le piquet autrement que par ce mot que le cousin Dupont répétait sans cesse à mon grand-père : *Cousin, souviens-toi que le piquet n'est jamais entré dans la tête d'une bête!*

NOPCE, s. f. — C'est une manière plaisante de prononcer le nom, qui est d'ailleurs la prononciation archaïque. On s'en sert quand on veut appuyer sur le mot, le mettre en vedette. *Cornaveau paie son dîner de garçon. Ça va-t-être une nopce!*

NOURRICE. — *Embonpoint de nourrice.* Se dit d'un embonpoint marqué, mais qui n'est pas l'obésité.

Les nourrices auront bon temps, les enfants s'amusent. Se dit lorsqu'on voit de grandes personnes passer leur temps à des occupations enfantines.

NOURRISSAGE, s. m. — Molard a, sur ce mot, un paragraphe tout uniment excellent : « Nourrissage : Prix convenu pour nourrir un enfant. Ce mot n'est pas français. On ne trouve dans l'Académie que le mot *nourrice* qui ne rend pas l'idée qu'on exprime par *nourrissage* ; ainsi il convient de le conserver ; il a d'ailleurs toutes les qualités nécessaires pour passer dans notre langue. Il a pour racine le verbe *nourrir* ; et puisqu'on dit payer son *apprentissage*, on peut bien dire payer le *nourrissage.* »

Le mot de nourrissage a deux autres acceptions, également légitimes : 1° L'action de nourrir : *Le nourrissage au biberon* ; 2° Le temps pendant lequel la mère ou la nourrice allaite l'enfant. Humbert donne l'exemple : *Mme N...s'est mieux portée pendant son nourrissage que jamais auparavant.*

NOURRISSEUX, s. m. — Père nourricier. *Le nourrisseux du petit est venu le voir.*

NOYAUX. — *Avoir des noyaux*, Avoir de l'argent. L'argent se compare volontiers à des choses sans valeur. Comp. *Avoir des pignolles.*

Ne pas avoir une chose pour des noyaux de prune. Se dit de quelque chose qui coûte gros.

Un canapé rembourré avec des noyaux de pêche. Se dit d'un canapé un peu dur.

NOYER. Voy. *nèyer.*

NU. — *Le nu du mur*, terme de construction, Parement extérieur d'un mur. *Le pavillon sera en saillie d'un mètre sur le nu du mur du bâtiment..... La devanture se placera sur le nu du mur.* Le mot de nu qualifie ici le parement dépouillé de tout revêtement.

NUIT. — *Ce qui se fait de nuit paraît de jour.* C'est-à-dire que la pauvre fille a beau mettre au levain en cachette, la pâte finit par lever aux yeux de tout le monde.

Le bon Humbert cite le proverbe, *La nuit tous les chats sont gris*, et se fâche contre ceux qui ne citent pas exactement l'Académie : *La nuit tous chats sont gris.* Et il ajoute gravement : « Avant de faire usage d'un proverbe quelconque, ayez soin de le connaître parfaitement. » Quel enfantillage !

O

OBLIGEANCE. — *Ayez l'obligeance de me prêter un parapluie.* Humbert a raison de dire que cette phrase est incorrecte, l'obligeance étant un penchant à obliger et non un acte. Mais *obligeance*, en ce dernier sens, a tellement passé en usage qu'Humbert ajoute avec sa bonhomie et sa sincérité habituelles : « Remarque un peu délicate et subtile. » — On ne peut, en effet, se révolter indéfiniment contre l'usage, et Littré le constate en ajoutant au sens classique d'obligeance : « 2. Abusivement, Acte d'obligeance. »

OBSERVATION. — Humbert en fait une inexacte, lorsqu'il trouve incorrecte cette phrase : *Je vous ferai une observation.* Littré remarque fort bien : « On dit couramment : « Je vous soumettrai une observation. » Dès lors il serait vétilleux de repousser : « Je vous ferai une observation. »

OCCASION. — Molard et Humbert s'entendent pour repousser : *Avez-vous occasion de cette marchandise ?* Il faut dire : *Avez-vous besoin ?* — Grammaticalement ils ont raison ; mais les deux sens ne sont pas les mêmes, *Occasion* s'entend ici d'un *besoin occasionnel*, et c'est ce qui explique son emploi. En tous cas, on dira très bien : *Une commode d'occasion*, *Une femme d'occasion.*

ODEUR. — *Odeur de peuple souverain.* Montez aux quatrièmes des Célestins, un dimanche, au milieu de la représentation d'un drame, vous saurez ce que c'est. Non, vous ne le saurez pas suffisamment ! il eût fallu y aller au temps du parterre debout et alors que la salle n'était point ventilée. Vous pouvez en avoir encore quelque idée dans les belles réunions publiques.

ŒIL. — *Dent de l'œil.* Voy. dent.

Avoir un œil au beurre noir, Avoir un œil noirci. « Ta femme, qu'en fais-tu ? elle a l'œil au beurr' noir », dit l'auteur du *Songe de Guignol*. La métaphore est ancienne, car on lit dans Dassoucy : « Cet homme... avec une mâchoire enfoncée, et un œil poché au beurre noir. »

Se tirer un œil, Se crever un œil. Mon oncle Jean-Jean ne voulait jamais, la nuit, manger sans chandelle, parce qu'il avait peur de se tirer un œil avec sa fourchette.

Il va à la messe chaque fois qu'il lui tombe un œil. Se dit de quelqu'un qui n'y va pas très souvent.

Être à l'œil, Veiller de près. *Cadet, y a Pistolet que va souvent chez ta femme, tâche moyen d'être à l'œil !*

ŒILLOIRS, s. m. pl. — Œillères. Le suffixe a été changé parce que *oir*, *oire*, est le suffixe ordinaire des objets moyens d'action : *araignoir*, *arrosoir*, *crachoir*, *pissoir*, etc.

ŒUF. — *Je te plein comme un œuf.* Spirituelle gandoise que l'on répète à ceux que l'on ne croit pas avoir motif de plaindre beaucoup.

Mieux vaut un œuf en paix qu'un bœuf en guerre. Bien pensé !

ŒUFS. — *Elle est toujours aux œufs ou au lait.* Se dit d'une femme fréquemment enceinte.

ŒUVRE, s. f. — Chanvre, filasse. *J'ai de l'œuvre que je ferai filer.* — D'*opera*, la production du chanvre étant jadis considérée comme l'œuvre par excellence.

OGNE, s. m. pl. — *Recevoir les ognes.* C'est, lorsqu'on a perdu au jeu de gobilles, mettre sa main verticalement sur le sol, une gobille entre l'annulaire et le médius, sur laquelle tire le gagnant. Les coups que reçoit le perdant sur les phalanges, lorsque le gagnant manque — volontairement ou non — la gobille, s'appellent les *ognes.* — *Ogne* est en relation avec le genevois *ognon*, tape, coup, contusion. C'est *onio*, ou plutôt le subst. verbal d'un verbe supposé *oniare*, d'où :

OGNER, v. a. — Frapper, meurtrir. Il est devenu suranné, mais je lis dans un article de la *Revue des Deux Mondes*, 2ᵉ série, tome XLV, page 512 : « C'était la chanson... du Moine qui ognait à la porte. »

OGNON. — *Ognon de Florence.* Voy. *pourette.*

OGNON, s. m. — Tapage, grabuge, coups. « Puisqu'on pend les Seize, — Il y a de l'oignon, » dit la Satire Ménippée (dans Jaubert). Lorsque les Autrichiens approchèrent de Lyon, en 1814, on fit une chanson politique (ce n'était guère le moment), en forme de pot pourri, que j'ai souvent entendu chanter, et où se trouvaient les vers suivants :

> *Aux portes de Lyon,*
> *Y a de l'ognon, de l'ognette ;*
> *Aux portes de Lyon,*
> *Y a de l'ognon.*

Ognon, en ce sens, est une forme de *ognes* (voy. ce mot).
Propre comme un ognon. En effet, rien n'est blanc et pur comme un ognon lorsqu'on vient d'en enlever la dorse.

OIE. — *Ma femme est comme l'oie blanche, qui a toujours mal au bec, au c.. ou à la hanche.* — Il y a en effet beaucoup de femmes qui sont ainsi, et, vraisemblablement, bien plus de femmes même que d'oies blanches.

OISEAU. — *Oiseau de saint Luc.* Voy. *adroit.*
N'être ni oiseau ni rate volage. Se dit de ces sournois dont on ne sait jamais ce qu'ils pensent.

OLIVES. — *Changer l'eau de ses olives* (parlant par respect), Pancher de l'eau.

OMBRE. — *Il craint le soleil, il se met à l'ombre des bouchons.* Se dit d'un habitué de cabaret.
Ombre, s. m. — Molard écrit : « Ombre, Espèce de poisson...; écrivez *umble* et prononcez *omble.* » Trop de zèle ! A *umble*, l'Acad. ajoutait déjà en 1798 : « On dit et on prononce *omble* et plus communément *ombre.* » Et dans l'édition de 1835 on lit : « On dit et on écrit communément *ombre.* »

OMELETTE. — *Retourner l'omelette*, Changer de sentiment. On dit aussi *Retourner sa veste, Changer son fusil d'épaule.* Personne, mieux que nos politiciens en quête de popularité, ne s'entend à retourner l'omelette. Ils en revendraient à notre cuisinière, qui était si habile pourtant que, lançant l'omelette par la cheminée, à Sainte-Foy, elle la recevait toute retournée dans sa poêle à la fenêtre. Il est juste de dire que chez nous la maison n'avait qu'un étage.
On a eu, dans le temps, la rage de la viande saignante. Cela faisait mieux ressembler aux animaux. Un jour, chez Garcin, je déjeûnais avec un camarade. — *Garçon, un bifteck saignant !* dit un client. — *Garçon, un filet saignant !* dit un deuxième. — *Garçon, une côtelette saignante !* crie un troisième. — *Garçon*, dit gravement mon camarade, *une omelette saignante !*

OMNIBUSSIER, s. m. — Expression que j'ai entendu dire quelquefois pour conducteur d'omnibus.

ONGLE, s. m. — Nous le faisons féminin ; et je suis encore obligé de me dominer pour ne pas dire : *J'ai les ongles longues.* Le peuple a une tendance à faire féminins par analogie tous les mots terminés par un *e muet.*

ONNIBUS, s. m. — Omnibus. *Que fais-tu là ?* — *Je soigne venir l'onnibus.* — Exemple d'assimilation de deux consonnes voisines et de même nature.

ONZE. — *Bouillon d'onze heures.* Voy. *Bouillon.*

OR. — *C'est de l'or en barres.* Le plus bel éloge que l'on puisse faire de la loyauté et de la probité d'un homme.

ORAGE, s. m. — Grand vent, simplement, sans accompagnement de tonnerre et de pluie. *Depuis trois jours, avec ce ciel bleu, l'orage n'a pas décessé. M*ᵐᵉ *Putifond, qui* aime beaucoup son mari, ne l'a pas laissé sortir, peur qu'i soye écrasé par une tête de cheminée, ou décorné en passant le pont Morand.

ORANGE. — L'honnête marchand dont j'ai parlé à *melon* ne pouvait vendre de cavaillons en janvier. Il se revanchait sur les oranges :

Un sou les o - ranj', un sou! O - ranj' fines, O - ranj' douces!

ORANGER. — *Oranger de savetier,* Basilic (pron. *baselic*), *ocymum.* C'est en effet leur plante favorite.

OREILLES. — *C'te merdaille, avè leur bacchanal, me font partir les oreilles,* c'est-à-dire que je n'entends plus, ce qui s'explique en effet très bien, si mes oreilles sont parties.

Le sanque lui bout derrière les oreilles. Se dit d'un homme ardent et colérique.

Laver les oreilles, Faire une terrible remontrance, lors même que celui à qui on lave les oreilles les aurait déjà très propres.

ORGE. — *Grossier comme du pain d'orge.* Se dit d'un pacan qui n'a point de politesse ni de belles manières, et qui dirait quelque chose de gras, sans même le faire précéder de « parlant par respect ».

Faire ses orges, Avoir de bons et gros profits. « Messieurs, vous faites bien vos orges et vos choux gras ceste annee icy, » disoit un médecin a des prestres, en temps d'épidémie, au rapport du bon Bouchet, « Ouy bien, monsieur, répond le curé, Dieu mercy et vous. »

ORIENTER, v. a. — *Orienter un chantier,* Organiser un chantier, tout disposer avant de commencer une bâtisse. Mon père m'a souvent raconté que lors du passage de Napoléon Iᵉʳ à Lyon, les canuts lui firent un beau compliment où on lisait : « Vous êtes un ange descendu du ciel pour nous orienter. »

ORIGINE. — Humbert proscrit la locution *A l'origine,* et prétend qu'on doit dire *dans l'origine,* mais Littré riposte avec beaucoup de bon sens : « Pourquoi ne pas dire *à l'origine* comme on dit *à l'entrée ?* »

ORILLONS, s. m. pl. — Ce sont deux pieds de chèvre ou épaulements qui supportent le rouleau de derrière dans le métier de canut. Ils sont tantôt fixes, tantôt à coulisses pour placer le rouleau plus haut ou plus bas.

Orillons de la banquette. Ce sont deux taquets cloués contre les pieds de métier et sur lesquels repose la banquette (voy. ce mot).

Orillons, petites oreilles, parce qu'ils sont en saillie comme l'oreille sur l'os dit rocher.

ORMEAU, s. m. — Molard et Littré s'entendent pour blâmer les expressions *Vieil ormeau, Antique ormeau* parce qu'ormeau signifie proprement *jeune orme,* mais il y a beau temps que le sens d'ormeau s'est confondu avec celui d'orme en général. Littré lui-même donne ce sens, et l'Acad. cite l'exemple : *De vieux ormeaux.* L'Académie est comme le sacrement de mariage, qui couvre tout.

ORNIÈRE. — *Un visage à boire dans une ornière.* Se dit d'un visage en manche de couteau.

OS. — *L'os qui pue,* L'occiput. Cette transformation s'est opérée par la métathèse si naturelle de *qs* en *sq.* Comp. *ecsprès,* devenu *escprès, esqueprès.* D'où osquiput, et, manquablement, *os qui pue.* L'idée d'un os qui ne sent pas bon ne nous est pas particulière. Les Languedociens ont l'*os pudent* (puant). Azaïs le définit : « Os pubis, situé à la partie antérieure du bassin. »

J'entendais une fois un brave homme dire qu'il s'était donné *Un coup où les Allemands n'ont pas d'os*. Je compris, et je crois encore que c'était un euphémisme délicat pour « se donner un coup au derrière. » Cependant les Genevois n'appliquent pas du tout le même sens à l'expression. Pour eux, c'est de donner un coup à ce que les médecins, je crois, appellent nerf cubital et qui correspond si désagréablement au petit doigt. Il est à croire que mon brave homme, ayant entendu cette expression, l'avait mal interprétée, mais je ne comprends pas du tout comment les Allemands n'ont pas d'os au coude.

OSSU, UE, adj. — Qui a de gros os. *La Perroline n'est pas mal, mais elle est ossue comme un gendarme.* — C'est du vieux français.

OSTROGOTH (ostrogò). — Expression péjorative. *Quel Ostrogoth !* Quel animal ! *As-tu vu cet Ostrogoth qui voulait prendre ma place au thiâtre !* — Le populaire qui se sert du mot en ignore complètement la signification primitive, et j'ai peine à croire que depuis 553 où disparut le royaume des Ostrogoths en Italie, ce nom ait persisté. Je suppose qu'il s'agit d'une qualification dépréciante, ressuscitée au xviii° siècle par quelque lettré, et qui sera tombée dans le domaine public. Il me semble l'avoir lue dans Voltaire.

OT. — Ainsi que le fait remarquer Humbert, dans tous les mots qui se terminent par *ot*, comme *pot, marmot, gigot*, nous prononçons *o* très bref, tandis que les Parisiens le prononcent long : *pôt, marmôt, gigôt*. Mais Humbert a tort d'ajouter que cette dernière prononciation est celle des dictionnaires car Littré ne fait pas de différence de quantité de *o* dans *marmot* et dans *marmotte* , où *o* est évidemment bref, de par la double consonne qui le suit. Je crois que le *pôt, gigôt* des Parisiens est une prononciation affectée, et que notre prononciation lyonnaise est la classique, car le grammairien d'Olivet, dans le premier tiers du xviii° siècle, pose en règle générale que « toute syllabe dont la dernière voyelle est suivie d'une consonne finale, qui n'est ni *s* ni *z*, est brève », et il cite *pot* parmi les exemples.

OUBLIANCE, s. f. — Oubli. *La pauvre Zabeau a metu en oubliance la promesse qu'alle avait faite à se n'homme le jour de ses noces.*

OUBLIER. — *Vous avez oublié d'être bête.* Flatterie ingénieuse où le détour ajoute à la délicatesse.

OUCHE, s. f. — Taille du boulanger. — *Ça commence à faire une ouche*, Cela commence à faire une somme ou un compte important. — *Être à l'ouche de quelqu'un*, Être à ses crochets, vivre à ses dépens. — Vieux franç. *hoche, oche, osche*, cran, entaille ; subst. verbal de *hoscher, ocher*, noter, marquer à l'aide d'entailles.

OUCHER, v. a. — 1. Retourner en faisant sauter. *Oucher des pommes de terre*.

2. Retourner à l'aide d'une cuiller et d'une fourchette : *Oucher la salade.* — *Oucher* est la forme lyonnaise du franç. *hocher*, qui n'est pas le même que le *hoscher* dont est sorti *ouche*.

OU EST-CE. — Molard est le seul qui ait signalé ces locutions : *Où est-ce qu'il est ? Où est-ce que vous allez ?* Pour « Où est-il ? Où allez-vous ? » — Humbert ne mentionne que le barbarisme *Où ce qu'il est ?* sans doute parce que *où est-ce* est tellement usité qu'il l'a cru correct. A vrai dire, ce n'est point un barbarisme, mais seulement un pléonasme, comme tant d'autres dans notre langue, mais il est déplaisant.

OUI. — *Oui bien !* Oui certes ! — Les Parisiens prétendent qu'ils nous reconnaissent tout de suite à l'emploi fréquent de cette locution, qu'ils croient incorrecte. Je la crois au contraire très correcte et me souviens même de l'avoir rencontrée dans un bon auteur, dont, par disgrâce, j'ai oublié le nom. *Oui bien* est exactement le frère de *oui da, oui certes, oui vraiment !* Les Allemands ont la même locution : *Ja wohl !*

Pour un oui, pour un non, A tout propos, à tout bout de champ. Je connaissais un bonhomme à qui un célèbre major de l'Hôtel-Dieu avait fait une opération merveilleuse de proctoplastie. Aussi le major, glorieux, montrait-il son opéré à tous ses confrères. Le bonhomme me disait: *Je suis bien content d'en avoir un neuf. Quoique ça, ça me chancagne de le montrer comme ça pour un oui, pour un non.*

OUILLAGE, s. m. — 1. Action d'ouiller. 2. Quantité de vin nécessaire à l'ouillage. *Nous avons t'ayu vingt années de vin et l'ouillage.*

OUILLER, v. a. — Remplacer dans un tonneau le vin perdu par l'évaporation, en remplissant le tonneau jusqu'au bondon. Au fig. *Il est bien ouillé.* Se dit d'un homme ivre. — Vieux franç. *aouiller*, qui représente un barbare *ad-oculare* (d'*oculus*), remplir jusqu'à l'œil.

OUILLON, s. m. — Vin destiné à l'ouillage.

OUIN, interj. — Oui, au sens ironique. *La Françoise est bien vartueuse ? — Ouin ! comme une mogniaude.*

OURDISSAGE, s. m. — Action d'ourdir la chaîne sur l'ourdissoir.

OURDISSEUSE, s. f. — Ouvrière chargée d'ourdir.

OURDISSOIR, s. m. — Engin qui sert à ourdir la chaîne et dont l'organe essentiel est un tambour vertical à claire-voie sur lequel s'enroulent les musettes (voy. ce mot).

OURLER. — *Ourler son béguin.* Se dit d'une femme qui est de méchante humeur. « T'as ourlé ton béguin, t'es furieuse aujourd'hui ! » dit Bonvoisin à la Gervaise, dans *la Bernarde buyandière*. Comp. *Se lever le bonnet de travers* et *Avoir la tête près du bonnet.* Du bonnet à la tête, il n'y a pas loin.

OURLES, s. f. pl. — Gonflement inflammatoire du tissu entourant les glandes parotides. *T'as don pas amené la grosse ? — Elle a resté par rapport à la petite qu'a les ourles.* — D'*orula*, diminutif d'*ora*, bord. Ce mot a pris la signification plus générale de chose enflée comme un ourlet. On a comparé à un ourlet l'enflure longitudinale des glandes. Ce mot ne serait-il pas un adjectif comme *arrête, gâte, gonfle, trempe ?* Dans ce cas, des oreilles *ourles* seraient des oreilles *ourlées.*

OUTRE, prép. — *En outre de.* Barbarisme que commettent aujourd'hui jusqu'aux académiciens.

OUVERT, ERTE, adj. en parlant des personnes. — Franc, sincère, d'un accès facile. *La Mélina est de bon command ; c'est z'une femme qu'est bien ouverte.*

OUVRAGE. — Nous le faisons communément féminin. *Ben, t'as fait de la belle ouvrage !* disait M. Coquasson à Mme Coquasson qui s'était blessée.

Chercher de l'ouvrage en priant le bon Dieu de n'en pas trouver. Voy. *chercher.*

OUVRÉE, s. f. — Mesure agraire égale à l'hommée. *Une ouvrée de vigne.* L'idée primitive était ce qu'un homme peut ouvrer de terre en un jour. — D'*operata. Duas operatas de vinea*, dit une charte de l'an 1000 environ, dans le *Cartulaire de Savigny.*

OUVRIR. — *Ouvrir des yeux : 1. Comme des paumes. — 2. Comme des pains de six livres. — 3. Comme des parapluies. — 4. Comme un matou qui fait dans les cendres. — 5. Comme un chien qui rend des broquettes. — 6. Comme un chien qui rend des mâts de cocagne en travers.*

Ces six comparaisons, à la façon d'Homère, ont pour but de faire comprendre que la personne dont on parle ouvre fortement les yeux.

1. Ouvrir le compteur. — 2. Ouvrir sa tabatière. — 3. Ouvrir sa tabatière de peau. Euphémismes pour : anglais *to foist, to fizzle ;* allemand *fiesten ;* hollandais *veesten ;* italien *trar sloffe ;* espagnol *zullarse ;* portugais *bufar.*

OVALER, v. a. — *Ovaler la soie,* Faire subir à la soie grège l'opération du moulinage, c'est-à-dire de la torsion. — D'*ovale,* parce que la plupart des moulins sont de forme elliptique en projection horizontale.

OVALISTE, s. f. — Ouvrière chargée de l'opération du moulinage de la soie.

P

PACAN, s. m. — Rustre, grossier personnage. *Y a Vachard qu'est un pacan*, me disait un jour Patient Benachon ; *je l'ai évité à ma noce. A la soupe i pinçait les gras à ma belle-maman ! Si n'avait au moins attendu la tourte !* — De *paganum.*

PACE QUE. — Parce que. *Je me sons marié pace que la maman y a voulu*, me disait Agnus Poupard. — Le populaire fait l'économie d'une consonne.

PACHE, s. f. — Marché. *Faire pache,* Conclure un marché. « Le tiers, faisoit secrettes· paches, et promesses à ceux qui tenoyent son parti, » dit le bon Paradin. — De *pacta.*

PAILLASSE, s. f. —1. Petite corbeille d'osier, en forme de calotte sphérique, où l'on met la pâte destinée à faire un pain.
2. Grande corbeille où le mitron met les pains pour les porter aux pratiques. — De *paille,* le jonc tressé étant considéré comme une sorte de paille.

PAILLE. — *Tout y va, la paille et le blé.* Se dit à propos d'un enjeu ou de toute autre chose où vous mettez tout ce qui vous reste. Un supposé qu'au jeu vous ayez perdu huit sous sur dix que vous aviez, vous mettez les deux sous qui vous restent en disant : *Tout y va, la paille et le blé !* De même si vous soldez un plat de truffes frites en versant dans votre assiette tout ce qui reste, et autres cas semblables.
*M*ᵐᵉ *Seignevesse, donneuse ! Elle se tirerait une paille du virolet pour se nettoyer les dents !* Dicton un peu vulgaire, qui se dit fréquemment à propos des personnes trop économes.

PAIN. — *Pain ferain,* Pain blanc (qui n'est cependant pas du pain de luxe comme la miche). « Il fut décidé que les boulangers ne feroient plus que deux sortes de pain, la miche et le pain *farain* ou *bourgeois.* » (Paradin.) — Il y a une soixantaine d'années, la taxe officielle portait encore le mot de *pain farain.* — De *farranus,* de *far,* froment.
Pain de ménage, Pain inférieur en blancheur au précédent, mais cependant fait avec de la farine de froment.
Pain à tout, Pain grossier pour lequel le son n'a pas été séparé de la farine.
Pain bénit, Pain qu'on bénit le dimanche à la grand'messe, et qu'on distribue aux fidèles. A la campagne c'est un modeste pain blanc, mais à la ville c'est une tour Eiffel en couronnes de brioche, recouvertes par un long manteau de velours rouge et couronnées par un beau panache blanc. La règle est qu'il doit y avoir sept couronnes superposées, en souvenir des sept pains de proposition. Elles vont en diminuant de grandeur en montant, de façon à faire la pyramide. Outre les couronnes il y a une grosse brioche pour M. le curé et de plus petites pour les vicaires. Le tout, aux grandes solennités, est porté par deux lévites en aube et avec les orfrois.
C'est pain bénit, C'est bien fait. *Ce galapian a voulu donner un coup de poing au Bonaventure, mais il a glissé et s'est cassé la jambe. C'est pain bénit !*
Soupe de pain cuit. C'est une soupe de pain longtemps mitonnée. Ça permet de profiter les vieilles croûtes.
Le Boniface, c'est du pain à toute sauce, C'est-à-dire qu'on en fait ce qu'on veut, qu'il est propre à tout.
Faire passer le goût du pain, Tuer. Au moyen âge on présentait du pain à la bouche d'une personne mourante ou évanouie, pour s'assurer si elle avait déjà perdu ou non le goût du pain. Cette action est décrite dans plusieurs romans de chevalerie. D'où *perdre le goût du pain,* mourir.
Prendre un pain sur la fournée. Se. dit de deux amoureux qui ont voulu prendre un petit acompte avant le mariage.

Embrasser comme du pain chaud. Voyez *embrasser.*

Pain de côtelettes. C'est quelques côtelettes de porc réunies ensemble, qu'on achète toutes chaudes chez nos charcutiers. J'y rêve encore.

PAIR. — *Pair et compagnon.* Se dit de deux personnes qui vivent sur le pied de parfaite égalité. *Le Pacôme et le Jouagny sont pair et compagnon: i sont aussi bien cherchés que trouvés... Tous ces gens de Panama, i sont pair et compagnon: i se partageont nos liards.*

PAIRE. — Nous le faisons masculin. *La Glaudine a ben un bon paire de posses !* Humbert dit que c'est un archaïsme, et que *paire* était masculin en vieux français. Je ne l'en crois mie, car les *Cent nouvelles* font bien *paire* féminin: « la douce paire. »

L'italien et le provençal font paire du masculin. (M. D.)

PAISSEAU, s. m. — Échalas. — De *paxillum.* Au fig. *jambes* (comp. *canilles flûtes,* etc.)

PAIX. — *Avoir la paix et les quatre repas* a toujours été considéré par les Lyonnais comme le dernier terme du bonheur. C'est qu'en effet on n'a pas la paix quand on n'a pas les quatre repas, et l'on peut avoir les quatre repas sans avoir la paix.

PALAYER (SE), v. pr. — Se faire mal, mais avec l'idée de dislocation, de luxation. — Du patois● *pala,* épaule. L'idée primitive était se luxer l'épaule, puis le sens s'est étendu à luxation en général.

PALETOT. — *S'acheter un paletot chez Malet,* Voy. *Malet.*

PALETTE, s. f. — 1. Dent incisive, à cause de la forme qui ressemble à celle d'une petite pelle.

2. Jeu de gones, Cheval fondu. « Et dans peu vous li fait faire (à la vertu de Suzanne) un saut de palette. » (Ét. Blanc.) Je crois ce mot tombé en désuétude.

PALOURD, s. m. — Peu agile, peu dégourdi. C'est une forme de *balourd.*

PAN. — *Pan couvert !* Cri des mariniers lorsque sur les bateaux à vapeur ils sondent le fond avec une perche de bois vert, sur laquelle, après avoir mesuré plus que le tirant d'eau du bateau, on a écorcé une zone blanche, de la hauteur d'un pan. Le marinier qui sonde à l'avant crie *Pan couvert !* si l'eau recouvre la zone blanche ; *demi-pan !* si elle n'en couvre que la moitié ; *pan lôr* (pan large), si le pan est fortement recouvert d'eau, etc. Alors l'on manœuvre en conséquence. On sait que le *pan (palmum)* fait ordinairement la longueur de la main étendue, de l'extrémité du gros det à celle de la longue dame, Dans *pan lôr, lôr* représente *largum.* copieux, abondant.

PANAFLE, s. m. — S'emploie parfois pour *fanal.* Vraisemblablement une corruption fort usitée de fanal.

PANAIRE, s. m. — 1. Grand morceau de peau dont le canut recouvre la façure pour ne pas la ternir en travaillant.

2. Au fig. Panneau, habit. *J'ai pris mon panaire pour aller à la noce.*

3. Poêle nuptial. *I z'y ont étendu sur lieu têtes le panaire nuptial.* — De *pannum.*

PANAMAN, s. m. — Essuie-mains. Au fig. Homme mou, poltron (comp. *panosse*). « Il faut que je te voie l'épée à la main, — Car tu n'est rien qu'un panaman, » dit Gatillon dans *la Bernarde. Panaman* est une forme patoise. Les lettrés disaient *panne-main,* comme on le voit dans l'*Invent. de la Manécanterie,* de 1633. — De *pannare* (de *pannum*) et *manus.*

PANARET, s. m. — S'emploie quelquefois pour Écouvillon de four. C'est un mot venu du Dauphiné. — De *pannare.*

PANARETTE, s. f. — Bouchon de paille que l'on place au fond de la cuve, contre le trou de la bonde, pour empêcher la rafle d'obstruer le trou. — De *panne,* non sans doute qu'on ait jamais fait usage de linge pour cet office, mais parce que le bouchon de paille a quelque analogie de forme avec un paquet de chiffons.

PANCANE, s. f., terme de canuserie. — C'est un guindre ou double cylindre, un peu plus grand que ceux des mécaniques à dévider, ajusté sur un montant en bois avec coulisse, ce qui fait que le cylindre inférieur monte ou descend selon la longueur de la flotte. Cela sert à mettre en canettes les soies qui peuvent se passer de dévidage. — De l'ital. *panca*, banc. « *Panca dell' orditoio*, littéralement banc de l'ourdissoir », appareil en bois avec des fers verticaux pour enfiler les cannes de l'ourdissoir. C'est le squelette de l'ourdissoir. D'où *pancane*, diminutif de *panca*. Par métathèse on dit souvent *campane* :

I gn'ia que l'apprentiss' qui toujours se cancane
Et voit z'avè plési reposer sa campane.
(*Pétition à M. de Saint-Cricq*.)

PANCHER, 1. v. n. — Verser, s'écouler, spécialement par une fissure. Mon grand avait un granger qui avait bu de son vin. En faisant sonner le fond du tonneau, il s'aperçut du déchet. Voyant le coup, il appelle le granger. Celui-ci regarde, fait sonner à son tour, réfléchit longuement, paraît étonné, puis dit : *Faut que lo tuniau oye panchi !*
2. v. a. *Pancher de l'eau*, parlant par respect, Changer l'eau de son canari. — De *pandicare*.

PANE, s. f. — *Être dans la pane*, Être dans la gêne. — Subst. verbal de *paner* (voy. *pané*).

PANÉ, ÉE, adj. — Qui est dans une grande gêne. — Du vieux franç. *paner*, essuyer avec un linge, de *pannum*. Un homme pané est un homme essuyé, torché, auquel il ne reste rien que sa personne. Comp. *Il est rincé, nettoyé*, pour Il a tout perdu.

PANET, s. m. - Grappes de millet. *J'ai acheté du panet pour mon canari*. — De *panicum*.

PANIER, s. m. — *Panier à salade*. C'est le nom pittoresque que nous donnons aux voitures des prisons, de l'Antiquaille, etc. *Hélas*, me disait tristement mon pauvre camarade Langlué, qui était romantique, *des estafiers barbares, sans pitié pour la beauté, ont fait monter me n'amante dans le panier à salade !*

PANIÈRE, s. f. — 1. Grande corbeille en osier, avec des manettes et un couvercle, pour mettre la provision de pain. — De *panaria*, de *panem*.
2. Terme de construction, Voûte en briques dans l'enchevêtrure d'un plancher, que l'on a ménagée pour le passage des gaines de cheminée. Se dit quelquefois de l'enchevêtrure elle-même. — A Paris, l'enchevêtrure s'appelle *trémie*, par analogie avec la trémie des moulins à farine. Je ne doute pas que la même analogie n'existe pour *panière*, qui a dû être, dans les moulins de nos contrées, le nom donné à la trémie.

PANNEAU, s. m. — Habit noir. *Père Fricoteau*, que je disais un jour à un bon canut, *vous n'avez jamais vu le café chantant : je vous y paie ce soir !* — Merci bien, *Mecieu Puitspelu*, qu'il me fit : *On n'est reçu qu'en panneau, t'i pas ?* — De *pannellum*, de *pannum*.

Il y avait des habits à panneau, témoin la chanson des *Deux sous par aune* :

> Habit à panneau,
> Perruque à marteau
> Et canne à pommeau.

PANOSSE, s. f. — Personne molle, sans énergie. — De *panossi*, torchon, linge à essuyer, qui existe encore dans nos patois, et vient de *pannucea*. *Panosse*, appliqué aux personnes, signifie donc « mou comme un linge ». On trouve en vieux français *panosse, vieille panosse*, « vieille édentée, sale, en haillons, » dit Cotgrave. *Panosse* répond ici au français populaire *Un vieux torchon*, en parlant d'une femme. C'est dans ce sens que doit être comprise l'injure *vieilles panosses*, que se crient les femmes dans la grande bataille des habitants de Flameaux et de Vindelles, telle qu'elle nous est contée par le bon seigneur de la Hérissaye.

PANOUILLON, s. m. — Écouvillon du four. De *pannum*, avec un premier suffixe *ouille*, péjoratif et un second suffixe *on*, diminutif.

PANSEROTTE, s. f. — Double (voy. ce mot) du cayon. Excellent à la vinaigrette, ou passé au beurre avec des oignons. — Fait sur *panse*, avec le suffixe *otte*, relié par *r*.

PANTALON. — Nous ne l'employons qu'au pluriel : *Donne-moi mes pantalons de nankin.* Ou bien avec le mot paire : *Il faut que je me fasse faire une paire de pantalons pour cet hiver.* Cela veut dire un pantalon. C'est que le pantalon, comme la culotte, comme le caneçon, se compose toujours de deux parties égales et symétriques. Les Anglais disent, comme les Lyonnais, *a pair of pantaloons, a pair of trowsers, a pair of drawers, a pair of stairs.*

Pantalons à grand pont. Ce sont des pantalons où le devant s'abat dans toute sa largeur. Lorsque les dames portent des pantalons fermés, c'est au contraire le grand pont qui est derrière. — *Pantalons à petit pont.* C'était d'abord des pantalons où le pont-levis n'occupait qu'une partie du devant, faisant ainsi guichet. Cet usage s'étant perdu (aussi bien d'ailleurs que celui des pantalons à grand pont), on donne maintenant le nom de pantalons à petit pont aux pantalons fendus par devant, quoiqu'il n'y ait aucun pont du tout. Ainsi les noms durent plus que les choses. — Je connaissais un pensionnat ou les pantalons à grand pont étaient seuls tolérés par rapport à la décence.

PANTIME, s. f. — Partie de soie assortie par la metteuse en mains (voy. ce mot).

PANTIMURE, s. f. — Marque indiquant le classement de la pantime. Le plus souvent la pantimure est un fil qui a un, deux ou trois nœuds. Cette subdivision correspond au classement des grosseurs. D'autres fois on différencie les grosseurs de la soie par la couleur variée des pantimures.

PANTINS, s. m. pl. — 1. Organes du carète (voy. ce mot). Ce sont deux règles de bois, chacune mobile sur une grenouille placée à son extrémité, et auxquelles sont suspendues les lisses. Ces règles sont reliées chacune à un bout par deux tringles de fer à une traverse mobile au-dessus d'elles et jouant sur un rouleau en façon de fléau de balance. De cette manière un pantin, en s'abaissant, sous l'action de la marche, fait baisser le fléau par un bout et lever par l'autre, et par conséquent lever le pantin voisin. Les lisses, en suivant le mouvement des pantins, entr'ouvrent la medée. — De ce que le peuple donne volontiers le nom de pantin à tout objet qui remue sous l'action d'un fil.

2. Organes de la navette à défiler. Ce sont deux petites tiges garnies d'agnolets dans lesquels passe successivement la trame. Les pantins, mobiles, sont retenus par des ressorts destinés à donner à la trame la tension nécessaire.

PANURE, s. f. — Croûte de pain séchée au feu et réduite en poudre, dont on se sert pour faire des soupes, pour gratiner le poisson, etc. De *panem*.

PAOUR, s. m. — Homme lourd et sot. — Paraît simplement un assemblage de sons péjoratifs.

PAPE. — *Tant qu'un pape en pourrait bénir.* Voy. *bénir.*

PAPIER, s. m. — *Papier mou.* J'espère que mes lecteurs savent ce que c'est, car je ne connais pas d'équivalent français. Toutes les fois que j'ai dit *papier mou*, on m'a repris : « Dites *papier de soie!* » Mais dans les dictionnaires, je n'ai pas plus trouvé papier de soie que papier mou.

Papier cassé. C'est du papier en grande feuilles qui ont des tares, des déchirures, etc. et que les papetiers vendent à bas prix. A Genève du papier cassé, c'est du papier brouillard.

Papier à remonder, terme de canuserie, Grandes feuilles de carton mince et blanc que le canut place sur des chevalets en dessous de la longueur, pour que les fils de la chaîne, qui se détachent ainsi sur du blanc, puissent mieux se distinguer.

Papier marqué, Papier timbré. Mon père disait toujours que c'était le papier qui était marqué, et le plaideur qui était timbré.

Papier-biscuit. Voy. *biscuit.*

PAPPE, s. f. — Bouillie sucrée. *Soupe de pappe.* « Nous mangimes de pain de radisse, de petits potets de soupe de pappe, qu'était douce comme de melasse. » (*Les mariages dotés.*) — Subst. verbal de *pappare*, manger, en parlant des enfants. Le même mot existe en ital. (*pappa*) et en allem. (*pappe*).

PAQUES. — *Faire Pâques avant Carême.* Se dit des pauvres amoureux qui, pressés par la faim, prennent un pain sur la fournée avant le mariage.

PAQUET. — *Donner son paquet* à un employé, à un domestique, Le renvoyer.

PAR. — Au sens de Dans, Sur. *Tomber par les escaliers..... l'eau lui jicla par la figure.* Vieilles tournures. « Car il avoit la vue courte, dit l'honnête Eutrapel, pour ce que depuis que Vichot l'avoit abattu de coups de trenche par les fesses, les yeux lui avoient tousjours pleuré. » C'est un latinisme : *Per digitos humerosque plumae,* dit Horace.

Par après, Par ainsi, Par ensuite, ne sont point des fautes, mais des archaïsmes dont le tour familier peut à l'occasion donner du piquant à la phrase.

Brin par brin. Humbert prétend que cette locution n'est pas correcte, et qu'il faut dire *brin à brin.*

PARADIS, s. m. — Beau reposoir qu'on fait le Jeudi-saint dans nos églises pour y déposer le Saint-Sacrement, qui y passe la nuit. Sa beauté et la présence du Saint-Sacrement en font l'image du ciel.

PARAGARE. — Nom d'un pays fantastique, rappelé dans le dicton suivant : *Le pays de Paragare, où les chiens japont de la queue.* On comprend qu'*Être du pays de Paragare,* c'est être grossier, rustre, inconvenant. Vachard, dont j'ai parlé à *Pacan,* était du pays de Paragare. — Mot forgé de toutes pièces, comme *Papharagaramus,* et d'autres de ce genre.

PARAPEL, s. m. — Parapet. — *Parapel* est la forme primitive. Mais il est une raison plus grave pour laquelle nous l'employons. *Parapet* éveille une idée inconvenante, et j'ose dire inexacte, car ce n'est point dans le but de parer à ce genre de projectiles qu'on a inventé le parapet.

PARASINE, s. f. — Poix-résine. Corruption de *poix-résine.* Cotgrave a *parrasine,* qu'il traduit inexactement par *stone-rosin* pour *wood-rosin.* Il doit avoir emprunté ce mot à quelque dialecte.

PARBOUILLI, adj. — *Ce rond de veine est parbouilli,* Trop bouilli. — C'est du vieux français. Dans une foule de verbes le préfixe *par* indiquait un renforcement, une exagération du thème. Comp. *parforcer, parbriser, parbouter, pardémolir,* et une foule d'autres.

PAR CONTRE, adv. — Au rebours, à l'inverse. — Affreux barbarisme, déjà proscrit par Voltaire, et qui a passé de la langue des journaux dans celle des revues, et de la langue des revues, hélas ! dans celle des académiciens.

PAR-DESSUS. — *Par-dessus le marché,* Littéralement, en plus du marché conclu,

mais s'emploie surtout au fig. *Il a épousé une femme acariâtre, et, par-dessus le marché, gaspilleuse.* Je ne trouve pas cette expression dans les dictionnaires, mais elle me semble absolument logique et correcte.

PARDONNABLE. — *Pardonnable,* en parlant des personnes, est condamné par Molard et Vaugelas. Mais Littré fait observer que l'usage a prévalu contre les grammairiens.

PARDONNER. — *Vous n'êtes pas de pardonner.* Sur l'emploi de cette tournure, voy. *connaître.*

PARENT. — Humbert désapprouve cette expression : *Nous lui sommes parents.* En effet, on n'est pas parent *à* quelqu'un, mais *de* quelqu'un.

PARESOL, PAREPLUIE, PAREVENT. — pour *Parasol, Parapluie, Paravent.* Molard voit dans la première partie παρα ; c'est simplement *pare à.* Mais la formation est fautive, parce que *parer,* ce sens, prend la prép. *de* et non *à.* La formation populaire est plus claire, sinon plus grammaticale. Comp. le vieux lyonn. *parefoux,* et les mot de création moderne *pare-feu, pare-étincelles.*

PARER (SE), v. pr. — Se défendre, se garantir. *Pare-toi de ce chien !* C'est un sens classique de *se parer,* mais auquel nous ne sommes plus habitués.

PARET, s. f. — Muraille. *Trou de la paret,* Chatière. Un vieux noël dit que le diable, qui était venu voir la fête, avait passé la tête « *per lo trou de la parey* ». — De *parietem.*

PARFAIT, s. m. — Préfet. Pour nous tous les préfets sont parfaits. C'est extraordinaire.

PARFUMEURS. — *Les Parfumeurs de Venissieux.* Voy. *Artillerie.*

PARGUE, s. f., terme de menuiserie. — Large traverse en bois, non assemblée, clouée contre des planches ou lames pour les maintenir. — Parait être le subst. verbal de *parquer.* Comp. *parquet.*

PARIURE, s. f. — Pari. Un de mes amis, parlant par respect, avait fait la pariure avec un cafetier d'en faire cinquante d'affilée. Il en fit cinquante-trois. — « Les trois sont pour le garçon, » fit-il majestueusement.

PARLEMENT, s. m. — Parlage, action de parler beaucoup. *Fenne, as-tu bientôt fini tous tes parlements? Viens t'en voire remonder!* — C'est le sens propre et primitif de *parlement.*

PAR, PAR LA. — A peu près, environ. *Quel âge peut bien avoir M. Cugniasse? Par là dans les septante ans.*

PARLER. — *Parlons peu, mais parlons bien* (c'est tout à fait mon avis). Préliminaire obligé de toute proposition d'arrangement.
Les femmes parlent comme les ânes pètent (parlant par respect). N'y a-t-il pas là quelque exagération?
Il sait ce que parler veut dire, C'est un artet, un homme qui comprend à demi-mot.
Aller parler à son secrétaire. Il paraît que le secrétaire habite les commodités,
Aller parler à son procureur. Même domicile.

PARLOIRE, s. f. — De *parler*, avec le suffixe *oire*, suffixe des objets moyens d'action. Donc, *Parloire*, machine à parler. « On dit que les femmes sont grandes parloires, » écrit le bon Béroalde.

PARMER, v. n. — Muer, changer de poil, en parlant des animaux. Se dit aussi de changer de peau à la suite de quelque maladie. *Te parmes comme la mironne*, disait un bon canut à sa femme qui perdait ses cheveux. — Vieux franç. *parmuer*, changer complètement.

PARMI, — *Parmi*, employé en sous-entendant le complément, est blâmé bien à tort par Humbert. C'est au contraire un tour parfois charmant. Il n'avait donc pas lu la Fontaine : « Mais je voudrais parmi — Quelque doux et discret ami. »

PAROISSE. — *Ces manches sont de deux paroisses.* Métaphore piquante pour dire : Elles ne sont pas semblables.

PAROISSIEN, s. m. — Expression un peu vague, mais péjorative. *Un drôle de parois-sien!..... En voilà, un paroissien!* Cela se dit d'un homme désagréable, hargneux, ou pourvu de quelque autre défaut.

PAROLE. — *Je lui dois la parole*, pour dire : Je ne lui ai jamais parlé.

PARPAILLOT, s. m. — Ne se dit pas chez nous exclusivement du calviniste, mais de tout homme sans religion. On sait que le mot vient du sieur *de Parpaille*, président à Orange, décapité en Avignon en 1562 (Scheler).

PART. — *Et à part ça.* Habile transition pour passer d'un sujet à un autre dans la conversation : *Le temps est superbe! — Il est chaud pour la saison. — Et à part ça, que pensez-vous du ministère?*

PARTERET, s. m. — Hache de boucher, couteau à partager la viande. — D'un fictif *partar*, répondant au vieux franç. *partir*, partager, d'où la vieille forme *partaret*, devenue *parteret.*

PARTERRE. — *Prendre un billet de parterre*, Tomber. Agréable jeu de mots. (N. B. Ne pas oublier de faire semblant, avec votre chapeau, de balayer la place où votre ami vient de tomber. Cette ingénieuse politesse a censé pour but de balayer le parterre pour lequel votre ami a pris un billet.)

PARTICULIER, s. m. — Expression péjorative équivalente à *Paroissien* (voyez ce mot).

PARTIE. — *En partie tous*, Presque tous, *Nous avons en partie tous nos grands savants qui sont c.....*, disait un jour mon maître d'apprentissage pour consoler un sien ami qui se plaignait de l'être. Cette locution charmante, mais peu correcte, est si répandue qu'un savant académicien d'une grande ville du Midi le mit un jour en beau devant dans un rapport officiel.
Vendre en parties brisées, Vendre une propriété par lots. Je n'ai rencontré nulle part cette expression si commune chez nous.

PARTIR, v. n. — *Partir pour son sort*, Partir pour le service militaire. *Sort* se rapporte ici à l'idée de tirage au sort : partir pour obéir aux prescriptions du sort.
Faire partir les oreilles. Voy. oreilles.

PARTUS, s. m. — Trou. *Un partus de rate.* Un trou de souris. — Vieux franç. *pertus.*

PARTUSER, v. a. — Trouer, percer. — Fait sur *partus.*

PARTUSOLE, s. f. — Terme péjoratif pour désigner une femme ou une petite fille. *La Viarginie est venue me demander un sou pour acheter un bon.* « *Veux-tu t'ensauver, b..... de partusole,* » *que j'y ai dit !*

PARVÉRER. Voy. *éparvérer.*

PAS. — *Le Pas de la porte.* Seuil. *Y a t'un miron que vient tous les jours faire son grand tour sur le pas de notre porte.*
Aller à pas de poule, Aller moins vite qu'un train rapide.

PAS, s. m., terme de canuserie. — Ouverture de la medée qui se produit quand le canut appuie sur la marche. *Retrouver le pas,* Défaire un morceau d'étoffe pour retrouver un coup de trame défectueux. *Travailler à pas ouvert, à pas fermé,* Donner le coup de battant la medée étant encore ouverte ou déjà fermée, suivant l'exigence des articles.

PAS, loc. interrogative. — Contraction de *n'est-ce pas.* — *Tu viendras demain, pas ?* On dit plus élégamment : *Tu viendras demain, t'i pas ?* — Ici, *t'i pas* est par analogie avec *ne viendra-t-il pas?* Ce *t'il pas* a été transporté aux autres personnes du verbe. Ainsi l'on dira de même : *Vous viendrez, t'i pas ?*
Pas moins, adv. — Cependant néanmoins. *Il a une grande fortune ; pas moins c'est un pioustre. Pas* est pris comme l'équivalent de *non,* car Littré donne *non moins* comme l'équivalent de *néanmoins.* Je ne crois pas cependant qu'il ait raison, et qu'on puisse dire *non moins c'est un pioustre,* mieux que *pas moins c'est un pioustre.* Il faut donc convenir que notre locution est incorrecte ; pas moins, elle est très piquante.
(Pas plus tard qu'aujourd'hui, 13 octobre 1894, j'ai le plaisir de la rencontrer dans un grand journal de Lyon : « Nous savons que la vérité doit être respectée... *Mais, pas moins,* notre excellent confrère avouera, etc. »)
Pas, suivi de *rien,* pour renforcer la négation (voy. *rien*).

PASCONNAIS (Paconè). — Nom de toute personne que l'on ne connaît pas. Une jolie plaisanterie consiste, au théâtre, à dire à son voisin : *Te vois ben cette dame, là-bas, aux premières, avé un chapeau couleur de ménage ? — Oui, qui est-ce ? — Te la reconnais pas ? — Non. — C'est M* Pasconnais.* On dira encore : *Est-ce que te sais l'allemand, toi ? — Si je le sais ! C'est M. Pasconnais que me l'a-t-appris.* — Enfin d'autres spirituelles gandoises de même genre.

PAS-FAILLI ou **PIED-FAILLI,** terme de canuserie. — Défaut dans une pièce, qui provient de ce que le canut s'est trompé de marche en appuyant le pied. — Au figuré, Fausse démarche, pas de clerc. *Le Paterne aurait dû demander la Dédèle à sa m'man, au lieu de son p'pa, qu'est zéro en chiffre.* — *C'est un pied-failli.*

PASQUIN. — Individu qui fait rire en faisant des charges, des grimaces. *Il est pasquin comme pas un.* On dit aussi : *Il a l'esprit pasquin.* Le mot n'est pas péjoratif.

PASQUINER, v. n. — Faire le pasquin.

PAS-RIEN, s. m. — Vaurien, mauvais sujet, drôle. — L'expression est très péjorative. — Contraction de *Ce n'est pas rien* pour *Ce n'est rien.*
Rien signifiant proprement *chose,* un pas-rien est exactement un pas-grand' chose.

PASSAGÈRE. — *Une rue passagère,* Une rue où il passe beaucoup de monde. Je ne trouve pas la métonymie plus extraordinaire que dans le français *une rue passante.*

PASSEPORC. — Manière aimable de prononcer le mot *passeport.* On n'y manque jamais. — Dans les temps d'anarchie les employés de l'administration se permettent toutes les frasques. Mon père me contait que sous le Directoire, l'un d'eux s'était donné le plaisir d'écrire sur le « passeporc » d'un Lyonnais gros et gras : « Chapeau à claques, — Visage id. »

PASSER, v. n. et a. — *Passer quelqu'un dehors,* Le mettre à la porte. C'est une métonymie. Comp. *Tomber quelqu'un,* le renverser, le faire tomber.
Passer dans œuvre, Être en perte dans une affaire. *Si je ne peux pas vendre mon*

étoffe quatre francs, je passe dans œuvre. — Terme emprunté à la construction. Une poutre que, par erreur, on a coupée trop court, de manière qu'il ne reste plus de bois pour les prises, passe dans œuvre.

Passez-moi ça bon marché. Un négociant lyonnais disait à une célèbre actrice de Paris : *Allons, passez-moi ça bon marché !*

Passez-moi ça en douceur. Voy. *douceur.*

Passer quittance est-il français ? — Je le crois, puisqu'on dit *passer un acte*, mais les dictionnaires indiquent seulement *donner quittance.*

Ne me demandez rien, je vous passe quittance. Manière bienveillante de prévenir quelqu'un qu'on n'aurait pas d'argent pour lui, s'il vous en demandait.

Passer au bleu. Voy. *bleu.*

PASSETTE, s. f., terme de canuserie. — 1. Instrument pour piquer en peigne. Voyez *peigne.*
2. Crochet pour remettre. Voy. *remettage.*

PASTONADE, s. f. — Carotte, *daucus carota.* Le mot est ancien. « Les racines sont naveaux, pastonnades, carrotes (sans doute betteraves, voy. *carotte*), etc., » dit Olivier de Serres. Et le très gracieux Rabelais nous conte que les gastrolâtres mangeaient des *pasquenades,* mot à propos duquel Burgaud des Marais met en note, bien à tort : « Peut-être un mets qu'on mangeait à Pâques. » — De *pastinaca.*

PATACU. — (Parlant par respect), *Faire un patacu.* Tomber lourdement sur son derrière. Une jeune personne bien élevée ne doit pas dire : *J'ai fait un patacu.* Il est aisé de trouver des expressions plus séantes, par exemple : « Je suis tombé sur mon gros visage, » ou tout autre euphémisme délicat. — La première partie du mot est une onomatopée. Comp. *patapouf.*

PATAFIOLE. — Mot usité seulement dans la phrase : *Que le bon Dieu te patafiole !* pour Que le diable t'emporte ! — Vient-il de *bataf* (voy. ce mot), dauphinois *batafiou ?* L'idée serait : que le bon Dieu te schlague ! Comp. le gascon *batafiolo* (dans Mistral), égratignure, blessure légère.

PATAIRE, s. m. — Chiffonnier. On dit de préférence aujourd'hui marchand de pattes.

PATARAPHE, s. f. — Paraphe, signature. *J'ai metu ma pataraphe au bas du contrat.* — De *paraphe,* avec insertion d'une syllabe comique. Comp. *carabosser.*

PATASSE, s. f. — Pomme de terre blanche. On dit de préférence *truffe.* — Corruption de *patate.*

PATAT, s. m. — *N'avoir pas un patat,* n'avoir pas le sou, pécuniairement parlant. — De *patac,* jadis petite monnaie papale.

PATAUD. — *Pataud* est français, mais ne s'emploie qu'au propre. Nous ne l'employons au contraire qu'au figuré. *Un pataud,* Un pacan, un grossier personnage.

PATÉ. — *Gros pâté.* Expression de tendresse que l'on emploie à l'égard d'un bel enfant, lourd et gauche. *Allons, gros pâté, venez çà, que je vous donne un bon !*

Pâté de vogue. C'est un pâté de ménage absolument exquis fait avec de la fleur de farine et garni communément de poires qu'on a fait mariner pendant vingt-quatre heures dans de l'eau-de-vie et du sucre. On le dore par-dessus avec un jaune d'œuf. Ces pâtés ont la forme d'un chapeau de gendarme. C'est ce qui explique sans doute le dicton : *avoir le ventre en pâté de vogue,* qui se dit d'une femme ne ressemblant pas à la Vénus de Praxitèle. Je suppose que c'est parce que le ventre en profil se présente comme le côté convexe du pâté de vogue.

PATER. — *Se mettre au pater malgré Dieu.* Locut. énergique pour Faire quelque chose contre sa vocation ou contre les circonstances. Beaucoup veulent être poètes qui se mettent au pater malgré Dieu.

Ça lui est défendu comme le pater aux ânes. Voy. *âne.*

PATET, ETTE, s. et adj. — Lent, lambin, minutieux. *Quelle patette que cette Tonine !* Se dit aussi des choses : *Un ouvrage patet,* Pour moi, je n'ai jamais pu bien mordre au remondage, c'était trop patet. Les personnes qui veulent parler français disent *un ouvrage patétique,* mais c'est une faute. — De *patittus,* fait sur *pati.*

PATETER, v. n. — Faire œuvre de patet. Un mien ami me disait naguère : *Qu'êtes-vous don tant à pateter après votre dictionnaire ?*

PATÈTERIE, s. f. — Lambinerie, tatillonnage. *C'te catolle de Lionarde n'en a jamais fini avec ses patèteries.* Piémontais *patetaria*, bigoterie scrupuleuse.

PATI, s. m. — Gésier des animaux. Au fig. Estomac. — *Nous nous sons metu chêcun quinze matefaims sur le pati.*Nous les avons mangés. — De *pastarium*, fait sur *pastum.*

PATICHON, s. m. — Le même que *patet*, avec un joli suffixe péjoratif.

PATIENCE, s. f. — Petite pâtisserie fort bonne, en forme de pastille, que font nos confiseurs. Les personnes spirituelles, en offrant des patiences, ne manquent jamais à dire cette plaisanterie neuve : *Prenez patience.* Je crois qu'elles ont raison, car je ne vois pas d'autre origine au nom, sinon qu'on prend patience en en mangeant.

PATIFLU, USE, adj. — C'est *patet*, avec accentuation péjorative dans le sens de lourdeur et de maladresse, ainsi que l'indique ce suffixe moelleux.

PATINGOLER, v. n. — On dit que la terre *patingole* lorsque, en la serrant, elle adhère comme de l'argile. En Dauphiné, les enfants ont un jeu qu'ils appellent *patingole margaule*, où l'on pitrogne de la terre pour en faire des boules. *Margaule* signifie marne, de *marga* (comp. *margagne*). On patingole la margaule. — De *patiner.*

PATINS, s. m. pl. — Chaussons de lisière. Lorsque mon père avait à sortir par le verglas, ma mère ne manquait jamais à lui faire mettre ses patins par-dessus ses souliers.

PATINTAQUE. — Bruit du métier de taffetas, par opposition au *bistanclaque*, bruit du métier de façonné. *Pa*, c'est le bruit de la marche ; *tin*, de la navette ; *tac*, c'est le coup de battant. *C'est un patintaque,* C'est un taffetatier.

PATOIRE, s. f. — Personne lambine, sotte, qui s'embrouille facilement, qui n'a jamais fini de s'expliquer. — C'est *patet*, où le

suff. *oire* a été substitué à *et*. Comp. *parloire*. Ce suffixe. *oire*, appliqué aux personnes, est toujours très péjoratif.

PATRIGOT, PATRIGOTAGE, s. m. — Bavardage, tripotage, paquets. *La Vérolique a rencontré le Pothin avè la Sicile ; elle a fait de patrigots, manquablement.* Colgrave, qui donne *patricotage*, le traduit inexactement par *wranling, brangling, idle or unjust contention in words.* — De *pratique* (Mistral), plus *ot*, d'où *praticot, patricot, patrigot*. Patrigot, bavardage de *pratique* (voy. ce mot), de personne sans valeur.

PATRIGOTER, v. n. — Faire des patrigots.

PATROUILLE, s. f. — Boue liquide. « Notre Dame de Forviri... Los fouaiti dins la patroille... » (*Chans. de Revérony.*) — Subst. verbal de *patrouiller.*

PATROUILLER, v. n. — Patauger dans la boue liquide. — C'est le français *patouiller*. Sur le suffixe, comp. *gabouiller, bassouiller, benouiller, sansouiller*, etc.

PATTE, s. f. — Chiffon, loque, morceau de linge. « Du Diable si elle sait seulement savonner une patte ! » dit dame Guillaume dans *la Bernarde.*

Patte mouillée, Patte à relaver, Chiffon mouillé qu'on tient au coin de l'évier, et qui sert à relaver la vaisselle.

Avoir la patte mouillée, Recevoir la correction des mamis. On leur applique quelques coups de la patte à relaver sur le derrière. Ils crient comme des perdus quoique cela ne leur fasse aucun mal. Quand ils ont l'âge de raison, on passe au robinet.

Au fig. *Une patte mouillée*, terme péjoratif, Une personne molle, sans énergie. *Si M. Cornadaud n'était pas une patte mouillée, y a beau temps qu'il aurait passé sa femme à la porte !*

Patte à briquet, Morceaux de linge brûlé qu'on étouffait dans le briquet pour servir d'amadou, et sur lesquels on battait la pierre à fusil au temps où il n'y avait pas d'allumettes chimiques.

Marchand de pattes (voy. *pattier* et *pattaire*). C'est le marchand ambulant qui crie par les rues :

Mar - chand dé patt' !   Mar - chand dé patt' !

C'est le thème dont s'est servi Halévy pour le chant célèbre : *Guerre aux tyrans !* Le reste : *Gn'y a-t-i rien à vendre par là-haut ?* ne peut pas se noter.

Marchand de patte à briquet, terme péjoratif pour Marchand de rouennerie et d'articles de blanc.

Faire sa patte. Se dit surtout des ménagères qui épargnent sur l'argent du ménage pour se faire une petite réserve à l'insu du mari, mais en général de toute personne qui se fait en secret un petit magot. — De ce que l'on cache ordinairement cet argent dans un chiffon.

M. Meyer Lübke le rapporte au gothique *paida,* robe, mais nous n'avons rien tiré du gothique, qui est un dialecte du germanique oriental, et n'a rien donné au vieux haut allem., le seul canal par lequel nous ayons pu emprunter aux langues germaniques.

PATTI. — Marchand de pattes.

PATTIER, s. m. — S'emploie quelquefois pour marchand de pattes.

PATTON, s. m. — Pied. Se dit surtout en parlant des enfants. *Chauffe don les petits pattons !* — Fait sur *patte.*

PAUME, s. f. — Pelote ou balle pour jouer à la paume. *M'man, achetez-me don une paume à la vogue !* Ce n'est pas sans étonnement qu'en compulsant les dictionnaires, j'ai constaté que paume en ce sens n'est pas français ; il ne se dit que du jeu lui-même.

PAUVRE, s. des 2. g. — Nous ne disons jamais *une pauvresse,* c'est trop savant pour nous, mais *Une pauvre.*

PAVÉ, s. m. — Espèce de gâteau carré et épais, ressemblant assez à un pavé d'échantillon, et qu'on achetait de mon temps chez un confiseur de la rue Puits-Gaillot.

PAVÉE. — *Avoir la bouche pavée.* Se dit de quelqu'un qui supporte les épices violentes. *C'te bonne, pour manger ses sauces, faudrait avoir la bouche pavée.*

PAYER. — *Payez et vous serez considéré.* Les Lyonnais, qui sont bons payeurs, ont cet axiome en grande vénération, et ne manquent jamais de le rappeler au joueur qui vient de perdre son sou à la quadrette.

Vous payerez la bouteille. Gandoise qui se dit immanquablement à celui dans le verre duquel on vide le fond de la bouteille.

Tu me la payeras ! Humbert veut qu'on dise : « Tu me le payeras ! » Cela dépend de ce qu'on sous-entend. Si c'est *offense, injure, lésion,* on a raison de dire *la.*

PAYS, s. m. — Espace, terrain. *Pour faire une église convenable à la paroisse, il faudrait plus de pays.*

Vous êtes bien encore de votre pays ! Vous êtes encore bien naïf ! Cette expression est très curieuse, surtout lorsque les deux interlocuteurs sont du même endroit, ainsi qu'il arrive le plus souvent.

PAYS-NOSTRE, s. m. — Bisque (v. ce mot). — De ce que leur habitude, en parlant des Basses-Alpes, était de dire : *Le pays nostre.*

PEAU, s. f. — *Peau-de-diable,* Sorte d'étoffe très solide, presque inusable. Je recommande toujours à mon pique-prune de doubler les poches de mes pantalons en peau-de-diable.

Peau-de-serpent, s. f., Libellule, à cause des diaprures de la robe de la libellule, qui la font ressembler à la peau que le serpent dépouille chaque année.

PECCATA, s. m. — Ane. *Un petit peccata,* Un petit âne. Mot inventé par les clercs, qui ont vu dans l'âne le souffre-douleurs, comme s'il était chargé des péchés du monde.

PÈCHERIE. — Emplacement sur rivière où sont réunis les bachuts des marchands de poisson vif, *Quai de la Pêcherie.* La poissonnerie est un marché où on vend poisson mort et poisson vif, de mer et de rivière.

PÉCUNE, s. f. — Argent, fortune. *Avoir de la pécune,* Être riche. — Formation savante sur *pecunia.*

PÉCUNIAUX, s. m. pl. — Argent. *Avoir des pécuniaux,* Être riche. — Formé sur *pécune.*

PEDONE, s. f. — Organe de la Jacquard. C'est une dent de bois placée sur chaque face du cylindre. Au carton correspond un trou piqué par le liseur, et dans lequel entre la pedone. Son objet est de faire plaquer le carton juste contre le cylindre.

Au fig. dent. *Je peux plus mâcher, j'ai plus que trois pedones uses.* — De l'italien *pedone*, souche, morceau de bois coupé ; lui-même de *pedem*.

PEDOUILLE, s. f. — Terme collectif pour poux. *Viens n'ici, mon boson, que je t'ôte ta pedouille.* — De *peducula* pour *pedicula*.

PÈGE, s. f. — Poix. — *Savetier, qu'as-tu ? — J'ai la pège au*, etc., dit une vieille et gracieuse chanson. Et le vertueux Rabelais parle quelque part d'une *souris empeigée.* — De *pica* pour *picem*.

PEIGNE, s. m. — *Peigne d'Allemand, quatre doigts et le pouce.* Cette expression existait déjà au xvi° siècle.

Propre comme un peigne. Se dit par ironie, quoique, après tout, un peigne puisse être tenu très propre ; mais il paraît que ce n'était pas la coutume de nos pères.

PEIGNE, s. m., terme de canuserie. — Série de petites lamelles d'acier, juxtaposées et maintenues dans un cadre, et entre lesquelles passent les fils de la chaine. Le peigne est enfermé dans le battant et chaque coup de celui-ci serre ainsi le dernier fil de trame contre le précédent. Chaque intervalle entre deux lamelles s'appelle *Dent du peigne.*

Piquer en peigne, Faire passer les fils de la chaine dans la dent du peigne à l'aide d'un instrument nommé *passette*.

Donner en peigne, Compter le nombre des fils nécessaires à chaque dent, et les placer dans la passette de celui qui pique en peigne.

Dent du peigne corrompue. Voy. sous *dent.*

Peigne à tordre, Morceau de la chaine passée dans le peigne, qui reste quand la pièce est finie, et, se prolongeant jusque derrière le remisse, sert à relier fil à fil la chaine de la pièce suivante. On l'appelle aussi *peigne de tirelle : Nous aimons mieux mangé nos peignes de tirelle.* (*La Châste Suzanne.*)

PEIGNE-C.. (parlant par respect). — Terme impoli. Voy. *c..*

PEIGNÉE. — *Se donner une peignée*, Se battre. Se dit plus spécialement en parlant des femmes.

PEIGNER. — *C'est ici que les chats se peignent.* Voy. *chat.*

Peigner son chanvre par la queue, Faire une chose à rebours. Le père Melachu avait deux filles. Ustache Crétinet demanda la cadette, qui était la plus jolie (l'aînée avait un agacin derrière le dos). On fit pache. Dot fixée à douze cents francs. La main topée, le père Melachu restait tout chose. — *Qu'avez-vous don, beau-père*, fit Ustache ? — *Hum, hum, c'est n'agriable de marier sa fille, mais quoique ça, je pigne mon chenéve par la coua ! — Si c'est que ça, beau-père, baillez cent écus de plus, et vous le pignerez par le bon bout. — Tope !*

PEILLOTTE, s. f. — Enveloppe épineuse de la châtaigne. — De *pilum.*

PEINABLE, adj. des 2 g. — Qui coûte de la peine, de l'effort. Faire ce dictionnaire est un travail peinable.

PEINDRE, v. n. — Écrire d'une très belle écriture. *C'est plaisir de le lire : il peint.*

Une voix à peindre, Une très belle voix. Il faut qu'elle soit en effet très belle pour pouvoir la peindre.

PEINE. — *Tirer peine*, Se mettre en peine. *Il faut que je rentre, la bourgeoise tirerait peine.* Avec un complément : *Tirer peine de quelqu'un.* Exemple : *Tirez pas peine de votre n'homme, il est après se soûler avè de salopiaux.*

Prenez la peine de vous reposer. Formule de politesse que vous devez employer, en avançant une chaise, pour toute personne qui vous fait l'honneur de vous visiter.

PEINTRE. — *Un peintre peintru.* Formule péjorative pour dire qu'il ne s'agit pas d'un Raphaël. *X.., est peintre ? — Oui, un peintre peintru.* — Peintru représente ici *peinturcur.*

C'est le goût du peintre. Voy. *goût.*

PEINTURLURER, v. a. — Peinturer au sens péjoratif, ainsi que l'indique le suffixe comique. *As-te vu c'te poutrône avec ses gôgnes peinturlurées ?*

PEIREROU, s. m. — Chaudronnier ambulant ; par extension, poëlier. *Mon chaudron est cabossé ; faut que je le donne au peirerou.*

Les peirerous sont tous d'Auvergne, ainsi que le montre cette vieille chanson :

En rebenant de la Cachtourine,
Una troupa de z'Oubergnats,
Qui tout le long du chemin chemine,
Tout à coup se mit à gueula :
« Fondant les cuillas !
« Ombrant les benitias !
« Cousant les saladias !
« Peirouri, rouri, Mesdames,
« Peirouri, youpsa ! norma ! »

Au dernier vers, *youp* est un cri, comme dans *youp ! la Catarina !* — Je ne connais point le pays de la Castourine, et je ne comprends pas le dernier mot : *norma*, dans lequel je crois du reste que *la Norma* de Bellini n'entre pour rien.

Du provençal *peirol*, chaudron ; lui-même du celtique *per*, même sens : *peirolou, peiro-rou, peirerou*.

PEJU, s. m. — Regrolleur, savetier. Lorsque Poncet construisait la rue Impériale, il me disait avec orgueil : *Je ne veux pas rien des pejus pour portiers !* — De *pège*, avec le suff. *u*, d'*osus*.

PELÉ. — *Deux pelés et un tondu.* Se dit d'une assemblée qui est peu nombreuse, mais mal choisie.

PELOSSE, s. f. — Prunelle. Au jeu de boules, se dit en raillerie de petites boules : *Allons, joue tes pelosses !* — Du celtique : kymri *bolos, polos*, prunelle.

PELU, USE, adj. — Qui a beaucoup de poil. *Une fenne peluse,* Une femme qui a les sourcils épais et un peu de moustache. — De *pilosus*.
Le Puits-Pelu. C'était un ancien puits, qui avait donné son nom à la rue (aujourd'hui rue du Palais-Grillet), et qui, probablement, devait lui-même son nom à celui de son propriétaire.

PENDANT. — *Pendant de filet*, terme de boucherie, Morceau attenant au filet, du côté opposé au faux filet (voy. ce mot).

PENDRE. — *Dire de quelqu'un pis que pendre.* Cette phrase, si usitée, représente une forte contraction : « pis que ce qui serait nécessaire pour le faire pendre ».

PENDRILLE, s. f. — 1. Lambeau pendant. 2. Mauvais sujet, garnement, vagabond déguenillé. — De *pendre*, plus *drille*, chiffon.

PENDULE. — *Un négociant doit coucher sous la pendule.* Voy. *coucher*.

PENELLE, s. f. — Très grande barque à fond plat, dont les deux bouts étaient carrés et relevés, et percés chacun d'un ou deux trous pour le passage de grandes rames servant de gouvernail. Elle était presque symétrique d'avant en arrière. Son usage est aujourd'hui abandonné. De *pinella*, de *pinum*, pin. Comp. *sapine*, autre espèce de barque.
Père Peju, vous m'avez fait des grollons comme des penelles. Métaphore élégante pour « des souliers trop grands ».
Par extension du contenant au contenu, *penelle* se dit aussi des pieds et des mains de belle dimension. *Reluque-moi ces penelles ; peintes en rouge, on pourrait les mettre à la devanture d'un gantier.*

PÉNIBLE. — *Un enfant pénible.* Se dit d'un enfant qui a des caprices, qui crie, etc. *Votre mami n'est rien pénible.*

PENNE, s. f. — Graisse du ventre des habillés de soie. — De *panna*, de *pannum*, cette graisse ayant été comparée à une étoffe.

PENSÉ. — *Allons, bien pensé !* Voy. *allons*.

PENSER. — Molard blâme l'expression : *J'ai bien d'autres choses à penser.* En quoi il a tort : on peut « penser *les* choses », comme on peut « penser *aux* choses. » Cela dépend du sens qu'on y attache. Fénelon dit « penser un édifice ». — Mais Molard a raison de blâmer : *Vous n'avez que vous à penser*, car on ne se pense pas soi-même. La correction qu'il propose : *Vous n'avez à penser qu'à vous*, enlève son piquant à la tournure. Le meilleur serait de dire : *Vous n'avez que vous à qui penser.*
Se penser, Penser. *Je me pense que M*ᵐᵉ *Gaugnasson viendra ce soir.* Le peuple a le goût des pléonasmes. Le militaire l'exagère. Je regardais un jour, en compagnie d'un sergent, jouer les mines au fort Saint-Jean. *Je me pense à moi-même que cette pierre va tomber*, qu'il me dit, dit-il.

PENSION. — *J'ai pris pension chez la mère Devers.* Je n'ai trouvé *prendre pension* dans aucun dictionnaire. Cela se dit constamment.

PÉRAT, s. m. — Des diverses sortes de houille vendue, c'est celle dont les morceaux sont les plus gros. — De *petra*, plus le suffixe roman *at*.

PERCE. — *Mettre une pièce en perce.* Les dictionnaires ne donnent que *mettre du vin en perce*, ce qui est assez absurde, car ce n'est pas le vin qu'on perce.

PERCÉ. — *Percé bas*, Se dit de quelqu'un dans une grande gêne. *Que devient M. Déchelet ? — Le pauvre b..... est bas percé.* — L'idée est d'un tonneau qui, étant percé très bas, s'est vidé en plein.

PERCERETTE, s. f. — Vrille. — De *percer*, ostensiblement.
Avoir des yeux de percerette ou en *trou de pipe*, Avoir des yeux petits, perçants, et à la soute. C'est le contraire des yeux en boules de loto.

PERDRE. — *Une femme à perdre dans le lit.* Ne se dit pas d'une géante.

PÈRE-GRAND. — *Grand-père.* Voy. *mère-grand.*

PERFORCER (SE), v. pr. — Faire un effort énorme, au-dessus de ses forces. — De *forcer*, avec le préfixe *per*, qui équivaut à *par*. Voy. *parbouillir.* Le vieux franc. a *parforcer.*

PERPÉTUE, s. f. — Perspective que l'on avait, au XVIIIe siècle, l'habitude de peindre sur un mur terminant une allée d'arbres, et où l'allée d'arbres était représentée en se prolongeant. Nous en avions une à Sainte-Foy. — Corruption de *perspective*, mot incompréhensible pour le vulgaire, tandis que *perpétue* exprimait le sens d'une chose qui se prolonge, se *perpétue.*

PERRIER, s. m. — Gésier des volatiles. Dans les maisons bien ordonnées, lorsqu'on mange une poulaille, on donne toujours le perrier au culot. — De *petrarium* (de *petra*), parce que le perrier renferme très souvent des pierres.

PERRIÈRE, s. f. — Carrière de pierres. Le mot se trouve dans beaucoup de textes vieux lyonnais. — De *petraria.*

PERSAILLE, s. f. — Nom d'un plant de vigne à petits grains, de médiocre qualité, mais qui produit beaucoup. — Peut-être du vieux franç. *pers*, bleu noir, la persaille étant un raisin de cette couleur.

PERSONNE. — *Être bien de sa personne.* Cette façon de parler, si claire, si expressive, ne figure pas dans les dictionnaires. On trouve seulement *Être bien fait de sa personne* (Sévigné).
Colombine de personne. Voy. *colombine.*

PESANTER, v. n. — Soupeser. *Pesante-moi voire un peu ce lapin !*

PESETTES, s. f. pl. — Vesces. Ainsi nommées par convenance. — De *pisum.*

PESOU, s. m. — Gros caillou, pavé. S'emploie toujours au sens comique. M. X..., notre voisin de campagne, mettait des pesous dans ses poches quand il faisait grand vent, afin que le vent ne l'emportât pas. — De *peser.*

P.. (parlant par respect). — *Avoir toujours p.. ou v....,* Être sans cesse indisposé. *Comment va Madame votre épouse ? — Elle a toujours p.. ou v....*
Avoir toujours p.. ou foire, même sens.
P..de boulanger, Such a one as makes the bren to follow, dit Cotgrave en sa candeur.
P.. de maçon, A fart in syrup, a squattering fart, dit encore le même auteur.
P.. de confiseur, même traduction.
P.. de ménage. Honnête et simple.
Faire des p.. comme des coffres. — Énorme ! se serait écrié Flaubert.
Un p.. comme un p.. de mine. — Métaphore évidemment exagérée.
Faire un p.. à vingt ongles, Faire un enfant. Se dit surtout des enfants nés hors mariage.
Partir comme un p.. Se dit de quelqu'un qui est un peu soupe au lait. *On se mit à parler politique, le voilà qui part comme un p..!*
Hardi comme un p.. Se dit de quelqu'un qui ne pèche pas par excès de timidité.
S'en croire comme un p.. Se dit d'une personne qui s'en croit beaucoup.
« Cette jeune personne poussait *des soupirs comme des p:.. de vache.* » C'est-à-dire de très gros soupirs.
Toutes ces façons de parler, si appropriées qu'elles puissent être à l'occasion, ne doivent pas être employées devant des dames, ni même devant des demoiselles.

PETAFINER, v. a. — Gâter, gaspiller, laisser perdre. *En ce temps-là, me disait un vieux canut, il y avait si tellement de fortune que l'on petafinait le fromage blanc.* — Du vieux franç. *pute fin,* mauvaise fin.

PETARD, s. m. — Jouet d'enfant. C'est un tuyau en bois de sureau que fabriquent les gones et où ils placent une bourre que l'on fait partir par l'effet de l'air comprimé.

PETARDIER, s. m. — Terme décent pour derrière. J'étais un jour aux quatrièmes du Grand-Théâtre à voir représenter la *Part du Diable,* ou Mme Cabel jouait un travesti. *Comment trouves-tu Mme Cabel ?* fis-je à un camarade. — *Elle a une voix charmante,* me répondit-il, *mais à voir le petardier, je me serais attendu à un contralto.*

PETARIFFE. — Expression indéfinie qui ne s'emploie que dans la locution *Lever la petariffe.* Voy. *lever.*

PETAS, s. m. — Grosse pièce posée sans soin, raccommodage grossier. *La Rose a mis un petas à mes culottes.* Le bon Bouchet l'emploie au sens de tache sur le visage d'une femme grosse. C'est une métaphore. — Par extension, Un gros morceau quelconque: *Un petas de lard; Un petas de gruyère.* — Du bas latin *petacium,* augmentatif de *petium,* pièce.

PETASSER, v. a. — Mettre des pièces, ravauder, avec sens péjoratif. — De *petas.*

PETER (et non péter), parlant par respect. — *Pète qui a peur,* Se dit lorsqu'on est résolu à quelque action d'éclat. *Je te joue un sou en cinq lié, à l'écarté! Pète qui a peur !*
Vouloir peter plus haut que le c.. Vouloir faire quelque chose au-dessus de ses moyens, par exemple Mener un train de vie au-dessus de sa fortune, Ressentir un amour au-dessus de ses forces.
Tel croit peter qui caque, Tel croit faire une brillante affaire qui se met dedans.
Peter dans la soie, Porter des habillements luxueux. *Mme Grosnoir était devideuse. Depuis qu'elle a marié son marchand, ça pète dans la soie!*
Voir peter le loup. Voy. *loup.*
Faire peter, Faire disparaître, supprimer. *I m'ont fait peter mon porte-liards,* On m'a volé mon porte-monnaie. Au fig. *Faire peter l'école,* La manquer.

Je lui ferai voir que je pète aussi sec que lui, Je lui ferai voir que je ne le crains pas.
Peter dans la main, Montrer trop de familiarité.

Faites du bien à un vilain,
Il vous pètera dans la main.

Peter. Se dit d'un bruit sec. *Le Grégoire s'amuse à faire peter des capsules ; ça me fait toute ressauter.* On dit souvent: *Faire peter son fouet.* Un jour que je dînais en ville, la maîtresse de maison essaya de déboucher en mon honneur une bouteille de Saint-Galmier, entamée de la veille. Elle n'y parvint pas, et demanda un tirebouchon en disant: *Je la déboucherais bien avec mes dents, mais je n'aime pas quand ça me pète dans la bouche.*

PETEUX, s. m. — Timide, honteux. *Quand j'ai vu que la bourgeoise le prenait comme ça, je suis resté tout peteux.*

PETIT, s. m. — *Notre petit a la rougeole.* En dépit d'Humbert, cette phrase me paraît très correcte. C'est une ellipse : « Notre petit, sous-entendu Jacques, Garguille, etc. »
Le Petit, au jeu de boules, Le but, le conchonnet (mot qui nous est inconnu). *Il faut tirer le petit.* Voy. *but.* — De ce que, mathématiquement, le petit est beaucoup plus petit que les boules.
Le petit homme de Saint-Just. Voyez *homme.*
Du petit bois, Du menu bois. Petit ou menu, n'est-ce pas la même chose ?
Quand on est petit, on fait des canettes. Quand on est vieux, on refait des canettes. (Proverbe du Plateau.) A Chaponost, l'on dit : *Quand on est petit, on va en champ. Quand on est vieux, on reva en champ.* Il y a plus de profondeur dans cette parole attristante que dans maint aphorisme signé Joubert.

PETIT ENDROIT. — Commodités.

PETITES RAVES. — Radis.

PETOUGE, s. f. — Maladie, avec sens péjoratif. *Ce pauvre Josephus a toujours la petouge,* Il est toujours malade.
2. Embarras, ennui causé par la maladie. Lorsque, étant petit, je faisais quelque imprudence d'hygiène : *Oui, oui,* me disait ma bonne mère, *rends-toi malade, et puis c'est moi qui aurai la petouge!* — Parlant

par respect, de *p.*. La *petouge*, c'est la *petouse*, littéralement la tympanite. Comp. *Avoir toujours p.. ou foire.* Comp. aussi le dauphinois *petouset*, petit peteux.

PETOUGER, v. a. — Accabler un malade de remèdes. M. Argan était toujours après se petouger.

PÉTRAS (pétra), s. m. — Rustre. *Un gros pétras.* Un gros pacan. — Se rattache à *empêtrer.*

PÉTRIÈRE, s. f. — Pétrin. — De *pétrir.*

PÉTRUFIANCE, s. f. — État de quelqu'un de pétrifié. « Leur abord li causa une pétrufiance... » *(Suzanne.)* — L'équivalent de ce mot manque à la langue française, où il ne serait, comme dans la phrase ci-dessus, qu'imparfaitement remplacé par *pétrification.*

PEU. — *Un bon peu, Un petit peu.* Un bon père : *Lustucru, veux-tu un petit peu de gratons ? — P'pa, j'en veux un bon peu, siouplatt !* Ces augmentatif et diminutif de *peu* sont très utiles dans le discours.

Un tant soit peu, Humbert blâme cette phrase : *Donnez-m'en un tant soit peu,* et veut qu'on dise simplement *tant soit peu.* Pourquoi cette singulière exigence ? Littré donne l'exemple contraire : *Ne m'en donnez qu'un tant soit peu,* et cite Millevoye : « *Un tant soit peu légère.* »

Prête-moi donc voire un peu ton couteau ! L'idée est : « Prête-le-moi pour un petit moment. » Mais voyez l'inconséquence : on ne dirait pas : « Prête-moi beaucoup ton couteau. »

PEUR. — *Se donner peur.* Expression très énergique pour Prendre peur. Les Italiens disent aussi *farsi paura,* se faire peur.

Pète qui a peur (parlant par respect). Voy. *peter.*

J'en ai plus peur qu'envie. Locut. qui s'emploie à propos de tout événement que l'on redoute. Molard ne l'eût peut-être point approuvée, mais nous l'employons tout de même.

A moi la peur ! Espèce de jurement répondant à « Je veux être pendu ! » ou toute autre chose de ce genre. *Finassaud ne veut pas me payer ! Si je ne lui envoie pas les pousse-culs, à moi la peur !* Je ne saisis pas bien la filiation logique dans cette expression si usitée.

N'ayez pas peur, mais tremblez toujours ! Expression très courante qu'on n'emploie pas en vue de rassurer. *Je crois bien que ma femme ne m'en fait pas porter. — N'ayez pas peur, mais tremblez toujours ! Qu'as-tu peur ?* Locution bien plus énergique que l'expression correcte : « De quoi as-tu peur ? »

PEUT-ÊTRE. — Loc. renforçante. S'emploie parfois avec bien. Le mari : *Te t'es encore acheté un mantelet de neuf francs ! Te veux donc me manger ! —* La femme : *Faut pet'ête bien que je m'habille comme. les autres dames ? Toi, t'esses bien allé l'aut' jour au café chantant ! —* Le mari : *Je devais pas c'te politesse au cousin Petasseux, pet'ête ?*

PHILOSOMIE, s. f. — *Monsieur, vous avez une philosomie que je crois avoir rencontrée quelque part, à moins que ce ne soit ailleurs. — Précisément, monsieur, j'y allais de temps en temps. —* Dans *philosomie* on a remplacé par *l* l's de *physionomie,* soit. Mais pourquoi a-t-on fait le contraire dans *Philosophie !*

PHILTRE. — La croyance aux philtres amoureux comme dans l'antiquité n'est point perdue. De mon temps on était fermement convaincu qu'une femme, pour fixer l'amour d'un homme, n'avait qu'à lui faire prendre un peu de son *profluvium menstruale.* Je connaissais une pauvre fille qui, pour se faire épouser par un jeune homme qu'elle aimait (il ne s'était d'ailleurs rien passé entre eux de répréhensible), lui en fit prendre un jour dans du café très fort. Mais, hélas ! aujourd'hui tout a perdu sa vertu. Il en épousa une autre peu de temps après. La pauvre fille est restée convaincue qu'un autre philtre avait annulé l'effet du sien.

PHISOLOPHIE, s. f. — Philosophie.

PIAFFE, s. f. — Esbroufe, sotte vanité *Faire de la piaffe.* Faire des embarras, de l'esbroufe. *Pour se marier, i n'ont été à l'église en voiture. — Tout ça pour faire de la piaffe.* — Substantif verbal de piaffer.

PIAILLARD, s. m. — Piailleur. On sait que le suffixe *ard* est particulièrement péjoratif.

PIAILLE, s. f. — Criailleries. *Notre fenne est comme le chien de mon pipa,* disait mon

maître d'apprentissage : *elle est forte pour
la piaille, mais elle ne mord pas.* —
Subst. verbal de *piailler.*

PIAPIAS, s. m. pl. — Cancans, médisances.
*La Dorothée a pris une postume de neuf
mois,* me disait notre petite apprentisse ;
ce qui n'ont fait de piapias pour ça ! —
Onomatopée du bruit d'une parole conti-
nuelle et dénuée de sens.

PIASSETTE, s. f. — Outil de tonnelier qui
a la forme d'une petite houe tranchante
à manche court. — Du patois *piassi,*
pioche, de *pica.*

PIASTRE, s. f. — Monnaie imaginaire. *Avoir
de piastres,* Avoir de l'argent. Par extension Un gros sou. *Voilà deux piastres pour
faire le garçon,* disait chaque dimanche à
son mari la bonne mère Durassier. — Les
piastres n'ont jamais pénétré dans nos
pays, non plus que les escalins et les
patacs, et pourtant tous ces noms se sont
introduits dans notre parler.

PIATTER, v. n. — Marcher, avec idée
de répétition, de piétinement, de longue
marche. *A force de piatter, nous ons fini par
nous lasser, et nous nous sons assis sur les
cadettes.* De *pedem.*

PIAUTRE, s. f. — Boue, avec le caractère
spécial de boue tirante, adhérente, de terre
grasse. *J'ons embotté dans la piautre jusque
par-dessus le cou du pied.* — Paraît en
rapport avec le vieux franç. *empiétrer,*
empêtrer.

PICANDEAU, s. m. — Petite flèche garnie
de papier à un bout et à l'autre d'une
pointe en fer ou d'une épingle. A l'aide
des deux index formant arc, on la lance
contre un plancher, une boiserie, etc., où
elle se fiche. On en fait qui sont simplement de papier enroulé en pointe. Rabelais
mentionne ce jeu, que le Duchat, bien à
tort, transforme en jeu de volant. — De
pique, avec le suffixe *eau, d'ellum* et
insertion d'une syllabe de fantaisie.

PICARD. — *Tout est couché chez Picard, il
n'y a ni feu ni chandelle.* Dicton qu'on ne
faut jamais à dire lorsque, arrivant pour
voir des amis, on trouve maison close.
J'en ignore l'origine, qui doit être historique. Il n'est pas particulier à Lyon, au
moins comme sens car il existe une

chanson qui a pour refrain : *Ils sont couchés chez la mère Picard.*

PICARLAT, s. m. — Faisceau de trois
petits morceaux de bois refendus dans une
branche et liés aux deux bouts par un
lien de paille. La longueur variait de deux
à trois pieds. Quatre picarlats se vendaient
un sou. Ne pas confondre le picarlat avec
le *cottret,* qui est un paquet de morceaux
de bois courts et liés par le milieu avec
une corde. Le cottret ou falourde est une
marchandise parisienne. Le picarlat a
disparu de la consommation lyonnaise. Il
est remplacé par le paquet de bois très
court, valant deux sous.

Au figuré Jambe (comparez *flûte, canille,
broche*).

Sec comme un picarlat. Se dit de quelqu'un qui manque d'obésité.

Huile de picarlat. — *Frotter les rhumatismes à quelqu'un avec de l'huile de
picarlat,* Lui donner des coups de bâton.

La seconde partie du mot paraît représenter le prov. *escarla,* refendu ; et la
première, *piel,* do' *piculum.*

PICARLE, PICARLEUX. — Voyez *piquerne,
piquerneux.*

PICARNU, USE, adj. — Qui a de la chassie,
— Fait sur *piquerne.*

PICASSER. v. imp. — Se dit d'une pluie
fine et peu abondante. *Mouille-t-il ? — Non,
il picasse seulement.*

Quand il picasse, il cheit de limaces.
De *piquer,* avec le suffixe péjoratif *asser.*

PICAUDON, s. m. — Petit fromage de chèvre. — L'origine est-elle *piquer ?* Ce qui
pique la langue ?

PICON, s. m., terme de batellerie. — Rame
à l'avant du bateau, par opposition à
l'*empeinte,* qui est la rame à l'arrière. Il
est probable qu'à l'origine le *picon* était
un harpon dans le genre de l'*arpi* (voy.
ce mot), et qu'un homme, placé à l'avant
du bateau, s'en servait pour diriger celui-
ci. De là le nom a passé à une rame à
demeure. — De *pic.*

PICOTIN, s. m. — Vin aigrelet. *Allons, un
verre de picotin !*

PICOU, PÉCOU, s. m. — 1. Queue des fruits.
Un picou de cerise.

2. Au fig. Nez. *Se rougir le picou*, Se culotter le nez par la boisson. — Du vieux franç. *picol*, quenouille de lit, qui me parait représenter *pedem coli*.

PIDANCE, s. f. — Pitance.

PIDANCER, v. n. — ¡Manger beaucoup de pain avec peu de viande, économiser le fricot. *Votre petit sait bien pidancer*, Votre enfant a été bien élevé : il n'a pas des habitudes de gourmandise. Ce sens est bien en rapport avec l'étymologie *pictantia*, petite portion de moine.

PIED. — *Pied de métier*, Les quatre montants du métier, qui supportent les estases et les clefs.

Tirer un pied de cochon à quelqu'un, Lui jouer un mauvais tour, le duper. *Y a Gandousier que m'a tiré un pied de cochon. I m'a fait tirer d'argent de la caisse d'épargne pour le lui prêter, disant que ça serait plus sûr. Je crois bien que mes liards sont passés au bleu.* — Je ne puis m'expliquer l'origine de cette singulière locution.

Marcher à pied de chausse. Marcher sans souliers, sur ses bas.

Tenir pied aux boules. Voy. *tenir*.

Aller de pied, pour aller à pied. — *Comme vous avez chaud, vous n'avez donc pas pris le tramevet ? — Nous l'aurions bien pris, mais il était complet, alors nous sommes venus de pied.*

Ne savoir sur quel pied danser. Se dit quand on a le bec dans l'eau, comme l'oiseau sur la branche. Une bonne femme me disait : *Mon père est mort, mon mari est malade, je ne sais sur quel pied danser.* On dit souvent : *Je suis comme le poisson hors de l'eau, je ne sais sur quel pied danser.*

PIEDS-HUMIDES. Voy. sous *banc*.

PIERRE. — *Pierre de l'œil*, Pierre magique, de la forme d'une lentille, extrêmement lisse. Lorsque quelque brâche est entrée dans l'œil, on sait assez combien c'est pénible. Vous mettez la pierre dans un coin de l'œil, sous la paupière. La pierre se met en marche, fait tout le tour de l'œil, et revient sortir au coin en chassant la brâche. Dans chaque famille, on conservait soigneusement la pierre de l'œil. Nous n'en avions pas à la maison ; elle s'était perdue dans un déménagement. Mais il y en avait eu une chez ma grand', et ma mère, qui n'a jamais menti, m'a affirmé en avoir

souvent usé utilement dans sa jeunesse. Beaucoup l'employaient dans le cas d'un mal d'yeux quelconque. Avait-on un peu de rougeur à l'œil, vite la pierre ! L'axiome disait : *La pierre va chercher le mal.* Il n'y a pas longtemps que j'ai vu cet écriteau dans une boutique : « A vendre, pierre de l'œil. »

Pierre noire. C'est une pierre des carrières de Saint-Cyr, de couleur noirâtre, très dure, portant bien le poli, et qui est en réalité une sorte de marbre. On l'appelle aussi *gros banc*. Tous nos beaux morceaux d'architecture du xviie siècle qui sont au voisinage du sol sont en pierre noire. On ne l'emploie plus que pour les cheminées.

La Pierre qu'arrape. — 1. C'était le nom donné au tour que j'ai vu dans mon enfance, et qui était situé, présentant sa face fermée, dans le mur de la Charité, non loin de la porte de l'église. Là, au milieu de la nuit, plus d'une fille, la tête cachée par un châle, venait tirer la sonnette placée à côté du tour. Celui-ci tournait et présentait son côté ouvert. La fille y mettait son enfant, puis se sauvait. Ce tour est resté longtemps après la suppression de l'institution, mais il n'y avait plus de sonnette. Puis on l'a enlevé et l'on a muré l'ouverture. Le joli entourage en pierre noire, avec sa corniche, qui paraissait dater du xviie siècle, doit exister encore. C'était une fondation bien touchante, bien profondément chrétienne que celle des tours. On dit qu'avec l'impudeur d'aujourd'hui il n'en est plus besoin. La fille ne rougit plus de venir au grand jour. Il me semble pourtant qu'avec le tour plus d'un infanticide serait évité. — Il était dénommé *pierre qu'arrape*, évitablement parce qu'il arrapait le mami et ne le rendait plus. A la vérité, il était en bois, mais supporté par une pierre.

2. Le tour a été supprimé, mais son nom a servi pour ailleurs. Je crois bien que la première pierre qui a arrapé le nom, c'est un banc à la Croix-Rousse, en haut de la montée des Esses, tout derrière le couvent des Trinitaires, sur une espèce de terrasse gazonnée d'où l'on domine Serin, Vaise, et d'où la vue s'étend sur le Mont-d'Or et la campagne lyonnaise. Les soirs d'été on y voit des amoureux en rêvation avec leurs bonnes amies. C'est la *pierre qu'arrape*, comme si le fond des culottes y était arrapé par la pège ; et on y est si tellement bien qu'on ne peut plus s'en désarraper.

Les autres quartiers, jaloux, ont voulu

avoir chacun leur pierre qu'arrape. Non plus la pierre des amoureux solitaires, mais la pierre des bras-neufs, des compagnons du Soleil, qui y font de longues pauses. A Vaise, la pierre qu'arrape est la bordure de la fontaine de la place de la Pyramide. A la Guillotière, ce sont deux bancs de pierre placés à l'intersection du cours Gambetta (autrefois cours de Brosses) et de la place du Pont, jouxte les deux pieds-humides.

3. Par métonymie, le nom de *pierre-qui-arrape* s'est étendu à ceux qui s'assoient dessus. Par conséquent la pierre qui arrape, c'est un bras-neufs, un inspecteur des pavés, une loupe, en un mot une pratique. *Qu'est-ce que c'est que ce gone-là ? — Hum, ça me paraît bien de la pierre qu'arrape ! —* Et voilà comment une humble pierre du Plateau a pu donner son nom à toute une catégorie sociale qui n'a jamais été si florissante que de nos jours. « Dieu se plait à tirer les plus grands effets des plus petites causes, » a dit, je crois, Bossuet.

PIÉTON, s. m. — Facteur rural.

PIGEON. — *Pigeons ficelés*, Paquets de couenne de lard, attachés par une ficelle. et que les charcutiers vendent tout chauds et à très bas prix. — Ainsi nommés par ironie.

PIGER, v. a. — Surprendre, prendre sur le fait. *Y a le Nizier qu'avait fait peter l'école ; que sa m'man l'a pigé sur le Port Sablé, que jouait aux gobilles. Je voudrais pas être dans la peau de ses fesses ! —* De *piège ?* Piger, prendre au piège ?

PIGNAIRE, s. m. — Tisserand. PIGNUSE, s. f. — Femme qui tisse. Me paraît tombé en désuétude. — Confusion ironique du tisserand et du peigneur de chanvre.

PIGNATTE, s. f. — Marmite de terre. C'est du vieux français. On le trouve dans les *Voyages* de Marc Pol. et dans Cotgrave. On prétend que le nom vient de ce que les couvercles de ces marmites avaient une certaine ressemblance avec le cône du pin.

PIGNOCHER, v. n. — Faire une chose avec lenteur et minutie. Se dit d'un tableau léché, minutieusement peint. Au fig. manger du bout des dents, en dégoûté. — De *spina*, avec le suffixe péjoratif *oche*. *Pigno-*

cher, littéralement, enlever les épines. Vieux franç. *espinocher.*

PIGNOLLES, s. f. pl. — Argent. *Avoir de pignolles*, Être riche. J'ai vu, sans qu'il soit possible de me rappeler où, *pigne*, employé au sens de liard. On a comparé les pignons du pin à de petites pièces de monnaie. *Pignolles* est un collectif de *pignes.*

PILAT, s. m. — Montagne au sud de Lyon sur la limite de l'Ardèche.

> *Quand Pilat prend son chapeau,*
> *Et Fourvières son manteau,*
> *Sûr qu'il ne fera pas beau.*

PILE, s. f. — Volée de coups. *Recevoir une pile. —* Subst. verbal de *piler.*

PILIER. — *Pilier d'hôpital.* Se dit de quelqu'un qui n'a point de santé, qui est constamment malade. *Ce pauvre Gargot a marié un pilier d'hôpital.*

PILLANDRE, s. f. — 1. Guenille, chiffon, haillon. *C'est tout en pillandre.* C'est tout en loques. – Du vieux franç. *peille*, chiffon, avec le suffixe *andre*, par analogie avec *filandre.*

2. Au fig. Mauvais sujet, vaurien, gueux. canaille. *Connais-tu Trifouillard ? Qu'est-ce que c'est ? — C'est une pillandre.* Dans les grands moments, Madelon appelle Guignol *grande pillandre.*

PILLANDRIN, s. m. — Même sens que *pillandre 2*, dont il est un dérivé.

PILLERAUD, s. m. — Gueux, mendiant, vaurien. *Il est venu deux pillerauds, censément deux ouvriers sans travail. —* De *peille* (voy. *pillandre*), avec le suffixe péjoratif *aud . Pilleraud* vaut ainsi autant à dire comme *guenillard.*

PILLET (piliet), s. m. — Serviette d'enfant qui s'attache derrière le cou. Par gausserie, Serviette. *Dedèle, baille-mè mon pillet ! —* Du vieux franç. *peille*, chiffon, avec le suffixe diminutif *et.*

PILLOCHER (pilioché), v. a. et n. — 1. Dépillocher (voy. ce mot).

2. Au figuré, Manger négligemment, en dégoûté, comme en épluchant les morceaux. — Sur l'étymologie voy. *dépillocher.*

PILLOT, OTE, s. — Poussin, petit poulet, petite poulette. *Avoir de la santé comme un pillot.* Ne pas avoir un tempérament de fer. — *Fort comme un pillot,* Ne pas faire concurrence à Hercule. — Vieux français *poillot,* petit de tout volatile ; de *pulleum* pour *pullum.*

PILON, s. m. — Cuisse des volatiles prêts à être mangés. Le pilon et le perrier, dans la mense familiale, sont la part des enfants, et le cou celle de la femme. — De l'analogie de forme avec un pilon.

PILONNE, s. f. — Colonne. — Du patois *pila,* au sens de colonne ; lui-même de *pila.*

PILULER. — *Vous avez ben une jolie tapée de miaillons,* que je disais au père Chauchaud, le battandier, qui avait en effet une grosse famille. — *Oh,* qu'il me fit, *ça pilule comme de chiendent !*

PIMPER (SE), v. pr. — Se vêtir avec recherche, se pomponner. — Du vieux prov. *pipar, pimpar,* même sens.

PINCES, s. f. pl. — Pincettes de cheminée. Il paraît que ce n'est pas français ; de telle sorte que, pour bien parler, il faut dire *pincettes* pour les grandes pinces, et *pinces* pour les petites, comme les pinces de chirurgien. C'est très rationnel. Mais le mot est tellement répandu qu'on ne l'extirpera pas. — Peu après la révolution de 1830, on fit paraître une grande estampe lithographiée représentant un lion vu de profil. Derrière lui tombaient, en guise de fumées, une croix, qui signifiait M. de Lacroix-Laval, ancien maire de Lyon ; une brosse qui signifiait M. de Brosses, ancien préfet du Rhône ; une motte de terre, qui signifiait M. Paultre de la Motte, ancien général commandant la division. Une paire de pinces sortait à moitié. Au-dessous de l'estampe on lisait : *Quand rendra-t-il donc les pinces ?* — Les pinces, c'était Mr de Pins, administrateur du diocèse, très dévoué à la cause des Bourbons, et qu'on eût voulu voir remplacer peut-être par le cardinal Fesch, titulaire du siège, et exilé à Rome par la Restauration.

Faire une pince à une robe, terme de couturière, Y faire un repli pour diminuer la largeur ou même la longueur.

PINCETER, v. a., terme de canuserie. — Enlever avec de petites pinces pareilles aux pinces à épiler tous les bourrons de la façure. On trouve dans Montaigne *pinceter* au sens d'épiler.

PINCETTES. — *Monter à cheval comme une paire de pincettes.* Ne se dit pas d'un émule de Rancy et de Baucher.

PINÇON, s. m. — Piqûre d'insecte dans une douve de tonneau. — Du radical de *pincer,* lequel radical avait, dans l'origine, le sens de pointe.

PINÇONNÉ, ÉE, adj. — Piqué des artisons, qui a des pinçons.

PINE, s. f. — Petite trompette pour les enfants. On les faisait en bois ; aujourd'hui on les fait en ferblanc. — Onomatopée assez réussie de la musique horripilante de l'instrument.

PINER, v. n. — 1. Jouer de la pine.
2. Pousser de petits cris aigus. — De *pine.* Le vieux franç. avait *piner,* grincer.

PIOCHON, s. m. — Une toute petite pioche servant au jardinage. Le très benin Rabelais nous conte que, en l'Isle des Ferrements, il y avoit « grand nombre d'arbres portants marroches, *piochons,* serfouëttes, etc. »

PIOTTE, s. f. — Pied, jambe. — *Qu'as-te don que te gambilles ? — Je m'ai fait mal à la piotte en descendant du tramevet.* — De *pedem.*

PIOULER, PIOUTER, v. n. — Ne s'emploie que dans des expressions de ce genre : *Il ne peut plus piouter,* Il ne peut plus parler, il a une éteinte de voix. — Onomatopée du cri des moineaux.

PIOUSTRE, s. m. — Gros rustre, homme grossier, pataud. *Je sons allé à la Chambre. — Eh ben, c'est ren que de monsus floupés ? — Oh, y a ben un tas de pioustres parmi !* — Assemblage d'agréables syllabes péjoratives.

PIPE, PIPETTE. — *Il n'a pas seulement dit pipe,* ou *il n'a pas seulement dit pipette.* Cette expression ne se retrouve pas dans les dictionnaires d'argot, mais elle n'est pas non plus particulière à Lyon. Je l'ai retrouvée dans un roman d'Erckmann-

Chatrian, qui la met, au xviiiᵉ siècle, dans la bouche d'un soldat.

PIPER. — *Ne pas piper mot,* Ne pas dire pipette. — On a comparé le mot à une bouffée de pipe.

PIPI, s. f. — Pépie. *Ne pas avoir la pipi,* Bien boire. *Donne-moi vite un pot de vin, ou je vas prendre la pipi.* A l'inverse, on dit *Avoir la pipi* pour Avoir très soif.

PIQUE-BISE, s. m. — Chapeau d'ecclésiastique. — De ce qu'autrefois les cornes de ces chapeaux étant fortement relevées, comme encore aujourd'hui en Italie, la corne du devant était censée fendre le vent.

PIQUE-FEU, s. m. — Grappin, broche de fer pour tisonner. Il n'y a pas d'équivalent français, le tisonnier étant crochu.

PIQUE-PRUNE, s. m. — Tailleur. *Piquer* est pris ici au sens de manger, comme l'indique, dans des dialectes, la forme *croque-prune.* — L'origine de l'expression m'est inconnue.

PIQUER. — *Piquer l'once.* Voy. *piqueur d'once.*

PIQUERNE, PICARLE, s. f. — Chassie. Les personnes à tempérament lymphatique ont souvent de la piquerne aux yeux le matin. — De *pica,* pour *pix.*

PIQUERNEUX, EUSE; PICARLEUX, EUSE, adj. — Qui a de la piquerne. On avait proposé à l'un de mes camarades une demoiselle très riche (il était pauvre), mais il n'en voulut mie parce que, disait-il, *elle avait les yeux piquerneux, et que ça lui faisait regret.*

PIQUE-EN-TERRE, s. m. — Coq. Ne se dit que de l'animal vivant.

PIQUETTE, s. f. — *Se lever à la piquette du jour,* c'est-à-dire dès que le jour commence à poindre. — De *piquer.* Comp. « à la *pointe* du jour ».

PIQUEUR D'ONCE. — On nomme ainsi ceux qui volent la soie en levant de petites flottes sur les parties qui leur sont confiées par le fabricant, et qui s'arrangent pour faire retrouver le poids, soit en humectant la soie, soit en la chargeant. s'ils sont teinturiers, ou de toute autre manière. — Une dame du Dauphiné étant venue habiter à Lyon avec ses deux jeunes filles, s'enquit d'un magasin où elle pourrait se procurer des coupons de soierie à meilleur marché que dans un magasin de nouveautés. Une bonne femme lui dit : *Faut aller chez un piqueur d'once. Allez donc chez X..., rue Vieille-Monnaie, vous trouverez votre affaire.* La dame, n'ayant jamais entendu prononcer le nom de piqueur d'once, crut que c'était celui donné à la profession de marchand de coupons. Elle envoie sa fille aînée avec la bonne. La jeune fille va à l'adresse indiquée, pousse la porte, et dit à un monsieur devant une banque: *Pardon, monsieur, c'est bien ici chez un piqueur d'once?* Tableau (!!!), comme disent les romans modernes (*historique*).

PIREGLORIEUX, s. m. — Loriot. Corruption fort drôle de *compère loriot,* ancien nom de l'oiseau. *Compère,* réduit à *père,* s'est transformé en *Pierre,* nom d'homme, patois *Piro. Loriot* est devenu *gloriot;* d'où *pirogloriot,* puis *piroglorious* (littéralement Pierre-glorieux). Nous avons perdu de vue le nom propre, et le « compère loriot » n'a plus été que le « pire des glorieux ».

PISSE (parlant par respect), **s. f.** — Urine. — Subst. verbal de *pisser.* La formation par subst. verbaux est une des caractéristiques de notre parler.
    Pisse-froid dans la canicule. C'est la qualification que j'entendais un jour donner à son fils par une bonne mère. Il n'en a pas moins fait fortune dans l'épicerie, où il n'est pas nécessaire d'être un volcan.
    Pisse-trois-gouttes. Se dit de quelqu'un qui en littérature par exemple, n'a pas la production très facile ni très abondante. Malherbe avait du talent, mais c'était un pisse-trois-gouttes. Se dit aussi de quelqu'un qui manque d'énergie ou d'ampleur dans les vues.

PISSER (parlant par respect), **v. n.** — *Il pisse entre deux parenthèses,* Pour dire d'un homme qu'il a les jambes arquées.
    Elle est si contente de se marier qu'elle ne se sent pas pisser. — Il paraît que c'est un des symptômes du contentement, mais je ne m'en suis jamais aperçu.
    Commencer à se sentir pisser. Cela se dit d'une fillette de treize à quatorze ans.

Les femmes pleurent comme elles pissent,
C'est-à-dire qu'elles pleurent avec la plus grande facilité, sans y attacher d'autre importance.

Une agréable chanson de gones, que l'on chante à ceux qui ont la malheureuse infirmité d'uriner au lit :

> *Pisse-en-lit,*
> *Pisse-en-paille,*
> *Le balai au coin du lit,*
> *Pour fouetter le pisse-en-lit.*

Tout bon Français pète en pissant, proverbe patriotique qui se prononce toutes fois et quantes que l'application en est motivée. *Un Français qui pisse sans péter, c'est un régiment qui défile sans trompette.* Même observation.

PISSERETTE, PISSEROTTE, s. f. — Filet d'eau qui tombe d'un rocher, d'une petite fontaine fluente. *Dans ma propriété de Montpouilleux, j'ai une cascade. — Tu veux dire une pisserette.* On trouve au xvᵉ siècle *Pisserotte,* petit ruisseau, rigole.

PISSE-VINAIGRE, s. m. — Épine-vinette, *berberis vulgaris.* — Corruption fort étrange d'épine-vinette. Le goût acide des baies a d'abord fait transformer *vinette en vinaigre;* puis *épine-vinaigre* ne voulant rien dire, on a compris que dé manger de ces baies faisait uriner acide. D'où *pisse-vinaigre.*

PISSE-Z-YEUX, s. m. — Libellule, *agrion vierge.* De la croyance peu fondée que l'insecte, pour se délivrer de la poursuite de l'homme, lui seringue dans les yeux une liqueur corrosive.

PISSOIR, s. m. — Urinoir public. D'un emploi plus fréquent que *pissotière,* qui est parisien. *Te sais pas, on vient de monter un pissoir au clos Jouve. — Manquablement, c'est les joueurs de boule qu'auront fait une impétition. — Faut croire.*

PISSOIRE, s. f. — Canule de bois sous un cuvier à lessive, ou sous un vaisseau quelconque, et aussi le conduit par lequel découle l'eau d'une fontaine. Dans Palissy, on trouve *pisseure,* jet d'eau.

PISSOTIÈRE, s. f. — *Please to button your breeches before leaving,* lit-on en Angleterre sur les murs de ces utiles établissements.

PISTOLE, s. f. — Monnaie de compte représentant dix francs. Ce chiffre était, par un édit de 1652, la valeur officielle de la pistole espagnole qui avait cours en France. Le mot s'emploie encore quelquefois dans nos campagnes, mais il s'est complètement perdu à Lyon.

PISTONNER, v. a. — Importuner, harceler, Lᴇ ᴍᴀʀǫᴜɪs, à son ami : *Y a la marquise qui me pistonne depuis trois mois pour que je la mène au café chantant. — Lᴀ ᴍᴀʀǫᴜɪsᴇ : Que veux-tu, je le belette !*

PISTOUFLE, s. m. — Un gros homme essoufflé. Par extension, un homme lourd, maladroit. S'emploie surtout avec l'adjectif *gros : un gros pistoufle.* — Sorte d'onomatopée. Il semble que *pist* soit l'onomatopée du sifflement de la poitrine pendant l'aspiration ; et *oufle* celle du bruit de l'expiration.

PITAUD, s. m. — Enfant de l'hospice de la Charité. — Rien de commun avec le franç. *pitaud,* rustre, grossier. C'est plutôt, au contraire, un terme de commisération. Du radical dont est sorti *petit,* patois *pitit,* avec le suffixe *aud,* qui n'a pas ici le caractère péjoratif ordinaire, ou qui l'a perdu.

PITIÉ. — *Mon Dieu, ayez pitié de moi, et jetez des pierres aux autres !* C'est la prière des bonnes catolles.

PITROGNAGE, s. m. — Action de pitrogner itérativement.

PITROGNE, s. f. — Subst. verbal de *pitrogner.* Notre petite apprentisse disait un jour : *M. Paillardon* (c'était un voisin) *il est fort pour la pitrogne.*

PITROGNER, v. a. — Patiner de façon malpropre et grossière. *Cadet, veux-tu bien ne pas pitrogner ton pain comme ça ?* Manie donc ton pain plus proprement. — On avait marié Mⁱˡᵉ X..., d'une honorable famille bourgeoise, bien connue à Lyon. Le soir de ses noces, son mari voulut lui témoigner son amour par quelques caresses. *Monsieur,* lui dit-elle aigrement, *aurez-vous bientôt fini de me pitrogner comme ça ?* (Historique.) — De *pisturire,* avec substitution d'un suffixe fréquentatif et péjoratif.

PITROGNON, s. m. — Individu qui manie grossièrement les objets.

PITROGNU, USE, adj. — Homme ou femme qui fait malproprement les choses, qui pitrogne le travail. *Cette cuisinière est une pitrognuse.* — C'est une ancienne forme patoise.

PLACARD, s. m. — « Armoire sans fond qui tient à la boiserie de l'appartement. Ce mot n'est pas français dans ce sens. » (Molard.) — Il l'est devenu : « Placard se dit des armoires pratiquées dans les enfoncements des murs. » (*Dict. de l'Académie.*)

PLACE. — *En place,* En retour. *Groluchard est bête, mais en place il est méchant,* Cette locution ne serait pas approuvée par Molard, mais en place elle est très répandue et tout le monde la comprend.

PLAFOND-DE-PIEDS, s. m., terme de menuiserie. — Sorte de parquet en planches de sapin, souvent brutes. Je n'ai entendu ce terme qu'à Lyon.

PLAINDRE. — *Elle est bien de plaindre.* Sur cette tournure, voyez *connaître.*

PLAISIR. — *Oh! le beau panier de fraises ! — Faites-vous en plaisir.* C'est-à-dire Usez-en largement, à votre discrétion, de manière à vous satisfaire pleinement. Cette expression est très répandue chez nous.

PLAIVE, s. f. — Pluie. Ce mot, que j'ai souvent entendu employer en plaisantant dans mon enfance, est de l'ancien patois, et doit être tombé en désuétude. — De *pluvia.*

PLAMUSE, s. f. — Gifle, coup de poing sur le visage. « Avec ma main gobe et rogneuse — Je veux te donner une telle *plamuse...* » dit le vaillant Bombirolet dans *la Bernarde.* Au XVIIe siècle on a *plameuse,* que Cotgrave traduit par *a cuff, a box.* C'est bien à tort que les éditeurs d'Ét. Blanc ont donné à *plamuse* le sens de visage. Les *Canettes* ne renferment d'ailleurs aucun texte où figure ce mot. — De *plat,* racine d'*aplatir,* et du vieux franç. *muse,* museau. *Plamuse,* ce qui aplatit le museau.

PLAN, s. m. — Moyen, chance de succès. *Aller toujours son droit chemin, c'est le vrai plan pour être considéré..... Il n'y a pas plan de sortir.* — Dérivation de sens du français *plan.*

Tirer un plan, Former un dessein, concevoir une invention. *Faut que je tire un plan pour que ma femme ne se doute de rien,* me disait un bon mari qui réservait sa femme pour les grandes fêtes.

Rester en plan, Être arrêté dans une affaire, ne pouvoir pas aller plus loin. Quand la Félicia se maria avec le Damien, un brave garçon, mais un peu ch'ti, la Gladie lui disait le lendemain : *Hé bien ! comment allez-vous tous les deux ? — Moi, je vais bien, mais ce pauvre Damien, qu'esse tout plein gentil, est resté en plan. I m'a dit que c'était la timidité. — Et moi, que j'y ai dit, suis-je t'y don pas timide ?*

PLAN, adv. — *Aller plan, Aller tout planplan,* Aller doucement, tout doucement. Comparez l'ital. *piano, piano.* — De *planum,* uni, doux, pris adverbialement.

PLANCHE. — *La planche des pieds,* La plante des pieds. Il est probable que *planche* a été substitué à *plante,* lorsque ce dernier mot, venu de *plat, plan,* n'éveillait plus l'idée d'un objet plat, mais seulement d'un végétal. Le mot de planche, au contraire, répondait à l'idée en vue.

Compter sur quelqu'un comme sur une planche pourrie. Voy. *compter.*

Potelée comme une planche bien rabotée. Se dit d'une dame qui manque de galbe.

PLANCHER, v. a. — *Plancher quelqu'un,* Le semer (voy. ce mot). *J'ai planché Rasibut durant qu'il était à la pissotière.* — De même que *planche des pieds* est pour *plante des pieds,* de même *plancher* est pour *planter.* Comp. planter là quelqu'un.

PLANCHETTE. — *Planchette à arcades.* Voyez *arcade.*

PLANÇON, s. m. — 1. Outil de bois qui sert à faire les trous où l'on pique les plançons.

2. *Plançons,* jeunes plants de légumes que l'on repique. — Du bas latin *plancionem,* pour *plantionem.*

PLANI, s. m. — Terrain plat sur une montagne, sur un escarpement. A Sainte-Foy-lez-Lyon, une rue s'appelle la rue du *Planit.* — De *planile,* de *planum.*

C'est aussi le nom que nos paysans

donnent, lorsqu'ils veulent parler français, au *plôgni*, c'est-à-dire à un petit pré non arrosé, attenant à une habitation et qui sert à faire paître les chèvres et les brebis lorsque le temps est menaçant et qu'on ne veut pas les mener en champs au loin. (Voy. *plôgni* au *Dictionnaire du patois lyonnais*.) Il peut arriver que, en dépit de l'étymologie, le *plani* dans ce cas soit fort en pente.

PLANTIER, s. m. — Nom d'une vigne jusqu'à l'âge de trois ans.

PLANTACU. — C'est le nom que nous employons toujours pour désigner Plancus. *T'esses ben si âne que te sais pas que Lyon n'a été planté que par Plantacu, que c'était un Romain, donc qu'il vivait longtemps avant la grand'Revolution ?*

PLAT, s. m. — *Mettre les petits plats dans les grands*, Tout mettre par les écuelles, tout mettre sens dessus dessous pour une belle réception.

PLAT, TE, adj. — *Plat comme une bardane à genoux.* Si elle n'était pas à genoux, ce serait déjà très plat. Juge un peu voire si elle est à genoux !

PLATCUL (placu), s. m., parlant par respect. — *Faire un platcul.* Se dit aux bêches quand un baigneur saute d'un point élevé pour faire un hausse-pieds et que perdant l'équilibre en route, il tombe dans l'eau à plat sur le d...os.

PLATE, s. f. — Bateau à laver. Le Lyonnais Besson eut le premier l'idée d'agencer une plate à l'usage des laveuses. (M. B.) Lorsqu'une bonne vous apporte quelque nouvelle importante, comme par exemple, celle du mariage du fils à la bouchère ou celle de la grossesse de la fruitière, etc., etc., demandez-lui d'où elle le tient, elle vous répondra infailliblement : *Madame, on me l'a dit à la plate.* — De *plat*, parce que ces bateaux, couverts en terrasse sont absolument, plats et carrés.

PLATEAU. — *Le Plateau.* C'est la Croix-Rousse, parce qu'elle est assise sur un plateau. *Je demeure sur le Plateau. Je suis un enfant du Plateau.* Un membre de l'Académie du Gourguillon se nomme Mami Duplateau.

PLATIÈRE. — *Les Nigauds* ou *les Innocents de la Platière.* Voy. *nigauds.*

PLATRE, s. m. — Place. Mot tombé en désuétude, et qui ne s'est conservé que dans *la place du Plâtre*, de l'ancien *Plastre-Saint-Pierre.* Il y avait aussi le *plastre de la Guillotière*, au bout du pont de ce nom. — D'*emplastrum*, qui a fait *emplâtre*, et, par extension, pavement. Du latin *plastrum*, terrain battu, aire, place. Dans le bassin de la Loire, on appelle *plâtre* l'endroit où s'entasse le charbon, au sortir du puits : *Il y a, dans ce moment, beaucoup de charbon sur le plâtre.*

PLEIN, adv. — *Un gros plein de soupe.* Se dit d'un gros homme lourd et ventru. *Je te plein comme un œuf.* Voy. *œuf.* *Tout plein et puis encore.* En surabondance. *Voulez-vous beaucoup de vin dans votre verre ? — Tout plein, et puis encore.* — Très usité. *Tout plein :* 1. Extrêmement. *Ce livre est tout plein récréatif.* — 2. En quantité. *Cette planche a tout plein de trous.* *Pedouillet, veux-tu beaucoup de farine jaune ? — Comme pour un malade : tout plein.* Plaisanterie non moins commune que goûtée.

PLEUVOIR. — *Pleuvoir comme qui la jette*, Pleuvoir à flots.

PLIE, s. f. — Une levée au jeu de cartes. — Subst. verbal de *plier*, au sens de serrer ce qui était étendu, épars.

PLOT, s. m. — 1. Billot de bois, qui est d'une énorme épaisseur, et sur lequel les nagus coupent la viande. 2. Billot, gros bloc de bois en général. C'est le sens primitif. Au moyen âge, à Lyon, on appelait *plots* les troncs publics pour les aumônes, parce qu'ils étaient pratiqués dans un gros billot. *Lourd comme un plot.* Se dit d'un homme pesant. *Il a l'esprit lourd comme un plot.* *Dormir comme un plot.* Les plots ne doivent pas être en effet des camarades de lit très bougeons. *Plot d'aune.* Chez les fabricants, instrument composé d'un bloc de bois rempli de plomb à l'intérieur, faisant pied, et d'une tige verticale à laquelle est fixée horizontalement une aune (aujourd'hui un mètre, mais, dans mon temps, on vendait encore à l'aune : aune de 116ᵉ ou de 120ᵉ). L'aune a, aux deux bouts, des crochets d'acier poli dans lesquels ont fait entrer les cordons de l'étoffe, que l'on mesure et que l'on plie ainsi en même temps. On a appelé l'instrument *plot*, de la lourdeur du pied.

Rangé comme un plot d'aune. Se dit d'un garçon très rangé, le plot d'aune ne se dérangeant pas très facilement.

Plot, terme d'ourdissage. C'est un bloc de bois mobile, pendu à une corde passant sur une poulie au sommet d'un bâtis encadrant l'ourdissoir. Le plot monte ou descend au fur et à mesure que la corde s'enroule ou se déroule sur l'axe de l'ourdissoir par la rotation de celui-ci. Le plot sert de guide aux fils réunis de la musette qui s'enroule sur le tambour de l'ourdissoir. De cette façon il dirige la musette en spirale sur ledit tambour.

Probablement du celtique *ploc*, billot.

PLOTET, s. m., terme de maçonnerie. — Brique épaisse et courte, de 11ᵉ sur 22ᵉ sur 05ᵉ. — De *plot*, avec le suffixe diminutif *et*, parce que cette brique, grosse et courte, ressemble à un plot, en comparaison des briques de galandage.

PLUIE. — *Pluie du matin...* Voy. *matin*.

La pluie fait rentrer la chaleur dans les appartements. Ça, c'est connu de tous nos grands savants. A preuve que, quand il a plu l'été, il fait plus chaud dedans que dehors, du moins pour quelques heures.

PLUME. — *Avoir la plume*, Être habile à rédiger.

PLUVIGNER, v. imp. — Se dit d'une petite pluie fine. Le suffixe *igner* est fréquentatif et diminutif. Comp. *égratigner*, de *gratter*.

POCHE. — *Un temps à ne pas se laisser le sou dans la poche*. Se dit d'un temps clair, pur, plein de soleil, qui invite aux promenades et aux vogues.

J'aime autant deux sous dans ma poche que dans la vôtre. Se dit dans une discussion d'argent, où votre interlocuteur fait appel à votre générosité, ou essaye de vous démontrer le peu de valeur de l'argent pour une âme noble.

POCHE-GRASSE, s. f. — Qualification élégante pour les cuisinières. La Fontaine, dit-on, avait quelque goût pour les poches-grasses. *Ne sit ancillae tibi amor pudori...*

POCHER, v. a. — Crever en enfonçant. *Pocher le châssis*. Voy. *châssis*. *Pocher la vertu*, Faire du tort à la vertu d'une personne du sexe.

POCHON, s. m. — 1. Vaste cuiller pour servir la soupe. C'est le franç. *poche*, même sens, avec un suffixe *on*, qui n'a ici qu'une valeur explétive.

2. Pâté d'encre. Que de fois m'a-t-on reproché de dire *pochon !* et voilà que le pitoyable Littré, pour me tirer de peine, l'a recueilli dans son dictionnaire. — De *poche*, au sens de tache. Comp. *pocher un plan*.

PODEFER, s. m. — Pal de fer pointu dont on se sert pour faire des trous en terre, par exemple pour planter des échalas. — De *pal-de-fer*, d'où *pau-de-fer*, podefer.

Nager comme un podefer, Ne pas être aussi fort à la nage que Bocacut.

POGNE, ÉPOGNE, s. f. — Galette, petit pain mince et rond, de fleur de farine, qu'on met à cuire dans les ménages avec le gros pain en le laissant à la gorge du four. *Pogne de Romans*, gâteau léger et sucré, qui nous vient de Romans et autres lieux du Dauphiné. — Formé sur *pain*, comme *mogne* est formé sur *main*.

Le même que *poigne*. Aux fours banaux, pendant longtemps, le salaire du fournier consistait en une poigne ou pogne prélevée sur la cuisson. Dans les maisons, la ménagère prenait parfois une pogne de pâte et, la mélangeant d'un peu de beurre et même d'un œuf, en faisait un gâteau, dit *pogne* ou *pognon*. L'habitude de faire de ces gâteaux, le jour de la fête patronale, s'est conservée dans la Bresse. Le nom patois est *pougnon*.

POGNON, s. m. — 1. Petite pogne. — De *pogne*.

2. Se dit d'un raccommodage grossier, formant proéminence. *Mélie, quel pognon que t'as fait à mes bas !* On dit aussi : *Un raccommodage en pognon.* — *Pognon, cognon* ont la même signification et sont tirés l'un de *cogner*, l'autre de *poindre*, transformé en *poigner*.

3. En terme d'argot, Argent. Un condamné en correctionnelle se plaignait d'être aussi sévèrement puni que son complice. *Ce n'est pas juste*, disait-il, *il a gardé tout le pognon !* (Note de M. Vachez.)

POIGNÉE. — *Arrangé comme une poignée de sottises.* Se dit d'une chose pas très bien arrangée.

Comme une poignée de cheveux sur une soupe de choux. Se dit d'une chose qui n'est pas très bien en situation.

Poignée du battant (métier de canut). C'est la traverse supérieure du battant par laquelle l'ouvrier le saisit.

POIL, s. m., terme de taille de pierre. — Fissure presque imperceptible qui divise un bloc et le rend impropre à sa fonction. — De ce que cette fissure est fine comme un poil.

Avoir le poil à quelqu'un. Voy. *avoir.*

Donner un poil à quelqu'un. Lui flanquer un ratichon. Je ne saisis pas la liaison d'idées qui a donné naissance à cette métaphore.

Poil à gratter. Rien que ce nom suffit à marquer tout un changement de civilisation. Qui sait seulement aujourd'hui ce que c'est que le poil à gratter ? — Qui se souvient que le père Thomas en vendait maint petit cornet sur la place Bellecour, et que ce n'était peut-être pas la moindre de ses humbles recettes ? — Le poil à gratter, ce sont les poils extrêmement ténus de la gousse d'une légumineuse, voisine des pois et des haricots, le *dolichos urens.* On emploie aussi dans le même but le *dolichos pruriens* et le *cnetis borboniensis.* (Renseignements de M. Rivoire.)

Or sus, nos pères n'étaient pas moroses ou pédants comme nous. Ils se délectaient aux farces, et on ne se lassait pas d'en faire avec le poil à gratter. Quelqu'un se mariait-il, il n'allait point alors, comme aujourd'hui, consommer le sacrement — tous les théologiens vous diront que, là où il n'y a pas consommation, il n'y a pas sacrement ; à preuve qu'un mariage non ainsi parachevé est nul — consommer, dis-je, le mariage dans quelque auberge. Le bonheur se cueillait à domicile. — Or, infailliblement, le lit des nouveaux mariés était rempli de poil à gratter. Cela leur causait des démangeaisons épouvantables, et ils passaient leur nuit à s'entre-gratter.

A cette époque les robes des dames étaient un peu échancrées sous la nuque. Une plaisanterie non moins goûtée que la précédente consistait, en passant derrière une dame, à mettre une pincée de poil à gratter dans l'échancrure. Savait-on que cette plaisanterie était renouvelée de notre bon ancêtre Panurge ? « Il avoit, dit maistre

Rabelais, une autre poche pleine d'alun de plume (poudre à gratter, traduit Cotgrave) dont il jettoit dedans le dos des femmes, qu'il voyoit les plus acrestées, et les faisoit se dépouiller devant tout le monde. »

On garnissait aussi de poil à gratter, pour les garder des artes, le dedans des caleçons, des messieurs, s'entend, car nos grand'mères se seraient cru déshonorées d'avoir des caleçons (on les appelle aujourd'hui par modestie pantalons). On en mettait encore à l'intérieur des bas, et, si c'était l'hiver, cela tenait très chaud, car il fallait se gratter constamment les jambes, et il n'y a rien qui tienne chaud comme de se gratter. Enfin le poil à gratter était le moyen d'une foule de plaisanteries de bon goût.

Il paraît que si ces bonnes traditions se sont perdues chez nous, elles vivent encore dans les colonies, car il s'y fait un certain commerce de poil à gratter.

POINTE, s. f. — *Se lever à la pointe de dix heures.* Expression ironique en parallèle avec *la pointe du jour.*

POINTER, v. n. — Expression du jeu de boules, par opposition à *tirer.* Jeter sa boule de manière à arriver le plus près possible du petit. — De *point,* la partie se composant de points gagnés.

Pointer une boule, par analogie avec *pointer une bouche à feu.* On vise un point, mais on ne gagne pas toujours un point.

POINTIZELLE, s. f., terme de canuserie. — Petite tige de baleine armée de lamelles latérales formant ressort, qui se place dans l'intérieur de la canette et lui sert d'axe. Les lamelles sont nommées *arquets* (voy. ce mot). — De l'ital. *punticella,* même sens, de *punta,* pointe. La pointizelle est en effet pointue aux extrémités, pour qu'elle puisse entrer dans les trous ménagés à cet effet au bois de la navette.

POINTU, s. m. — *C'est un pointu.* Se dit de quelqu'un qui a l'esprit faux, bizarre, et qui va cherchant les poux parmi la paille.

Adj. *Avoir l'esprit pointu comme une boule.* Se dit de quelqu'un qui n'a pas l'esprit très aiguisé.

Avoir l'esprit pointu comme le cul d'une bareille. Voy. *bareille.*

POIRE. — *Poire à deux yeux*, Enfant. *J'ai quatre poires à deux yeux. — Ça vous fait ben un joli dessert! Hi, hi, hi!*
Poire-Saint-Martin, Fruit de l'aubépine. — Parce que le fruit est dans son éclat à la Saint-Martin.

POISON. — Nous le faisons féminin. Lorsque Jérôme Coton, dans les drames où il tenait les grands premiers rôles, allait pour boire la coupe empoisonnée, de toutes parts dans la salle, on lui criait : *Cadet, méfie-toi, c'est de la poison!* — C'est le genre ancien, conforme à l'étymologie *potionem* (d'où *potion* et *poison*, c'est souvent tout un). « Du jus de ta poison, » dit le gentil Ronsard.

POISSON. — *Prendre un poisson*, Mettre le pied dans un ruisseau, dans un gaillot.

POITRINE. — *Tomber sur la poitrine*. C'est assez connu de tous nos anciens que lorsque les rhumes de cerveau tombent sur la poitrine, ça fait intelligiblement beaucoup tousser.

POIVRE. — *Ch... du poivre* (parlant par respect). Voy. *ch...*
Le poivre noir est le meilleur. Voy. *blonde.*
Loup de poivre. Voy. *loup.*

POJAUD, s. m. — Homme sale, dégoûtant, avec le sens particulier de rustre. — *Beurre de pojaud.* Voy. *beurre. Le bâton du pojaud*, Une canne grossière et telle qu'il convient à un rustre. Quand les petits gones ne sont pas sages, le papa dit : *Attattends! je vas aller chercher le bâton du pojaud!* — De *pège*, avec le suffixe péjoratif *aud*. Le pojaud est un homme gluant comme s'il venait d'être trempé dans la pège.

POLACRE, s. m. — Flagorneur, hypocrite. *Mlle Fannie, n'écoutez pas le Michel, i fait son polacre.* — C'est *Polaque*, Polonais, de *Polachie.* Comp. *botme*, Bohême.

POLI. — *Poli comme la poignée d'un battant qui a servi de père en fils.* Voy. *battant.*
Poli comme une queue d'ours. Se dit d'un personnage très grossier. Le proverbe est-il bien appliqué? On m'assure que les ours n'ont pas de queue.
Poli comme un noyau de pêche (Les Bourgeois militaires, poème lyonnais du xviii° siècle, Ém. Vingt.).

POLISSOIR, s. m., terme de canuserie. — Lame de corne et quelquefois de métal, arrondie et mousse, que l'on passe sur la façure tendue pour faire briller l'étoffe et égaliser les coups de trame. Au fig. *Passer le polissoir*, Passer l'éponge, oublier une offense.

POLISSON, s. m. — Tournure postiche que les dames portaient au temps de Mme de Genlis et qu'elles se sont remises à porter naguère. - Bien mal nommé, car rien d'horrible comme ces apponses hottentotes. Une jeune dame, au temps de ces postiches, disait un jour à l'un de mes amis : *N'est-ce pas que ces tournures vont très bien à la toilette?* — *Ah! Madame*, répondit-il, *je suis de l'avis de Boileau :*

Rien n'est beau que le vrai, le vrai seul est
[*aimable.*

2. Croûte de pain frottée d'ail que l'on met dans la salade (voy. *chapon*). — Pour ce dernier sens, vient peut-être de ce qu'on lui attribue, bien à tort, une vertu aphrodisiaque.

POLITESSE. — *Faire une politesse*, Offrir quelque chose pour la buvaison ou pour la chiquaison, depuis le petit verre jusqu'au dîner à s'oublier partout. L'art. X des lettres patentes pour la fondation de l'Académie du Gourguillon est ainsi conçu : « Le diplôme... sera délivré gratis à chacun des membres. Mais il n'est point à iceux interdict de s'en recognoistre par une petite politesse. »

POMME. — *La Pomme d'Adam*. C'est, au dire des médecins, la saillie formée par le cartilage thyroïde à la partie antérieure du cou de l'homme, mais personne n'ignore que c'est un quartier de la pomme qu'Adam a mangée dans le paradis terrestre, et qui est restée là. Et la preuve, c'est que les femmes ne l'ont point.
Pomme d'amour, 1. Tomate. Ce mot est venu de la Provence.
2. Fruit du pommier d'amour (voy. ce mot.

POMMÉE, adj. — *Une bêtise pommée*, Une très forte bêtise. Analogie avec les choux, les laitues qui n'ont leur plein développement que lorsqu'ils sont pommés.

POMMIER. — *Pommier d'amour*. Tout petit arbuste de nos jardins, que l'on cultive en pot. C'est une solanée, le *solanum pseudo-capsicum*. La fleur est petite, blanche. Le fruit est une boule, de couleur orangée, molle, de la grosseur d'une petite gobille.

POMPE. — *Pompe à feu*. C'était le nom que, dans mon enfance, on donnait aux machines à vapeur, parce que, dans l'origine, on s'en servait surtout pour puiser et élever l'eau. Mais aujourd'hui le monde sont si savants que *pompe à feu*, qui se trouvait dans le dictionnaire de Gallet, est oublié.

POMPIER, s. m. — Mélange de vin, de sirop de groseille et d'eau de Seltz. — C'est exquis, mais ce n'est pas lyonnais. Une aimable dame me dit que le mot et la chose sont communs à Paris, à qui nous les avons probablement empruntés.

PONER, v. n. — 1. Donner de l'argent. *Qu'est-ce que c'est que ce bacchanal? — C'est les vogueurs que t'apportent la brioche, faut poner!*
2. S'emploie quelquefois pour mettre. *Quand il écrit une lettre, i te vous y pone ça mieux qu'un écrivain public.* — D'un populaire *ponare* qui a existé parallèlement à *ponere*, lequel a donné *pondre*.

PONT, s. m., terme de canuserie. — Lame de fer placée horizontalement sur la châsse de la navette à défiler pour empêcher la canette d'écorcher les fils de la chaîne. — De ce que la lame forme un pont sur la châsse de la navette.
Grand pont, Petit pont. Voy. *pantalon*. J'ajoute seulement que le mot de *pont* représente ici pont-levis, le pont du pantalon s'abaissant comme un pont-levis. Au xvi° siècle, les hauts-de-chausses des Suisses et des Vénitiens avaient le pont par derrière, comme aujourd'hui les pantalons fermés des dames. Ce pont se nommait martingale. Or, un auteur du xvi° siècle donne à la martingale le nom de pont-levis.

PONTEAU, s. m. — Petit étançon qui est fixé d'une part au métier du canut, de l'autre au plancher supérieur, pour empêcher le métier de vaciller. — De *punctum*, l'étai étant un objet en pointe. *Y a un ponteau que s'est lâché*, Il y a un ponteau qui a cessé de porter.

PONTIAUDE, s. f. — Grosse femme à chairs fermes. — Peut-être de *pont*. On a eu l'idée de quelque chose de lourd et de serré comme un pont. A l'époque où le mot a été créé, on ne faisait ni ponts suspendus ni ponts en fer, et un pont représentait toujours une lourde masse de maçonnerie.

PONTIFICAT. Voy. *Portificat*.

PONTONIER, s. m. — Passeur, celui qui dirige le bac pour la traversée d'une rivière. Molard réprouve l'expression, car, dit-il, « le *pontonier* est celui qui perçoit les droits de *pontonage* ». Mais il ajoute avec sagesse : « Il est vrai que d'ordinaire le passeur est aussi le pontonier. » — De *pontonarius*, de *pontonem*, bac, bateau.

POPILLON, s. m. — Bout de la mamelle. — Du vieux prov. *popil*, même sens.

POQUE, s. f. — Coup donné par la gobille lancée contre une autre gobille. *Poque avant pot*, Terme du jeu pour dire qu'il faut d'abord poquer la gobille adverse avant de *faire son pot*, c'est-à-dire de faire glisser sa gobille dans le pot. — Subst. verbal de *poquer*.

POQUER, v. a. — Heurter, choquer. *Les deux moutons ont poqué leurs têtes. — Poquer une boule*, la débuter en tirant. Une dame dira très bien : *En tombant, je me suis poqué le gras du dos.* Il n'y aura là rien que de convenable, si elle a soin d'ajouter : *parlant par respect.* — En Suisse on dit *poka*, jeter un fardeau. — De l'onomatopée *poc*, bruit du choc.

PORMONIQUE, adj. des 2 g. — Pulmonique. Autrefois l'on disait *pormon* pour *poumon*.

PORON, s. m. — Se dit des blessures que reçoit la fiarde prisonnière sur laquelle les gones lancent leurs fiardes. Par extension, d'un petit trou quelconque. — De πόρος.

PORONNÉ, ÉE, adj. — Se dit d'un objet qui a des trous à la surface. *C't homme a le groin tout poronné*, Cet homme a le visage tout gravé de petite vérole.

PORPHYRE, s. m. — Profil. *J'ai fait tirer ma femme en porphyre chez M. Lumière.* C'est le vieux franç. *porfil*, avec le changement régulier de *l* final en *r*. Comp. *Bessal*, devenu *Bessard*.

PORTABLE. — Molard n'admet pas qu'on dise : *Cet habit n'est pas portable.* Il veut qu'on dise *n'est pas mettable.* En 1798, l'Académie n'admettait encore *portable* que comme terme de Coutumes. Aujourd'hui elle donne ces propres exemples : *Cet habit n'est plus portable, est encore portable.*

PORTE. — *Prendre la porte.* Voy. *prendre.*
Il faut laisser les portes et les femmes comme on les trouve. Voy. *femme.*
Vous n'avez donc pas été à Paris ? Se dit à quelqu'un qui a l'impolitesse, si fréquente, de laisser une porte ouverte derrière lui. Après ça, je ne me suis pas aperçu qu'à Paris ils fussent plus soigneux à cet égard.

PORTE-COTON, s. m. — *I s'en croit comme s'il était tout le porte-coton du pape.* Se dit de quelqu'un qui prend des airs par trop dédaigneux. Le coton tient ici le même rôle que l'éponge au bout d'un bâton portée par l'esclave devant le riche Romain, et que Rabelais a oubliée dans la célèbre liste des objets mentionnés au chap. XIII du livre Ier de *Gargantua.* Il paraît que le poste de porte-coton était un beau poste. Rien ne change. Il y en a beaucoup aujourd'hui qui se font le porte-coton du Peuple.

PORTÉE, s. f., terme d'ourdissage. — Assemblage de 80 fils de chaîne. Chaque demi-portée, dénommée musette, forme un ruban séparé sur l'oudissoir.

PORTEFEUILLE, s. m. — Lit. *Ce grand fumier, à onze heures il était encore dans son portefeuille.*

PORTE-FUMIER, s. m. — *Me prends-tu pour un porte-fumier ?* Aimable gandoise que l'on ne faut jamais à dire à la personne qui s'appuie sur vous par mégarde, à l'enfant qui se met sur vos genoux, et dans toute autre circonstance de ce genre.

PORTE-LIARDS, s. m. — Porte-monnaie. Dans le mot lyonnais et dans le mot français la formation est la même, les liards constituant de la monnaie.

PORTE-MANTEAU, s. m. — Gésier des volatiles. — De ce que le gésier a la forme du porte-manteau qui s'attachait jadis derrière la selle du cheval.

PORTEMENT, s. m. — État de santé. *Être d'un gros portement,* Être robuste, vigoureux. *Être d'un petit portement,* Avoir une petite santé.

PORTE-POT, s. m. — Dans une maison à location, Porte commune des caves. *La clef du porte-pot,* La clef de cette porte.
Vin à porte-pot se lit souvent sur une enseigne. Cela veut dire que l'on vend du vin à emporter (en *portant le pot*) et non à consommer sur place.
Le sens premier est certainement : endroit où l'on vend du vin à porte-pot. Les bourgeois de Lyon avaient le droit de vendre le vin de leur récolte à porte-pot. On appelle un débit de vin un *porte-pot.* Le terme a passé à la cave où l'on tient le vin, puis à la porte servant à fermer le porte-pot. Du reste, dans *la porte du porte-pot,* il y a une répétition qui ne pouvait pas se soutenir dans l'usage.

PORTER. — *Porter perte,* Faire du tort, causer un préjudice. *Cette pratique de Potinguet a cherché à me porter perte.*
Porter à gauche, Porter à droite, termes de tailleur. — Manière particulière, suivant les goûts d'un chacun, de porter le pantalon, dont les tailleurs disposent l'enfourchure en conséquence. J'ignore si l'on prend les mêmes soins pour les pantalons des dames, du moins lorsqu'ils sont fermés.

PORTIFICAT, PONTIFICAT, s. m. — État de prospérité, surtout de santé. *J'ai vu Brigolasse depuis son héritage. Il était dans tout son portificat.* — De pontificat, l'idée d'être pontife emportant celle du luxe et de la prospérité. Mais *pontificat* étant trop savant, a été influencé par l'idée de se bien porter, et il est devenu *portificat.* Cependant on emploie encore quelquefois *pontificat.*

PORTILLON, s. m. — Guichet, petite porte pratiquée dans une plus grande.

PORTION. — *La Bastienne a toujours la tousse. M. Chrétien lui a ordonné une portion calmante.*

POSÉE, s. f. — *Tirer un becfi à la posée,* C'est-à-dire posé sur une branche, par opposition à *tirer à la volée.*

POSER, v. a. — 1. Quitter. *Pose don ta va-gnotte pour jouer à le boules!*

2. Placer. *Je ne sais plus où j'ai posé mon crasse.*

3. Apposer. *I n'ont fait poser les scellés chez M. Crottasson.*

4. *Se poser*, ou *Poser culottes*. Je ne connais pas d'expression plus abjecte.

POSSE, s. f. — Mamelle. Se dit surtout de la mamelle des animaux, et, par exten-tion, de·la mamelle humaine. *Avè mes grosses posses*, me disait un jour Mme Bouf-fard, *j'ose pas sortir sans corset.* — Subst. verbal de *posser*.

POSSER, v. a. et n. — 1. Téter.

2. Sucer très fortement. *Allons, veux-tu pas posser comme ça!* dit-on aux mamis qui sucent bruyamment leur tasse quand ils ont fini de boire.

3. Boire à la bouteille. *Passe-moi voire un peu la flasque que je posse un coup.* — Parait une onomatopée de l'action de sucer.

POSSES-DE-RAT, s. f. pl. — Joubarbe. — De ce que la joubarbe, qui est une plante grasse, a des feuilles en forme de petit pis (posses).

POSSE-VACHE, s. m. — Sorte de gros crapaud. — De la croyance populaire, lorsqu'on voit une vache avoir du lait sanguinolent, qu'elle a été tétée par un crapaud.

POSSIBLE. — *Possible et compossible.* Voy. *compossible.*

POSSON, s. m. — Se dit d'une boisson qui se tète. *Baille-lui don son posson a c't' enfant!* — Vieux franç. *posson,* mesure de liquide, petite mesure pour le lait.

POSTILLONS, s. m. pl. — Se dit de la pluie saliveuse que les bezotteurs et ceux qui ont des dents de devant qui leur manquent envoient par la figure de leurs interlocu-teurs, d'autant qu'ils ont la rage de vous parler sous le nez.

POSTUME, s. f. — 1. Tumeur, abcès. Au fig. *Une postume de neuf mois,* Une gros-sesse. « Puis chez un procureur, où elle eut le mal d'amour, dont, hélas! il lui vint au ventre une postume, » raconte la Ber-narde, en son langage imagé.

2. Par extension, Pus, sanie. *Mon doigt jette de postume.* — Vieux franç. *Apos-tème.*

POT, s. m. — Ancienne mesure de vin. Elle a beaucoup varié. Suivant Valous, en 1564, le pot était de 2 litres 8 centil. Mais j'ignore où il avait puisé ce renseignement. En 1889, « l'ancien pot » était de 1 litre 4 centil. et le « pot actuel » de 1 litre 13 centil. 1/2. Aujourd'hui, *pot* s'emploie pour équivalent de litre.

Boire pot. Locution explétive pour boire. *Allons boire pot,* Allons au cabaret.

Après pot, boirons feuillette (v. *feuillette*), Après bouteille nous boirons chopine.

Sourd comme un pot. C'est très juste; parlez à un pot, il ne vous répondra guère.

Bête comme un pot. C'est faire du tort aux pots. Les pots ne sont pas plus bêtes que les casseroles, les cafetières, etc.

A deux liards le pot. Voy. *liard.*

Pot à eau. Non français selon Humbert. Il faut dire *pot à l'eau.* O mesureurs du saut des puces! Mais Littré donne *pot à eau* et Sévigné dit *pot à pâte.*

Pot, au jeu de gobilles. Creux que l'on fait dans la terre et où il faut faire entrer sa gobille. *Faire son pot,* Faire entrer sa gobille dans le pot en la lançant.

Pot de chambre est très bon français, au même titre que vase de nuit. A Lyon nous employons toujours le premier, et à Paris on emploie toujours le second, parce qu'il appartient au style poétique. La rai-son, je ne la connais point, mais il y a ainsi des mots nobles et des mots rotu-riers. Du reste, nous disons plus volontiers *thomas,* euphémisme décent dont on use à Paris aussi bien que chez nous. Mais pourquoi *thomas?* — Parce que saint Tho-mas fut curieux de tout voir. C'est pour cela que, dans mon jeune temps, nombre de thomas en terraille avaient un œil grand ouvert peint au fond. Cet œil immobile, sévère, scrutateur, me causait dans mon enfance une impression étrange, et je ne me serais point assis au-dessus sans quelque terreur mystérieuse.

Je connaissais une dame qui, ayant été un jour dans la nécessité de se servir d'un de ces vases, ne le voulut pas faire sans avoir au préalable, par un sentiment de pudeur qu'on ne saurait trop louer, jeté du marc de café dans le fond.

POTARAS, s. m. — Grand broc pour le vin. Pour les mariniers, c'est une dame-jeanne.

On voit souvent pour enseigne dans les campagnes : *Au grand potaras*, avec un pot plein, qui déborde de vin. — De *pot*, avec un suffixe agrandissant *as*, et une syllabe intercalaire. On a corrompu le mot en *pot-à-ras*, et c'est pour cela que le pot est représenté débordant.

POTARAT, s. m. — Se dit quelquefois pour boîte (voy. ce mot). — Du franç. *pétard*, avec le suffixe *at*. D'où *petarat* et *potarat* sous l'influence de l'homophone *potaras*.

POTENCE, s. f. — 1. Béquille. — C'est le franç. *potence* dans son acception primitive. « Et alors il hauça sa potence et feri le Juif lès loye (l'oreille), » dit le bon Joinville.

2. Pied du métier de canut. « Cire, le mequier de la France commençait à brandigoler sur ses potences ; i vous était consarvé de le désencuti... » (*Adresse à Napolyon.*) — Le pied de métier, relié à l'estase par un lien en biais, ressemble assez à une potence.

Des cheveux qui frisent comme de potences ou *comme la rue Longue.* Voy. *cheveu.*

POTET, s. m. — 1. Petit pot, petite coupe, comme, par exemple, le *potet* du dessinateur à l'aquarelle. Une vieille chanson dit :

Quand petit bossu va chercher du lait,
Il n'y va jamais sans son potet.

Se dit spécialement des bassins en terre vernie où l'on met le grain des canaris.

2. Petit trou dans la terre. *Jouer aux potets*, Jouer un jeu de gobilles où il y a cinq petits trous en terre qui forment des blouses comme au billard.

POTRINGUE, s. f. — Valétudinaire, personne toujours en remèdes. Il est toujours *potringue*, Il est toujours maladif. — Subs. verbal de *potringuer*.

P. B. pense que le mot vient plutôt par dérision de *pot* et de *seringue*, deux instruments précieux aux potringues.

POTRINGUER, v. a. — Bourrer de remèdes. *Se potringuer*, Faire constamment des remèdes. *Il est toujours après se potringuer.* — De *pultem*, bouillie, devenu *poutre*, comme le montrent des formes dialectales. De bouillie le sens a passé à médecine liquide, puis à remède en général. Au radical s'est ajouté un suffixe de fantaisie

inga, peut-être par analogie avec *ringue*, maladif ; dauphinois *ringa*, diarrhée.

POTURE, s. f. — Molard signale l'expression *Mettre un cheval en poture* pour *le mettre en fourrière.* Elle me paraît tombé en désuétude. — De *pasture. Mettre en pasture*, c'est littéralement mettre en fourrière (de *feurre*, fourrage), c'est-à-dire faire nourrir l'animal en attendant qu'il soit réclamé. *Pastura* a passé au vieux franç. *peuture*, d'où notre *poture.*

POU. — Plus un mot est vilain, plus il fournit de métaphores au langage populaire. Nous avons :

Laid comme un pou à la renverse. Il paraît qu'ils sont plus laids de ce côté que dans leur position naturelle.

Tenir comme un pou sur une rogne. Se dit de quelqu'un qui, dans une discussion, dans une affaire d'intérêt, etc., ne lâche jamais prise.

Écorcher un pou pour en avoir la peau. Voy. *écorcher.*

Chercher les poux parmi la paille, Tâtillonner, s'arrêter à des minuties, à des vétilles.

Des poux gros comme des graines de courge. Terrificque !

POUAN, s. m. — Plateforme à l'avant des grands bateaux appelés *rigues*, et sur laquelle sont les mariniers chargés de la manœuvre des rames d'avant. — De *pontem.*

POUCE. — *Un pouce de vache*. Mesure idéale, par opposition au pouce officiel. *Aux boules : Qu'est-ce qui tient ? — C'est la mienne. — Es-tu sûr ? — Oh, un pouce de vache !*

Mettre les pouces, Céder à la force, faire sa soumission. Probablement de l'idée de réunir les pouces, comme dans l'attitude de la prière.

POUDRER, v. a. — Saupoudrer. *Il faut poudrer votre pâté avec du sucre.* Cela ne me semble point incorrect. De même qu'on poudre avec de la poudre, on peut poudrer avec du sucre.

POUFFIASSE, s. f. — Grosse femme à chairs flapes. — D'un radical *pouf*, qui exprime l'enflure comme le *pont* exprime au contraire le serré, le tassé ; d'où la différence entre la pontiaude et la pouffiasse.

POULAILLE, s. f. — Poule, volaille. *J'ons acheté une poulaille pour la fête de la grosse.* — De *pullalea*, de *pulla*.

POULAILLER. ÈRE, s. — Marchand, ande de volailles. Une ordonnance de police, de 1662, fixe « la demeure des Poulaillers à la ruë des Presses, dernier sainct Nizier ».

POULAILLER, v. n. — Avoir la chair de poule. *Quand j'ons vu qu'on soupçonnait ma vartu, ça m'a fait poulailler tout le corps.*

POULE. — *Aller à pas de poule.* Voy. *pas.*
Une pauvre femme des Massues, qui se désolait de n'avoir pas d'enfants, me disait : *Comprenez-vous, Se mettre poule et n'avoir pas d'œufs!*
Faire la bouche en cul de poule. C'est ce que font les dames aimables quand elles rapprochent les lèvres pour se faire la bouche plus petite.
Quand vous avez la poule, vous voulez avoir l'œuf. Se dit de gens dont l'ambition augmente à mesure que la richesse leur vient.

POULE-GRASSE, s. f. — Un des nombreux noms de la mâche. On le donne aussi à une sorte de chou-rave. Comme le nom patois est *gróssi-polailli*, je ne serais pas étonné que le mot primitif fût *engraisse-poulaille*, corrompu en *grasse poulaille*, puis transformé, pour les besoins du beau langage, en *poule grasse.* Se rappeler qu'en Beaujolais on engraisse la volaille avec de l'ortie pilée, mêlée à de la pomme de terre. Si l'on a employé la mâche au même usage, le mot serait expliqué.

POULET, s. m. — Sorte d'écrou qui se serre à la main, et à cet effet est muni de deux oreilles pour appuyer le pouce et l'index. — De ce que ces deux oreilles sont censées représenter les ailes ouvertes d'un poulet.

POULOT. — *Le grand poulot.* C'est le sobriquet que, pendant les années qui suivirent 1830, les légitimistes, qui étaient de la dernière violence dans leur opposition, donnaient au duc d'Orléans, fils ainé de Louis-Philippe. On donnait même aux enfants, par dérision, des jouets symboliques qui représentaient un jeune godichon à cheval sur un poulet. C'était censé le portrait du prince. Le nom venait probablement de quelque dialogue supposé, où

Louis-Philippe appelait son fils du nom familier de Poulot. On l'appelait aussi *Rosolin* (voyez sous *canut*).

POUPÉE, s. f. — Morceau de bois qui, dans la mécanique à dévider, supporte l'agnolet de verre où passe le fil. — De ce que ce morceau de bois est renflé à sa partie supérieure, ce qui lui forme une espèce de tête.

POUPONNER. — *Se faire pouponner*, Se faire choyer, dorloter, comme on fait à un poupon.

POUPOU, s. f. — Terme enfantin pour Soupe.

POUR. — *J'irai à la campagne pour Pâques*, c'est-à-dire à Pâques.
Pour quant à moi, Quant à moi. J'ai vu employer cette locution pléonastique par le président d'une société savante, dans un rapport officiel. Ça ne l'empêchait pas d'être un architecte très fort.
Pour tant qu'à moi. Forme de *pour quant à moi.* Voy. *tant qu'à.*

POUREAU, s. m. — Poireau. De *porellum* pour *porrellum.*

POURETTE, s. f. — 1. — Ciboule. Quelques-uns les nomment aussi *oignons de Florence.* Adorable dans le fromage blanc en salade, les omelettes, etc. — Diminutif de *poureau.*
2. *Pourettes de múrier, de vigne*, etc., Tout jeunes plants non greffés. — Analogie avec *pourette* 1, à cause de la finesse de la tige.

POURMONIQUE. Voy. *pormonique.*

POURPE, s. f. — Se dit de toute partie charnue de la viande par opposition à la partie fibreuse. J'entendais un jour un bon canut qui criait par la fenêtre à sa femme qui allait à la boucherie : *Fenne, prinds de pourpe per nos et de tirepille per les efants!* — De *pulpa.*

POURPEUX, EUSE, adj. — Se dit de la viande qui a beaucoup de pourpe. *Comme vous êtes plus pourpeuse que ma femme!* disait un bon mari à la femme de son voisin en la palpant. — *C'est aussi ce que me dit mon mari*, répondit la bonne femme.

Pourpeux comme une arête. Se dit d'un quelqu'un qui n'est pas gras à fendre à l'ongle.

POURQUOI. — Parce que. *On n'a pas voulu l'engager, pourquoi qu'il était trop ch'ti.* — *Pourquoi* représente ici *pour quoi*, pour cette chose, pour cette raison. Ainsi comprise, la phrase est logique, et même correcte au sens archaïque : « On n'a pas voulu..., pour cette raison qu'il était trop chétif. »

Pourquoi-t'est-ce, locut. interrogative, Pourquoi. — *Vous m'avez demandé mes ciseaux, pourquoi t'est-ce-faire* (les personnes très lettrées, les licenciés, etc.. ne font pas la liaison du *t*). — Expression pléonastique, comme d'ailleurs il s'en trouve tant dans le français.

La locution *pourquoi est-ce* est un archaïsme. M. Renan, dans son étude sur Mahomet, cite cette phrase du célèbre théologien Génébrard, qui vivait au XVIᵉ siècle : « Pourquoi est-ce, ô Mahomet, que tu n'écris pas ta loi ou ton Alcoran en latin, en grec ou en hébreu... ? »

POURRI. — *Un temps pourri.* Non un temps de grande pluie, mais un temps brouillasseux, mouillé, où il pluvigne sans cesse, où tout suinte l'eau, enfin un temps pourri, quoi !

POURRIR. — *Pourrir un enfant*, Le dorloter, le choyer, lui passer tous ses caprices. C'est la même chose que *gâter un enfant*, mais avec un sens bien plus intensif.

POURVOYANCE, s. f. — Prévoyance. — De l'idée de *pourvoir*, qui a pris le dessus sur l'idée de *prévision*.

POUSSE–CUL, s. m. — Recors. Au temps de la contrainte par corps, leur rôle était considérable. *J'avais un jugement contre lui ; ma foi, j'y ai envoyé les pousse-culs !*
2. Par extension, Huissier. *Il a acheté une charge de pousse-cul.*

POUSSER (SE). — Se serrer, se reculer. *Monsieur, veuillez vous pousser pour faire place à cette dame.* C'est l'inverse du sens français de *se pousser*, s'avancer.

POUSSIÈRE. — *Poussière plate.* Coups de poing. *Il a reçu dans les yeux de la poussière plate.* — « Certaine fille... s'est bien gardée de laver à la plate, parce qu'on

l'éborgnait d'une poussière plate, » dit dame Bernarde.

Faire grand'poussière, Faire de l'esbrouffe, du flafla. S'emploie le plus souvent au négatif. Notre voisin en rue Grenette, le père Manivesse, était fort bonhomme mais un peu buvanvin. Mon père le trouve mollement étendu dans le ruisseau de la voûte de Saint-Bonaventure, en face de chez Rentonnet, un jour qu'il avait fortement plu : *Eh ben, père Manivesse, qu'est-ce que vous faites là ?* — *Ah ! mon bon mecieu Puitspelu, je fais pas grand'poussière.*

POUTRONE, s. f. — 1. Grossière tête de carton sur laquelle les modistes font leurs bonnets.
2. Jouet d'enfant, poupée en carton, sans bras ni jambes.
3. Enflure du poignet des apprentis manœuvres, teinturiers, par analogie de forme avec le jouet. (P. B.)
4. Pansement. *Te t'es coupé, mami. Pleure pas, donne ton doigt, je vais te faire une belle poutrône.*
5. Statue de femme, avec sens préjoratif. Pour désigner la statue de la déesse Raison, à la Révolution, on ne dit encore que la *Poutrône.*
6. Femme de mauvaise vie.

Tout le quartier me voit rangé comme un plot
[d'aune ;
Je n'ai jamais connu cabaret ni poutrône,

Dit le pauvre Jean-François-Benoni Petavet. — *Avoir une poutrône sous le bras*, Conduire une femme galante. — Du vieux franc. *poutre*, jument. Le sens primitif est une injure adressée à une femme.

PRATIQUE, s. f., terme péjoratif. — Se dit de quelqu'un de mauvais rapports, de mauvaise foi, d'un pas-rien. Quand on a dit de quelqu'un : *C'est une pratique*, on l'a jugé. — Je crois que pratique est une ellipse pour « mauvaise pratique ». Ou est-ce « pratique de cabaret » ?
Pratique à l'ail. Voy. *ail.*

PRÉCIPITÉE. — *Il ne faut pas faire une chose à la précipitée.* Sur cette jolie création d'un substantif avec le féminin du participe, comp. *à la dérobée*, et le vieux franc. *à la célée.*

PREIN. — *Le prein de veine*, terme de boucherie. Morceau contigu au rond de veine (voy. ce mot), un peu plus petit, et dont il est séparé par un filet graisseux ou nerveux. — J'ai suivi l'orthographe des cuisinières, mais le mot devrait peut-être s'écrire *prim* (voy. ce mot), mince, délié : *Prim de veine*, partie de la cuisse où la veine ou l'artère, je ne sais, serait plus mince.

PRENDRE. — *Prendre la porte*, S'en aller, *Quand j'ai vu ce que c'était que ces pratiques, j'ai pris la porte sans demander mon restant.* Encore une de ces locutions bizarres dont la formation logique est difficile à expliquer.

Elle a pris mal à l'église, Elle y a pris une syncope.

Prendre froid. — *Il a pris froid à la chasse, et, en rentrant, il s'est alité d'une pleurésie.* On dit que cette phrase n'est pas française, mais elle le deviendra.

Prendre peur. « Le Roi, dans sa sagesse, il prit peur, » disait un Napolitain. Est-ce français ? Je ne trouve que *prendre l'épouvante*, qui est analogique, mais où *épouvante* est précédé de l'article. Toutefois la locution *prendre peur* est si usitée qu'elle peut passer comme française.

Prendre la fièvre, un rhume, etc., n'est pas français, selon Humbert ; mais il a tort. Mᵐᵉ de Sévigné a dit : « Je suis effrayée de ces fièvres, que je crains que vous ne preniez à Versailles, » et Littré donne en exemple : *Prendre le typhus.* Les puristes dépassent toujours leur but.

Si vous le prenez par là, je vous l'accorde. Piquante façon de parler pour dire : « Si vous considérez la chose de ce côté, etc. »

Où prenez-vous cette ville ? Où est située cette ville ? Celte locution est peu française, mais elle est fort drôle, et l'on se demande par quelle liaison d'idées elle a pu se produire.

C'est à prendre ou à laisser. — Dicton que les marchands peu patients emploient toutes fois et quantes qu'ils n'entendent faire aucun rabais sur leur marchandises Mon père me racontait qu'au temps où les lavements n'étaient pas encore comme aujourd'hui, grâce au progrès des sciences mécaniques, un monologue, mais un dialogue, un bon paysan entra chez un de nos forts apothicaires pour se faire délivrer le bouillon. L'affaire heureusement terminée, le lavementé, avant même de rajuster le désordre de sa toilette, demande combien. — *Quinze sous* (c'était

le tarif ordinaire, me racontait ma mère). Le paysan en offre six. Tirage. L'apothicaire, impatienté, finit par dire : *C'est à prendre ou à laisser !* — *Alors je le laisse*, dit le paysan, en le laissant en effet.

PRENU. — Partic. passé de *prendre*. Sur la formation, voy. *repentu*.

PRÈS. — *C'est mon plus près parent... mon plus près voisin.* C'est mon plus proche parent... mon voisin le plus rapproché.
Être près de ses intérêts. Voy. *intérêts.*

PRESSE (LA), terme de fabrique. — Temps où le travail surabonde par opposition à *la Morte*, temps où le travail manque.
Des affaires de presse, Des affaires pressées. — *Presse*, subst. verbal de *presser*.

PRESSON, s. m. — Pal en fer qui sert soit à faire un trou en terre pour y planter un pieu, soit à percer un trou dans un mur en arrachant les moellons, soit enfin qui fait l'office du levier et de l'outil appelé pince. Seulement la pince est affûtée en biseau et le presson est aiguisé en pointe. Le terme est assez répandu pour que je lise dans un grand journal de Lyon du 30 nov. 1881 : « L'un d'eux, muni d'un presson, en fractura la fermeture, et les trois voleurs se mirent en devoir d'emporter les marchandises. » — Non de *presser*, mais métathèse de *perçon*.

PRÊTÉ. — *C'est un prêté pour un rendu.* Se dit d'un bon ou d'un mauvais procédé en échange d'un autre.

PREUVE, s. f. — Provin, sarment que l'on a couché en terre pour en former un nouveau cep. — De *propago*.

PRÉVALUE, s. f. — Plus-value, augmentation de valeur d'un objet. Le préfixe *pré* marque la supériorité, mais le singulier est que, étant emprunté à la langue savante, nous l'ayons appliqué à une formation populaire. Ne serait-ce pas un terme de vieille pratique ?

PRIE-DIEU, s. m. — A ce mot, Molard écrit : « Dites *prié-Dieu*. » — C'était en effet la forme archaïque, mais l'usage a eu raison de la règle.

PRIER. — *Un cheval qui prie le bon Dieu*, Qui est faible des jambes de devant.

PRIM, adj. m. — Mince, grêle, effilé. Ne s'emploie plus que dans l'expression *prim bois*, Menu bois. Encore est-elle devenue surannée, mais dans le premier tiers du siècle, elle était d'un usage courant. A la campagne, on dit *fagots de prims brots*, pour des fagots faits avec les premières pousses. — De *primum*.

PRIMO. — *Primo d'abord*, Pour *D'abord* ou pour *Primo*, à votre choix.

PRISE, s. f., terme de canuserie. — Une certaine quantité de fils donnée par le dessin pour être brochée.

Terme de maçonnerie, — Trou pratiqué dans un mur ou sur une pierre de taille pour y sceller quelque chose. *Une poutre pourrie dans ses prises.*

PRIS, ISE. — D'après Humbert l'expression *Le poumon est pris* pour « le poumon est engoué », et autres semblables, serait incorrecte. Je la crois bonne. C'est une ellipse : « Le poumon est pris (par l'inflammation, etc.). »

PRISON. — *La Prison de saint Crépin*, Des souliers trop étroits.

PRIVÉS, s. m. — Par opposition à *Communs*, lieux d'aisances particuliers au propriétaire ou à un locataire.

PRIX. — *Faire son prix*, Débattre le prix d'un objet à l'avance. *Je ne descends jamais dans un hôtel sans faire mon prix.*

PROCUREUR. — *Aller parler à son procureur.* Voy. *Parler.*

PROFITABLE, adj. — Bon à tout. *Une femme profitable.* Celle qui a non pas des qualités brillantes, mais toutes les qualités pour un bon ménage. Se dit aussi parfois, en plaisantant, d'une grosse et forte femme.

PROFITER, v. n. — *Profiter comme le buis à la croix.* Se dit d'une chose qui ne profite pas du tout, le buis attaché à la croix ne poussant pas avec beaucoup d'activité. Au sens actif : *La soupe de pain cuit permet de profiter les vieilles croûtes.*

Profiter de, avec l'infinitif. *Je profiterai d'aller à Paris pendant qu'il y a l'escadre russe.*

PROMETTRE, v. a. — Assurer fortement. *J'ai-t-été au bal de M*** de Saint-Bonsard. Je te promets qu'il y faisait chaud.* — Curieuse dérivation de sens. Promettre, qui est assurer dans un sens particulier, en a pris la signification générale.

PROMETU. — Promis. Sur la formation, voy. *éteindu.*

PRONONCIATION. — A *ot* j'ai signalé la prononciation très brève de *o* lorsqu'il est suivi d'un *t* à la finale : *pot, gigot*, etc. Je dois signaler le phénomène contraire dans *abonner* que nous prononçons *abôner*. M. Sylvestre Casati-Brochier signale aussi *malle* que nous prononçons *mâle* et *é* fermé pour *è* ouvert dans *pièce, nièce, fièvre* que nous prononçons *piéce, niéce, fiévre*. Ce que c'est que de nous ! j'avais toujours cru qu'on devait prononcer de cette manière.

Dans mon enfance, il n'était pas une *seule* personne qui ne prononçât *câfé*. Le singulier est que les campagnes prononçaient *café*. J'avais quelque six ans quand ma nourrice vint nous voir avec mon frère de lait. On lui offrit du café, et comme je demandais au Tienne s'il aimait le *câfé*, il me répondit : « On ne dit pas *câfé*, mais *café*. » — Aujourd'hui il n'y a plus que quelques rares Lyonnais qui aient gardé notre antique prononciation.

PROPRE. — *Propre comme le c.. de Paquette* (parlant par respect). — Horriblement malpropre. Pour le surplus, je ne connais point cette Paquette, ni ne désire faire sa connaissance.

Un visage propre comme l'intérieur des mouchettes, c'est-à-dire qui est médiocrement propre.

Propre comme un sou. Se dit quelquefois ; à quoi l'interlocuteur ne manque jamais d'ajouter : *qui a passé par beaucoup de mains sales.* Le fait est qu'un sou est toujours fort sale. Pourtant Régnier a dit : « Claire comme un bassin, nette comme un denier. » Les deniers ne devaient pas être plus propres que nos sous.

Se mettre au propre, S'habiller proprement, par opposition à *se mettre en sale*. Les Genevois possèdent la locution comme nous, et j'ai eu le plaisir de la rencontrer dans la traduction d'*Adam Bede*, par Albert Durade, t. i, page 91.

PROPRETÉ. — *La propreté du petit Champagne.* Voy. *Champagne.*

PROVISION. — *Provision, profusion.*

PUANT, adj. — Hautain, dédaigneux. *Pace que l'Alessis est entré à la Compagnie des Vuidanges, c'est pas une raison pour être puant.* — On ne se représente pas sous quelle influence s'est produite cette dérivation du sens de puer.

PUCE. — *Mettre la puce à l'oreille,* Éveiller les soupçons de quelqu'un. Vous ne devez pas mettre la puce à l'oreille des maris trompés, vous estimant assez heureux qu'on ne la mette pas à la vôtre.
Prendre une puce sur le nez, Jouer un tour à ' quelqu'un, par exemple en lui achetant quelque chose pour un prix au-dessous de sa valeur, etc.; en un mot en le mettant dedans, sans se rendre pourtant justiciable de la correctionnelle. Il ne manque pas de gens qui disent, en pensant se glorifier de leur finesse : *Je lui ai pris une puce sur le nez.* Quelle horreur ils m'inspirent !
Puce, espèce de maillon. Voy. *maillon.*

PUCIER, s. m. — Lit. En poésie s'emploie de préférence au mot couche.

PUIS. — *Et puis après, Et puis ensuite.* Pléonasmes constamment usités dans l'oraison et qui semblent venir d'eux-mêmes sur les lèvres.

PUISSAMMENT. — *Un homme puissamment riche.* Je le croyais purement lyonnais. Horreur ! je le trouve dans l'Académie.

PUISSANT, TE, adj. — Se dit d'une personne très grosse, obèse. — C'est le vieux franç. *poisant,* pesant, corrompu en *puissant.*

PUITS-PERDU, s. m. — Sorte de puits plus ou moins profond et rempli de pierrailles, pour absorber l'eau.

PUJAYER, v. a. — Épucer. *J'ai trouvé la Goton qu'était après se pujayer. J'y ai offert de lui aider. Alle n'a pas voulu.* — De puce, plus *ayer : puçayer, pujayer.*

PUJAYEUSE, s. f. — La Goton de tout à l'heure.

PURGE, s. f. — Purgation. — Subst. verbal de *purge.*

PURGER, v. a., terme de canuserie. — Prendre les fils de la chaine à cha-un à l'enverjure, pour les donner à la remetteuse qui les passe dans le remisse.

PUSELIÈRE, s. f. — Femme qui a des puces. Ne se dit guère que dans l'expression *B..... de puselière !* terme peu poli qu'on ne doit pas dire à une dame. — De *puce.*

PUYANT, adj. — Se dit des enfants câlins. *Faire son puyant,* Câliner pour se faire dorloter. L'expression n'est nullement péjorative. Une bonne mère dira à son fils qui met la tête dans le giron maternel : *Petit puyant, venez que je vous coque !* Remarquer que, dans ce sens, on ne dit jamais *puant,* mais *puyant.* Remarquez aussi la bizarrerie des dérivations de sens, qui, dans ce cas, de *puant,* sentant mauvais, a fait d'un côté un dédaigneux, et de l'autre un caressant.

Q

Q. — Dix-septième lettre de l'alphabet. Dans mon jeune temps, nous le prononcions toujours *ku,* mais on s'est mis depuis à prononcer *que,* de même que *t, s,* etc., se prononcent *te, se,* au lieu de *té, esse,* ce qui était bien plus sonore. Cependant, je reconnais que notre prononciation peut entraîner des inconvénients, témoin l'extrait suivant des *Souvenirs* manuscrits laissés par un grave magistrat sous Louis-Philippe, extrait qu'un descendant a bien voulu me communiquer :

« Les (*ici le nom d'un ordre enseignant*) de (*ici le nom d'un bourg connu*) ont environ 50 pensionnaires internes et un grand nombre d'externes. La distribution des prix s'y faisait autrefois solennellement en présence des parents et autres personnes invitées ; elle n'a plus lieu qu'à huis-clos. Il y a trois ans (1842) que cette solennité se fit publiquement pour la dernière fois. Trois des élèves avaient mérité le même prix *ex æquo*. C'était un beau volume bien doré. Il fallut tirer au sort à qui resterait le livre. L'abbé (*ici un nom très réel et honoré*) le fit tirer à la belle lettre. La première des trois lauréates amena la lettre *q*. L'abbé proclama ce résultat en disant à haute voix : *Mademoiselle, vous avez un q*, nommant cette lettre comme on la nomme ordinairement. La supérieure le reprit en disant : *un que*. La seconde ayant tiré *s*, l'abbé, en prononçant toujours de même, dit : *Le q vaut mieux*. La troisième obtint du sort un *y*, et l'abbé ***** de dire, en se retournant vers la première, et lui présentant le volume : *Mademoiselle, votre q l'emporte*. La supérieure reprenait toujours en prononçant la lettre comme les religieuses la prononcent.

« Cela fit un peu de scandale. Le chapitre décida que dorénavant les prix se distribueraient sans autres témoins que les personnes du couvent. »

Voici une autre gandoise qui a cours chez les canuts : *I n'ont mis le petit Cancanet chez les Frères pour y faire apprendre à lire. Ça a bien été jusqu'au p, mais pas plus loin. I se sont mis quatre pour lui faire entrer le q dans la tête, i n'ont jamais pu n'en veni à bout !*

QUAND, conj. — En même temps que. *J'arriverai quand vous*, En même temps que vous. C'est un archaïsme. Le XVIIᵉ siècle aurait dit : « *J'arriverai quand et vous.* » Notre expression est plus logique. C'est une ellipse : « *J'arriverai quand vous (arriverez).* » Cette construction fait comprendre pourquoi de la locution française nous avons supprimé *et*.

Te presse don pas tant, nous arriverons ben toujours quand nous ! Se dit quand on marche avec un camarade trop pressé. L'observation est d'ailleurs fort juste.

QUARANTAIN, s. m. — Violier annuel. — De quarante, parce que (m'a-t-on dit) il s'écoule quarante jours entre la semaille et la floraison.

QUART. — *Deux heures et quart*. « Dites *Deux heures et un quart* ou *Deux heures un quart*. » Mais « en place », il faut dire *Deux heures et demie* et non pas *Deux heures et une demie*. Pourquoi cette absurde contradiction ? Grammaire est féminin : « *la Ragione delle Donne : perchè si.* »

QUART-DE-POUCE, s. m. — Petit carré de cuivre, percé d'une ouverture rectangulaire d'un quart de pouce en tous sens. A ce carré est ajustée, sur un montant, à distance convenable, une loupe qui permet, en plaçant l'instrument sur une étoffe, de compter le nombre de fils compris dans l'ouverture, de connaître l'armure, etc. L'instrument se replie pour tenir moins de place et pouvoir se loger dans le gousset.

QUART-D'HEURE, s. m. — Se dit du petit somme que certaines personnes font après le repas. Par extension, d'un petit somme en général. Qui n'a connu, dans le monde de la fabrique, Mᵐᵉ X..., qui était l'âme de la maison de commerce de son mari, et, par son activité, en a fait la fortune ? Elle se levait toujours la première, à 5 heures du matin, et ne manquait jamais de demander à son mari : *X..., as-tu besoin de moi avant que je me lève ? — Non !* répondait d'un ton bourru le mari qu'on réveillait. — *Allons, c'est bien ; fais ton quart d'heure !*

QUARTERON, s. m. — 1. Objets vendus au nombre de 25. Le marchand en ajoute un par gratification. Un *quarteron de pommes* = 26 pommes.

2. Quart de livre. *Un quarteron de beurre*. Les *Carteron*, célèbres imprimeurs du XVIIᵉ siècle, avaient pour devise : *Les Quarterons font des livres*. — De *quarte*, de *quarta*.

QUARTIER. — *Donner quartier* à une pierre, à une poutre, la renverser sur le côté. De *quart*, avec le suffixe *ier*, assez mal appliqué. Donner quartier, c'est faire faire un *quart* de conversion.

QUATRE. — *Se mettre en quatre*, Se donner énormément de mal pour faire réussir une affaire. Pourquoi en quatre plutôt qu'en cinq ?

Faire ses quatre volontés, Suivre tous ses caprices et au besoin les imposer. *Le p'pa et la m'man lui laissent faire ses quatre volontés.*

QUE. — 1. Qui. *Le mari que tenait sa femme par le bras* ne veut pas dire que sa femme le tenait, mais qu'il tenait sa femme.

2. Tellement que, de façon que. *Je suis dans une colère, que je ne me sens pas.* Cette locution, blâmée bien à tort par des grammairiens, est dans tous les écrivains classiques.

3. *Si j'étais que de vous,* proscrit par Molard, est excellent français. « Voilà un bras que je me ferois couper tout à l'heure, si j'étois que de vous, » dit Toinette dans *le Malade imaginaire.*

4. *Cela ne laisse pas que d'être* est aussi blâmé par Molard. Il avait une apparence de raison en 1810. Il ne l'a plus aujourd'hui. Dans l'édition de 1835 l'Académie a admis la locution. On en trouve d'ailleurs des exemples dans les classiques.

5. Entre deux verbes à la 3ᵉ personne du présent de l'indicatif, ou entre deux adjectifs répétés, dans certaines locutions énergiques. *Crie que crie, faudra y viendre,* Il aura beau crier, il faudra y venir. — *Tarde que tarde, arrivera Pâques,* En dépit du long temps à passer, Pâques arrivera. — *Sonne que sonne, je n'ouvre pas,* Sonne tant que tu voudras, tu ne me feras pas ouvrir. On ajoute quelquefois un pronom enclitique au second verbe, c'est alors bien plus énergique : *Sonne que te sonne!...* — *Méchant que méchant, il faudra mettre les pouces,* Si méchant qu'il soit, il lui faudra céder. — *Hasarde qu'hasarde, je m'hasarde* (voy. *hasard*), Quelque risque qu'il y ait à courir, je me hasarde. Je ne « m'hasarde » pas à expliquer la construction syntaxique de ces phrases.

6. Dont. *Comment que t'appelles cette fumelle, que son mari est gandou ?*

7. Si ce n'est. *On peut tout racheter que la mort.* Ceci n'est point une incorrection, quoique en dise Humbert, mais bien une tournure excellente, encore bien que légèrement archaïque. « Vous voyez des gens qui entrent sans saluer, que légèrement, » dit la Bruyère. « C'est régner que cela, » dit Paul-Louis.

Que non pas. Humbert blâme cette phrase, *Il vaut mieux suivre la grande route que non pas nous perdre. Non pas* est inutile au sens, mais la tournure est correcte, tout archaïque qu'elle est : « Devaient plutôt finir que non pas mon discours, » dit Régnier. Même l'emploi de *non pas* serait indispensable si la phrase d'Humbert était ainsi construite : *Il vaut mieux suivre la grande route que non pas que nous nous*

égarions. Cette tournure, employée par les écrivains classiques, est très heureuse.

Que explétif, dans les interrogations : *Comment que ça va ?* pour : Comment ça va ? *Où donc que te vas ?* pour : Où vas-tu donc ? Ce *que* ajoute beaucoup de grâce à l'oraison. *Mame Petelon est toute bouliguée.* — *Quo donc qu'elle a ?* — *Je crois ben que c'est une poire à deux yeux que s'amène.*

QUEL. — *Quel... que* pour *quelque... que.* Un homme respectable et nourri aux lettres me manifestait un jour son indignation à propos d'un écriteau qu'il avait vu vers le Parc : « Bal tous les lundis, *quel temps qu'il fasse,* » au lieu de *quelque temps qu'il fasse.* Il ignorait que la première tournure, encore bien que proscrite par Vaugelas, est la tournure classique, et même la seule correcte, car, ainsi que le fait remarquer Littré, dans *quelque temps qu'il fasse,* il y a manifestement un *que* de trop.

QUELQUE CHOSE. — *Avoir quelque chose devant soi,* être moyenné, avoir de quoi. *Ma foi, Glaudine, si je n'étais que de toi, je prendrais bien le Michel. C'est un garçon qui a quelque chose devant lui.*

QUELQUEFOIS, adv. — Peut-être. *M. le Préfet viendra-t-il à la séance? — Quelquefois.* — C'est le même emploi que *des fois,* plus usité (voy. *fois 2*).

QUÈSER (SE), v. r. — Se taire. *Quand le z'anciens portent, faut se quèser.* La forme patoise est restée dans la locut. *Quési ton bé !* tais-toi! littéralement *tais ton bec.* — De *quetiare* pour *quietare.*

QUEUE-DE-RENARD, s. f. — *Amarantus caudatus,* plante de jardin, à longs épis pendants et de couleur amarante.

QUEUE-DE-RAT, s. f. — 1. Petite bougie en spirale, qu'on nomme aussi *Rat-de-cave* (voy. ce mot).

2. Sorte de tabatière en écorce de merisier, dont le couvercle se tire à l'aide d'un bout de lanière de cuir qui, à la grande rigueur, peut passer pour la queue d'un rat.

QUIAU (kiô, monosyl.), s. m., terme de canuserie. — Tuyau de carton sur lequel s'enroule la soie de la canette. *Quiau* est la prononciation contractée de *tuyau.*

QUIAUME, s. m. — Forme de *chiaume* (voy. ce mot).

QUIBUS, s. m. — Argent. Aurais-je cru qu'un terme si familier fût au Dictionn. de l'Académie ? Littré cite une lettre du grand Poussin, où il est employé. Le mot, si populaire qu'il soit, est d'origine savante : *quibus* [*fiunt omnia*]. Le milanais dit *conquibus*, c'est-à-dire *cum quibus* [*fiunt*, etc.].

QUINA, s. m. — *Quina* est proscrit par Molard, qui exige *quinquina*. Que dirait-il maintenant que précisément quinquina est devenu suranné ? C'était en effet le mot primitif, mais quina, sans être au dictionn. de 1798, était déjà une forme classique : « Et toi que le quina guérit, » dit la Fontaine.

QUINARD, ARDE, adj. — Criard. Se dit des objets, non des personnes, *C'te pine est ben si quinarde*, Cette trompette a donc des sons si criards !

QUINCAILLE, s. f. — 1. Objets sans valeur, barafûtes, vieilles ferrailles. *C'est de la quinquaille*, Ça n'a pas de valeur. — C'est le vieux franç. *clinquaille*, ustensiles de ménage en métal.
2. Se dit aussi des gens en manière de mépris. *Ces communards, ces socialisses, c'est tout de quincaille.* — Quincaille représente ici *cliquaille*, avec nasalisation de *i* sous l'influence de *clinquaille*. Cliquaille est fait sur *clique*, avec le suffixe péjoratif *aille* comme dans *merdaille, cochonnaille, radicaille*, etc.
Faire quincaille, Faire clinquaille, — 1. Manquer à un engagement, spécialement faire faillite. Faire quincaille est pour *faire la quincaille*, agir en clique.
2. Au jeu de gobilles, Voler les gobilles qui sont sur le jeu et s'enfuir. C'est ordinairement un grand, étranger à la partie, qui fait ce coup.

QUINCHARD, DE, adj. — Criard, avec sens intensif, en parlant des personnes et par opposition à *quinard*, qui se dit des objets. *Vous avez un mami qu'esse bin tout plein drôle. — Oui, mais dommage qui soye tant quinchard. — C'est marque d'un bon portement.* — De *quincher.*

QUINCHÉE, s. f. — Cris aigus et perçants. *Qu'a don c't enfant à pousser de ces quinchées ?* — De *quincher*.

QUINCHER, v. n. — Pousser des cris aigus et perçants. Au fig. *c'te porte quinche*, Cette porte grince en l'ouvrant. — De l'onomatopée *kin*, avec un suffixe verbal relié par *ch*.

QUINDER, v. a. — *Assaisonner. Quinder la soupe*, Y mettre du beurre. — De *cundare* pour *cundire*.

QUINDURE, s. f. — Sauce, graisse, beurre employé dans la sauce. *Dis don, fenne, t'as metu de quindure dans ta soupe avè un fusil ? Ta soupe manque de beurre.* — De *quinder*.

QUINER, v. n. — Crier aigrement, en parlant d'un chien, d'une porte, d'un enfant. Mais *quiner* n'est pas pousser des cris aussi terribles que *quincher*. Les deux mots, quoique tirés de la même onomatopée, *kin*, caractérisent cette différence.

QUINET, s. m. — 1. Jeu des gones.
2. Petit morceau de bois pointu par les deux bouts, dont on se sert pour jouer au quinet (voy. *canichet*). — Du vieux franç. *cuigne*, coin, de *cunea*. D'où, avec le suffixe *et : cuignet, quinet.*

QUINQUET, s. m. — Œil. *Père Mignolet*, disait M. Fumeron, *j'ai les quinquets rouges, me cuisent-i ?*

QUINSON, s. m. — Pinson. — C'est *pinson*, dont la consonne initiale a été changée en *k*, par onomatopée du cri de l'oiseau.

QUINZIAU, s. m. — Vessie ou estomac de chevreau, qui, séché et macéré dans du vin blanc, sert à faire la présure. — Du vieux provenç. *cach*, de *coactum* avec le suffixe *eau, au*, d'*ellum*.

QUOI. — *Avoir du de quoi*, Être riche, Comp. le franç. *avoir de quoi*. « Être riche, contente, avoir fort bien de quoi, » dit Régnier. Cette expression laisse quelque obscurité. *Avoir de quoi :* quoi ? — *Avoir du de quoi* exprime au contraire le caractère relatif du pronom : Avoir de cela *de quoi* (l'on peut tout avoir). C'est la traduction de *cum quo* (*fiunt omnia*). Voy. *quibus*.
Sans dire quoi ni qu'est-ce. Expression énergique pour Sans donner aucune raison.

QUOIQUE. — *Quoique ça*, adv., Malgré cela, néanmoins. *Il est riche, quoique ça il n'est pas heureux.* Locution si répandue chez nous, qu'un de mes amis, fort lettré, ne pouvait se figurer que ce ne fût pas du français académique. Joseph Pagnon, qui était Lyonnais dans les moelles, écrivait de Paris à son père : « Ici, on vit comme des oies en cages : je n'entends ni le bruit du vent dans les arbres, ni rien. Quoique ça, je voudrais bien que vous puissiez jeter un coup d'œil sur Paris. » (*Lettres et Fragments.*)

R

RABATER, v. n. — Remuer, faire du bruit, La forme *tarabâter* est plus usitée. — De *Rabes*, nom du démon dans la mythologie scandinave. — Vieux franç. *rabaster*, faire du bruit comme les esprits dans les maisons.

RABAT-JOIE, s. m. — Se dit d'une personne qui, ayant autorité, en use avec sévérité pour empêcher les amusements, surtout les amusements bruyants ou peu convenables. *La Nastasie voulait aller à la vogue de la Guillotière. Elle avait compté sans la mère Rabat-joie, sa m'man, qui l'a fermée à clef.*

RABATTRE, v. a. — Rebattre, dans des phrases de ce genre : *Auras-tu bientôt fini de me rabattre les oreilles de tes plaignarderies ?* On comprend très bien la substitution de *rabattre à rebattre*. Rabattre les oreilles, c'est les rendre basses, les aplatir par la répétition comme par des coups. Ainsi entendu, c'est une métaphore comme une autre.

RABEAUSIR (SE), v. r. — *Le temps se rabeausit*, Se remet au beau.

RABI. — *Au rabi-soleil*, loc. adv. A la rage du soleil. — Fait sur *rabiem*, en ajoutant le mot *soleil*. L'expression nous est venue du Dauphiné,

RABIBOCHAGE, s. m. — Action de remettre en état une chose abîmée. — De *rabibocher*. Comp. *raccommodage*, de *raccommoder*.

RABIBOCHER, v. a. — Remettre en état une chose abîmée. *I manque trois baleines à mon parepluie, le taffetas est use, et le manche est cassé. Je vas tâcher de le rabibocher.* — Parait être le même mot que *rabobillonner*, avec métathèse des voyelles *i* et *o* et substitution d'un suffixe comique.

RABISTOQUER, v. a. — Raccommoder tant bien que mal, remettre en état un objet cassé, disloqué. — Du vieux franç, *toquer*, toucher ; avec deux préfixes : *ra*, qui est réitératif, et *bis*, qui est péjoratif.

RABLÉ, ÉE, adj. — Qui a le râble épais, solide. Molard veut qu'on dise *rablu*, qui, en effet, est meilleur ; mais le « lyonnaisisme » a eu le dessus, et, dans sa dernière édition, l'Académie a dû inscrire : « On dit aujourd'hui plus généralement Râblé. »

RABOBILLONNER, v. a. — Même sens que *rabistoquer*. — Vieux franç. *bobelin*, savetier, puis, par extension, chaussure à l'usage du peuple, d'où *rabobeliner*, raccommoder tant bien que mal, qu'on trouve dans Cotgrave, et *rabobillonner*, par substitution d'un suffixe en analogie avec *carillonner*, etc.

RABOUIN (LE). — Le Diable. Mot recueilli par M. Aniel. J'ai un vague souvenir de l'avoir ouï dans mon enfance. Vieux ital. *Rabuino* (Oudin). Le mot doit avoir été importé par l'immigration italienne au xv°-xvi° siècle.

RABOULAUD, s. m. — Homme gros et court. *Maman, je ne veux pas d'un raboulaud*, disait Mˡˡᵉ de X..., à qui l'on voulait faire épouser M. de Z..., le sportsman bien connu, *j'aime encore mieux un picarlat.* —

De *boule*, avec le préfixe *ra* et le suffixe *aud*, tous deux péjoratifs. *Raboulaud*, homme ramassé en boule.

On dit plutôt *raboulet*.

RACATER (SE), v. pr. — Se blottir, se rapetisser. — Mot fait sur *cata*, dans le Velay recouvrir, de *captare*.

RACLÉE, s. f. — Volée de coups.

RACCROC. — « C'est un *raccroc*; dites: c'est un *hasard* (Molard). Les « savants » me stupéfient toujours par leurs exigences. L'Académie, édit. de 1798, disait déjà : « C'est un coup de raccroc. » D'où la conclusion, C'est un raccroc, exemple que donne précisément l'Académie dans l'édit. de 1835.

RACE, s. f. — Expression collective et péjorative. *Quelle race de monde!* Quels gens méprisables! — C'est ainsi qu'un terme, indifférent par lui-même, peut prendre une signification très péjorative. Comp. *une fille*.

RACHE, s. f. — 1. Croûtes qui viennent à la tête des jeunes enfants. On dit aussi *humeur de râche*. Molard veut qu'on dise *la teigne*, mais la râche n'a rien de commun avec la teigne, et n'a aucune gravité. — Subst. verbal du vieux provençal *rascar*, gratter, de *rasicare*, formé sur *rasum*, quoique la râche n'entraîne aucun prurit, mais toutes les maladies de peau ont été comparées à celles d'entre elles dont la conséquence est le prurigo.

2. Coste (voy. ce mot).

RACHET, s. m. — Chétif, malingre. — De ράχις, moelle épinière, qui a fait rachitique. Mais ce mot savant n'a certainement pas donné notre mot lyonnais, et il n'est pas impossible que, comme *arton*, celui-ci ait été tiré du grec.

RACINES JAUNES, s. f. pl. — Carotte, *daucus carota*. Employé par les délicats qui ne veulent pas se servir du mot *pastonades*, sentant trop son patois. On trouve *racine jaune* dans Cotgrave. La carotte, chez nous, c'est la betterave. — De la couleur jaune de la carotte. ·

RACLE, s. m. — Outil emmanché au bout d'un long manche, et qui sert à racler les mauvaises herbes des jardins. — Subst. verbal de *racler*.

RACLE-FOURNEAU, RACLE-FORNIAU, s. m. — Ramoneur. Le père Crottard à son fils aîné: *Crottard, va don te décochonner, t'as le groin pis qu'un racle-forniau!* Le fourneau étant inconnu chez nous (on dit *potager*), le mot fourneau à la place de cheminée ne s'expliquerait pas si l'on ne savait qu'en vieux franç. *forniau de chambre* signifiait cheminée.

RACLER, v. a. — Humbert n'entend pas qu'on dise *racler des navets*, mais *ratisser des navets*. C'est proprement, que nous disons, chercher les poux parmi la paille. Pourquoi, je vous prie, ne raclerait-on pas des navets?

RACLONS, s. m. pl. — Raclures. *Des râclons de truffes*.

RADÉE, s. f. — Averse, pluie abondante et de courte durée. — Du vieux franç. *rade*, rapide, de *rapidum*.

RADISSE, s. f. — Brioche. Le mot est fort ancien, et on le trouve dans des textes du XVIᵉ siècle. Dans mon enfance la radisse était une grosse brioche, de forme allongée, en brioche dite de Lyon. Les radisses les plus renommées avaient pour auteurs deux boulangers: Foujasse, en rue Ferrandière, et Goubillon, en rue de la Barre, au droit de la rue des Marronniers; boutique basse d'où l'on voyait flamber le four et enfourner les radisses, ce qui réjouissait le cœur. Puis, on les mangeait chaudes, et cela faisait le pati l'effet d'un velours épais et tiède. — Je crois que le mot vient de *radiata*, de ce qu'à l'origine la radisse était un gâteau rayé comme nos tourtes. La *radiche* du Morvan est en effet une galette frottée de beurre et sur laquelle on trace des raies (Chambure). Le mot de *radisse*, tombé en désuétude à Lyon, est encore très usité dans nos campagnes.

M. Vachez me communique ce texte de 1557: « Conformément aux statuts de l'Aumône générale et aux ordonnances, a esté ordonné achepter une *radisse* à l'hospital de Sainte-Catherine, de 10 solz, et une aultre pour l'hospital de la Chanal, de 7 sols et 6 deniers pour faire les Rois. » *(Invent. de la Charité. E. 8.)*

RAFATAILLE, s. f., terme péjoratif. — Objets de peu de valeur, guenilles. Au fig. *Tous ces députés socialistes, c'est de la rafataille.* L'idée primitive est celle de guenilles. — Du vieux provençal *fato*, chiffons; vieux haut allemand *faz*, paquet.

RAFFINÉ. Voy. sous *fromage*.

RAFISTOLER, v. a. — Humbert le fait figurer dans son glossaire à titre d'incorrection, mais depuis lors Littré l'a inscrit dans son dictionnaire, et l'Académie à son tour l'a accepté, en donnant l'exemple *Rafistoler un vieil habit*, et en ajoutant: « Il est très familier. »

RAFLE, s. m. — *Jouer au rafle*, Jouer aux osselets. — De la rafle des osselets que doit faire rapidement la main tandis que l'un deux est en l'air.
Rafle de bidet. Se dit d'une rafle générale, soit au propre, soit au fig. *La police alle est venue ; alle a fait rafle de bidet.* J'ignore l'origine de l'expression. Il est probable que c'est un terme de jeu.

RAFOULER, v. n. — Grommeler, gronder en dedans, grogner. — Peut-être de *refouler :* Refouler sa colère en grommelant. Ce pourrait être aussi une onomatopée. Comp. en Rouergue *rofoleja*, grogner doucement, en parlant des porcs.

RAFOULEUR, EUSE, s. — Grommeleur, euse. Par extension grondeur. De même en français, grondeur, primitivement celui qui grommelle, a pris le sens de celui qui réprimande.

RAFOYAU, s. m. — Très grand feu, au sens péjoratif. *Quel rafoyau que t'as fait.* Quel feu énorme as-tu fait! (sur un ton de reproche). — De *focarium*, avec changement de suffixe et le préfixe *ra* qui a un caractère intensif.

RAFRAICHIR (SE), v. pr. — Faire un petit repas. *Nous nous sons rafraichis avè du vieux à l'ail et du trois-six.* — Extension de l'idée de rafraîchissement à celle de prendre quelque chose.

RAGACHE. — *Un coup de ragâche*, Un coup de raccroc. — Vieux français ou plus probablement vieux picard *racacher*, ràmener, rattraper le volant. De là, par dérivation de sens, coup raccroché, rattrapé, sans l'avoir cherché. *Racacher* vient lui-même de *recapticare*, de *captare*.

RAGRÉAGE, RAGRÉMENT, s. m. — Action de ragréer.

RAGRÉER, v. a., terme de taille de pierre. — Ravaler une pierre en la raclant, raccorder les moulures, polir le parement. — Se rattache au franç. *gréer*, vieux haut allem. *reitjan*, préparer ; mais il se peut que l'idée de *grès* (polir en passant une pierre de grès) ait chassé l'idée primitive.

RAIDE. — *Raide comme la Justice.* C'est bien peu exact. La Justice est aujourd'hui si aimable envers les criminels, surtout lorsqu'elle est exercée par le jury, que c'est plaisir d'être traduit devant elle.
Raide comme un coup de trique. Cette comparaison est plus juste.
Raide comme la barre d'une porte. Ceci nous reporte au temps où les portes se fermaient à l'aide d'une forte barre placée horizontalement par derrière, et dont les extrémités entraient dans des trous pratiqués dans les jambages de la baie.

RAILLE, s. f. — *Jouer à la raille.* C'est un jeu de gobilles où celles-ci sont placées sur une ranche. — De *rigacula*, diminutif de *riga*, qui a donné *raie*. Dans le bas Dauphiné, une montagne de forme allongée s'appelle la Raille.

RAISIMOLLER, v. n. — Grappiller après la récolte. — De *racemare*, de *racemum*.

RAISIMOLLES, s. f. pl. — Raisins oubliés en vendangeant. On plaisantait le père Cotillard, déjà un peu ancien, de ses bonnes fortunes. *Euh !* fit-il avec modestie, *quelques raisimolles !* Subs. verbal de *raisimoller.*

RAISIN. — Suivant les grammairiens, ne pas dire *Cueillir, manger un raisin*, mais *une grappe de raisin*. Toutefois Littré fait remarquer que *raisins* se disant au pluriel pour *des grappes de raisin* (« ces raisins sont trop verts et bons pour des goujats »), il n'y a aucune raison logique de le proscrire au singulier. Il a cent fois raison. Ces minuties des grammairiens sont de véritables puérilités.

RAISINS DE DAME. — Raisins dont les grains ne sont pas développés et qui tout en mûrissant, sont restés de la grosseur du gros plomb de chasse. — Sans doute de ce qu'on a supposé ces raisins appropriés à la petite bouche des dames.

RAISON. — *Se faire une raison,* Se résigner. *Il faut se faire une raison,* dit-on à ceux qui ont éprouvé quelque grand malheur, pour dire que les plaintes et la révolte ne peuvent rien contre le mal advenu.

Rendre raison à quelqu'un. — 1. Lui faire une réponse. *Je ne sais s'il pourra venir, je vous rendrai raison demain.* — 2. Rendre compte. *Je vous rendrai raison de l'argent que j'ai reçu.*

Dire sa raison, en parlant d'un mami qui ne parle pas encore et qui émet des sons confus en s'adressant aux personnes qui le cajolent. (M. D.)

RAISONNABLE, adj. des 2 g. — Se dit d'une chose de moyenne grosseur, d'une grosseur raisonnable. Nous aimions beaucoup à Sainte-Foy notre boucher Maugé parce qu'il ne tuait jamais que des veaux raisonnables, et non pas de ces veaux si tendres, autant de mourve. — « Naidiu, je ne moque pas... dit un boucher de la Boucherie de l'Hôpital dans *Lyon en vers burlesques,* — J'ai demeura tot lo matin, — Den lo marchi, per lo certain, — Sen trouva un cayon raisonnablo. »

Feu mon maître d'apprentissage, le philosophe, avait pour maxime qu'*il est plus facile de trouver un veau raisonnable qu'une femme raisonnable.*

RAISONNER, v. n. — Répliquer, contredire, faire des observations, en parlant à un supérieur. *Ne t'avise pas rien de raisonner!* — Une dérivation analogue s'est produite en allemand. *Raisonniren,* qui signifiait primitivement raisonner au sens de porter des jugements, s'entend aujourd'hui au sens de quereller, de parler à tort et à travers.

Raisonner, v. a. — Raisonner *quelqu'un,* Le faire raisonner, tâcher de l'amener à une sage détermination. *Il vaut souvent mieux raisonner un enfant que de le fecer.* Voyez *arraisonner,* qui est une forme préférable, soit parce qu'elle est archaïque, soit parce qu'elle différencie le mot.

RAISONS. — *Avoir des raisons avec quelqu'un,* Avoir une querelle, échanger des injures. *M*ᵐᵉ *Grossang et M*ˡˡᵉ *Lachauffe ont eu des raisons par rapport à M. Grossang, qu'elles ont fini par s'empoigner par la chavasse.*

Mauvaises raisons, La même chose que *Raisons.* C'est une erreur cependant de croire que les injures soient toujours de mauvaises raisons. Nous voyons tous les jours par la presse et par les élections que les mauvaises raisons sont de très bonnes raisons.

Chercher des raisons à quelqu'un, Lui chercher querelle.

RAJOUTER, v. a. — Ajouter. M. Raisinard, le confiseur, qui avait fait des *Pensées* pour faire suite aux *Caractères* de la Bruyère, me disait: *J'en rajoute tous les soirs, quand nous ons fermé.*

RAMAGE, s. f. — Bruit, tapage. *Je sous t'allé à la Chambre, donc que mon député m'avait porté une carte chez moi par politesse. Je ne sais pas quel ramage i font là-dedans!* — Dérivation de sens très originale du ramage des oiseaux.

RAMAGER, v. n. — Faire du bruit, surtout en criant. *C'te merdaille d'enfants ne font que ramager du matin au soir!*

RAMAILLE, s. f. — Ramassis, canaille. — Fait sur *ramas,* avec le suffixe péjoratif *aille.* Tous les noms en *aille* : *canaille, merdaille, rafataille, quincaille,* etc., n'ont rien de bien laudatif.

RAMAMIAUX, s. m. pl. — Criailleries, gronderies. — Semble formé, par analogie avec *ramage,* de *ram* et d'une seconde partie ¦miaux. exprimant le miaulement du chat.

RAMASSE, s. f. — Espèce de tout petit traîneau grossier sur lequel on s'accroupit, et que quelqu'un pousse pour glisser sur la glace ; plus usité encore par les enfants pour descendre nos anciennes routes à pente roide. — Subst. verbal de *se ramasser,* soit parce qu'on s'y tient accroupi, soit parce qu'on y culbute souvent.

RAMASSER, v. a. et n. — 1. *Se faire ramasser,* Glisser sur les montagnes russes ou françaises, divertissement qui fit fureur de 1820 à 1830. L'expression a persisté longtemps après la disparition des montagnes. — De *ramasse,* traîneau.

2. Se faire attraper, recevoir un abattage.

Mon doigt ramasse. Se dit lorsque, dans un tournis ou tout autre mal de ce genre, le pus s'amasse dans la partie malade. On dirait de même : *Mon doigt ramasse de borme.* L'expression s'applique également à un abcès, un furoncle, etc. Quand la suppuration est établie, on dit alors que le doigt, l'abcès *jette* (voy. *jeter*).

Ramasser froid. Voy. *froid*.

RAMELLE, s. f. — Mauvais couteau rouillé, ébréché. Lorsque dans une société quelqu'un bâille ou paraît s'ennuyer, on lui dit avec politesse : *Puis-je vous offrir une ramelle, à seule fin de vous racler le râteau des jambes pour vous distraire ?* — Du vieux franç. *alemelle* (de *lama*) qui signifiait d'abord épée, puis tout instrument tranchant.

RAMILLER, v. a. — Ramasser ce qui reste. *Passe-moi voir le plat, que je le ramille.* — De *ramilles*, petits branchages. L'idée est ramasser, après les grosses branches, les petits branchages.

RAMER, v. a — *Ramer des pois,* Placer des branchages secs pour faire monter les pois. *Ce jour-là j'aurais mieux fait d'aller ramer des pois.* Se dit quand on s'est lancé dans quelque mauvaise affaire, comme par exemple quand on s'est marié. — Du patois *ram, rama,* rameau ; de *ramum*.

RAMONER, v. n. — Ronchonner. rafouler. marronner. — Métathèse de *Marronner* (voy. ce mot).

RAMOULU, UE, adj. — Émoulu, nc. Qui ne connaît ces beaux vers de la célèbre chanson du *Roi de Sardaigne, passant par Namur* :

> *Il tira son sabre.*
> *Tout frais ramoulu...*

Tous mes lecteurs savent l'usage qu'il en fit, et de quelle dextérité il témoigna.

RAMPONNEAU, s. m. — Modeste jouet fait d'un tout petit morceau de moelle de sureau et qui est censé représenter un homme. On lui a mis un peu de plomb à la tête, ce que n'a pas tout le monde, et dès qu'on le met sur ses pieds, pouf, il fait le trébuchet, et le voilà sur sa tête. — De *Ramponneau,* nom supposé d'un équilibriste, mais qui était, je crois, en réalité, celui d'un cabaretier.

RAMPOT, s. m. — Jeu d'enfants qui se joue avec des gobilles et à l'aide de trous en forme de potets, au nombre de neuf, que l'on creuse dans la terre. *Jouer au rampot.* — La seconde partie du mot est *pot,* trou en terre, mais la première est obscure. Est-ce *rang* (rang de pots) ou simplement lo préfixe *ra* nasalisé ?

RANCHE, s. f. — Rangée d'objets. *Une ranche de vignes,* Un rang de ceps. *De ranche,* en rang. *Metten-nous tui de ranchi,* — *Maigna,* « Mettons-nous tous en rang, — Mes enfants, » dit un vieux noël. — Forme féminine du vieux franç. *reng*.

RANCUNE. — *Rancune de prêtre,* Étoffe très résistante. Chez nous, l'étoffe n'est connue que par ouï-dire, mais dans l'ouest de la France, elle se vend sous ce nom.

RANCURER (SE), v. pr. — Concevoir de la rancune, se chagriner. Mon bourgeois disait un jour à Mami Camuset : *I faut pas te rancurer parce que ta belle-mère se remarie. Quand les belles-mères se remarient pas, c'est qu'elles sont pas veuves.* — De *rancorare* (de *rancor*).

RAPAMAN, s. m. — Gratteron, *gallium aparine.* C'est un mot patois introduit à Lyon. De *rapá,* râper, et *man,* main.

RAPETASSER, v. a. — Raccommoder, mettre des pièces, des *petas,* aussi bien à un chaudron qu'à une culotte (voir ραπθειν, grec moderne ?)

RAPIAMUS, s. m. — Avare, grippe-sou, usurier. *Connais-tu Grappard? Qu'est-ce que c'est ? — C'est pas précisément un croc, mais il est un peu rapiamus.* On dit aussi *Faire rapiamus,* Enlever tout. — Barbarisme plaisant forgé par les clercs, qui ont transformé *rapere* en *rapire*.

RAPIAT, s. m. — Même sens que *rapiamus.* — D'une racine indo-européenne *rap,* qui existe dans le latin et dans le germanique.

RAPIDE, adj. des 2 g. — Escarpé. *Cette montée est très rapide.* Grangier condamne non sans raison cette phrase comme incorrecte et je la jugeais comme lui, encore bien que je l'employasse souvent. Mais depuis Grangier, Littré a recueilli l'expression, et, dans sa dernière édition, l'Académie a suivi Littré.

RAPIN, s. m. — Avare, ladre. — Sur l'étymologie, voy. *rapiat.*

RAPOIRE, s. f. — Râpe de ménage. C'est un demi-cylindre en ferblanc, cloué sur une planchette, et percé de trous très voisins, non au moyen d'une emporte-pièce, mais d'un poinçon, de telle façon que le bord du trou soit relevé en dehors. On râpe avec cela du fromage, des racines jaunes, du sucre, etc. — *Note à benêt :* Bien prendre garde à ne pas se râper les doigts.

RAPOSTICHAGE, s. m. — Raccommodage grossier et maladroit. — De *raposticher.*

RAPOSTICHER, v. a. — Raccommoder grossièrement un objet très avarié. *J'ai ma garde-robe qu'est toute démangognée ; je vas tâcher moyen de la raposticher.* — De *postiche. Raposticher,* mettre quelque chose de postiche. C'est ainsi que les dames se rapostichent lorsqu'elles sont avariées.

RAPPEAU, RAPPIAU, s. m. — Appeau. — C'est *rappel,* comme *appeau* est *appel.* Une cloche du clocher de Saint-Jean, fondue en 1805, porte le nom de *la Rappiau,* parce qu'en effet, c'est celle dont la voix, en terminant les sonneries, *rappelle* les chanoines à l'église. Dans sa *Belle leçon aux Enfans perduz,* Villon raconte que le pauvre Colin de Cayeulx perdit sa peau, « Cuydant que vaulsist le rappeau, » c'est-à-dire se fiant à l'appeau (d'une femme perdue sans doute).

RAPPELER, v. a. — *Rappeler d'un procès,* En appeler. Je l'ai lu un jour dans un bel article de fond d'un grand journal de Lyon. Au fig. *Rappeler d'une maladie,* En guérir, malgré sa gravité.

RAPPORT. — *Par rapport à,* A cause de. *L'hiver, elle portait des pantalons de velours par rapport au froid.* On dit aussi quelquefois simplement : *Rapport à.* — *Et l'été, elle portait des pantalons de velours, rapport à la décence.* Cette dernière tournure est parisienne.

Par rapport que, Parce que. *Nous nous sons arrêtés à Pollionay par rapport que nous avions faim,* ou simplement *rapport que nous avions faim.*

Un bon pas-failli de Molard : « Ne dites pas *par rapport que,* mais *par rapport à ce que.* » L'un n'est pas plus français que l'autre. Mais quoi, on n'échappe pas à l'air

natal ! Et celui des lecteurs de Molard qui, suivant ses conseils, aurait dit : *Nous nous sommes arrêtés à Pollionay par rapport à ce que nous avions faim,* aurait parlé le plus pur français du Gourguillon.

RAPSODAGE, s. m. — Réparation, raccommodage, avec sens péjoratif. S'emploie beaucoup dans l'industrie du bâtiment. *Ce ne sont que des rapsodages,* Ce ne sont que des réparations sans valeur. — De *rapsoder.*

RAPSODER, v. a. — Réparer, raccommoder, avec sens péjoratif, quel que soit d'ailleurs l'objet dont il est question. — Je crois que c'est *rapiéçauder,* passé à *rap'çauder, rapsoder* sous l'influence du mot savant *rhapsodie.*

RAQUETTE, s. f. — 1. Crécelle. Jadis, le jeudi saint, tous les gones, armés d'une raquette, faisaient *rac, rac.* C'était par rapport à l'office de Ténèbres. Mais les gones s'inquiétaient peu du symbole, et continuaient à faire rac, rac, ce qui était très amusant, surtout lorsque le musicien faisait des entr'actes à l'aide de cènes bénites.

2. Abusivement, on a donné le nom de raquette à un instrument que les marchandes de cènes bénites, le jeudi saint, emploient pour appeler les chalands. L'instrument est en bois (on sait que le jeudi saint l'airain est proscrit) et se compose d'un bloc de bois plat et carré, long, terminé dans sa partie supérieure par une manette en fer et fixe, tandis qu'une autre manette, mobile sur un pivot, est adaptée au flanc du bloc de bois. En imprimant au poignet qui a saisi la manette fixe un vif mouvement de va-et-vient, la manette mobile vient frapper avec force contre le bois : cla, cla, cla. Le même instrument est employé par les marchandes de plaisirs (qu'on appelle aujourd'hui oubliés). C'est la *bartavelle,* vieux franç. *vertevelle.* Mais *bartavelle* a disparu de chez nous. On l'emploie encore à Genève. — De l'onomatopée *rac.*

3. Terme de canuserie, Petite mécanique servant à faire les cordons dans certains articles taffetas et dans certains articles d'armures.

RAQUIN, s. m. — Dans l'expression *Peau de raquin,* peau de chagrin. *Raquin* est pour *requin.*

RARE, adj. neutre. — Extraordinaire, exceptionnel. *M. Flanochon y est-i ? — Il est sorlu, mais donnez un coup de pied jusqu'au café Crasseux, c'est bien rare si vous ne l'y rencontrez pas.*

RAS, prép. — Juste, contre, touchant. *La maison est ras la rivière.* — De *raser*, au sens de frôler.

RASE, s. f. — 1. Rigole, fossé pour l'écoulement de l'eau.

2. Ruisseau dans le milieu de la rue. De mon temps, les enfants des deux sexes qui avaient été élevés à des habitudes de propreté allaient toujours, parlant par respect, faire pipi dans la rase. — Origine germanique : nordique *rás*, cours, canal ; *rása*, courir impétueusement.

RASEUR. — *Raseur de velours.* Le veloutier, en fabriquant sa pièce, ne peut donner au poil une absolue régularité de longueur. Le raseur est un industriel qui pare à ce défaut au moyen d'un engin rasant les poils à la même longueur.

RASIBUS, prép. — La même chose que *ras*. Comme exemple, on peut citer la célèbre chanson :

> *Le roi de Sardaigne*
> *Passant par Namur,*
> *Vit un' pauvre fenne, etc.*

Mon lecteur sait assurément le reste, et combien le mot *rasibus* y trouve une élégante application. — Mot forgé sur *ras* avec une queue latine, comme dans *debitoribus, rapiamus,* etc.
Rasibus nettoyau. Latinisme cicéronien exprimant que l'on est complètement ratissé. *J'ons joué chez Boyau avè de gones que je connaissais pas. Je sons sortu rasibus nettoyau.*

RASSIE, adj. f. — *Je ne veux pas de cette brioche, elle est trop rassie,* pour *rassise.* Nous parlons ainsi par analogie avec *épaissi, épaissie; moisi, moisie ; mûri, mûrie,* etc. Cette faute nous est si naturelle que je l'avais faite dans un beau manuscrit à imprimer. Le correcteur eut la bonté d'âme de corriger en *rassise,* et ce mot m'étonna d'abord beaucoup, car je n'avais jamais entendu dire que *rassie.* Puis une brioche « assise de nouveau » me semblait étrange. Je ne faisais pas attention que la même métaphore se présentait dans

« pain rassis », parce que mon oreille était familiarisée avec le mot. — N'empêche, le correcteur avait raison.

A côté de la conjugaison *asseoir*, il y a eu une conjugaison *assir*, qui a persisté à la fois dans le picard et le provençal. *Rassi* et *rassie* s'expliquent. A remarquer que les dictionnaires donnent bien l'exemple : pain *rassis*, mais aucun : brioche *rassise.*

RAT, s. m. — 1. Caprice, lubie. *Avoir un rat.* Se dit d'une femme qui a un caprice et d'une serrure qui tantôt fonctionne, tantôt ne fonctionne pas. — De *rat*, quadrupède, mais la dérivation est bizarre. L'idée est-elle d'avoir un rat dans le cerveau ?

2. Terme de canuserie, Petit taquet de bois, portant en saillie un bout de buffle, qui chasse la navette hors de la boîte du battant à bouton.

3. Avare, lésinier. *Il est si rat que ça ne donnerait pas deux liards à un affligé !*

4. *Mouillé comme un rat,* Très mouillé. Je ne comprends pas très bien le symbolisme de rat dans ces deux expressions. Les rats ne sont pas réputés pour porter à la caisse d'épargne, et ils semblent préférer aux bêches la huche au pain.

5. *Courir comme un rat empoisonné.* Voy. *courir.*

6. *Le remède du rat.* Beaucoup de maladies ont des remèdes populaires. Pour les enfants qui ont l'infirmité de faire pipi au lit, la tradition est. si la patte mouillée ne suffit pas, de leur faire manger un rat rôti. Mais M. Chrétien n'était pas de cet avis parce qu'il disait que les rats ont des fois dans le corps des saletés qui peuvent donner d'autres maladies. Il faisait envelopper l'enfant, pendant la nuit, dans une chemise sale du père, parce que, comme cela, l'enfant pompe la force des reins du père. Ce remède était général. Je ne sais si l'on en use encore.

RATABOU, s. m. — Arrête-bœuf, *ononis procurrens.* Forme lyonnaise *d'arrête-bœuf.* Déjà Nicot, au xvi° siècle, disait à *Arreste-bœuf:* « Le vulgaire des arboristes la nomment *Resta-bouis.* » Le ratabou fait de bonnes infusions qui amènent la sueur quand on a pris froid, et excitent à l'évacuation des superfluités de la boisson.

RATACONNER, v. n. — Faire de très grossières reprises à un bas. — Du vieux franç. *taconner,* mettre des pièces à un soulier, avec un préfixe péjoratif *ra. Taconner* vient d'une racine *tac*, qu'on retrouve dans le celtique et dont le sens est « chose proéminente et servant à fixer ». De là notre patois *tachi*, clou de soulier. Le vertueux Béroalde emploie *rataconner* au fig. pour arranger : « Tout y étoit, avec grâce, fort bien rataconné, et avec symétrie parfaite. »

RAT-DE-CAVE, s. m. — 1. Terme péjoratif, Agent des contributions indirectes. — De ce que ces agents visitent les caves des débitants.

2. Petite bougie jaune, enroulée en spirale, que les maçons portent dans leur poche, afin de pouvoir s'éclairer dans les endroits obscurs. — La pensée de la composition du mot est apparente, mais l'idée de comparer une lumière pour visiter une cave à un rat habitant cette cave a une apparence bizarre.

RATE, s. f. — 1. Femelle du rat. C'est du vieux français, qu'on trouve encore dans la Fontaine.

2. Petite dent d'enfant. S'emploie ordinairement avec l'adjectif petite. *Fais don voir tes petites rates !* En Limousin on dit aux enfants que s'ils mettent leurs dents de lait dans un trou de mur, les rats viendront les prendre, et que celles qui leur repousseront seront petites et blanches comme des dents de souris. Est-ce de là que vient le mot ?

3. Espèce de pommes de terre longues, de couleur jaune. — Je ne sais pas m'expliquer par quelle analogie on leur a donné ce nom.

RATÉ, ÉE, adj. et partic. — Qui est tondu, rasé, en parlant des choses pelues. *T'as la tignasse ratée, faut te mettre de coton dans les oreilles... J'ai z'oublié de baqueter mon minon, il est tout raté des artes.* — « Un panache raté lui battait sur la face, » dit Roquille.

RATEAU, s. m. — 1. *Le râteau des jambes.* Le tibia. *Se racler, pour se distraire, le râteau des jambes avec une ramelle.* Voy. *ramelle.* — Le nom de râteau a été donné au tibia, soit à cause de sa forme prismatique, qui a quelque analogie avec le morceau de bois allongé où sont fixées les dents du râteau ; soit parce qu'en passant le doigt sur le tibia on sent comme une série de légères aspérités qu'on peut qualifier de dents.

2. Terme de pliage (de mon temps on disait *rasteau*). Peigne à dents espacées, qui est employé dans le pliage afin de donner à la chaîne la même largeur que devra avoir le tissu. Les dents sont beaucoup plus espacées que les dents du peigne à tisser, parce qu'une musette de 40 fils se place entre deux dents, tandis que, dans le peigne à tisser, on place de 2 à 10 fils au plus entre deux dents consécutives.

RATELIER. — 1. *Le râtelier de l'échine.* L'épine du dos. Râtelier, à cause des vertèbres qui font saillie. *Scier le râtelier de l'échine avec un confessionnal.* Se dit à propos de quelqu'un dont la conversation manque de délectation.

2. Terme de canuserie. De mon temps le canut prenait tout bonnement ses canettes à cha-une dans le caissetin. Aujourd'hui qu'on a toute espèce d'inventions, on suspend au pied de droite, au devant du métier, une petite planche rectangulaire garnie de clous, dans chacun desquels on enfile le quiau d'une canette. C'est le râtelier. Par ainsi le canut n'a qu'à lever le bras pour aveindre sa canette.

RATELLE, s. f. — Rate. *Je peux plus courir, ça me fait gonfler la ratelle.* D'une chose qui fait rire, on dit qu'*Elle chatouille la ratelle.* — Vieux franç. *ratelle*, rate.

RATER, v. a. — Tondre ras. *Se faire rater.* Se faire couper les cheveux. — Vieux franç. *rater*, racler, ratisser, d'origine obscure, mais dont l'idée s'est confondue pour nous avec celle de *rat* (comp. vieux franç. *raté*, rongé des rats), aujourd'hui seule en vue. *Rater*, tondre ras comme le poil du rat.

RATE-VOLAGE, s. f. — Chauvre-souris. — De *rate*, souris, et *volage*, qui vole : Souris qui vole. Le nom est très bien trouvé.

RATICHON, s. m. — *Donner un ratichon* à quelqu'un, Lui donner une chasse, un poil, une graisse, un suif, un savon. — Du vieux franç. *rater*, racler (voy. *rater*). Un ratichon gratte la peau.

RATIER, ÈRE, s. — Se dit de quelqu'un de capricieux, de boudeur, mais de façon passagère. — De *rat*, pris au sens de caprice (voy. ce mot).

RATIONNER, v. a. — Mettre à la ration. Ce terme si naturel et d'un usage si général est signalé par Humbert comme n'étant pas français ; et en effet, ce n'est que dans sa dernière édition que l'Académie l'a fait figurer. Mais d'ailleurs il ne faudrait pas croire qu'il n'y eût de français que les termes qui sont au dictionnaire de l'Académie.

RAVE. — *Rave cuite.* Qualificatif péjoratif pour des gens qui ne méritent pas d'être pris au sérieux. *X... et Z... sont des entrepreneurs de rave cuite..... M. Bousard est une rave cuite !* — De ce que la rave cuite n'est pas d'une belle résistance. Comp. M⁻⁰ de Sévigné qui disait de son fils qu'il avait « un cœur de citrouille fricassée dans de la neige ».

Petites raves. Voy. *Petites.*

RAVICOLER, v. a. — Raviver, rendre de la vigueur. *J'avions l'hiver dans le corps. Ce bon feu et ce verre de tormentine m'ont ravicolé.* — Du vieux prov. *raviscolar*, fait sur *vescus*, vivant ; de *viscum*.

RAYER, v. a. — Régler. *Le petit écrit déjà sans se rayer,* Sans régler son papier. Ce petit qui se raye soi-même est très joli.

RAYONS. — *Les rayons, i n'en pètent.* Se dit lorsque, en sortant de table, la peau tire comme un tambour. — Je crois que c'est une allusion à la célèbre histoire d'un merlan des Terreaux, qui avait écrit à son fournisseur à Paris une commande de quatre pages, pendant que sa femme était dehors. Celle-ci rentre, lit la lettre, et lui dit : *Gros bétard, te vas commander de la marchandise quand les rayons i n'en pètent !* Le mari se rend aux raisons de sa femme, et ajoute en *post-scriptum : Ma femme dit que nous avons de la marchandise, que les rayons ils n'en pètent. Ne m'envoyez donc rien de ce que je viens de vous commander.* Il cachette la lettre et va la porter à la poste de la rue Luizerne. En ce temps-là on n'affranchissait guère, mais le port de la lettre pour Paris était de quatorze sous. Il est vrai que la lettre avait son importance.

RÉBARBARATIF, IVE, adj. — Rébarbatif, ive. — Le mot *rébarbaratif*, qui a évidemment subi l'influence de *barbare*, a quelque chose de bien plus énergique que le mot français.

REBIFFARDE, s. f. — Rebuffade. C'est *rebuffade*, mais influencé par l'idée de se *rebiffer*, qui est très claire tandis que l'origine de *rebuffade* (de *bouffer*) est obscure pour nous.

REBOURS. — *C'est un bois de rebours.* Se dit d'une personne rêche, épineuse. On sait que le bois ne se laisse pas raboter au rebours du sens de la croissance des fibres.

REBLANCHIR (SE), v. pr. — Faire toilette, le linge blanc étant le commencement de toute toilette et souvent la seule du pauvre monde. (M. D.)

REBRAYÉ (rebrê-yé), adj. m. — *Du beurre rebrayé,* Du beurre pojaud, du vieux beurre que l'on a broyé et repétri pour lui donner un aspect plus présentable.

REBRIQUE, s. f. — Réplique. *Une personne de rebrique,* Une personne qui a la riposte prompte et facile. En partie toutes les femmes sont de rebrique. — Subst. verbal de *rebriquer.*

REBRIQUER, v. n. et a. — Répliquer, répliquer avec vivacité, un peu insolemment. *Il a voulu raisonner, mais sa femme te vous l'a rebriqué !* — Vieux franç. *rebriquer,* fait sur *rebrique,* pièces d'écriture que les plaideurs produisaient les uns contre les autres ; de *rubrica,* parce que les titres de ces mémoires étaient imprimés en rouge.

RECHAGNER, v. a. — Refuser, mépriser, dédaigner. *On voulait lui faire marier M⁻⁰ Escafignon, mais i n'a rechagné.* Forme de *rechigner,* qui, au sens primitif, signifiait montrer les dents.

RECHANGER (SE), v. pr. — Se relayer à un travail, à une occupation. *La pièce presse tant que le bourgeois et le fils se rechangeont pour aller plus vite... Moi ma femme nous avions bu si tellement du vin doux que nous n'abondions pas à nous rechanger aux zécommuns.*

RECHUTER, v. n. — Faire une rechute dans une maladie. — Dérivé si naturel de *rechute* que l'on ne comprend pas que l'Académie ne l'ait pas enregistré.

RECONNAITRE. — *Reconnaitre son linge*, Le compter quand la buyandière le rend, vérifier s'il n'est pas abîmé, etc. Expression si claire et si naturelle qu'on ne voit pas comment y suppléer.

Se reconnaître, Manifester par un cadeau sa reconnaissance d'un service reçu. *Mon ami, le docteur X..., m'a soigné six mois gratis. Je lui ai envoyé deux pots de vin cuit pour me reconnaitre.* — Dérivation de sens sous l'idée de reconnaissance, gratitude pour un bienfait.

RECRÉNILLÉ, ÉE, adj. — Ratatiné. ée. *Une vieille toute recrénillée.* — *Recrénillé* est pour *recornillé*, de corne. Ratatiné comme des écoupeaux de corne.

RECTUM. — *C'est z'un homme qui paie rectum*, c'est-à-dire à l'heure sonnante. Très usité. *Rectum* est pour *recta*. Quelques-uns disent payer *recto*, d'autres *recta mea*. Cela dépend des goûts. En général il vaut mieux ne pas se lancer dans les latinismes, et parler le bon lyonnais de notre meman.

J'ai connu une dame qui me disait : *Dans mes lettres, je n'écris jamais qu'au rectum, c'est plus distingué.*

RECUEILLIE, s. f. — Parlant par respect, Pierre de taille, communément recreusée et qui se pose inclinée sous l'orifice du cornet de descente, pour diriger dans la fosse ce qui y est destiné.

RECUITE, s. f. — Soucoupe de lait caillé et cuit, parfumé de laurier-cerise. On s'en lèche les cinq doigts et le pouce. Les pays de fabrication sont Sainte-Foy et Sainte-Colombe. En 1814, les bonapartistes appelaient par dérision la cocarde blanche, *la recuite.* — De *recuit*, encore bien que la recuite ne soit pas cuite deux fois.

RECULEMENT, s. m. — Bosse, gibbosité, Une gibbosité par derrière est en effet en reculement sur l'alignement.

RECULONS. — Parlant par respect, *Ch... à reculons.* Voy. *ch...*

RÉDIMER, v. a. — 1.Diminuer, réduire. *Rédimer ses dépenses.* — *Se rédimer*, Se restreindre, diminuer ses dépenses.

2. S'affaiblir. *La fièvre se rédime un peu.* — De *dîmer*, lever la dîme. *Se rédimer*, lever de nouveau la dîme sur ses dépenses.

REDONDER, v. n. — Retentir, résonner, faire écho, répondre. *Le nom de M. Pasteur redonde partout... Ces bottes me redondent dans la tête.* — Du franç. *redonder*, qui a dévié de son sens primitif, parce qu'il s'est trouvé faire onomatopée.

REDOS, s. m., terme de charpenterie. — Partie du tronc d'arbre refendu, la plus voisine de l'écorce, et qui, par conséquent, est plane du côté du trait de scie, et convexe du côté opposé. On l'emploie en palissades. Un texte de 1400 dit: « Le suppliant eust aussi une aisselle (ais, madrier), nommé *dosse.* » — De *dos.*

REDOUBLE, s. f. — Redoublement. *Avoir la fièvre avec des redoubles.* — Subst. verbal de *redoubler*, comme *purge*, de *purger.*

REDOUX, s. m. —Dégel. *Je crois que cette fois nous tenons le bon redoux*, Je crois que c'est le dégel définitif. — *Redoux :* de nouveau le (temps) doux.

REDRESSU, s. m. — Dressoir pour la vaisselle. — De *dresser*, avec le suffixe *u*, représentant *orem.*

RÉDUCTION, s. f., terme de fabrique. — Se dit tant du nombre des coups de trame d'une étoffe que du nombre des fils de chaîne qui sont réunis dans une dent du peigne. *Une forte réduction, Une étoffe dans une forte réduction*, Une étoffe dont le tissu est très serré.

RÉDUIT, ITE, adj. — Se dit d'une étoffe qui a une forte réduction.

RÉFLEXION. — *Manger à sa réflexion*, Manger à toute sa faim. — *Réflexion*, naturablement, est pour *réfection*. Mais aussi pourquoi *réfection* est-il incompréhensible ? Tandis que *manger à sa réflexion* se saisit très bien : on mange selon ce que la réflexion vous conseille, et quand on a très faim, la réflexion vous conseille de manger beaucoup.

REFOIN, s. m. — Regain. *Mon oncle d'Yvours a-t-ayu beaucoup de refoin.*

REFUS. — *Voulez-vous casser une graine ? — Ce n'est pas de refus.* — Tournure très heureuse pour *Ce n'est pas à refuser.*

RÉGALISSE, s. f. — Réglisse. — C'est *aiga-lisse* (voy. ce mot), avec un *r* initial sous l'influence de *réglisse*. On trouve déjà *régalisse* à Lyon au XVIIe siècle.

REGARD. — *Un regard à couper un clou.* Voy. *clou.*

REGARDANT, adj. — Chiche, très économe. Le père Crépin était un homme regardant.

REGARDER (SE), v. pr. — Économiser, se plaindre la dépense. *Au jour d'aujourd'hui tout le monde se regardent les enfants.* — Le passage de *regarder* à *se regarder* est un bel exemple de dérivation de sens.

REGLANEUR. — *Reglaneur de pelosses.* Se dit d'un vagabond qui vit de mendicité et de maraudage. Littéralement : celui qui glane pour la seconde fois les prunelles (que d'ailleurs on ne récolte pas).

RÉGLÉ, adj. — *Réglé comme un papier de musique.* Se dit d'un jeune homme rangé comme un plot d'aune.
Papier réglé. Voy. sous *carte.*

RÈGLE-FAÇURE, s. m. — Terme de canuserie. C'est un ustensile adapté au régulateur et mû par le battant. Il a pour but de « régler le régulateur ». Quand celui-ci va trop vite, la façure devient plus étroite, et par suite, la medée trop large. Le battant frappe alors la tringle du règle-façure et celui-ci modère le régulateur.
Cet ustensile, qui n'est guère usité que dans les unis, date d'une vingtaine d'années seulement.

REGONFLE (A), adv. — En grande abondance, en surabondance. Lorsque M***. architecte en chef d'un grand service, fut décoré, il donna un grand dîner de « rendement de croix ». On plaça à côté de M** *** un autre architecte, à qui son grade dans le service donnait droit à cette place. Au dessert, la maîtresse de maison offrit gracieusement une pêche à son voisin. *Merci bien, Madame* ***, fit celui-ci, *à Venissieux nous en avons à regonfle.* (Historique.) — Subst. verbal de *regonfler.*

REGRET. — *Faire regret,* Exciter souverainement la répugnance. Quand j'étais aux Minimes, le petit G..., qui était en face de moi à table me faisait regret parce qu'il avait toujours des chandelles des six au bout du nez. Ça m'ôtait mon dîner. — Ce mot a tellement cours chez nous que le pauvre Victor Corandin en a fait usage dans le *Roi des Oncles,* certainement sans s'apercevoir du lyonnaisisme : « Il a commencé par lui dire, je crois, qu'elle lui faisait regret, oui positivement regret !... » – La dérivation du sens de chose que l'on regrette au sens de chose qui répugne est fort singulière. Scarron dit bien : « Il avoit regret à tout ce qu'il mangeoit, » mais cela doit s'entendre d'un avare qui regrettait le prix de ce qu'il mangeait. A Nyons, on dit aussi *faire regret,* mais au sens de faire pitié. *Ça fait regret de l'entendre tousser.* Cette dérivation s'explique : « Cela m'inspire du regret. » Mais je ne saurais rendre compte de la filiation de notre pittoresque expression.
On lit, dans le verbal de sa séance du 24 février 1496, que le consulat commet, ce jour-là, François de Genas et plusieurs autres échevins pour aller visiter l'hôpital de Saint-Laurent-des-Vignes, hors la porte Saint-Georges et « *adviser si le lieu sera propre à recueillir les gens infects de la peste, en suyvant ce qu'il a plu au roy (Charles VIII) luy faire dire par maistre Jacques Ponceau, son médecin, pour ce que le dit seigneur roy prend plaisir à son esbattre de là le Rosne, et ne peut passer devant le dit hospital, où il fait regret des dits infects qui y sont.* » (A. Pericaud, cité par Em. Vingtrinier.)

REGRETTEUX, EUSE, adj. — Se dit de quelqu'un de délicat, à qui tout fait facilement regret.

REGRETTIER, s. m. — Régisseur d'immeubles. Le sens est péjoratif. — C'est le franç. *regrattier,* légèrement dérivé de sens. On a confondu le régisseur, qui perçoit les loyers pour le compte d'autrui, avec le locataire général, qui, sous-louant en détail, *regratte* ainsi les profits. Cela tient à ce que la profession de régisseur était inconnue encore au commencement du siècle. Chacun gérait soi-même sa maison ; tandis qu'il y a eu de tout temps des locataires généraux.

REGROLLER, v. a. — Saveter, raccommoder les souliers. — Fait sur *grolle* (voy. ce mot).

REGROLLEUR, s. m. — Savetier. — De *re-groller.*

RÉGULATEUR, s. m. — Organe du métier de canut. C'est un mécanisme composé d'un système de roues dentées, qui se place contre le pied de métier à la droite du canut, et qui sert à faire enrouler imperceptiblement l'étoffe fabriquée au fur et à mesure que l'ouvrier passe un coup de navette. Le mouvement de rotation est imprimé au régulateur à l'aide des marches. De mon temps ce harnais était inconnu.

REJUINDRE, v. a. — Ranger, ordonner, serrer. *Rejuins don ces chaises que sont en garenne... Rejuins don ce thomas, que c'est pas joli de le laisser dans le salon, s'i venait des visites.*

REJUINT (de) pour *de rejoint*, loc. adv. — Tenir *de rejuint* signifiait tenir de près, serré, surveillé. *Faut tenir les filles de rejuint.*

RELACHER, v. n. et a. — Dans un grand dîner, la maîtresse de maison avec bonté : *Mecieu Oscar, mangez don pas tant de pruneaux. C'est pas pour vous les reprocher, mais vous savez que ça relâche.*

RELAIT, s. m. — Petit-lait. Sur l'emploi du préfixe réduplicatif *re.* comp. *refoin.*

RELAVAILLES, s. f. pl. — Lavures de vaisselle.

RELAVER, v. a. — *Relaver la vaisselle*, Laver la vaisselle après le repas. Cette expression est si générale chez nous qu'une aimable étrangère morte prématurément, hélas ! et qui parlait et écrivait le français mieux que les Français, mais habitait Lyon, a employé ce « lyonnaisisme » dans un intéressant récit de voyage en Tunisie et dans la Kabylie, publié en 1882 par le *Lyon scientifique :* « Les servantes..., accroupies à terre, dépècent l'agneau de Pâques, préparent les légumes et le couscous, font la cuisine sur des réchauds, et relavent la vaisselle. »

RELÊME. s. m. — Dégel. « Y avait fait le relême ce jour-là, les escayés de bois étiont mouillés et pleins de bassouille : elle glisse et baroule jusqu'au quatrième, » dit le bon Jirôme Roquet dans ses *Calamitances.* — Peut-être du vieux haut allem. *leim*, limon. Le relême serait la fondrière substituée au sol gelé.

RELEVEUSE, s. f. — Sage-femme. Fait sur *relever*, dans *relever de couches.*

REMAILLAGE, s. m. — *Faire des remaillages*, Remailler des parcelles de muraille, de plafond, etc.

REMAILLER, v. a. — Remailler un mur, un plafond, c'est non pas faire l'enduit à neuf, mais réparer le vieil enduit en refaisant les parties mauvaises et en laissant subsister les parties convenables. — D'un fictif *remailler*, reprendre des mailles, pris au figuré.

REMBOURSER. — *Rembourser son chemin*, Rebrousser chemin. D'un usage courant. — C'est le vieux franç. *rebourser chemin*, dont *rebrousser* est une corruption, ainsi que le montre l'étymologie *rebours. Rebourser* est devenu *rembourser*. par l'influence de *rembourser*, rendre l'argent prêté, mot d'un usage plus fréquent que *rebourser.*

REMÈDE. — *Le remède que nous portons tous avec nous.* Euphémisme délicat pour de l'Urine. Dans mon jeune temps, je ne crois pas qu'il y eût un seul canut qui, dès qu'il se sentait le moindre mal, ne prit le matin, à jeun, un verre du remède que nous portons tous avec nous. Il était bon pour toute espèce de maux : maux d'estomac, de rein, de ventre, de tête ; excellent en particulier pour la toux. On partait de ce principe métaphysique, tiré des causes finales, et contre lequel il n'y avait pas d'objection possible, à savoir que la Providence, en faisant les maux, leur avait fait un remède, et que, dans sa bonté, elle avait voulu mettre le remède à la portée de tous les hommes. M. Chrétien le conseillait. D'ailleurs, il ne l'aurait pas conseillé qu'on l'aurait pris tout de même. Le pauvre compagnon de chez nous, qui était phtisique, en prit longtemps, mais, hélas ! cela ne le sauva pas.

REMÉMORIER (SE), v. pr. — Se remémorer. D'évidence, nous avons dit d'abord se *remémoirer*, sous l'influence de *mémoire*. Le mot était excellent. *Remémoirer* a passé à *remémorier* par métathèse de l'*i* consonne.

REMETTAGE, s. m., terme de canuserie. — Action de faire passer un à un, soit avec les doigts, soit à l'aide d'un crochet appelé *passette*, les fils de la chaine dans les mailles du remisse, suivant un tracé arrêté par le fabricant. Les fils de la chaine y sont subdivisés par *courses* (pour *cours*), c'est-à-dire dans l'ordre déterminé par le nombre des lisses et la disposition du dessin à exécuter avec ces lisses.

Le remettage se commence par la gauche du canut, et l'on considère comme la première lisse à remettre celle de derrière, c'est-à-dire la plus éloignée de l'ouvrier. On distingue, dans les différents modes de remettage, *le remettage suivi*, *le remettage à retour*, *le remettage interrompu*, *le remettage sur deux ou plusieurs remisses*, *le remettage amalgamé*.

Dans le métier à la Jacquard, les fils sont passés au travers des maillons, suivant l'ordre des arcades à l'empoutage.

REMETTEUSE, s. f. — Ouvrière qui remet (voy. *remettre*). Quelquefois la canuse sait remettre. Celles-là sont recherchées pour le mariage.

REMETTRE, v. a. — 1. Reconnaître. *Je vous remets bien*, Je vous reconnais bien. L'idée est: « Je vous replace bien (dans ma mémoire). »

2. *Remettez-vous... Veuillez vous remettre*. Se dit à quelqu'un qui vient en visite, et à qui l'on offre un chaise. L'idée est: « Remettez-vous de votre fatigue (pour venir). »

3. Terme de canuserie. Faire l'opération du remettage.

4. *Remettre en marches*. Voy. *marches*.

REMISE, s. f. — Je cite ici la curieuse observation de Molard : « *Faire la remise*. Terme de jeu introduit par une fausse politesse ; dites, *bête*. Faire la *bête*, c'est perdre le coup ; tirer la bête, c'est gagner le coup. » — Il a sans doute en vue le jeu dit de *la Bête*. Ce jeu est aujourd'hui hors d'usage (on n'y jouait déjà plus dans mon enfance), et on ne fait plus la bête qu'au naturel.

REMISSE, s. m. — Ensemble des lisses. Le minimum des lisses composant un remisse est deux. Le maximum est limité par l'emplacement dont on peut disposer sur le métier. On ne dépasse guère le nombre de trente-deux lisses. — On dit aussi un corps de remisse ou simplement *un corps* (voy. ce mot).

REMONDER, v. a. — Enlever à l'aide de forces les bouchons des fils de la chaine qui empêcheraient ceux-ci de passer dans les mailles du remisse ou qui feraient des défauts à la façure. — De l'ital. *rimundare*, nettoyer, curer ; de *mundare*.

REMONTANT, s. m. — Stimulant, chose qui ranime le corps ou l'esprit. Un verre de mortavie est un remontant. Une bonne fessée est parfois un bon remontant. *Faut de temps en temps remonter le coucou*, disait l'excellent M. Martinet quand il avait remonté de la sorte son fils Barnabé.

REMONTÉE. — *Une remontée de sang*. Se dit de toute congestion à la tête.

REMORDS. — *Remords d'estomac*, Renvois, rapports. On dit aussi remords tout court. *Ces gonfle-b..... me donnent des remords*. Cette phrase appartient plus au langage des hautes classes qu'au langage du peuple, pour qui remords est trop savant.

REMOUCHER, v. a. — *Remoucher quelqu'un*, Lui river ses clous. *La Barnadette a voulu raisonner. C'est moi que je te l'ai remouchée !*

REMPAILLER, v. a. — Remettre de la paille à des chaises. « Ce mot ne se trouve pas dans l'Académie, observe Molard, dites *empailler* une chaise. » Il n'avait pas bien essuyé ses lunettes. Son livre est de 1810, et dès 1798 l'Académie mettait *rempailler* sous la définition que nous venons de donner.

REMPLIR. — *J'aimerais mieux te charger que de te remplir*. Se dit à quelqu'un d'un gros appétit. La préposition *de* est indispensable.

REMPLOI, s. m. — Rempli à une robe. — Subst, verbal de *remployer*.

REMPLOYER, v. a. — *Remployer un lit*, *Remployer les couvertes*. C'est ce qu'à Paris ils appellent border un lit, expression dont je ne pouvais parvenir à comprendre le sens. — C'est *reployer*, avec nasalisation de *e*, comme dans *rempli*.

REMUAGE, s. m. — 1. Pélerinage. *Aller en remuage*, aller en pélerinage. — Du vieux franç. *romieu*, pélerin qui allait à Rome.

D'où *romieuyage*, converti en *remuage*, sous l'influence de *remuer*.

2. Déménagement. *Nous sommes en remuage; c'est un capharnaüm.*

REMUÉ. - « Il est remué de germain ; dites issu de germain. » (Molard.) — Cependant l'Académie (1798) le donne, avec la mention de « populaire ». — Expression ancienne : « Mon cousin remué d'une bûche, » dit Bouchet, à moins que ce ne soit Béroalde, à moins pourtant que ce ne soit un autre.

REMUER, v. n. — 1. Déménager. — Dérivation du sens français.

2. Se dit, suivant Gras, du lait qui a brûlé. Je n'ai pas eu occasion de l'entendre mais je ne doute pas que Gras ne soit exact. — C'est *rimer* (voy. ce mot), transformé en *remuer* sous l'influence de ce dernier mot.

RENARD, s. m., terme de maçonnerie. — C'est le nom donné à un moellon appendu à l'extrémité d'un cordeau horizontal et passant par-dessus un appui quelconque. Le renard en tirant fait tenir le cordeau tendu. — On a vu dans le moellon l'image d'un renard guettant.

On me signale l'existence dans le Lyonnais d'une acception de ce mot que je ne connaissais que dans le parler dauphinois. C'est le palonnier qui sert à tirer la charrue, la herse ou quelque chariot rustique. De *rain*, branche, en ancien français, plus le suffixe *ard*., on a eu *rainard*, transformé en *renard*, encore bien que le palonnier n'ait aucun rapport avec un renard. Sur la formation, comparez *palonnier*, de *pal*, pieu, barre.

1. *Faire le renard*, Faire peter l'école, suivant Molard. Métaphore très bien imaginée. Est-elle tombée en désuétude dans le vocabulaire muable des petits gones. je ne sais. mais je ne l'ai point entendue. Il est vrai que j'ai si peu fréquenté l'école !

Faire un renard, Vomir. L'expression ancienne était *Écorcher le renard*, dont je ne saisis pas très bien l'idée.

RENCOGNER (SE), v. pr. — Se faire petit, s'accroupir. — C'est *cogner*, avec le préfixe réduplicatif *re*, dont l'*e* s'est nasalisé comme dans *rempli*, *remployer* (voy. ces mots).

RENCONTRE. — *Acheter un objet de rencontre*, c'est-à-dire qui n'est pas neuf, et qu'on a par conséquent obtenu à meilleur marché. On a fait rencontre de l'objet. *Acheter une garde-robe de rencontre.*

Épouser une femme de rencontre, Épouser une femme qui n'est pas absolument neuve.

RENDEMENT, s. f. — 1. Produit, revenu d'une chose. *Le rendement d'une terre.* — *Une maison de rendement*, Une maison de rapport. Littré a recueilli ce barbarisme, et l'Académie l'a imité dans sa dernière édition. Elle n'a pas été très bien inspirée.

2. *Un rendement de noces*. A la bonne heure ! Ici l'idée de *rendre* est plus concrète que dans l'exemple précédent ; et l'expression est plus claire que *Un retour de noces*. Puis ça n'a pas la prétention d'être académique.

Par extension, tout repas payé à l'occasion d'un évènement heureux. *Un rendement de croix*, Repas donné à l'occasion d'une décoration.

Rendement tout court. *Te sais, y a Petouzard qu'a gagné un lot à la loterie. I paie demain son rendement chez la mère Brigousse.*

RENDRE. — *Rendre son royaume*, parlant par respect, Vomir.

Rendre, absolument. Même sens. *J'ai des envies de rendre.*

Rendre raison. Voy. *raison*.

Rendre sa pièce, terme de canut. Porter chez le marchand sa pièce terminée.

Rendre, absolument. Même sens. *La Mélanie rendra mardi.*

Au fig. *Rendre sa pièce*, Mourir.

Rendre ses comptes, se dit d'une femme sur le retour. Ménopause.

RENONCE, s. f. — Action de renoncer. *On buvait à renonce.* — Substantif verbal de *renoncer.*

RENOUVELER. — Humbert n'entend pas qu'on dise : *La lune renouvellera demain*. mais *se renouvellera*. Grosse erreur de puriste trop subtil ! *Renouveler* s'emploie avec ellipse du pronom personnel. « Ils étaient bien aises de voir renouveler la sédition, » dit Ablancourt (dans Littré).

RENQUILLER, v. n. — Remettre dans sa poche. *J'ai renquillé mes liards.* — Vraisemblablement du vieux franç. *requiller*, ramasser, redresser, qu'on trouve dans Roquefort, et qui est un terme du jeu de quilles. La dérivation serait : « ramasser les quilles, ramasser en général, ramasser en mettant dans sa poche. »

Ce mot, qui existait déjà dans ma jeunesse parmi les gones, ne me paraît pas être le dérivé d'*enquiller* qui s'est introduit récemment à Lyon et qui a la signification d'enfiler. *J'enquille la rue du Mail, j'y suis tout de suite.* S'*enquiller*, Se cacher, se blottir pour ne pas être vu. Les Parisiens, selon leur aimable usage, ont emprunté *enquiller* à l'argot des voleurs, et nous l'ont repassé. Il vient de *quille*, comme *enfiler* de *fil*, et a vraisemblablement une origine obscène. Depuis les chemins de fer bien des mots d'argot s'introduisent chez nous. Voyez *frangin*, *cavet*. On y peut ajouter *turne*, mauvaise petite chambre.

RENTE. — *Rente vogagère.* C'est notre seule manière de dire *Rente viagère*.

RENTONNET. — C'était un honnête cabaretier qui demeurait, au commencement du siècle, à l'issue de la voûte Saint-Bonaventure, récemment rue de Pavie. (Je l'ai dit à *poussière*.) En plaçant ses volets, un soir à dix heures, il aperçut le père Manivesse, qui était sorti il y avait deux heures et se trouvait encore étendu dans le ruisseau : *B..... d'ivrogne !* lui fit Rentonnet. Et l'autre de répondre avec une mansuétude mélancolique :

Ah ! Rentonnet, Rentonnet,
Sans les ivrognes, tu ne serais pas ce que tu es !

RENTOURNER (SE). — S'en retourner. Métathèse de *en*.

Se flétrir, se dessécher. *Venez donc vite manger, les truffes se rentournent.* L'expression est fort juste. Les pommes de terre, qui s'étaient gonflées, retournent à leur premier état.

RENTRER, v. n. — Entrer. « Je suis rentré dans la boutique à seule fin de le marchander. » (Mathevet.) Dans beaucoup de nos locutions la particule *re*, au lieu d'une valeur réitérative, n'a qu'une valeur purement explétive. — Comp. *rajouter*.

RENTRER, terme de couturière. — *Rentrer une couture*, La rentraire. Rentrer exprime très bien la chose, tandis que rentraire est un mot technique dont la signification ne se lit pas.

RENTURE, s. f. — *Renture de bas.* Opération faite aux bas entés (voy. *enter*). C'est *enture*, d'*enter*, avec un préfixe *re*, qui est ici simplement explétif.

RENUCLER, v. a. — 1. Lorgner curieusement du coin de l'œil. *J'ai renuclé la Josette que mettait ses bas. S'elle avait pas les pieds si noirs, elle les aurait bien blancs !* — Corruption de *reluquer*.

2. Renifler, sentir en aspirant fortement. *Renucle-moi voir ce pot de tripes, si ça pue bon !* — Origine commune avec *renâcler*.

RENVENIR (SE), v. pr. — S'en revenir. — Même phénomène que dans *se rentourner* pour *s'en retourner*.

RENVOI, s. m. — Parlant par respect, Rot ou parfois simplement rapport d'estomac. *Faire des renvois*, Éructer. M. Chrétien recommandait de ne jamais se gêner pour faire des renvois ; il disait que lorsqu'on se retenait, c'était, parlant par respect, comme pour les vents, que c'était mauvais pour la santé du corps ; que si l'on était en société, il valait mieux s'excuser en disant honnêtement : « Faites excuse, c'est pour la santé. » Il disait encore qu'*un brave renvoi vaut un an de vie*. Ce doit être exagéré, car à ce compte il y a des gens qui seraient immortels.

REPAPILLOTER, v. a. — 1. Remettre en bon état. *Il a maladié longtemps, mais le velà repapilloté.* Beaucoup disent *rapapilloter*.

2. Se requinquer, s'attifer. *Quand elle est bien rapapillottée, on croirait jamais qu'elle est sur ses cinquante ans.*

RÉPARÉE, s. f. — Bette. S'emploie le plus souvent avec le mot *côte* : *Des côtes de réparée.* — D'*asparatum*, sorte de plante potagère.

REPARER, v. a. — Le même qu'*apparer*. « Et de jeune bargère, en bas, n'en repariont. — Dans leurs devants tous les gigots, boudins, saucisses. » (*Suzanne.*) — C'est *parer*, avec préfixe *re*, qui n'a ici qu'une valeur explétive.

REPASSEUSE, s. f. — « Les lexicographes et les grammairiens, fait remarquer Breghot, s'obstinent à rejeter ce mot, « de sorte, dit M. Nodier, qu'un homme qui se pique de bien parler, ne sait comment désigner l'ouvrière qui *repasse* son linge, ce qui est extrêmement embarrassant pour les gens de lettres qui ont des chemises ». Nodier ne serait plus embarrassé. En 1835, l'Académie a donné asile à cette classe intéressante.

REPATRIER (SE), v. pr. — Se rapatrier, se réconcilier. Il m'est impossible de comprendre pourquoi *repatrier* (qui est la forme primitive) est moins correct que *rapatrier*. C'est tout le contraire. *Ra* pour *re* est un barbarisme.

REPENTU, UE, part. — Repenti, ie. *I s'est repentu d'avoir marié cete fumelle*. Cette forme reporte à un verbe *repintre*, comme *venu* reporte à un verbe *viendre ; couru* à un verbe *codre ; sentu* à un v. *sintre ; sortu* à un |v. *sotre ; féru* à un v. *fierdre.* Les participes en *u* sont trop rares dans la conjugaison en *ir* pour que *repentu* ait été fait par simple analogie.

REPIQUER, v. n. — Se dit du froid qui recommence. *La froid a repiqué avè la nouvelle lune.*
    Repiquer du même, Recommencer. *Te t'as fiolë hier ? Faut repiquer du même pour te guérir.* — Aux cartes : *T'as joué cœur, i te faut repiquer du même.*

REPITAUD, s. m. — Gros ver des vieux fromages. — Du patois *repita* (aujourd'hui *repitó*), se défendre des pieds, des mains, parce que ces vers se contractent et sautent. *Repita,* de *pedem ;* mot à mot regimber.

REPLAT, s. m. — Partie de terrain de niveau sur une colline ou à mi-hauteur d'une colline. Sénancourt, dans *Obermann*, emploie dans ce sens le mot de *replain* (« J'étais déjà parvenu sur le massif de roc qui domine la ville, et je traversais le replain en partie cultivé qui le couvre »), en faisant observer qu'il serait difficile de remplacer ce mot par une expression aussi juste. — De *plat*, comme *replain* de *plain*. Replat, qui est de nouveau plat. Comp. *refoin.*

REPONDRE, v. n. — Correspondre. *J'ai mal à une dent machillère, et ça me répond* (ne pas mettre d'accent sur l'*e*) *dans l'oreille.*

REPRENDRE. — *Il y a de quoi se reprendre.* Se dit en parlant d'une grosse femme. On dit aussi *Il y a de quoi se revoir.*

REPRIN, s. m. — Recoupe, son qui contient encore de la farine. — De *re-prinsum,* parce qu'on « reprend » la recoupe pour en faire une nouvelle farine.

REPRISER. — *Repriser des bas.* Cette expression très populaire est aujourd'hui naturalisée française, de par la dernière édition de l'Académie.

REPROCHER, v. a. — Donner à l'estomac ce que l'Académie appelle délicatement des « rapports » (!) *J'aime l'ail, mais il me reproche.* Cette métaphore est très élégante. Pourtant il semble plutôt que ce soit l'estomac qui fasse des observations. La langue est pleine de ces métonymies.

REQUINQUILLER (SE), REQUINQUINER (SE) v. pr. — 1. Se parer coquettement.
    2. Se rengorger, se redresser comme le coq. *As-tu vu la Louison, depuis qu'elle a son métier pour maîtresse, comme elle se requinquille !* — Appartient probablement à la même famille que *quinquaille*. Se *requincailler,* se *requinquiller.*
    3. Se ratatiner, se recroqueviller. *La froid me fait toute requinquiller.* — *Requinquiller* est pour *recoquiller,* replier en coquille.

RESPECT. — *Parlant par respect.* Formule de politesse dont on doit accompagner toute expression basse ou qui réveille une idée répugnante. Même le mot de *fumier* ne se doit pas prononcer sans être précédé de *parlant par respect ;* et la formule doit toujours précéder le mot et non le suivre, afin que votre interlocuteur ait le temps de se préparer à quelque chose de désagréable. Je connaissais un bon homme qui poussait si loin la délicatesse à cet égard, qu'il ne disait jamais « ma femme » sans le faire précéder de « parlant par respect ».

RESSAUTER, v. n. — Tressaillir avec des mouvements très forts, tressauter. *Ces pets de botte me font toute ressauter.* — Ressauter, faire des sauts [involontaires].

RESSEMELAGE, s. m. — « Dites *carrelure*. » (Molard.) Il avait tort, car les deux mots n'ont pas la même signification. Le ressemelage est l'action de rapporter les carrelures. Mais il est vrai qu'en 1810 *ressemelage* n'était pas au dictionnaire. Il y a été admis en 1835, et aujourd'hui personne ne sait ce que veut dire carrelure.

Raccommodement, et aussi régularisation d'une union de la main gauche. Tout ça ne tient guère.

RESSERRE, s. f. — A la campagne, pièce qui sert à renfermer les outils de jardinage, les gros ustensiles, le banc de menuisier et les outils pour chapuser, etc. La resserre n'est pas la même chose que le débarras, où l'on met seulement les objets hors d'usage. — Subst. verbal de *resserrer*, pris au sens de ranger, fermer.

RESTANT. — *Le restant de mes écus.* Expression de tendresse. Le P'PA, en voyant arriver le petit culot dans son tintebien : *Velà le restant de mes écus que s'amène !*

RESTER. — *Tu me restes devoir vingt sous.* Tournure qui, pour manquer un peu de correction, n'en est pas moins claire.
Je suis resté un mois pour faire ma pièce, pour J'ai mis un mois pour faire ma pièce.
— *Je reste en rue Pisse-truie,* pour Je demeure en rue Pisse-truie.

RESTIN, s. m., terme de canuserie. — Bobine recreusée sur laquelle sont pliés les cordons de la pièce, lorsque ces cordons font une armure différente du fond. Pour tenir le cordon tirant, le restin a deux colliers, un de chaque côté, auxquels on suspend des poids. Le restin est ainsi une ensouple en petit. Les restins, au nombre de deux, sont passés à une tringle en dessous du rouleau de derrière. — Paraît fait sur *reste,* vraisemblablement parce qu'à l'origine, le restin utilisait des restes de soie.

RETAILLES, s. f. pl. — Lorsque le charcutier vend du jambon, pour contenter la pratique il enlève le bord rance ou le morceau cartilagineux ; de même, lorsqu'on arrive à l'os, il enlève les derniers restes de chair adhérente ; enfin il y a ainsi en charcuterie une foule de menus débris qui constituent les retailles, vendues à bas prix aux enfants et aux pauvres gens. — Subst. verbal de *retailler*.

RÉTAMAGE, s. m. Étamage. RÉTAMER, v. a. — Étamer.

RÉTAMEUR, s. m. — Étameur. Enfin ! l'Académie s'est décidée à recevoir ces termes si usités. Mais c'est en vain que, pour se justifier, elle explique subtilement que rétamer, c'est « pratiquer de temps en temps l'opération de l'étamage ». On fait aussi bien rétamer une casserole qui n'a jamais été étamée. *Re* est ici purement explétif comme dans tant d'autres cas.

RETAPE (LA). — C'était le nom vulgaire de la Rotonde, salle circulaire, rue de Sèze, aux Brotteaux, servant à des bals qui sentaient par trop le peuple souverain. *Retape,* dans l'argot des souteneurs et des filles, signifie raccrochage, mais j'ignore l'origine de ce mot.

RETAPER, v. a. — 1. *Des cheveux retapés.* Encore une expression proscrite par Molard, qui veut qu'on dise *cheveux tapés.* L'Académie, en 1798, donnait pourtant l'exemple : *Cheveux retapés.* La première édition de Molard est de 1792. Il s'y est appuyé sur le Diction. de l'Acad. de 1762. Dans les éditions postérieures à 1798 jusqu'en 1810 (je n'ai pas pu me procurer celle de 1813), il n'a pas tenu compte des changements apportés par la 5ᵉ édition du Dict. de l'Acad. (1798). Son siège était fait. Il mentionne quelquefois le dictionnaire de Gattel (1797), lexicographe lyonnais qui eut de la réputation.
2. Au figuré, Remettre quelque chose en état de servir. *J'ai déjà servi ce discours en réunion publique,* disait un éloquent député radical, *mais en le retapant, il sera bien bon pour la tribune.*

RETENIR. — Grangier ne veut pas qu'on dise : *Qu'est-ce qui vous retient de partir ?* retenir, suivant lui, ne se pouvant prendre au sens d'empêcher. Qu'ils sont désagréables ces pédants ! « Cette considération ne m'a jamais retenu de faire ce que j'ai cru bon et utile, » dit Jean-Jacques (dans Littré), usant d'une façon de parler que Corneille et Mᵐᵉ de Maintenon avaient employée avant lui.

RETENUE, s. f., terme de construction. — Petite bordure, le plus souvent en pierre, et ayant pour but de retenir le bord d'une couche de béton, de terre ou de briques. — Métonymie pour *retenant.*

RETINTON, s. m. — Reste, retour. *Le retinton d'une maladie,* le reste, le retour d'une maladie, avec sens diminutif. *Son père était un peu truffier, et il en a un retinton.* — Du vieux provençal *retint*, retentissement, subst. verbal de *retinnitire*, retentir.

RETIRER, v. n., avec la proposition *de.* — Ressembler. *Ce mami retire de sa grand,* Cet enfant ressemble à sa grand'mère, tient de sa grand'mère.

RETOUR, s. m. — Employé par les personnes distinguées pour *renvoi. J'adore l'ail, comme mon mari*, me disait un jour une aimable dame, *mais il me donne des retours.*

RETOURNER, v. a. — *Quand j'ai vu le feu sortir par la fenêtre. ça m'a retourné le sanque.* On dit encore plus élégamment *Ça m'a retourné les sanques,* V. n. — *Je n'y retournerai plus !* Je ne ferai plus cette faute. — Suivi d'un infinitif: *Que ça ne te retourne plus arrriver !* Ces locutions expressives sont tellement en usage chez nous, qu'à propos des élections au conseil des prud'hommes de juillet 1882, j'avais le plaisir de lire dans un grand journal de Lyon, très frotté de littérature: « Les citoyens Romain, Brosse. Dufour, ont été jugés dignes de retourner prendre dans le conseil la place qu'ils y ont si dignement et si utilement occupée. »

RÊVATION. — *Être en rêvation,* Être en état de rêve.

Su ma banquette, su ma banquette,
Je suis souvent en rêvation...
(Chanson canuse.)

REVENDEUR. — *Revendeur de gages.* Voyez *gages.*

REVENGE, s. m. — Revanche. représailles. *M. Vulpillat s'oyant fait mal aux..., i vous prie de remettre son revenge à dimanche prochain,* disait le digne Exbrayat aux Arènes lyonnaises. — Subst. verbal de *revenger.* Le mot est vieux : « Nostre mattois s'offre à faire l'office, ayant enuie d'auoir sa reuenge, » dit le bonhomme Bouchet.

REVENGER (SE), v. pr. — Se revancher, user de représailles, se venger. C'est du vieux franç. « L'un fiert et l'autre se revenge, » dit la *Consolation* de Boëce (dans du Cange).

REVENIR, v. n. — 1. Plaire, être agréable. *Cette femme vous a un visage qui revient.* — Revenir est ici pour prévenir. Un visage qui prévient (en sa faveur).
2. Donner des renvois. *Ce chaircuitier a mis trop de z'hauts goûts dans sa cochonnaille; elle me revient.*
Faire revenir de l'eau, La faire chauffer légèrement. L'idée est: la faire revenir de l'état froid.

RÉVÉRENCE, s. f. — Parlant par respect, *Révérence à c.. ouvert.* Voy. *c..*
Révérence fendue, même sens.
Révérence à trois étages, Profonde révérence. C'était la révérence de nos grand'mères.

REVIRE-MARION, s. m. — 1. Gifle, rebiffarde. *Le Grégoire a voulu faire le joli cœur avec la Naïs, mais elle te lui a atousé un revire-marion !*
2. Changement brusque, revirement. On le trouve en ce sens dans Brantôme : « Un autre revire Marion de fortune. » C'est le sens primitif; puis on a vu dans le mot l'idée de Marion qui se retourne, et gifle celui qui voulait l'embrasser. — Probablement de *revirement,* qu'on aura trouvé comique de transformer en *revire-Marion.*

REVOIR. — *Il y a de quoi se revoir.* Se dit: 1° d'un plat très abondant; — 2° d'une grosse femme. Voy. *reprendre.*
« Je n'aurai besoin de votre manuscrit qu'à la fin de l'année. — Tant mieux, j'aurai au moins le temps de me revoir ! » On dirait aussi: *J'aurai le temps de me retourner.* Toutes ces locutions très claires pour nous, qui en usons au jour la journée, sont obscures par rapport à leur formation logique.
Des gens de revoir. Voy. *revue.*

REVOLLE, s. f. — 1. A la campagne, c'est le repas qu'on donne aux ouvriers après la récolte (voy. *revollon*); à Lyon, c'est le rendement de noces (voy. *rendement*). *Faire la revolle.*
2. Terme du jeu de la manille. *Faire la revolle,* c'est faire l'impasse ; c'est-à-dire qu'au lieu de prendre de la manille, on prend du roi.

REVOLLION, s. m. — *Un revollion d'eau,* Un tourbillon. — De *revolare.*

REVOLLON, s. m. — Petit repas, petite fête. Se réunir pour manger des châtaignes rissolées et boire du vin blanc, c'est faire un revollon. — Du patois *revolla* (de *revolare*), repas que l'on donne, après la récolte, aux ouvriers qui l'ont cueillie.

RÉVOLUTION, s. f. — Bouleversement. *Se faire une révolution*, Se tourner les sangs.

REVONDRE, v. a. — Enterrer, recouvrir. — De *refundere*.

REVONDU, UE. — Partic. passé de *revondre. I z'avions revondu c't argent pendant la guerre.*

REVORGE. — *A revorge*, En surabondance, à regonfle. *C'te année y aura de z'ambricots à revorge.* — De *vorticare*, de *vortex*, tourbillon, affluence d'eau excessive.

REVOUGE, s. f. — Tourbillon d'eau. On dit plus communément *moye*. — Subst. verbal de *revolvicare*, fréquentatif de *revolvere*.

REVOURSE, s. f. — 1. Fosse que l'on creuse sur le bord d'un champ ou d'un jardin et où l'on enfouit les cailloux.

2. Fosse où l'on dépose de jeunes plants (couchés obliquement, de manière que le feuillage reste à l'air) pour empêcher les racines de sécher, en attendant la plantation. On appelle aussi cette opération *Mettre les plants en nourrice.* — De *revorsa*, de *vorto*, au sens de terre enlevée, extraite. Le mot, par métonymie, s'est appliqué à fosse.

REVOYANCE. Voy. *revoyure.*

REVOYURE, s. f. — *A la revoyure*, Au revoir. Expression qu'on ne manque jamais d'employer en se serrant la main au départ. Beaucoup disent *A la revoyance*. Les deux façons de parler sont correctes. Des puristes poussent le scrupule jusqu'à faire une différence dans l'emploi de ces termes. *A la revoyure* s'adresse à une seule personne: *A la revoyure, ganache! — A la revoyance* s'adresse à plusieurs: *A la revoyance, les gones!*

REVUE, s. f. — *Nous sons des gens de revue*, Des gens qui auront occasion de se revoir. On dit aussi *des gens de revoir*. Enfin quelques-uns disent *des gens de revision.*

RHABILLAGE, s. m., terme de canuserie. — Opération qui consiste à raccommoder, à l'aide du roquet de jointe, un fil cassé de la chaine. — De *rhabiller.*

RHABILLER, v. a. — 1. Terme de canuserie. Raccommoder un fil cassé. — Du français *habiller* (du latin *habile*) au sens d'arranger, mettre à point; d'où *rhabiller*, réparer.

2. Rebouter, remettre les membres disloqués. Même étymologie.

RHABILLEUR, EUSE, s. — Celui ou celle qui remet les membres disloqués ou luxés, réduit les entorses, etc. Le rhabilleur tient une grande place dans l'opinion populaire, et le développement de l'instruction ne la lui diminue pas. Des gens de la plus haute bourgeoisie ont dans les rhabilleurs une foi invincible. Un homme qui guérit, sans avoir rien appris, a en soi quelque chose de miraculeux qui attire bien autrement qu'un médecin qui guérit (ou ne guérit pas) parce qu'il a pris la peine d'apprendre. Les rhabilleurs font parfois bien du mal. L'un d'entre eux avait fait mettre à ma mère un emplâtre sur le poignet, qui faillit avoir les conséquences les plus graves. D'autre part ils peuvent rendre des services, le massage étant parfois un secours précieux. Un jour que je descendais le Rhône en bateau à vapeur, entre Avignon et Beaucaire, des colis mal gerbés s'écroulèrent et luxèrent l'épaule d'une femme. On fut quérir le patron qui était à la barre, lequel savait rhabiller. Il se fait remplacer, descend au salon où l'on avait mis la patiente, et lui tirepille tellement l'épaule qu'il remet les choses en place.

RHUME. — *Te tousses ben tant! T'ess' enrhumé? — C'est un rhume de matelot.* C'est-à-dire qui m'emportera. On dit d'autres fois: *C'est un rhume de matelot, qui part avec le bâtiment.*

RIBOTTE, s. f. — *Mettre en ribotte*, Mettre en désordre, pêle-mêle, abîmer. *Qui don qu'a mis cette soie tout en ribotte?* « Son n'ouvre (ouvrage) est mis en ribotta, — Per los sòles grapignans (maltòtiers), » dit une chanson de Revérony. — Du franç. *ribotte*, débauche, pris au figuré.

RICHE. — *C'est un riche temps.* Se dit d'un temps qui favorise les fruits de la terre. *Il pleut depuis hier. Après cette sécheresse, c'est un riche temps.*

RICLADE, s. f. — (Parlant par respect),
synonime de *riclee*. Voy. ce mot.

RICLE, s. f. — Parlant par respect, Diarrhée.
Avoir la ricle. — Subst. verbal de *ricler*.

RICLÉE, s. f. — Parlant par respect, Foirée.
Faire une riclée, Lâcher une riclée. Ne
s'emploie qu'entre gens d'intime connaissance.

RICLER, v. n. — 1, parlant par respect,
Déféquer en diarrhée. Onomatopée trop
réussie !
2. Au figuré, s'emploie quelquefois
pour Rejaillir. *Fais don pas ricler la bassouille comme ça !*

RIDÉ. — *Ridé comme une vieille reinette*
(pomme).
Parlant par respect, *Ridé comme le c..
d'une vieille.* On fera bien d'éviter l'emploi
de cette désobligeante métaphore.

RIDEAU, s. m. — Blouse. Parce que la
blouse, comme le rideau, couvre tout.

RIEN. — *Rien* égale Vraiment et renforce
la négation : *Ce que vous faites là, c'est pas
rien gentil,* N'est vraiment pas gentil !
Rien égale Pas : 1. Devant un substantif : « Dis-moi, la Devoydi, n'as-tu rien
soif ? » dit Gatillon dans *la Bernarde;*
2. Devant un adjectif : *Il n'est rien ému.*
C'est un latinisme : *nihil motus;*
3. Devant un adverbe : *Il n'y a rien
longtemps,* Il n'y a pas longtemps.
Rien, Pas du tout. *Ce couteau ne coupe
rien... Je n'ai rien dormi de toute la nuit.*
Analogie avec : « Je n'ai rien mangé, Je
n'ai rien fait, etc. » On ajoute souvent du
tout. *I disait ça pour gosser, manquablement ? —I ne gossait rien du tout!*
C'est pas rien, Ce n'est rien du tout.
S'applique aux personnes, avec signification très péjorative. *La Francisca, de la
brasserie, c'est pas rien.* Ce n'est pas faire
l'éloge de la Francisca.
Rien, Très peu. *En un rien de temps.*

RIFLE, s. m. — Feu de joie. Quand les goncs
trouvent un peu de paille, de bois, des
feuilles sèches, ils les ramassent en cuchon.
Le plus dégourdi va quémander une allumette chez l'espicier le plus proche, et
l'on allume un rifle. Avec le développement des cantonniers et des urbains, le
rifle est devenu d'une exécution plus diffi-

cile. — Subst. verbal de *rifler,* allem.
riffeln, racler, frotter, saisir, et, par extension, amonceler avec un crochet.

RIGOTTE, s. f. — Petit fromage de chèvre
très renommé, qui se fait surtout à Condrieu. — Probablement de l'ital. *ricotta,*
qui aura été importé par l'immigration
italienne, quoique la ricotta italienne ne
soit pas proprement un fromage, car elle
ressemble à notre recuite.

RIGUE, s. f. — 1. Équipages de chevaux qui
remontaient les trains de bateaux sur le
Rhône, et qui étaient habituellement com-
posés de vingt-quatre chevaux géants,
attelés deux par deux.
2. Au fig., File de crocheteurs remontant
les bateaux dans la traversée de Lyon.
3. Par extension, Le train de bateaux
lui-même. « Depuis que les bateaux à
vapeur ont supprimé ces nombreux équipages, ces longues *rigues* qui, traînées par
d'énormes chevaux, mettaient un mois
pour monter d'Arles à Lyon, » dit le
pauvre Raverat.
4. Grand bateau du haut Rhône, pour
le transport des pierres de Villebois, et
qui a de 35 à 40 mètres de long, sur
6 mètres de large, mesurés dans le milieu
du fond. Il y avait jadis jusqu'à septante
de ces bateaux faisant le service de
Villebois à Lyon. Il n'y en avait naguère
plus qu'une dizaine. « Une rigue chargée
de pierres, portant douze hommes d'équipage, descendait le fleuve. » (*Salut public*
du 4 avril 1888.)
Le sens primitif est celui de ligne de
bêtes, attachées à la queue l'une de l'autre,
du provençal *rega,* qui paraît emprunté au
catalan *recua,* qu'on fait venir de l'arabe
recb. De ce sens est dérivé celui de ligne
de batéaux, puis d'une espèce de bateau.

RIMER, v. n. — Se dit du lait qui a pris le
goût de brûlé, ou de la casserole où le lait
s'est gratiné au fond sous l'action du feu.
— Du vieux provenç. *rimar,* du latin *rima,*
fente. La dérivation est : 1° Se fendre ; 2° Se
fendre sous l'action du feu ; 3° Brûler sans
flamme en général.

RINCÉE, s. f. — 1. Forte averse. *Nous avons
reçu en route une bonne rincée.* — De
rincer.
2. Volée de coups. *On lui a administré
une rincée aux petits oignons.* — Du vieux
franç. *rainser,* battre, donner des coups de

bâton; de *raim*, branche d'arbre, de *ramum*. Puis l'homophonie a fait comprendre *rincée*. Littré est tombé dans l'erreur commune

RINCER, v. a. — Molard et Humbert ne veulent pas qu'on dise *Rincer du linge*, mais l'*aiguayer*, ce que nulle oreille de chrétien ne saurait entendre. Mais la prétendue incorrection d'hier est la correction d'aujourd'hui. Littré et l'Académie donnent en exemple *Rincer du linge*.

RINGOLÉE, s. f. — Une belle flambée, un feu clair. *Avè ce gel une ringolée fait du bien!* — Du vieux franç. *Se rigoler*, voltiger. Dans un vers de Guiart, *rigoler* s'applique à la flamme.

RINGUE, s. f. — Se dit de toute personne maladive, chétive. *Prends surtout garde de ne pas te marier avec une ringue!* — Du provençal et bas dauphinois *ringa*, parlant par respect, foirer. D'où un subst. verbal *ringa*. diarrhée, appliqué par métonymie aux personnes maladives. — *Ringa* vient de *ringare*.

RIOTE, s. f. — Lien de fagot, généralement en osier. Le mot existe à Genève, car j'ai eu le plaisir de le retrouver dans la traduction d'*Adam Bede*, par Albert Durade, laquelle sent très bien son crû, quoiqu'il s'agisse d'une histoire anglaise. L'ingénieux Bouchet fait remarquer que « celuy qui regarde de traeurs n'est propre à autre chose qu'à couper des riotes par les bois, car en couppant vne, il regarde où il en coupera vne autre. » — De *retorta*, ainsi que le montre clairement notre patois *riorta*.

RIPATTON, s. m. — Pied. *Prends garde à ne pas te bûcler les ripattons !* — C'est *patton*, avec un préfixe de fantaisie.

RIQUE-RAQUE, adv. — Rigoureusement. *Avec le gouvernement, il faut payer rique-raque..... C'est z'un homme qui agit rique-raque.* — Corruption de *ric-à-ric*.

RIQUIQUI. — 1. Terme péjoratif. *C'est la famille à Riquiqui*, Se dit d'une famille très nombreuse en même temps que peu recommandable. — De *Riquiqui*, nom propre de saltimbanque.
   2. Liqueur. *Allons, vous prendrez bien un verre de riquiqui. Que préférez-vous, le vespetro ou la mortavie ?*

RIRE. — *Ton pantalon rit au derrière*, Est déchiré. — Parce que pour rire on se fend la bouche.

RISE, s. f. — Petit ruisseau d'eau courante. Un petit ruisseau, qui traversait autrefois la Guillotière, s'appelait la Rise. — Formé sur un type *ris* qu'on trouve dans des noms de lieux: *Grandris* (Loire), *Risset* (Isère); probablement de *rivum = rif, ris*.

RISOLET, ETTE, s. — 1. Se dit de quelqu'un qui a l'habitude de rire. *La Liaude est tout plein risolette.*
   2. Se dit, au masculin, d'un objet qui excite le rire. Proverbe, parlant par respect : *Une v... est une querelle, mais un p.. est un risolet.* Manière de dire que franchise est toujours mieux accueillie que traîtrise. — Du vieux franç. *ris*, de *risum*.

RITE, s. f. — Étoupe, filasse qu'on enroule autour du piston des seringues, parlant par respect, pour qu'elles ne perdent pas le liquide. — Du moyen haut allem. *riste*, paquet de linge broyé.

RIVIÈRE. — *Hommes de rivière*, Les mariniers.

ROBE. — *Avec cette manie de fourreaux étroits*, entendais-je dire un jour à une aimable dame, *on ne fait maintenant que des robes à gratter le c..* J'ai su depuis que l'expression, d'ailleurs très pittoresque, était reçue dans le meilleur monde.

ROBINET. s. m. — Instrument de correction pour le derrière des petits gones. Il se compose d'un faisceau de ficelles avec un petit nœud à un bout, les ficelles étant réunies à l'autre bout par une torsade enroulée de manière à former un manche. Cet instrument avait certainement été inventé à l'usage des collèges. — De *Robin*, nom propre. Le *robinet* est le petit Robin comme le *martinet* (voy. ce mot) est le petit Martin.

RODASSER, v. n. — Fréquentatif de *rôder*. — Je lis dans un journal de Lyon du 11 avril 1880 : « Sa femme, en rentrant, a rôdassé dans la maison... »

RODER, v. n. — Traîner pêle-mêle. *Ne laisse donc pas rôder ma potographie avè la vieille ferraille.*

ROGNE, s. f. — Se dit des croûtes qui recouvrent certaines plaies à mesure que celles-ci se cicatrisent, et en général de tout mal à la peau répugnant. *Il a des rognes sous le nez qui vous font regret.*

Chercher rogne. Voy. *chercher.*

Tenir comme un pou sur une rogne. Voy. *pou.*

Gratter la rogne à quelqu'un. Voy. *gratter.*

Ils ont eu des rognes ensemble, Ils ont eu des querelles.

Au fig. Se dit d'un homme difficile, épineux. *Le Blaise, c'est une rogne.* — Dérivation de sens du français *rogne,* gale invétérée, aujourd'hui peu usité.

ROGNER, v. n. — Gronder, grommeler, chercher querelle. — Malgré l'homophonie, je ne le crois pas dérivé de *rogne,* mais du patois *rena,* grogner, montrer les dents comme les chiens, influencé par *rogne.* Cette dérivation est appuyée par des formes dialectales.

ROGNEUX, EUSE, adj. — Hargneux, qui a mauvais caractère. — De *rogner.*

Rogneux, pris au propre (ou au sale). — *On en mangerait sur la tête d'un rogneux.* Se dit de quelque chose de prodigieusement bon.

ROGNON, s. m. — Outre le rognon proprement dit, c'est-à-dire le rein, nous appelons de ce nom une partie de la longe de veau, non fibreuse, graisseuse, savoureuse, et fondante. Je suppose (je ne suis pas fort en anatomie) qu'elle enveloppe le rein. C'est par comparaison de ce morceau que nous disons :

Le rognon d'une affaire, La partie la plus fructueuse d'une affaire; *Le rognon d'une propriété,* La partie d'une propriété où la terre est le plus fertile, etc., etc. M. Lenthéric, à propos du village de Rognonas, dit que ce nom signifie en provençal gras, fertile, mais le mot ne figure dans aucun dictionnaire à ma connaissance.

Avoir les rognons couverts, Être riche. Métaphore empruntée à la physiologie porcine. Quand un cayon est bien gras, parlant par respect, il est immanquable qu'il ait les rognons couverts. M. de Rothschild a les rognons couverts.

Vous avez rognon. Voy. sous *clarinette* Observer que l'on ne dit jamais *Vous avez rognon,* sans ajouter *la graisse m'étouffe.* Je constate le fait sans l'expliquer. Peut-être la phrase primitive était-elle : « la

graisse *vous* étouffe, » puisque c'est la personne à qui l'on parle qui a le rognon, et que le rognon est enveloppé par la graisse. Quoi qu'il en soit, on ne saurait nier que c'est extrêmement spirituel.

ROGNONNER, v. n. — Grommeler, murmurer entre ses dents. *Elle est toujou après rognonner.* — Fréquentatif de *rogner.*

ROI-BOIT, s. m. — Brioche en forme de couronne, par opposition à la radisse qui est une brioche allongée. — De ce que ces brioches se faisaient surtout pour servir de gâteau des rois, et qu'au repas des rois, on est dans l'usage de crier *le Roi boit !* au moment où celui-ci lève son verre.

ROI-PÈTERET, s. m. — Mâle du hanneton, ou du moins hanneton à collet rouge, et que les enfants croient être le mâle. C'est un grand bonheur de trouver un roi-pèteret. — De *petit reit,* petit roi (nom du roitelet) devenu *pètaret, pèteret,* adj., parlant par respect, sous l'influence de *peteur.* — Une fois *pètaret* devenu adj., il était tout naturel de remettre *roi* devant lui. D'où *rei-petaret,* roitelet, dans certaines de nos campagnes. Du roitelet l'appellation a passé au hanneton qui semblait faire parmi ses concitoyens l'office de roi.

ROMAINS, s. m. pl. — Nom donné, sous Louis-Philippe, aux hommes qui constituaient la police municipale, sous la dénomination officielle de *surveillants.* La police est toujours faite à l'image du peuple, et quel bon peuple ce devait être que celui qui était surveillé par une telle police ! — Ô Romains ! O dignes successeurs des arquebusiers d'avant la Révolution ! espèce de pompiers moins les pompes, de gardes champêtres moins les champs; bons fils, bons pères, bons époux, domiciliés chacun chez soi; qui couchiez avec vos femmes ; qui aviez des cheveux gris, des favoris en côtelettes de petit salé, des visages paternes; que l'on connaissait par leurs noms; à qui l'on disait : « Père un tel »; qui portiez des shakos de garde national et des bancals du premier empire battant sur vos mollets; qui preniez les voleurs (quand vous en preniez) toujours par la douceur! Rien qu'en songeant à vous, je pense à Louis-Philippe ; rien qu'en pensant à Louis-Philippe, je songe à vous ! — Ainsi le lac du Bourget rappelait à Lamartine l'image d'Elvire ; ainsi l'image d'Elvire lui rappelait le lac du Bourget.

Ce qu'il y avait de plus curieux dans l'armement de ces braves gens, c'était la raquette (!!) qu'ils portaient dans leurs rondes de nuit (voy. *raquette* 1). Qui aurait jamais pu supposer qu'on eût armé des héros d'une raquette? Il est vrai que celle-ci, énorme, pouvait servir d'arme offensive, et qu'il eût suffi d'un bon coup, bien asséné, pour marpailler tout le groin à un malfaiteur. Le manche portant le cylindre dentelé avait plus d'un bon pied de long, et plus d'un bon pouce de diamètre. La lame qui frappait les dents du pignon était fendue dans les deux tiers de sa longueur, et grâce à cette ingénieuse disposition, l'instrument produisait un bruit *sui generis*, que tous les Lyonnais connaissaient bien. Entendait-on l'appel connu, les Romains qui auraient été dans le voisinage accouraient, aussi bien que les honnêtes passants, pour prêter main-forte à la loi, car en ces temps arriérés, le peuple ne portait pas encore secours aux malfaiteurs contre la police comme cela se fait quotidiennement aujourd'hui. La raquette avait encore cet avantage de permettre aux voleurs, qui l'entendaient de loin, de s'enfuir avant que les Romains arrivassent. Et par ainsi, personne ne courait risque de recevoir quelque mauvais coup.

Cette raquette n'était point d'invention lyonnaise. C'était une importation anglaise. On avait, en effet, bien antérieurement, armé de raquettes les policemen de Londres. Je ne sais à quelle époque on leur retira la raquette pour lui substituer le casse-tête, arme plus efficace.

Les rondes de nuit des Romains commençaient par une visite à la mère Ficelle (voy. sous *billet*). Je ne fais pas à un seul de mes lecteurs l'injure de croire qu'il n'ait pas connu la mère Ficelle au moins de nom.

Dans une de ces ruettes indescriptibles emportées par le percement de la rue Centrale près du Plâtre, à savoir la rue des Boîtiers et la rue Roland, s'ouvrait un « honnête » cabaret qui portait en guise d'enseigne, au-dessus de la porte d'entrée, un paquet de ficelles.

C'était les armoiries parlantes des trois frères Ficelle, dont la mère tenait là, avec leur concours, une espèce de bouge de la plus basse catégorie, où l'on se faisait servir *toute espèce* de consommations. — En ce temps la police, débonnaire, n'exigeait

pas que Cypris se dissimulât derrière des persiennes fermées. — L'établissement passait pour prêter secrètement appui à la police, et servir parfois de souricière. Les trois frères Ficelle devaient avoir des opinions politiques de la plus grande pureté, car à la révolution de 1848, ils figurèrent dans le comité provisoire qui s'installa à l'hôtel de ville.

Cette honorable maison était tellement connue, qu'un jeune avocat de Marseille, Maître Hermelin, s'étant fait inscrire au barreau de Lyon, et l'une de ses premières affaires ayant été pour défendre en correctionnelle un individu inculpé de coups et blessures dans une rixe chez la mère Ficelle, Maître Hermelin, dis-je, commença ainsi sa plaidoirie, avec l'accent intraduisible de son pays: *Messieurs, la scène elle se passait dans une maison que ze ne connais pas, parce qu'il n'y a pas longtemps que ze suis à Lyon, mais que vous connaissez tous.* (Tous les juges font un signe de protestation.) *Pardon, Messieurs,* reprend Maître Hermelin, *ze veux dire de réputation.*

Donc, lorsque les Romains sortaient pour leur service de nuit, ils allaient sans désemparer chez la mère Ficelle. Et là, en consommant (gratis, bien entendu) tous les cordiaux nécessaires à leurs périlleuses fonctions, ils recueillaient les renseignements pour leur rapport de police; puis l'estomac et l'esprit échauffés d'une sainte ardeur, sous l'égide de leur raquette, ils se répandaient dans la ville, en continuant leur inspection de bouge en bouge. — Et les bourgeois de Lyon pouvait avec sécurité, dans les chastes bras de leurs épouses, se livrer aux douceurs du sommeil...

Les Romains étaient peu nombreux, mais avec cette police patriarcale, il se commettait cent fois moins de crimes qu'avec notre police savante et des nuées de gardiens de la paix. Il se serait passé des années sans qu'on eût trouvé de quoi défrayer un méchant reportage. Il est vrai qu'en ce temps-là les enfants n'arrivaient pas comme aujourd'hui à l'âge d'homme sans que personne leur eût appris, dans les écoles ou les lycées, que tuer et voler n'est pas absolument bien.

Les Romains n'étendaient pas leur juridiction au delà des limites de la commune lyonnaise qui, alors, ne comprenait ni Vaise, ni la Croix-Rousse, ni la Guillotière. Mais à quoi auraient servi des Romains à notre bonne Croix-Rousse, par exemple ? Encore en 1840, toute la police de la commune de la Croix-Rousse se composait d'un commissaire de police et d'*un* agent, M. Blanc, qui, pour toute arme, portait une canne, et n'avait d'autre occupation que de porter les billets de justice de paix, et de signifier les contraventions, d'ailleurs fort rares. Oh, l'âge d'or du Plateau !

Mais la criminalité ayant progressé rapidement avec la civilisation, il fallut bientôt créer les bleus, que l'on caserna. En même temps l'on rattachait la police aux services préfectoraux. Dès avant cette mesure, la Guillotière était assez mal famée, et, lorsqu'on voulut englober les communes suburbaines dans celle de Lyon, une des raisons invoquées fut que la Guillotière assurait l'immunité aux malfaiteurs qui y trouvaient un asile plus assuré que jadis dans les églises, les Romains n'exerçant pas leur sacerdoce au delà du Rhône.

Où nous connûmes bien que les temps étaient changés, c'est le jour que, sous l'Empire, aux quatrièmes du Grand Théâtre, un bleu vint nous intimer l'ordre de remettre nos vagnottes que, l'été, nous avions la moelleuse habitude de déposer sur la balustrade, à seule fin d'ouïr plus au frais les *ut* de Sirand ou les roulades de Mᵐᵉ Miro (en ce temps-là on était au Grand-Théâtre aussi bien en famille que chez soi). Il fallut remettre sa vagnotte. La tyrannie était venue.

RONCHONNER, v. n. — Raffouler, grogner, en y ajoutant l'idée de rabâcher. — Fait sur l'onomatopée *ron*.

ROND. — *Rond de veine,* terme de boucherie, Morceau de la cuisse du bœuf, qu'à Paris ils appellent *gîte à la noix.*

RONDEAU, s. m., terme de maçon. — Sorte de petit bassin rond, fait sur le chantier, à l'aide d'un rebord en sable, et dans lequel on fait fuser la chaux.

RONDIER, s. m. Voy. *Commis de ronde.*

RONDIN, s. m. — 1. Veste ronde. — De mon temps (1836) le rondin était défendu aux Minimes, et cette interdiction me faisait rêver. Je suppose qu'on a dû revenir là-dessus, car dans des institutions ecclésiastiques, notamment chez les Jésuites de

Monaco, le rondin fait partie de l'uniforme, et il donne aux élèves quelque chose de dégagé qui leur sied à ravir.

2. Morceau de bois rond pour le chauffage. Les maisons huppées ne veulent que des rondins pour bois de chauffage.

3. Terme de boucherie. Morceau de viande avec un os à moelle. Il est voisin du genou du bœuf.

RONDO, adv. — Rondement, rapidement. *Notre affaire marche rondo.* — Manie de mettre des terminaisons latines. Il faut avouer que celle-ci donne de la rapidité à l'expression.

RONFLARDE, s. f. — Toupie métallique. Voyez *ronfle 1,* dont il est un dérivé.

RONFLE, s. f. — 1. Toupie métallique. Dans le Noël de Jean Capon, le bœuf, en voyant le diable, souffle « comme une ronfle ».

2. Au fig. Nez, gros nez. « Tiens, voilà les Jacobins — Avec leur ronfle, » dit un autre noël. — Subst. verbal de *ronfler,* parce que c'est du nez que l'on ronfle.

RONGERIE, s. f. — Os où il y a un peu de viande à ronger. La carcasse du poulet est une rongerie. Les femmes adorent les rongeries. On dirait qu'elles sont faites pour leurs dents fines et aiguisées.

RONQUILLE. — *Jouer à ronquille,* Jeu des gones, qui se joue avec des pesouts. — Forme nasalisée, tirée de *roquer.*

ROQUER, v. a. — Poquer, choquer, heurter. *Que don que t'as, avè ta ronfle violette que semble un viédaze ? — Je m'ai roqué le nez contre un coupant de porte.* — Probablement du picard *croker,* accrocher, saisir, de *croc.*

ROQUET, terme de canuserie. — Sorte de grosse bobine en forme de fuseau, assise sur un large pied, pour pouvoir se placer verticalement, et qui reçoit la soie pour faire les canettes.

Roquet de jointe, Bobine de forme ordinaire, et qui, enfilée dans une corde horizontale au-dessus de la longueur, porte la soie destinée à rhabiller les fils cassés.

L'honorable Jean-Marie Mathevet, jacquardier, mon collègue à l'Académie, me dit que c'est le roquet de mon temps qui avait la forme d'un fuseau et que maintenant il a la forme d'une bobine.

ROQUILLE, s. f. — 1. Fiole de forme fuselée.
2. Mesure de liquide dont le souvenir seulement s'est conservé dans l'expression *Boire une roquille*, Boire à deux chacun son petit verre d'eau-de-vie. — Du vieux haut allem. *rocco*, quenouille, à cause de la forme en fuseau de la fiole. De *fiole*, le sens a passé à celui de mesure de liquide.

ROSÉE. — *Ce gigot est tendre comme la rosée.* Métaphore constamment usitée. On dit aussi *tendre comme de bave* (voy. *bave*).

ROSSARD, s. m. — 1. Fainéant dans les moelles, propre à rien.
2. Terme d'amitié. — *Quelle chance de te rencontrer, grand rossard ! Viens vite boire pot !*

ROSSARDER, v. n. — Fainéanter.

ROSSÉE, s. f. — Volée de coups. — De *rosser*.

ROSSIGNOL, s. m. — Marchandise ancienne et passée de mode. L'art du parfait marchand consiste à faire passer des rossignols pour des nouveautés. — Je ne saisis pas du tout la métaphore.
Rossignol à glands, parlant par respect, Habillé de soie.
Rossignol de boutasse, Crapaud ou grenouille.

ROTI, ROTIR. — Rôti, Rôtir. Nous faisons toujours l'*o* très bref dans ces deux mots. Je reconnais que ce n'est pas la prononciation classique.
S'endormir sur le rôti. Voy. *endormir*.

ROTIE, s. f. — *Une rôtie de crasse de beurre, de melasse*, etc., Une tartine de crasse de beurre, etc. Mme Roland, qui avait habité Lyon, en avait retenu ce « lyonnaisisme » : « J'ai fait plus d'un déjeûner en mettant de la cendre, au lieu de sel, sur une rôtie de beurre par esprit de pénitence. » — Le mot de rôtie s'appliquait primitivement à une tranche de pain rôtie et beurrée, qu'on prenait dans le thé, puis il s'est appliqué à la tranche de pain beurré, même quand elle n'était plus rôtie, et finalement à toute espèce de tranches recouvertes de quelque chose de bon.
Rôtie au sucre, Tranche de pain grillé, bien saupoudrée de sucre et trempée dans du vin chaud où l'on a mis infuser un peu de cannelle. Cette rôtie est surtout pour les accouchées. Ma mère m'a souvent raconté que lorsqu'elle accoucha de mon frère Jean, en 1814, le sucre était à six francs la livre. Elle ajoutait combien elle était reconnaissante à mon père de ne l'avoir jamais laissée manquer de ses deux rôties au sucre par jour, tout le temps de ses relevailles, encore bien qu'à la maison l'on ne fût pas riche, et que l'année fût si cruelle.

ROUE. — *Roue de charrette*. Métaphore pour un écu de six francs, aujourd'hui de cinq, en argot, *roue de derrière*. Les Anglais disent *a hind coach wheel* (une roue de derrière), pour une pièce de cinq shillings, et *a fore coach wheel* (une roue de devant) pour une pièce de deux shillings et demi.

ROUENNIER (rouanié), s. m. — Marchand de mouchenez et autres toileries fabriquées à Rouen. On dit plus volontiers *marchand de pattes à briquet*.

ROUET, s. m. — *Rouet à canettes*, terme de canut, Ustensile à roue, qui sert à faire des canettes.
Le chat mène son rouet. Se dit du chat lorsqu'il dit son chapelet (voy. ce mot).

ROUGE, s. des 2 g. — Se dit d'un homme ou d'une femme qui a les cheveux blond ardent. *Il est venu ce gros rouge*. On dit aussi *Avoir les cheveux rouges*.
Têtu comme un âne rouge. Voy. *âne*.
Rouge comme un c.. fessé (parlant par respect). Lorsque, petit gone, je rentrais de courir au rabi-soleil, tête nue et couvert de sueur, ma bonne mère me grondait : *Allons, te voilà encore rouge comme un cul fessé ! Et puis, quand tu auras une bonne maladie, la petouge sera pour la maman !* Alors je l'embrassais, je faisais mon puyant, et elle me pardonnait.
Avoir la figure rouge comme un automate. Automate ou tomate, il y a si peu de différence que cela n'en vaut pas la peine.

ROUGEUR. — *Rougeur du matin fait tourner le moulin*. La rougeur du matin est signe de vent. Ce proverbe ne doit pas avoir une origine lyonnaise, les moulins à vent n'étant guère connus chez nous.

ROULEAU, s. m., terme de canuserie. — Il y en a deux principaux : 1° Le rouleau de derrière ou ensouple sur lequel est enroulée la chaîne qui se déroule au fur et à mesure de la fabrication ; — 2° Le rouleau de devant sur lequel s'enroule l'étoffe fabriquée au fur et à mesure de sa fabrication. Par ainsi un rouleau grossit tandis que l'autre diminue.

Le rouleau de devant grossit, elle va d'abord rendre. — Se dit d'une femme près d'accoucher.

Rouleau à rendre. Inconnu de mon temps. On pliait la pièce pour la rendre, mais les marchands, depuis environ vingt-cinq ans, exigent qu'on rende sur un rouleau *ad hoc.* Ils disent que c'est pour que la pièce n'ait pas de plis. Les canuts disent que c'est pour leur faire peter un mètre sur une pièce de 60 à 80 mètres. On continue a rendre pliés les velours et les peluches. Règle : le canut porte le rouleau avec la pièce sur l'épaule ; la canuse le porte sous le bras.

Rouleau de façure. Toujours des inventions ! Dans mon temps, lorsque le rouleau de devant avait trop grossi, de manière que la façure ne fût plus de niveau, on remontait le remisse, comme les femmes font élargir leurs robes quand leur rouleau de devant grossit trop. Maintenant on commence par placer la chaîne et le remisse plus haut que le rouleau de devant, et l'on place sous la façure, de niveau avec la chaîne, un petit rouleau sur lequel glisse l'étoffe. Par ainsi, une partie de la façure est toujours de niveau, tandis que la partie antérieure a une inclinaison qui va diminuant à fur et à mesure que grossit le rouleau de devant.

ROULER, v. a. — *Rouler quelqu'un,* Le tromper, lui faire du tort, le duper. Probablement de l'idée de rouler quelqu'un par terre ensuite d'une lutte.

Rouler le bois, Jouer aux boules. Vieille expression française.

ROULETTE, s. f. — Décamètre ou double décamètre, très employé dans le bâtiment, et formé d'un ruban en toile gommée qui s'enroule à l'intérieur d'une petite boîte de cuir en forme de roulette ; d'où le nom.

Comme sur quatre roulettes. Très bien, parfaitement. *As-tu bien dormi ? — Oh ! comme sur quatre roulettes ;* ce qui est vrai après tout, si l'on songe aux roulettes du lit.

ROULEUR, s. m. — *Des rouleurs,* Des rôdeurs de nuit.

ROULIÈRE, s. f. — Grand manteau en laine et en crin, en usage chez les voituriers. — De *roulier.* La *roulière* devrait être la femme du voiturier. Aussi le nom du manteau était-il logiquement *roulier + ière, rouliérière,* qui, impossible à prononcer, s'est réduit à *roulière.*

ROUPE, s. f. — 1. Grand et long pardessus, dans le genre de ce qu'on appelle aujourd'hui une gâteuse.

2. Manteau à manches. — Du vieux haut allemand *roub,* « spolium », qui a fait la *roupille,* vêtement espagnol.

ROUSTE, s. f. — Raclée, rossée. *Il lui a flanqué une bonne rouste.* Ne pas confondre avec *roufle,* qui est de l'ignoble argot des voleurs. *Rouste* nous vient du provençal *rousto,* même sens. Rochegude donne le vieux prov. *roesta,* ravage, mais j'ignore où il l'a pris, et ne sais pas davantage à quoi le rattacher.

ROUTE. — *En route, mauvaise troupe !* Gracieux dicton que l'on répète lorsqu'on se met en marche avec des amis, et qui n'a, je crois, d'autre raison d'être que la consonnance *oute-roupe.*

ROYAUME — *Côté du Royaume.* Voy. *Empire. Rendre son royaume.* Voy. *rendre.*

RUBAN. — *Un ruban de queue.* Se dit d'une chose qui paraît interminable, par exemple lorsque l'on voit devant soi une route très longue. *Quand je vis ce ruban de queue, ça me mit le désespoir dans les canilles,* — De ce que le ruban que l'on enroulait autour de la queue, en vous coiffant, était mince et extrêmement long.

RUBIS, adj. — Ne s'emploie que dans cette expression : *Du pain rubis,* Du pain sec et dur. — C'est *re-bis,* du pain deux fois bis.

Rubis sur ongle. — *Il paie rubis sur ongle,* A l'heure sonnante. L'origine de cette locution est bizarre. *Faire rubis sur l'ongle,* c'est vider la dernière goutte de son verre sur l'ongle et la lécher. Payer rubis sur ongle, c'est payer jusqu'au dernier liard de la dette, comme on boit la dernière goutte du vin. — On dit aussi *rubis sur oncle.*

RUE. — *En rue Mercière.* Voy. *en.*

RUETTE, s. f. — Petite rue très étroite. Le mot se retrouve dans quantité de vieux actes. « Adieu le grand chemin, adieu la vieille ruette, — Où, dans les temps jadis, j'allais me bambaner, » dit le pauvre Roquille.

RUSTIQUE, s. m. — 1. Terme de maçonnerie. Sorte d'enduit fait en fouettant le mortier avec un rameau de buis. Les gouttelettes de mortier forment ainsi de fortes aspérités. — Du franç. *rustique*. En architecture on appelait style rustique celui des constructions faites pour paraître brutes.

2. Terme de taille de pierre, Boucharde très grosse (voy. *boucharde*).

S

SABLIER, s. m. — Petit récipient où l'on met du sarron ou du sable pour sécher l'écriture.

SABLONNIER. — *Le père Sablonnier*, le Sommeil, parce que, lorsqu'il vient, il jette du sable dans les yeux des petits enfants.

SABOT, s. m. — 1. Têtard de grenouille. — De *caput*, le têtard n'étant composé que d'une tête et d'une queue. *Caput*, plus *ot*, a donné *chabot*, passé à *sabot* sous l'influence de *sabot*, chaussure, encore bien que les deux objets n'aient aucun rapport.

2. Mauvais ouvrier. *Rossardaud, c'est pas un canut, c'est un sabot*.

3. Harnais du métier. Voy. sous *cavalette*.

4. Espèce de maillon. Voy. sous *maillon*.

5. (Métier de canut). *Sabot de la marche*, Douille de fer fixée au sol, et dans laquelle joue l'extrémité fixe de la marche.

6. (Idem). *Sabot du conducteur* dans la navette à défiler. — Morceau de bois dans l'intérieur du conducteur en cuivre et maintenant un agnolet où passe la trame.

SABOTER, v. a. — *Saboter un travail*, Le gâcher, l'abîmer, littéralement le traiter comme un sabot, encore bien qu'un sabot puisse être traité avec beaucoup d'art.

SABOULÉE, s. f. — Une forte chasse, un bon suif. *Y a la Paméla qu'a découché l'autre nuit. Alle a beau y dire qu'alle avait perdu sa clef d'allée, c'est le pepa que l'y a fiché une saboulée!* — Du français populaire *sabouler*.

SABRE. — *Sabre de bois, pistolet de paille*. Juron énergique que l'on emploie dans les grands moments, et qui n'offense pas Dieu.

SAC. — *Un sac à bouse* (parlant par respect), Un gros homme rustaud, sans manières, un gros truffier. Quelques-uns même emploient un terme plus énergique que bouse.

Un sac à vin, Un ivrogne.

Donner son sac et ses quilles à quelqu'un, Le renvoyer, lui donner son congé.

L'affaire est dans le sac, Est conclue, terminée.

SACCAGE, s. m. — Abondance remuante. *Je sons allé à la vogue. Quel saccage de monde!*

SACHE, s. f. — 1. Grand sac. *Une pleine sache de truffes*, Un grand sac de pommes de terre.

2. Spécialement, Grand sac de cotonnade bleue, qui sert au canut pour emporter du magasin la chaîne et la trame.

SACRISTAINE, s. f. — C'est Molard qui m'a fait connaître qu'on devait dire *Sacristine*. Il n'y a pas de bon sens, puisque *vain* a fait *vaine* et non pas *vine*; *germain*, *germaine* et non pas *germine*; *châtelain*, *châtelaine* et non pas *châteline*, etc.

SADE, adj. des 2 g. — Savoureux, de bon goût (les médecins disent *sapide*), avec l'idée de salubrité, de chose saine. *Une poire sade*. Un vieux texte du moyen âge dit que le vin doit être *sek, sayn et sade*. Par extension se dit des objets qui ne sont bons ni à boire ni à manger. Régnier parle des femmes :

Qui gentes en habits et sades en façons,
Parmy leur point coupé tendent leurs hame-
[*çons.*
De *sapidum.*

SAGE. — *Sage comme une image.* Voy. *image.*

SAIGNE-NEZ, s. m. — Achillée millefeuilles, *achillea millefolium.* Ainsi nommée parce que, lorsqu'on s'en met dans le nez, elle détermine une hémorragie. Les écoliers rossards le savent prou quand ils veulent se créer un prétexte pour sortir de la classe.

SAIGNER. — *Saigner un fil,* terme de canuserie. Se dit lorsqu'en remondant et en voulant couper avec les forces le bouchon d'un fil, on coupe le fil lui-même.

SAINT. — Quelques saints de notre calendrier lyonnais :
Un saint Longin, Un lambin. Voy. *Longin.*
Saint Amadou. — Sec comme saint Amadou. Se dit de quelqu'un pas très gras.
Saint Clou. — Gras comme saint Clou. Figure ironique.
Le grand saint Lâche, patron des fainéants. S'il avait des chapelles, avec quelle ferveur j'y ferais des pèlerinages !
Le saint Frusquin, primitivement l'ensemble des Frusques, puis, par extension, l'ensemble de sa fortune, surtout lorsqu'il s'agit de richesses mobilières.
Saint Gravier. — Je n'ai plus qu'à me recommander à saint Gravier, dit un pauvre malade qui se voit perdu. Ou bien: *Saint Gravier guérira tout.*
Saint-Just. Voy. *homme* et *sentir.*

SAINTE. — Qualificatif intensif qui s'ajoute à journée. *Il a fait ce commerce toute la sainte journée* est beaucoup plus fort que s'il y avait seulement toute la journée.

SAINTE-BARBOUILLE, s. m. et f. — Maladroit, sot, qui s'embrouille. *T'as joué carreau et te sais que j'ai la manille de trèfle. — Ah, Sainte-Barbouille!*

SAINT-ESPRIT. — Nom donné par les enfants à un adorable insecte, le sphinx du caillelait *(macroglossa galii).* Il est assez semblable à un papillon à corps très gros, avec des ailes relativement courtes et qui se replient à la façon de celles des papillons de nuit. Le corps est très soyeux, et la tête munie d'une très longue trompe enroulée, d'un noir brillant. Comme il ne se pose jamais sur les fleurs, mais les suce, sans pour cela cesser son vol singulier et vibrant, on l'a comparé au Saint-Esprit volant sous la forme d'une colombe. A Nyons on l'appelle *porcelaine,* et sa rencontre est le présage d'une bonne nouvelle. Mistral dit que la *pourcelano* est la sésie, mais la sésie est un autre insecte, quoique très voisin du sphinx.

SALADE. — *Salade cuite,* 1. Macédoine, salade de pommes de terre, carottes, haricots blancs, lentilles, pastonnades, en somme de légumes cuits. — 2. Salade retournée de la veille. Voy. *fatiguer.*
Salade chaude, Tranches de bœuf bouilli qu'on pane, et qu'on met mijoter longtemps avec une sauce à l'huile relevée de vinaigre ou de citron. Quand c'est bien fait, on s'en pourlèche les badigoinces.
Manger les salades par le trognon. Voyez *manger.*

SALAUD. — Je connaissais un vieux bonhomme qui se vantait d'avoir vu de près l'empereur Napoléon Ier à Saint-Cloud. Oui, faisait-il, avec orgueil, *il m'a parlé ! — Et que vous a-t-il dit ? — Il m'a dit: « Tire-toi de là, salaud ! »*

SALE. — *Se mettre en sale,* Prendre ses habits de l'ouvrage de la maison, par opposition à *se mettre au propre,* prendre ses habits qui font ou reçoivent des visites (voyez *propre*).

SALER (SE), v. pr. — Pour les gones, Se retirer du jeu. *Je me sale,* Je ne joue plus. — De *salvare. — Sale tout, qu'empoche a tout,* formule qu'on se hâte de prononcer et qui a pour effet, aux gobilles, d'interdire à l'adversaire de faire avec la main les trois arpans (voy. ce mot) qui rapprochent du but. — C'est *salvo tottum* (pour *totum*).

SALIR (SE), v. pr. — Parlant par respect, Se souiller de ses ordures. J'entendais un jour un bonhomme qui disait à sa femme : *Tiens, tiens ! La petite que se salit !*

SALLE. — *Salle d'arbres. Salle d'ombrages.* Expressions très françaises pour désigner un endroit garni de grands arbres plantés régulièrement et où l'on joue communément aux boules, mais que je n'ai entendues que dans nos pays. J'ai même été repris pour avoir dit *salle d'arbres*, ignorant que pour les Parisiens il faut dire *un couvert*, mot incompréhensible pour nous.

SALOPETTE, s. f. — Serviette. *Fais-moi passer ma salopette.* Il est familier.

SALOPIAUD, s. m. — Terme du dernier méprisant. L'expression s'entend à la fois du physique et du moral (voy. *graillon*).

SALSIFIS, s. m. — La queue de cheveux de Guignol, serrée et noire comme le légume du même nom.

SAMBLOTE. — Juron inoffensif et paisible que se permettent les personnes les plus timorées. Peut-être ignorent-elles que *samblote* est pour *sang-bleu*, qui était pour *sang-Dieu*.

SAMPILLE, s. f. — Guenille. Au fig. Vagabond, vaurien, guenillard. Aussi, Femme de bas étage et de mauvaise vie.

Un jour, à la tombée de la nuit, je descendais le Jardin des plantes. Je croisai une jeune fille avec un officier. Deux femmes descendaient près de moi. L'une dit : *Est-ce pas la Maria ? — Eh oui! – Ah, sampille!!* — Non, non, nul acteur au monde ne pourrait rendre tout ce qu'il y avait dans ce mot sampille! – Subst. verbal de *sampiller*.

SAMPILLER, v. a. — Déchirer de façon à mettre en guenilles. *Se sampiller,* s'entre-déchirer en se battant. — Du vieux franç. *peille,* lambeau; patois *peilli,* guenille, et d'une particule *sam, san* qui, en lyonnais et en provençal, a pris le sens de secouer, agiter. Comp. *sansouiller* et *sandrouiller,* tremper dans l'eau en secouant.

SAMPILLERIE, s. f. — État d'objets déchirés. *Ces chemises, c'est de la sampillerie !* — Au fig., terme collectif et péjoratif, Vagabonds, gens sans aveu, gens méprisables. *Tout ça, c'est de la sampillerie de monde !* — De *sampiller*.

SANDROUILLE, s. f. — Personne qui n'a point d'ordre, point de soin, qui fait les choses malproprement. *Mon Guieu, que cete apprentisse est don sandrouille!*

SANDROUILLER, v. a. — Tremper dans l'eau en secouant, avec sens péjoratif. — Fait sur *drouille* (voy. ce mot) avec le préfixe *san* (voy. *sampille, sansouiller*). L'idée a été d'abord d'un linge trempé, puis s'est étendue à toute chose trempée en général.

SANG. — *Être d'un gros sang.* Voy. *gros.*
Le sang lui bout derrière les oreilles. Voy. *oreille.*
Sang maillé. Voy. *maillé.*
Faire venir (devenir) *le sang tout rouge.* Se dit des grandes, grandes émotions. *Quand j'ai vu le chat tomber par la fenêtre, ça m'a fait venir le sanque tout rouge !*
On ne peut pas sortir du sang d'une pierre, Où il n'y a rien, le roi perd ses droits, on ne peut pas tirer de l'argent d'un débiteur qui n'a rien.
Elle est malade depuis qu'elle a eu les sangs tournés (ou *retournés*). Voy. *retourner.*
Cete fenne, avè ses criages, elle me boit les sangs, Elle me mine, me tue; mais le plus souvent doit se traduire simplement par elle m'enquiquine.
Se faire du bon sang, du mauvais sang. Voy. *sens.*
Le sang me fait la guerre. Voyez *guerre.*

SANGER, v. n. — Changer. *Comme vous n'avez sangé depuis que je vous oye vu! Vous sembliez un cul de becfi, vous semblez maintenant un christaudinos.* Exemple de dissimilation. Le voisinage de deux gutturales douces *ch, j,* est pénible au prononcer.

SANGLE, s. f. — 1. Terme de batellerie. Les membrures d'un bateau sont fixées aux extrémités par deux moises qui forment la *bande* (voy. ce mot); la sangle est la moise intérieure. — De *cingula,* parce que la moise *ceint* les flancs du bateau.
2. Terme de charpenterie. – Plateau brut, placé verticalement, et qui, maintenu par des étendards ou des étrésillons, sert à retenir la poussée des terres ou d'un mur.
Être dans la sangle, Être dans la grande gêne. Très usité. On dit aussi : *Je vas mettre le restant de mes liards à m'acheter une sangle.* — De cette idée que l'on

trompe la faim en se serrant avec une sangle.

SANGLÉ, ÉE, adj. — Gêné, misérable. *C'est pas un garçon pour tromper; mais il est sanglé, y a pas grand'fiance à avoir.* — De *sangle,* croyablement.

SANGLER, v. a. — *Il lui a sanglé le groin d'un coup de fouet,* Il lui a cinglé un coup de fouet par la figure. — De *sangle* comme objet servant à fouetter. C'est la même origine que *cingler,* mais je ne crois pas qu'il en soit une corruption.

SANGUINAIRE, adj. des 2 g. — Qui est d'un gros sang. *Ma fille est si tellement sanguinaire,* me disait le bon père Landerain, *que toutes les fois que M. Meluchard entre dans l'ateyer', elle vient toute rouge.*

SANSOUILLE, s. f. — Agottiau, écope qui sert à vider l'eau d'un baquet. Subs. verbal de *sansouiller.*

SANSOUILLER, v. a. — Tremper dans l'eau en agitant, surtout dans l'eau sale. *Ce salopiaud de Tienne est toujou après se sansouiller.* — Du type qui a fait le français *souiller,* avec la particule *san* (voy. *sampille*).

SANTÉ. — Nous avions à Sainte-Foy un vieux chantre qui, à la procession des Rogations, était chargé de chanter les litanies des saints. Un jour, il avait oublié son graduel, mais cela lui était égal, il savait ses litanies par cœur. Pourtant, arrivé à saint Roch, il eut une défaillance de mémoire. Il ne s'arrêta pas pour si peu, et chanta bravement :

> *Santé, ce grand saint,*
> *Qu'avôve un chin,*
> *Que portôve une miche u groin!*
> *Ora pro nobi!*

Personne ne s'aperçut de l'erreur.

SAPIN. Voy. *sentir.*

SAPINE, s. f. — Petite barque d'environ sept pieds de large, et qui sert surtout au transport du sable. Le mot est fort ancien. En 1386-90, la sapine de sable coûtait 5 gros; vers 1460, 9 gros, et la *sapinette,* bateau plus petit, 7 gros. Le gros valait douze deniers, c'est-à-dire un sou. — De *sapin,* comme *penelle* de pin.

SAQUE, s. f. — Poche. Je crois le mot tombé en désuétude, mais ma mère l'employait encore. — De *sacca,* pour *saccum,* qui avait déjà dans Cicéron et Horace, le sens de bourse, sachet.

SAQUER, v n. — *Saquer quelqu'un,* lui donner congé, le mettre à la porte. — De *sac* (du soldat). *Saquer,* donner son sac. Comp. *Donner son sac et ses quilles.*

SARABOULER, v. a. — C'est *sabouler,* avec aggravation, ainsi que l'indique l'insertion de la syllabe péjorative *ra.*

SARMOIRÉ, ÉE, adj. — Se dit d'un ragoût salé outre mesure, et, par extension, de toute sauce trop épicée. *Cette sauce est sarmoirée, qu'on dirait que la poche-grasse a vidé la chaise à sel dedans.* — De *salmuria,* saumure.

SARRON, s. m. — Sciure de bois. Nous nous servions toujours de sarron pour sécher l'encre, lorsqu'on n'avait pas encore l'usage du papier buvard. — Du patois *sarra,* scier, de *serra.*

SATIN, s. m. — *Satin d'Albigny.* De mon temps on ne connaissait que deux espèces de satin, le satin cinq lisses et le satin huit lisses. Depuis, on a inventé le satin sept lisses, appelé *satin merveilleux* et que les canuts avaient dénommé narquoisement *satin d'Albigny,* pour autant que le canut qui faisait cet article, payé seize sous et qui en valait vingt-huit ou trente, était fatalement condamné à finir ses jours au dépôt de mendicité qui, comme on sait, est à Albigny.

SATINAIRE, s. des 2 g. — Ouvrier, ouvrière qui fait du satin. Madellène Baillon, qui écrivit, « en n'avri 1795, » la très belle réponse à Gérôme Blicar, était « compagnonne sanitaire cheux mêtre Serpolet, en Borneu ». — De *satin,* avec le suffixe *aire,* très répandu dans notre patois pour les noms de métiers, et qui représente le latin *atorem.*

SAUCE. — *Une sauce longue,* Une sauce trop claire et trop abondante.
Une figure à faire tourner une sauce blanche, Se dit d'un visage où la régularité des traits laisse à désirer.

SAUCÉE, s. f. — 1. Action de secouer quelque chose dans un liquide.

2. Se dit d'une forte pluie que l'on a reçue. *En revenant de Sainte-Foy, nous ons reçu une bonne saucée.*

SAUCER, v. a. — 1. Tremper dans la sauce. *Sauce don ton pain dans la quindure !*
2. Secouer dans un liquide. *Je suis allé me saucer aux bêches.*

SAUCETTE, s. f. — Trempotte dans du vin. *Faire une saucette*, tremper dans du vin, généralement sucré. On dit de préférence. Faire une socane.

SAUCISSES. — *Ne pas attacher ses chiens avec des saucisses.* Voy. *chien.*

SAUCISSONNIER, s. m. — Se dit quelquefois en manière de plaisanterie pour charcutier.

SAUFRE, prép. — *Saufre votre respect,* Sauf votre respect. C'est ainsi que disent quelques personnes qui tiennent à parler français. Nous autres simples, disons toujours, à la lyonnaise, *parlant par respect.*

SAULÉE, s. f. — Lieu planté de saules. *Les saulées d'Oullins.* — De *saulaie,* par substitution de suff. *Saulaie* avait été lui-même substitué à *saussaie* dont le sens étymologique n'était plus compris, et qui semblait être un dérivé de *sauce.*

SAUME, s. f. — 1. Anesse. — 2. Au fig. Femme stupide. « La peste de la saume et de qui l'a bâtée, » lit-on dans *la Bernarde.* — Du bas latin *salma,* qu'on trouve pour *sagma,* bât ou paquet qu'on place sur le bât.

SAUMÉE, s. f. — La même chose que l'Ânée (Voy. ce mot). *Une saumée de sel, une saumée de vin.* Ce mot, déjà rarement usité dans mon enfance, est tombé en désuétude. — De *saume,* comme *ânée,* d'*âne.*

SAUT. — *Faire un saut jusque chez quelqu'un,* Y donner un coup de pied.

SAUTER. — *Ma femme a cassé ma grande glace ; c'est six francs qui me sautent au cou.* Très expressif.

SAUTERELLE, s. f., terme de construction. — Équerre formée de deux branches mobiles et qui sert à relever et à rapporter les angles qui ne sont pas droits. On dit aussi *fausse équerre.* — Les deux branches mobiles ont été comparées aux pattes d'une sauterelle.

SAUVAGEON, s. m. — Bâtard. *On connaît pas ses père et mère : c'est un sauvageon.* — L'idée, très pittoresque, est que le sacrement n'a pas été greffé sur la souche.

SAUVAGER, v. a. — Faire sauver. *Sauvage don ce chat, qu'i va manger ton canari !* — Dérivé non de *sauvage,* mais de *sauver* (faire sauver), influencé par *sauvage.*

SAUVER (SE). — *Mon lait qui se sauve !* Qui va au feu. Très usité.

SAVATER, v. a. — *Savater un ouvrage,* Le gâcher, l'abîmer.

SAVETIER, s. m. — 1. *Alouette de savetier.* Voy. *alouette.*
2. Coléoptère qu'on rencontre souvent dans nos jardins et dont j'ignore le nom. Il est plat, avec des élytres rouges, tachetées de noir. Je ne vois pas ce qui a pu motiver le nom.

SAVOIR. — *Savoir mal,* v. imp. Éprouver du chagrin par suite du manque d'une personne ou d'une chose. *Il sait mal au Tienne d'avoir quitté les cotillons de sa m'man.* Cette dérivation du sens de savoir est très curieuse.

On vous fait à savoir !.. Cri du crieur public. Voy. sous *faire.*

On vous le saura à dire. Voy. *dire.*

Te sais pas. Formule de rigueur qui précède l'annonce de toute nouvelle intéressante. *Te sais pas, y a mame Riclon qu'a mis au levain.* Il est vrai qu'on peut, aussi bien que le négatif, employer l'affirmatif. *Te sais* ou *Vous savez,* lors même que l'interlocuteur ne sait pas un traitre mot de la chose. *Te sais, y a Roupinet, à la manifestance, que s'est fait flanquer à la Cave... Vous savez, y a le pauvre M. Pourille que s'est fait une forçure au cropion. qu'i peut remuer ni pied ni patte.* Mais on n'emploie pas la formule *Vous ne savez pas.* Pourquoi, vous ne savez pas ; ni moi non plus.

SAVON, s. m. — *Donner un savon* à quel-qu'un, lui donner une forte remontrance. Comparez *Laver la tête* à quelqu'un.

Savon de Villebois. Nom que l'on donne parfois en plaisanterie à la pierre de Villebois. Se dit aussi d'un savon trop dur.

SAVONNETTE, s. f. — Montre dont le couvercle est en métal, au lieu d'être en verre. — De l'analogie de forme avec une savonnette à barbe.

SAVORET, s. m. — Os que le boucher ajoute à la viande, à celle fin d'augmenter le poids à payer. — Du vieux franç. *savour*, de *saporem*, parce qu'on prétend que l'os ajoute à la saveur du bouillon.

SAVOURÉE, s. f. — Sarriette, *satureia hortensis*, plante qu'on emploie dans les assaisonnements. Virgile recommande d'en planter autour des ruches, pour aromatiser le miel. — Du vieux franç. *savour*. Le nom a été importé en Angleterre, où la sarriette s'appelle *savory*.

SAVOYANDEAU, s. m. — Espèce de barque plus petite que la penelle. Deux de ces barques terminaient les trains du Rhône. — De *Savoye* (où ces bateaux se construisaient), avec un suffixe *andeau*, qui s'explique probablement par le nom de *savoyande*, donné à une grande barque, comme on a *sisselande*, de *Seyssel*. D'où un diminutif *savoyandeau*.

SCAROLE, s. f. — 1. Endive, sorte de chicorée, *cichorum endivia*.

2. Sorte de laitue, *lactuca scariola*. — C'est le franç. *escarole*, dans lequel, par suite d'un phénomène propre au lyonnais, *e* initial est tombé.

SCRUPULE, s. m. — Très minime quantité. *Mecieu Ernestus, voulez-vous de la franchipane ? — J'en prendrai un scrupule.* — C'est le vieux mot *scrupule*, poids de 24 grains, ou environ 12 centigrammes, que M. Ernestus prend métaphoriquement.

SECOHU, SECOYU, s. m. — Panier à salade. — De *secouer*, avec suffixe *u*, d'*orem* ; littéralement le *secoueur*.

SECONDE. – *De seconde main.* Humbert veut qu'on dise *de la seconde main.* Pur pédantisme. L'Académie donne l'exemple : « Érudition de seconde main. » Prononcez *segonde* comme Glaude.

SECOUSSE, s. f. – « Prendre sa secousse pour mieux sauter ; dites son *escousse*, s. f. » (Molard.) — Le mot d'escousse est trop peu connu (l'Académie le qualifie d'ailleurs de « familier ») pour que le conseil de Molard ait chance d'être suivi.

SECRET, s. m. — *Le secret de la Liaude.* Voyez *Liaude*.

Secret, adj. *Secret comme un boulet de canon.* Se dit d'un homme moins discret que la tombe.

SECRÉTAIRE. — *Aller parler à son secrétaire.* Voy. *parler.* On dit aussi : *Aller où le roi ne peut pas envoyer son secrétaire à sa place.*

SEILLE, s. f. — Vaisseau en bois avec deux oreilles percées chacune d'un trou pour y passer le doigt et le transporter plus commodément. — De *situla*.

SEL. — *Comme le sel dans la marmite.* Se dit d'une chose qui ne se conserve pas très bien. *La beauté des femmes*, disait mon bargeois à un compagnon en train de se marier, *ça se conserve comme le sel dans la marmite.*

SEMAINE. — *Un jour sur semaine.* Voy. *jour. La Semaine des quatre jeudis.* Voy. *jeudi.*

SEMBLER. v. a. — Ressembler à. *Il semble son père.*

SEMELLE, s. f. — 1. Au jeu du cheval fondu, mesure composée d'une longueur de semelle, plus une largeur de semelle.

2. Par extension, Le jeu lui-même. *Jouer à la semelle.*

SEMER, v. a. —Semer quelqu'un, Le lâcher, s'en débarrasser. *Y a Pissard qu'a voulu m'accompagner jusqu'en Vaise pou veni casser la grune, mais je l'ai semé en Borneu. J'y ai fait croire que j'avais une tante qu'i fallait que je la voyusse* (voy. *plancher*).

SEMITIÈRE, s. m. — Cimetière. *Nous sons allés au semitière porter à la grand' un pot de crusantenne.*

SEMPLE, s. m. — 1. Dans le métier de canut, antérieurement à la Jacquard, le semple était l'ensemble des cordes (voy. ce mot) qui répondait à ce qui est aujourd'hui l'ensemble des crochets. Une corde, appelée aussi *lac*, représentait ainsi autant d'arcades qu'il y a de chemins (voy. ce mot) dans la largeur de l'étoffe. Un gone, appelé *tireur*, ou une jeune fille, tirait l'un après l'autre, suivant l'ordre du dessin, les lacs destinés à enlever ainsi les fils, tandis que le canut sigrolait sa navette.

2. Cette disposition avec le nom a été conservée pour le métier à lire les dessins, nommé *accrochage*, et auquel est appendu le semple. Le liseur prend les cordes du semple dans l'ordre du dessin, et il introduit par derrière une corde transversale pour que les cordes qu'il prend ne se confondent pas avec celles qu'il doit laisser. Quand l'ouvrier a lu ainsi un certain nombre de coups, il tire cette corde transversale qui amène les cordes du semple qu'il a prises. A ces cordes correspondent des emporte-pièces qui s'abaissent et qui, passés sous une presse, destinée à recevoir les cartons, percent les trous. Ce système primitif a été remplacé par une machine appelée l'*Accéléré*, qui fait le travail plus rapidement, mais qui est basée sur le même principe.

SENÈPI, s. f. — *Graine de moutarde.* — C'est l'unique mot chez nous où *i* soit posttonique, c'est-à-dire ne se prononce presque pas. Aussi *senèpi* est-il un mot patois conservé. — De *sinapia* pour *sinapim*.

SENÈPON, **SÈNEPON**, s. m. — Rougeole. *Y a Cadet qu'est tout fatigué. Je crois ben que c'est le sènepon.* Par extension, se dit quelquefois de la scarlatine. — De *sinopis*, couleur rouge faite avec de la terre de Sinope.

Seneçon. On donne aussi quelquefois ce nom au plantain. Évidemment corruption de *seneçon*, sous l'influence de *senapi*, moutarde (de *sinapia* pour *sinapim*). Le mot existe en patois.

SENS (san). — *Sens devant dimanche*, Sens devant derrière. *T'as metu ta coiffe sens devant dimanche.*

Y a pas de bon sens !.... S'y a du bon sens ! Exclamations qui se disent lorsqu'on voit quelque chose d'absolument anormal.

Les femmes qui vont maintenant en véloci-patte ! S'y a du bon sens !

Se faire du bon sens, du mauvais sens. C'est ainsi qu'on doit l'écrire, car c'est bien *sens* et non *sang*, que nous avons en vue, ainsi que l'indique la prononciation *san* et non *sangue*. — A part ça, le brave Bonhote veut qu'on dise *faire du mauvais sang*, et non *se faire*, sous prétexte qu'il n'y a pas d'exemple dans les dictionnaires ! S'y a du bon sens ! Les dictionnaires ne peuvent cependant pas tout mettre ! Mais précisément la dernière édit. de l'Acad. donne en exemple : « Se faire du bon sang. »

SENSIBLE. — *Sensible comme un organsin brûlé à la teinture.* Se dit d'un cœur très sensible, vu que l'organsin brûlé à la teinture tombe en bave rien qu'en le regardant.

Avoir les bôyes sensibles autant le cœur d'une fille. Se dit des personnes très sujettes à avoir le ventre dérangé.

SENTINELLE. — Nous faisons ce mot masculin : *un sentinelle* ; équivalent de Suisse, qui ne quitte pas le pied du mur où on l'a mis en faction.

SENTIR. — *Ça sent le sapin.* Se dit d'un malade dont la maladie est jugée mortelle.

Ça sent le Saint-Just, même sens. Cette expression a son origine dans ce fait qu'à la Révolution, les cimetières à l'intérieur de la ville ayant été supprimés, on enterra soit à la Guillotière, soit à Saint-Just dans un cimetière dont le terrain fait aujourd'hui partie du monastère des Sœurs de la Visitation. Les télégraphes aériens furent bâtis sur ce terrain, quand celui-ci eut été désaffecté, et pendant longtemps, en suivant le raidillon qui y conduisait, on pouvait voir encore des tombes en marbre, encastrées dans le mur de clôture. Ce fut M. Fay de Sathonay, maire de Lyon, mort en 1812, qui fit transporter le cimetière à Loyasse. L'expression s'est conservée malgré le déplacement du cimetière. — Dans les premières années du siècle, ma mère avait une sœur qui tomba malade. On envoya chercher M. X..., médecin, qui, en se retirant eut le courage de dire à ma grand'mère : *Ça sent le Saint-Just.* Ma grand'mère indignée le poussa dehors en refermant la porte.

Je ne peux pas le sentir. Curieuse méta-

phore pour dire que la présence de ce
monsieur m'est insupportable.

*Je ne peux pas me sentir à la ville, je
n'aime que la campagne.* Ici la métaphore
est encore bien plus drôle, puisque mot
à mot, c'est : « Je ne peux pas me perce-
voir par l'odorat, quand je suis à la ville. »

SENTU, UE, part. passé de *sentir*. — Senti, ie.
— *Je me suis sentu tout glacé.* Le bon
Humbert dit que *sentu* est du vieux fran-
çais. Où l'a-t-il vu ? — *Sentu* est le part.
du verbe *sintre*, latin *sentere* pour *sentire*.
Voyez *repentu*.

SEPT. — *Faire quelque chose de sept en quatorze*, De gros en gros, comme quelqu'un
qui passe de sept à quatorze, sans s'arrêter aux chiffres intermédiaires. C'est le
choix du nombre sept qui est curieux.

SEPTANTE, n. de nombre. — Soixante et
dix. « Soixante et dix, dit excellemment
Humbert, est un terme incommode
dans la numération, et tous les grammairiens s'accordent à désirer que *septante*
lui soit substitué. »

SERGE. — *Serge d'amande.* Serge de Mende,
Molard signale cette jolie confusion, qui
ne doit guère être en usage aujourd'hui,
car je n'entends jamais prononcer le nom
de cette étoffe.

SERGENT, s. m. — 1. Carabe doré, *carabus
auratus.* Ce coléoptère a les élytres d'un
vert brillant, métallique, avec des bandes
noires. Je suppose que le nom a été déterminé par quelque rapport de couleur avec
l'uniforme des sergents qui, jusqu'au
xvii° siècle, avaient dans l'armée la situation d'officiers subalternes.
2. Outil de menuisier. Les ouvriers
d'aujourd'hui, qui sont tous allés à l'école,
disent *serre-joints*, mais il n'est pas du
tout prouvé que ce ne soit pas *serre-joints*
qui, au contraire, est la corruption de
sergent. Ce dernier mot est tout à fait
dans le génie populaire. *Sergent*, outil
qui saisit, empoigne. Comp. *valet*, aussi
outil de menuisier.

SÉRIEUX. — *Tenir son sérieux à pleines
mains.* Il est évident que celui qui tient
son sérieux à pleines mains le tient
mieux que celui qui se contente de le
tenir, sans plus. — On prétend que
l'expression a son origine dans le fait

d'un père capucin qui, au xviii° siècle,
dans un grand dîner, ne voulut pas, à
cause de sa profession, se laisser aller à
rire d'une gaudriole un peu risquée.
Celle-ci pourtant était tellement plaisante
que, pour ne pas rire avec tout le
monde, il dut empoigner vigoureusement
sa barbe des deux mains en la tirant de
telle façon que le menton ne pût plus
bouger, par quoi le rire devenait impossible. — Sur ce, une jeune dame fit remarquer que, à l'exemple du père, elle
eût bien voulu ne pas rire, mais que cela
lui avait été impossible, n'ayant pas de
barbe au menton pour tenir son sérieux.

SERINGUE, s. f. — C'est le nom donné
parfois en plaisantant aux pompes à incendie. A Genève le mot est tout à fait
courant : *La seringue de Chantepoulet*, la
pompe du quartier de Chantepoulet.
L'expression est d'autant plus naturelle
qu'autrefois, pour éteindre les incendies,
on se servait de véritables seringues
dénommées *sanguettes.* Le monastère des
Célestins fut sauvé de l'incendie par les
sanguettes des gardes suisses de Louis XII,
de passage à Lyon.

SERPENTEAU, s. m. — Serpent, instrument
de musique. Par extension, le musicien
lui-même. A Sainte-Foy, dans mon enfance, c'était le père Vial qui était serpenteau. Son instrument de musique
représentant un serpent rouge enroulé,
la gueule grande ouverte, n'était pas sans
me causer de l'effroi, et je n'aurais pas
aimé à être placé près du père Vial.
Avant d'emboucher, il faisait *pstt, pstt*,
en crachotant, pour humider ses lèvres.
Puis il entonnait : *bou ou ou ou !* C'était
à transporter d'admiration !

SERPILLIÈRE. — *La serpillière vaut mieux
que la marchandise.* Se dit d'une dame
très bien bâchée, mais où la beauté de la
chrysalide ne paraît pas en rapport avec
celle du cocon.

SERRÉ, ÉE, adj. — Avare. Très jolie métaphore. Quand un tonneau est bien serré,
manquablement il n'y a pas de coulage.

SERRER, v. n. — Se dit d'un froid vif qui
augmente. *La froid serre ; la froid va
serrer cette nuit.* On dit aussi *La froid
desserre un petit peu*, mais plus volontiers
moule un petit peu.

SERRETTE, s. f. — Serre-tête, bonnet de nuit tout uni que portaient les femmes. Un des plus grands jours de la vie est celui où, étant petit gone, la m'man vous ôte la serrette pour vous donner le bonnet de coton : le bonnet de coton, l'insigne de l'homme : *bonnetus virilis !* Il n'y a de comparable que le jour où l'on a quitté la robe pour les culottes. — Contraction de *serre-tête.*

SERVANT, s. m. — Le lutin qui, d'après la légende, remplissait divers offices dans les logis qu'il hantait. Par extension, le Diable. — De ce que le lutin faisait l'office de serviteur, de « servant ».

SERVANTE, s. f. — Ustensile de cuisine qu'on pend à la crémaillère de la cheminée et qui sert à supporter la poële. Comp. *valet, sergent,* outils de menuisier.

SERVE, s. f. — Pièce d'eau. Primitivement la serve était un vivier, puis le sens s'est étendu à toute pièce d'eau en général. — Subst. verbal de *servare,* conserver. Comp. *réserve,* de *réserver.*

SERVICE, s. m. — Une cuiller et une fourchette. *Pou ma noce, M⁻ Grapillard m'a donné six services en maillechiore.*

Bonne pour le service. Se dit de toute femme qui n'a pas encore atteint l'âge où elle ne marque plus.

Quand on n'a besoin de rien, tout le monde est à votre service. Un des dictons favoris de mon maître d'apprentissage. Et peut-être bien qu'il avait raison.

SEULEMENT, adv. explétif. — *Vous n'avez seulement qu'à lui écrire.* Il suffit que vous lui écriviez. Nous adorons les pléonasmes : *Enfin finalement, Si tellement, Sûr et certain, Sortir dehors,* etc. Le français en a plus d'un exemple, témoin *Au fur et à mesure,* qui veut dire *A mesure et à mesure.*

SÉVELÉE, s. f. — Haie. Un recueil de vers d'un poète lyonnais, Louis Garel, est intitulé *la Sévelée.* Ce recueil, qui contient quelques pièces jolies, est un exemple du mince crédit de la poésie. Il fut mis en vente à 5 francs. Après la mort de l'auteur, sa veuve vendit le solde de l'édition au libraire Meton, à raison de dix centimes l'exemplaire.

SI, adv. — Tellement. *J'ai si froid à meˢ pieds que je ne les sens plus,* me disait un jour mon camarade Fétidard. — *T'as de la chance !* que je lui fis.

Si tellement, Tellement. *Il est si tellement bajafle qu'on peut pas faire fiance sur lui.* Pléonasme où *si* a un rôle intensif.

Si en cas tu sors, Dans le cas où tu sortirais. Ce n'est pas d'un français absolument correct, mais on comprend.

SIAUPE, s. f., terme de batellerie. — Plateforme légèrement inclinée, que l'on fixe à l'arrière des bateaux des jouteurs, et sur laquelle se campe le jouteur. Impossible de deviner d'où vient ce mot bizarre.

SICOTIS, s. m. — Action de secouer. *Cadet, as-tu bientôt fini ton sicotis, que te fais branlicoter la table, autant la queue de la vache !* — Par extension, cahotement, heurt. Ce pauvre Musson, dont j'ai parlé dans *Joseph Pagnon.* et qui avait un sentiment très vif de l'harmonie en architecture, me disait gravement un jour, en me montrant une façade dont les lignes horizontales ne se suivaient pas : *Il ne faut pas de sicotis dans les lignes!* J'ai gravé la maxime dans ma cervelle avec un style de fer, et m'en suis bien trouvé.

Au fig. Bruit, vacarme, *As-tu entendu ce sicotis qu'i n'ont fait cette nuit ?* — De *succutere,* avec le suffixe roman *is,* d'*icius.*

SIEN. — S'emploie substantivement. *J'ai pas grand'chose, mais je me soucierais pas de partager avec ces salopiauds de communeux : Chacun son sien !* me disait un jour le très digne M. Ignace Briochier, le monteur de métiers, qui avait oublié d'être bête.

SIFELLE, s. f. — Ficelle. *Babeau, avant de sorti, prends don un bout de sifelle pour attacher ton bas qu'est en craquelins.* — Métathèse de *s* et *f.*

SIFFLER, v. a. — Appeler. Un jour, à Chasselay, je voyais un paysan octogénaire assis sous un arbre, par une brouée dont il ne paraissait pas s'inquiéter. *Que faites-vous là, père un tel* (j'ai oublié le nom)? lui dit mon compagnon. — *J'écoute la terre que me siffle.* Cette réponse avait une grandeur étrange sous sa bonhomie. En effet lorsque, deux mois après, j'eus l'occasion de retourner dans le pays, j'appris qu'il avait obéi à l'appel de la terre.

Siffler le bout de la canette. Voy. *agnolet.*

SIGLOT, s. m. — Sabot. Paraît en relation avec le dauphinois *esclio*, encore bien qu'il soit impossible d'expliquer la dérivation.

SINGE. — *Adroit de ses mains comme un singe de sa queue.* Voy. *adroit.*

Il ne faut pas apprendre aux vieux singes à faire des grimaces, Il ne faut pas vouloir donner des leçons à ceux qui en savent plus que nous.

SINGOTTE, s. f. — Averse, radée, et aussi correction, secouée.

SIROP. — *Sirop de tordeuse,* Eau d'arquebuse. — Les tordeuses sont renommées pour l'arquebuse.

SISSELANDE, s. f. — Grande barque dont l'avant est relevé, et l'arrière coupé verticalement. — De *Seyssel,* lieu où ces barques sont construites, avec un suffixe *ande,* par analogie avec le féminin des noms d'habitants de plusieurs pays : *Normande, Flamande, Allemande.*

SIX. — *A la six quatre deux.* Équivaut à *De sept en quatorze* (voy. *sept*). *Il a fait ce livre à la six quatre deux,* Très à la hâte, sans soin dans le détail.

SMILLE, s. f., terme de taille de pierre. — Marteau à pointe qui sert à dresser le parement des moellons esmillés. — Subst. verbal de *smiller.*

SMILLER, v. a. — Dresser le parement des moellons esmillés (voy. ce mot).

SOCANE, s. f. — Trempotte de pain dans du vin sucré. *Faire une socane.* — Appartient peut-être à la famille de *secouer.*

SOI-DISANT, loc. adverbiale. — 1. En apparence. *Elle voulait aller soi-disant chez sa tante, mais c'était une frime.*

2. Prétendu, ue. *Il a reçu en paiement des actions d'un soi-disant chemin de fer du Mont-Blanc.* En français, *soi-disant,* comme l'indique le sens, est un adjectif qui ne peut se placer que devant les noms de personnes, et, paraît-il, aussi devant les noms d'animaux, car je lisais naguère dans un journal de Lyon : *Un chien soi-disant enragé.* — Est-on bien sûr que ce soit lui qui l'ait dit?

SOIF. — *Avoir faim comme le Rhône à soif.* Voy. *faim.*

Les morceaux lui ôtent la soif. Se dit lorsqu'on voit quelqu'un manger comme un avanglé. — De ce que, lorsqu'on a une faim canife, on ne prend pas le temps de boire, car, en réalité (du moins à ce que prétendait un membre de l'Académie des Sciences qui a bien voulu me l'expliquer), les morceaux ne désaltèrent pas.

SOIF, s. f. — Ablette, *cyprinus alburnus.* — Origine inconnue.

SOIGNER, v. a. — 1. Guetter. *Que fais-tu là au froid?* — *Je soigne la Jeanne qu'a été rendre.* — S'emploie très bien suivi d'un infinitif: *Je soigne venir l'omnibus.*

2. Veiller. *Il faut soigner les filles comme le lait sur le feu* ou *comme l'huile bouillante.* Toutes ces dérivations de sens viennent de l'idée générale de *soin.* On met du soin à regarder si l'omnibus vient, si le lait ne se sauve pas, etc.

SOIN. — *J'en aurai du soin,* pour J'en aurai soin. Très répandu.

SOIR. — *Le côté de soir.* La même chose que le côté de matin, excepté que c'est tout le contraire. Voy. *matin.*

SOIXANTAINE. — *Être dans la soixantaine...* *Être dans les soixante ans,* Être sexagénaire. Croyablement, on dirait aussi bien *être dans la cinquantaine,* etc.

SOLDATS-GAROTS, ou simplement GAROTS. — Avant la Révolution c'était le nom péjoratif donné par le peuple aux sergents au service du Consulat. Le nom s'est conservé durant tout le premier tiers du siècle, appliqué, je crois, aux agents de police. — *Garot* paraît un subst. verbal de *garrotter.*

SOLEIL. — Au *rabi-soleil.* Voy. *rabi.*

Quand le soleil est couché il y a bien des bêtes à l'ombre. Proverbe trop juste!

Compagnon du Soleil..... Membre de la Compagnie du Soleil, Membre de la société des Bras-Neufs, loupe, etc. — Parce que, censément, les compagnons du Soleil remontent soigneusement la longueur des Tapis quand il fait soleil. En ville, on dit de préférence *Inspecteur des pavés.*

SOLEIL, s. m. — Tournesol, *helianthus.* — Ainsi nommé de la forme caractéristique de la fleur.

SOLETTE, s. f. — Semelle de bas. *Ces bas seront encore bons en y rapportant des solettes.* — De *sola* pour *solum.*

SOMMIER, s. m. — Grosse poutre. — Du vieux franç. *sommier,* cheval de charge, de *sagmarium.* Le sommier est comparé au cheval qui supporte. Comp. *poutre,* pièce de bois, du vieux franç. *poutre,* jument.

SON, s. m. — *Son de bière,* Orge cuit, qui a servi à faire la bière, et que les brasseurs vendent aux laitières. On dit que cette nourriture augmente le lait des vaches, mais le rend plus clair. Ce que je sais bien, c'est qu'à la maison, chaque hiver, le lait de notre laitière devenant plus clair et moins bon, on lui adressait de vives objurgations sur ce qu'elle nourrissait ses vaches au son de bière, ce dont, indispensablement, elle se défendait. Mais que deviendrait tout le son de bière, s'il n'était pas consommé par les vaches ?

SORCIER, s. m. — *Sorciers de Montélimar : quand ils ont le nez dessus, ils disent que ça en est.*

SORCILÉGE, s. m. — Sortilège. — C'est sortilège, influencé par *sorcier.*

SOREILLER (SE), v. pr. — Se chauffer au soleil. — C'est *soleiller,* avec changement d'*l* en *r.*

SORT. — Partir pour son sort. Voy. *partir.*

SORTIR au sens actif. — Oh, l'influence du lyonnais! Le digne Molard, après s'être lancé dans de subtiles explications sur l'emploi de l'auxiliaire *être* et de l'auxiliaire *avoir* avec le verbe *sortir,* à propos de quoi les fautes ou prétendues fautes sont si difficiles à discerner, donne pour exemple: *J'ai sorti mon habit de l'armoire (!!),* en expliquant qu'ici il faut le verbe *avoir.* Après cela, il sera certain qu'il eût été encore plus incorrect de dire: *Je suis sorti mon habit de l'armoire.*

V. n. — *Sortir dehors,* pléonasme très usité comme *monter en haut,* etc.

Sortir de là comme d'une église. Voyez *église.*

Ça me sort par les yeux, J'en ai tant vu,

tant mangé, ou tant autre chose, que je n'en peux plus supporter la vue ni l'idée. Dans sa lettre du 17 avril 1671, M⁻ᵉ de Sévigné désigne, sous une forme expressive, tout ce qui à son fils sortait par les yeux.

Suivi d'un infinitif. — Se dit d'un évènement qui vient de se produire: *M. Petouillard y est-il ? — Il sort justement de rentrer.*

SORTU, partic. — Sorti. — *Sortu* répond à un verbe *sôtre* (de *sortere* pour *sortiri*), qu existe en effet en patois. Voy. *repentu.*

SOTTISES. — *Mes cheveux sont arrangés comme une poignée de sottises.* Se dit également de toute autre chose. On conçoit en effet qu'une poignée d'injures soit arrangée sans beaucoup de soin.

SOU, s. m. — *Un sou simple,* Un sou de cinq centimes. *Un sou double,* Un sou de dix centimes.

Faire cinq sous. Voy. *faire.*

SOUBARBE, s. f., terme de charpenterie. — Pièce de bois courte, formant console, encastrée dans un mur, et placée sous une pièce longitudinale de grande longueur pour la soulager.

SOUCARRE (mal à propos orthographié par Molard *soucard*), s. m. — Gousset, pièce à la partie de la manche d'une chemise correspondant à l'aisselle. — De *sous,* prépos., et *carre,* angle: pièce sous l'angle de la manche et du corps de la chemise.

SOUCHE, s. f. — 1. Grosse racine d'arbre. *La Souche* ou *la Grobe de Noël,* énorme bûche que l'on met au feu de Noël.

2. Se dit d'un tronc d'arbre ébranché.

3. Tronc de cep de vigne. *Acheter une voiture de souches.*

Souche de cheminée, terme de construction. — Corps de la cheminée au-dessus du toit.

SOUCIER (SE). — Grangier blâme la phrase suivante : « Lequel prendrez-vous ? — Je ne me soucie pas lequel. » A son sens, l faudrait duquel. Pourtant Littré cite l'exemple: « Je ne me soucie pas qui fera les vignes après moi. »

SOUFFLER. — *Souffler comme un phoque.* Se dit de quelqu'un de très essoufflé. Je ne suis pas zoologiste, mais je ne crois pas que les phoques soufflent de façon particulière. Il y a dû avoir confusion entre les phoques et les cétacés souffleurs.

SOUHAITS. — *A vos souhaits !* Formule de politesse que vous devez dire toutes fois et quantes qu'une personne de la société éternue. Pourtant quelques-uns de préférence se servent de celle-ci : *Dieu vous bénisse, et vous rende le nez aussi gros que la cuisse !*

SOUILLARDE, s. f. — Petit cabinet où se trouve l'évier pour laver la vaisselle. Ce mot n'a pas de correspondant académique, car *lavoir* ne signifie pas du tout la même chose, et *lavoir de cuisine* est une périphrase à laquelle personne ne saurait s'astreindre. — De *souiller*. Comparez *souillon*, fille de cuisine.

SOULER. — Le bon père Pompassier, quand on l'allait voir le matin, vous faisait boire d'un grand diable de vin blanc, à goût de pierre à fusil, mais qui tapait sur le coqueluchon. Un jour que j'en avais pris fortement : *Merci*, que je lui fis, *ça me soûle.* — *Et moi*, reprit-il, en s'en revidant un plein verre, *ça me soûle don pas ?* — Cette fois, je fus à quia.

SOULIERS. — *Souliers bronzés.* Voy. *bronzés.* Proverbe : *Qui compte sur les souliers d'un mort risque souvent d'aller nu-pieds.* — Que de gens pourtant mettent toute leur espérance dans la mort d'un autre !

SOUMISSIONS. — *Soumissions respectueuses,* Sommations respectueuses, acte que les enfants qui n'ont pas atteint l'âge fixé par la loi font signifier à leurs parents pour pouvoir se passer de leur consentement à leur mariage. Le mot a été inspiré par quelque homophonie avec *sommation*, mais il n'est pas très logique, puisque ces soumissions ne sont que des actes d'insoumission.

SOUPE. — *Beau mangeur de souppes lionnoises,* dit le vertueux Rabelais d'un gourmand. Qu'étaient ces soupes, dont malheureusement la tradition ne s'est pas conservée ? *Tremper une soupe à quelqu'un*, Le tancer d'importance. M. Vachez me signale

l'existence de cette bizarre méthaphore dans Palladius : *Ego illi ollam condio*, ce qu'Amédée Thierry traduit par : « Je lui assaisonnerai un bouillon qui ne sera pas de son goût. » Il est singulier que notre métaphore remonte aux Romains.

Trempe comme une soupe. Se dit lorsqu'on a été fortement benouillé, par exemple lorsqu'on a reçu une avale d'eau sans parapluie.

Tremper la soupe. Les canuts aiment la soupe épaisse. Quand la bourgeoise leur donne du bassouillon, ils ne faillent jamais à lui dire : *Dis donc, t'as trempé ta soupe avec une seringue ?*

SOUPIRS. — *Pousser des soupirs,* parlant par respect, *comme des p... de vache.* Voy. *p..*

SOUQUET, s. f. — Se dit par quelques personnes pour *savoret*. Je crois le mot introduit du Dauphiné. — Se rattache à *souche*.

SOURD. — *Bûcher comme un sourd.* Parce qu'un sourd n'est pas distrait par la conversation d'autrui.

Sourd comme un tupin. On sait qu'un tupin, c'est un pot. Voy. *tupin.*

SOUS-MAIN. s. m. — Feuille de papier que, par mesure de propreté, l'on met sous sa main en écrivant. Je ne vois pas d'équivalent possible en style académique.

SOUS-TASSE, s. f. — Soucoupe pour la tasse à café. Ce mot est excellent : 1° Parce qu'une soucoupe se met sous une coupe et non sous une tasse ; 2° Parce que, même au sens français, une soucoupe est un terme générique, tandis que sous-tasse spécifie le genre de soucoupe.

SOUSTER, v. a., terme du jeu de cartes. — Appuyer, soutenir. *J'ai le roi sousté,* J'ai le roi, avec une carte qui l'appuie. Au fig. se dit de tout ce qui aide. *X... ne réussirait pas dans son commerce, s'il n'était sousté de son associé.* — De *sub-stare*.

SOUSTRAIRE. — *Nous soustraisons 5 de 9,* pour *Nous soustrayons*, etc. On dit aussi *En soustraisant 5 de 9 reste 4.* De même à Genève. Le célèbre naturaliste Ch. Bonnet n'avait point oublié qu'il était Genevois : « On admire la promptitude avec laquelle les fourmis *soustraisent* leurs nourrissons au danger. » (Dans Humbert.) — Mais aussi pourquoi fait-on de *Plaire, nous plaisons;* de *Faire, nous faisons ;* de *Taire, nous taisons ?* Ce sont ceux qui disent *soustraisons* qui sont logiques.

SOUS-VENTRIÈRE, s. f. — Écharpe de maire.

SOUTE, s. f. — *A la soute,* A l'abri. *Eh ben, père Fouillasson, vous n'avez don gobé la radée ? — Oh, j'avais mon chapeau monté, je m'ai metu à la soute dessous ! —* C'est le subs. *soute,* de *subtus.*

SOUVENT, adv. avec la négation. — *Pas souvent,* — 1. Pas rapidement. *La bourgeoise est allée chercher de la trame, je ne la vois pas souvent venir.* Mot à mot je ne la vois pas revenir un grand nombre de fois.
2. Pas de longtemps. — Une bonne femme de Chaponost avait demandé à son mari de lui acheter une paire de souliers neufs pour aller en pélerinage à Fourvières le jour de la foire de Brignais. Fait comme dit. Le jour venu, la bonne femme s'attife, prend ses beaux souliers pour le pélerinage, tandis que le bonhomme part pour la foire. Il n'avait guère fait plus d'un quart d'heure de chemin qu'il s'aperçoit de l'oubli de sa filoche. Il revient, ouvre la porte, et se trouve en présence de sa bonne femme en conversation fort particulière avec un voisin. Le bonhomme ne manquait pas de présence d'esprit. *Ben,* dit-il à la bonne femme, *si c'est comme ça que te vas en pélerinage, tu n'useras pas souvent tes souliers!*

SOYEUX, s. m. — Se dit des fabricants, marchands de soie, employés et en général de ce qui touche à la soie et à la fabrique. *Qui don qu'i sont, ces gens en vagnotte que se promènent ? — Oh ! c'est rien, c'est des soyeux.* Les soyeux sont des gens raisonnables, qui n'aiment pas à faire de l'esbrouffe, ni, manifestement, à payer trop cher. Notre pauvre collègue, le fils Ugin, peintre en couleurs, racontait qu'un soyeux lui ayant commandé un portrait équestre, vu de face, ledit client lui avait fait un gros rabais parce qu'on ne voyait que deux jambes du cheval, et que, pour le prix, il avait droit à quatre.

STAFANARI, s. m. — Parlant par respect, très vilain mot. C'est le *tafanario* italien, importé au xvi° siècle. Mais pourquoi cette singulière prosthèse de *s* ?

SUCRE. — *Va te faire sucre!* Manière polie de dire à quelqu'un : « Va te faire.....! »

SUCRÉ. — *Êtes-vous sucré? Sucrez-vous donc!* On comprend bien que cela veut dire: « Sucrez votre café ! » et non pas : « Sucrez-vous vous-même! »

SUER, v. n. — *Il y a de quoi faire suer la volaille!* Se dit de quelque chose d'extraordinairement sot ou ridicule. *Figure-toi que j'ai rencontré Crotassu qu'était à cheval. S'y a pas de quoi faire suer la volaille!—* De ce que la volaille ne suant jamais, il faut quelque chose de fort extraordinaire pour l'y décider.

SUIF, s. f. — *Donner un suif.* Flanquer un galop. L'idée est ironiquement Oindre quelqu'un, ce qui était jadis une grande politesse, témoin le proverbe : « Oignez vilain, il vous poindra. »

SUIS. — *Je suis phoque,* Je suffoque. Je demandais un jour à un brave homme, qui avait un catarrhe avec des suffocations, pourquoi il disait : *Je suis phoque.* Il me demanda si j'étais assez peu instruit pour ignorer que les phoques soufflent péniblement, témoin le dicton : *Souffler comme un phoque.* Par quoi je fus rivé.

SUISSE, s. m., parlant par respect. — Je suis forcé de consigner ici ce mot, en dépit de toute mon estime et de toute ma sympathie pour la nation suisse, à laquelle je tiens par plus d'un lien, car mon arrière-grand-père maternel, Pierre-Aymé Durafor, était né à Genève, le cinquième mars mil sept cent quinze. Son père, Simon Durafor, était « Guet de nos Seigneurs de Genève (il y a encore des Durafor à Genève) ». De sa patrie, Pierre-Aymé vint, en octobre 1732, exercer à Lyon sa profession de garçon lanternier et plombier. Il s'y maria, et sa qualité de Genevois sauva la vie à son fils en 1793. Donc on ne m'accusera pas d'être injurieux envers la Suisse, si je cite le terme en question, tout péjoratif qu'il est, comme toutes les épithètes que l'on

s'applique de nation à nation. Un dictionnaire doit être complet. — Comme je
demandais un jour l'explication du choix
de ce mot, un membre de l'Institut, très
savant, me fit connaître que c'était un
hommage à la vaillance, car on a toujours
vu un suisse se laisser écraser plutôt que
de se rendre. La vérité, c'est que suisse et
sentinelle c'est tout un. (Voy. *sentinelle*).

SUISSARD, s. m. — Giroflée, *cheiranthus
cheiri*. J'ignore absolument l'origine de
cette curieuse appellation.

SUITE. — *De suite*, pour *Tout de suite*. Solécisme que commettent, hélas ! quantités
d'écrivains en réputation.

SUIVU, UE, part. de *suivre*, comme *sortu*
de *sôtre*, *vivu* de *vivre*, etc.

SULFINBOQUE, s. f. — C'est un mot que
vous rencontrerez fréquemment dans les
comptes de nos pompiers : « *Réparé la
sulfinboque* : tant. » C'est l'interprétation
de l'anglais *stuffing-box*, boîte à étoupe,
organe des pompes dites à *piston plongeur*.

SUPPOSÉ, s. m. — *Un supposé que je serais
roi*, Supposons que je fusse roi. On dit
aussi : *Une supposition que je serais roi*.

SUR, prép. — *Je vais sur mes septante ans*,
J'approche de septante ans, je les commence.

J'ai lu sur le journal, sur l'almanach...
Sur est ici pour *dans*. Humbert blâme :
J'ai lu sur l'affiche, mais Littré le rebrique.
En effet, on lit *sur* un mur, et non pas
dans un mur. Or l'affiche est étendue sur
le mur.

SUR, adv. — Sûrement, *Mme Caroline a vu
peter le loup, sûr !* *Sûr* est une ellipse
pour « c'est sûr ». S'emploie souvent
avec *que*. *Sûr que j'irai dimanche à Bron*.
Cet emploi de l'adjectif pris adverbialement est très incisif.

SURCUSSALE, s. f. — Succursale. Exemple
de la métathèse si fréquente de *r*.

SURLOUER, v. a. — Sous-louer. On conçoit très bien la confusion. Les deux prépositions répondent à des idées logiques
toutes deux. *Surlouer*, c'est louer par-
dessus le bail que l'on a.

SURVEILLANTS. Voy. *Romains*.

SUSPENTE. — Quelques-uns disent *surpente*
et même *sorpente*, s. f. — Soupente. On
a nommé primitivement *soupente* le faux
plancher qui était *sous la pente* du toit.
Le faux-plancher du canut étant au contraire au-dessus du plancher de l'étage,
il a pris naturellement le nom de *suspente*,
la signification de pente ayant été perdue
de vue.

T

TABAGNON, s, m. — Cabinet borgne. Par
extension, cabaret borgne. — De *tabana*
pour *cabana*?

TABASER, v. n. — Remuer, trafiquer, faire
du bruit. *Que don que ces gones tabasent
là-bas ?..... Ça me tabase dans l'oreille*, Ça
me fait du bruit, des chatouillements
dans l'oreille. —En rapport avec le vieux
franç. *tabust*, tumulte, cris. Comp. *tabass*,
timbale, et *tabussé*, trapper, en piémontais.

TABASSEUX, EUSE, adj. — Souillé de
tabac. *Avoir le nez tabasseux*. Comp. le
patois *tabassiri*, tabatière.

TABATIÈRE. — *Tabatière de peau*, parlant
par respect. *Offrir une prise de sa tabatière
de peau*. Très vilain mot pour une très
vilaine chose.

TABERNACLE. — Nous prenions souvent à
la maison une ouvrière, excellente fille,

quoique un petit peu catolle. Elle taconnait tout, très bien, mais un jour qu'on voulut lui faire rapetasser des culottes, elle refusa, disant qu'*elle ne touchait pas le tabernacle de l'impureté.*

TABLE. — Humbert ne veut pas qu'on dise *La soupe est sur la table*, mais *est sur table.* Les grammairiens sont de grands enfants ! Littré donne l'exemple : *Le dîner est sur là table.*

TABOURET, s. m. — Regard, en parlant d'une conduite d'eau. — De la forme carrée du regard, souvent surélevé par rapport au sol.

TACHER. — *Tâcher moyen.* Voy. *moyen.* *Je tâcherai que vous soyez content.* Très usité.

TACON, s. m. — 1. Grumeau, petite agglomération. *Marie, tâchez donc moyen qu'il n'y ait pas tant de tacons dans votre farine jaune !* — Métathèse de *caton* (voy. ce mot).¹
2. Pièce à un soulier (vieilli). — De l'ital. *taccone*, même sens. — Par extension, raccommodage grossier, qui fait saillie. Se dit surtout des bas, parce que la reprise y est plus marquée. Sens péjoratif. — D'un radical *tac*, qui désigne dans les langues romanes une pièce rapportée, et faisant saillie sur une surface plane.

TACONNER, v. a. — 1. Mettre une pièce à un soulier (c'est le sens primitif).
2. Faire un raccommodage très grossier, qui gêne.
3. Empaqueter en pressant sans soin, fouler, serrer quelque chose. *Veux-tu bien ne pas taconner la coiffe comme ça !* — De *tacon* (voy. *rataconner*).

TAFFETATIER, s. m. — Ouvrier qui fabrique du taffetas.

TAILLANTS, s. m. pl. — Grands ciseaux de jardinier. Le pauvre Jacques Belle-Mine, clocheteur-juré de l'église de Saint-Étienne, dans son testament du 10ᵉ d'octobre 1692, donne à l'André, sa paire de taillants et un manche d'étrille.

TAILLERIN, s. m., terme de canuserie. — Fausse manœuvre de l'ouvrier veloutier qui, au lieu de couper de son fer le poil seulement, coupe la chaîne. Patatra ! voilà chaîne et poil derrière le remisse.

TAILLEUSE, s. f. — Molard et Humbert proscrivent le mot ! Rassurons leurs mânes ! *Tailleuse,* « Couturière qui coupe les vêtements de femme, » est dans la dernière édition de l'Académie.

TAILLON, s. m. — Morceau, mais ne se dit que d'un morceau coupé. Un taillon de pomme. « Mangez ce taillon de massepain, » dit le très précieux Panurge au père Hippothadée.

TALENTS. — *Talents de société.* On appelle de ce nom des petits talents qui sont toujours enviables dans une bonne compagnie. Par exemple, un jour que j'étais dans une réunion de ce genre, un monsieur introduisit censément un dialogue avec un ami qui venait inopinément lui demander à souper. Il n'avait de rien, mais il fit aussitôt le bruit et geste de scier du bois, de le casser, de tenter d'allumer une série d'allumettes qui ne voulaient jamais prendre ; de souffler le feu, de mettre le beurre dans la poêle, de casser l'œuf, de le jeter dans la poêle, de cracher sur l'œuf pour que l'œuf ne pétât pas, etc., etc. Tout cela dialogué et mîmé de façon adorable. Il eût gagné gros au Théâtre-Français. Puis un autre prit un pot à eau vide, appliqua sa bouche à l'orifice, et fit là-dedans un tas de bruits horrifiques, depuis le plus délié jusqu'au plus énorme, avec des éclats jaillissants, si bien qu'on en était épouvanté. Si bien une dame ferma le poing gauche et l'entoura d'une serviette comme la tête d'un mami emmailloté, et dessina avec un crayon bleu des yeux fermés. La phalange du grand doigt faisait le nez de l'enfant. On eût juré que c'était vrai, d'autant plus que le mami criait à donner envie de s'asseoir dessus. Puis Mᵐᵉ la comtesse de X... imita si bien le braiement de l'âne, que l'âne de notre laitière, qui était à la porte, se mit à lui répondre. Puis la femme d'un colonel portugais mit un morceau de noix sur l'extrémité de son grand doigt, se donna un coup brusque sur l'avant-bras, et zig ! le morceau de noix, comme un obus bien dirigé, piqua droit dans sa bouche. Un savant archéologue nous expliqua que ceci était le principe de la catapulte. — Puis une autre dame roula deux morceaux de mie de pain en forme de petites chandelles, et se les colla sous les narines. C'était si bien imité que j'en faillis rendre mon royaume. Ce qui me remit, c'est qu'aussi-tôt, une petite demoiselle. feignant un grand mal de cœur, prit des coquilles de marrons. rissolés, et appuyant contre le mur sa tête posée sur sa main, les écrasa du pied après quelques hoquets. Chacun garait le bas de ses pantalons ou de ses jupes. On fit beaucoup d'autres tours dont le détail serait trop long. — Les personnes qui ont ces genres de talents sont toujours les bienvenues dans une société choisie, car cela est plus agréable que d'entendre une jeune personne co-chonner au piano la *Prière d'une Vierge.*

TALER, v. a. — Meurtrir par le frottement. Une dame dira très bien : *J'ai fait une grande course à cheval, et je suis talée en plusieurs endroits* (ne pas confondre avec *je suis t'allée en plusieurs endroits*). Bescherelle donne le mot, mais Littré, l'orgueilleux, n'en a point voulu. — Du vieux haut allemand *zálón,* déchirer; latin du moyen âge, *talare.*

TALOCHE, s. f. — Galoche. — De *talum,* pied, avec le suffixe *oche,* par analogie avec *galoche, filoche, bamboche.*

TALON. — *La voiture des frères Talon.* Voyez *casse-talon.*
Toucher talon. Voy. *défendre.*
Avoir les talons courts. Se dit d'une personne qui tombe facilement à la renverse.
Talon, s. m., terme de canuserie, Corde d'une espèce de bascule. Voy. sous *bascule.*

TAMBOUR, s. m., terme de pliage. — Engin circulaire à clairevoie, formé de bandes de bois, et placé horizontalement. Après que la chaîne a été ourdie, on l'enroule sur le tambour afin de la plier, c'est-à-dire de la faire passer du tambour sur l'ensouple du métier, en donnant aux fils la tension voulue.
On donne aussi quelquefois le nom de *tambour* à l'engin vertical de même nature qui compose la partie essentielle de l'our-dissoir, et auquel on applique plus ordi-nairement le nom même d'*ourdissoir.*

TAMPER. — Voy. *étamper. Se tamper,* S'arc-bouter, s'appuyer pour faire effort.

TAMPONNE, s. f. — Débauche, ribotte. *Faire la tamponne,* S'enivrer. — Je crois l'ori-gine italienne : *far tempone,* même sens : mot à mot « faire le temps long ». Nous devrions avoir *timpone,* mais le mot a été influencé par *tampon : se tamponner* l'estomac.

TANNER, v. a. — Vexer, tourmenter, fati-guer par des importunités. *C'te Mme Piston-neux est-elle tannante ! Elle veut toujours que je lui fasse des politesses !* — C'est le franc. *tanner* au fig. Il était déjà usité au moyen âge : « Quar le resveil — Me tanne assez quand je m'esveil, » dit le bon Rutebeuf.

TANT. — *Tant qu'à moi* pour *Quant à moi,* — Simple métathèse.
Tant qu'à faire pour *A tant faire.* — Construit par analogie avec tant qu'à moi.
Le tant pour cent est blâmé par Humbert qui dit : « *Tant* n'est jamais substantif. » C'est pourtant la qualification que lui donne Littré. *Le tant pour cent* est d'ail-leurs une expression commerciale admise, et qu'il est même parfois impossible de remplacer : *Le tant pour cent des agents de change.* — A moins que vous n'employiez l'horrible barbarisme *pourcentage,* que Littré définit précisément par : *Le tant pour cent.*
Tant qu'à tant, Sans s'arrêter, sans dis-continuer, tant que l'on peut. Expression originairement patoise qui s'est introduite à Lyon. — De *tantum quantum,* et par métathèse *tanquetan, tanqu'à tant.*
Tant que dure dure, même sens.
Tant que la barbe en fume, même sens. Voy. *fumer.* Le fait est que lorsque la barbe en fume, il serait dangereux d'aller plus loin.

TANTOT, s. m. — L'après-midi. *Nous irons vous voir ce tantôt,* cette après-midi. *Mon vieil oncle roupille tous les tantôts,* C'est une bizarre dérivation de sens.

TAPE, s. f. — Jeu des gones. *Jouer à la tape.*

TAPÉ. — *C'est tapé !* Exclamation de grande admiration qui se dit devant une belle œuvre. J'étais un jour à table à côté d'une aimable dame. La conversation se porta sur le poète Musset. — *Musset, c'est tapé !* me dit-elle.

TAPECUL, s. m. (parlant par respect). — Ce n'est pas, comme le dit l'Académie, « une voiture cahotante et rude ». C'est une sorte de voiture de campagne, légère, à deux roues et non couverte. Un tapecul peut être très bien suspendu, mais il est évident que l'idée primitive qui a inspiré le nom est celle d'une voiture qui fait taper la seconde partie du mot.

TAPÉE, s. f. — Quantité, grand nombre. *Une tapée de mardous*, Une troupe d'enfants. — Comment une « quantité de tapes » est-elle devenue une « quantité » en général ? L'explication serait-elle dans *poires tapées*, où l'on aurait vu l'idée d'une grande quantité d'objets pressés les uns contre les autres ?

TAPER, v. a. — « Donner des coups à quelqu'un pour le battre ; dites *frapper*. » (Molard.) — Mais « *taper*, frapper », est au Dictionnaire de 1798 !

TAPIS NOIR. — *Le Toine s'est glissé en tapis noir pour me voir coucher, mais je te l'y ai campé une gifle.* — Le fait est qu'un tapis noir n'est pas voyant et ne fait pas de bruit.

TAPISSERIE, s. f. — Papier peint. *Tâche voire moyen de ne pas abîmer la tapisserie !* — Les murs étant autrefois garnis de tapisserie, la dénomination a été conservée lorsque la tapisserie a été remplacée par du papier peint.

TAPONNER, v. a. — Bourrer, mettre en tas, surtout en parlant du linge. M⁻ᵉ de Sévigné emploie *taponner* dans le même sens. Du franç. *tapon*, bouchon. Taponner : mettre en tampon.

TAQUE, s. m., terme de canuserie. — Cale de bois en forme de coin qui, prise entre la tête du rouleau de devant et le pied de métier, servait jadis à maintenir fixe ce rouleau. De mon temps déjà, le taque était remplacé par une roue dentée, avec un chien s'abattant sur les dents. Lorsque l'ouvrier avait fait environ deux pouces d'étoffe, il « tournait devant » pour faire enrouler d'autant l'étoffe, en faisant avancer la roue de deux ou trois dents. Aujourd'hui l'étoffe s'enroule automatiquement à chaque coup de battant, à l'aide d'un mécanisme appelé *régulateur*.

Mettre en taque ou *entaquer*. C'était pro-

prement, après avoir inséré le compasteur (voy. ce mot) dans la rainure du rouleau de devant, fixer celui-ci à l'aide du taque pour commencer à battre. L'expression s'est conservée alors même que l'ouvrier ne sait plus ce que c'est que le taque, et aujourd'hui *entaquer*, c'est mettre le compasteur dans le rouleau, ou simplement, par extension, se mettre en mesure de commencer le tissage de la pièce.

— D'une racine *tac* (voy. *tacon*). Sur l'extension du sens, comp. *petas* (voy. ce mot) qui, de pièce rapportée sur une étoffe, a pris le sens de gros morceau.

TAQUENET, s. m. — Terme d'amitié comme Bouffi, Gros malin, qui s'adresse à un gone un peu patet qui veut faire le tarabâte.

TAQUET, s. m. — *C'est un taquet de moulin.* Se dit de quelqu'un qui parle beaucoup. *Taquet* est pour *traquet*.

TAQUIER, s. m. — Constructeur de bateaux — Depuis que Molard a signalé ce mot, il me paraît tombé en désuétude. — Du celtique *tac*, *tag*, clou, cheville, pointe. De ce que le taquier cheville et cloue les planches composant le bateau.

TARABAT, s. m. — Bruit, bouleversement, remuement bruyant, remue-ménage. — Vieux franç. *tarabat*, tapage, fait sur *rabast* (voy. *rabâter*), avec un préfixe péjoratif.

TARABATE, s. m. — Se dit d'une personne remuante, turbulente. *Mon Guieu, que c't enfant est don tarabâte !* — Subst. verbal de *tarabâter*.

TARABATER, v. n. — Remuer bruyamment. *Se tarabâter*, s'agiter, se tourmenter. *Quand on se tarabâte trop, on se carcine les sanques.* — De *tarabat*.

TARTEIFLE (*ei* prononcé comme en grec). s. m. — Surnom donné aux Allemands. — De *der Teufel*, leur juron ordinaire.

TARTEIFLES, TARTIFLES, s. f. pl. — Pommes de terre blanches. — Du piémontais *tartifla*, même sens, de *terrae tubera*.

TATAN, s. f. — Tante. *La Tatan Pierrette.* — Surnom comique donné à l'hospice de la Charité. *I se fait nourri par la tatan Pierrette*, Il est à l'hospice de la Charité.

TATE, s. f. — Petite tasse d'argent peu profonde, avec une anse, et dont on se sert pour goûter le vin. Elle est en argent parce qu'on y goûte plusieurs successivement, et que l'on croit que l'argent ne transmet jamais les maladies. Autrefois tout bon propriétaire campagnard avait sa tâte, dont il se servait en voyage. Le nom du propriétaire était gravé autour, avec la date d'acquisition. Beaucoup avaient un caractère artistique. — Subst. verbal de *tâter*, au sens de goûter.

TATE-A-C..-DE-POLAILLE, s. m. — Tâte-en-pot, homme qui s'occupe des détails du ménage.

TATE-GOLET, s. m. — Tâtillon, homme timide qui n'ose s'aventurer à rien. Par extension, benêt. — De *tâter* et *golet*, trou. Littéralement qui tâte les trous avant de s'y engager.

TATI, adv. — 1. *Tenir tati, Faire tati*, Résister de toutes ses forces. « Faudra tenir tati, y aura de bousculade, » lit-on dans *les Tribulations de Madame Poularde*. — S'emploie comme interjection. *Tati !* tiens bon ! Expression empruntée à la batellerie et qui représente probablement *tè-ti*, tiens-toi ! — 2. Exclamation pour Assez. Si quelqu'un veut à boire, on lui crie *tati !* quand on veut qu'il s'arrête.

TATOUILLE, s. f — Volée de coups, rossée — Vieux franç. *tatin*, coup, de *taster*, avec substitution du suffixe péjoratif *ouille*.

TAUNE, s. f. — Proprement Frelon, mais abusivement Guêpe. — De *tabana* pour *tabanus*.

TAUPURE, s. f. — Piège à prendre les taupes. Vieilli.

TAVAN, s. m. — Bourdon, Taon. — De *tabanum*.

TAVELÉ, ÉE, adj. — Tacheté, moucheté. — C'est le franç. *tavelé*, peu usité.

TAVELEUSE, s. f. — Ouvrière chargée de la surveillance des tavelles à dévider la

soie grège. Souvent nos canuts les nomment simplement des tavelles. *Y a le garçon à M. Bardot que marie une tavelle de chez Moulineux.*

TAVELLE, s. f. — Bille dont les voituriers se servent pour biller leurs chargements. Par extension, trique en général. — De *tabella*, au sens d'ais, planchette longue.

Sorte de guindre formé de deux roues parallèles sans jantes, composées chacune de quatre ou six rais fixés sur un moyeu et reliés d'une roue à l'autre à leurs extrémités par des ficelles sur lesquelles on place la soie grège à dévider dans les moulinages. — Ainsi nommée parce que les rayons de la roue, qui se raccourcissent ou s'allongent à volonté ont l'apparence d'une tavelle.

TE, pron. régime, explétif. — S'ajoute toutes les fois que l'on veut donner de l'énergie à une affirmation. *Les femmes, ça te vous a un batillon!..... Je te vous fiche mon billet qu'il lui en cuira!..... Je te m'en vas lui renfoncer son compliment!* etc., etc.

TEILLE, s. f. — Écorce de la tige du chanvre. — Du franç. *tille*.

TEILLEUX, EUSE, adj. — Se dit d'une viande fibreuse, filamenteuse. *Un gigot teilleux*. — De *teille*.

TEL. — *Tel que, Tel quel. Mecieu le Merlan, vous laisserez mes cheveux tels que*. Sous-entendu « qu'ils sont ».

TÉMOIN, s. m., terme de construction. — Ce sont des lèches de plâtre ou de ciment que l'on pose en travers d'une lézarde dans un mur qui a donné coup, afin de savoir, par la rupture ou l'intégrité des témoins, si le mouvement se poursuit ou s'est arrêté.

TEMPIA, s. m. — Ustensile du canut. C'est une règle plate, articulée, armée à ses extrémités de pointes appelées *dents*, et qui sert, en faisant entrer les dents dans les deux cordons, à tenir la façure tirante en largeur. — Ital. *tempiale*, même sens. *Tempiale* semble bien se rattacher à l'ital. *tempia*, tempe ; comme le *temple, templet. templu, temploir* (même sens que *tempia)* du tisserand semble bien se rattacher au vieux franç. *temple*, tempe. Mais comment est-on parvenu à voir dans cet outil une analogie avec l'os qui s'étend de l'œil à l'oreille ?

TEMPS. — *Un temps foireux.* Voy. *foireux.* — *Un temps malade.* Voy. *malade.* — *Un temps de dame.* Voy. *dame.* — *Un temps pourri.* Voy. *pourri.* — *Un temps à ne pas se laisser le sou dans la poche.* Voy. *poche.*

Il faut prendre le temps comme il vient, les gens pour ce qu'ils sont, et l'argent pour ce qu'il vaut. Proverbe admirable que l'on devrait avoir toujours présent à l'esprit. Mon maître d'apprentissage le complétait en ajoutant: *et les femmes pour ce qu'elles ne sont pas.* Il entendait que là seulement il fallait avoir des illusions, ce genre d'illusions étant si doux. O sage !

Une heure de temps, deux heures de temps. Voy. *heure.*

Le père Dèchelet est mort. — Quel âge avait-il? — Il était dans ses nonante. — Que voulez-vous, bonnes gens, il avait fait son temps. Expression que vous entendrez toutes les fois qu'il sera question de la mort d'un vieillard. — Allusion au temps du service militaire.

Vous aurez meilleur temps de passer par la grand'route, Cela vous sera plus commode. — Curieuse dérivation de l'idée de temps.

Du temps que, Pendant que, tandis que. *Je m'en vas faire l'omelette du temps que t'iras à la cave.*

TENAILLER, s. m. — Cellier pour les cuves. — De *tine,* cuve. Il est probable que les grandes tines, les cuves, se sont appelées *tinailles.* Comp. *futaille,* de *fût.*

Tenailler ou *tinailler* se disent dans le Bugey et le Mâconnais. Dans le lyonnais on dit *cuvier.*

TENAILLES. — *Monter à cheval comme une paire de tenailles sur le cul d'un chien.* — C'était un peu ma manière.

TENDRE. — *Tendre comme de bave.* Voy. *bave.* — *Tendre comme la rosée.* Voy. *rosée.*

TENDRIÈRE, s. f., terme de carrier et de tailleur de pierre. — Partie friable d'une pierre de taille ou d'un rocher exploitable. — De *tendre.*

TENDUE, s. f. — Toile destinée à couvrir les bateaux.

TENIR. — *Tenir coup.* Voy. *coup.* — *Tenir tati.* Voy. *tati.*

Tenir tirant, Est aux canuts ce qu'est *tenir tati* aux mariniers. Un supposé que vous allez rendre visite à un ami malade : *Allons, mon vieux,* lui direz-vous en manière d'encouragement, *tiens tirant !* Autant dire : « Tâche moyen de ne pas te laisser glisser ! » J'entendais un jour la Marion, de Saint-Laurent-d'Agny (elle était canuse), qui disait à sa mère : *Môre, lo grand Coyôrd, la Têta-blanchi, i est-i pôs voutron parrain? — Oua. A causa? — A causa de rin. Ah, varmina ! l'outro djor, voliet-t'i pôs !... — O y equiet par plésantô ! — Plésantôve rin du tot! Se j'aviè pôs tegni tirant !...*

De ce que, en canuserie, pour faire de la bonne ouvrage, il faut tenir la longueu toujours tirante, et régulièrement tirante.

Tenir pied, aux boules, Tenir, en jouant, le pied sur la raie qui marque l'endroit d'où l'on joue. *Veux-tu bien tenir pied !* — Au fig. *Je le forcerai bien à tenir pied,* c'est-à-dire à ne pas se départir du droit chemin. — Être assidu à un travail, veiller de près une affaire. *Quand on a l'honneur d'être canut faut teni pied à l'ouvrage.*

Tenir de rejuint, Tenir quelqu'un serré, sans lui laisser sa liberté. *La Pierrette, c'est une fille que faut teni de rejuint.* Cela s'entend, Tenir près de soi.

Tenir une marchandise, en parlant d'un marchand. *Le bazar tient-il des seringues ?* (ou toute autre marchandise).

TENTATIF, adj. — Tentant. Ne s'emploie guère qu'avec le pronom neutre. *La Thérèse a un petit, mais elle a six mille francs devant elle. C'est bien tentatif.* — Tentatif est incorrect, mais *tentant* est horrible.

TENTE, s. f. — Banne au-devant des magasins. — De *tenta,* participe de *tendere.*

TENUE, s. f., terme de canuserie. — Se dit de plusieurs fils de la chaîne qui sont capiyés, et par ainsi ne peuvent pas passer dans le remisse. Manquablement ça fait vilain.

TERMOYER, v. n. — 1. Prolonger le temps d'un payement. *Le désordre de ses affaires l'a forcé de termoyer.*

2. Ajourner, temporiser. *Dans toutes les affaires, il n'est bon qu'à termoyer sans rien finir.*

TERNIGASSER, v. n. — Lambiner, muser, perdre son temps.

C'est z'une affaire où i faut pas ternigasser. — Probablement pour *ternigasser*, de *terme*, avec un suffixe de fantaisie, péjoratif et comique.

TERRAILLE, s. f. — Vaisselle de terre. *Un marchand de terraille*, Un marchand de poteries. *Il est arrivé une penelle de terraille.* Le nom de la rue Terraille tire son origine d'une poterie.

TERRAILLER, v. a. — Creuser, remuer la terre. *I sont en train de terrailler pour les fornifications.* — De *terre*, avec le suffixe fréquentatif *ailler*.

TERRASSE, s. f. — Terrine pleine de braise. C'est le *brasero* espagnol et italien. On dit le plus souvent *terrasse de boulanger* parce que c'est chez le boulanger voisin qu'on prend la braise. Aubigné l'emploie simplement au sens de grande terrine : « Me boilà une terrace pleine de pissat. » (*Fœneste.*) — De *terre* (parce que le récipient est en terre) avec un suffixe agrandissant *asse*.

TESTICOTER, v. n. — Contester aigrement et à propos de vétilles. *Se testicoter*, Se piquer mutuellement. Dans beaucoup de ménages le mari et la femme ne font que se testicoter. Corruption d'*asticoter* sous l'influence de *testé*, tête. *Se testicoter*, Se picoter la tête, s'attraper mutuellement par la bourre.

TÊTE, s. f. — *Avoir bonne tête*. Voy. *bonne*.
Ne savoir où donner de la tête, Avoir si tellement à faire qu'on ne sait par où commencer.
Réciter de tête, Réciter sans avoir le livre. — *Dessiner de tête*, Dessiner de mémoire.
Avoir la tête près du bonnet, Être colérique, emporté. Très curieuse métaphore.
Quand on n'a pas bonne tête il faut avoir bonnes jambes.
Tête d'oreiller, Taie d'oreiller. — Aussi pourquoi ne pas dire flène ?
Tête de cheminée, Souche, partie de la cheminée au-dessus du toit.
Tête de mogniau, terme de canuserie, Gros bourron à un fil de la chaîne.
Tête roulée. Voy. *fromage*.
Une tête carrée, Un Allemand, parce qu'on prétend que les têtes carrées sont plus entêtées que les autres.

TETER, v. n. — Au jeu de boules. *Une boule qui tette*, se dit d'une boule qui touche le petit. C'est une métonymie, car ce serait plutôt le petit qui tette.
Il ferait teter un veau de quatre ans (c'est-à-dire un taureau). On dit quelquefois *un vieux bœuf*. — Se dit de quelqu'un qui sait si bien s'y prendre, qui a la langue si persuasive, qu'il persuade ou fait accepter les choses les plus invraisemblables. Un bon diplomate doit savoir faire teter un veau de quatre ans. — Cette expression nous est certainement venue de la campagne.

TETET, s. m. — Sein de la nourrice. *Faire son tetet*, Teter. Le bon Chapelon dit de façon charmante : « Je voudrais, loin de l'injustice, être encore dans mon méchant berceau, et, dans les bras de ma nourrice, sucer mon petit tetet. »

TÊTU, s. m. — Gros marteau carré d'un côté et pointu de l'autre, avec lequel on dégrossit les pierres que l'on veut tailler. Les moellons *ététués* (voy. ce mot) sont les moellons travaillés au *têtu*, par opposition aux moellons *piqués*, travaillés plus finement à la pointe.

THÉRÈSE, s. f. — Capuche que portaient autrefois les femmes, et qui avait quelque analogie avec le voile des converses carmélites. D'où le nom.

THÉRIACLE, s. f. — Thériaque. — *Thériacle* est un souvenir de la forme primitive *triacle*, *thriacle*.

THOMAS, s. m. — (Voyez *pot*.) — Ce mot doit venir du langage militaire. Un caporal facétieux aura fredonné, au moment de la corvée, et avec la prononciation de circonstance, la strophe de la prose pascale : *Vidé Thomas, vidé l'as-tu ?...*

TIENS. — Exclamation à la vue de quelque chose d'inattendu. *! Tiens, tiens, Polaillon que s'amène !* — C'est le *té*, *té* des Provençaux si souvent employé par Alphonse Daudet.

TIGNASSE, s. f. — Chevelure surabondante. C'est pourquoi, à Saint-Pierre, m'avait-on surnommé *Tignasse*.

TIMBRÉ, ÉE, adj. — Demi-fou, qui a le cerveau légèrement dérangé. — On a considéré le cerveau comme un timbre qui reçoit un coup. Comp. *toqué.*

TINTEBIEN, s. m. — C'est un bâtis en bois, des fois en osier, en forme de tronc de pyramide ou de tronc de cône monté sur des roulettes, dont la partie supérieure, plus étroite que le bas, arrive sous les aisselles des petits mamis. Ceux-ci, une fois engagés dans l'appareil, se promènent en traînant le tintebien avec eux, et sans crainte de chute. Par ainsi la meman peut faire tout ça que lui passe par la tête sans se tourmenter du mami.

TI PAS. — Voy. *pas*, loc. On dit aussi : *Viendrez-vous t'i?* Toujours par analogie avec *viendra-t-il?*

TIRAGE, s. m., TIRE, s. f. — Tiraillements, difficultés. *Ce mariage ne s'est pas fait sans tirage*, Sans difficultés. *Il y a de la tire dans le ménage.* Le mari et la femme ne s'entendent pas.
Tirage de sonnette, terme de serrurerie, Poignée pour tirer la sonnette.
Tire-cheveux. — *Se prendre à tire-cheveux*, S'empoigner par la bourre. *Le marquis et la marquise se prirent à tire-cheveux*. (Octave Feuillet.)
Jeter des dragées à la tire-cheveux. Voyez *grispipi.*

TIRANNIE. Voy. *tiranture*.

TIRANT. — *Tenir tirant.* Voy. *tenir.*

TIRANTURE, s. f. Plusieurs disent TIRANNIE, s. f., terme de canuserie. — Tension des fils de le chaîne. *Faut mettre de pesouls dans ta besace, ta longueur n'a pas assez de tiranture.* — De *tirer*, fondamentalement.

TIRÉ. — *Tiré comme une l.* Se dit de quelqu'un tiré à quatre épingles.

TIRÉE, s. f. — Action de tirer. *D'ici Roanne y a une bonne tirée de grollons.* Ça, c'est vrai. Pourtant mon père alla une fois de Lyon à Roanne en un jour. Quant à prendre la voiture des frères Talon pour aller à Saint-Galmier, où il avait une féculerie, il n'y faillait jamais.

TIRELLE, s. f., terme de canuserie. — Lorsqu'une pièce est terminée, le canut laisse, entre deux minces bandes d'étoffe, une bande de chaîne non tissée dans laquelle il a passé le compasteur (voyez ce mot). L'ensemble des deux bandes et du morceau de chaîne se nomme tirelle. Elle servira plus tard d'amorce pour recommencer la nouvelle pièce (voy. *égancettes*).
Peigne de tirelle. Voy. sous *peigne.*

TIRE-LONGE, s. f. — Se dit d'une longue route. *Quand j'ai t'ayu vu cete tire-longe devant moi, ça m'a donné une soife !* — On ne s'explique pas clairement qu'on tire la longe d'un cheval en faisant une route à pied. *Longe* doit être un jeu de mots pour *longue.*

TIREPILLE, s. f. — Partie cartilagineuse de la viande par opposition à la pourpe (voy. ce mot). — Subst. verbal. de *tirepiller* parce qu'il faut censément tirepiller cette portion de la viande avec les dents pour la pouvoir manger.

TIREPILLER, TIRIPILLER, v. a. — Tirailler avec violence, tirailler en déchirant. *Se tiripiller*, Se déchirer mutuellement les habits. De *tirer*, plus une seconde partie, qui n'est point *piller*, comme on le pourrait croire, mais le vieux franç. *peille*, lambeau. Tirepiller, tirer en lambeaux.

TIRER, v. a. — Les grammairiens sont toujours tout plein récréatifs. « *Tirer son chapeau*, dit Humbert, est une expression vicieuse. » Il n'avait pas lu Voltaire: « Les préjugés sont de trop grands seigneurs pas pour que je ne leur tire mon chapeau. » Et Littré donne pour exemple: « *Tirer son chapeau*, l'ôter pour saluer. Il ne m'a pas tiré son chapeau. »
Tirer au pistolet est également proscrit par le même. Il veut qu'on dise *tirer le pistolet*, Mais Littré donne les exemples : « Tirer au pistolet, au fusil, à la carabine. » Bon lecteur, emploie ces expressions en sûreté de conscience, sans te marcourer le menillon !
Tire-toi voire un peu plus loin, Recule-toi un peu.
Se tirer, S'écarter. *Je me suis tiré de côté pour laisser passer cete dame.*
Faire tirer son portrait — Se faire tirer en peinture — Tirer un paysage, Le reproduire en peinture. Le pauvre Lavie (qui se

souvient de son nom ?) peignait un jour à Sainte-Consorce un paysage d'après nature. Un paysan le regardait faire d'un air narquois. Au bout d'un moment le paysan dit : *Vos tiri ce l'ôbre ? — Eh oui ! — Au bout d'un autre moment: Vos tiri cela méson! — Eh oui ! — Comme iquien vos tiri tot ? — Eh oui! — Ben, tiri don mon c.. !* (Historique.)

On ne peut pas tirer ses longueurs. Se dit d'une affaire, d'une entreprise où l'on ne peut joindre les deux bouts. — Un menuisier, un maçon vous dira : *A ce prix-là je ne peux pas tirer mes longueurs.* Pour tirer les longueurs successives qui composent une pièce, il faut pouvoir vivre en les tissant.

Tirer le vin n'est pas la même chose que *tirer du vin.* Dans le premier cas on tire le vin de la récolte pour le mettre en tonneaux, dans le second cas, on le tire au tonneau pour le boire.

Tirer les yeux, Les crever. « Folie tire les yeux à l'Amour, » dit Louise Labé dans le *Dialogue de Folie et d'Amour.* On dira encore : *La reverbération du soleil dans cete vitre tire les yeux.* Métaphore pour Les offense grièvement.

On dit aussi en parlant d'un objet qu'on cherche : *Je suis sûr qu'il me tire les yeux,* pour dire : Je parie qu'il est en évidence, et pourtant je ne le vois pas.

Tirer peine. Voy. *peine.*

Tirer de, Ressembler. *La petite tire de sa grand'.* Lui ressemble.

Tirer droit sur, Se diriger droit sur quelque objet. *Vous tirerez droit sur ce cret,* Vous vous dirigerez en ligne droite sur ce sommet. Cette dérivation du sens de *tirer,* qui signifie amener à soi, au sens contraire de se déplacer vers un objet, a son origine dans l'idée de tirer un trait sur cet objet.

Tirer le lait, tirer les vaches, sont, n'en déplaise à maints grammairiens, des expressions correctes (voy. Littré à *tirer*).

Tirer une boule. Voy. *boule.*

Tirer un plan. Voy. *plan.*

TIREUR, s. m. — 1. Celui qui, au jeu de boules, fait sa spécialité de tirer, par opposition au *pointeur,* celui qui fait sa spécialité de pointer.

2. Dans le métier antérieur à la Jacquard, c'était le jeune garçon qui tirait les lacs du semple.

3. *Tireur de fers.* C'est un gone qui tire les fers dans les velours frisés trop larges pour que le canut puisse tirer les fers lui-même. Il les pose ensuite sur la façure, mais c'est le canut qui les passe.

TIRIGOUSSER, v. a. — Houspiller, secouer, tirailler. « C'est Lacandeur, bien sûr, qu'a crevé mon andouille, — En me tirigoussant. » (*Une Partie de campagne.*) — De *tirer,* avec un suffixe comique de fantaisie.

TISANE. — *Tisane de polisson.* Voy. *coco.*

TISONNASSE, s. f. — Se dit d'un morceau de charbon de bois mal carbonisé qui ne brûle pas et répand de la fumée et de la mauvaise odeur. *Ce sale charbon est tout en tisonnasses.*

TISSEUR, EUSE, s. — Canut, use. Ce mot n'est pas français; il n'a pas été admis par l'Académie. Il n'est pas lyonnais non plus, car on le chercherait vainement dans toutes les pièces relatives à la fabrique, si ce n'est depuis un certain nombre d'années relativement peu considérable. Les anciens documents ne parlent jamais que des *ouvriers en soye.* On ne rencontre même le mot de tisseur dans aucune pièce touchant l'insurrection de novembre 1831, qui fut cependant l'œuvre des canuts. — Au rebours, aujourd'hui, le nom d'ouvrier en soie est proscrit et l'on n'emploie que celui de tisseur. Je suppose qu'il a été introduit pour flatter l'amour-propre des canuts, qui ne sont ainsi plus qualifiés d'ouvriers. Le mot a existé au moyen âge, mais très exceptionnellement (on disait *tissier*). Littré ne donne qu'un seul exemple. Les dictionnaires ne le contiennent même pas (pas même Barré, 1842, ni Bescherelle, 1861), sauf Trévoux qui le donne au Supplément pour tisserand en étoffes de laine. Je ne sais qui le premier l'a revivifié en déviant le sens.

TOCASSIN, s. m. — 1. Tocsin. — 2. Vacarme, boucan, grand bruit. *Quel tocassin qu'i font là-bas ?* — Vieux franç. *toquesin.*

TOCASSINER, v. n. — Heurter de façon répétée, faire du tapage, surtout en choquant des objets, sonores les uns contre les autres. *T'amuse don pas à tocassiner avè ces pots !*

TOILE. — *La toile du ventre.* Se dit pour *coiffe du ventre.* Voy. *coiffe.*

TOILETTER (SE), v, pr. — Faire sa toilette. *Le temps de me toiletter et je suis à toi.*

TOISE, ÉE, adj. — Fini, ie, achevé, ée, avec sens péjoratif. *C'est une affaire toisée.* D'un négociant: *Il a son concordat, mais c'est un homme toisé.* S'emploie pour mort. *Le pauvre b..... est toisé.*

TOLÉE, s. f. — *Une tôlée de pâtisseries.* Certaines pâtisseries se mettent au four rangées par douzaines sur des plaques de tôle. D'où le nom. Un de mes amis avait bon appétit. A une foire, à Moulins, il demande à un pâtissier combien il lui prendrait pour manger des pâtisseries à discrétion. *Cent sous*, fait le pâtissier croyant le voler de quatre francs cinquante. *— Tope! mais vous donnerez une chopine de vin blanc pour les faire passer !* — *Entendu!* — Le pâtissier apporte une tôlée, deux tôlées, voyant avec inquiétude que son client ne buvait pas. Enfin, après la quatrième tôlée, celui-ci met un demi-doigt de vin dans son verre. — *Vous ne buvez que ça! — Faut ben que j'en oye pour jusqu'à la fin !* — Épouvanté, le pâtissier lui rendit ses cinq francs et résilia le marché. — Il était temps ! l'autre était tube, s'il n'avait bu un grand verre d'eau ! Mais il avait mangé gratis pour quarante-huit sous de pâtisseries.

TOMBÉE, s. f. — Surcroît, affluence, en parlant des personnes. *Cet hôtel a la tombée des commis-voyageurs.* Se dit de gens qui arrivent inopinément pour dîner. A la maison, nous avions des fois la tombée de quatre cousins de Mornant.
La tombée de la nuit, la chute du jour. Les deux images, quoique opposées, sont également justes. La nuit semble bien tomber du ciel. Aussi, bien que l'expression ne figure pas dans les dictionnaires, elle me paraît susceptible d'emploi.

TOMBER, v. n. — *Tomber en faïence.* Voy. *faïence.*
De la rue de l'Enfant-qui-pisse, vous tombez dans la rue Longue. C'est une métaphore, car vous n'êtes pas obligé de faire une chute en arrivant dans la rue Longue.
J'ai glissé sur une écorce d'orange et j'ai tombé les quatre fers en l'air. Par comparaison, censément, avec un âne.

Arriver, en parlant des fêtes. *Cette année, le jour de l'an tombe un treize.*
Tomber, v. a. — Renverser. *En se tiripillant, l'André a tombé le Jean-Pierre.* — Archaïsme. Tomber s'employait au sens actif dans le vieux français.
Il en tombe comme qui la jette. Il pleut à verse, il en tombe moins qu'une avale d'eau, mais de façon plus continue qu'une singotte.

TOMBURE, s. f. — Chute. *J'ai fait une tombure sur mon prussien.* C'est des fois de mauvaises tombures.

TOMME, s. f. — 1. *Fromage frais.* — 2. Lait caillé à l'aide de présure. — 3. Petit fromage. *Tomme*, dans ce dernier cas, est pour *fromage de tomme.* — Origine celtique. La racine a, dans les langues celtiques, le sens d'agglomération, masse.

TONNE, s. f. — Tonnelle. De *tonne*, futaille, parce que la tonne s'est faite primitivement en forme de voûte, arrondie comme un tonneau scié en deux parties dans le sens de sa longueur. Comp. l'angl. *tunnel.*

TOPETTE, s. f. — Fiole en verre blanc, de forme très allongée, à long goulot, qui doit contenir 125 grammes environ. Mais il y a la *double topette.* Aujourd'hui les topettes (agiter avant de s'en servir) ne s'emploient qu'en pharmacie. — Duvieux allemand *toph*, pot.

TOQUÉ, ÉE, adj. — Timbré, extravagant. De *toquer*, frapper. Toqué : frappé au cerveau. Comp. le patois *fiéru per la tèta* (frappé à la tête), fou.

TORCHÉE, s. f. — Volée de coups. *Se flanquer une bonne torchée.* — De *torcher*, battre, qui est français.

TORCHER, v. a. et n. — Manger de grand appétit. *Nous ont torché en cinq minutes à deux un gigot de six livres.* Extension du sens de *torcher*, essuyer. *Torcher les plats*, Manger les mets de façon à essuyer les plats.

TORCHETTE. — *Nette comme torchette.* Voyez *nette.*

TORCHON, s. m. — *Un torchon de paille.* Un bouchon de paille.

Un torchon de pain, Un gros carrichon de pain. — Du vieux lyonn. *torche*, sorte de pain, lui-même de *torcare*, pour *torciare*, sans doute parce que le pain avait une forme de tresse. Comp. *tourte*, de *torta*.

Se donner un coup de torchon, Se donner une tatouille.

Le torchon brûle. Se dit d'une brouille, d'une picoterie dans le ménage. — Curieuse métaphore, dont l'origine est difficile à expliquer.

TORDEUSE, s. f. — Ouvrière chargée de *tordre* (voy. ce mot).

TORDRE, v. a. — *Tordre le nez à quelque chose*, Refuser de le faire, ou ne le faire qu'avec répugnance. *Le pipa a tordu le nez à ce mariage... Fallait cracher au bassinet*, M. Crassaud a tordu le nez,

Ne faire que tordre et avaler, Manger avec une telle faim qu'on ne prend pas le temps de mâcher.

Terme de canuserie. Opération qui consiste à lier, en le tordant et en l'imprégnant de gomme, chacun des fils de la chaîne qui finit à chacun des fils de la chaîne que l'on va commencer à tisser.

TORDU, UE, adj. — Mort, te. *Le pauvre b..... est tordu.*

TORMENTINE, s. f. — Potentille, tormentille, plante dont la racine contient du tannin, et qui était autrefois très employée par le peuple.

TORT. — *Faire tort à ses connaissances.* Euphémisme pour Montrer, par ses paroles ou par sa conduite, son ignorance en telle ou telle matière. A table d'hôte : *La mère d'Henri IV était bien Jeanne d'Arc ? — Monsieur, vous faites tort à vos connaissances ; c'était Jeanne d'Aragon.*

TORTILLER. — *Se tortiller*, en marchant. Cette expression, signalée par Humbert comme incorrecte, est absolument française au même titre que *Ce ver se tortille*, exemple donné par l'Académie dès 1835.

> *Tortillez-vous donc,*
> *Mam'sell' Suzette,*
> *Tortillez-vous donc sur vos rognons !*

dit une de nos vieilles chansons populaires.

Tortiller des fesses (parlant par respect, Reculer, renacler. *Allons, faut pas tortiller des fesses ! Faut dire à la femme que te vas avé de z'amis, et que te rentreras pas ce soir avant neuf heures.*

TORTILLONS, s. m. — Tordions, torsions. *J'ai des tortillons dans le ventre*, J'ai des coliques avec la sensation de torsions.

TOT-FAIT, s. m. — Sorte de gâteau, rapidement cuit, dont l'origine est, je crois, dauphinoise.

TOUR, s. m. — *Faire son grand tour, son petit tour.* Voy. *faire.*

En un tour de main, En aussi peu de temps qu'il en faut pour tourner la main, Pourquoi blâmer, ô Molard, cette expression si naturelle ? « Dites : En un tourne-main, » ajoute-t-il. L'un et l'autre sont bons, quoique, je l'avoue, j'aie un faible pour tournemain, devenu un peu archaïque.

Plus souvent qu'à son tour, Très souvent. *Le Tony va-t-i quèquefois chez la Rosa ? — Il y va plus souvent qu'à son tour.*

TOURMENTE, s. m. — Se dit d'une personne qui vous harcèle de ses importunités, de ses insistances. *Mon Guieu que ce gone est don tourmente ! I veut toujours savoir à quoi que l'on connaît le fenne de le z'hommes quan i sont pas habillés !* — Subst. verbal de tourmenter.

TOURMENTE-CHRÉTIEN, s. f. — Même sens. On a déjà eu l'occasion de remarquer que *chrétien* s'entend de l'homme en général (voy. *chrétien*). Ce mot de *tourmente-chrétien* se retrouve dans la basse Auvergne, dans le Piémont, et jusqu'à Gênes. Chez nous, l'idée d'homme ou de chrétien a disparu sous l'idée générale de tourmenter, et quand je turlupinais le chat, mon père ne manquait jamais de me traiter de tourmente-chrétien.

TOURMENTINE, s. f. — Térébenthine. Vieilli. — Vieux franç. *tourmentine*, de *terebenthina*, par la marche suivante : *trebentine, trementine, termentine, tourmentine.*

TOURNE, s. f., terme de jeu de cartes. — La Retourne. *Quelle est la tourne ?*

TOURNER. — *Tourner l'œil.* Ignoble expression que quelques-uns emploient pour dire Mourir.

Tourner l'œil signifie surtout chez nous s'évanouir. *Ça lui a si tellement fait d'effet sur le moment qu'elle en a tourné l'œil.*

Tourner devant, terme de canuserie, Faire avancer de quelques crans, à l'aide de la cheville à tourner devant, le rouleau de devant au fur et à mesure de la fabrication de l'étoffe. Aussi, dit la chanson :

> *Je vois aller la fabrique ;*
> *Rien ne me rend plus content.*
> *Tous les gens de la boutique*
> *Tournent devant très souvent.*

Au jour d'aujourd'hui, le rouleau tournant à cha-peu sous l'action du régulateur, on ne tourne plus devant, sauf qu'on ait besoin de raccourcir la façure. Dans ce cas, il suffit de tourner la manivelle dont le régulateur est pourvu à cet effet.

Au fig. Expédier une besogne, avancer à l'ouvrage. Un jour, avec un vieux canut, nous voyons passer une jolie canuse, bien allurée. *Eh, eh,* qu'il me dit, *en voilà une qui ne demande qu'à tourner devant !*

Tourner le corps, Tourner les sangs, La même chose que *retourner les sangs* (voy. *retourner*).

Tourner, au jeu de cartes. *Qu'est-ce qui tourne ?* De quoi tourne-t-il ?

TOURNIQUET, s. m. — C'était le nom donné au tour des Enfants trouvés, pratiqué dans le mur de la Charité. *Le tourniquet de la pierre qu'arrape* (voy. *pierre*). — *Porter un enfant au tourniquet... C'est un enfant du tourniquet.*

TOURTE, s. f. — Disque de pâtisserie à bords relevés, recouvert d'une couche de confiture, sur laquelle on place un treillis de bâtonnets de pâte sucrée et dorée. Telle est exactement la vieille tourte, dont le nom s'est étendu à des gâteaux de forme analogue, mais aux fruits ou à la frangipane et sans treillis, qui ne diffèrent pas de la tarte ordinaire. — De *torta,* probablement de ce que les bords étaient primitivement tordus en façon de torsade.

TOURTERELLE. — Une délicieuse naïveté de ce bon Molard : « TOURTERELLE. Oiseau qui hante les bois. Quand on parle de cet oiseau comme bon à manger, on le nomme *tourtre,* s. f. Servir des *tourtres,* de bonnes

tourtres. » — Comme les élèves de ce digne homme étaient exactement renseignés ! Le *tourdre (turdum),* espèce de grive, n'a, comme on le sait, rien à voir avec la *tourterelle (turtur).* C'est à tort que Littré fait *tourdre* féminin.

TOUS. — *En partie tous.* Voy. *partie.*

Tous et un chacun. Charmant pléonasme archaïque pour bien expliquer que personne ne fait exception. Il est curieux que les Allemands aient la même locution : *Alle und Jede.* — Il est inutile d'ajouter ensemble comme font quelques-uns : *Tous et un chacun ensemble.*

TOUSSE, s. f. — Toux. *J'ai une tousse que ne me laisse gin de relâche.* — Subst. verbal de *tousser.*

TOUT. — *Elle est jolie comme tout... Ça tient comme tout... C'est bête comme tout* (voy. *bête*). Se dit de tous les objets quelconques, tout pouvant se comparer à tout.

C'est bien de tout comme de tout. Adage que l'on répète à chaque instant de la journée, et qui exprime un désabusement de la vie qui n'est pas même dépassé par celui de l'Ecclésiaste. Cela veut dire : Tout revient au même, Rien ne vaut la peine de rien. *Il est riche mais il n'est pas heureux.* — *C'est bien de tout comme de tout.*

Tout de même, adv. — 1. Volontiers, Je n'y vois pas d'obstacle. *Vons-nous ce soir à Guignol ? — Tout de même.*

2. Exclamation répondant à Vraiment, C'est étonnant. *Abîmer sa femme parce qu'elle vous a fait ....! Tout de même, c'est roide !* disait notre bon voisin, M. Manivelle. — *Fectivement, c'est pas juste,* répondait mon bourgeois : *vous l'avez pas seulement sentu, et vous lui faites mal !*

Tout nouveau, tout est beau. Se dit en parlant des jeunes mariés.

C'est tout le bout du monde. A peine. *Avé ce l'article, c'est tout le bout du monde si en cigrolant sa navette quatorze heures par jour, on arrive à manger du pain rubis.* Locution très énergique, mais dont la formation est difficile à expliquer.

TOUTE-BONNE, s. f. — Espèce de sauge, *salvia sclarea.* — De ce que ses infusions sont bonnes pour tous les maux.

TOUTES. — *Toutes fois et quantes,* Autant de fois. Cet archaïsme est encore employé de fois à autres.

TRABOULER, v. n. — S'emploie seulement dans l'expression *Une allée qui traboule*, Une allée de traverse. J'avais cru le mot tiré de l'argot, mais il est bien lyonnais. — De *tra* (*trans*) et *bouler*, rouler, *Allée qui traboule* est pour allée par où l'on traboule, comme *allée qui traverse* pour allée par où l'on traverse.

TRACOLE, s. f. — Loquet. — De *tra* (*trans*) et du patois *cola*, couler. Comp. le patois *trocola*, piège à trappe pour prendre les oiseaux.

TRAFIC, s. m. — *Mener un trafic*, Faire du bruit, du boucan, du remuement. *I n'ont mené un trafic pour cette noce!* — Dans toutes les langues, trafic ou son équivalent a été pris au fig. pour mouvement, bruit.

TRAFIQUER, v. n. — Remuer, ravauder, bourlayer. Voy. *trafic*.

TRAFUSER, v. a., terme de fabrique. — Accomplir une opération qui consiste à mettre un matteau à une cheville, et, plaçant les deux poings à l'intérieur du matteau, à lui imprimer des secousses et un mouvement de rotation qui a pour but de séparer les flottes. On subdivise ensuite la flotte en *flottillons* (voy. ce mot), afin de faciliter le dévidage. — De *tra* (*trans*) et *fusare*, répandre.

TRAFUSOIR, s. m., terme de fabrique. — Arbre vertical portant des chevilles pour trafuser la soie.

TRAFUTER, v. n. — Même sens que *trafiquer*, dont il est peut-être une dérivation fantaisiste.

TRAILLE. — *Manquer la traille*, Manquer l'occasion favorable. Comp. *manquer le coche*.

TRAIN. — *Faire du train*, Faire du boucan, du bruit. On dit aussi *faire le train*. *Le chien a fait le train cette nuit*.

TRAINARD, DE. — Nous l'employons comme adjectif. *Un ton traînard*.

TRAINASSE, s. f. — 1. Nous donnons ce nom à divers végétaux dont les tiges traînent sur le sol. Ce sont la renouée des oiseaux,

polygonum aviculare; une graminée dénommée l'*argrostis*, et l'ers, *ervum hirsutum*.

2. Terme de construction. Se dit d'une gaine horizontale, placée dans le sol, pour aller chercher une gaine montante, comme cela se pratique des fois pour des fourneaux isolés du mur.

TRAINE-FESSES, s. m. — C'est le nom qu'au début le populaire donna aux tramways, mot qui avait, surtout à la lecture, un caractère étranger et bizarre. Mais petit à petit la forme *tramevet*, très euphonique et très élégante, a pris le dessus. Sans compter qu'au moins de cette manière l'on parle français.

TRAIN-TRAIN. — *Mener son petit train-train*, Continuer le courant d'une vie modeste. *Train-train*, par l'allongement même, est le diminutif de *train*.

TRAITER, v. a. — *Traiter quelqu'un*, Le recevoir, lui offrir à dîner. — Analogie avec *traiteur*. Traiter: faire à l'instar des traiteurs.
Les médecins l'ont traité pour une fluxion de poitrine. Paraît qu'il faut dire: *D'une fluxion de poitrine*. Ça me semble bien refendre les cheveux de vierge en six.

TRALALA, s. m. — *Le grand Tralala des Indes*. Se dit de quelque chose d'extraordinaire, pour lequel on a tout mis sens dessus dessous, d'une fête à tout casser, — *C'est pas une noce qu'i n'ont fait pour M*me *Goulinsson, c'est le grand tralala des Indes*.

TRAME. — *Trame tirante*, Défaut à la pièce du canut, déterminé par un coup de navette où la trame, ayant rencontré quelque difficulté pour se dérouler, a trop tiré. On corrige le défaut en coupant adroitement la trame au cordon, et en desserrant l'étoffe avec l'ongle.

TRAMEVET, s. m. Voy. *traîne-fesses*.

TRAMPALER, v. n. — Tituber. *C'est z'un homme qui boit ses six pots sans trampaler*. Pour *tituber*, la langue lyonnaise est très riche: *trampaler, balmer, zigzaguer, faire des esses, aller de gaviole.* — C'est la forme urbaine du patois *trampalô*, même sens, d'un radical germanique qui signifie piétiner. *Y avait de l'eau dans le vin, l'autre* jour, ça me dérange. *Quand y a que la graine pure, je trampale même pas*, dit Guignol dans *Un dentiste*, pièce de l'ancien repertoire.

TRANCANAGE, DÉTRANCANAGE, s. m. — Action de trancaner, au propre et au fig.

TRANCANER, DÉTRANCANER, v. n., terme de fabrique. — Dévider sur la machine appelée *trancanoir*. Lorsque la soie sortant de la teinture est remise à la dévideuse, celle-ci met les flottes sur les guindres et dévide sur les roquets. Comme la flotte est sujette à s'embrouiller, le fil tire à ces moments, et fait une *serrée* sur le roquet. A l'ourdissage, le fil pourrait casser. Pour régulariser, on dévide une seconde fois le fil sur le *trancanoir* (voy. ce mot). Faire cette opération, c'est *trancaner* ou *détrancaner* la soie (voy. détrancaner). — Au fig. Transvaser. *Trancane don ce vin, qu'y a de la bourbe au fond*. — De l'ital. *stracannare*, mot technique. Au xvᵉ siècle *stracannare ja seta*, « passarla da una altra canna ». Ital. *scannare*, dévider. Le mot a été importé avec l'industrie de la soie.

TRANCANOIR, DÉTRANCANOIR, s. m. — Sorte de dévidoir. — De *trancaner*, avec le suffixe *oir*, applicable aux objets moyens d'action.

TRANCHET, s. m. — *Trier sur le tranchet*, Trier sur le volet. Cette locution, proscrite par Molard, me paraît tombée en désuétude. Il est vraisemblable que *tranchet* signifie ici la planche à *trancher*, vulgairement nommée planche à hacher.

TRANSON, s. m. — Gros morceau. Se dit surtout en parlant du pain. *Un transon de pain*, Un gros morceau de pain. — De *truncionem*, de *truncum*.

TRANSPARENT. Voy. *guide-âne*.

TRAPOT, OTTE, adj. — Gros et court. — C'est *trapu*, avec changement de suffixe. C'est par erreur que Littré indique la forme *trapet* comme lyonnaise. Du moins, je ne la connais pas.

TRAPPON, s. m. — Trappe pratiquée dans le plancher d'un grenier ou d'une cave. — Diminutif de *trappe*.

TRAQUENARD, s. m. — Tarare, van mécanique pour le grain. — De *traquenard*, piège à loups, parce que le tarare se compose de palettes qui sont mises en jeu par un mouvement de rotation, et font assez bien l'effet de trappes qui tombent, et en rappellent le bruit.

TRAQUE, s. des 2 g. — Écervelé, timbré, demi-fou. *Le Fiacre n'est pas méchant, mais il est un peu traque*. — D'une racine *trac*, exprimant le dérangement d'un ressort, d'une mécanique, et qui est peut-être une onomatopée. Comp. *détraquer*, et l'argot *avoir le trac*.

TRAQUOIRE, s. f. — Fille écervelée, à tête faible. *La Lympe a fait de gognandises, mais c'est pas pour faire mal; c'est une traquoire*. — De *traque*, avec le suffixe *oire*, qui devient péjoratif, lorsque, au lieu de s'appliquer aux objets, il s'applique aux personnes, qui sont alors comparées à des objets métalliques.

TRAS, s. m. — Solive. Il y a deux espèces de tras: le tras ordinaire de 8 cent. de largeur par 11 cent. de hauteur, et le *tras de matte*, de 16 cent. sur 16. Les premiers s'assemblent dans les poutres ; les seconds sont posés sans assemblage, et simplement en prise dans les murs. — De *trabem*.

TRASSAUTER. Voy. *tressauter*.

TRAVAILLER. — *Travailler comme un massacre*. Voy. *massacre*.
 Travailler sur l'or, sur l'argent. « Dites Travailler l'or, l'argent. » — Je le veux bien, ô grammairiens subtils ! Pourtant on ne peut dire de quelqu'un qui grave sur l'or, par exemple, qu'il *travaille l'or :* il travaille bien *sur l'or*.

TRAVERSE. — *Allée qui traverse*. Voy. *allée*.

TRAVERSE, s. f. — Vent d'ouest. Je crois que nous avons emprunté le mot aux Foréziens, qui ont donné ce nom au vent d'ouest parce qu'il prend en travers la plaine du Forez.

TRAVERSER, v. a. — *Traverser le pont*, Passer le pont. Métonymie. L'idée est Traverser la rivière au moyen du pont.

TRAVERSIN. — *Faire du traversin.* Se dit d'un ivrogne qui marche de travers. Spirituel calembour.

TRAVIOLE. — *De traviole,* De travers. *Marcher de traviole.* C'est *travers,* avec substitution d'un suffixe comique.

TRAVON, s. m. — Le même que *tras.* — De *trabonem,* de *trabem.*

TRÉBUCHET, TRÉBICHOLET, s. m. — *Faire le trébuchet, le trébicholet.* Tour d'adresse qui consiste à mettre sa tête sur le sol, et à faire passer, parlant par respect, le cul par-dessus la tête. Très joli jeu de société à la campagne, mais les dames s'en abstiennent généralement, en tout cas il est utile qu'elles ôtent le peigne de leur chignon pour que les dents du peigne ne leur entrent pas dans la bosse du crâne. — De *trébuchet,* trappe qui bascule.
 La forme *trabuchet,* fréquemment employée, est plus correcte.

TRELAS, s. m. — Gros morceau. *Un trelas de pain,* Le contraire d'une chiquette.

TRÉMONTADE, s. f. — *Perdre la trémontade,* Perdre la tramontane. — Corruption de *tramontane.*

TREMPE, s. f. — 1. Lessive. Proverbe : *Fatigué comme un pauvre homme qui coule sa trempe.* — Subst. verbal de *tremper* dans *tremper la lessive.*
 2. Piquette. - De *temperare,* parce que le marc de raisin est trempé d'eau.

TREMPE, adj. des 2 g. — Mouillé. J'ai ma chemise toute *trempe.* — Sur la formation, voyez *arrête.*

TREMPER, v. a. — *Tremper la lessive.* Opération qui consiste à faire subir un premier lavage au linge et à le tremper dans l'eau avant de couler le lissieu par-dessus.

TREMPOTTE, s. f. — Pain trempé dans du vin. *Faire une trempotte.*

TRENTE-SIX. — *Se mettre sur ses trente-six,* Prendre ses plus beaux affaires, se mettre en grandissime toilette. Il me semble que ce serait encore plus beau de se mettre sur ses trente-sept, mais je n'ai jamais vu personne le faire.

TRÈS. — On ne peut pas dire *J'ai très faim,* fait remarquer Humbert, car très ne modifie que les adjectifs (et les adverbes). C'est juste, mais en général, car l'expression *très homme de bien* se rencontre chez des auteurs du xvii° siècle, notamment chez Racine.

TRÉSORISER, v. n. — Le mot populaire est beaucoup mieux fait que son correspondant savant *thésauriser.*

TRESSAUTER, TRASSAUTER, v. n. — La même chose que *ressauter* (voy. ce mot). — De *sauter,* avec le suffixe *tra, très,* signifiant au travers. — L'idée est de sauts qui passent au travers du corps.

TRIAILLES, s. m. pl. — Épluchures, débris. *De triailles de truffes,* Des épluchures de pommes de terre. — De *trier.* Comp. *curailles.*

TRIANDINE, s. f. — Outil pour travailler la terre, composé de trois pointes d'acier fixées sur un talon. — De *trient* (voy. ce mot), avec suffixe *ine,*

TRICOT, s. m. — Le sévère, mais peu juste Molard proscrit l'expression : « J'ai acheté une *culotte de tricot,* » et veut qu'on dise « une *culotte de tricotage* ». Hélas, c'est lui qui fait le solécisme ! L'Académie (1798) définit le tricot, une « sorte de tissu fait en mailles ». Donc on peut dire une culotte de cette espèce de tissu. Quant à *tricotage,* l'Académie le définit : « L'ouvrage d'une personne qui tricote. » Or on ne pourrait dire : « J'ai acheté une culotte de l'ouvrage, etc. »

TRICOTER, v. a. — 1. Donner des coups de bâton. *M. Tartouilleux a tricoté les épaules à l'amoureux de sa fenne.* — De *tricot,* bâton.
 2. *Tricoter les cloches,* Carillonner.
 3. v. n. — Tricoter, Danser, en battant des entrechats, en remuant les jambes avec agilité. — C'est le français *tricoter,* avec dérivation de sens. On a comparé le mouvement des jambes au mouvement des aiguilles à tricoter. De même, pour 2, on a comparé le mouvement du sonneur à celui du danseur, le sonneur faisant, pour les églises où le carillon était important, manœuvrer un clavier de pédales.

TRIENT, s. m. — *Pioche à trois dents courtes,* qui sert à enlever le fumier des étables. De *tridentem.*

TRIMER, v. n. — Peiner, travailler avec effort, en supportant la fatigue. Je connais un monsieur qui a eu quatorze enfants. *Hein, comme vous avez dû trimer!* lui disait quelqu'un. Le fait est que, pour élever tout ça, il y avait de quoi trimer! — Dérivation du sens de *trimer,* marcher, qui est français.

TRIPES. — *Mou comme de tripes.* Se dit de quelque chose de peu résistant. *Le Pacôme, que voulez-vous que ça fasse? c'est mou comme de tripes!*
   Faire de tripes cœur : « C'est le lieu où il faut faire de trippes *cœur, comme l'on dit, et vous, qui n'êtes que cœur, pourriez-vous de cœur faire trippes? Non certes. »* (Lettre de 1601, Pericaud, cité par Em. Vingtrinier.)

TRIPOTEUR. — *Tripoteur* est condamné par Humbert qui veut qu'on dise *tripotier.* Ce dernier est en effet meilleur, mais *tripoteur* a tellement passé en usage que Littré l'a fait figurer dans son dictionnaire.

TROC, s. m. — Gros morceau. *Un troc de pain,* Un gros morceau de pain. — Peut-être de *tort, torc,* de *tortiare.* Comp. *un torchon de pain,* Un gros morceau de pain ; et le vieux lyonnais *torche,* Gros pain.

TROIS. — *Avoir trois demi-sous moins six liards.* Manière de dire que l'on n'est pas bien riche.

TROIS-CORNETS.— Tout le monde a connu la *Fontaine des trois cornets,* si célèbre pour l'abondance et la pureté de ses eaux, et qui était rue Saint-Georges. La source a été détournée par le percement du tunnel sous Fourvières.

TROIS-PIEDS, s. m. — Ustensile en fer pour placer la marmite sur le feu. — De ce qu'il n'a pas quatre pieds.

TROMPETER, v. n. — Molard, avec raison, je crois, dit que l'emploi de ce mot au sens de sonner de la trompette est une incorrection. Littré et Bescherelle admettent cependant cette acception, mais l'Académie est muette. Le mot est trop drôle pour ne pas s'en servir à l'occasion, comme de beaucoup d'autres, mais sans avoir la prétention de parler un français académique.

TRONFLON, s. m. — Gros nez. *Le tronflon d'Ajax brillait comme un ver luisant parmi de cloportes* (Traduction inédite de l'Iliade). — Mot fantaisiste fait sur *ronfle* (voy. ce mot).

TROP (DE), pour Trop. — « Je ne veux pas finir mon japillage en vous parlant politique, il y en a déjà de trop dans les réunions qui débitent leur baume aux ouvriers, qui leur disent que la révolution va venir et que nous serons tous heureux comme des coqs en plâtre. » (Mathevet.) Nous employons souvent le *de* avec valeur explétive : *J'en ai de besoin. Elle a du soin de moi. Je ne l'ai pas vu du depuis,* etc.

TROTTIN. — *Dévotion de saint Trottin,* Dévotion des pèlerinages. Se dit aussi de la dévotion des inférieurs ou des jeunes gens qui demandent à sortir sous prétexte d'aller à l'église. C'était une des expressions favorites de ma mère.

TROU. — *Trou de louve.* Voy. *louve.*
   Juste comme le doigt au trou. Voy. *juste.*
   Boire comme un trou de taupe. En effet, vous pouvez mettre arrosoirs sur arrosoirs dans un trou de taupe, jamais vous ne le voyez gorgé.
   Le trou que le maçon n'a pas bouché, La porte. *J'ai eu vite fait de lui faire prendre le trou que le maçon n'a pas bouché.*

TROUBLE, s. f. — Sorte de filet pour le poisson. Ne pas confondre avec le franç. *truble, trouble,* petit filet en forme de poche, qui sert à prendre le poisson dans les viviers. Notre trouble est au contraire un assez grand filet dont l'ouverture, en demi-cercle, est fixée sur un arc en bois et sur une traverse formant la corde de l'arc. Le tout est muni d'un long manche. Il faut trois hommes pour pratiquer la pêche à la trouble. Ce genre de pêche, dont mon père me parlait souvent, a été abandonné depuis cinquante à soixante ans.

TROUBLE, adj. des 2 g. — *Tenir ses livres en partie trouble.* Se dit d'un négociant dont les écritures laissent à désirer pour la bonne tenue. Élégant calembour sur *partie double*.

TROUFIGNON, s. m. — Pouah ! *Fignon* est probablement une spirituelle approximation pour *final*, à moins que ce ne soit une spirituelle approximation pour *finet*, de *fin*.

TROUILLANDIER, s. m. — Le meunier du moulin à huile. — De *trouille*, avec un suff. *andier*, par analogie avec *dinandier, taillandier*.

TROUILLE, s. f. — Tourteau de noix qui sert à fumer les vignes. On s'en sert aussi pour la nourriture des chats, mais nous avions remarqué que cela leur faisait venir de la rogne aux oreilles. — Substantif verbal de *trouiller*.

TROUILLÉE, s. f. — Pressée de vin, d'huile, etc.

TROUILLER, v. a. — Presser, en parlant du raisin, du chènevis. — De *torculare*, presser à l'aide du pressoir.

TROUSSEAU, s. m. — Molard fait remarquer que c'est par un abus de termes que l'on dit *trousseau* pour le linge, les langes, et tout ce qui est destiné à un nouveau-né, et qu'il faut dire *layette*. Ces exigences minutieuses sont assez puériles, d'autant plus que la signification primitive de *layette* étant caisse, le mot n'est pas bien approprié à des hardes, etc. Préparer une layette pour un nouveau-né, c'est l'analogue de cette phrase : préparer une malle pour la mettre à la lessive.

TROUSSE-PETS, s. m. — Se dit d'une fillette de quatorze ou quinze ans. *Il est venu un trousse-pets de chez Mme Caléchard pour apporter la cacaruche de Madame.* — Pourquoi cette expression ? A cet âge trousse-t-on mieux les choses que plus tôt ou plus tard ? — Je l'ignore.

TROUVER. — *Quand vous vous trouverez d'aller à Lyon, n'oubliez pas de m'apporter des bésicles.* Locution peu académique, mais constamment employée.
Je l'ai trouvé sorti. Littré approuve cette façon de parler (!!) Pourtant s'il était sorti, je ne l'ai pas trouvé, sûr !

TRUFFE, s. f. — Pomme de terre. *Va-t-en chercher pour deux sous de truffes frites chez le friseur.* Même sens en Dauphiné : « Apprête la salade — De truffes avec de choux, » dit Blaise, le savetier. Le brave Molard, toujours bien « documenté », définit notre truffe : « Plante farineuse (!). On l'appelait autrefois ainsi (!!), mais depuis quelque temps (!!!) on la nomme *Pomme de terre.* »

TRUFFIER, s. m., terme très péjoratif. — Se dit de quelque personnage grossier, de sentiments bas. Le *Figaro* ayant ouvert récemment parmi ses lectrices un plébiscite pour décider quel était la moins flatteuse de ces trois dénominations : *Pignouf, pigne-c...* et *truffier*, la grande majorité se prononça pour *truffier*. — De *truffe*, au sens français. Truffier, animal à truffes, c'est-à-dire, parlant par respect, un cayon.

TUBE, adj. des 2 g. — *Être tube*, Être gonfle d'avoir trop mangé. Dans un grand dîner, LA MAITRESSE DE MAISON : *Monsieur Anthénor, prenez donc des truffes frites !* — ANTHÉNOR : *Ah ! Madame la comtesse, je voudrais bien, mais j'ai déjà mangé tant de gonfle-b..... que j'en suis tube !* Les personnes qui tiennent à parler très purement disent : *Je suis tubé.* — Adj. verbal de *tuber*. Sur la formation, voy. *arrête*.

TUBER, v. a. — Météoriser, en parlant de bestiaux qui ont mangé du trèfle vert ou mouillé. *Se tuber*, en parlant des personnes, Manger énormément, de façon à être tout gonfle.

TUER. — *Il ne faut pas tuer tout ce qui est gras*, Pour dire qu'il ne faut pas tout manger en un jour, mais garder quelque chose pour le lendemain. On le dit aussi à propos de toute chose exagérée. Il y a des mères qui forcent leurs enfants au travail. La mienne m'aimait tant que, si elle me voyait travailler avec un peu d'assiduité : *Allons*, me disait-elle, *il ne faut pas tuer tout ce qui est gras, va t'amuser*.

TUILIÈRE, s. f. — Tuilerie.

TUNE, s. f. — *Faire la tune*, Bambocher, faire la débauche. Subst. verbal de *tuner*.

TUNER, v. n. — Boire abondamment, faire ripaille, se divertir. A propos de ce mot, Cochard dit : « On prétend qu'à l'époque des croisades, on établit, dans l'endroit que les Carmes déchaussés, ont habité à Lyon, des croisés venant de Tunis, qui étaient malades ; que, de là, ce local fut appelé la maison de Thunes ; que, dans la suite, il y eut une auberge où l'on allait souvent se divertir ; que de là est venu le mot *tuner* pour dire se divertir. » La présence du mot en Lorraine et en Limousin met à néant l'explication qui avait cours au temps de Cochard, et qui a été souvent reproduite. Je crois que l'origine est dans le provençal *touno*, grande futaille, d'où *touner*, *tuner*, boire abondamment. Cependant il faut remarquer que plusieurs dialectes ont la forme *tumer*, qui pourrait se rapporter au vieux franç. *tumer*, sauter, danser et dont *tuner* pourrait être une transformation avec dérivation de sens.

TUPIN, s. m. — Pot. *Sourd comme un tupin.* Voy. *sourd.* On connaît à Lyon la rue *Tupin* et la rue du *Tupin rompu.* — Du vieux haut allem. *toph*, pot.

La rue Tupin, spirituel calembour pour désigner l'œsophage.

TURLUBERLU, TURLEBRELU, s. m. — Hurluberlu, dont il est une corruption.

U

UN, UNE. — *Une heure ont sonné.* Exemple de la puissance de l'analogie ! Onze fois sur douze il faut employer le pluriel (deux, trois heures, etc., ont sonné). Quoi d'étonnant à ce que l'habitude le fasse employer la douzième fois ?

Sur les une heure. Littré donne comme française cette phrase, que je croyais un idiotisme populaire. Si l'on peut dire « *les* une heure », on doit bien pouvoir dire que une heure *ont* sonné.

Il y a d'uns et d'autres, Il y a de diverses espèces. *Sont-ce des filous, sont-ce des honnêtes gens ? — Il y a d'uns et d'autres.* Je crois cette phrase très correcte.

L'un dans l'autre est français ; mais cette façon de parler est encore plus bizarre que toutes les précédentes.

Ce monsieur est un Italien pour *Ce monsieur est Italien.* On comprend très bien la raison de l'addition de *un.* On ne dirait pas : *Cette pièce de cinq francs est une italienne.* Le *un* accuse l'idée de personne.

UN QUELQU'UN. — Quelqu'un. Pléonasme archaïque encore très usité.

URBAIN, s. m. — Bleu. — De ce que les gardiens de la paix ont porté dans les temps le nom de gardes urbains. Or nou les appelons de tous les noms qu'ils ont pu avoir jadis, mais jamais de celui qu'ils ont.

USAGE, s. m. — Usage du monde, savoir-vivre. *Ce monsieur n'a gin d'usage.* Autant dire : C'est un pacan.

Faire de l'usage, Faire un long service. A ceux qui ont l'habitude de soigner leurs affaires, il n'est pas étonnant qu'elles fassent de l'usage. Étant jeune homme j'avais un gilet à fleurs qui me faisait seulement sa seconde année. Une jeune dame eut l'impertinence de me dire : *Vous avez là un gilet qui vous fait bien de l'usage !* J'avais la langue levée pour lui répondre : *En effet, Madame, il me fait plus d'usage que vous n'en avez.* Mais je réfléchis que ce serait n'en point avoir moi-même, et je fis comme la dinde, qui ne disait rien, mais n'en pensait pas moins.

Faire un usage de pauvre. Se dit d'une étoffe ou d'un objet quelconque si résistant que l'on n'en peut voir la fin. Constamment employé. — Lorsque l'on voulut marier Mlle X..., dont j'ai parlé à *pitrogner*, Mme X... prit sa fille en particulier et lui fit connaître qu'elle avait jeté les yeux sur M. Z..., qui était, en effet, très bien, mais d'une taille remarquablement exiguë. — Protestations de la jeune fille, disant qu'elle ne voulait pas « d'un nambot! » — *Allons donc!* fit la mère, *je te dis que ces petits hommes comme ton père, ça fait un usage de pauvre!* (Historique.)

USAGÉ, ÉE, adj. — Se dit d'une personne qui a de l'usage. *M. Menillard est usagé: on voit qu'il a fréquenté dans les grandeurs.* — *Je crois bien, il a été dix ans portier dans une des meilleures maisons de Lyon!*

USE, adj. des 2 g. — Usé, ée. — *Ma vagnotte a fait six ans; elle commence à être use.* — Sur la formation, voy. *arrête.*

V

VACHARD, ARDE, s., terme péjoratif. — Se dit d'une personne paresseuse, molle. *Petasson est un vachard; i se lève à la piquette de dix heures.* — De *vache.*

VACHARDER, v. n. — Faire le vachard.

VACHARDISE, s. f. — Habitude de vacharder.

VACHE, s. f. — *Être vache,* terme péjoratif, Être indolent, paresseux, mou. *Je me sens vache aujourd'hui,* disait un bon mari de ma connaissance. — *Si encore tu n'étais vache que de jour!* lui répondit sa femme.
La vache a bon pied, La personne dont s'agit est riche, on n'a rien à craindre avec elle. Locution favorite des entrepreneurs entre eux quand il s'agit d'induire un propriétaire en dépenses inutiles.
Prendre la vache et le veau, Épouser une fille qui a mis au levain.
Il mourrait plutôt la vache d'un pauvre homme. Se dit toutes les fois que l'on voit un gredin réchapper d'un danger.

VACHES, s. f. pl. — Éphélides ignéales que prennent aux jambes ceux qui se les chauffent trop longtemps et de trop près. — Métonymie signifiant que ceux qui s'exposent à prendre des vaches en sont (voyez *vache*).

VAGANAY, s. m. — Sur le plateau, se dit pour le soleil. *Allons, recapille-toi, vela Vaganay que commence à chauffer, i t'emportera ta grippe.* Quelques-uns en font un nom commun: *le Vaganay.* — L'origine est probablement historique. Vaganay est un nom assez fréquent à Lyon, mais j'ignore dans quelles circonstances un Vaganay a pu être comparé au soleil.

VAGISTAS, s. m. — Vasistas. C'est ce qu'on appelle un phénomène de dissimilation. Le voisinage des deux *s* rendant le mot peu commode à prononcer, la première a été remplacée par la douce correspondante *j.* Un excellent curé, mort évêque, je vous prie, me disait un jour qu'il voulait des *vasislas* à ses vitraux.

VAGNOTTE, s. f. — Redingote. *C'est jourd'hui dimanche, ma coque; faut mettre ta vagnotte.* La vagnotte était jadis dans nos campagnes, parlant par respect, une sorte de bât pour les ânes. On a irrespectueusement comparé à un âne celui qui porte une vagnotte. — Peut-être le mot se rattache-t-il à *vanne,* objet formé d'osier.

VAISE. — *Passer par Vaise.* Se dit d'un objet volé. *J'avais oublié mon parapluie au café; quand je suis revenu, il avait passé par Vaise.* Le dicton vient de ce que jadis Vaise était, comme l'Estérel et la forêt de Bondy, tellement hauté par les voleurs, qu'on n'y passait qu'avec des transes. Il s'agit non du faubourg lui-même, mais de la route entre Vaise et Limonest, non loin duquel était le fameux bois d'Ars (v. *Ars*). Le 5 avril 1694, M⁰⁰ de Sévigné écrit à sa fille : « Vous y êtes aujourd'hui à ce beau Lyon. Je suppose que les voleurs de Vise (pour Vaise) vous auront laissée passer : ceux que vous avez trouvés en chemin pendus et roués, étaient ou doivent être des passeports. » (Dans Poidebard.)

VAISSELLE. — *Faire la vaisselle*, Relaver. M⁰⁰ ᴅᴇ Sᴀɪɴᴛ-Pʟᴜᴍᴇ́ : *Ma chère amie, vous avez un grand dîner mardi, j'irai vous aider à faire votre vaisselle.* — M⁰⁰ ᴅᴇ Rᴏϙᴜᴇ-Vᴇɴᴛᴏᴜsᴇ : *C'est ça, nous ferons un bon coup de mâchon pendant que les hommes seront après se soûler.*

VALET, s. m., terme de canuserie. — Ustensile de bois qu'on fixe sur le premier lisseron du remisse, lorsqu'on remet, afin d'y accrocher provisoirement les fils passés dans les mailles du remisse. Comp. *valet*, outil du menuisier pour fixer la planche à travailler.
   Valet à frottement. C'est une espèce de bascule (voy. ce mot) formant frein pour empêcher le rouleau de se dérouler. Un levier de fer presse sur la gorge du rouleau en épousant sa forme. Un poids actionne ce levier et suivant qu'on recule ou avance le poids, exactement comme dans une romaine, le frottement est plus ou moins fort. Je crois ce système abandonné parce qu'il exigeait un poids très lourd.

VALLÉE. — *Le chemin de la vallée.* Ingénieux calembour pour dire gosier.

VALLIN, s. m. — Déclivité, bas d'une colline. — De *ad vallem*, avec le suffixe *in*.

VALOIR. — *Il ne vaut pas les quatre fers d'un chien.* Voy. *fer.*

VALTER, v. n. — « Il me fait *valter* sans cesse, pour dire, il me fait aller et venir sans but, sans utilité. Ce mot n'est pas français. Il faut exprimer l'idée qu'on lui attache par une périphrase. » (Molard.) Il est incroyable que Molard n'ait pas vu que le prétendu *valter* n'est que le français *valeter*, défini dès 1798 par l'Académie : « Faire beaucoup de courses, de démarches qui donnent de la peine et demandent de la patience. »

VANTER, v. a. — Vanner. *Vanter le blé.* — *Il fait un vent à vanter des capucins.* Jeu de mots sur *vent* et *van* : le vent est tellement fort qu'il pourrait vanner des capucins. Métaphore d'autant plus énergique que le populaire considérait les capucins comme généralement gros et robustes.

VARAI, s. m. — Bruit, tapage, tumulte, confusion. *Quel varai que menionl ces députés !* — Étymologie inconnue.

VARGONDIER, v. a. — Transporter de joie, affoler. *Rien que de penser à la Pierrette, ça me vargondie !* — *Vergonder*, fait sur *vergogne*, a signifié primitivement avoir honte (comp. *dévergonder*). Par dérivation de sens le mot a exprimé le transport. La contradiction se résout facilement : la jeune fille qui aime éprouve à la fois de la honte et du transport.

VARIER, v. n. — Vaciller. *La tête me varie*, J'ai des vertiges. *La vue me varie.* Le mot exprime très bien une certaine fatigue des yeux. *Le cœur me varie*, J'ai des nausées, *Cette serrure varie*, Elle vacille.

VARLET, s. m., terme de batellerie. — Corde extrêmement souple, d'environ trois mètres de longueur, qui sert à attacher la maille ou gros câble de halage à la sangle du bateau. — C'est le vieux franç. *vaslet.* Comp. *valet*, outil du menuisier et outil du canut.

VAROT, OTTE, adj. — Corrompu, gâté, pourri. *Un fruit varot*, Un fruit véreux. *Une âme varotte*, Une âme corrompue. — De *ver*, avec le suffixe *ot.* Comp. *véreux.*

VARTIGOLERIE, s. f. — Folie, lubie. *Les vartigoleries de l'amour*, Les joies folles de l'amour. — De *vertigo*, avec le suffixe collectif *erie*. Comp. *sampillerie*, *liarderie*. *saloperie.*

VASIVITE, s. f., parlant par respect. — Euphémisme courtois pour diarrhée. A table, ʟᴀ ᴍᴀɪᴛʀᴇssᴇ ᴅᴇ ᴍᴀɪsᴏɴ : *Mecieu Arthur, aimez-vous le melon ?* — *Oui, Madame, mais c'est lui qui ne m'aime pas.* — *C'est comme moi, j'en ai mangé six tranches l'autre jour ; et ça a suffi pour me donner la vasivite tôute la sainte nuit.*

VEAU. — *Faire le veau.* Expression naïve pour Accoucher. M⁰⁰ X..., qui habitait un village à quelque distance de Givors, était grosse, et l'on attendait la délivrance. Le fermier était prévenu de se tenir prêt, en cas d'alerte, pour aller chercher la sage-femme à Givors. Un jour la fermière dit à M™ X... : *Ah! Madame, si vous saviez comme j'ai été tourmentée cette nuit! Mon homme a été malade, j'ai été obligée d'envoyer le fils à Givors, et je me disais : pourtant, comment ferais-tu si Madame venait à faire le veau cette nuit ? — Mère Bolard, on ne se sert pas de cette expression en parlant des personnes! — Ah, Madame, entre les gens et les bêtes gn'y a bien souvent que le baptême qui fait la différence !*

VEILLER. — *Veiller au grain,* Ne pas s'endormir sur le rôti.
Veiller comme l'huile bouillante. Voyez *huile.*

VEILLON, VILLON, s. m. — Pampre chargé de raisins. — De *viticulum,* avec le suffixe roman *on.*

VEINES. — *Qui voit ses veines voit ses peines.*

VÉLOCIPATTE, s. m. — Vélocipède. On ne sait pas ce que veut dire *pède,* et l'on sait ce que veut dire *patte.*

VÉLOCIPETEUX, s. m. — Vélocipédiste. Au jour d'aujourd'hui c'est bien plus fort ! nous avons des vélocipeteuses !

VELOUTIER, IÈRE, s. — Ouvrier, ouvrière qui travaille sur le velours. Il est évident que le mot a été formé lorsque l'on prononçait *velou* (le vieux franç. d'ailleurs était *veloux*).

VELU. — *C'est velu, C'est du velu!* Se dit de quelque chose de très bien, de très chic, comme disent les Parisiens. *Avez-vous lu les dernières poésies de M. Victor Hugo ? — Oh, c'est tapé ; c'est du velu!* — Sous quelle relation d'idées a été formé ce mot ?

VENDREDI. — *Long comme un vendredi saint.* Manquablement parce qu'on trouve le temps long quand on jeûne.
Le vendredi saint les petits oiseaux jeûnent. Les enfants sont plus défiants qu'on ne le suppose, et je me promettais bien, quand je serais grand, d'aller le vendredi saint dans un bois pour vérifier si je verrais des petits oiseaux manger.

VENIMEUX. — Se dit des personnes, en parlant de certaines qualités prolifiques. Ma blanchisseuse, quoique déjà d'un certain âge, était devenue enceinte. Elle en était comme honteuse, et me disait en manière d'excuse : *C'est que mon mari est si venimeux!* J'avais un ami si venimeux qu'il lui suffisait de pendre son pardessus dans la chambre de sa femme pour avoir un enfant.

VENIR, v. n. — Devenir. Lorsque, étant petit, je faisais le difficile devant les plats que je n'aimais pas, ma mère ne manquait jamais à me dire que *les cayons délicats ne viennent jamais gras.* — C'est du vieux français. « De peur de desplaire à personne, les ennemis pouvant venir amis, » dit le sage Eutrapel dans une sage maxime.

VENT, s. m. — Vent du Midi. Le sens s'est particularisé en opposition à la bise.
Un vent à vanter des capucins. Voy. *vanter.*
Vent blanc, Vent du Midi, clair et chaud, mais qui, contrairement à l'ordinaire, n'amène pas la pluie. C'est un vent du sud-est. On dit dans le même sens : *Vent de Provence,* par opposition au Vent du Languedoc.
Avoir du vent, en parlant d'une fiarde. Se dit d'une fiarde qui parcourt le chemin en tournant, au lieu de tourner sur place.
Grand vent, grande guerre. Même pronostic quand le ciel a des rougeurs inaccoutumées. On voit probablement dans le rouge la couleur du sang. Mais j'ignore ce qui a pu relier l'idée de vent à celle de guerre.
Vents clos, parlant par respect. Lorsque l'on ressent des points au côté ou à la poitrine, ou sur le cœur, et que ces points, encore bien que très douloureux, n'ont pas le caractère persistant des points pleurétiques ou pulmonaires, tenez pour certain que ce sont des « vents clos ». Par ainsi, vous ne vous effrayerez pas, et puis, s'ils se déclosent, vous ne serez pas étonné. En tel cas, le grand remède, c'est l'anis (fenouil officinal), une des quatre semences chaudes majeures, disait le père Cadi, l'ancien médecin de la maison.

VENTER, v. a. — 1° Faire un vent artificiel.
Venter une cuve, Chasser les gaz délétères, au moyen de linges fortement secoués au-dessus de la cuve. C'est ce que

l'on a toujours soin de faire avant de descendre dans la cuve pour y fouler le raisin.

2° Parlant par respect. Signification inconvenante.

Dans les deux cas, le mot est fait sur *vent*, pris dans des acceptions différentes.

VENTRAILLE, s. f. — Boyaux, intestins, tout ce qui est compris dans la capacité du ventre. — De *ventralia*, dont on a fait un subst. féminin.

VENTRE. — *Avoir plus grands yeux que grand ventre.* Se dit quand, ayant trop pris d'un plat, on est obligé d'en laisser sur son assiette.

Être dans la paille jusqu'au ventre. Se dit d'un quelqu'un qui est dans un grand bien-être. *Depuis que Godinchard a fait l'héritance de se n'oncle, il est dans la paille jusqu'au ventre.* Comparaison irrévérencieuse de Godinchard avec un âne ou toute autre bête de somme.

VÊPRES, s. f. pl. — Molard n'entend pas qu'on dise *Aller aux vêpres*, mais *à vêpres.* Il est vrai que l'Académie donne l'exemple *à vêpres*, mais elle ne proscrit pas *aux vêpres.* Elle dit *sonner les vêpres* et non pas *sonner vêpres.* Donc on peut bien aller « aux vêpres », puisqu'on les a sonnées.

VER. — Peut-on dire correctement *Faire des vers à soie*, pour *Élever des vers à soie?* Molard dit non, mais Littré donne en exemple *Faire des vers à soie.*

Molard blâme également l'expression *ver de fromage*, au lieu de *mite (!!!)* — Nous disons plus correctement vesons.

VERGES, s. f. pl., terme de canuserie. — Ce sont deux baguettes de noyer aplaties et bien polies, sur lesquelles sont envergés (voy. *enverjure*) les fils de la chaîne dans la longueur (voy. ce mot). Un fil est passé *sur* la première verge et *sous* la seconde. Le fil suivant est passé *sous* la première et *sur* la seconde. Lorsque, par le cheminement de la longueur au fur et à mesure de l'enroulement de l'étoffe, les verges arrivent près du remisse, on les repousse vers l'ensouple afin de remonter la longueur *en avant* des verges, où l'enverjure permet de retrouver facilement la place du fil cassé.

VERGESSEMINET. — J'entendais un jour une Lyonnaise, non sans instruction, dire : *J'adore les vergesseminets.* Je demandai ce que c'était. Elle me répondit que c'était les *aimez-moi* (en allemand *vergiss-meinnicht*). Je crus qu'elle avait voulu faire la savante. Mais c'était une personne honnête et simple. Elle avait habité Neuchâtel, où ce mot est d'un usage courant. C'est égal, ce minet est drôle.

VERGUETTE, s. f., terme de canuserie. — Lame de buis poli, incrustée dans la lame du battant, et sur laquelle glisse la navette.

VERIN, s. m. — Virus, maladie épidémique. *C'est un verin que court le pays.* — De *venenum.*

VERMINE. — S'emploie au sens de rusé, fin. *Oh! qu'il est vermine !*

VERNE, s. m. — Aulne. De là le nom de Vernay, lieu dit au bord de la Saône. — Origine celtique : kymri *gwern*, arbres de marais, aulnes.

VERNOCHE, s. f. — Jachères. *Il est si incuti qu'il laisse la moitié de ses vignes en vernoche.* Vraisemblablement de *vernes*, aunes, pris au sens de broussailles.

VERNOGE, adj. des 2 g. — Se dit d'un endroit humide, d'une pièce où l'air ne pénètre pas, d'un jardin au nord. *Faut pas coucher dans une chambre vernoge; c'est comme ça qu'on prend des fraîcheurs.* — D'*hibernuticum*, pour *hibernaticum.*

VERSEPOT, s. m. — *Vendre du vin à versepot*, Vendre du vin pour emporter et non pour consommer sur place. Le nom de *Versepot* se donne aussi au débit lui-même. Au moment de la construction de la ficelle de Saint-Just, on lisait en rue Tramassac une enseigne ainsi conçue : *Grand Versepot, vin de propriétaire.*

VERT. — *Faire le vert et le sec*, Épuiser tous les moyens possibles. *I n'ont fait le vert et le sec pour ce mariage, mais au dernier moment l'affaire a foiré.* « Je conjure toute ceste catholique assemblée de tenir la main et employer verd et sec pour empescher que les Parisiens et autres villes ne nous viennent rompre la teste de leur paix, » dit la *Satyre Ménippée.*

VERTINGO, s. m. — Caprice. *Que don qu'elle a ta femme ? — Oh ! c'est rien, elle a pris un vertingo.* — C'est *vertigo*, où *i* s'est nasalisé par suite du voisinage de *g*.

VERTOUILLÉE, s. f. — Volée de coups, rossée. « *Saint Joset prit sa varlopa, — Lui en foutit una vertollia (au diable),* » dit un vieux noël. — Vieux franç. *vertel*, de *verteolum*, peson d'un fuseau qu'on fait tourner entre les doigts. On a comparé la rossée à l'action de rouler.

VÉSICANT, adj. m. — D'un importun l'on dit : *Il est vésicant*, mot à mot il me produit l'effet d'un vésicatoire. Cette expression, d'ailleurs fort pittoresque, n'est, naturellement, pas à l'usage du populaire. Elle est employée par les bourgeois qui ont eu occasion de se frotter aux carabins.

VESON, s. m. — Petit ver du fromage. Par extension petit ver de la viande et même des enfants. *Vous avisez donc pós que ce l'enfant a de vesons que le bouliguent ?* Au fig. se dit des enfants un peu capricieux, qui regimbent comme les vers du fromage. *Le Glaudius est rien méchant, mais il est un peu veson,.... Prendre le veson.* Prendre la mouche. On dit aussi à un enfant : *Allons, sois sage, fais donc pas ton veson !* — De *vermis* par une forme probable *veron*.

V.... (parlant par respect). — *Avoir la v.... du c.. tournée,* Être constamment en mauvais état de santé. *Bien le bonjou, Mecieu Pelossard. Comment va madame votre n'épouse ? — Oh ! vous savez ben, un emplâtre. Elle a toujours, etc.* — L'expression se retrouve dans le vieux français avec une légère différence de sens : « Or, escoutez l'épitaphe de Jean de Laguy, telle qu'elle estoit escrite au susdict tableau dernier, après qu'il fut mort, la vessie du cul tournée », dit le *Supplément du Catholicon. Vessie* est une forme faite sur *vessir.*
Des v.... à couper avec un sabre. Se dit de gaz très épais. Il est bon de s'abstenir de cette expression, au moins dans un salon.
Une v.... est une querelle, un p.. est un risolet. Voy. *risolet.*

VEUVE, s. f. — Scabieuse *atropurpurea*. — De la couleur violette des pétales, le violet étant une couleur de deuil.

VIANDE. — *Viande à gens soûls.* Se dit de mets légers, qui ne sont pas susceptibles de rassasier des gens affamés, *Jean Liaude, veux-tu de pruneaux ? — Merci, j'aime pas la viande à gens soûls.*

VIAULE, s. f. — Femelle du veau. *Mecieu le boucher, donnez-moi un joli morceau de veau. C'est pour une malade. N'allez pas rien me donner de la viaule !* Ne pas confondre avec la viaule d'amour. — De *vitella.*

VIAUTER (SE), v. pr. — Se vautrer. Du vieux français *viautre*, gros chien. La chute de *r* a été facilitée par *veau.* Le mot existe en patois sous la forme de *viouló.*

VICANT, adj. m. — Vivant. *Il est bien vicant,* Il est bien guilleret, en bon portement. — Formé, comme le franç. *vécu*, sur un partic. *viscum*, tiré de *viski* pour *vixi.*

VICÉ. — *Vicé Versailles* pour *Vice versa.* En effet, que veut dire *versa ?* Tandis que Versailles, tout le monde sait ce que c'est.

VICOTER, v. n. — Vivoter. *Il vaut mieux vicoter dans son coin que goinfrer avè des jean-f.....* Très juste. — Sur la formation, voy. *vicant.*

VIDANGE. — *J'y ai dit à mon avouyé : i faut fini c'te affaire de ce qu'elle est z'en vidange.* Cette expression n'est pas une métaphore scatologique. La *vuidange d'une cause* était, dans l'ancien droit, le jugement d'une cause par le tribunal compétent.

VIDE-BOUTEILLE, s. m. — Morceau de jardin avec un pavillon ou simplement une tonne, où l'on va dîner le dimanche. Cela répond au *mazet* des Nîmois et au *cabanon* des Marseillais. Jadis une partie des terrains des hospices aux Brotteaux étaient loués en vide-bouteilles.

VIDER, v. a. — Verser. *Vide à boire,* Verse à boire.
On dit aussi très bien : *De ma p...olissonne de vie, je n'ai vu des choses comme ça !* J'entendis un jour une brave femme dire cela. Bien sûr, elle se calomniait. Mais elle entendait par là donner plus de force à son affirmation.

VIE. — *Une vie d'ange.* — *J'ai trouvé Beaucoque avè une canante, que dînions chez Bocuze. I fesiont une vie d'ange !* Gracieux calembour sur *vidange.*

De ma vie ni de mes jours je n'ai vu pareille chose. Le pléonasme renforce toujours une proposition.

VIÉDAZE, s. m. — 1. Aubergine. — Nous avions un jour à dîner une charmante jeune fille qui sortait d'une maison d'éducation, d'ailleurs excellente, tenue par des religieuses à Avignon. On servit des aubergines. *Tiens,* fit-elle, *des mirléjanes !* C'est ainsi que j'ai appris le nom bizarre qu'on leur donne à Avignon, et dont j'ignore l'origine.
2. Terme péjoratif. Se dit de quelqu'un d'un peu bête, d'un esprit peu consistant. Mais il peut aussi, comme ganache, s'employer en bonne part. *Eh, c'est don toi, viédaze ! Viens que je te coque !* — Mot emprunté au provençal, où il signifie littéralement queue d'âne.

VIEILLE. — *J'ai le chose que me démange.* — *C'est z'une vieille qui t'aime.* — *Vaudrait ben mieux qu'elle m'aimât pas rien tant ! hi ! hi ! hi !* Le pronostic est du reste infaillible.

Baiser le c.. de la vieille. Voy. *baiser.*

VIEILLONGE, s. f. — Vieillesse. *Mère, comme vous branlez la tête ? — C'est de vieillonge, mon enfant.* — Du vieux provençal *vilhunia,* vieillesse, de *veclus* = *vieil,* et suffixe *una,* d'*udinem.*

VIEUILLER, VEUILLER, VEUILLET, s. m. — Giroflée, *cheranthus cheiri. Vieuiller* est pour *violier,* plante voisine des giroflées. La forme *veuiller* est la plus usitée.

VIEUX. — *Vieux juint, vieux joint.* Voy. *joint.*
I m'ont mis au vieux fer, Ils m'ont mis à la retraite, ou même m'ont donné congé par suite de vieillesse.
Vieux comme Hérode, Très ancien, très vieux. Pourquoi être allé chercher Hérode ? Pilate ou Caïphe ne doivent guère être moins vieux.
Les Vieux de la Charité. Ce sont les vieillards entretenus à l'hospice. Il n'y a pas de joli enterrement sans les Vieux de la Charité avec des torches.

VIF. — *Vif comme un chien de plomb.* Se dit d'un quelqu'un dont la vivacité laisse un peu à désirer.

VIGORET, ETTE, adj. — Vif, agile, dispos, bien portant. J'entendais un jour deux bonnes femmes qui parlaient de leurs maris. *Mon mari est vif comme un chien de plomb,* disait l'une. — *Oh ! le mien est encore bien vigoret,* reprit l'autre.

VIGOUREUSE, s. f. — Sorte de poire d'hiver. *Vigoureuse* est pour *virgouleuse.* Le populaire, quand il ne comprend pas un terme, emploie toujours le mot le plus rapproché par l'homophonie, et qu'il connaît.

VILAIN, s. m. — Ladre, avare, lésinier. *Le père Pouillard est un vilain ; ça ne donnerait pas deux liards à un pauvre.* — Souvenir de la signification péjorative du vieux franç. *vilain* au sens féodal.

VILLEFRANCHE. — *Ça ne durera pas tant que le marché de Villefranche.* Je suppose que le marché de Villefranche doit durer jusqu'à la consommation des siècles.
De Villefranche à Anse, la plus belle lieue de France. Voy. *Anse.*
Villefranche sans franchise, Belleville sans beauté, Beaujeu sans atout. Je dois la communication de ce proverbe à l'excellent ami Vingtrinier.

VIN. — Les vieux Lyonnais se rappellent Cailhava, sa belle bibliothèque et ses goûts d'artiste. Il possédait à Sainte-Foy une propriété où il « traitait » souvent les artistes lyonnais, Or, le vin de Sainte-Foy avait jadis de la renommée, et comme tout bon propriétaire, Cailhava avait l'orgueil de son crû. *Tenez,* dit-il un jour, après avoir servi des grands vins à ses convives, *je vais vous faire goûter maintenant mon vin de cette année et vous m'en donnerez des nouvelles !* On débouche une bouteille. Duclaux déguste le premier le vin. *Il est de cette année, véritablement ?* — *Oui certes !* fit Cailhava, qui rayonnait déjà. — *C'est extraordinaire, je l'aurais cru plus jeune !*
Vin du picou, Vin de la grappe qu'on tire au pressoir. C'est un vin plus âpre, mais plus sain et plus clair que celui tiré à l'anche de la cuve.
Du vin à laver les pieds des chevaux

Cela ne se dit pas du Musigny, des grands Sauterne, etc.

C'est du vin qu'il faut être trois pour le boire. Parce qu'il faut qu'il y en ait deux pour tenir l'autre pendant qu'il boit, afin qu'il ne fasse pas de malheur en se débattant.

Vin de Nazareth. Voy. *Nazareth.*

Vin cuit, Confiture de ménage qui se prépare en faisant bouillir une marmitée de vin nouveau, dans laquelle on fourre, avec de la castonade, toute espèce de rafatailles : quartiers de poires véreuses, de coings, de pommes vertes ; force taillons de courles, de corces de melon, enfin tout ce qui ne peut se manger cru. Cette confiture, qui sert surtout pour les goûters des enfants, fait beaucoup d'abonde. A Paris, ils appellent cela *raisiné,* pour autant qu'on n'y met pas de raisin.

VINAIGRE, s. m. — Débit de vins. *Nous cassions la graine, tous deux Melachon, dans un petit vinaigre, quand je t'ai vu passer.*

Habit de vinaigre. Voy. *habit.*

VINDÈME, s. f. — Vendange. — De *vindemia.*

VIOLON. — *Des dents comme des chevilles de violon.* Voy. *dent.*

VIOLONANT. — *C'est violonant,* C'est en... nuyeux, c'est embarrassant. — Se dit des personnes aussi bien que des choses. *Ce monsieur est violonant.* — On a considéré le violon comme exerçant sur les nerfs une action désagréable. On emploie aussi, mais plus rarement, le verbe *violoner. Il m'a violoné avec ses radotances.*

VIREBROQUIN, s. m. — Vilebrequin. L'*l* s'est facilement changée en *r* sous l'idée de *virer.*

Virebrequin serait le vrai terme, d'après M. D. ; l'on dirait vilebrequin comme on dit collidor.

VIREGOSSE, s. m. — Nom donné aux carrousels ou chars tournants dans les vogues. — Nous ne connaissons pas le mot parisien de *gosse,* gamin. Le mot de *viregosse,* littéralement « qui fait virer les gosses », aura été créé par quelque bel esprit, retour du service militaire.

VIRER, v. n. — Tourner. — Il est français, mais il s'emploie seulement dans quelques expressions : *virer et tourner; virer de bord.* Nous l'employons au contraire dans tous les sens de tourner.

Virer de l'œil, terme bas, Mourir.

VIRICE, VERICE, terme de batellerie. — D'après Mazade d'Avaize, c'était le nom donné à la corde qui servait à haler, à l'aide d'un cheval, les petits bateaux nommés *bêches.* Une personne très digne de foi l'a recueilli sous la forme de *verice,* avec le sens de corde de halage en général (ce qui sert à faire *virer* le bateau, et, par extension, à le tirer).

VIROLET, s. m. — 1. Jouet d'enfant, Petit disque d'os ou de bois traversé par un axe, auquel on imprime, avec le pouce et l'index, un mouvement de rotation. — Formé sur *virole.*

2. Parlant par respect, très vilain terme. Le sens 1 n'est pour rien dans l'origine. Le mot vient du bas limousin, où *virol* signifie *os sacrum. Virol* est tiré du provenç. *vira,* virer, parce que les mouvements du tronc se produisent ou sont censés se produire sur cette articulation. D'*os sacrum,* le sens a passé à un objet voisin et pire.

VIS-A-VIS. — Ne doit jamais s'employer pour *à l'égard de* ou envers, Molard le fait remarquer avec raison. C'est pourtant une des fautes les plus fréquentes chez les littérateurs modernes. Les académiciens eux-mêmes ne s'en privent pas, et je me souviens d'une pièce, insérée au *Journal Officiel* du 6 septembre 1880, où M. de Freycinet déclare fièrement que « le gouvernement n'a pris *vis-à-vis* du Vatican, ni *vis-à-vis* du nonce apostolique, ni *vis-à-vis* de personne, aucun engagement relatif à l'exécution des décrets ».

VISAGE. — *Le gros visage.* Voy. *gros.*

Un visage comme un c.. de pauvre (parlant par respect). Voy. *c..*

VISITE. — *Rendre une visite comme un lavement,* c'est-à-dire en se pressant trop (on sait que les lavements sont pressés). Tel est le cas, par exemple, pour une visite de digestion rendue le lendemain du dîner.

Une visite en courant d'air, Une visite où l'on ne s'arrête presque pas. Ce sont les plus agréables pour le visiteur et le visité.

Lorsque la mèche de la chandelle a des champignons noirs au sommet, cela annonce des *visites*.

VIT. — *Qui ne vit ne vaut*, c'est-à-dire qui ne mange pas ne saurait bien se porter. C'est le dicton que mon père répétait sans cesse à nos convives pour les engager à faire honneur au dîner.

VITAILLES, s. f. pl. — Victuailles. — *Vitaille* (de *vitalia*) est le vrai mot français et primitif, que les savants ont estropié en *victuailles*.

VITRIERS. — C'est le nom que l'on donnait aux chasseurs d'Orléans, aujourd'hui chasseurs à pied, à cause du sac noir sur le dos que l'on comparait à l'ustensile que les vitriers ambulants portent sur leur dos et où reposent leurs vitres.

Ce mot n'est pas proprement lyonnais, puisque nous le trouvons dans la pièce de Paul Déroulède, *Chasseurs à pied* :

Les petits Vitriers, c'est ainsi qu'on les nomme,
Ont mis leur baïonnette au bout de leur fusil...
         (*Chants du soldat*, p. 37.)

VIVU, part. — Vécu. — Le mot a été fait sur *vivre*, mais il a sans doute été influencé par la terminaison *u* de *vécu*. Le bizarre est que, tandis que l'on avait *vivu* au lieu de *vécu*, on avait *vicant* au lieu de *vivant*.

VOCATION, s. f. — État, profession. *Choisir une vocation, prendre une vocation.* — C'est le vieux français *vacation*, profession, de *vacare*, où *a* a été remplacé par *o* sous l'influence de *vocation*, de *vocare*.

VOGUE, s. f. — Fête du village, qui coïncide avec la fête patronale. Puis le nom s'est étendu aux fêtes des faubourgs et des quartiers. — C'est une dérivation du franç. *vogue*, au sens d'abondance, affluence.

La Vogue des choux, Vogue de la presqu'île Perrache, où il y avait jadis beaucoup de jardiniers.

VOGUEUR, s. m. — Nom donné aux jeunes gens qui tiennent la vogue, c'est-à-dire qui, précédés d'un tambour-major, de tambours, d'une musique et d'une cantinière fringante qui s'est fait d'énormes appas,

vont offrir, en échange d'une étrenne, une brioche aux bourgeois de la commune, organisent la fête, etc.

VOIE, s. f. — *Une voie de charbon* (de bois ou de pierre) comprend deux bennes (voy. ce mot). — Du latin populaire *veha*, chariot. Une voie de charbon, c'est littéralement une voiture de charbon.

VOILER (SE), v. pr. — Se dit d'une planche qui se gondole sous l'action de la température. — Ce mot, très bien formé sur *voile*, est tellement usité, que je ne m'explique pas que l'Académie ne l'ait pas recueilli.

VOIR. — *Il faut voir venir*. Dicton que les gens prudents ont constamment à l'esprit. *Avant de rien décider, il faut tout voir*, disait le sage aveugle.

Je ne peux pas le voir en peinture. Se dit de quelqu'un dont la présence n'est pas très agréable. L'idée est : « Je ne peux souffrir de le voir [même] en peinture. »

S'en voir, Avoir bien des misères. Le bon M. Ducerfe me disait : *Quand ma femme m'a quitté, don pour aller avec M. Roupinet, que j'étais obligé de faire la soupe, ah ! c'est moi que je m'en suis vu, allez !*

Ainsi tu vois bien. Locution dont on fait suivre un argument sans réplique. *Paraît que t'as cané devant le Glaude. T'as eu peur. — Moi, j'ai cané ! moi, j'ai eu peur ! D'abord j'ai peur de personne, ainsi tu vois bien.*

Dis donc, le grand Marius, on le voit souvent chez la Toinon. Y t'en fait porter. — Y m'en fait porter ! Justement, c'est moi qui lui en fais porter ! Ainsi tu vois bien !

VOIR, VOIRE. — Locut. qui, bien qu'explétive, ajoute quelque force au discours. Elle s'emploie dans des locutions comme celle-ci : *Mecieu le médecin, voulez-vous voir ma langue ? — Voyons voir !* On lit communément dans cette phrase l'infinitif du verbe voir ajouté à l'impératif, ce qui serait une sottise. Le mot s'emploie d'ailleurs dans d'autres phrases dénotant sa vraie signification : *Mélie, fais-moi voir passer mes ciseaux ! — C'est le latin *verum*, franç. *voire*.

VOISIN. — *Plus m'est voisin le c.. que la chemise* (parlant par respect). Voy. *chemise*.

On emploie *près* ou *voisin* au goût du peintre.

Le plus près voisin. Délicat euphémisme, à l'usage des personnes du sexe, pour Derrière. *J'ai un clou à mon plus près voisin.* Le mot n'ayant rien que de convenable, il n'est pas nécessaire de le faire précéder de parlant par respect. Une aimable dame de ma connaissance employait une formule encore plus chaste : *J'ai un clou mal placé.* Malgré le vague de l'expression, les gens intelligents comprennent tout de même.

VOISINÉE, s. f. — Hameau. Mot à mot Assemblée de maison voisines.

VOITURE. — *La voiture des frères Talon... La voiture de casse-talon.* Voy. *casse-talon.*

VOITURÉE, s. f. — *Une voiturée de monde,* Une pleine voiture de monde. Ce terme est très bien fait, et je pense, comme Humbert, qu'on peut s'en servir ; surtout lorsque l'on songe que Mme de Sévigné a usé très heureusement, dans ce sens, du mot *carrossée.*

VOLAN, s. m. — Faucille de moissonneur. — Probablement de *volamen* pour *volumen.* On trouve, en effet, au xve siècle, *volume,* goyart, serpe à fer recourbé.

VOLANT, s. m. — Cerf-volant, jouet d'enfant. Quand j'étais petit, je faisais à Sainte-Foy des volants magnifiques. J'y collais de belles images coloriées et découpées ; des cavaliers, des fantassins, etc. Je le lançais, il montait un peu, puis il piquait une tête, roide comme Bocacut aux bêches. J'attachais une pierre à la queue. Alors il montait un peu, puis faisait un hausse-pied. C'était, sûr, la faute du vent, qui était trop fort ou trop faible. Mais enfin, je n'ai oncques pu réussir, en cela comme en bien d'autres choses. Remarquez que, dans la vie, c'est toujours aussi la faute du vent, jamais la nôtre.

Échafaud volant, terme de construction, Échafaud mobile, suspendu à des comperches horizontales au moyen de cordes, au-devant d'une façade, et que l'on descend ou monte au fur et à mesure des besoins. Je n'ai vu employer ce système qu'à Lyon. Ailleurs, on établit des échafauds fixes, assujettis à des bigues verticales.

VOLÉE, s. f., terme de construction. — Se dit de l'inclinaison, mesurée par projection horizontale, d'une échelle d'engin en avant de son pied. *Cette échelle a deux mètres de volée..... Elle a trop de volée.* On dit de même *la volée d'une grue.*

VOLEURS, s. m. pl. — Petits filaments qui se détachent de la mèche d'une chandelle et la font couler. *Mouche don la chandelle, y a des voleurs!* — Peut-être de ce que ces filaments sont censés voler le suif de la chandelle.

VOLONTÉS. — Faire ses quatre volontés. Voy. *quatre.*

VOLONTIERS, adv. — Assez souvent. *Le Pierre a volontiers la cagne le lundi.* Je ne sais où Humbert avait la tête lorsqu'il trouvait cette expression ridicule. *Volontiers,* entre autres sens, a celui de « facilement, aisément ». C'est donc comme si l'on disait : « Le Pierre a facilement la cagne le lundi. »

VOLUME. — *Faire du volume,* Faire ses embarras, se donner de l'importance. *La Marion fait du volume parce qu'elle a cinq cents francs à la caisse d'épargne.* On dit aussi *Faire son volume.* La locution s'explique d'elle-même. Faire du volume, c'est se grossir.

VOLUMINEUX. — *C'est z'un homme volumineux,* C'est un homme qui fait des embarras.

VORACES, s. m. pl. — La société des Voraces date de 1846. Elle n'eut pas, à son origine, de but politique. Quelques ouvriers canuts, voyant que les cafetiers de la Croix-Rousse ne pouvaient se résoudre à servir le vin au litre, se liguèrent pour obtenir cette réforme. Ils se rendaient par petits groupes dans les cafés et demandaient un litre de vin. Le patron du débit répondait invariablement : « Nous ne servons qu'à la bouteille. » Les canuts alors de sortir et d'aller dans un établissement voisin renouveler l'expérience. D'où le nom de Voraces donné aux ouvriers de la Croix-Rousse.

Ce fut là le début de cette société, absolument distincte des autres organisations ouvrières du quartier, des Ferrandiniers et des Mutualistes, par exemple. Les Voraces commencèrent à se réunir périodiquement chez la mère Maréchal, à l'angle de la rue des Fossés (aujourd'hui rue d'Austerlitz) et de la rue du Mail, près de la place de la Croix-Rousse. C'est surtout le samedi et le lundi que ces réunions toutes platoniques comptaient le plus grand nombre de membres. Inutile d'ajouter que la mère Maréchal vendait le vin au litre.

A l'aurore de 1848, quelques ouvriers influents, pressentant la révolution, décidèrent les canuts à n'admettre dans leur société que des républicains. Dès cette époque, le nombre des Voraces s'accrut de jour en jour. Ils étaient environ 250 ou 300 à la chute de la monarchie de Juillet. C'est à partir de ce moment que le rôle des Voraces appartient à l'histoire lyonnaise.

Le 24 février, ils descendent à Bellecour — sans armes et sans uniforme — pour s'emparer du poste. Les soldats ne voulant pas obéir à leurs injonctions, les Voraces formèrent le cercle et délibérèrent. Un certain Doncieux, qui se trouvait là, se mit à les haranguer ; ils le choisissent pour chef, bien qu'il ne fût pas connu d'eux, se mettent en colonne, passent par la rue Saint-Dominique et se rendent à l'Hôtel de Ville dont ils font le siège. Comme on ne s'empressait pas de leur céder la place, ils donnèrent l'assaut à coups de pierres. Maîtres du principal édifice de la ville, ils vont à la Préfecture dont le poste cède aussitôt. Tout cela s'était accompli dans la soirée.

Le lendemain 25, les Voraces se rendirent au fort Saint-Laurent. Un de leurs chefs, Vincent, surnommé Dumenton, parlementa avec l'officier de service qui emmena ses soldats en laissant leurs armes à la disposition des Voraces. Ceux-ci redescendent à l'Hôtel de Ville vers une heure de l'après-midi, puis s'emparent du séminaire situé au bas de la côte Saint-Sébastien. Le soir du même jour, ils vont prendre le bastion 4, en face du Mont-Sauvage. Là deux des leurs sont tués, par suite de l'imprudence de Lebretonnière, qui avait tiré un coup de fusil malgré la défense des chefs.

Victorieux sans avoir combattu, les Voraces s'organisent : Ravet est nommé commandant du Bastion des Bernardines, à côté des portes de la Croix-Rousse ; Jean Durand va commander le fort de Montessuy ; Chataigner, le fort Saint-Laurent, et Vial, le Palais de Justice. Ce dernier seul vit encore ; c'est grâce à son obligeance

et à la fidélité de ses souvenirs qu'il nous a été donné d'établir cette notice.

Vers le 18 mars, Arago arriva à Lyon. Les Voraces voulaient l'arrêter. Il leur expliqua qu'il ne venait pas pour renverser la République, mais pour aider à la pacification des esprits. Il félicita les ouvriers de leur conduite et offrit un sabre d'honneur à chacun de leurs chefs. Au mois de juin, la révolution étant vaincue à Paris, les Voraces cédèrent à l'autorité et restituèrent les forts dont ils avaient pris possession. Toutes les sociétés de la Croix-Rousse disparurent du même coup.

Telle est, en résumé, l'histoire de ce mouvement ouvrier, qui fut révolutionnaire, mais qui reste bien lyonnais par son caractère idyllique. Qu'ont de commun, en effet, une révolte de ce genre, où il n'y eut ni massacres ni incendies, et la sanglante et lugubre tragédie de 1871 ?

VONS. — *Vons-nous t'i, ou vons-nous t'i pas ?* Allons-nous ou n'allons-nous pas ? Voyez *t'i pas* et *pas*. Quelques personnes qui veulent trop bien parler disent: *Vons-nous t'i, ou vons-nous pas t'i ?*

VORTIGEATION, s. f. — Action de voltiger. *La vortigeation d'une arte.* Au fig. *Il a toujou la tête en vortigeation.*

VORTIGER, v. n. — Voltiger. Sur la formation, voir *farbalas.*

VOTE, s. f., terme de batellerie. — *Donner vôte,* Replier le bout d'un câble de manière à lui faire faire une boucle, qu'on attache fortement à l'aide d'une petite corde nommée *batafi.*

VOUATT, interjection négative. — *Eh bien, au jour, de l'an, ton patron s'est-il fendu ? — Ah vouatt !*

VOULOIR. — *Il ne veut pas pleuvoir,* Il n'est pas probable qu'il pleuve. C'est comme si l'on disait: « Il n'a pas l'intention de pleuvoir. » Cette locution, qui attribue la volonté à un pronom impersonnel, est extrêmement drôle, et pourtant on comprend si bien ce qu'elle veut dire ! Le mot *vouloir* se prend aussi pour « penser, supposer ». M. Daudet l'a employé dans ce sens de façon charmante. « Mais enfin (dit Jacques à son père), pourquoi *voulez-vous* que je casse la cruche? — Je ne *veux* pas que tu la casses, je te dis que tu la casseras. » Dix minutes se passent, Jacques ne revient pas. Mme Eyssette commence à se tourmenter. « Pourvu qu'il ne lui soit rien arrivé? — Parbleu! que *veux-tu* qu'il lui soit arrivé?... Il a cassé la cruche. »

Que veux-tu, Que voulez-vous. Ces locutions n'expriment aucune idée d'interrogation, mais une idée d'excuse ou d'explication. *T'as dérangé la demoiselle à Mame Culet, que c'est pas joli. — Que veux-tu, ça été plus fort que moi.* On dira encore: *Y a le père Croustandille que peut plus sortir. — Que voulez-vous, bonnes gens, il va sur ses huitante-sept!*

VOURGINES, s. f. pl. — Se dit des scions de saule et d'osier qui croissent dans les lieux inondés. — De *verga*, lui-même de *virga*.

VOURLES. — *Les jardiniers de Vourles — Ne font pousser rien que de courles.*

A Vourl' en Vourlois, — Les fennes s'accouch' à trois mois, — Mais seulement la première fois.

VOYAGE. — *Un voyage de charbon.* La même chose qu'une voie (voy. ce mot).

Voyage blanc. Voy. *blanc.*

VOYAGÈRE. — *Rente voyagère.* Voy. *rente.*

VOYONS. — *Voyons voir.* Voy. *voire.*

VU. — *Je ne l'ai jamais tant vu.* Se dit d'une personne que l'on voit pour la première fois.

Ni vu ni connu je t'embrouille. Voy. *ni.*

Y

Y, pron. neutre ou indéfini qui le plus souvent égale *ce.* — *Y est un homme de bien vrai,* C'est un homme à croire. *Y est assez bavassé,* C'est assez bavardé. *Y était pas un temps de sortir,* Il ne faisait pas un temps propice à la promenade. — Ce pronom, distinct du pronom personnel, existe sous les formes *ou, o, ey, i,* dans tout le Lyonnais.

Y avoir. L'ÉCOLIER au MAITRE: *Mecieu, y a Jules qu'a dit comme ça que vous étiez un mufle.*

Il y a plu toute la nuit. Autre locution fort usitée. Dans le premier exemple, *y a* est de trop; dans le second *y.* On a déjà eu occasion de remarquer combien le populaire aime les façons de parler pléonastiques.

YEUX. — *Qui n'en veut des coups de poing par les yeux?* Se dit, pour faire l'aimable, quand on offre le vin ou toute autre chose à la ronde.

Ça me sort par les yeux. Voy. *sortir.*

Parlant par respect, *Il n'a pas de m.... aux yeux, mais y a de place pour en mettre.* Voy. *m....*

Des yeux à demander l'aumône, etc. Voy. *aumône.*

Avoir quatre z'yeux. Porter des lunettes. *T'as quatre z'yeux et t'y vois pas seulement clair.*

Quatre z'yeux y voient mieux que deux. Proverbe populaire signifiant que deux personnes sont plus éclairées qu'une seule. Littré cite ce dernier exemple (œil 41°) et dit, avec raison, qu'on devrait tolérer la liaison euphonique du *z,* liaison qu'on rencontre en français dans donne-s-en et va-s-y. A Lyon, nous avons toujours fait la liaison malgré les grammairiens.

YONNAIS. — Véritable prononciation de Lyonnais.

Z

ZIGZAGUER, v. n. — Tituber, faire des zigzags.

L'ACADÉMIE

Le Grand Référendaire entendu,

Déclare décerner par les présentes à notre sieur Nizier du Puitspelu un témoignage de la haute satisfaction qu'elle a éprouvée d'avoir vu se terminer le Dictionnaire de l'Académie du Gourguillon avant même le Dictionnaire de l'Académie française.

PAR MANDAT DE L'ACADÉMIE :

Pour le Grand Référendaire :
JOANNÈS MOLLASSON.

PAR AMPLIATION :

Le Secrétaire perpétuel,
GÉRÔME COQUARD.

Ce jour des Innocents de l'an de grâce 1894.

ACHEVÉ D'IMPRIMER

PAR L'IMPRIMEUR JURÉ

DE

L'ACADÉMIE

CE JOUR DE SAINTE PHILOGONE

20ᵉ de décembre

1903

www.ingramcontent.com/pod-product-compliance
Lightning Source LLC
Chambersburg PA
CBHW052113270326
41928CB00010BA/1848